工程经济与管理系列丛书

建设项目
全过程工程咨询理论与实务

主　编　吴玉珊　　韩江涛　　龙奋杰　　王瑞镛
　　　　孙冲冲　　潘　敏　　盛祝云　　朱成爱
主　审　尹贻林　　杨宏民　　柯　洪　　林　庆

中国建筑工业出版社

图书在版编目(CIP)数据

建设项目全过程工程咨询理论与实务/吴玉珊等主编. —北京：中国建筑工业出版社，2018.9 (2023.11重印)

（工程经济与管理系列丛书）

ISBN 978-7-112-22678-8

Ⅰ. ①建… Ⅱ. ①吴… Ⅲ. ①建筑工程-咨询服务 Ⅳ. ①F407.9

中国版本图书馆 CIP 数据核字(2018)第 207431 号

本书系统论述了建设项目全过程工程咨询的理论和实务，主要论述了建设项目全过程工程咨询概论，建设项目造价管理向全过程工程咨询管理的转变，传统造价管理范式的转换。通过结合现代建设项目管理的基本工具和方法，在项目决策贯穿到工程验收移交的全过程中，提出项目实施过程中的依据、主要工作内容、流程、注意事项以及提出可供参考的成果范例。本书在衔接《建设项目全过程工程咨询指南》的理论基础上，为工程咨询企业提供更为全面的指导和"升级版"的实操指南。书中还列举出了建设项目全过程工程咨询的要点、难点，并附有成果范例的参考格式，供读者更好地理解和运用。

* * *

责任编辑：赵晓菲 朱晓瑜 张智芊
责任校对：王雪竹

工程经济与管理系列丛书
建设项目全过程工程咨询理论与实务

主 编 吴玉珊 韩江涛 龙奋杰 王瑞镛
孙冲冲 潘 敏 盛祝云 朱成爱
主 审 尹贻林 杨宏民 柯 洪 林 庆

*

中国建筑工业出版社出版、发行(北京海淀三里河路9号)
各地新华书店、建筑书店经销
北京红光制版公司制版
建工社（河北）印刷有限公司印刷

*

开本：787×1092毫米 1/16 印张：44¼ 字数：1048千字
2018年9月第一版 2023年11月第九次印刷
定价：**135.00**元
ISBN 978-7-112-22678-8
(32680)

本书编审人员

主　　编：　吴玉珊　（龙达恒信工程咨询有限公司）

　　　　　　韩江涛　（海天工程咨询有限公司）

　　　　　　龙奋杰　（贵州理工学院）

　　　　　　王瑞镛　（江苏启越工程管理有限公司）

　　　　　　孙冲冲　（北京建审工程咨询有限公司）

　　　　　　潘　敏　（四川开元工程项目管理咨询有限公司）

　　　　　　盛祝云　（湖北大有工程咨询有限公司）

　　　　　　朱成爱　（天津维正工程造价咨询有限公司）

副 主 编：　庄明国　（立信国际工程咨询有限公司）

　　　　　　于亚萍　（吉林兴业建设工程咨询有限公司）

　　　　　　国福旺　（天津泰达工程管理咨询有限公司）

　　　　　　王雁然　（鼎正工程咨询股份有限公司）

　　　　　　朱　兵　（同舟共济建筑科技服务有限公司）

　　　　　　许伟杰　（浙江勋达工程咨询有限公司）

　　　　　　宁　妍　（天津瑞融工程管理有限公司）

　　　　　　张　岚　（新疆新德旺建设工程项目管理咨询有限公司）

　　　　　　兰德卿　（瑞衡工程咨询有限公司）

　　　　　　刘　江　（四川志恒工程管理咨询有限公司）

　　　　　　杨　光　（临沂市住房和城乡建设局）

　　　　　　胡晓娟　（四川建筑职业技术学院）

　　　　　　黄　果　（南昌城市建设投资发展有限公司）

　　　　　　李宪奇　（天津津建工程造价咨询有限公司）

　　　　　　袁　松　（湖南大为工程咨询有限公司）

　　　　　　陈锦华　（天津房友工程咨询有限公司）

主　审：　尹贻林（天津理工大学 IPPCE 研究所）

　　　　　杨宏民（龙达恒信工程咨询有限公司）

　　　　　柯　洪（天津理工大学 IPPCE 研究所）

　　　　　林　庆（天津理工大学 IPPCE 研究所）

编　委（以姓名笔画为序）：

刁先军　于亚萍　马　英　王　翔　王晓东　王雁然　王瑞镛　尹　航

尹文智　尹贻林　龙奋杰　兰德卿　宁　妍　闫淑娟　朱　兵　朱成爱

农小毅　庄明国　刘　江　刘　鹏　刘文禹　刘琦娟　许凤玲　许伟杰

孙冲冲　李孝林　李诗强　李宪奇　杨　光　杨凤娟　杨宏民　杨宝峰

吴玉珊　吴晓坤　呙春艳　张　岚　张启发　张增光　陈奕林　陈锦华

林　庆　国福旺　周利丹　胡晓娟　柯　洪　侯　兰　姜立新　袁　松

徐　娟　黄　果　黄云峰　黄国孝　盛祝云　彭　友　韩江涛　谭义红

颜佳鸿　潘　敏

编审人员：　第一章（建设项目全过程工程咨询概论）

　　　　编写：于亚萍　黄　果　杨利利　林　庆

　　　　主审：龙奋杰　尹贻林

第二章（全过程工程咨询的理论基础）

　　　　编写：郑江飞

　　　　主审：胡晓娟　柯　洪

第三章（全过程工程咨询工具简介）

　　　　编写：闻柠永

　　　　主审：徐　娟　尹贻林

第四章（决策阶段咨询服务）

　　　　编写：王姚姚　张　翠　王洪萍　马　帅　张传梅

　　　　主审：庄明国　柯　洪

第五章（勘察设计阶段咨询服务）

编写：杨　光　冯思磊　裴　猛　李　杨　王　攀　林　庆

主审：杨宏民　刁先军

第六章（招标采购阶段咨询服务）

编写：陆　鑫

主审：柯　洪　颜佳鸿

第七章（施工阶段咨询服务）

编写：郑江飞　郭孟刚　付　剑　于　飞　王洪萍

主审：杨宏民　李诗强

第八章（竣工阶段咨询服务）

编写：张　静

主审：潘　敏　林　庆

第九章（运营阶段咨询服务）

编写：朱成爱　高　天　姜　磊　冯进丽　李　坤

主审：杨宏民　王瑞镛

第十章（合同管理）

编写：高　天

主审：吴玉珊　尹贻林

第十一章（BIM 技术辅助全过程工程咨询）

编写：蔡俊峰

主审：韩江涛　柯　洪

第十二章（建设项目廉洁管理）

编写：蔡俊峰　毕文涛　王　磊　张本清　王桂娟

主审：国福旺　林　庆

策划、管控、增值集成的
全过程工程咨询模式

元亨咨询李国森董事长出示了一直保留着我给他写的一张纸条："策划先导、投资管控为主线、增值为目标的项目管理"。最可贵的是他加以实践，并且加了一句话即互联网＋BIM为平台。元亨咨询担任永弘·桃源里别墅群项目全过程工程咨询顾问，从目标人群定位、户型房型策划、墅院命名、环境山势利用、材料与承包商招标采购等方面全面提出策划意见，项目一经推出即形成抢购。这个案例给了我启发：工程咨询企业要开展全过程工程咨询业务，一定要形成自己的鲜明特色进而形成核心竞争力，而策划、管控、增值集成应该是工程咨询企业进入全过程工程咨询领域的最优路径。

一、关于项目策划

全过程工程咨询中总建筑师对建筑物策划，总咨询师对项目策划；总建筑师保证项目成功，总咨询师保证项目管理成功；总建筑师和总咨询师共同努力为项目增值。悉尼歌剧院是建筑史上的瑰宝、项目成功的典范，也是丹麦建筑师约恩·乌松的功绩；但项目管理也是乌松和另一结构工程师负责，由于乌松不妥协导致前期项目管理失败。乌松辞职后项目完成，取得巨大成功，这是经验也是教训。

20年前我们把项目成功和项目管理成功混为一谈，后来王雪青教授将其成功分离。从此我把自己的所有研究定位于项目管理成功的一部分：项目管理绩效改善。最近宁延老师在郑州峰会上又对此问题进行了深入剖析，我深受启发，把建筑师和总咨询师的努力方向彻底分开了。那就是：总建筑师对建筑物策划，总咨询师对项目策划；总建筑师保证项目成功，总咨询师保证项目管理成功。

今天重温15年前佐藤隆良SATO先生在天津作的报告"日本中部国际机场的项目管理"，受益匪浅。这个报告就是一个全过程工程咨询项目的典型案例，与现在全过程工程咨询实务完全一致，连分阶段的咨询内容图例都一样。当年他在天津做这个报告，我们只汲取了一部分设计优化的内容；后来认为这是一个全过程投资控制的案例，现在看就是全过程工程咨询。我们确实落后了20年，要追赶。

设计优化时总咨询师不能以技术对抗技术，而应以经济和管理的手段控制设计。在天津大学培养技术经济本科生时，徐大图教授指示我要培养既懂技术又懂工程经济的复合人才，但是我们未能如愿。我问SATO："当我们工程经济人员对设计提出优化建议时，设计师会反问我们的方案，我们怎么应对呢！"SATO告诉我："我们是顾问负责提出意见，你是建筑师应该出方案！"我总结：总咨询师只提供性价比。

皇家特许测量师学会（Royal Institution of Chartered Surveyors，RICS）认为审查设计的经济性时要依靠价值工程和全生命周期造价管理（Life Cycle Cost，LCC），最近增添了可施工性分析，我在此基础上又增加了可运营性分析。建筑师最欢迎造价工程师的被动反映，那样他们才能画最新最美的图画，但是这显然不是业主乐见的。绝大部分业主会有预算约束，造价工程师称为限额设计，建筑师称限额设计为戴着镣铐跳舞。怎样才能让建筑师戴上镣铐也能跳出最美的舞蹈，这是一个值得关注的问题。

万科和万达均实行限额设计，这并不妨碍它们提供更好的住宅和商场。万科把自己的产品线收缩为四大产品系列，针对每个系列提供标准化设计图纸、景观园林、建筑材料、物业管理；万达则建立三级战略合作伙伴库，针对每个合作伙伴的需求实行延迟建造。双方均在满足个性化需求的前提下实现了标准化建造的低成本目标。个性化需求往往是虚幻的，苹果手机依靠 APP 就解决了个性问题。

总咨询师要有一个灵魂，即项目策划。项目策划与设计优化不同，项目策划大于设计优化。悉尼歌剧院和广州白云机场 T2 航站楼感觉好，直觉是建筑师策划得好！建筑师对项目成功负责，那就要对建筑物进行策划；总咨询师对项目管理成功负责，那就要对项目进行策划！总咨询师要甘当人梯，项目建成后无论成功与否人们只记得建筑师，所以建筑师和总咨询师激励相容，目标一致，应团结一心。

建筑师保证项目成功，他要对建筑物进行策划和创意；但是如果据此判断可以实现建筑师负责制可能过于乐观，因为大部分建筑都是低成本的，建筑师不愿在这里下功夫。建筑师愿意实现自己的梦想的建筑肯定是高成本和少数的，不适宜做普通建筑。在实现理想信念和控制成本之间，建筑师往往选择前者，如果听任其工作，社会将付出高昂代价。所以提出了限额设计。限额设计是让建筑师戴着镣铐跳舞，当然跳不好；但是如果社会提供一种机制：建筑师和总咨询师会商，由总咨询师被动为建筑师的方案提出性价比和对标成本，建筑师则主动在设计理念和性价比之间寻求平衡，这就是一种和谐机制。建筑师最喜欢造价工程师被动反映设计的经济数据，他可以海阔天高舞广袖，万里长空云卷舒。世界总是追求平衡的，造价工程师就是上帝派来制衡建筑师的天使。

二、关于投资管控

工程造价咨询企业具有这方面的专长，具体表现为全过程工程造价咨询。广大工程造价咨询企业经过多年实践，已经形成了独特的核心竞争力，为工程造价咨询企业转型为全过程工程咨询提供了足够的能力和人才储备。我们工程造价咨询企业要积极说服业主把现有的全过程工程造价咨询项目转变为全过程工程咨询项目。投资管控的思路转变是最重要的，我们要借鉴注册会计师业务中的尽职调查，在工程估、概算中开展尽职调查，精确进行估、概算。在大环境因素具备后，尤其是执业保险制度建立后要对工程估算、概算准确性负责。并以此为管控目标，实现投资管控。

纠偏是管控的主旋律，古典控制论鼻祖维纳提出了反馈的设计，信息反馈就是指控制系统把投资实施过程中的数据输送到判断器，又把判断结论返送回来的动作。政府投资评审系统就是一种典型的古典控制系统。其本质是通过信息反馈来揭示实际与计划之间的差异，并采取纠偏措施，使政府投资稳定在预定的计划状态内。全世界的投资管控都是循着反馈纠偏控制的思路设计的控制系统。

纠错防弊的内部控制是投资管控的基本方法，项目内部控制措施通常包括项目风险控制、授权审批的内部牵制等。工程造价咨询机构应当结合风险评估结果，采用主动控制（预防）与被动控制（纠偏）相结合的控制措施，将风险控制在投资计划之内。并通过内部牵制机制，实现项目纵向审批上下牵制，项目横向复核纠偏左右制约，相互监督，实现纠错防弊的管控功能。从宏观看，国家设立财政投资评审体系就是政府对投资进行内部控制的重大举措。

1. DBB 变更是失控的主因

据统计 DBB 模式 35％的失控由变更引起。有四种变更，第一是业主的需求改变；第二种是设计错误；第三是施工困难或不利现场；第四是承包商合理化建议。DBB 前三种变更均应由业主承担价款改变的风险，第四种则应按价值工程条款评估，批准后与承包商分成获利。顾问机构要注意承包商与设计人、合谋人为制造变更获利，更应从前期入手抓设计优化。

2. 管控的重点在前期

英国的价值管理之父凯利和伍同两人不约而同地发现投资管控的重点在前期，工程造价咨询机构应该把主要精力放在前期。采用的方法有价值工程、LCC 和可施工性分析，尤其是工业项目或大型土木工程项目，采用新技术、新工艺、新材料的项目效果尤为显著。据统计，应用可施工性分析可缩短工期 10％以上，减少投资 5％以上，BIM 是可施工性分析的利器。

3. PPP 项目的投资管控

PPP 项目就是政府投资项目。传统政府投资是政府对承包商即时支付，BT 则是政府延迟一次支付，PPP 就是政府延迟多次支付。所以 PPP 本质就是政府投资项目。

既然 PPP 是政府投资项目，那就还政府对 PPP 项目支付监督权、安全质量进度监理权、施工图设计审图权、竣工结算审计权等四大控制权。这些都是工程领域成熟的方法和原则，也是财政部门的传统业务范围，如代建、财评、国库支付等。

（1）支付监督权

最佳方案是中标社会资本与政府指定的实施机构共同组建的项目公司应有对 PPP 项目工程阶段的支付权，不能由社会资本利用两标并一标直接向其分公司或子公司支付。目的是完善项目公司内部控制，从物理上切断作弊链条。

（2）监理权

主要是避免社会资本实施 PPP 项目工程时偷工减料。

（3）施工图审图权

大多数 PPP 项目采用 EPC 方式，给社会资本施工单位以较大设计优化空间，我们既要鼓励设计优化，又要掌握优化后资产的实际价值。最好的办法就是政府掌握施工图审图权。

（4）竣工结算审计权

目的是避免社会虚报 PPP 资产，而 PPP 资产总额是各种付费的基数。实化 PPP 资产对强化政府与社会资本伙伴关系只有好处没有坏处，因为公开、公平、公正才是合作的基础。

4. EPC 投资管控

对中国 EPC 的总体观察结论是：按照发包人是否信任总承包人可以归纳为三类，第一类"信任＋集成"模式，包括 FIDIC 银皮书、《建设项目工程总承包合同示范文本》GF-2017-0216；第二类"准信任＋集成"模式，包括上海、深圳；第三类"不信任＋集成＋严格监管"模式，包括公路模式和其他内地城市；其中"不信任＋集成＋严格监管"模式又分为"嵌入设计概算审批型"和"模拟工程量清单全面审查型"。中国实施 EPC 的关键是交易双方缺乏互信。

（1）EPC 的合同柔性。已有的研究证明：信任与合同柔性成正比，西方和非洲市场信任程度普遍比中国高，表现为社会资本量大（此处社会资本是社会学术语，不是 PPP 中的社会资本），所以合同柔性大。表现为中标后按形象进度支付，按业主要求（功能清单）结算。但是中国的社会资本量小导致信任程度低，因此公路 EPC 和中西部地区 EPC 合同柔性小，刚性强，设计了后置概算审批制。

（2）EPC 的增信机制。为了增强信任，可用三策：第一是采用不可撤销的好评、差评制，所有 EPC 项目在有形市场招标的同时增加互联网平台上同步虚拟交易，买方可以给卖方（总承包人）差评；第二是采取入围制，每个城市政府投资主管部门公开招标采购总承包商入围，评估打分作为下次入围的条件，入围次数越多信任等级越高；第三建立对应于不同信任等级的 EPC 合同文本，等级愈高柔性愈大。

（3）PPP＋EPC 投资管控。数据表明施工总承包招标如按综合评估法可比最高限价低 10％以上，按经评审的最低投标价法可降低 18％左右。但是 PPP＋EPC 两标并一标后，这 10 几个百分点就作为总承包利润留在社会资本方了。这显然是损害公共利益的，为了避免这种情况，要么重修估算指标，使之符合实际；要么 PPP 采购后移至初步设计完成，直至能模拟出工程量清单或设计概算。

三、关于为项目增值

现在工程造价咨询企业都树立了为项目增值的目标和使命。为项目增值的标准就是追求性价比最高，以实现物有所值。为项目增值的手段是价值工程、全生命周期造价管理、可施工性分析和可运营性分析。倡导在每一个建设阶段都要进行增值分析，向物有所值目标努力。要注意前期的增值努力是最有效的，工程造价咨询企业要有意识地在项目的前期多配置力量，尤其是要争取 PPP 项目咨询和工程前期服务。

物有所值（Value for money）近年来随着 PPP 兴起才被造价工程师熟悉。其原意是：

投资目标追求性价比最高；为满足价值最大化的目标就要对项目各阶段实施方案进行持续改善；改善的途径依价值工程 $V=F/C$ 的模型选择替代方案。因此物有所值是我们造价工程师的重要工具，用于判断各阶段可替代方案的性价比和持续改善的努力方向。造价工程师要学会创造价值的标准就是物有所值。

我国 PPP 项目把物有所值评价作为前置审批程序，即强调政府直接投资与 PPP 谁最省钱是不妥的，后改为定性评价就开始有了价值的判断成份。物有所值概念起源于新公共管理运动，公共审计从揭错纠弊到风险控制到物有所值是一个持续改进的过程。现在这三种理念以及对应的措施在我国并存，就像中国的高速公路上高中低端汽车都在行驶一样，我们要不断调适，要三举并进三管齐下！

16 年前香港测量师学会主席梁立基先生到天津理工大学演讲，专门提到造价工程师的工具之一就是物有所值。今天是应该大力倡导物有所值的时候了，因为很多工程造价咨询机构的领袖都说要为业主或项目创造价值，也有人说为项目增值。其实许多领袖并不知道什么是项目的价值，按照物有所值的思想：价值就是性价比。关键是性能或功能到底是什么，功能是利益相关者诉求的妥协方案。

为项目增值是造价工程师的职责，价值就是性价比，性能或功能就是利益相关者诉求的妥协方案。如何为项目增值呢，不外乎根据 $V=F/C$ 模型向提高 F 降低 C 方向努力。最有效的方法是提高 C 的同时大大提高 F，还有一些其他组合方案可以使 V 提高。如果我们工程造价咨询企业的领袖只知道强调增值而不知道具体方案就会迷失方向，因此我们要努力学习价值工程，真正把物有所值用于顾问实践。

四、关于全过程工程咨询的组织设计

从目前情况来看，大多数业主还不熟悉全过程工程咨询，需要我们自己去宣传并争取。宣传途径就是一要拜访，二要大会宣讲，三要微信朋友圈发布。我的学生陈甜和张增光就是不断发有关全过程工程咨询的信息和图片到朋友圈，引起业主好友的关注后拿到项目的。现在好多工程造价咨询界的同仁们自己还都说不清楚，怎么能说服业主呢。我横下一条心，不畏千难万险也要宣传普及全过程工程咨询。

如果我们工程造价咨询企业还不奋起开展全过程工程咨询，就可能会掉队，可能被挡在业绩壁垒和日益升高的技术门槛之外。2014 年 PPP 刚兴起时，是财政部门主动找咨询机构做 VFM，但 2016 年开始要求业绩，现在则要求融资咨询、绩效评价和强监管下的方案设计，把大多数工程造价咨询机构挡在 PPP 门外。预计 2020 年全过程工程咨询全面铺开后，也会把很多机构挡在门外。

我有两个学生做工程造价咨询企业 BPR 即业务流程再造的研究，恰巧他们都继续做我的博士研究。过去我一直思考基于 ABCD 的流程再造，效果不彰。近来面临全过程工程咨询的挑战，我们抓住了基于服务方式转变的流程再造：即矩阵式组织改造。原有咨询机构的部门制度不变，再组建项目团队，并实现强矩阵，即项目经理说了算。我已大力倡导，也有尹塾智库机构成员试行，正在观察效果。

亿元产值天花板实质是企业控制问题，如果仍实行直线制则很可能叠床架屋形成超高架组织结构，不利于信息传递。如果实行扁平组织结构则可能导致质量失控，因为平级的控制能力弱于直线。这是一个咨询企业发展的悖论：企业发展壮大必须改变直线组织，而扁平组织则导致失控风险。如何打破此"发展悖论"，很多企业领袖采取矩阵式组织结构，矩阵型结构将对企业的管理层提出较高要求。

矩阵式组织最适合总部的业务形态，距离远的区域若只有零星项目也可归纳到总部矩阵中。若是分区域经营，则应再设立区域总部，区域总部营业额低于亿元可直线制，若高于亿元则应采用矩阵制。咨询机构发展到若干个区域矩阵，则应实行网络式组织。为什么反复提出亿元产值，是因为人均产值30万元，亿元产值超过300人，就会出现"发展悖论"。网络组织适合10亿元及以上咨询机构。

五、总咨询师的培养

从全过程工程造价咨询到全过程工程咨询，确实有比较高的门槛，我们要像鲤鱼跃龙门一样既要有勇气也要有技巧。工程造价专业人士要跃过龙门成为总咨询师必过三关：一是全局关，要像背地图一样背项目管理路线图，养成项目管理全局意识；二是合同关，要熟悉各种合同体系，一针见血地指出各类合同的风险分担、责任平衡和工作程序；三是管理关，要了解组织、控制、协调、计划和指挥。

总咨询师要培养项目管理的全局意识，我建议大家先背全国地图再背世界地图，要整体了解也要重点了解几个重点城市的相邻关系。然后再背项目管理路线图，必须把工程项目全生命周期管理路径了然于心，还要掌握各个关键节点的风险和管理工具。项目管理路线图已经由国际项目管理协会（International Project Management Association，IPMA）绘制出了，我们只需按图索骥即可。全局意识要求人的格局和胸怀宽广，勿斤斤计较要以菩萨心肠行霹雳手段。

总咨询师要培养合同的意识，首先要用风险分担、工作责任、工作程序三个一览表去解剖合同；其次要熟悉各类合同的渊源，FIDIC与JCT、ICE同源，AIA是美国的合同范本，NEC是基于伙伴项目管理的合同范本；它们又分为业主提供设计的重新测量合同和业主不提供设计的总承包合同；第三要抓住风险分担这个牛鼻子把各类合同的支付、调价、索赔特点梳理出来，准确实施投资管控。

总咨询师要培养管理意识，管理意识分为管理别人的能力和接受别人管理的能力，即要强化角色属性的认知；管理也分为做正确的事和正确地做事两种，前者为决策，后者为执行；管理学的内容很多，有管理的范畴如组织、计划、协调、控制、指挥等，也有管理的分支，如HR、PM、营销学、战略管理、财务管理和管理信息系统等。我建议大家熟读《哈佛经理学院亲历记》以进入管理学殿堂。

总咨询师必须有一个业务生态圈，即紧密合作的咨询产业链机构或专业人士的朋友圈。因此，我们不倡导工程咨询企业建立大而全的咨询航母。制造业供应链的经验给我们提供了范例，我们只要突出自己的专业能力和整合资源的能力即可。这个生态圈要以市场规则为主来建立，以平时的友情维护为辅。这个生态圈中的专业人士或机构要召之即来，来之能战，战之能胜。这印证了互联网的快与准的思维方式。

全局意识要靠日常训练和培养，小事大事事事有全局，点一桌菜，荤素、冷热、咸淡搭配就是全局意识；负责一项活动，资源、目标约束、工作顺序、人员结构等都要考虑，也是全局意识。让研究生办会议，是树立学生全局意识的最佳训练方式。比如天津理工大学公共项目与工程造价研究所（简称 IPPCE）2018 年 8 月两项活动，一项是登泰山拜谒孔庙，由研一李明洋负责；另一项是烟台审稿由博一李孝林负责，两项活动都是研究生全局观念的最佳养成方式。

全过程工程咨询人才素质参差不齐，造成一个项目群内各项目管理优劣不匀是常见现象。为解决这一痛点，各企业试图压标准化作业规范解决，但是仍难如愿，这时就应该像凯谛思一样，设计人才通行证制度，用通行证级别对应项目级别，从制度上保证总咨询师胜任项目要求的等级；另外也可以由高级别的总咨询师统领项目群全过程工程咨询，由助理总咨询师具体负责各单项工程项目管理。

项目管理是什么，项目经理是什么，回答很简单：只要有资源约束，有目标可循的任务就是项目；管这个事的人就是项目经理。天津有一种人，民间称为"大了"，就是红白喜事管事，也相当于项目经理。只不过"大了"用民俗和亲情潜规则管事，而项目经理则用 CPM、WBS、法律与合同条件、工程标准与规范、工程量清单计价规范管事。"大了"和项目经理都受质量、工期和成本的约束。

成本合约经理要迈向总咨询师台阶又难又不难，比如一个生产企业的总经理位置出缺，可以从主管财务、主管生产、主管市场、主管研发的副总中遴选。首先看谁有大局意识，能否主持全局；第二是谁有威信能孚众望；第三才是资历。所以专业主管晋升为总咨询师的要件是全局意识，既如庖丁解牛一样了解项目结构与细节，也要像弹钢琴一样把握工作节奏，如高山流水一般推动工作。

六、做一个成功的专业人士

要做好总咨询师必先做一个成功的专业人士，从社会学的角度看：专业人士是经专业协会或政府认定的有专业技能并受专业操守约束的人士。当一般人无法判断顾问工作的服务质量时，社会就有必要设置这一类专业人士制度。专业人士的服务质量有保障体系：第一，有统一的技能底线，保证他有客观的服务能力；第二，有操守约束，保证他主观不能损害委托人利益。造价工程师就是专业人士。

成功的专业人士特征：首先，专业人士有专业的语言系统，专业人士不能跟世人一样说大白话，应该用专业的语言系统去描述或提出专业问题；其次，专业人士要用专业的工具与方法并遵循专业规范从事顾问工作，兢兢业业从不敢越雷池半步；第三，专业人士的风险防范意识极强，出行乘安全的交通工具、住商务酒店、交友谨慎、注重仪容等；最后，专业人士有稳定的工作不轻易放弃，收入颇丰。

成功专业人士有外表特征：其座驾肯定是有技术含量的有理念的品牌，如奔驰、宝马、奥迪（简称 BBA）；其公文包是为专业人士专门设计的，如 TUMI；其西服肯定是合身套装，素色衬衣必有袖扣；其配饰如钢笔肯定富含思想，如享受生活从容前行的万宝龙，勃朗峰造型彰显水准，眼镜或手表也须有品牌思想，如百达翡丽：无人能拥有我，你只取得了为后代保管的权利。至少有两项满足，否则你都不好意思说自己是专业人士。我以上举的是品牌理念的例子，专业人士肯定要根据自己的财务能力选择自己认同的品牌使用。

总咨询师必须是有全局观、合同观和价值观的专业人士，能运筹帷幄指挥若定；他必须有深厚的专业底蕴，能够以策划为先导、投资管控为主线、项目增值为目标，形成核心竞争力赢得委托人的信任；他必须严格自律，以专业规范和操守约束自己的工作和生活，冷静、刻板、慎独是其性格特征；他必须有外在显露的标准元素，他的座驾、行头、语言、配饰、嗜好都应催眠对方：我是一名合格的专业人士。

社会是多元的，业主需求也是多样化的，各工程咨询主体应该根据实际和各自的核心竞争力形成多样化的全过程工程咨询模式。工程造价咨询产业应该形成下列特色鲜明的全过程工程咨询模式，即"以策划为前导，以投资管控为主线，以增值为目标的项目管理，简称为策划、管控、增值集成模式"。

教授、博士生导师、国家级教学名师
天津理工大学公共项目与工程造价研究所（IPPCE）所长
天津市建设工程造价和招投标管理协会理事长

前　言

2017年，国务院办公厅颁布的《关于促进建筑业持续健康发展的意见》（国办发〔2017〕19号）首次正式提出了培育全过程工程咨询。随后，浙江、江苏、福建、广东等地相继响应文件号召出台一系列配套政策，推动实施全过程工程咨询试点工作。2018年3月，住房城乡建设部发布《关于推进全过程工程咨询服务发展的指导意见（征求意见稿）》（建办市函〔2018〕9号），对全过程工程咨询进行规范化，对培育全过程工程咨询市场、建立全过程工程咨询管理机制、提升工程咨询企业全程工程咨询能力和水平等问题提出指导意见。

随着国家政策性文件的紧密出台，在行业内引起巨大反响，国内业务单一的工程咨询企业已经无法满足国家发展改革的需要，工程咨询行业必须做出改变，必须转型，必须介入全过程工程咨询！

本书系统论述了建设项目全过程工程咨询的理论和实务。内容分为上、下两篇，即理论篇和实务篇，共12章，主要论述了建设项目全过程工程咨询概论，建设项目造价管理向全过程工程咨询管理的转变，传统造价管理方式的转换，通过结合现代建设项目管理的基本工具和方法，在项目决策贯穿到工程验收移交的全过程中，并提出项目实施过程中的依据、主要工作内容、流程、注意事项以及提出可供参考的成果范例。本书在衔接《建设项目全过程工程咨询指南》的理论基础上，为工程咨询企业提供更为全面的指导和"升级版"的实操指南。书中还列举出了建设项目全过程工程管理的要点、难点，并附有成果范例的参考格式，供读者更好地理解和运用。

本书理论与实践相结合，内容全面，具有以下五大特点：

第一，专业性。这是有别于传统造价咨询和管理的图书，针对全过程工程咨询这一主体和项目管理的范畴来"量身定做"的一本针对性极强的书。同时，本书的管理制度、流程、使用工具均经过严谨的推敲而得出来的。

第二，实操性。本书的编写人员大多都是从事多年造价咨询和项目管理的专家，实操经验丰富，有效结合尹贻林教授带领的IPPCE研究所团队所研究的成果和结晶，力求通过全面使用的管理制度、操作流程和业务规范，使读者阅读时能尽快掌握本书要领。

第三，指导性。本书所涉及的每一个规范制度、实操流程等内容都是经过严谨推敲和专业人士的经验指导，是很好的范本，为咨询企业开展全过程工程咨询提供了实操指南。

第四，全面性。本书涵盖了全过程工程咨询服务管理的全部内容，编写全面而深入。

第五，前瞻性。既为咨询企业开展全过程工程咨询提供了实操指南，又为投资人评价和考核全过程咨询服务成果质量提供了指引。

本书由吴玉珊、韩江涛、龙奋杰、王瑞镛、孙冲冲、潘敏、盛祝云、朱成爱担任主编，由尹贻林、杨宏民、柯洪、林庆担任主审，由庄明国、于亚萍、国福旺、王雁然、朱兵、许伟杰、宁妍、张岚、兰德卿、刘江、杨光、胡晓娟、黄果、李宪奇、袁松、陈锦华担任副主编，由刁先军、于亚萍、马英、王晓东、王翔、王雁然、王瑞镛、尹文智、尹贻林、尹航、龙奋杰、兰德卿、宁妍、朱成爱、朱兵、庄明国、刘文禹、刘江、刘琦娟、刘鹏、闫淑娟、许凤玲、许伟杰、农小毅、孙冲冲、李孝林、李诗强、李宪奇、杨凤娟、杨光、杨宏民、杨宝峰、吴玉珊、吴晓坤、吕春艳、张岚、张启发、张增光、陈奕林、陈锦华、林庆、国福旺、周利丹、胡晓娟、柯洪、侯兰、姜立新、袁松、徐娟、黄云峰、黄果、黄国孝、盛祝云、彭友、韩江涛、谭义红、颜佳鸿、潘敏担任编委。具体分工如下：于亚萍、黄果、杨利利、林庆编写第一章，郑江飞编写第二章，闻柠永编写第三章，王姚姚、张翠、王洪萍、马帅、张传梅编写第四章，杨光、冯思磊、裴猛、李杨、王攀、林庆编写第五章，陆鑫编写第六章，郑江飞、郭孟刚、付剑、于飞、王洪萍编写第七章，张静编写第八章，高天、朱成爱、姜磊、冯进丽、李坤编写第九章；高天编写第十章，蔡俊峰编写第十一章，蔡俊峰、毕文涛、王磊、张本清、王桂娟编写第十二章。

本书是基于以尹贻林教授主导的 IPPCE 研究所历年来卓越研究成果的基础上编写而成，汇聚了 IPPCE 研究所全体导师、博硕士研究生的智慧和结晶。我们在此向陈梦龙、陈奕林、林庆、刘文禹、尹航、王翔、李孝林、刘琦娟等博士研究生以及孙新艳、李淑敏、郑江飞、赵轲、闻柠永、高天、蔡俊峰、于晓田、王姚姚、任雅茹、乔俊杰、李明洋、李美、陆鑫、杨先贺、张倩、张静、周晓杰、程帆、程露、董然、樊莹莹、高明娜、刘贺、李佳恬、毛慧敏、穆昭荣、宋海波、肖婉仪等在校研究生以及已毕业的历届博士、硕士致以衷心的感谢！

当今国家全面发展全过程工程咨询，工程造价咨询行业应发挥自己在投资管控方面的优势，迅速组建全过程工程咨询团队，培育项目策划和整合资源的能力，以"滚石上山、爬坡过坎"的精神推广全过程工程咨询。

全过程工程咨询服务的推广，目的是深化工程建设组织管理模式改革，提升我国工程咨询行业"供给侧"的内在素质，让咨询回归咨询的本质，与国际模式接轨，参与到"一带一路"建设过程中。

由于编者水平有限，书中仍有待商榷之处，请各位读者多提宝贵意见！

2018 年 9 月

目　录 | CONTENTS

术　语

1. **建设项目**

是指为完成依法立项的新建、扩建、改建工程而进行的、有起止日期的、达到规定要求的一组相互关联的受控活动，包括全过程工程项目管理、投资咨询、勘察、设计、造价咨询、招标代理、监理等工作。

2. **全过程工程咨询**

是指对项目从决策至运营全过程提供组织、管理、经济和技术等各有关方面的工程咨询服务，包括项目的全过程工程项目管理以及投资咨询、勘察、设计、造价咨询、招标代理、监理、运行维护咨询以及 BIM 咨询等专业咨询服务。全过程工程咨询服务可采用多种组织方式，由投资人授权一家单位负责或牵头，为项目决策至运营持续提供局部或整体解决方案以及管理服务。

3. **全过程工程项目管理**

是指运用系统的理论和方法，对建设工程项目进行的计划、组织、指挥、协调和控制等活动，简称项目管理。

4. **专业咨询**

是指由全过程工程咨询单位或专业咨询工程师所提供的投资咨询、规划、勘察、设计、造价咨询、招标代理、监理等专业咨询工作。

5. **全过程工程咨询单位**

是指建设项目全过程工程咨询服务的提供方。全过程工程咨询单位应具有国家现行法律规定的与工程规模和委托工作内容相适应的工程咨询、规划、勘察、设计、监理、招标代理、造价咨询等一项或多项资质（或资信），可以是独立咨询单位或咨询单位组成的联合体。

6. **专业咨询单位**

是指为项目提供投资咨询、规划、勘察、设计、造价咨询、招标代理、监理 BIM 技术等专业咨询工作的咨询单位。

7. **投资人**

是指投入资金购买某种资产以期望获取利益或利润的自然人和法人，包括公司股东、债权人和利益相关者。本书主要以固定资产投资为主，是指由投资人建造和购置固定资产的经济活动。本书所指的投资人包括政府、企业、个人、混合经济体（含 PPP）等。

8. **承包人**

是指被投资人接受的具有工程施工承包主体资格的当事人以及取得该当事人资格的合法继承人。承包人有时也称承包单位、施工企业（《建筑法》）、施工人（《合同法》）。本书中承包人包括材料及设备供应商、分包商。

9. 产权人

是指建设项目的所有权人。

10. 运营人

是指建设项目中受投资人或产权人委托的使用人、经营人。

11. 总咨询师

是指全过程工程咨询机构委派或投资人指定，具有相关资格和能力为建设项目提供全过程工程咨询的项目总负责人，原则上由具有注册建筑师、注册结构工程师及其他勘察设计注册工程师、注册造价工程师、注册监理工程师、注册建造师、咨询工程师（投资）中一个或多个执业资格的人员担任。

12. 专业咨询工程师

是指具备相应资格和能力、在总咨询师管理协调下，开展全过程工程咨询服务的相关专业咨询的专业人士。专业咨询工程师主要包括但不限于以下专业人士：注册建筑师、注册结构工程师及其他勘察设计注册工程师、注册造价工程师、注册监理工程师、注册建造师、咨询工程师（投资）等及相关执业人员。

13. BIM

是指建筑信息模型（Building Information Modeling，Building Information Model）。在建设工程及设施全生命周期内，对其物理和功能特性进行数字化表达，并依此设计、施工、运营的过程和结果的总称。

14. PPP

即政府和社会资本合作（Public-Private Partnership），是指政府采用竞争性方式选择社会资本方，双方订立协议明确各自的权利和义务，由社会资本方负责公共产品和服务项目的投资、建设、运营，并通过使压者付费、政府付费、政府提供补助等方式获得合理收益的活动。

理 论 篇

新时代新咨询（1）十九大定义新时代的社会主要矛盾是：人民日益增长的美好生活需要和不平衡不充分的发展之间的矛盾。所谓新时代就是：更加关注环境，更加关注健康，更加关注安全，更加关注公平，更加关注自我实现。过去追求发展更快，现在追求发展更好，所谓新咨询就是：重视策划的精品PPP项目咨询、基于代建的全过程工程咨询，以BIM为手段的工程管理，以增值为目标的投资管控。

——《贻林微观察1055》

第一章　建设项目全过程工程咨询概论

第一节　项目管理与建设项目管理

一、项目管理的概念和发展

（一）项目管理的概念

根据美国项目管理协会（PMI）的定义，项目是为创造独特的产品、服务或成果而进行的临时性工作。项目管理是将知识、技能、工具与技术应用于项目活动，以满足项目的要求；项目管理通过合理运用与整合特定项目所需的项目管理过程得以实现；项目管理使组织能够有效且高效地开展项目。

（二）项目管理的起源与发展

项目开发和项目管理的实践从人们开始共同合作、进行社会化生产活动之日起便开始了。许多学者认为，项目管理的实践最早可追溯到中国长城和埃及金字塔的建设活动，以及许多世界著名的古代工程项目。这些项目规模宏大，存在时间久远，并经受了很多自然灾害和战争破坏等方面的考验，它们的存在证明了当时为完成如此巨大项目所开展的项目管理工作是非常成功的。

中国古代的项目管理主要是为皇宫建设项目、水利建设项目以及防卫外敌入侵的工程项目等服务。中国古代历朝历代都动用了大量的人力、物力和财力进行修建皇宫、陵寝，在建设过程中都会由专门的项目主管去负责整个项目的管理工作，甚至皇帝会专门任命工程项目的主管官员。这些人在项目的组织、建设和管理过程中总结了一系列的经验和做法，形成了中国古代的项目管理思想。例如，中国战国时期李冰父子组织修建的都江堰工程就很好地体现了系统管理思想，而且这一项目至今仍在完好使用着，特别是经受住了"汶川大地震"的考验。我国明朝工部（管辖官府建筑的政府部门）所编著的《工程做法》就是一部完整体现中华民族在工程项目管理理论和方法等方面贡献的伟大著作。

尽管人类社会从事项目建设由来已久，但项目管理的真正发展是从第二次世界大战开始的。在第二次世界大战期间，美国、德国、日本等都意识到需要有一种新的管理方法，以应用于武器的开发项目。其中，最著名的是美国研制原子弹的曼哈顿计划。1942 年，为满足原子弹研制进度、预算与资源分配的需求，美国军方意识到必须开发一种全新的方法以管理项目。至此，项目管理的需求涌现。

冷战开始后，为满足项目管理的需求，各界对项目管理的研究逐步深化。在此时期军方仍然起着研究主导作用，出现许多经典的项目管理方法。美国海军于 20 世纪 50 年代后期发明了著名的项目管理技术——计划评审技术（Project Evaluation and Review Technique，PERT）——应用于北极星导弹潜艇项目。随后，美国国防部首创了工作分解结构法（Work Breakdown Structure，WBS）与挣值管理法（Earned Value Management，EVM），并将这些项目管理方法应用于大型武器系统的研制。

20 世纪的整个 60 年代，早期项目管理的理论均被应用于由 42 万人参加、耗资 400 亿美元的"阿波罗"载人登月计划中。该计划共发射 17 艘阿波罗飞船，执行 6 次登月任务，成功将 12 名宇航员送上月球。在阿波罗计划的实践中，项目管理理论逐步走向成熟。项目管理的方法和技术在 20 世纪 70 年代经历了一个不断细化、完善和提炼的过程，这一阶段项目管理的发展主要体现在项目管理的职业化发展方面，美国的项目管理协会等专业组织都在致力于推动整个项目管理的职业化进程。

二、项目管理体系

目前，世界上有两大项目管理的研究体系，即以欧洲为首的体系——国际项目管理协会（International Project Management Association，IPMA）；以美国为首的体系——项目管理协会（Project Management Institute，PMI）。在过去的 40 多年时间中，他们都做了卓有成效的工作，为推动国际项目管理现代化发挥了积极的作用。

（一）IPMA 体系

IPMA 于 1965 年在瑞士注册，其宗旨是促进全球的项目管理发展。1967 年，IPMA 在维也纳召开第一次国际会议，有 28 个国家的项目管理协会是其正式会员，代表全球 2 万多个个人会员。

IPMA 很重视项目管理专业人士的培训和认证，其会员通过 IPMA 的认证后颁发 IPMA 等级证书，等级共分为 A、B、C、D 四个级别：A 级（工程主任级）、B 级（项目经理级）、C 级（项目管理工程师级）、D 级（项目管理技术员级）。

为了指导专业人士通过 IPMA 各级别认证，1998 年 IPMA 制订了自己的知识体系标准即《国际项目管理专业资质标准》（IPMA Competence Baselinem，ICB），包括 28 个核心要素和 14 个附加要素。

28 个核心要素为：项目和项目管理、项目管理的实施、按项目进行管理、系统方法与综合、项目背景、项目阶段与生命周期、项目开发与评估、项目目标与策略、项目成功与失败的标准、项目启动、项目收尾、项目结构、范围与内容、时间进度、资源、项目费用与融资、技术状态与变化、项目风险、效果度量、项目控制、信息和文档报告、项目组织、团队工作、领导、沟通、冲突与危机、采购与合同、项目质量管理。

14 个附加要素为：项目信息管理、标准与规则、问题解决、谈判与会议、长期组织、业务流程、人力资源开发、组织的学习、变化管理、市场与生产管理、系统管理、安全和健康与环境、法律、财务与会计。

IPMA 认为各国可能有自己的独特文化因素，它指导各会员国制订本国的项目管理专业资质标准 NCB（National Competence Baseline）。ICB 中大约有 20％的非核心要素可以根据本国文化或未来的发展而被替换掉，但 NCB 必须反映全球的共识。

（二） PMI 体系

PMI 成立于 1969 年，当时项目管理已经有跨领域解决问题的趋势。1976 年 PMI 在蒙特利尔年会上提出要制定公认的项目管理知识体系，1981 年 PMI 正式发表了《项目管理知识体系指南》（*Project Management Body of Knowledge*，PMBOK）。目前，最新的 PMBOK 为 2017 年出版的第六版。在 PMI 最新版体系中，把项目管理划分为静态的十大知识领域：项目整合管理、范围管理、进度管理、成本管理、质量管理、资源管理、沟通管理、风险管理、采购管理、相关方管理。此外，PMBOK 还将项目管理按进程动态分为：项目启动过程、计划过程、执行过程、监控过程和收尾过程。

获得 PMI 认证的职业从业者被称为项目管理专业人士（Project Management Professional，PMP），PMI 的资格认证制度从 1984 年开始实施，既注重项目管理能力的审查，更注重知识的考核。在 PMBOK 知识体系和 PMP 的专业人士基本能力的论述中，都强调着全过程管理为核心的思想。

三、项目管理引入中国

20 世纪 80 年代初期，美国项目管理学家约翰·宾在中美大连企管培训中讲授的《项目管理》出版，标志着中国引入现代化的项目管理理念。同时期，同济大学丁士昭于 1989 年出版的《工程项目管理》在我国引起了巨大反响。

1984 年，在我国利用世界银行贷款建设的鲁布革水电站饮水导流工程中，日本建筑企业运用项目管理方法对该项目施工进行了有效的管理，取得了很好的效果。鲁布革水电站项目建设给当时我国的整个投资建设领域带来了很大的冲击，使我国学术界和实务界看到了现代项目管理技术的作用。1987 年国家计委、建设部等有关部门联合发出通知，在一批试点企业和建设单位采用现代项目管理施工法，并开始建立中国的项目经理认证制度。1991 年，建设部进一步提出把试点工作转变为全行业推进的综合改革，全面推广现代化的项目管理和项目经理负责制。

四、建设项目管理

（一）建设项目

在《工程造价术语标准》GB/T 50875—2013 中，建设项目是指按一个总体规划或设计进行建设的、由一个或若干个互有内在联系的单项工程组成的工程总和。而根据《建设工程项目管理规范》GB/T 50326—2017 的定义，建设项目是指为完成依法立项的新建、扩建、改建工程而进行的、有起止日期的、达到规定要求的一组相互关联的受控活动，包括策划、勘察、设计、采购、施工、试运行、竣工验收和考核评价等阶段。

一般而言，建设项目是指为了特定目标而进行的投资建设活动，具有明确的建设任务；受到多方面条件的限制，具有明确的质量、进度和费用目标；建设成果和建设过程固定在某一地点；建设产品具有整体性等特点。建设项目是一种典型的项目，在本书中，建设项目也称为工程项目或简称"项目"。

建设项目的生命周期是指从构思工程项目的概念或设想开始，经历决策、勘察设计、招标采购、施工、竣工验收等阶段，然后经历运营使用阶段直到最后拆除的全过程。建设项目的建设程序是指国家有关行政部门或主管单位按投资建设客观规律、项目周期各阶段的内在联系和特点，对工程项目投资建设的步骤、时序和工作深度等提出的管理要求。工程项目建设程序由客观规律性程序和主观调控程序构成。客观规律性程序是指由工程项目投资建设内在联系所决定的先后顺序。例如，先勘察后设计，先设计后施工，先竣工验收后投产运营等。主观调控程序是指政府行政主管部门按其调控政策、规划和职能分工指定的管理程序。例如，政府投资项目先评估后决策、先审批后建设等。这些程序具有行政强制约束作用，项目单位不得绕过或逃避管理程序、违规建设。

本书将工程项目按建设程序分为 6 个主要阶段，即前期决策阶段、勘察设计阶段、招标采购阶段、施工阶段、竣工阶段和运营维护阶段。每一阶段的工作深度，决定着后一阶段的发展，彼此相互联系和相互制约。每一阶段包括若干环节，各阶段之间的各项工作不能颠倒，但是可以交叉搭接进行。

建设项目的实质是为了解决社会、经济、文化、生活等问题而建造的，其目标是为了满足人们一定的物质文化需求，是人类对自然的一个改造过程。实施工程项目的根本目的是通过工程项目的建设为社会提供合格的产品和服务，促进人类社会的可持续发展。

（二）建设项目管理

建设项目管理的含义有多种表述，英国皇家特许建造师学会（CIOB）对其做了如下的定义：自项目开始至项目完成，通过项目策划和项目控制，以使项目的费用目标、进度目标和质量目标得以实现[1]。该定义得到了许多国家和行业组织的认可，在建设项目管理界具有相当的权威。

---

[1] 丁士昭．工程项目管理［M］．北京：中国建筑工业出版社，2006：6。

一般而言，建设项目管理内容涉及建设项目全过程的策划与管理，即包括项目前期决策、勘察设计、招标采购、施工、竣工和运营维护等阶段的策划与管理，其内容包括项目全过程的策划管理、计划统筹、报建报批、勘察管理、设计管理、合同管理、投资管理、招标采购管理、现场实施管理、参建单位管理、验收管理等；也涉及建设项目的各个利益相关者的管理，即包括投资人、咨询单位、承包人、运营人、政府和银行等对项目的管理。

建设项目管理的核心任务是为建设项目增值，其增值主要表现在两个方面：第一，为工程项目建设增值；第二，为项目使用（运行）增值，如图 1-1 所示[①]。

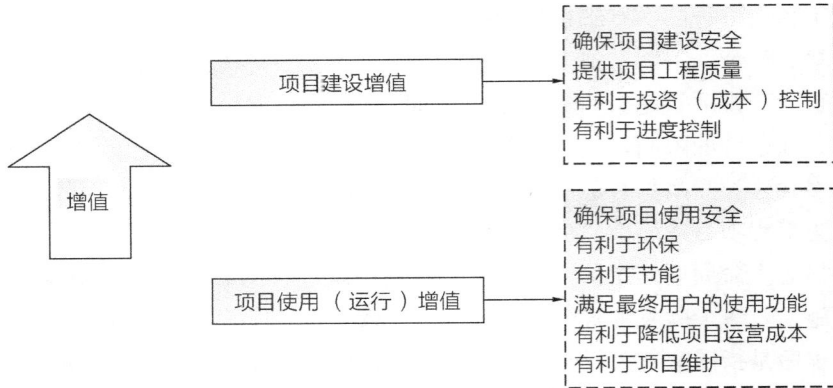

图 1-1　建设项目管理增值

五、建设项目管理模式

建设项目管理模式是指项目建设的基本组织模式以及在完成项目过程中各参与方所扮演的角色及其合同关系。由于项目管理模式确定了工程项目管理的总体框架、项目各参与方的职责、义务和风险分担。因而在很大程度上决定了项目的合同管理方式以及建设速度、工程质量和造价，所以它对项目的成功非常重要。在建设项目管理模式演进的过程中，项目管理逐渐独立出来而形成一门专门的学科，并在服务于工程建设的过程中演化形成了多种模式。

对于投资人而言，项目管理模式选定的恰当与否将直接影响到项目的质量、投产时间和效益；对于工程咨询单位，了解与熟悉各种项目管理模式才可能为委托人做好顾问，协助其做好项目实施过程中的项目管理；对于承包人，了解与熟悉项目管理模式才能在建筑市场处于主动，若项目涉及分包，不少项目管理模式也可用于分包工程。

（一）建设项目管理模式的演变

建设项目的管理模式经历了由"合"到"分"、由"分"到"合"的演变历程，即从最初的业主建管一体方式发展到专业分包实施方式，再发展为逐步集成化的模式。演化至今形成了多种项目管理模式。如图 1-2 所示。

---

① 丁士昭．工程项目管理［M］．北京：中国建筑工业出版社，2006：6。

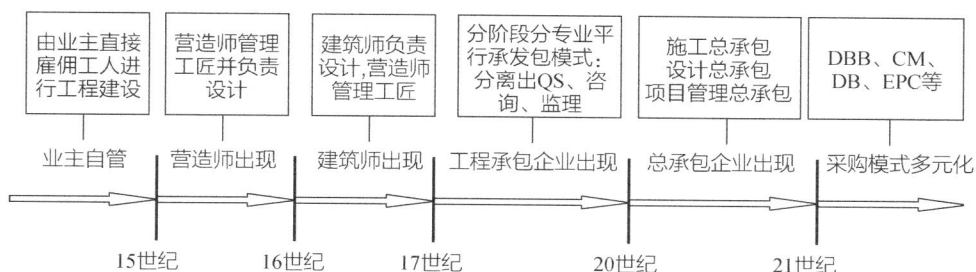
图 1-2　项目建设管理模式的演变沿革

（二）业主自行管理阶段

当社会经济和技术还处于较低水平的时候，社会上没有设计、建造等专业分工。项目的设计、建造和项目管理基本上都由业主自己来运作，或者仅仅雇佣工匠来完成；项目管理作为一门科学或一门专业尚未被人们所认识。

随着社会化生产的发展、劳动分工和协作越来越细、越来越复杂，建筑业的分工也开始逐步细化。最先是业主从项目建设具体任务中脱离出来，开始由工匠负责设计和施工。但业主仍主要依靠自己对工程进行管理，项目管理尚未被业主所认识，如图 1-3 所示。

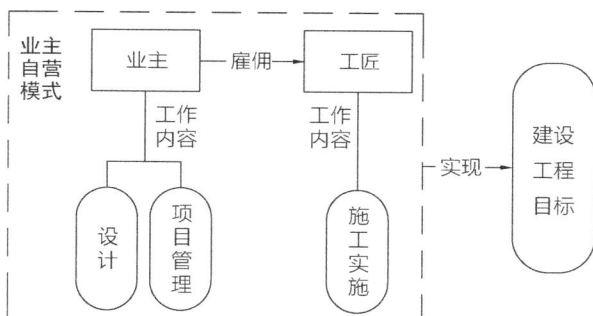
图 1-3　业主自营模式

（三）设计与施工专业化阶段的项目管理

伴随着业主从工程建设具体工作任务独立出来的同时，一批从事设计又懂施工的工匠逐渐分化，成为专门进行工程设计并负责管理施工的营造师，如图 1-4 所示。业主对工程项目的施工管理的职责被营造师有效分担，这种项目管理模式在较长时期内得以应用。

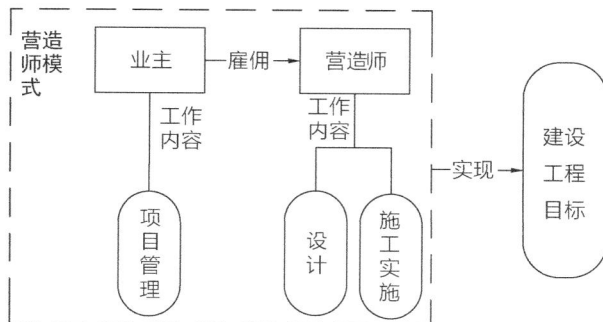
图 1-4　营造师模式

相比于业主自营的模式，营造师的出现分担了业主在建设项目中的设计工作职责。随着经济与技术的进步，建筑师从营造师队伍分离出来，专门进行工程设计，而营造师则主要负责施工工匠的管理，其项目管理职能逐渐独立出来。此时，施工也完成了专业化与社会化进程，专门从事施工活动的组织（工程承包方）开始出现。这一时期，营造师开始辅助业主进行项目管理，业主对项目的集中管理职能开始分散。如图1-5所示。

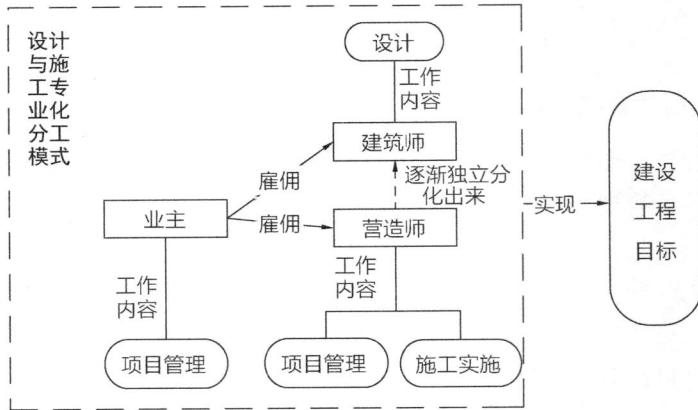

图1-5　设计与施工专业化分工模式

（四）　项目管理专业的诞生

在设计与施工分离以后，工程建设过程中出现了三个参与主体的格局，建筑设计师与施工承包方都变成了各自独立向发包方提供项目建设服务的参与主体。随着工程项目交易中招投标制的逐渐采用，分阶段分专业的平行发包模式成为通行的工程项目采购模式。该模式下，由于交易界面与合同界面的增加，发包方自身管理项目能力逐渐不足。且随着社会经济的进一步发展，工程项目规模变大，技术越来越复杂，对项目管理专业能力的需求越来越强烈，发包方从而开始寻找代表来进行项目管理，自身则负责一些重大问题的决策。

在这一过程中，体现了两大特点：①业主从自行管理工程项目转变为委托他人进行项目管理；②精通设计的工程师作为雇主代表直接从事工程项目的管理。这一方面，促成了项目管理作为一个专业的出现，同时也促进了项目管理技术与方法的不断发展。

业主—工程师—承包商的"三角"模式（也称DBB模式）作为一种成熟的项目管理模式在国际土木工程、世行项目、亚洲开发银行等项目中得到广泛应用。FIDIC红皮书的合同范本便是基于这种项目管理模式而提出。如图1-6所示。

图1-6中，发包方管理能力不能满足日趋复杂的项目，自身仅负责项目重大问题的决策；承包方（Contractor）管理参与工程建设的各层次承包方；工程师（Engineer）作为雇主代表直接从事工程项目的管理。这一方面，促成了项目管理作为一个专业的出现，另一方面也促进了项目管理技术与方法的不断发展。

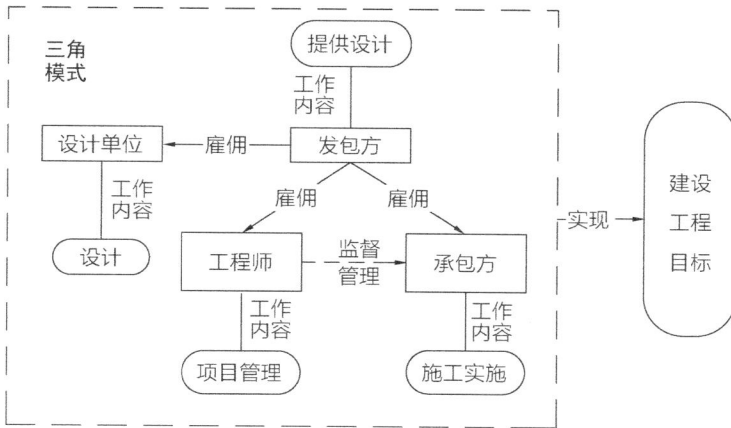

图 1-6　三角（DBB）模式

（五）　项目管理模式的集成化发展

长期以来，"DBB 模式"作为一种有效的项目管理模式被广泛采用，成为项目管理的传统模式。然而，随着经济与技术的发展，项目大型化、技术复杂化与专业化以及工程项目本身的系统性特点越来越受到认同，使分阶段多主体管理的传统采购模式缺点凸显。在项目采购模式演变过程中，一些新的注重阶段间整合的总承包模式逐渐出现并受到青睐，如施工总承包、EPC、PM/PMA、PMC、CM 等，并催生了一批国际性的工程公司。

1.　向承包方集成——施工总承包、EPC

随着项目体量的增大，分标段平行发包模式下，发包方的合同管理界面增多，交易成本陡增。发包方开始采取向承包方集成的措施，采用施工总承包模式实现项目管理效率的改善。如图 1-7 所示。

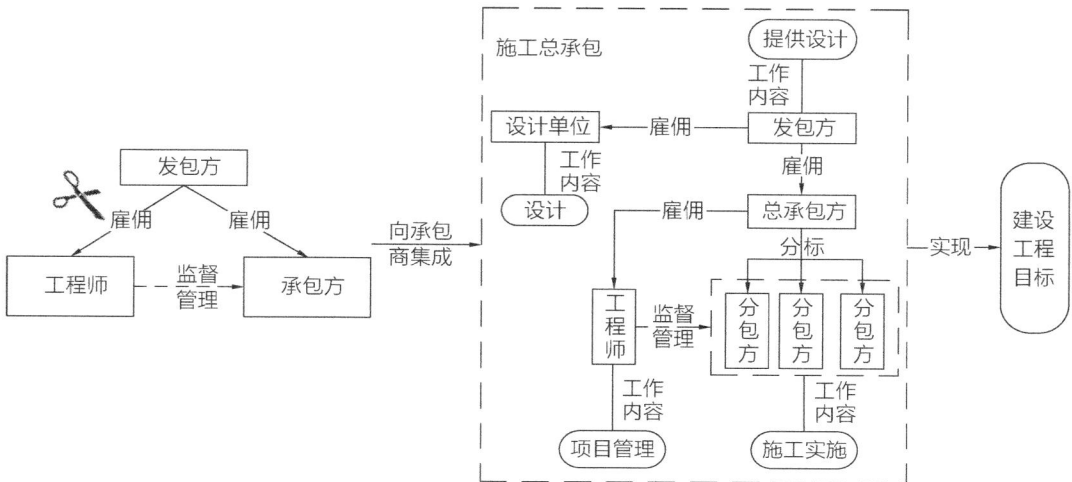

图 1-7　施工总承包模式

若进一步将采购、设计集成到总承包方，则形成 EPC 模式，即设计—采购—建造（Engineering-Procurement-Construction，EPC）模式，在我国又称之为工程总承包模式。EPC 模式于 20 世纪 80 年代首先在美国出现，得到了那些希望尽早确定投资总额和建设周期（尽管合同价格可能较高）的投资人的青睐，在国际工程承包市场中的应用逐渐扩大。

EPC 模式中，Engineering 不仅包括具体的设计工作，而且可能包括整个建设工程内容的总体策划以及整个建设工程实施组织管理的策划和具体工作。在 EPC 模式下，投资人只要大致说明一下投资意图和要求，其余工作均由 EPC 承包单位来完成；业主不聘请监理工程师来管理工程，而是自己或委派业主代表来管理工程；承包商承担设计风险、自然力风险、不可预见的困难等大部分风险；一般采用总价合同。如图 1-8 所示。

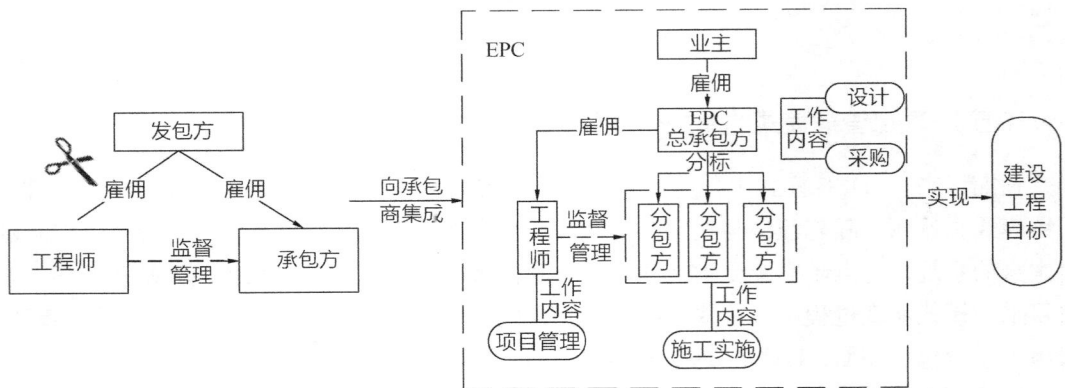

图 1-8　EPC 模式

2. 向工程师集成——CM、PM、PMA 、PMC

（1）CM 模式

CM（Construction Management）模式直接译成中文为"施工管理"或"建设管理"，最早由美国人 Charles. B. Thomsen 等人于 1968 年提出，是一种国外较流行的模式。

CM 模式特点是采用快速路径法（Fast-Track Method，又称为阶段施工法 Phased Construction Method）"边设计、边发包、边施工"，从建设工程的开始阶段就雇佣具有施工经验的 CM 单位（或 CM 经理）参与到建设工程实施过程中来，负责组织和管理工程的规划、设计和施工。在项目的总体规划布局和设计时，考虑到控制项目的总投资。CM 经理与业主为合同关系，负责工程的监督协调及管理等工作，在施工阶段的主要任务是定期与承包商会晤，对投资、质量和进度进行监督，并预测和监控成本与进度的变化。

CM 模式的结构框架如图 1-9 所示。

"5·12"汶川大地震给陕西省略阳县造成了巨大灾难，根据党中央和国务院的部署，天津市开展了对口支援略阳县的灾后恢复重建工作，成立"天津对口支援略阳县津陕联合工作组"（简称"津陕联合工作组"）。天津理工大学 IPPCE 研究所作为天津市的支援参与单位之一，在建设项目管理领域拥有丰硕的研究成果和实践经验，深入研究了略阳县灾后重建需求，向"津陕联合工作组"建议采用基于 CM 模式的灾后重建项目管理模式。该

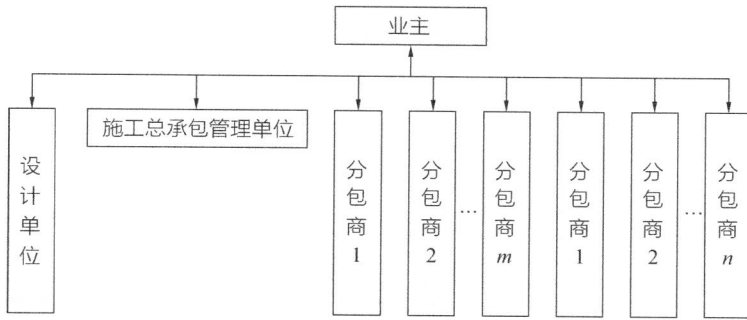

图 1-9　CM 模式结构框架图

管理模式将重建项目的管理工作分为两个层面：①项目治理层面。该层面通过提供组织保障平台来解决天津对口支援略阳县灾后重建项目建设过程中的公平性问题。②项目管理层面。该层面运用 CM 理模式，采用 Fast-Track 方式实现缩短建设周期的目的，很好地解决了天津对口支援略阳县灾后重建项目工期紧的问题。天津援建略阳县灾后重建项目管理模式的具体实施框架如图 1-10 所示。

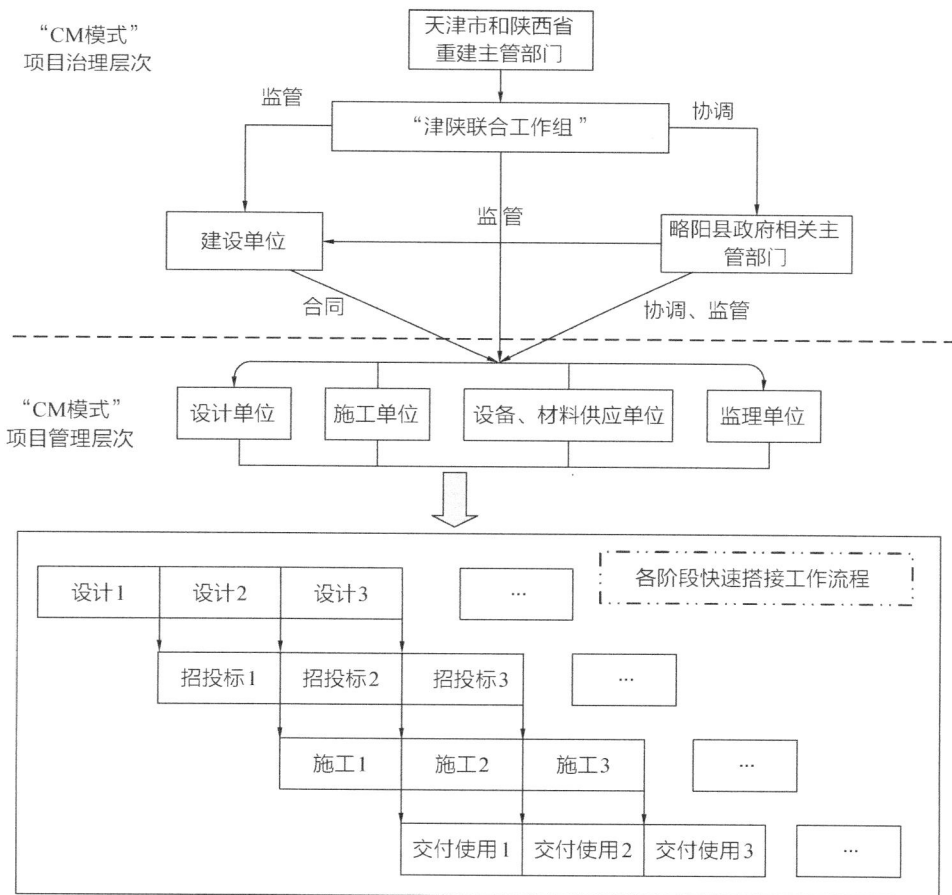

图 1-10　基于 CM 模式的灾后重建项目实施框架

快速建设是抗震救灾重建项目的首要目标，CM模式所提供的技术平台通过设计与施工的充分搭接，可以大大缩短项目建设工期，实现灾后重建公共项目"又好又快"的建设目标。

（2）PM模式

工程项目管理（Project Management）简称PM模式，是指以工程项目为对象的系统管理方法，通过一个临时性的专门的柔性组织，对项目进行高效率的计划、组织、指导和控制，以实现项目全过程的动态管理和项目目标的综合协调和优化，如图1-11所示。

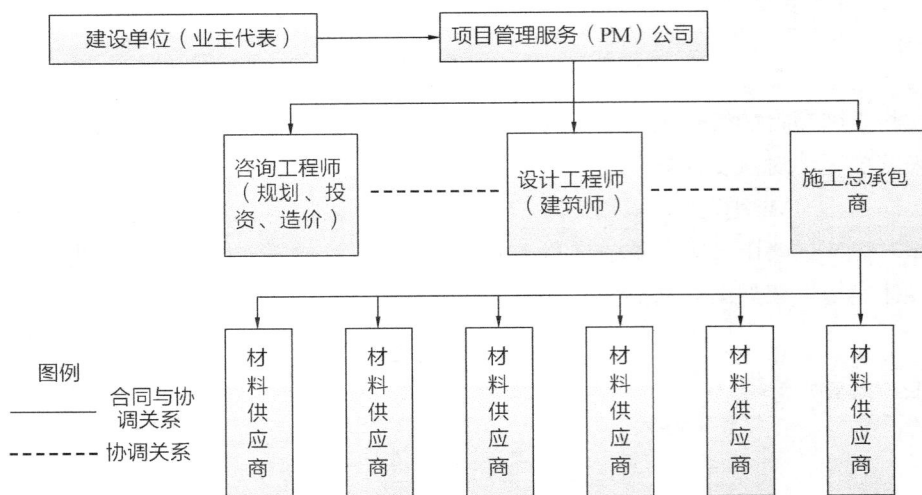

图 1-11　PM模式结构框架图

（3）PMC模式

PMC（Project Management Contract）模式，国内通常叫作"项目管理承包"，诞生于20世纪80年代初。PMC模式是指由投资人委托聘请一家有实力的项目管理承包人（公司或公司联营体）作为投资人代表或投资人的延伸，帮助投资人在项目前期策划、项目定义、项目计划、项目融资，以及设计、采购、施工、试运行等整个过程中实施有效的工程质量、进度和费用控制，进行集成化管理，达到项目生命周期技术和经济指标的最优化。PMC的本质是投资人委托一家有相当实力的工程项目管理公司对项目进行全面的管理承包，直接参与项目的设计、采购、施工和试运行等阶段的具体工作，其治理结构如图1-12所示。

（4）PMA模式

PMA（Project Management Agent）模式是一种项目管理服务，PMA承包商仅仅是替业主提供项目咨询服务，这种PMA模式风险最低，接近于零，但回报也低。PMA的本质是提供服务，不承包最大概算。PMA模式如图1-12所示。

（5）代建模式

项目"代建制"是一种由项目出资人委托有相应资质的项目代建人对项目的可行性研究、勘察、设计、监理、施工等全过程进行管理，并按照建设项目工期和设计要求完成建

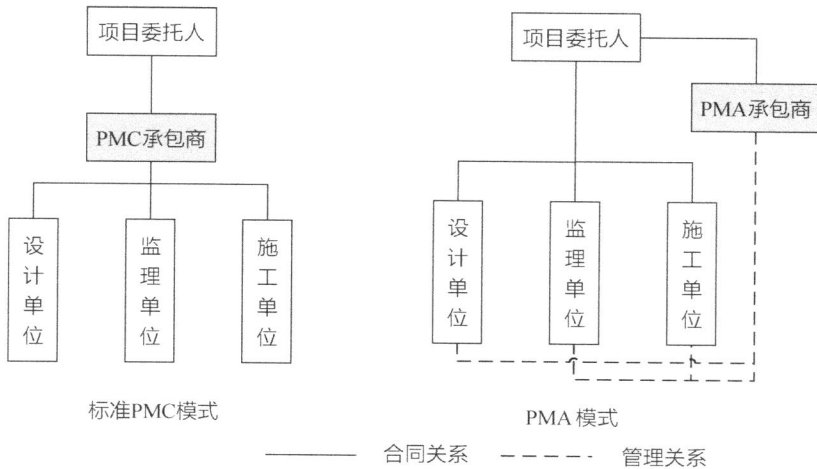

图 1-12 PMC & PMA 模式

设任务, 直至项目竣工验收后交付使用人的项目建设管理模式。代建制的机理是, 破坏政府业主"投建管用"一体化机制, 让使用者与投资管控职能分离, 消灭使用者投资扩张冲动对投资管控的干扰。代建模式的结构框架如图 1-13 所示。

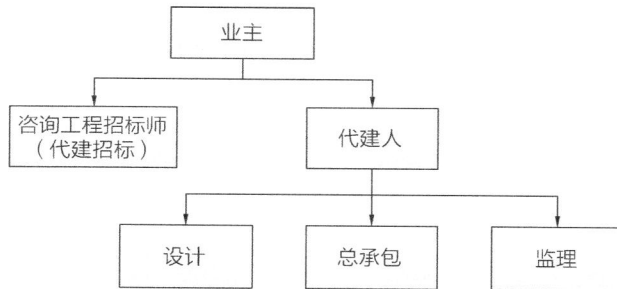

图 1-13 代建模式的结构框架图

全过程工程咨询服务, 也可称为全过程一体化项目管理服务, 其属于投资人项目管理范畴, 由具有全过程工程咨询服务能力和实践经验的全过程工程咨询单位接受投资人的委托, 组织和负责工程的全过程工程咨询, 包括但不限于前期决策咨询、勘察、设计、造价咨询、招标代理、材料设备采购和合约管理以及实施阶段的施工管理和工程监理等全过程一体化管理, 在合理和约定服务期限内, 为建设项目提供优质的全过程工程咨询服务, 实现项目安全、质量、经济、进度、绿色环保和使用功能的六统一。即全过程工程咨询就是"咨询型代建"。

六、以投资管控为核心的项目管理

以投资管控为核心的项目管理是多目标的管理, 是把投资、工期、质量三者融为一体, 进行综合管理。在项目管理过程产生的纠纷中, 诸多例子追本溯源均是由投资的不合理及管理不当所造成的, 而项目管理博弈的焦点则是工程造价, 因此投资管控在整个项目管理中处于核心地位。以投资管控为核心并不意味着质量和工期等其他因素无足轻重，而是先有质量标准的制定和工期的限定，才能确定合理的工程投资数额，而投资数额的确定相应的对质量和工期具有约束效果。因此，在整个项目管理过程中，应当在不忽视其他管理因素的情况下，以工程造价的管理与控制为核心，降低工程成本，取得最好的投资效益。

在实现以投资管控为核心的项目管理过程中，应当注重从"被动"向"主动"的三个转变，并将全生命周期造价管理（LCC）、价值管理（VM）等新方法、新工具应用到"被动"向"主动"的转变过程中，其中具体应当实现的三个转变如下：

（一）从被动地反映工程设计转变为能动地参与影响设计

随着投资管控服务业务的不断发展，无论是承包人还是投资人等，均意识到仅依靠施工阶段的造价管理是远远不能满足工程造价与成本控制要求的。并且，投资人作为推动建筑行业发展的原动力，更多的希望设计与施工工作能够紧密地结合起来，以项目的决策、设计、招标采购、施工、运营等全生命周期理念为出发点，使得工程造价能够在项目全生命周期发挥最大作用。全生命周期造价管理（LCC）强调信息流向前集成的"早期价值管理"，可建筑性/可施工性（Constructability）则强调实现设计与施工的有效衔接，两者的结合为工程造价更好地参与和影响设计提供了强大的理论基础与明确的发展方向。

（二）从被动地反映合同管理结果转变为能动地影响合同管理过程

工程施工合同作为规定承发包双方权利与义务的约束性文件，在实践工作中是工程项目进行风险分担的主要载体。在传统的合同管理中，无论是合同的制定双方还是后期的合同执行众多参与者，均将合同管理工作的重点放在对合同产生结果的关注上，即合同的不完备性导致矛盾或纠纷产生后，去化解或弥补合同中的不足。随着项目复杂性与周期性的增强，这种处理方法带来的经济损失与组织破坏往往是巨大的，因此主动地参与并影响合同管理工作是投资管控服务未来重要的发展目标。

（三）从单纯控制投资转变为基于项目价值增值的目标集成化控制

需求是项目产生的重要原因和驱动因素，而在工程项目管理中除了注重项目自身的基本功能实现程度外，还应当结合利益相关者的需求，即通过分析和识别重要利益相关者的关键需求，在造价控制与管理过程中综合提升项目的价值。根据价值管理（VM）理论，应当将单纯控制投资转变为基于项目价值增值的目标集成化控制，即在项目管理过程中，应当在保证功能实现的基础上，综合衡量各影响因素对投资的影响，严格控制成本支出，使得项目价值得以增值。

随着工程造价专业人士数量的不断增加，成本管理与控制工具功能的提升与种类的丰富，以及造价咨询服务行业业务的拓宽与延伸，投资管控在项目管理的重要作用将会日益显现。并且随着全生命周期理论、价值工程理论及合理风险分担理论在工程建设项目中应用领域的扩大与发展，投资控制理论体系将更加完整，应用模型将更具实操性。因此，形成以投资管控为核心的项目管理将会是未来工程建设的重要发展方向。

第二节　工程咨询概述

一、咨询与工程咨询

咨询（Consulting）多数意指征求意见。一般意义上的"咨询"在中国已有很悠久的历史，诸葛亮在《前出师表》中说"愚以为宫中之事，事无大小，悉以咨之，然后施行，必能裨补阙漏，有所广益。"在现代社会，由于科学技术和生产力高度发展，社会分工越来越细，咨询已不是一种普通的社会活动，而是在各个领域发展成为了独立的、新兴的咨询行业。现代咨询是以信息为基础，依靠专家的知识和经验，对客户委托的任务进行分析、研究，提出建议、方案和措施，并在需要时协助实施的一种智力密集型的服务。

工程咨询（Engineering Consulting）是咨询的一个重要分支。根据国家发展改革委颁发的《工程咨询行业管理办法》（国家发改委令第 9 号），工程咨询是遵循独立、公正、科学的原则，综合运用多学科知识、工程实践经验、现代科学和管理方法，在经济社会发展、境内外投资建设项目决策与实施活动中，为投资者和政府部门提供阶段性或全过程咨询和管理的智力服务。根据该定义，工程咨询的范围贯穿了工程项目建设的全过程，为项目从前期决策至运营持续提供整体或局部解决方案以及管理服务。

由于建设项目具有阶段性的特点，工程咨询也有阶段性，国际上可分为项目前期决策咨询、勘察设计咨询和工程造价咨询等专业咨询服务，与国际工程咨询业不同的是，中国工程咨询还分化出了工程监理和招标代理等。

项目前期决策咨询也称为投资决策咨询，系指对建设项目进行投资机会研究、项目建议书、可行性研究、项目评估和决策等内容，是建设项目立项之前的咨询。国际工程咨询业对项目前期决策咨询非常重视，常常用一年以上甚至更长的时间进行反复论证，以确保项目的成功以及确保建成之后的效益。

根据《建设工程勘察设计管理条例》（国务院令第 662 号），工程勘察是指根据建设工程的要求，查明、分析、评价建设场地的地质地理环境特征和岩土工程条件，编制建设工程勘察文件的活动。工程勘察的基本内容是工程测量、水文地质勘查和工程地质勘查。勘察任务在于查明工程项目建设地点的地形地貌、地层土壤岩性、地质构造、水文条件等自然地质条件资料，做出鉴定和综合评价，为建设项目的选址、工程设计和施工提供科学可靠的依据。

根据《建设工程勘察设计管理条例》（国务院令第 662 号），工程设计是根据建设工程的要求，对建设工程所需的技术、质量、经济、资源、环境等条件进行综合分析、论证、编制建设工程设计文件的活动。工程设计是项目建设的重要环节，在建设项目的选址和设计任务书已定的情况下，建设项目是否技术上先进和经济上合理，设计将起着决定作用。

工程设计是可行性研究的深入和继续，其主要目的是解决如何进行建设的具体工程技术和经济问题。根据现行的《建筑工程设计文件编制深度规定》，建筑工程（民用建筑、工业厂房、仓库及其配套工程）一般应分为方案设计、初步设计和施工图设计三个阶段。国际上一般无论工程复杂程度，均将设计工作分为"概念设计""基本设计"和"详细设计"三个阶段。

根据《建设工程造价咨询规范》GB/T 51095—2015，工程造价咨询是指工程造价咨询单位接受委托方的委托，运用工程造价的专业技能，为建设项目决策、设计、发承包、实施、竣工等各个阶段工程计价和工程造价管理提供的服务。1997 年，国际全面造价管理促进会对工程造价管理的定义为"工程造价管理，其领域包括应用从事造价工程实践所获得的工程经验与判断，以及通过学习掌握的科学原理与技术，去解决有关工程造价预算、造价控制、运营计划与管理、盈利分析、项目管理以及项目计划与进度安排等方面的问题。"但目前我国工程造价咨询单位的业务多集中在工程预结算的编制和审查，也有部分工程造价咨询公司为投资人提供从项目立项到竣工阶段的全过程造价咨询服务。

根据《建设工程监理规范》GB/T 50319—2013，工程监理是指工程监理单位受建设单位委托，根据法律法规、工程建设标准、勘察设计文件及合同，在施工阶段对建设工程质量、进度、造价进行控制，对合同、信息进行管理，对工程建设相关方的关系进行协调，并履行建设工程安全生产管理法定职责的服务活动。

中国的招标代理咨询的主要内容是接受政府、金融机构或企业等方面的委托，以采购人的名义，利用公开招标等方式，为采购人择优选定供应商或承包商。

根据世界贸易组织《服务贸易总协定》，服务可分为贸易性服务和非贸易性服务。贸易性服务主要是指金融、保险等资金密集型服务和通信、咨询等知识密集型服务。工程咨询服务属于贸易性服务中的知识密集型服务。按照中国国民经济行业分类方法，工程咨询业属于社会服务业中的信息、咨询服务业。

二、工程咨询与项目管理

从前述定义看，建设项目管理通过对项目进行策划、组织、协调和控制等管理手段，实现项目目标。项目管理分为投资人的项目管理、工程咨询单位的项目管理以及承包人的项目管理等。而工程咨询是为项目提供整体或局部解决方案以及项目管理服务，即从咨询工程师或工程咨询单位的角度，提供项目专业解决方案并进行项目管理。因此，从工程咨询单位的角度看，工程咨询和项目管理可以合二为一，专业解决方案是进行项目管理的基础，项目管理是专业解决方案实现其价值的重要手段。本书所讲的全过程工程咨询是从工程咨询单位的角度，以项目管理为核心，整合各专业咨询服务。

三、国外工程咨询的形成与发展

（一）工程咨询的形成

工程咨询的产生与发展与社会分工息息相关，它是社会分工的产物，随着社会分工的产生而产生，并随着社会分工的发展而演进。工程咨询产生于18世纪末19世纪初的第一次产业革命，它是近代工业化的产物。1818年成立的英国土木工程师协会是建筑业出现的第一个专业人士组织，但工程咨询还没有完全从建筑工程领域分离出来，建筑师受业主雇佣负责组织施工和设计；19世纪40年代，工业革命的结果使建筑技术复杂化，导致设计与施工分离，工程承包市场形成，建筑师的作用开始转变，由为业主设计并组织施工演变为业主的顾问；到19世纪90年代美国土木工程师协会成立标志着独立执业的咨询机构开始出现；1904年丹麦国家咨询工程师协会的成立标志着工程咨询的名称正式产生。

1955年国际咨询工程师联合会（FIDIC）的成立，标志着工程咨询的成熟和规范发展；20世纪70年代开始的国际项目管理热潮使国际工程咨询跨越到新的台阶，工程咨询的外延不断扩大，咨询理念日益更新。

（二） 工程咨询的发展历程

国际工程咨询在发展中经历了个体咨询、合伙咨询、综合咨询等三个阶段。

1. 个体咨询阶段

19世纪90年代美国成立土木工程师协会，批准土木工程师可以独立承担土木工程建设中的技术咨询业务。此后，一些个人公司开始出现，如著名的美国柏克德（Bechtel）公司的创始人 W. A. Bechtel 出身为估价师，其于1909年创立了个人执业的公司 W. A. Bechtel Co. 最初的工程咨询以土木工程和铁路工程为主，以及部分公路项目。

2. 合伙咨询阶段

第一次世界大战前后，欧洲和北美的铁路交通业受到来自公路交通业的挑战，公路交通、能源及石油化工行业飞速崛起，工程咨询也从土木工程拓展到工业、交通、能源等领域。为提高竞争力，咨询工程师之间开始出现联合，咨询形式也由个体独立咨询发展到合伙咨询，综合工程咨询以新兴的项目总承包的形式在一些大型工程中也开始出现。根据公司的产权性质，合伙咨询阶段又分为松散合伙阶段和紧密合伙阶段，松散合伙体现为两个以上的个体咨询者（或公司）根据项目的需要形成的联盟（Consortium），如1930年当时最大的水坝 Hoover Dam 的项目总承包为 Bechtel 公司为首的六公司联盟（Six Companies）；紧密合伙是指根据个体咨询者的产权比例规定各自权利义务的合伙公司，并一直持续到现在。

3. 综合咨询阶段

第二次世界大战以后，各国为了修补战争的破坏，掀起了一股工程建设的热潮，工程咨询也由此快速向纵深发展，工程咨询不断成熟并成为主流咨询理念不断创新，从工程技术咨询发展到项目管理咨询，而且战略咨询管理思想不断创新，20世纪80年代后的核心竞争力和企业再造理论的应用使得一些巨型公司开始出现并走出国门，从国内咨询发展到国际咨询，涌现了一些著名的国际工程咨询公司，如柏克德公司（Bechtel）、艾麦克公司（AMEC）等。

（三） 工程咨询的发展趋势

按 FIDIC 白皮书的定义，工程建设过程中所需要的全部技术服务和管理服务统称为工程咨询，突出的是智力服务，咨询工程师（工程咨询单位）的业务范围贯穿了工程项目建设的全过程。

进入 21 世纪以来，工程咨询的外延已经扩展到项目战略咨询和全生命周期咨询。项目战略咨询是充分发挥咨询工程师在战略计划和投资选择中的作用，为投资人提供项目战略规划上的建议，并为实现项目可持续发展服务。此前，战略咨询一般是管理咨询公司的优势，但随着管理咨询业向工程咨询业的扩张，工程咨询业受到了强有力的挑战。在这个背景下，2003 年，FIDIC 将项目战略咨询、绿色与可持续发展、全生命周期咨询列入工程咨询的服务范围。项目全生命周期咨询是指工程咨询业务贯穿于项目战略规划、项目准备、实施和竣工、投产等项目全生命周期的各个阶段，包括投资机会研究、项目建议书和可行性研究、工程勘察、设计、造价、招标采购、合同管理和施工监理、生产准备、人员培训、竣工验收及项目建成投产后评估、运营期咨询等项目生命周期的各个阶段的咨询，全生命周期咨询的中心内容就是如何在设计阶段将运行和维护结合起来。

随着科学技术和经济的发展，工程咨询已走向综合型、国际化，突破了以技术为核心的狭义服务，向项目融资、建设、运营和可持续发展领域延伸。由于工程咨询业在工程承包市场中有着其他行业不可替代的重要作用，工程总承包和项目管理总承包已成为当前国际上大型工程咨询公司开展业务的一个趋势，并逐渐成为大型工程咨询公司的主营业务，尤其是 EPC 模式和项目管理承包的模式，为适应新型的建设模式不断涌现的形势，FIDIC 在 1999 版合同条件中新增加了 EPC/交钥匙工程合同条件（银皮书），并在 2017 版合同条件中沿用和强化。而"工程咨询"的外延仍处于不断扩张的态势：为了更容易获得总承包合同，最大限度地降低交易费用，工程咨询与其他相关行业的联合已初见端倪，如工程咨询公司与建筑公司、项目开发商、融资商等机构的伙伴式开发经营的模式，"融资—咨询—采购—建造—经营"一体化的集成管理模式已开始出现。

国际工程咨询的公司规模正在向两极化发展，专业型工程咨询公司规模较小，但仍在数量上占大多数，企业类型以规划公司（项目前期论证、可行性研究）、设计师事务所（主业为建筑及结构设计）、测量师事务所（主要在英联邦国家，主业为造价咨询）及综合性工程咨询公司为主，为不实行工程总承包的项目提供全过程的或阶段性的专业咨询服务，也有受大型工程公司授权，为工程总承包的项目提供专业咨询服务，越来越多的虚拟企业开始出现也是国际工程咨询业分工演进的一个突出特点。

四、中国工程咨询的引入与发展

（一）工程咨询的萌芽和建立

中华人民共和国成立初期，我国工程建设主要沿用"苏联模式"，建设基本上是建设主管部门直接成立建设管理班子，负责完成"方案研究""建设建议书""技术经济分析"等项目前期的调研、论证、筹划、准备工作，只有少数特殊项目的部分前期工作由专业对口的勘察设计单位来做。这一时期，我国工程咨询业服务体系的雏形初步体现出来。

我国工程咨询行业真正始于20世纪80年代。1982年，国家计委组建中国国际工程咨询公司，并于1983年2月正式颁布了《关于建设项目进行可行性研究的试行管理办法》，把可行性研究正式纳入工程建设基本程序中，并对可行性研究相关内容做了详细规定。1985年我国政府又决定对项目实行"先评估、后决策"的制度，规定大中型重点建设项目和限额以上技术改造项目，都必须经过有资格的咨询公司的评估。1987年7月，建设部正式提出实行工程建设监理制度。建设部于1988年11月12日制定印发了《关于开展建设监理试点工作的若干意见》。据此，试点地区和部门开始组建监理单位，建设行政主管部门帮助监理单位选择监理工程项目，逐步开始实施建设监理制度。这一时期，承担工程咨询服务的主要有三类企业，分别是勘察设计单位、各类工程咨询服务公司和监理单位，主要承担政府工程项目前期可行性研究、建设方案论证、技术经济评估和建设监理等工作。

进入20世纪90年代，我国工程咨询行业正式确立并进入规范化发展时期。1992年，国家产业政策明确把工程咨询纳入服务业。随着工程招投标制度和建设工程咨询制度的逐步推行和完善，工程咨询行业得到快速发展，我国工程咨询市场日益扩大和渐趋规范。勘察设计、工程咨询、工程监理、造价咨询、招标代理等各种不同专业的工程咨询机构有了快速发展。工程咨询产业化、工程咨询单位市场化步伐明显加快，行业规模显著扩大，人员素质不断提高，服务质量和水平稳步提升。总体而言，工程咨询业形成了一定规模，培养了一支较强的人才队伍，为国民经济建设发挥了重要作用。但这一时期的工程咨询行业的市场认可度还不高，其业务主要是针对国家重点项目、政府投资项目和外资投资项目，承接一些政策强制性业务，工程咨询市场还没有实现真正意义上的市场化运作。

（二）培育发展建设项目管理咨询服务

随着我国市场经济的发展和改革开放的深入，工程咨询行业取得了一定的发展，但同时也暴露了一些问题。诸如咨询业务各个模块的分割；企业数量众多，但综合实力强大的工程咨询企业稀少，行业集中度低，缺乏国际竞争力；面临着体制机制的约束；工程咨询行业整体的认知度低等。针对行业暴露的问题，应对新时期国内外经济形势的变化，政府加强了对工程咨询行业的引导，加快培养我国的工程项目管理咨询。

2002年，我国第一版《建设工程项目管理规范》GB/T 50326—2002出台；2003年，建设部提及开展对工程项目的组织实施进行全过程或若干阶段的管理和服务的思路。在《关于培育发展工程总承包和工程项目管理企业的指导意见》（建市〔2003〕30号）中介绍了工程项目管理的基本概念和主要方式。2004年，建设部《关于印发〈建设工程项目管理试行办法〉的通知》（建市〔2004〕第200号），对工程项目管理业务范围作出明确的划分，分别列举了工程项目管理在前期策划、项目设计、施工前准备、施工、竣工验收和保修各个阶段的具体工作，大力鼓励具有工程勘察、设计、施工、监理资质的企业，通过建立与工程项目管理业务相适应的组织机构、项目管理体系开展相应的工程项目管理业务。

2016 年，《住房城乡建设部关于进一步推进工程总承包发展的若干意见》（建市〔2016〕93 号）明确提到，在工程总承包项目上应加强全过程的项目管理，建设单位可以自行对项目进行管理，也可以委托项目管理单位对建设项目进行全过程管理。

在地方文件中，上海发布了《关于进一步加强本市建设工程项目管理服务的通知》（沪建建管〔2017〕125 号），江苏住房和城乡建设委员会在《关于推进工程建设全过程项目管理咨询服务的指导意见》（苏建建管〔2016〕730 号）中，大力提倡在江苏省内培养全过程的项目管理咨询服务企业，为建设单位的项目管理提供咨询。

为了提高政府项目的管理效率，在政府投资项目上引入了项目代建制模式。

1993 年，厦门首先在全国开展政府投资项目代建制试点工作。经过一段时间的摸索，一些地方已经先行一步，例如宁波市政府在 2002 年印发了《宁波市关于政府投资项目实行代建制的暂行规定》（甬政办发〔2002〕128 号）。2004 年，国务院正式下发《关于投资体制改革的决定》（国发〔2004〕20 号），明确对非经营性政府投资项目加快推行"代建制"，通过招标等方式，选择专业化的项目管理单位负责建设实施，严格控制项目投资、质量和工期，竣工验收后移交给使用单位。随后，我国多个地方政府结合本地的经济和市场环境，相继出台了一些地方性政府投资项目代建制管理办法，也形成了一些具体操作性实施细则。政府项目代建制在深圳、上海、北京、宁波、厦门等地普遍运用，形成了几种典型的项目代建模式，如上海模式、深圳模式、北京模式、宁波模式。同时，个别省份为了适应经济的发展和市场环境的改变，对原有的政府代建模式进行了一些改革。例如，深圳福田区 2017 年 6 月发布了《福田区政府投资建设项目代建制管理办法（试行）》（福府办规〔2017〕4 号），针对原有的政府集中代建模式的弊端，加大政府代建的市场化改革，大力推行市场化的全过程代建模式，允许具备全过程工程咨询能力的代建单位自主承担勘察、设计、监理等服务事项，支持投资咨询、勘察、设计等单位采取联合经营、并购重组等方式参与全过程代建项目，除采购和施工以外，代建单位负责全过程项目实施和管理。

（三）鼓励发展全过程工程咨询

鼓励发展全过程工程咨询，一方面是促进我国工程咨询行业的转型升级，另一方面也是践行工程建设全过程项目管理的理念。作为全过程工程咨询的一个重要组成部分，我国工程造价领域较早的实践"全过程"的服务理念。

2014 年颁发了《建筑工程施工发包与承包计价管理办法》（中华人民共和国住房和城乡建设部令第 16 号），提出："国家准广工程造价咨询制度，对建筑工程项目实行全过程造价管理"，首次从国家规章层面推行建设项目全过程造价管理。同年 9 月，针对工程造价市场清单计价模式和工程定额计价模式的弊端，住房城乡建设部印发《住房城乡建设部关于进一步推进工程造价管理改革的指导意见》（建标〔2014〕142 号），在"主要目标"中提出要"完善工程计价活动监管孔制，推行工程全过程造价服务"，并在措施中强调"建立健全工程造价全过程管理制度""推行工程全过程造价咨询服务，更加注重工程项目前期和设计的造价确定。充分发挥造价工程师的作用，从工程立项、设计、发包、施工到竣工全过程，实现对造价的动态控制。发挥造价管理机构专业作用，加强对工程计价活动及参与计价活动的工程建设各方主体、从业人员的监督检查，规范计价行为。"

2017年9月，再次印发《住房城乡建设部关于加强和改善工程造价监管的意见》（建标〔2017〕209号），再次强调"积极培育具有全过程工程咨询能力的工程造价咨询企业，鼓励工程造价咨询企业融合投资咨询、勘察、设计、监理、招标代理等业务开展联合经营，开展全过程工程咨询，设立合伙制工程造价咨询企业"。同时强调"完善工程建设全过程计价依据体系，共享计价依据"。自此，全过程工程造价管理已经成为行业趋势，有利于建设项目全生命周期的成本控制，也对工程造价咨询企业提出更高要求。

近年来，国家和地方更是频发多个文件，多次提到深化项目组织实施方式改革，培育全过程工程咨询。2016年12月30日，江苏省住房和城乡建设厅印发了《关于推进工程建设全过程项目管理咨询服务的指导意见》（苏建建管〔2016〕730号），提出"全面整合工程建设过程中所需的前期咨询、招标代理、造价咨询、工程监理及其他相关服务等咨询服务业务，引导建设单位将全过程的项目管理咨询服务委托给一家企业，为项目建设提供涵盖前期策划咨询、施工前准备、施工过程、竣工验收、运营保修等各阶段的全过程工程项目管理咨询服务"。

2017年2月，《国务院办公厅关于促进建筑业持续健康发展的意见》（国办发〔2017〕19号）中倡导"培育全过程工程咨询。鼓励投资咨询、勘察、设计、监理、招标代理、造价等企业采取联合经营、并购重组等方式发展全过程工程咨询，培育一批具有国际水平的全过程工程咨询企业。制订全过程工程咨询服务技术标准和合同范本。政府投资工程应带头推行全过程工程咨询，鼓励非政府投资工程委托全过程工程咨询服务。在民用建筑项目中，充分发挥建筑师的主导作用，鼓励提供全过程工程咨询服务"，在建筑工程全产业链中首次明确了"全过程工程咨询"这一理念，政府投资工程将带头推行全过程工程咨询，鼓励非政府投资项目和民用建筑项目积极参与。

2017年2月，在《住房城乡建设部建筑市场监管司2017年工作要点》的"深化建筑业重点环节改革"章节提到："推进全过程工程咨询服务""积极培育全过程工程咨询企业，鼓励建设项目实行全过程工程咨询服务。总结和推广试点经验，推进企业在民用建筑中提供项目策划、技术顾问咨询、建筑设计、施工指导监督和后期跟踪等全过程服务"。

2017年5月，住房城乡建设部印发《住房城乡建设部关于开展全过程工程咨询试点工作的通知》（建市〔2017〕101号），选择北京、上海、江苏、浙江、福建、湖南、广东、四川8省（市）以及40家企业开展全过程工程咨询试点，探索全过程工程咨询管理制度和组织模式，为全面开展全过程工程咨询积累经验。随后，相关省市积极响应，浙江、广东、湖南、福建等地相应出台开展全过程工程咨询的试点工作通知，对全过程工程咨询的范围、资质要求、委托方式、收费标准和制度完善都提出了要求。

2017年5月，住房城乡建设部印发的《工程勘察设计行业"十三五"规划》中提出要"培育全过程工程咨询，鼓励投资咨询、勘察、设计、监理、招标代理、造价等企业采取联合经营、并购重组等方式发展全过程工程咨询，培育一批具有国际水平的全过程工程咨询企业"。并针对不同规模和实力的勘察设计企业转型提供全过程工程咨询服务给出了方向和建议，促进大型企业向工程公司或工程顾问咨询公司发展；中小型企业向具有较强专业技术优势的专业公司发展；鼓励有条件的企业以设计和研发为基础，以自身专利及专有技术为优势，拓展装备制造、设备成套、项目运营维护等相关业务，逐步形成工程项目全生命周期的一体化服务体系。

2018年3月15日，住房城乡建设部建筑市场监管司公开发布《关于征求推进全过程工程咨询服务发展的指导意见（征求意见稿）和建设工程咨询服务合同示范文本（征求意见稿）意见的函》（建市监函〔2018〕9号）提出：进一步完善我国工程建设组织模式，推进全过程工程咨询服务发展，培育具有国际竞争力的工程咨询企业，推动我国工程咨询行业转型升级，提升工程建设质量和效益；借鉴和参照国际通行规则开展全过程工程咨询服务，结合国际大型工程顾问公司的业务特征，培育既熟悉国际规则又能符合国内建筑市场需求的高水平工程咨询服务企业和人才队伍；鼓励有能力的工程咨询企业积极参与国际竞争，推动中国工程咨询行业"走出去"，为实现"一带一路"倡议服务。

全过程工程咨询的出现，不是偶然，是我国工程咨询行业发展的积淀，是市场选择的结果，是向国际惯例接轨的要求，是行业发展的必然趋势。

第三节 全过程工程咨询概述

近年来，国内多个省市先后出台全过程工程咨询实施方案、操作指引、咨询合同和招标文件示范文本等相关政策文件，积极推动全过程工程咨询落地。

推行全过程工程咨询的目的是打破传统碎片化的咨询服务，通过一家咨询单位总体把控整个工程建设产业链，高度整合和集成各个专业咨询服务，有效降低服务成本；变外部协调为内部协调，有效缩短工期，整合优化行业、产业、人才资源配置，培育一批智力密集型、技术复合型、管理集约型的工程咨询服务类企业。因此，全过程工程咨询可以理解成一种管理总承包（PMC），是项目管理的深化和向上下游延伸，打通了咨询各个环节。

推行全过程服务是深化中国工程建设项目组织实施方式改革，是提高工程建设管理水平，提升行业集中度，保证工程质量和投资效益，规范建筑市场秩序的重要措施。同时也是中国现有勘察、设计、造价、监理、招标代理等从业企业调整经营结构，谋划转型升级，增强综合实力，加快与国际建设管理服务方式接轨，是为破解工程咨询业"小、散、乱、差"现状的有效途径，更是适应社会主义市场经济发展的必然要求。

一、全过程工程咨询相关概念

根据目前国家和有关省市的最新政策文件，并参考FIDIC等有关国际专业组织惯例，本书对全过程工程咨询的相关概念定义如下：

（一）全过程工程咨询

全过程工程咨询是指对项目从前期决策至运营全过程提供组织、管理、经济、技术和法务等各有关方面的工程咨询服务，包括全过程项目管理以及前期决策咨询、规划、勘察、设计、造价咨询、招标代理、监理、运行维护咨询以及 BIM 咨询等专业咨询服务。全过程工程咨询服务可采用多种组织方式，由投资人委托一家单位负责或牵头，为项目前期决策至运营持续提供局部或整体解决方案以及管理服务。

（二） 全过程工程咨询单位

全过程工程咨询单位是指建设项目全过程工程咨询服务的提供方。全过程工程咨询单位应具有国家现行法律规定的与工程规模和委托工作内容相适应的工程咨询、规划、勘察、设计、监理、招标代理、造价咨询等一项或多项资质（或资信），可以是独立咨询单位或咨询单位组成的联合体。

（三） 全过程工程咨询总咨询师和专业咨询工程师

总咨询师是指全过程工程咨询单位委派并经投资人确认的，应取得工程建设类注册执业资格或具有工程类、工程经济类高级及以上职称，并具有相关能力和经验为建设项目提供全过程工程咨询的项目总负责人。总咨询师应具有良好的职业道德和执业信用记录，遵纪守法、廉洁奉公、作风正派、责任心强；有承担项目全过程工程咨询任务相适应的专业技术管理、经济和法律等知识体系。

专业咨询工程师是指具备相应资格和能力，并在总咨询师管理协调下，开展全过程工程咨询服务的相关专业人士。专业咨询工程师主要包括（但不限于）：注册建筑师、勘察设计注册工程师、注册造价工程师、注册监理工程师、注册建造师、咨询工程师（投资）等相关执业人员。

本书认为，全过程工程咨询是"咨询型代建"，应以全过程项目管理为核心，以项目策划为灵魂，以总咨询师为负责人，以资源整合为抓手，全面集成前期决策咨询、规划咨询、勘察、设计、造价咨询、监理、招标代理、运行维护咨询以及 BIM 咨询等专业咨询服务，为建设项目提供全方位、全要素的咨询服务，实现项目增值和项目目标。

二、全过程工程咨询与其他项目管理模式的辨析

从全过程工程咨询上述定义可以看出，全过程工程咨询与代建制、项目管理承包（PMC）、工程总承包（EPC）、工程监理等项目管理模式虽有近似之处，但也有一定的差别。

（一） 代建制

《国务院关于投资体制改革的决定》（国发〔2004〕20 号）中规定："对非经营性政府投资项目加快推行'代建制'，及通过招标等方式，选择专业化的项目管理单位负责建设实施，严格控制项目投资、质量和工期，竣工验收后移交给使用单位。"代建制是为了实施对于政府投资公益性项目建设的有效管理、建立科学的责权分担机制，而根据法律法规和行政规章的规定通过市场竞争的方式或其他方式从具有相应代建资质的项目管理企业或

专业机构中选任合格的代建人，政府作为投资人和业主以代建合同的方式将投资项目实施建设的全过程委托其管理，并支付相应代建费用的项目实施管理方式。

代建制主要强制适用于政府投资项目实施全过程项目管理，而全过程工程咨询可适用于一般项目而由项目投资人自行选用；代建项目单位主要是提供全过程的项目管理服务，一般不提供专业咨询服务；而全过程工程咨询单位既可提供全过程项目管理服务，也可提供各专业解决方案；代建项目单位可直接与建设项目的承包人签订合同，并负有直接监督合同履行的责任，而全过程工程咨询单位不直接与承包人签合同，而是协助投资人与承包人签订合同，并根据投资人的委托监督合同的履行；代建项目单位交付的是建设项目实体，对全部项目管理行为和项目成果承担责任，因而风险较大，而全过程工程咨询单位主要提供的是项目解决方案，就项目管理和专业咨询方案对投资人负责，风险比代建单位要小。

（二） 项目管理承包 （PMC）

PMC 承包商担保投资人对建设项目进行全过程、全方位的项目管理，包括项目的总体规划、项目定义、工程招标，选择设计、采购、施工，并对设计、采购、施工进行全面管理。PMC 是受投资人委托对项目进行全面管理的项目管理承包，一般不直接参与项目的设计、采购、施工和试运行等阶段的具体工作；而全过程工程咨询既对项目进行全过程项目管理，也可直接负责项目的前期决策咨询、勘察设计、招标采购、工程监理、竣工验收等具体工作，并且可提供项目运行维护的咨询服务；PMC 交付的最终成果是建设项目实体，而全过程工程咨询交付的主要成果是项目管理和各专业咨询的专业意见和解决方案，供投资人决策和采纳实施。

（三） 工程总承包 （EPC）

工程总承包（EPC）是指从事工程总承包的企业受投资人委托，按照合同约定对建设项目的勘察、设计、采购、施工、试运行（竣工验收）等实行全过程或若干阶段的承包。在 EPC 模式下，投资人将包括项目勘察设计、设备采购、土建施工、设备安装、技术服务、技术培训直至整个项目建成投产的全过程均交由独立的 EPC 承包商负责。EPC 承包商将在"固定工期、固定价格及保证性能质量"的基础上完成项目建设工作。工程总承包（EPC）不是咨询服务方式，而是承包商责任划分与风险承担的一种模式，在 EPC 模式下，全过程工程咨询单位仍具有自己的投资人顾问及项目管理的角色。EPC 承包人与投资人是合同甲乙方关系，EPC 承包人按合同约定履行乙方责任，承担项目管理和建设工程，向投资人交付项目实体；而全过程工程咨询单位与投资人是委托代理关系，全过程工程咨询单位根据投资人的委托，代行投资人的职责。

（四） 工程监理

工程监理是根据法律法规的规定，建设项目必须由项目投资人委托的具备相应资质的监理单位进行监理的一个工程管理制度。1997 年制定的《中华人民共和国建筑法》以法律的形式作出规定，国家推行建设工程监理制度。在工程监理中，作为项目建设监督管理专家的注册监理工程师接受投资人的委托，以自身的专业技术知识、管理技术知识和丰富的工作实践经验，有效地对项目建设的质量、进度、投资进行管理和控制，公正地管理合同，使建设项目的总目标得到最优化的实现。工程监理单位主要是对建设项目施工阶段的质量、进度、投资等内容进行监督和控制，履行专职的监督辅助职能，向投资人承担责任的范围仅限于其监理工作的范围之内；而全过程工程咨询单位对项目提供管理和各专业咨询服务工作，其中涵盖了监理工作的全部内容和责任。

三、全过程工程咨询的价值

推行全过程工程咨询有助于实现建设项目绿色、可持续发展，解决项目利益相关方的冲突矛盾，打造求同存异的工作环境，有利于维护良好的生态环境和减少污染的建设项目；推行全过程工程咨询有助于建设项目继承传统文化，实现传统文化的创造性转化、创新性发展，有利于传统与当代文化的相融相通；推行全过程工程咨询有助于建设项目进行集约管理，全过程工程咨询将集约思想融入建设项目中，充分发挥全过程工程咨询的作用，有利于提高建设项目的质量和效率，使建设资源的运用更加科学、合理、节约；推行全过程工程咨询有助于更好地提升建设项目价值，提高工程建设管理水平，提升行业集中度，保证建设项目获取最大的经济和使用效益。

在建设项目咨询服务过程中，全过程工程咨询一方面通过协调管理打破过程中的信息与资源壁垒，提高沟通效率，保证项目顺利运营，达成建设项目边际效益最大化的目标；另一方面实现工程咨询机构转型升级，增强综合实力，加快与国际建设管理服务方式接轨，是适应社会主义市场经济发展的必然要求。

（一）提高投资效益，打破条块分割

采用投资人单次招标的方式，使得其时间成本、交易成本远低于传统模式下设计、造价、监理等参建单位多次发包的成本。由一家咨询单位或者采用联合体的形式通过总咨询师的协调管理，将咨询服务覆盖工程建设全过程，包含传统模式下设计、造价、监理等各专业咨询单位的职责义务，这种高度整合各阶段的服务内容，一方面，将更有利于实现全过程投资控制，有效解决各阶段各专业之间的条块分割问题；另一方面，通过限额设计、优化设计和精细化管理等措施提高投资收益，确保项目投资目标的实现。

（二）保障项目合规，助力政府监管

当前建设市场还不完善，监管需加强，一些地方存在违规审批、违规拆迁、违法出让土地等损害群众利益的问题，扰乱了社会主义市场经济秩序。通过全过程工程咨询与管理，能够集约整合社会资源对建设项目进行有效监管，为政府提供强有力的全过程监管措施；由总咨询师统一指导梳理建设项目全过程的报批流程、资料，避免出现错报、漏报现象，有利于规范建筑市场秩序、减少违法违规行为。

（三） 加强风控预防，降低项目风险

发挥全过程管理优势，通过强化管控决策、投资、过程、运营、自然、社会等风险，对于项目而言，有效降低决策失误、投资失控的概率，减少生产安全事故；对于社会而言，也可避免自然环境的破坏，保护生态，有效集约利用资源，减少浪费。

（四） 提高项目品质，增强行业价值

首先，不同专业咨询工程师组成咨询团队参与全过程工程咨询，各专业咨询工作统筹安排，分工协作，可极大提高服务质量和项目品质，弥补了多个单一服务团队下可能出现的管理疏漏和缺陷；同时，有利于激发专业咨询工程师的主动性、积极性和创造性，促进新技术、新工艺和新方法的应用；其次，响应"十九大"的号召，培养具备国际视野的人才，促进行业转型升级，提高工程咨询行业国际竞争力；借助"一带一路"的机会平台，支持工程咨询行业走出去，在国际建设项目中立足；此外，可吸引优秀的国际化人才，保持行业的可持续性发展。

四、全过程工程咨询的原则和特点

（一） 工程咨询的原则

1. 独立
独立是指全过程工程咨询单位应具有独立的法人地位，不受其他方面偏好、意图的干扰，独立自主地执业，对完成的咨询成果独立承担法律责任。全过程工程咨询单位的独立性，是其从事市场中介服务的法律基础，是坚持客观、公正立场的前提条件，是赢得社会信任的重要因素。

2. 科学
科学是指全过程工程咨询的依据、方法和过程应具有科学性。全过程工程咨询要求实事求是，了解并反映客观、真实的情况，据实比选，据理论证，不弄虚作假；要求符合科学的工作程序、咨询标准和行为规范，不违背客观规律；要求体现科学发展观，运用科学的理论、方法、知识和技术，使咨询成果经得住时间和历史的检验。全过程工程咨询科学化的程度，决定全过程工程咨询服务的水准和质量，进而决定咨询成果是否可信、可靠、可用。

3. 公正
公正是指在全过程工程咨询工作中，坚持原则，坚持公正立场。全过程工程咨询的公正性并非无原则的调和或折中，也不是简单地在矛盾的双方保持中立。在投资人、全过程工程咨询单位、承包人三者关系中，全过程工程咨询单位不论是为投资人服务还是为承包人服务，都要替委托方着想，但这并不意味盲从委托方的所有想法和意见。当委托方的想法和意见不正确时，全过程工程咨询单位及其咨询工程师应敢于提出不同意见，或在授权范围内进行协调或裁决，支持意见正确的另一方。特别是对不符合国家法律法规、宏观规

划、政策的项目，要敢于提出并坚持不同意见，帮助委托方优化方案，甚至做出否定的咨询结论。这既是对国家、社会和人民负责，也是对委托方负责，因为不符合宏观要求的盲目发展，不可能取得长久的经济和社会效益，最终可能成为委托方的历史包袱。因此，全过程工程咨询是原则性、政策性很强的工作，既要忠实地为委托方服务，又不能完全以委托方满意度作为评价工作好坏的唯一标准。全过程工程咨询单位及总咨询师、专业咨询工程师要恪守职业道德，不应为了自身利益，丧失原则性。

（二）全过程工程咨询的特点

全过程工程咨询的特点主要表现在以下几个方面：

（1）每一项全过程工程咨询任务都是一次性、单独的任务，只有类似而没有重复。

（2）全过程工程咨询是高度智慧化服务，需要多学科知识、技术、经验、方法和信息的集成及创新。

（3）全过程工程咨询牵涉面广，包括政治、经济、技术、社会、环境、文化等领域，需要协调和处理方方面面的关系，考虑各种复杂多变的因素。

（4）投资项目受相关条件的约束较大，全过程工程咨询结论是充分分析、研究各方面约束条件和风险的结果，可以是肯定的结论，也可以是否定的结论。结论为项目可不可行的评估报告，也可以是质量优秀的咨询报告。

（5）全过程工程咨询成果应具有预测性、前瞻性，其质量优劣除了全过程工程咨询单位自我评价外，还要接受委托方或外部的验收评价，要经受时间和历史的检验。

（6）全过程工程咨询提供智力服务，咨询成果（产出品）属非物质产品。

五、全过程工程咨询的服务对象

由于全过程工程咨询服务的空间范围、专业领域和业务内容极其广泛，全过程工程咨询服务对象也相当广泛，主要服务对象有：

（一）为投资人服务

（1）为政府投资人服务。全过程工程咨询单位接受政府部门、机构委托，为其出资建设项目、课题研究提供服务，包括（但不限于）：①规划咨询：即规划研究、规划评估等；②重点研究综合、区域、专项发展规划，内容包括发展目标、发展战略、经济结构、产业政策、规模布局等；③项目评估：以项目可行性研究评估为主，重点评价项目的目标、效益和风险；④工程勘察设计：包括工程勘察、方案设计、初步设计、施工图设计等；⑤工程造价管理、招标代理、合同管理、工程监理等；⑥项目后评价：通过对项目投入运营后的评价，重点评价目标、效益和项目的可持续能力，总结经验教训；⑦政策咨询：即宏观专题研究。从宏观层面研究地区或行业的发展目标、产业政策、经济结构、规模布局、可持续发展等问题，为政策的调整和完善服务。

（2）为银行贷款人服务。全过程工程咨询单位为贷款银行服务，常见的形式是受银行的委托，对申请贷款的项目进行评估。受委托的全过程工程咨询单位必须满足与该项目有关各方没有任何商业利益和隶属关系的条件。全过程工程咨询单位的咨询服务，有利于帮助银行理清贷款项目的工艺方案和投资估算的准确性，并对项目的财务指标再次核算或进行敏感性分析，帮助分析项目投资的效益和风险。银行要求全过程工程咨询单位及其咨询工程师保持独立，不受投资人和项目其他有关当事人的影响，提出客观、公正的报告。独立的项目评估报告是银行贷款决策的重要参考依据。

（3）为国际组织投资人服务。国际组织是指跨国的金融、援助机构，包括世界银行和联合国开发计划署、粮农组织以及其他地区性开发机构，如亚洲基础设施投资银行、亚洲开发银行、泛美开发银行、非洲开发银行等。这一类机构的贷款基本上用于援助发展中国家。为世行等国际金融组织提供的咨询服务，包括全过程工程咨询单位或专业咨询工程师作为本地咨询专家，受聘参与在华贷款及技术援助项目咨询服务；投标参与这些机构在其他国家或地区贷款及技术援助项目的咨询服务。

（4）为企业及其他投资人服务。随着我国社会主义市场经济的发展和成熟，多元投资主体的投融资格局的形成，国有企业投资自主权不断扩大，民营投资者融资能力增强，国外投资者大量涌入，扩大了全过程工程咨询的服务对象和服务内容。他们除了需要全过程工程咨询单位按照工程项目程序提供常规的咨询服务，更加关注投资的直接目的和投资时机，更加关注项目的财务和经济效益，更加关注投资的风险。因此，对于不同的投资人，全过程工程咨询服务的内容、重点和深度也有所不同。

（二） 为承包人服务

承包人是指为工程项目提供材料、设备的厂商和负责土建与设备安装工程的施工单位等。投资人多采用招标（竞争性）的方式选择承包商，以期在保证较高技术水平和质量的前提下争取较低的工程造价。对于大中型项目，一般设备制造厂、施工单位都和全过程工程咨询单位合作参与工程投标。此时，全过程工程咨询单位是作为投标者的分包商为之提供技术服务。由于实力较雄厚，可以和设备制造咨询单位分包工艺系统设计、生产流程设计以及不属于承包人制造的设备选型与成套任务编制设备材料清册、工作进度计划等，有时还要协助澄清有关技术问题，如果承包人以项目交钥匙的方式总承包工程，全过程工程咨询单位还要承担土建工程设计、安装工程设计，并且协助承包商编制成本估算、投标估价，同时帮助编制现场组织机构网络图、施工进度计划和设备安装计划，参与设备的检验与验收，参加整套系统调试、试生产等。全过程工程咨询单位以分包商身份承担工程项目咨询，直接服务对象是工程的承包商或总承包商，咨询合同只在咨询单位和承包商之间签订。

六、全过程工程咨询的目标

（一） 文化为本

中国现代建筑学是以建立在西方哲学基础上的西方建筑学为参考系来寻找自己的发展道路的，但两者差异较大。这种仅以"模仿"为基础的发展道路使中国对传统建筑的继承与研究同现实情况产生了差距。建筑设计与先进技术的结合是必然的，而具有民族性、地域性以及社会性的传统文化直接影响着现代建筑设计运动，复兴中国优秀传统文化也是必然趋势，优秀传统文化是发展现代建筑设计的本质和内涵，是全过程工程咨询的根本出发点。

近年来，复兴优秀传统文化逐渐得到了社会各界的重视。中国共产党第十九次全国代表大会报告中提出，要坚持中国特色社会主义，激发全民族文化创新创造活力，建设社会主义文化强国。这也对全过程工程咨询单位提出了更深层次的咨询要求。

如何策划和设计出一个客体以承载深邃的背景文化，需要更深刻地了解其内在本质，继承传统文化精神的内涵，创造性地运用现代技术与材料，建设具有中国特色、中国元素的建筑。同时，在将本国工程咨询推出国门的过程中，既要尊重当地文化，又要保持中国特色文化，和谐共处，减少冲突。

在推行全过程工程咨询发展中继承与弘扬优秀传统文化，是"坚定文化自信、推动社会主义文化繁荣兴盛"精神的体现，是全过程工程咨询单位不可推卸的责任。

（二） 绿色为先

绿色是指在全过程工程咨询的工作中，需要强调营造绿色生态自然环境和社会环境，打造优质建设项目产品和咨询产品。绿色是全过程工程咨询的前提，起着导向和引领的作用。

绿色生态自然环境是指全过程工程咨询充分应用现代科学技术，在建设项目中一方面加强环境保护，发展清洁施工生产，不断改善和优化生态环境，使人与自然和谐发展；另一方面使人口、资源和环境相互协调、相互促进，建造质量优良，经济效益长久，具有较高的社会效益，有利于维护良好的生态环境和少污染的建设项目。绿色生态自然环境是实施工程项目乃至全社会可持续发展的主要保障，其本质特征就是可持续发展。

绿色社会环境是指全过程工程咨询单位的总咨询师具备良好的职业道德，通过个人品格影响利益相关方，协调各方意见，尊重各方差异，促进各方相互理解，减少冲突矛盾，营造和谐融洽、求同存异的工作环境，维护健康向上、正当竞争的社会秩序，坚持客观公正的态度，拒绝低价恶性竞争等不良现象发生。

（三） 集约发展

集约化原是经济领域中的一句术语，本意是指在最充分利用一切资源的基础上，更集中合理地运用现代管理与技术，充分发挥人力资源的积极效应，以提高工作效益和效率的一种形式。

集约发展是将集约思想融入全过程工程咨询中，充分有效地发挥全过程工程咨询的作用，才能真正提高建设项目的质量和效率，才能使建设资源的运用更加科学、合理、节约。

集约发展是动态的，是一种循序渐进、不断创新的过程。

（四） 价值创新

价值创新是全过程工程咨询的目的，不仅要通过创新有效的咨询建议或方案，优化建设项目，提高建设项目产品的技术竞争力，更要在有限的经济条件下提升建设项目服务能力，为顾客创造更多价值。

综合分析建设项目的消耗、合理平衡建设成本和运营成本是取得建设项目效益的关键。在此基础上实现价值创新，总咨询师对建设项目应做到：一是从经济的实现条件出发，选择恰当的技术设置，有机协调建设的各个要素，提高整体效率；二是根据社会生产力水平、国家经济的发展状况、人民生活的现状等因素，确定建设项目的合理投入和建造所要达到的建设标准，以求在全过程工程咨询服务中做到以最小的投入去获取最大的经济和使用效益；三是善于把技术问题与经济指标相结合，通过经济分析、经济比较及效果评价等手段正确认识和处理先进技术与经济合理之间的相互关系。

全过程工程咨询单位只有把控制建设项目成本的概念渗透到决策、设计、招标采购、施工、竣工、运营等阶段中，对经济先进技术的合理性进行全面评估，并在实际经济基础上合理大胆地采用先进技术，才能真正实现全过程工程咨询的创新发展。

七、全过程工程咨询的评判标准

全过程工程咨询服务，有利于打造优质建设项目产品，满足人民群众日益增长的美好生活需要，促进解决不平衡不充分的发展问题。打造优质的建设产品即是全过程工程咨询价值和目标的实现方式。优质的建设产品在建设项目的基础上提出更高的标准，是反映当地文化的特色建设产品，满足绿色、可持续发展的环境要求，提高建设项目的效率和价值。

根据国家发展改革委《中央企业固定资产投资项目后评价工作指南》（国务院国有资产监督管理委员会 2005 年）和《国家发展改革委关于印发中央政府投资项目后评价管理办法和中央政府投资项目后评价报告编制大纲（试行）的通知》（发改投资〔2014〕2129号），财政部《关于印发〈财政支出绩效评价管理暂行办法〉的通知》（财预〔2011〕285号）、《关于推进预算绩效管理的指导意见》（财预〔2011〕416 号）及《关于印发〈预算绩效评价共性指标体系框架〉的通知》（财预〔2013〕53 号）等相关文件规定，本书将项目的后评价和绩效评价中的指标因素作为优质建设项目和全过程工程咨询服务的评判标准。具体如下：

(1) 项目立项的规范性。包括项目申报合规性、项目决策必要的过程。

(2) 绩效目标合理性。包括绩效目标依据充分、合法合规和绩效目标可行性。

(3) 绩效目标明确性。包括项目绩效目标的投资目标、功能目标、规模目标、技术目标、环境目标、节能目标、社会满意度目标的可衡量性。

(4) 项目实施准备情况。项目勘察设计的合规性及程度，招投标组织实施的合规性。

(5) 项目资金审核的合规性、资金的到位率和及时率。

(6) 制度执行的合规性和落实忙。

(7) 合同管理的可控性强，少变更。

（8）项目质量标准的健全性和质量控制措施、安全施工措施的充分性。

（9）管理制度的健全性、资金使用的合规性、财务监控的有效性。

（10）质量目标的实现程度高、时间目标的实现程度高、投资目标的实现程度高、劳动安全卫生消防目标实现程度高。

（11）较好的社会效益、生态效益、对所在地的可持续影响。

（12）项目技术的先进性、适用性、经济性、安全性。

（13）项目对地区、企业效益的作用和影响。

（14）项目对环境和社会影响性。

第四节　全过程工程咨询的实施

一、全过程工程咨询相关主体关系

（一）建设项目各参与方的关系

目前国内有关省市陆续推进建设项目全过程工程咨询工作，如山东、广东、江苏、浙江、福建、湖南等省，虽然各地对全过程工程咨询的定义及业务范围表述不一致，但本质是相同的，即全过程工程咨询是指采用多种服务方式组合，为项目决策、实施（设计、发承包、实施、竣工）和运营阶段持续提供投资咨询、勘察、设计、监理、招标代理、造价和运维的解决方案以及管理服务。全过程工程咨询各参与方的关系如图 1-14、图 1-15 所示。

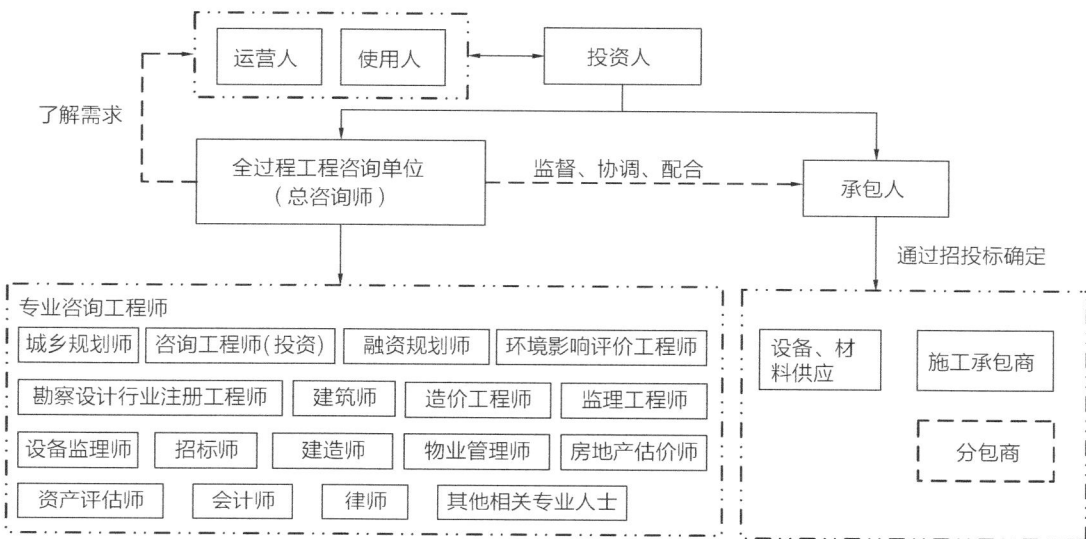

注：勘察设计行业注册工程师包括土木、电气、公用设备、化工、环保、结构等专业注册工程师

图 1-14　DBB 模式下各参与方的组织关系图

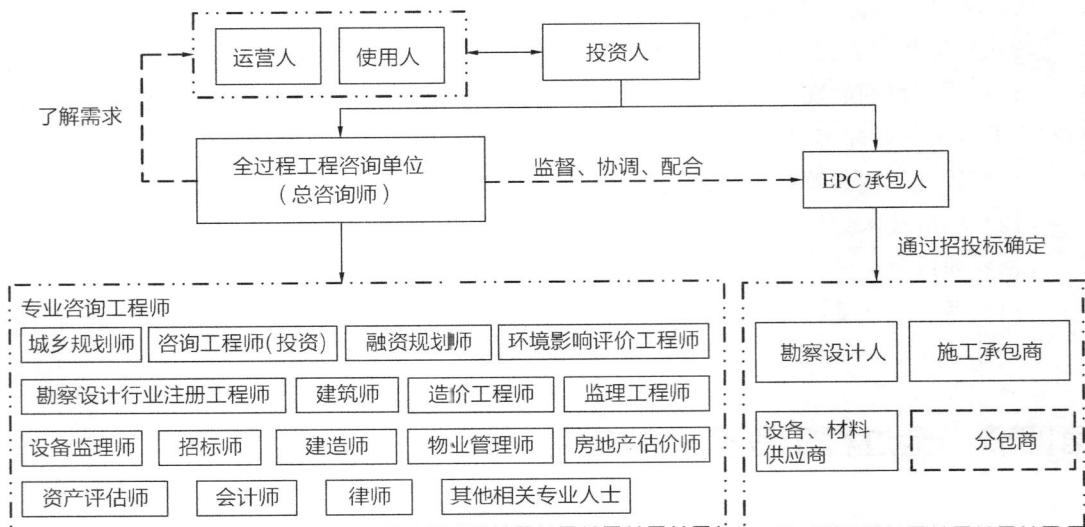

注：勘察设计行业注册工程师包括土木、电气、公用设备、化工、环保、结构等专业注册工程师
在EPC模式下全过程工程咨询单位的总咨询师需要对设计优化进行管理协调

图1-15　工程总承包（EPC）模式各参与方的组织关系图

（二）　总咨询师与专业咨询工程师的关系

本书建议全过程工程咨询实施总咨询师负责制，由总咨询师负责统筹项目可研、设计、招标、施工、竣工验收、运营、拆除全生命周期管理工作，负责确定并管控估算、概算、招标控制价、合同价款、结算和决算。如何培养总咨询师是推进全过程工程咨询的难点和重点，可以借鉴中国香港地区的认可人士制度，从建筑师、造价工程师、监理工程师、结构工程师等相关注册专业人员中培养选拔。

中国香港地区认可人士制度的可借鉴之处在于：这部分通过政府审查合格的"放心人士"是进行建筑市场监管的主要人员，又因为这些人是来自于各专业的资深专业人士，自身有可靠的技术功底和丰富的实践经验，可使建筑市场运行建立在行业自律的基础上，政府完全可以利用这只"无形之手"实现彻底的监管和宏观调控。总咨询师与各参与方的关系如图1-16所示。

总咨询师应由全过程工程咨询单位授权，作为项目全过程工程咨询的总负责人，对项目的咨询工作起到统领、协调、组织、审核的作用。对专业咨询工程师有利于集约管理，资源共享；对承包人有利于协调沟通，监督管理；对投资人有利于项目增值，提高效率；对全过程工程咨询单位有利于统筹咨询，打破信息不对称。总咨询师可根据项目全过程工程咨询服务需要，下设各专业咨询的负责人，协助总咨询师协调、管理本专业咨询工程师工作。专业咨询负责人应具有本专业的执业资格。

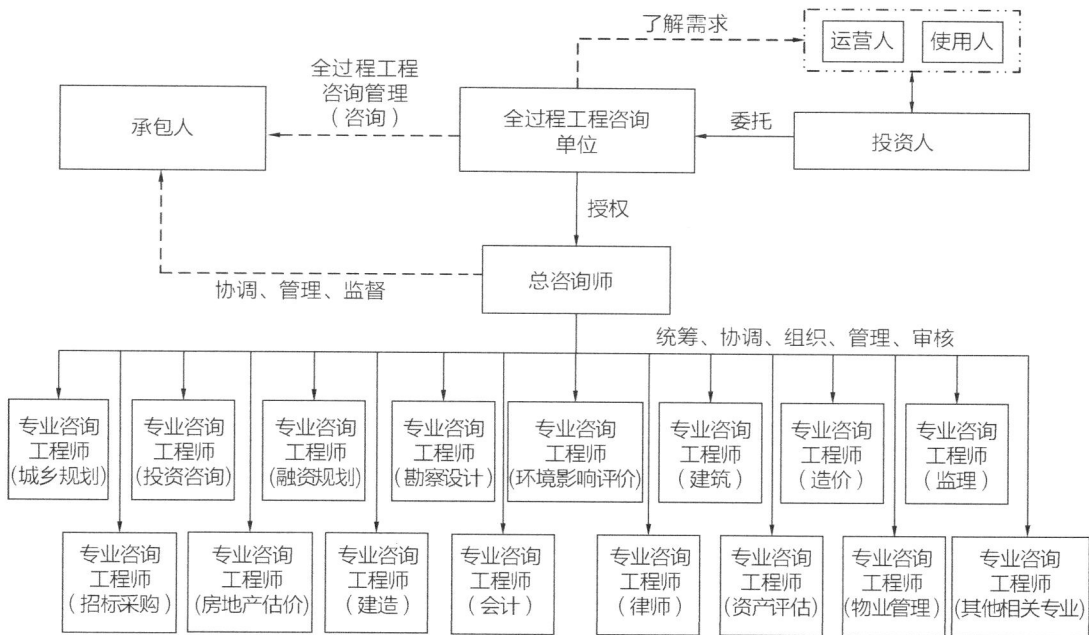

图 1-16　总咨询师与各专业咨询工程师的关系图

二、全过程工程咨询服务模式

全过程工程咨询单位可根据投资人的委托，独立承担项目全过程全部专业咨询服务，全面整合项目建设过程中所需的投资咨询、勘察、设计、造价咨询、招标代理、监理、运营维护咨询、BIM 咨询以及全过程工程项目管理等咨询服务业务；也可提供菜单式服务，即"1＋N"模式，"1"是指全过程工程项目管理，"N"包括但不限于：投资咨询、勘察、设计、造价咨询、招标代理、监理、运营维护咨询、BIM 咨询等专业咨询，如表 1-1 所示。

全过程工程咨询"1＋N"模式 表 1-1

"1"：全过程工程项目管理	"N"：全过程各专业咨询		
全过程项目策划、计划统筹、报建报批、勘察管理、设计管理、合同管理、投资管理、招标采购管理、现场实施管理、参建单位管理、验收管理等工作	BIM 技术辅助	投资咨询 工程勘察 工程设计 招标采购 造价咨询 工程监理	运营维护咨询

三、全过程工程咨询服务内容

根据国务院办公厅《关于促进建筑业持续健康发展的意见》（国办发〔2017〕19 号）的文件精神，同时结合《工程咨询行业管理办法》（2017 年第 9 号令）等文件的规定，全过程工程咨询企业可为项目提供全过程工程项目管理以及建设可行性研究、项目实施总体策划、工程规划、工程勘察、工程设计、工程监理、造价咨询、招标代理、BIM 咨询及项目运行维护管理等全方位的全过程工程咨询服务。

全过程工程咨询应以建设项目为载体，将项目各阶段所需要的咨询产品和内容结合，形成全过程工程咨询概览图，如图 1-17 所示。概览图将咨询产品和建设项目有机联系起来，使建设项目全过程工程咨询流程和建设项目的工作流程相呼应，明确了全过程工程咨询产品是为实现优质建设项目产品服务的。

考虑到管理模式的不断创新，概览图明晰了影响项目质量的工作或相关机构的最晚介入时间要求，明确全过程过程咨询单位、运营人最晚介入的时间和可以介入的时间点；说明了除传统工程发包模式外的其他 EPC、PMC、PMA 等不同模式的最早发包时间和条件，将 PPP 的融资模式提前到决策阶段研究；将建设项目工作流程中的初步设计完成时、开工时、验收移交时和生命结束并拆除时的造价作为投资控制的监控点。将全过程各阶段的过程咨询成果联系起来，解决了现阶段条块分割无法打通的问题，实现了全过程工程咨询目标。

（1）决策阶段通过了解研究项目利益相关方的需求，确定优质建设项目的目标，汇集优质建设项目评判标准。通过项目建议书、可行性研究报告、评估报告等形成建设项目的咨询成果，为设计阶段提供基础。

（2）设计阶段对决策阶段形成的研究成果进行深化和修正，将项目利益相关方的需求以及优质建设项目目标转化成设计图纸、概预算报告等咨询成果，为发承包阶段选择承包人提供指导方向。

（3）招标采购阶段结合决策、设计阶段的咨询成果，通过招标策划、合约规划、招标过程服务等咨询工作，对优质建设项目选择承包人的条件、资质、能力等指标进行策划。并形成招标文件、合同条款、工程量清单、招标控制价等咨询成果。为实施阶段顺利开展工程建设提供控制和管理的依据。

（4）实施阶段根据发承包阶段形成的合同文件约定进行成本、质量、进度的控制；合同和信息的管理；全面组织协调各参与方；最终完成建设项目实体。在实施过程中，及时整理工程资料，为竣工阶段的验收、移交做准备。

（5）竣工阶段通过验收检验是否按照合同约定履约完成。最后将验收合格的建设项目以及相关资料移交给运营人，为运营阶段提供保障。

（6）运营阶段对建设项目进行评价，评价其是否是优质建设项目。通过运营使其建设项目体现优质建设项目的价值，实现决策阶段设定的建设目标。最后把运营人的运营需求进行总结，并反馈到下一个项目的决策阶段，使建设项目的前期决策具有更充分的依据。

因此，全过程工程咨询不是传统的碎片化、分阶段的咨询服务，而是由一个具有目标明确的各类专业人员组成的集合体，通过统一规划、分工实施、协调管理、沟通融通，来提供综合性咨询服务。全过程工程咨询单位能有效提高建设项目质量与进度，从而能更好地完成优质建设项目的目标。

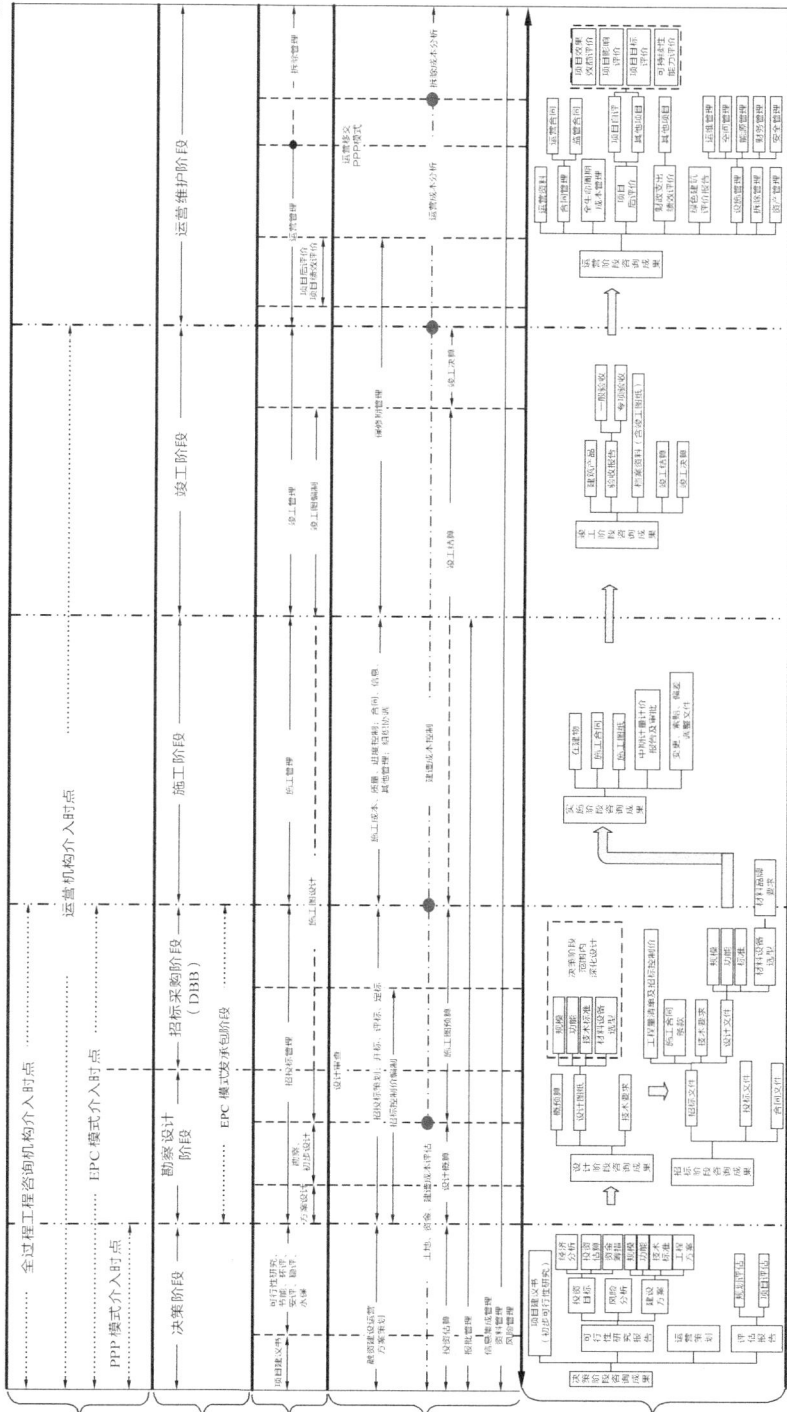

图 1-17 全过程工程咨询服务概览图

四、全过程工程咨询委托方式

投资人应将全过程工程咨询中的前期研究、规划和设计等工程设计类服务，以及项目管理、工程监理、造价咨询等工程项目控制和管理类服务委托给一家工程咨询企业或由多家企业组成的联合体或合作体。

投资人选择全过程工程咨询单位时，可采用"根据质量选择咨询服务"。鼓励全过程工程咨询单位采用最合适的技术、创新的解决办法和最合理或最经济的项目周期费用，为投资人提供最好的咨询服务。即投资人选择全过程工程咨询单位时，要以业务能力、管理能力、可用人力、财力资源、业务独立性、费用结构的合理性、业务公正性和质量保证体系为依据。提倡"优质优价、优质优先"，投资人可在招标文件和工程合同中约定优质优价奖励条款。

投资人可采用直接委托、竞争性谈判、竞争性磋商、邀请招标、公开招标等方式选择全过程工程咨询单位。公开招标是政府投资项目选择全过程工程咨询单位的主要方式，符合相关法律法规规定的，可以采用邀请招标、竞争性谈判等方式选择全过程工程咨询单位。

投资人在项目筹划阶段选择具有相应工程勘察、设计或监理资质的企业开展全过程工程咨询服务，可不再另行委托勘察、设计或监理。同一项目的工程咨询企业不得与工程总承包企业、施工企业具有利益关系。

工程咨询企业应当自行完成自有资质证书许可范围内的业务，在保证整个工程项目完整性的前提下，按照合同约定或经建设单位同意，将约定的部分咨询业务择优转委托给具有相应资质或能力的企业，工程咨询企业应对转委托企业的委托业务承担连带责任。

五、全过程工程咨询组织模式

（一）全过程工程咨询单位组织模式

全过程工程咨询服务可由一家具有综合能力的工程咨询企业实施，或可由多家具有不同专业特长的工程咨询企业联合实施，也可以根据建设单位的需求，依据全过程工程咨询企业自身的条件和能力，为工程建设全过程中的几个阶段提供不同层面的组织、管理、经济和技术服务。由多家工程咨询企业联合实施全过程工程咨询的，应明确牵头单位，并明确各单位的权利、义务和责任。

（二）全过程工程咨询团队组织模式

全过程工程咨询单位应根据全过程工程咨询合同约定的服务内容、服务期限，以及项目特点、规模、技术复杂程度、环境等因素，组建项目全过程工程咨询团队（项目部）。全过程工程咨询单位应书面授权委托项目全过程工程咨询的负责人，即项目的总咨询师，并实行总咨询师负责制。总咨询师可根据项目全过程工程咨询服务需要，下设各专业咨询的负责人，协助总咨询师协调、管理本专业咨询工程师工作。

全过程工程咨询团队（项目部）由总咨询师、专业咨询工程师和行政人员组成，团队（项目部）应根据服务内容配备齐全专业人员，数量应满足建设项目全过程工程咨询的工作需要。总咨询师应根据全过程工程咨询单位的授权范围和内容履行管理职责，对项目全过程工程咨询进行全面的协调和管理，并承担相应责任。

（三）全过程工程咨询质量安全责任模式

根据现行的法律法规和有关政策，全过程工程咨询服务应明确各方主体对项目的质量安全责任：

1. 全过程工程咨询单位承接项目的全过程项目管理以及投资咨询、勘察、设计、造价咨询、招标采购、监理等全部专业咨询服务的，且同时具备相应的勘察、设计、监理等资质，则勘察、设计、监理等专业咨询工作必须由全过程工程咨询单位实施，不得转包或分包，全过程工程咨询单位承担相应的工程质量安全等责任。总咨询师可同时兼任项目的勘察负责人、设计负责人、总监理工程师之一项或多项职务，并承担相应的质量安全等责任。总咨询师不兼任项目的勘察负责人、设计负责人或总监理工程师的，总咨询师应任命具备相应资格的专业咨询工程师担任，由被任命的项目勘察负责人、设计负责人、总监理工程师承担相应的质量安全等直接责任，总监理工程师向总咨询师履行质量安全报告责任，总咨询师承担质量安全等连带管理责任。总咨询师向投资人履行质量安全报告责任。

2. 全过程工程咨询单位承接项目的全过程项目管理以及投资咨询、勘察、设计、招标采购、监理、造价咨询等全部专业咨询服务的，如全过程工程咨询单位自身不具备勘察、设计或监理等资质，可将项目的勘察、设计或监理等专业咨询业务合法依规进行分包，承接项目的勘察、设计或监理专业咨询业务的分包单位可以是一家或多家，分包的勘察、设计或监理单位报总咨询师批准后任命项目的勘察负责人、设计负责人、总监理工程师。勘察、设计或监理的分包单位以及其任命的勘察负责人、设计负责人、总监理工程师向全过程工程咨询单位和总咨询师履行质量安全报告责任，并承担相应的质量安全等直接责任，全过程工程咨询单位和总咨询师承担质量安全等连带管理责任。

3. 当全过程工程咨询单位采用联合经营方式时，应在全过程工程咨询服务合同中，明确一家咨询单位为联营体牵头单位（即全过程工程咨询单位），联合经营单位（协办方）应接受全过程工程咨询单位的管理协调，并对其所提供的专业咨询服务负责。全过程工程咨询单位应向投资人承担项目全过程咨询的主要责任，联合经营单位（协办方）承担附带责任。

4. 全过程工程咨询单位根据投资人的委托承接项目的全过程项目管理等咨询服务的，但投资人将项目的勘察、设计或监理等专业咨询服务另行发包的，承接该项目的勘察、设计或监理等专业咨询服务的单位（可以是一家或多家）任命项目的勘察负责人、设计负责人或总监理工程师，向投资人履行质量安全报告责任，并承担相应质量安全等直接责任。全过程工程咨询单位不承担投资人另行发包的专业咨询服务的质量安全责任。

六、全过程工程咨询计费方法

全过程工程咨询服务的成本和产出有非常大的调整空间。一份咨询报告，如果按照专业的标准、详尽的尽职调查、全方位的分析和客观中立的评价，需要大量的人力、物力投入，需要足够的时间去完成。由于专业水准的不同，人力的价值差别很大，咨询人员的能力和经验、咨询机构的品牌等无形资产的价值也不同。如果这些价值都算在一起，一份优秀的咨询报告将价值不菲。因此，价格的恶性竞争必须得到有效遏制。

现已有部分省市，如广东省、浙江省等推进试点工作时，积极探索计费模式。提出了实行基本酬金加奖励方式，按照全过程工程咨询单位提出并落实的合理化建议所节省的投资额，鼓励投资人提取一定比例给予奖励，奖励比例由双方在合同中约定。全过程工程咨询服务费的计取应尽可能避免采用可能将全过程工程咨询单位的经济利益与工程总承包企业的经济利益一致化的计费方式。

现阶段，建设项目的咨询服务收费依据国家出台的相关文件无法满足全过程工程咨询服务收费需求。本书建议全过程工程咨询服务可参照以下三种取费方式，由委托双方平等协商并在合同中约定。

（一） 固定费率模式

根据"1＋N"的服务模式，全过程工程咨询服务计费可采取"1＋N"叠加计费的方法，"1"是指"全过程工程项目管理费"，可参照国家财政部《关于印发〈基本建设项目建设成本管理规定〉的通知》（财建〔2016〕504号）规定的费率执行；"N"是指项目全过程各专业咨询（如投资咨询、勘察、设计、监理、造价咨询、招标代理、运营维护、BIM咨询等）的服务费，各专业咨询服务费率可参照原收费标准执行。

（二） 基本酬金加奖励模式

委托双方根据全过程工程咨询服务内容和服务周期，协商约定咨询服务的基本酬金；再按照全过程工程咨询单位落实的咨询服务合理化建议所节省的投资额，提取一定比例给予奖励，奖励比例由双方在合同中约定。

（三） 人月费单价法

人月费单价法是目前国际竞争性咨询投标中常用的费用计算方法，它由酬金、可报销费用和不可预见费用三部分组成。

专业人士误认为掌握了工具就足矣，忽视理论素养。但理论是科学层面，是技术与工程的基础，最牛的专业人士看问题要能一下绕到背后揭示其理论本质。如：有一个基础设施项目需要融资建设，未来用项目收入偿还。政府可将特许经营权转给 SPV，政府部分持股内部增信，通过 FR 外部增信，SPV 的股权证券化后募集资金。其理论背景是设计信用与交易结构。

——《贻林微观察 382》

第二章　全过程工程咨询的理论基础

第一节　项目治理理论

一、项目治理理论概述

由于专业化分工，使得原本可以由单个组织独立完成的工作，需要多个组织协作才能完成，另外，由于企业规模的扩大，层级之间的划分显得越来越有必要，这就产生了公司治理。而在工程建设领域，由于工程项目产品的独特性和个性化的需求，项目化形式的要求，相应地产生了项目治理的概念。项目治理的概念取自于公司治理，国内外对公司治理的研究已经很多了。但从目前的情况来看，对项目治理的研究才刚起步不久，远远落后于项目管理领域的研究。随着新制度经济学和博弈论等理论研究的突破，对项目治理的研究成果出现"丛林"现象。

尹贻林、严玲等认为项目治理是种制度框架。如果说公司治理结构体现了一组联结并规范公司所有者（股东）、经营者（董事会与经理人）。使用者（职工）之间权利与利益关系的制度安排，进而解决公司内部不同权利主体之间的监督、激励和风险分配等问题，那么工程项目治理结构则体现了工程项目主要利益相关者如项目投资人（发起人）、项目建设负责人（项目经理）、承包商、供应商、分包商、工程咨询机构以及其他利益相关者之间权责利关系的制度安排，在这种制度框架安排下完成一个完整的项目交易。项目治理是一个系统通过两个方面运行：一是项目组织外部，通过市场体系实现，即外部市场治理机制；二是在项目组织内部通过内部组织体系实现成为内部治理机制。

（一）项目治理的理论基础

信息的不对称和合约的不完全性使代理人的行为不符合委托人的利益，也就是偏离了委托人建立的目标函数；代理人的信息完全与委托人所获得的信息不完全的事实，导致委托人对代理人的监管约束具有很大的局限性，最终导致委托人利益受损的现象，这就是制度经济学中的委托代理问题。

由于委托人和代理人利益目标之间的偏差以及信息的不对称性，使得代理人的行动并不符合委托人的利益，而且这样的行为并不容易被委托人所直接观测，由委托人可以观察到的代理人的行为到代理人的行为多大程度上反映出委托人的利益之间的纽带，就是委托人根据可观测代理人的行为并且对其行为进行激励约束，使得代理人最大限度地做出对委托人有利的行为，这就是治理。此外，哈特等认为，代理问题的存在以及交易费用大到该问题不能通过合约完全解决，这样，治理问题就会产生。而建设项目的本质就是一种临时性的契约组织，显然，在建设项目委托代理关系中，项目治理的问题必然会产生。

（二） 项目治理的治理体系

在项目治理研究中，业主与总承包商、业主与工程师之间的关系归入垂直交易治理中；将水平交易治理划分为水平分级治理和水平市场治理两类。沙凯逊教授则在此研究的基础上，提出了工程项目治理的（1—3）C模型，将项目治理问题划分为两条线，一是以委托代理理论为基础的垂直治理；二是以博弈论中的合作。

在工程实践中，工程项目治理源自委托代理问题，即在工程项目交易委托代理关系中，由于双方的利益并不一致，或存在冲突，于是就提出了工程项目治理问题。反之，合作双方若不存在利益冲突，也就不存在治理问题。根据这一逻辑，工程项目治理问题完全可用工程合同关系来分析。当存在合同关系时，一般均存在利益的不一致，甚至冲突，治理问题不可回避。事实上，合同中的相关约定就是治理中的制度安排。因此，对于一个工程项目，一般存在多层次、多类型的项目治理理论，如图2-1所示，将项目治理分为基本治理和政府投资项目的特殊治理。政府投资项目由于其特殊性，治理主体和客体以及治理方式有别于一般项目的治理。政府投资项目的治理方式是以行政或者合同的方式进行治理。政府的基本职能是行政，当然其也受纳税人的委托，对公共投资项目进行管理。但是，政府不是投资人。事实上，当中央政府决定用国库的钱投资建设某地方（县市级）工

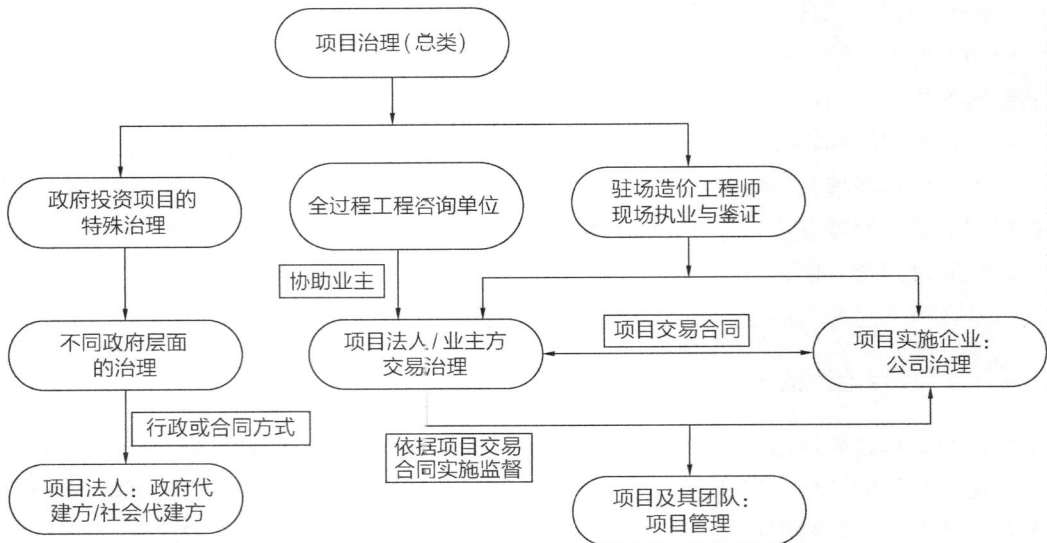

图2-1 项目治理理论

程，如水利工程时，就存在了多重委托代理关系，纳税人委托中央政府，中央政府委托省级政府，省级政府委托县级政府，县级政府委托项目法人/建设单位（或指挥部）。其中，各级政府间委托代理关系相对较为简单；而最后一级政府与项目法人的委托代理关系较为复杂。主要表现为：

（1）最后一级政府如何选择代理人（或组建项目法人），经常存在"政企"分开的问题。

（2）项目法人是市场主体，但其并不是项目的业主（或投资方），而仅是政府的代理人。

（3）项目法人有其自身利益，其与政府投资项目的利益并不完全一致。

根据项目不同主体间（业主与项目团队、承包企业与项目团队）不同的治理方式，可以将工程项目的基本治理分为如下两类：

（1）交易治理。业主方主导，依据项目交易合同对项目及承包公司（包括项目团队）实施监管。

（2）公司治理。公司治理由承包项目的公司管理层主导，以公司和项目团队的实施协议对项目及项目团队实施监管。需要强调的是，这里的公司治理是一个狭义的概念，即是公司内部治理。

二、项目治理理论与全过程工程咨询

在全过程工程实践中，由于项目一次性特点显著。这种一次性特点导致控制权人的一次性博弈愿望强烈，而不愿长期博弈。那么项目建设过程中各方合同中就会出现剩余索取权没有或不足，只能采用别的激励手段。以下为项目治理的四大激励手段：

（一）基于风险分担效应的信任

这个手段起激励作用的机理是：在全过程工程实践中，初始信任使投资人在招标文件中采用风险分担方案，承包商认为按此方案就能获得预期利润，因而投桃报李，奋力履约。从而双方在项目实施过程中"风平浪静"，项目顺利完成。信任在其中起了至关重要的作用，凭什么保证承包商"投桃报李"而不"背信弃义"。目前的解决方案是"信任高速公路"，只要有"背信弃义"行为，通过信任传递让其被建筑业抛弃，背信成本高昂。

（二）基于参照点效应的公平

这种公平激励的机理是：契约中的代理方如果认为在契约里受到了公平对待，就会努力履约，促使字面履约和完美履约双丰收，这就叫参照点效应。关键是如何使代理人感觉受到了公平对待，从而诱致完美履约。按照公平理论，全过程工程建设项目各个参见方总是拿付出与回报比，拿自己与别人比，拿现在与过去比。所以，在全过程工程项目实施中变更、调价、不可抗力、不利现场、业主指令错误等5个关键环节采用风险分担原则，承包商就会感受到公平对待，起到激励效果。

（三）基于网络传递效应的关系

建设项目中，正式合同、法律约束制度框架外的可以影响到个人或组织行为的非正式的规范，构成了建设项目的关系治理机制。这些规范通过关系网络可以加速扩散，发承包双方的任何履约表现均可得到放大并发酵。尤其通过交互性新媒体网络的传播，就形成网络传递效应，对不正常履约行为形成吓阻。这种效应可以降低交易中的阻滞，润滑合作，维护和促进发承包方之间交易的和谐性，作为正式契约治理的重要补充，最终提高全过程项目管理绩效。

（四）基于位势差效应的权力

发承包双方本应属于平等交易主体，但因建筑市场的业主方市场，承包商僧多粥少造成实际的从属地位，从而形成业主的实际市场地位高于承包商的市场地位，这就是位势差。位势差的弊端是：业主不采用风险分担，承包商则采用变更、调价、索赔方法使投资失控风险回流业主造成投资失控。按因势利导的原则建立大标段发包，标段大到容纳十几个子公司的规模（如 100 亿元以上），并赋予总承包方内部分配任务给子公司的权力。相当于发包方给予总承包人相当大的激励——企业内部的行政计划体制得以保证，用总承包人的权力归属感换取项目监管交易成本下降，全过程项目管理绩效相应提升。

第二节　集成管理理论

一、集成管理理论概述

1953 年，日本丰田汽车公司提出了准时制造（Just in Time：JIT）的生产方式，JIT强调汽车制造商与客户、供应商之间的紧密合作，其实质就是实现物质流与信息流在生产活动中的集成。"集成"的概念可以理解为两个或两个以上要素集合在一起并组成一个有机系统的动作或者过程。这种要素之间的集成并不是简单的叠加或合并，而是一种符合一定规则的科学的构造和组合，其集成的目的在于提高这个由多要素组合而成的系统的整体功能，产生"1＋1＞2"的效果。

集成管理就是指将集成思想应用于项目管理实践，即在管理思想上以集成理论为指导，在管理行为上以集成机制为核心，在管理方法上以集成手段为基础。具体而言，就是要通过科学的创造性思维，从新的角度和层次来对待各种资源要素，拓展管理的视野，提高各项管理要素的集成度，以优化和增强管理对象的有序性。集成管理的理论基础是集成理论和系统理论，其技术与方法已不仅仅是一种或几种科学管理方法，也不纯粹是某几种工程技术和手段，而是综合各类方法的、定性与定量分析相结合的综合集成方法体系。

而工程项目的集成管理就是指依据工程项目管理的特点，应用系统论、协同论、信息论和控制论等理论，综合考虑工程项目从决策、勘察设计、招标采购、施工、竣工验收到运营维护的全过程各阶段的衔接关系、质量、工期、成本、安全及环保等各目标要素之间的协同关系以及主管部门、投资人、勘察设计单位、施工单位、监理咨询单位及供应单位等各参与单位之间的动态关系，采用组织、经济及技术等手段，运用项目相关参与人员的知识能力以实现项目利益最大化的一种基于信息技术的高效率项目管理模式。

类似于"集成"的概念，工程项目的集成管理也不是管理要素的简单叠加，而是通过管理要素之间的选择搭配和优化，并按照一定的集成原则和模式进行的构造和组合。工程项目集成管理要求在项目的发起阶段就对项目全生命周期中的多重约束条件进行系统的考虑，明确各项目参与方之间的影响和依赖关系，构建合适的沟通和协调平台，明确和平衡项目各目标之间的关系，全面实现项目的整体目标。

全过程工程咨询集成管理的基本思想是：根据全过程项目特征，将其看作在一定项目环境之中、由多个相互联系又相互作用的要素组成、为达到整体目标而存在的系统工程，使系统各阶段、各要素有效集成为一个整体，解决整体系统的管理问题，对管理方法进行综合优化与控制，达到提高全过程项目管理水平的目的。

二、集成管理理论与全过程工程咨询的结合

（一）全过程工程咨询要素集成管理

1. 全过程工程咨询外部环境

外部环境是指能够对全过程项目绩效造成潜在影响的外部力量和机构。外部因素由两个部分组成，即具体环境与一般环境。全过程项目外部环境是指对项目有影响的所有外部因素总和，其处在一个不断快速变化的环境中，具体如图 2-2 所示。

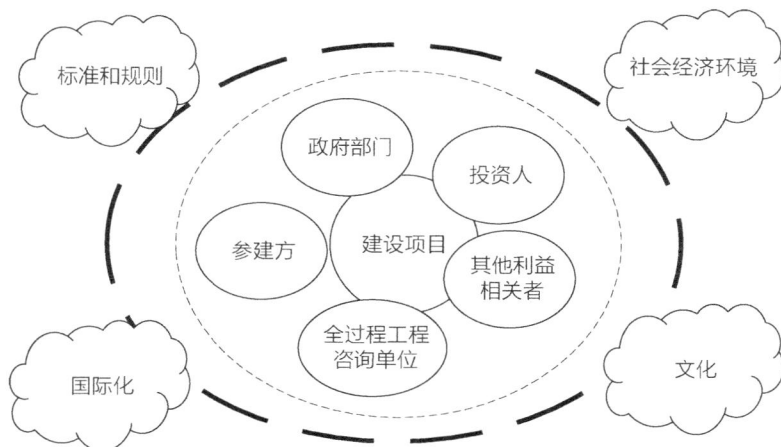

图 2-2　全过程项目外部环境

（1）具体环境。具体环境包括对全过程工程咨询单位决策和行动产生直接影响，并与实现项目目标直接相关的要素。不同项目面对的具体环境要素是不同的，主要包括投资人、政府部门、参建方和公众、媒体等利益相关者。

（2）一般环境。一般环境包括：①社会—经济—环境影响的持续性；②文化影响；③标准和规则。

（3）外部环境对项目的影响。外部环境对项目有重大影响，主要体现在：①外部环境决定着对项目的需求，决定着项目的存在价值；②外部环境决定着项目技术方案和实施方案及它们的优化；③环境是产生风险的根源。

2. 全过程工程咨询内部环境

全过程工程咨询内部环境是指项目内部的特定资源和相应能力状况，主要包括项目组织及其结构、项目管理团队、项目信息、项目文化等要素，具体如图 2-3 所示。

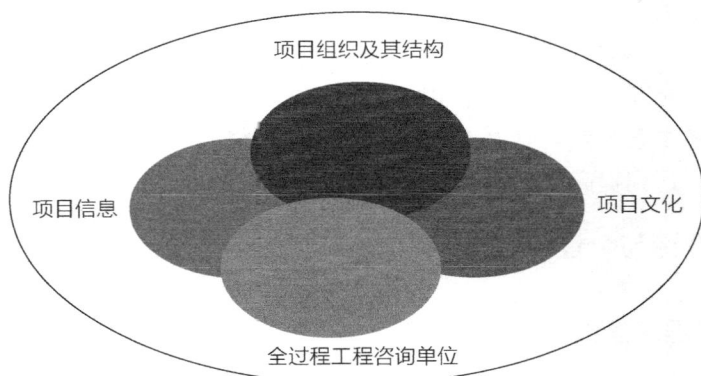

图 2-3　全过程项目内部环境要素

（1）项目组织及其结构。将全过程项目管理视为一个系统，系统组织包括系统结构模式、分工及工作流程。

（2）全过程工程咨询单位。全过程工程咨询单位包括总咨询师和项目组其他成员，是直接负责管理项目的组织。全过程工程咨询单位在总咨询师领导下，以项目总体目标为导向，确保项目全部工作在预算范围内按时、优质完成，满足投资人和政府相关部门要求。

（3）项目信息。项目中的信息流包括两个最主要的信息交换过程。一是项目与外界的信息交换，包括由外界输入的信息、项目向外界输出的信息；二是项目内部的信息交换，主要包括自上而下的信息流、自下而上的信息流及横向或网络状信息流。

（4）项目文化。全过程项目文化是指项目特有的领导风格、管理方法、工作水平、成员素质、成员信仰、价值观和思想体系，是项目共同的价值观、认同感、行为规范和组织氛围，是项目内部环境的综合表现。

3. 全过程环境要素集成模型

全过程项目环境要素集成是指全过程工程咨询单位以促进项目时间维、逻辑维、知识维的集成为导向，对项目内外环境各要素进行有效管理，并深入分析各要素相互间的关系和影响，将它们进行有效集成，形成全过程项目的坚实管理基础和保障，最终实现项目总体目标。全过程项目环境要素集成模型如图 2-4 所示。

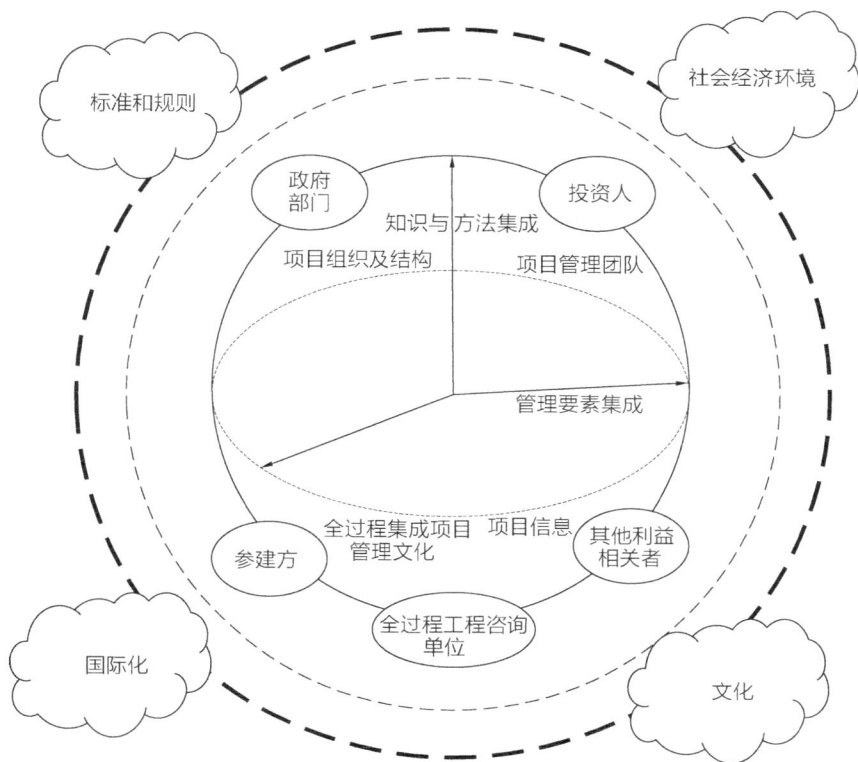

图 2-4　全过程项目环境要素集成模型

（二） 全过程工程咨询集成管理模型

1. 全过程项目集成管理框架

本书通过对全过程项目管理进行全面、系统、深入的分析，提出全过程项目集成管理的三维结构体系，并在此基础上提出项目战略要素集成管理思想，构建了全过程工程咨询集成管理总体框架，具体如图 2-5 所示。

根据美国学者霍尔提出了由时间维、逻辑维和知识维组成的项目集成"三维结构体系"这一思想，本书将全过程项目集成管理系统归纳为由时间维—过程集成、逻辑维—组织集成、知识维—目标要素集成组成的三维集成系统空间结构，它们的纽带就是基于 BIM 技术的集成信息管理平台。

（1）时间维—过程集成

项目的过程集成，是指通过从决策、勘察设计、招标采购、施工到运营等项目全过程各阶段之间的信息交流，实现项目各参与方的有效沟通与协同合作，实现项目的有机整合与统筹管理，提升建设项目的整体绩效。过程集成致力于寻找建设期和运营期的平衡，不仅从项目实施的角度，还从项目建成后的运营角度来进行项目的规划与决策。

（2）逻辑维—组织集成

项目组织集成，就是运用系统方法对工程项目组织进行的集成管理，主要实现方式是虚拟组织的建设。虚拟组织模式下的建设工程项目各参与方的集成，就是指利用工程项目

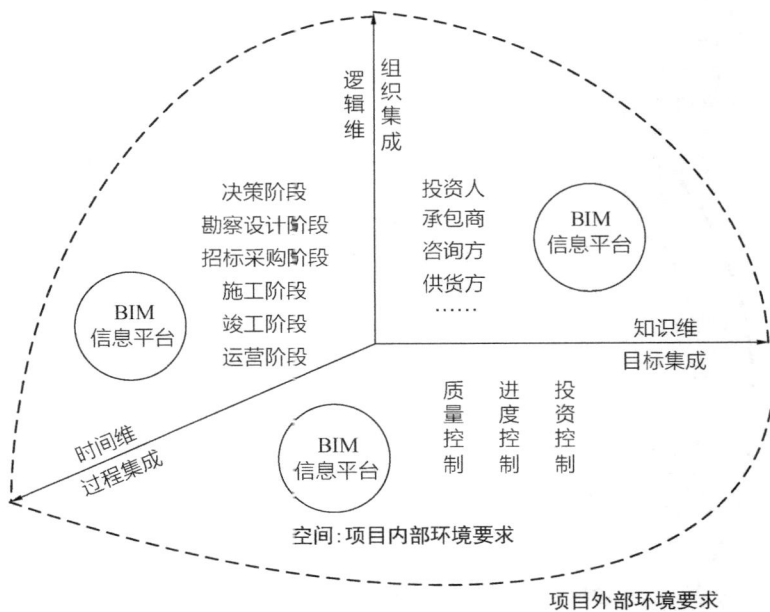

图 2-5　全过程项目集成管理系统框架模型

信息管理平台，各参与方之间通过协作沟通，实现优势互补，从而使得项目的整体利益最大化，实现各参与方"共赢"的最终目标。

（3）知识维—目标集成

知识运用在建设工程项目管理的各个阶段，且不同阶段所运用的知识各不相同。从项目集成管理的角度，知识的运用主要体现出对项目管理所使用的集成化技术，如用于成本、进度和质量等目标要素集成管理的控制技术。因此，从某种意义上讲，"三维结构体系"中的知识维就体现在目标集成控制的技术和方法上。

（4）支撑条件—信息集成

所谓信息集成就是在项目建设过程中，根据建设项目管理的特点，利用现代信息技术和手段以及统一的项目管理制度，实现建设项目的信息共享，项目各目标的协调和整体优化，以获得最佳项目管理效果。信息集成是实现项目集成管理的最好的途径，项目管理组织通过建立信息集成平台，可以充分利用项目信息资源，提高信息资源的利用效率。

2. 全过程项目集成管理模型

全过程项目中有两种工作过程，一种是为完成项目对象所必需的专业性工作过程，另一种是在这些专业性工作的形成及实施过程中所需的计划、协调、监督、控制等项目管理工作，二者之间存在大量的实物传递和信息传递。上一过程的成果作为下一过程的输入，管理工作过程和专业性工作过程之间存在大量的管理措施运用和效果反馈。项目最终输出也有两种，一种是项目运营输出，另一种是项目各过程后评价总结、提炼出的知识和经验。

本书根据全过程项目特点建立了全过程项目集成管理模型，清晰地表达出项目从决策、勘察设计、招标采购、施工到运营整个过程的基本功能及其过程之间的联系，为项目全过程有效集成管理提供依据，具体如图 2-6 所示。

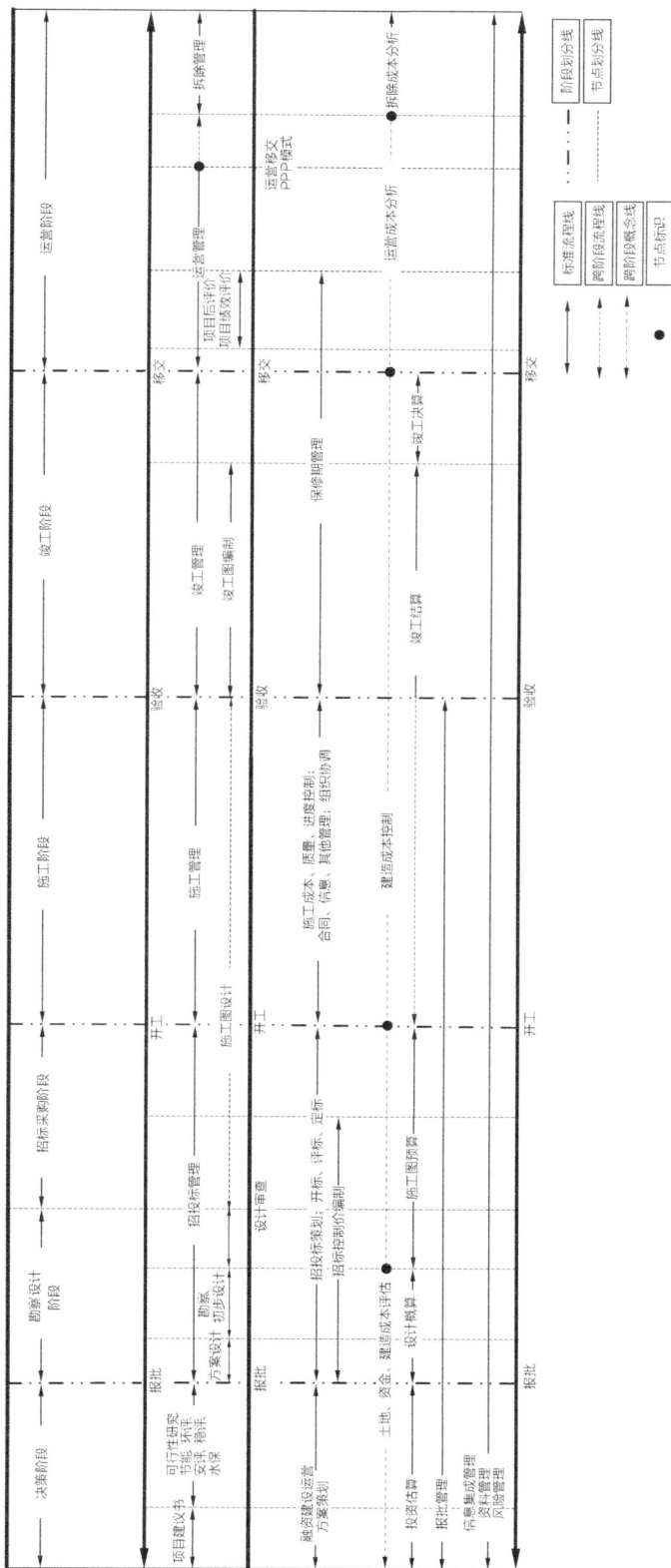

图 2-6　全过程项目过程集成模型

集成管理作为项目管理中的新理论，它将项目管理实践提高到了一个新阶段。全过程工程咨询集成管理的基本思想是：根据全过程项目特征，将其看作在一定项目环境之中由多个相互联系又相互作用的要素组成，为达到整体目标而存在的系统工程，使系统各阶段、各要素有效集成为一个整体，解决整体系统的管理问题，对管理方法进行综合优化与控制，达到提高全过程项目管理水平的目的。

第三节　范围经济理论

一、范围经济理论概述

范围经济这一经济学名词最早是由美国经济学家 David J. Teece 在探讨多产品公司的效率基础理论时提出来的。David J. Teece 以美国石油工业为例分析了企业多样化经营的策略，通过建立一个成本函数进行分析得到范围经济与企业的经营范围没有直接的关系。但是，如果范围经济是基于共同和经常使用的专有知识或一个专门的和不可分割的有形资产之上产生的，那么多元经营策略是提高企业经济活力的有效途径。Bailey 等人则对范围经济这一假说进行了进一步的证实，他们的主要成果是就生产方面分析了企业的范围经济性。随后有不少学者对这一假说在不同的行业和领域进行了实证检验，其中美国经济学家小艾尔弗雷德·钱德勒在其著作《规模与范围——工业资本主义的原动力》一书中，把范围经济定义为利用单一经营单位内的生产或销售过程来生产或销售多于一种产品而产生的经济。他分别从生产和批发经销两个方面考虑了范围经济的实现，并指出一个企业的范围经济性是有限的。美国经济学家 Robert S. Pendyck 在其著作《微观经济学》中认为，如果两个企业分配到的投入物相等时，那么范围经济存在于单个企业的联合产出超过两个各自生产一种产品的企业所能达到的产量之时。

结合前人的研究成果，我们可以把范围经济定义为：范围经济是指单个企业联合生产或经营多种产品比相应的多个企业分别生产或经营各种产品更节约成本的经济现象。范围经济是研究经济组织的生产或经营与经济效益关系的一个基本概念，它是以降低成本为宗旨。范围经济的存在本质上在于企业的多个业务可以共享剩余资源。

具体来看，范围经济产生的原因主要有两个方面。一方面是来自企业的生产过程：①在生产过程中有些生产要素一旦用于一种产品的生产，那么它们同时也能以较小成本用于其他产品的生产，这样就能够提高生产要素的使用效率，降低产品的生产成本；②在生产过程中企业更充分地利用闲置生产能力，这样企业就能以更多的产品分摊固定成本，从而使得单位产品的成本得到了节省；③企业进行多产品经营时，通过优化企业的内部管理，以内部市场代替外部市场，企业内各单位之间的产品和服务就能够更有效率地交换，从而可以减少交易成本。另一方面，在企业的销售过程中的一些因素也能产生范围经济：①一个企业所销售的产品类型越多，存货周转就越大，对现有人员、设施以及存货所投入的资本使用就密集，因此单位产品的销售成本就越低；②如果一个企业所生产的主要产品在消费者心目中有着良好的信誉，那么这一良好信誉对企业的其他产品的销售就会产生出信誉溢出效应，这样不但节约了新产品开拓市场的成本，而且对其他跟进者也设置了巨大障碍；③成功的广告所带来的收益不但会大大地超出其花费的成本，而且对提高企业的知名度及促进企业其他产品的销售方面都有着重大的作用。总之，由于特定投入都有最小规模的要求，这种投入在经营一种产品时可能未得到充分利用，但在经营两种或两种以上的产品时就能使这种投入的成本在不同产品中分摊，使单位产品成本降低，从而产生范围经济。

在工程领域，自 20 世纪 80 年代以来，国际工程领域出现了一种趋势，即全过程工程咨询和工程总承包的形式越来越普及并成为主流的建设管理方式，且很多投资人越来越愿意采用全过程工程咨询方式。由于建筑市场中出现了此类需求，一些工程咨询公司的业务范围开始由专业咨询向全过程工程咨询拓展，即开始为投资人提供多方位或一系列的服务。也就是说，在工程咨询业，范围经济即表现为一个咨询商或多个咨询商组成联合体所提供的全过程工程咨询的成本低于多个咨询商分别提供专业咨询的成本。

二、范围经济理论与全过程工程咨询的结合

范围经济的存在可以降低企业的生产成本，提高利润，一直以来都备受关注。从近些年的文献来看，范围经济通常存在于以下几种情况中：企业纵向一体化策略、企业多样化策略、成本互补性商品生产、销售渠道、品牌效应等。对于咨询企业而言，基于纵向一体化或虚拟企业的全过程工程咨询业务扩展尤其值得借鉴。

（一）纵向一体化

纵向一体化是范围经济的一个具体体现形式。所谓纵向一体化是指沿着某种产品生产链扩展企业的生产经营范围，在企业内部连续完成原料生产、零部件生产和最终产成品生产等各个阶段的生产。企业通过前向兼并或后向兼并可以实现纵向一体化，也可以通过向上游生产阶段或向下游生产阶段扩展逐渐形成纵向一体化体系。

工程咨询业的纵向一体化是指在专业化经济的基础上，大力发展与国际形势接轨的贯穿项目全过程的工程咨询，在传统专业基础上沿着工程产品的生产链（或价值链）向纵向发展，可以通过企业兼并或扩展企业业务范围建立一批具有国际竞争力的提供全过程咨询服务的综合性工程咨询公司。

（二）虚拟企业

随着现代管理理念的不断创新，新型管理模式的出现给产业发展带来了相当大的冲击，而实践证明，一些新兴的管理模式如虚拟企业同样可以实现纵向一体化，获得范围经济效益，甚至可以获得更大的效益，因为它更能体现成本优势，并且已在一些产业中显示了强大的生命力。

虚拟企业是纵向一体化的特殊表现形式。这种纵向一体化并不是通过企业兼并形成的，也没有形成业务流程一体化的实体企业，而是通过现代网络工具或其他方式（包括联

合体，战略协议等）建立企业联盟，形成一个能够提供多种产品或咨询服务的虚拟企业，它同样可以达到纵向一体化的效果，如减少交易费用，获得连续生产率和范围经济效益等，只是这种纵向一体化是通过多个企业建立的联盟达到的。并且由于虚拟企业组织特有的扁平化的特点，其管理成本和生产效率与传统方式相比更具优势。

第四节　利益相关者理论

一、利益相关者理论概述

　　虽然利益相关者理论发展至今已有多年，但关于概念的界定问题，至今没有得到一个普遍的认同。1695 年，美国学者 Ansoff 最早将该词引入管理学界和经济学界，认为："要制定一个理想的企业目标，必须平衡考虑企业的诸多利益相关者之间相互冲突的索取权，他们可能包括管理者、工人、股东、供应商及分销商。Mitchell、Agle 和 Wood 对 30 种利益相关者的定义进行了归纳和分析，总的来看有广义和狭义之分，广义的概念能够为企业管理者提供一个全面的利益相关者分析框架；而狭义的概念则指出哪些利益相关者对企业具有直接影响从而必须加以考虑。其中比较有代表性的是弗里曼与克拉克森的表述，弗里曼认为"利益相关者是能够影响一个组织目标的实现，或者受到一个组织实现其目标过程影响的人"，这个概念强调利益相关者与企业的关系，当然这个概念对利益相关者的界定十分广泛，股东、债权人、雇员、供应商、顾客、社区、环境、媒体等对企业活动有直接或间接的影响的都可以看作利益相关者。克拉克森认为"利益相关者以及在企业中投入了一些实物资本、人力资本、财务资本或一些有价值的东西，并由此而承担了某些形式的风险；或者说，他们因企业活动而承受风险"这个表述不仅强调利益相关者与企业的关系，也强调了专用性投资。国内学者贾生华、陈宏辉结合了上述二者的观点，认为"利益相关者是指那些在企业中进行了一定的专用性投资，并承担了一定风险的个体和群体，其活动能够影响改企业目标的实现，或者受到企业实现其目标过程的影响"。这一概念既强调专用性投资，又强调利益相关者与企业的关联性，有一定的代表性。

　　而对于利益相关者的分类，不同的学者也有着不同的观点。一般认为，只有对利益相关者进行科学的分类，才能针对不同类别的利益相关者进行科学管理，而已有的相关文献较为丰富，根据时间线索对利益相关者的分类主要集中在多维细分法和米切尔评分法。Freeman 从所有权、经济依赖性和社会利益三个不同的角度对企业的利益相关者进行分类，所有持有公司股票者是对企业拥有所有权的利益相关者，对企业有经济依赖性的利益相关者包括经理人员、员工、债权人、供应商等，与公司在社会利益上有关系的则是政府、媒体、公众等。Frederik 按是否与企业直接发生市场交易关系而将利益相关者分为直接利益相关者和间接利益相关者。Clarkson 认为可以根据相关群体在企业经营活动中承担的风险的种类，将利益相关者分为自愿的和非自愿的，区分的标准是主体是否自愿向企业提供物资资本和非物资资本投资。米切尔在提出 Score based Approach 评分法界定利益相关者时，从利益相关者的合法性（即某一群体是否被赋有法律上、道义上的或者特定的对于企业的索取权）、权力性（即某一群体是否拥有影响企业决策的地位、能力和相应的手段）、紧急性（即某一群体的要求能否立即引起企业管理层的关注）三个属性维度，对27种企业的利益相关者分为10类，即确定型、关键、从属、危险、蛰伏或有何要求利益相关者。

二、利益相关者理论与全过程工程咨询的结合

（一）基于利益相关者理论的系统观点

系统的观点在利益相关者理论基础上发展起来，提倡用动态发展的眼光更加全面、系统地考察项目的成功。除了考虑项目实施过程中的造价、进度和质量，还考虑项目给投资人和承包商带来的利益外，更要从项目的全过程、全生命周期出发，关注项目决策、实施和运营阶段所涉及的不同利益群体，如图 2-7 所示。

决策阶段	勘察设计阶段	招标采购阶段	施工阶段	竣工阶段	运营阶段
政府相关部门 投资人 全过程工程咨询单位 环保部门 能源部门 用户 ……	政府相关部门 投资人 全过程工程咨询单位 环保部门 社区 设计方 施工方 用户 ……	政府相关部门 投资人 全过程工程咨询单位 环保部门 社区 设计方 施工方 用户 ……	政府相关部门 投资人 全过程工程咨询单位 环保部门 社区 施工方 用户 ……	政府相关部门 投资人 全过程工程咨询单位 环保部门 社区 施工方 用户 ……	政府相关部门 投资人 全过程工程咨询单位 环保部门 社区 用户 ……

图 2-7　全过程工程咨询项目利益相关者

随着对项目成功标准研究的动态演化可以分析，人们对项目成功的理解从起初相对单一的"三角"标准逐渐向更加系统化、考虑更多利益相关者、考虑项目全生命周期、全过程方向动态发展，对项目成功的理解也有了更全面的认识。因此，要定义项目的成功不仅仅局限于项目实施阶段，还需要逐步扩展至项目所涉及的众多利益相关者和全过程、全生命周期思想。

（二）基于利益相关者项目的价值分析

关于"价值"的定义，在学术上有着不同的论述和争论，诸如将价值视为一种需求、愿望、兴趣、标准、信念、态度和绩效等，也有提出比如"劳动价值论""生产费用论"、价值工程中"价值＝功能/成本"等。代表性的研究有：Anita & Fellows 对项目价值本质的定义从马克思的劳动价值论的基本观点出发，将价值分为使用价值和交换价值两个方面，基本观点是人类劳动是创造价值的根源。实用价值即对社会或人类的有用性，而交换

价值是买卖双方在交易过程中用货币总值衡量表现形式。Schwart & Bilsky 给出了项目价值（Values）的概念，它至少有 5 个关键元素：①首先是一种概念和信念；②是对最终状态或行为的期待；③要超越一般具体的情况；④是指导对状态或行为的选择或评估；⑤具有相对的重要性顺序。并将价值分为最终价值（Terminal Value）和作用性价值（Instrumental Value）。

　　建筑产品价值的定义，不能单纯从质量、成本和时间三者来考虑。也就是说建设项目的价值，不仅仅是质量、成本和时间的简单综合。建筑产品在规划阶段考虑将价值因素转化为设计因素时一般要考虑多个价值因素，如人文因素、环境因素、文化因素、技术因素、时间因素、经济因素、美学因素和安全因素等。这些因素有些可以量化，有些不能量化，评价的标准也是随着社会经济的发展而发生变化的。因此，建筑产品价值的准确定义比较困难，在定义项目价值的过程中，要考虑到所有利益相关者或关键利益相关者期望的实现程度，根据利益相关者的期望实现程度来衡量价值的大小。对建设项目的核心价值就可以理解为"在公平的前提下，以最优的资源配置有效地实现项目利益相关者的需求"。换句话说项目的核心价值是项目利益相关者共同协商妥协得到的结果，在这个核心价值的指导下，在实现公平的前提下，项目实现了各种有形资源和无形资源的最优配置。

　　除了成本之外，全生命周期的价值还考虑了时间、质量、功能、符合性以及项目对于社会和环境的影响等多种因素。也就是说，全寿命周期的价值体现在成本、时间、质量、功能、符合性以及项目对于社会和环境的影响等多个方面。因此，全生命周期的价值大小更能全面地反映项目综合效益的好坏。因此，全生命周期价值管理的基础是全生命周期造价分析（Life Cycle Cost Analysis，LCCA）。生命周期成本分析是一种测定在一定时期内拥有和运营设施的总成本的经济评价方法。

　　以上对价值的概念的基本观点都是从项目的有用性角度，及项目价值的基本体现是满足利益相关者的利益诉求。同时利益相关者的利益满足也是项目成功标准的体现，如Wateridge（1998）、Turner（2004）在总结项目成功的四个关键条件时谈道：项目开始之前项目成功的标准必须征得利益相关者的同意和认可，这些标准在项目实施的过程中应该反复进行检验；项目的投资人和项目经理之间是一个互相合作的关系，双方都应该把项目看成是一种伙伴关系；项目经理应该给予充分的授权；投资人应该对项目的实施有足够的兴趣。但是一些大型建设项目，特别是政府投资项目涉及的利益相关者复杂多变，不同的利益相关者的价值标准不同，因此，在项目决策过程中不能仅仅以政府管理者或投资人等少数人的利益追求为出发点，这就使得政府投资项目的价值标准确定更加困难和模糊。从项目成功标准看，项目成功的一个重要的标志就是满足各方面利益相关者的利益需求，但是不同的利益相关者对项目的需求各不相同，有时甚至是相互冲突与矛盾的，因此，如何有效解决这些冲突是项目成功的重要保障，从项目价值角度考虑，利益相关者的利益需求冲突解决是衡量项目价值的重要标准。因此，工程咨询的目标即为投资人等项目参与方提供有关造价信息咨询服务，这种服务要平衡利益相关者之间的利益需求，而利益相关者之间的这种价值需求可表述为项目所实现的功能与付出的造价为最佳匹配状态。

（三） 基于利益相关者的价值提升路径

若给定某一建设项目，由于不同利益相关者对该项目的利益诉求存在着差异性，将各方的不同利益诉求进行统一，尽可能满足各方的需求是体现项目价值的重要手段，是实现项目价值提升的主要思路。国内目前对于此问题的研究还较为少见，概括而言，主要是利用价值管理的工具和手段，通过项目实施过程中不同阶段的信息集成，实现价值提升。如万礼锋和尹贻林（2010 年）将项目建造、运营及设施管理阶段的信息流向前集成到前期策划设计阶段，即将项目建造期管理信息、运营期设施管理信息向前集成，采用价值管理的思想提升项目价值，缩减成本，使利益相关者对项目的功能期望与项目全生命周期成本达到最佳匹配状态。又如尹贻林和刘艳辉（2009 年）所认为的，通过建立项目群治理框架，可从组织管理、制度管理和集成管理三个层次实现大型建设工程的项目价值的有效提升。

因此，本书将项目价值提升的实质界定为：提升项目价值的核心在于通过集成化的项目管理方式，使项目利益相关者的各种不同的利益诉求进行有机的统一。工程咨询企业在项目建设中为投资人提供了专业性的咨询服务，能够有效地实现项目建设过程中的信息不对称问题。而从项目价值提升的角度考虑，工程咨询企业所提供的咨询服务产品实质上也是项目价值提升的重要组成部分，可从项目建设三个主要阶段分别予以阐述。

1. 项目策划阶段

项目策划阶段是通过对项目的投资环境和条件调查研究，对各种建设方案、技术方案以及项目建成后的生产经营方案实施的可能性、技术先进性和经济合理性进行分析和评价的过程。在此阶段，工程咨询服务形式主要表现为项目建议书、项目可行性研究等，要求它们对项目投资人的目标进行充分的理解，并利用恰当的方法或工具，如价值管理的基本原理，对项目其他利益相关者（这里主要是项目的用户）的利益诉求进行充分的考虑，对项目的预期目标是否能够实现，是否合理等问题进行判断，并为设计阶段提供良好的基础。

2. 项目设计阶段

在此阶段，项目投资人的项目目标必须通过设计予以实现，同时，设计质量的优劣还将对项目的运营产生影响，如运营维护费用等。不仅如此，项目的功能将通过设计进行充分的展现，这也会直接关系到项目用户使用的便利性。因此，项目设计阶段在项目建设实施的整个阶段中也是极为关键的环节之一。这就要求工程咨询企业在项目设计阶段能够与项目各方利益相关者进行充分的沟通，如与项目投资人就其对项目所要达成的目标进行详细理解，与项目使用方或运营方就项目所要实现的各种具体功能进行沟通。

3. 项目施工阶段

在施工阶段，工程咨询服务形式包括工程监理、项目管理等。此时，投资人项目目标的实现程度则在相当大的程度上取决于项目实施团队的产出绩效。通过选择最优的项目实施团队，并在项目实施过程中加以必要的监督，是实现投资人项目目标的最为常见的方式。工程咨询企业运用其在项目建设实施过程中积累的知识和经验，协助项目投资人进行承包商、材料供应商的选择工作，并与由承包商、材料供应商等组成的项目实施团队进行沟通与协调，能够有效地保证项目管理的成功，获得良好的项目管理绩效。

综上所述，工程咨询服务产品在某种意义上说是实现项目价值提升的重要手段。因此，工程咨询服务产品必须能够涵盖项目建设实施的全过程，即产品的基础形态为基于项目管理各阶段的专业咨询服务，在客观上促进了项目价值的提升。由于项目利益相关者对于提升项目价值的需求实际上是不断增加的，因此项目价值的提升反过来又在相当大的程度上激励着工程咨询在上述基本形态的基础上，将所提供的咨询服务产品进行拓展，形成更为高端的增值型咨询服务产品。同时，也可对咨询服务产品在项目建议书、工程可行性研究、工程勘察、工程设计、项目管理、项目咨询、招标代理、造价咨询、工程监理等全套工程咨询服务的基础上，就其中的某一个或若干个产品类别为客户提供更深层次的服务，如将工程纠纷的司法鉴定、仲裁、合同纠纷的调解等作为本类别咨询服务产品的高端拓展方向。

第五节　交易成本理论

一、交易成本理论概述

交易成本理论是用比较制度分析方法研究经济组织制度的理论。1937 年经济学家罗纳德·哈里·科斯（R·H·Coase）在其重要论文《论企业的性质》中提出来的。它的基本思路是：围绕交易费用节约这一中心，把交易作为分析单位，找出区分不同交易的特征因素，然后分析什么样的交易应该用什么样的体制组织来协调。科斯认为，交易成本是获得准确市场信息所需要的费用以及谈判和经常性契约的费用。也就是说，交易成本由信息搜寻成本、谈判成本、缔约成本、监督履约情况的成本、可能发生的处理违约行为的成本所构成。

交易成本是指在搜寻所需信息，谈判、签订和履行合同等过程中所耗用的资源。根据威廉姆森的研究，交易成本分为事先的交易成本和事后的交易成本两类。交易成本的存在来源于人的两大天性：一是有限理性，即受人的见识、预见、技能、经验等所限，个体完全理性行动受到限制；二是存在机会主义倾向，包括合同欺骗、反悔或者其他存在欺诈性质的行为，使得主体对可能的机会主义行为保持警惕。

按照古典经济学的思想，市场是最有效的资源配置手段。但是科斯却怀疑，他假设：如果市场最有效率，那为什么还要有企业呢。把企业的黑箱打开，各工序之间由市场调节不就行了吗？企业不是靠价值规律调节内部生产，而是靠行政命令和计划手段调节。科斯发现市场和计划都能有效地调节生产，孰优孰劣，莫衷一是，但是科斯发现了一个东西——交易成本可以解释这种现象。如果把企业产品的各工序交由市场去组织，则工序形成的界面之间就会产生可以货币表现的采购、谈判、纠纷调解、结算等产生的时间延长、成本/费用增加，即产生了交易成本。如果在工序之上加上企业组织，则企业管理层的行政机构利用计划手段调节生产则能回避或降低交易成本。因此，企业的组织方式相比市场更有效。但是大而化之，如果把整个社会都看成是一个企业组织，利用行政和计划来管理岂不快哉。但是苏联和中国的实践证明在社会层面市场比计划更有效，但是新加坡的实践却表明，计划组织还是很有效的。因此，人类到今天仍然未能证明市场和计划孰优孰劣。只能具体问题具体分析，分析的方法就是比较交易成本的高低，越低的交易成本，这个制度或组织就越有效率。

科斯提出交易成本理论后，广大研究制度和组织的经济学家松了一口气，终于有了判断制度优劣或组织规模经济的标准了。但是真正掌握交易成本理论的经济学家却创造了许多新的经济学流派，如信息经济学和交易成本理论结合形成了契约经济学。而契约经济学和委托代理理论结合形成了现代治理理论的框架。罗纳德·科斯提出的交易成本理论，其核心就是观察制度或组织的交易成本，比较交易成本的高低，就可以选择制度和组织模式了。

张五常先生运用科斯的交易成本理论分析中国的经济制度和改革开放政策获得巨大声誉，中国的经济学家也对科斯的理论情有独钟，以至于科斯是中国人最熟悉的西方经济学家。科斯的著作《企业的本质》，虽是一本小册子，每一句话都能读懂，但是其道理又那么深邃，令人神往。

对于建设项目而言，从交易费用的角度分析，其特殊的生产方式导致了比其他项目高得多的交易成本，主要体现在：涉及参与主体众多，需要不同的专业分工与合作，在各专业工种之间高度的协调和配合带来的协调成本；在一项技术复杂的工程项目中，技术的或劳务性的分项工程可能会被分包，总包方与分包方之间的审核与被审核、各分包方之间的竞争或合作产生的成本；采购过程中发生的信息费用、缔约费用、审核费用以及可能产生的时间延误或质量不合格等产生的费用；发包方搜寻实施主体、承包方寻找潜在建设需求以及解决纠纷所引起的费用；发包方和承包方之间存在委托—代理关系，发包方为保障自身的投资利益，避免承包方的毁约、欺骗等风险，通过第三者监督的方式来执行监督职责产生的费用。

二、交易成本理论与全过程工程咨询的结合

（一）建设项目全过程交易成本的识别

工程交易成本是指在工程交易中寻找交易对象、签订承发包交易合同、监督合同执行以及建立保障合同履行的机构和组织等，使合同顺利实施所需要的费用和付出的代价。

工程交易成本产生主要源于工程交易的不确定性，使得合同主体在合同签订过程中需要花费额外的成本来搜寻信息以确定最优合同对象；在合同履行过程中花费额外费用监督合同内容，以确保自身利益。工程交易的不确定性包括社会经济条件的不确定性、合同双方信息的不确定性和人的机会主义不确定性。

工程交易的不确定性使得合同主体需要组建专门的组织进行监控和管理，需要对方缴纳各种保证金或者为了避免巨额损失向保险机构缴纳保险，这些都构成了工程交易成本。

1. 社会经济条件不确定性产生的交易成本

社会经济条件的不确定性指自然条件的不确定性、市场经济环境的不确定性和政策环境的不确定性等。由于建设工程项目的工期一般较长，在建设期内要面临建设地质条件的不确定性，暴雨、洪水、雷电、地震等自然条件的不确定性，建材、利率、汇率等市场环境的不确定，还有国家法律法规、行业行规等政策环境的不确定，这些不确定难以预料，在合同中不可能做出详尽的处理方案，而只能在工程开始前组织人员对相关信息进行尽可能全面的搜寻，或者在不确定性事件发生后组织专门的调查机构进行协调处理。在信息的搜寻和事件的处理过程中，交易费用产生了，主要有项目前期论证费、专家咨询费、相关资料的核实和审查费、工程保险费以及事故发生后处理工程变更和合同索赔发生的费用等。

2. 合同双方信息不确定性产生的交易成本

合同双方信息的不确定性主要指合同主体的信息不对称，如在招投标过程中，对于发包商来说，投标人的实际能力、经验、人才、信誉等情况具有不确定性。合同双方信息不确定性产生的交易成本分为签订合同的交易成本和履行合同的交易成本。

签订合同的交易成本主要包括投标保证金、投标方资格审查费、方案设计审查费等；履行合同的交易成本主要包括组建项目部、监理部所产生的费用。

3. 工程交易机会主义倾向产生的交易成本

机会主义倾向的不确定性指工程交易双方有意隐瞒、歪曲事实以获得额外利益，如投标单位有利用虚假信息投标以期获得中标机会的倾向，施工方有偷工减料以求自身利益最大化的倾向等。

为了克服上述问题，全过程工程咨询单位需要协助投资人采取一定的监管措施，组建代表投资人的管理机构，对工程交易过程实施监督管理，主要包括抽调投资人工作人员组成投资人项目部和对项目实施过程进行管理。在这个过程中的交易费用主要包括两个方面：一是组建管理机构的成本，包括组建费用和项目部人员工资等；二是在工程实施过程中项目部管理、协调、解决争端等所花费的费用。

（二）建设项目全过程交易成本的控制

1. 合理选择工程招标方式

在确定承包单位（设计或者施工）时，竞争的激烈程度对交易成本有着直接影响。在市场较激烈时，各投标方为了中标，会尽可能详细真实地向发包方展示自身的实力，从而在一定程度上避免了由于合同双方信息不对称引起交易费用的增加；在合同履行过程中，中标单位会好好把握机会，认真履行合同，以期获得后续项目，从而承包方的机会主义倾向得到遏制，降低了交易成本。

2. 合理选择工程发包方式

目前，建设工程发包方式有施工总包（DBB），非代理型 CM 模式，多段分包（M-DB），设计、采购和施工总承包（EPC），分段总承包（M-EPC）和交钥匙承包（Turn Key）等方式。根据交易成本经济学理论，企业的出现是通过内部的组织来代替市场交易，由企业来分配资源、指挥生产，达到节约交易成本的目的。因此，如果建设工程项目采用设计、采购、施工、监管等一体化运作的方式，则可以把各个阶段因为信息收集、合同签订、监督管理等而产生的交易成本变成组织成本，将市场交易行为变为组织行政行为，从而减小合同数量和协调工作，最大限度地降低交易成本。

3. 合理选择交易合同类型

目前，建设工程交易合同有单价合同、固定总价合同、调值总价合同、固定工程量总价合同、成本加固定费用合同、目标价格激励合同和限定最高价格合同等。不同交易合同的交易成本是不同的。在一般情况下，单价合同和成本加固定费用合同由于需要协调和确认的工作较多，交易成本较高，总价合同的交易成本则相对较低。

4. 构建稳定的供应链体系

工程项目实施各阶段的主体构成了建设工程项目的供应链。建设项目的供应链将项目的成功与所有与之相关的企业的目标紧紧地联系起来，对链上所有企业的资源进行整合和统筹管理，使整体达到最优。构建稳定的工程项目供应链体系后，供应链上各企业是一种长期的、相互了解和信任的合作关系，这样就可以最大限度地减少合同双方信息不确定性，减小机会主义倾向，从而使交易成本得到降低。

（三） 交易成本理论在全过程中的体现

随着建设工程项目施工和管理技术的不断提高，在保证质量、进度和安全等目标的前提下，工程项目实体成本（主要为建安工程费用）的可降低空间将会越来越小，使得工程项目交易成本的控制和管理成为工程成本管理的重点。只要正确地识别工程交易成本，建立合理的工程交易制度，构建稳定的供应链体系，就能够最大限度地减小工程交易过程中信息不确定性和机会主义倾向，降低交易成本。而全过程工程咨询模式，充分体现了制度经济学中交易成本理论的思想，主要体现在：

（1）节约交易成本。由于各阶段管理对于其他阶段的结果不了解，而各阶段管理的结果相互之间又有紧密的联系，因此各阶段管理为获得其他阶段的信息就需要付出很高的信息费用，全过程工程咨询则可大大降低这部分费用，谈判费用、签订合同的费用、监督执行的成本等在一体化的条件下也大大降低。

（2）获得连续生产效率。建设工程项目各实施阶段以及各管理内容往往具有较强的联系，只有保持项目的连续进行以及连续性的管理才能节约投入和保证质量。而全过程工程咨询模式比分阶段进行的专业管理有更大的经济意义，同时提高了交易效率。

（3）控制能力加强。在全过程工程咨询模式中，前后阶段管理被控制在同一管理机构下，实施统一规划，各管理阶段的成果更容易直接监督、检查和相互协调，对项目的控制能力加强，发包方要求的目标更容易完成，也更符合项目管理的规律。

总咨询师（11）项目策划是总咨询师贯穿项目始终的第一要务。首先是满足业主需求的功能和技术路线优化的工程策划；其次是全生命周期成本最小而资产价值最大化的投融资模式策划；第三是基于价值管理的设计优化；第四是基于可施工性分析的施工技术与施工组织的优化；第五是基于可运营性分析、收益管理及设施管理的运营维护方案优化；最后是追求沉没成本最小化的资产拆除方案优化。

——《贻林微观察 1201》

第三章　全过程工程咨询工具简介

第一节　全生命周期造价管理（LCC）

一、全生命周期造价管理（LCC）概述

（一）LCC 的发展概述

全生命周期造价（Life Cycle Cost，LCC）也被称为寿命周期费用。对于 LCC 的研究，大致可划分为四个阶段。

第一阶段（1950～1970 年）：萌芽阶段。早在 1950 年美国对可靠性的研究过程中就已有萌芽，LCC 概念最早由美国国防部（DoD）提出，1966 年 6 月美国国防部开始正式研究 LCC 并主要应用于其军工产品的成本核算，并在 1970 年开始使用 LCC 评价法，使该经济评价方法在国防领域得到了广泛的运用并逐步向民用领域扩展。

第二阶段（20 世纪 70 年代）：初步形成阶段。A. Gordon 于 1974 年 6 月在英国皇家特许测量师协会《建筑与工料测量》季刊上发表了《3L 概念的经济学》一文，首次提出"全生命周期工程造价管理"的概念。1977 年由美国建筑师协会（American Institute of Architects，AIA）发表的《生命周期成本分析——建筑师指南》一书，给出了全生命周期成本分析初步的概念和思想，指出了开展研究的方向和分析方法。

第三阶段（20 世纪 80 年代）：发展阶段。英美的一些工程造价界的学者和实际工作者将 LCC 作为一种造价管理方法在工程造价领域应用，后在英国皇家测量师协会（RICS）的直接组织和大力推动下，LCC 理论和实践都得到了广泛深入的研究和推广。O. Orsha 在《生命周期造价：比较建筑方案的工具》一文中，将全生命周期造价作为建筑设计方案比较的一种工具，并探讨了在建筑方案设计中应该全面考虑项目的建造成本和运营维护成本的概念和思想，提出了对工程项目 LCC 的分析方法，如：工程项目成本划分方法、工程项目造价的数学模型和工程项目的不确定性风险的估算方法；R. Flanagan 写了一系列有关 LCC 理论的论文与书籍，包括《生命周期造价管理所涉及的问题》《工程

项目生命周期造价核算》《生命周期造价管理：理论与实践》等。J. W. Bull 在《建筑项目生命周期成本估价》的著作中，分析了建设成本、运营和维护成本与生命周期成本之间的关系并给出了关系图；Robert. J. Brown，Rudolph. R，Yanuck. E 给出了生命周期成本估价的应用领域及研究方法。

第四阶段（20 世纪 90 年代以后）：成熟阶段。《生命周期成本分析手册》（*Life Cycle Cost Analysis Handbook*）比较统一地给出了全生命周期造价分析（LCCA）的有关概念、术语及实施的总体性步骤。美国的 Sielinda K. fuller 和 Stephen R. Petersen 给出了 LCCA 的分析流程。而在应用领域，LCC 也不断扩大其范围，制造业、建筑业、能源、交通等领域已能将 LCCA 作为比较常用的决策支持工具。

（二）LCC 的基本概念

LCC 所涉及的概念，各研究者和机构多有定义，如 DOD、NIST 等。比较而言，以《生命周期成本分析手册》（1999 年版）给出的比较规范和完整，之后相关文献也多采用其概念或受其影响。手册中对进行 LCC 分析的基本术语都给出了具体的定义：

（1）生命周期造价（LCC）：在一定时期内拥有运行、维护、修理和处置建筑物或建设项目系统所发生的全部成本的贴现值的总和。包括三个变量：成本、时间和折现率。

（2）生命周期造价分析（LCCA）：一种测定在一定时期内拥有和运营设施的总成本的经济评价方法。

（3）初始成本（Initial Cost/Expense）：占用建筑物/设施之前所发生的全部成本/费用。

（4）未来成本（Future Cost/Expense）：占用建筑物/设施之后所发生的全部成本/费用。通常可分为两类：一类是一次性成本（One-time Cost），即在研究期内只发生一次而不是每年发生，如大多数的重置/替换成本（Replacement Cost）。另一类是重复发生成本（Recurring Cost），即在研究期内每年都要发生，如大多数的运营和维护成本（Operational & Maintenance Cost）。

（5）残值（Residual Value）：建筑物/项目在研究期末的净价值。与未来成本不同，它可以为正、负甚至为零。

（6）研究期（Study Period）：是用于估测设施拥有和运营费用的时间范围。通常在 20～40 年内，与研究者的偏好和项目预期的稳定使用寿命有关。一般研究期比设施的寿命期短。

（7）折现率（Discount Rate）：反映了投资者的资金时间价值的利率，它使得投资在现在获得一笔收入和在将来获得一笔更大的收入没有什么不同。可分为两种：名义折现率（Nominal Discount Rate）和真实折现率（Real Discount Rate），二者的区别在于前者包括了通胀率。

（8）现值（Present Value）：把发生在过去、现在和未来的现金流通过等值计算折算到基年的价值。

二、全生命周期造价管理（LCC）的应用

建设项目全生命周期分为项目决策阶段、设计阶段、招标阶段、施工阶段、运行和维护阶段和拆除阶段等，如图 3-1 所示，建设项目全生命周期造价分析的主要任务是基于满足特定的性能（安全性、可靠性、耐久性）以及其他要求的同时，优化建筑产品的生命周期成本。其目的是在建筑产品生命周期的所有阶段，特别是前期的决策、规划和设计阶段，为其做出正确决策提供科学依据。因此，要使投入的资金达到最佳效果，投资者就必须综合考虑项目的前期成本、建设成本、未来成本，以及项目的社会成本和项目所产生的综合效益。同时，决策者们必须对项目的整个生命周期进行系统考虑，进行全方位的综合管理，如图 3-1、图 3-2 所示。

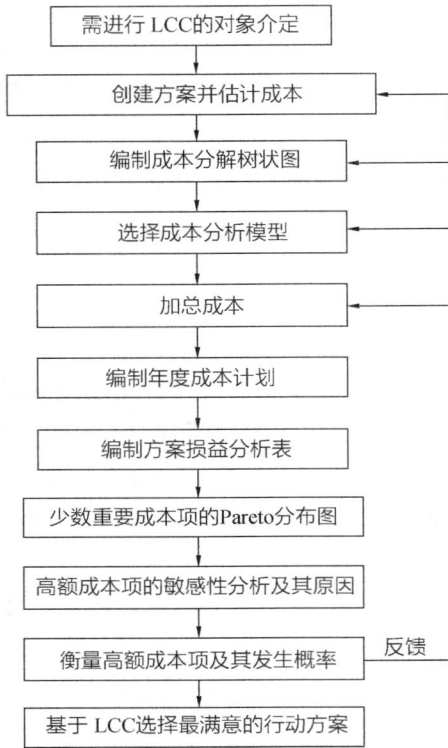

图 3-1　LCC 分析流程

项目全生命周期造价管理（LCC）的具体内容如下所示：

首先，应确定各种目标值，在建设实施过程中阶段性地收集完成目标的实际数据，将实际数据与计划值比较，若出现较大偏差时采取纠正措施，以确保目标值的实现。

其次，工程成本的有效控制是以合理确定为基础，有效控制为核心，它是贯穿于建设工程全过程的控制。

在建设项目投资决策阶段、设计阶段、招标阶段、施工阶段和运营维护阶段，把建设项目成本控制在批准的限额以内，随时纠正发生的偏差，以保证管理目标的实现，以求合理使用人力、物力、财力，取得较好的投资效益和社会效益。要有效地控制工程成本，应从组织、技术、经济、合同与信息管理等多方面采取措施，其中，技术与经济相结合是控制工程成本最为有效的手段。要通过技术比较、经济分析和效果评价，正确处理技术先进与经济合理两者之间的对立统一关系，力求在技术先进条件下的经济合理，在经济合理基础上的技术先进，把控制工程成本观念渗透到设计和施工措施中去。

最后，要立足于事先控制，即主动控制，以尽可能地减少以至避免目标值与实际值的偏离。也就是说，工程成本控制不仅要反映投资决策，反映设计、发包和施工被动地控制，更要主动地影响投资决策，影响设计、发包和施工，主动地控制。

项目全生命周期造价管理如图 3-3 所示。

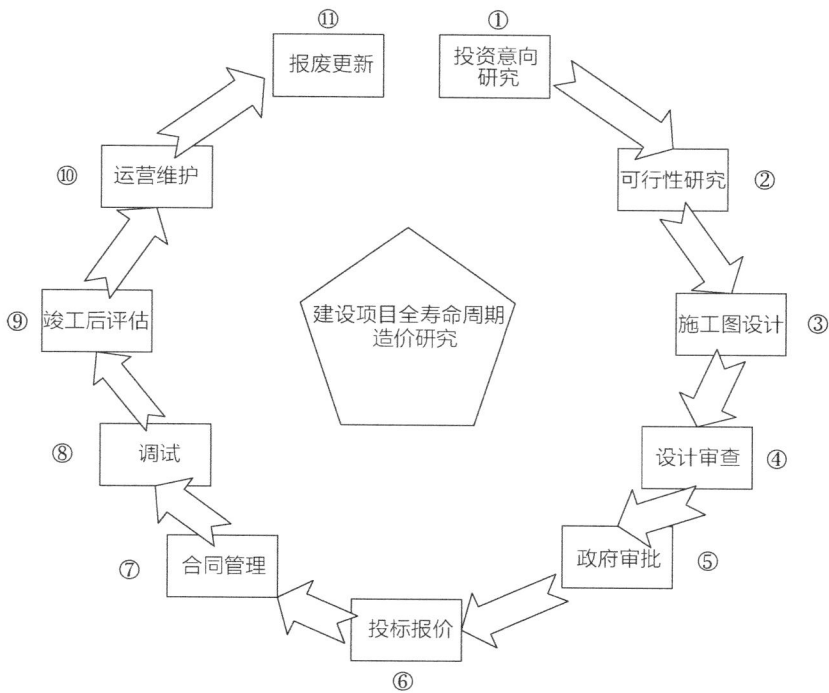

图 3-2　建设项目全生命周期阶段分类

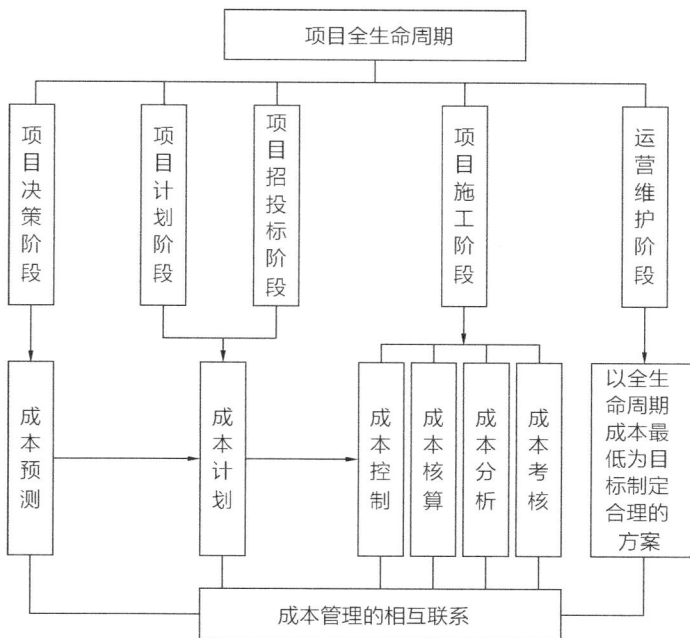

图 3-3　项目全生命周期造价管理

第二节 价值管理

一、价值管理概述

建设工程项目价值管理是一种以价值为导向的有组织的创造性活动，它利用了管理学的基本原理和方法，同时以建设工程项目利益相关者的利益实现为目标，最终实现项目利益各方最高满意度。

建设工程项目价值管理范围可包括工程项目全生命周期的各个阶段，包括项目建议书、可行性研究、现场勘察、初步设计、技术设计、施工图设计、实施、生产运营、废弃处理等各阶段，如图 3-4 所示，每个阶段都会对项目的价值造成影响。通常项目的价值规划阶段（包括项目建议书、可行性研究、现场勘察、初步设计、技术设计、施工图设计）对项目价值的影响是决定性的，因此这阶段也是价值管理介入实施的重要阶段，其服务成果基本上决定了工程价值系统的其他各部分，在该阶段要确定项目利益相关者价值、内容、大小与传递方式，因此要进行大量的调研工作，在对项目利益相关者需求进行识别的基础上，平衡他们之间的利益冲突，实现利益相关者价值的最大化；价值形成阶段（包括实施阶段）是价值规划成果的物化，形成价值实体；价值实现阶段（包括生产运营阶段）是组织通过工程的建设实现预定目标，给组织带来经营效益；价值消失阶段（包括废弃处理阶段）拆除报废项目并恢复场地和环境，为策划新项目提供可能。

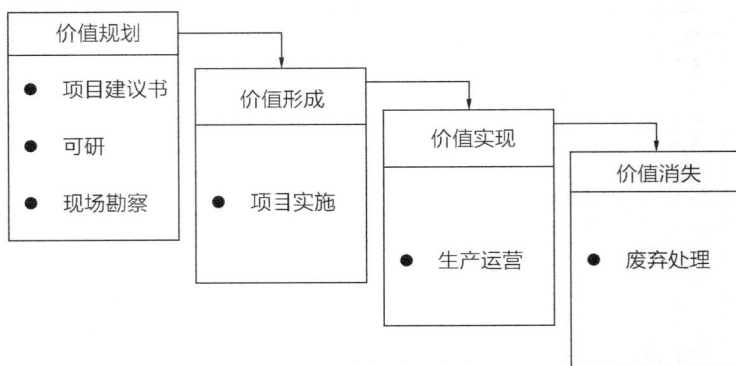

图 3-4　建设项目价值管理范围

二、价值管理的应用

在项目全生命周期管理中，应用价值管理是十分有必要的。由于项目自身的特殊性，如何以最小化的全生命周期成本实现项目各利益相关主体的最大满意度，体现出项目的物有所值，是一个非常难以控制的复杂过程，因此，需要借助于价值管理等理念与全生命周期管理相结合以提高项目决策与控制的科学合理性。

据已有的实践经验分析，在项目生命周期的不同阶段实施价值管理对 LCC 的影响度是不一样的，或者说运用价值管理思想来进行 LCC 的控制，在不同的项目生命周期有不同的具体方法和手段如图 3-5 所示。根据项目的进程，分别实施价值规划、价值工程、价值分析（这三者可视为价值管理的子集）以实现政府投资项目的最优 LCC。

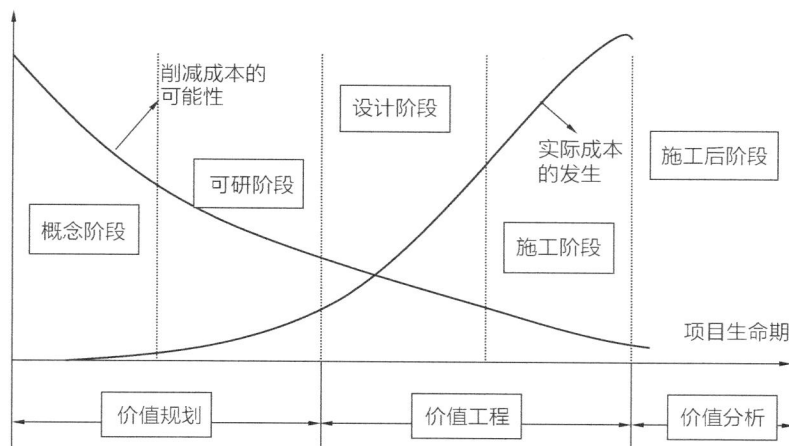

图 3-5　价值规划、价值工程、价值分析在项目生命周期中

从图 3-5 中可以发现价值管理介入的重点是项目前期的决策阶段，从而可能有最大的 LCC 削减机会，在体现决策方案的设计与施工阶段通过价值工程将价值规划具体实现，施工完成后通过价值分析对其进行评价，以积累经验为将来政府投资项目的全生命周期造价管理提供经验与数据支持。

第三节　可施工性分析

一、可施工性概述

1983 年，英国建筑行业研究信息协会（The Construction Industry Research and Information Association，CIRIA）提出了可施工性（Buildability）概念："The extent to which the design of the building facilitates ease of construction，subject to the overall requirements for the completed building."其优点是：①通过对影响施工的因素来控制设计队伍，建立彼此间联系。②正式提出可施工性概念，进一步补充建筑行业理论，理论意义深远。不足之处是仅仅建立了设计和施工的联系，并没有涉及运行与维护等方面，缺少连续性。同期，美国建筑行业协会（The Construction Industry Institute，CII ）正在进行以提高成本效率为目标的全质量管理和建筑行业国际竞争理论的研究与发展工作，而可施工性研究是其重要的组成部分。与 CIRIA 相比 CII 定义范围更为广泛："A system for achieving optimum of construction knowledge and experience in planning，engineering，procurement and field operations in the building process and balancing the various project and environmental to achieve overall project objectives". 到了 20 世纪 90 年代初，澳大利亚的建筑行业协会（CIIA）又对 CII 的可施工性定义进一步深化，其定义为："A system for achieving optimum integration of construction knowledge in the building process and balancing the various project and environmental constraints to achieve maximization of project goals and building performance。"

崔云静、王旭峰在对建设项目的可施工性进行研究后指出："第一类设计的可施工性问题"是指常见设计质量问题中那些"不便施工"或"不能施工"的问题，也可称之为"狭义的不可施工问题"。

较为典型的如：钢筋过密，混凝土难以浇筑；梁、柱尺寸变化太多，不便施工；混凝土强度等级变化多或钢筋的型号多，不便现场管理；狭小平面内布置结构件时没有考虑施工工作面，难以施工；采用标准图集，没有考虑到施工现场实际情况；在采用外墙外保温时用面砖进行装饰，面砖大面积脱落，造成安全事故；基础设计时设计了许多单个的基础，基础形状复杂，底部标高不统一，造成增加开挖、支模、回填的工作；结构设计时设计了轻型多支柱结构、宽断面结构、侧面连接部件，造成安装部件较多、接口较多、防火困难等。第一类可施工性问题比较直观，一般来说，这些问题发生在某个工序的施工过程中，是设计原因引起的难以顺利完成施工的问题。

"第二类设计的可施工性问题"是与总体施工方案有关的问题，它也可以称之为"广义的不可施工问题"，是"狭义的可施工性问题"之外的问题。"第二类可施工性问题"是与总体施工方案有关的问题，也可以称之为"广义的可施工性问题"。第二类可施工性问题主要表现在项目实施的早期阶段，通常的设计质量管理没有从总体上考虑后续施工的需求。比如总平面图的布置包括各个主体结构、道路、临时设施、设备、起重机械等的布置是否考虑到施工布置的实际需要等，如图 3-6 所示。

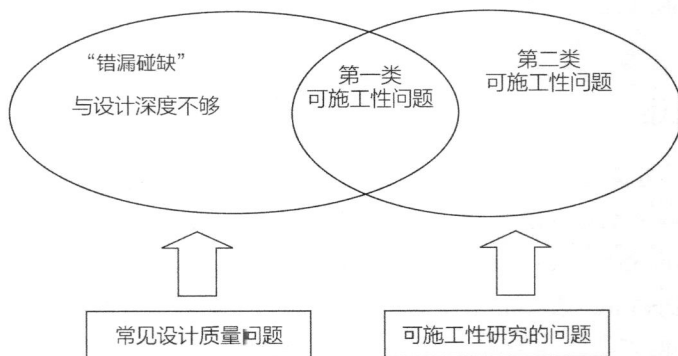

图 3-6　设计的可施工性问题分类

根据以上问题分析产生两类设计的可施工性问题的原因：

第一是承发包模式选择的局限性导致设计与施工相分离。设计与施工相分离直接影响了设计的可施工性，一方面导致设计人员的可施工性经验是通用的，考虑施工问题带有主观性；另一方面导致施工方在拿到施工图纸后，才可能进行施工组织设计，其优化施工流程的创造性活动受到既有图纸的限制，特别是一些先进的施工技术因得不到设计的有效配合而失去采用的机会。施工方在招投标结束之后才能参与项目，而承包商在项目前期决策阶段无法直接参与设计的可施工性研究。

第二是设计项目管理水平有问题，往往只能从大的原则上来考虑施工的需要，而不能从特定的项目和施工单位的实际情况来进行取舍、加工，不能完全考虑到施工方的实际需要，也不能及时反映施工方的最新需求。

二、可施工性的应用

（一）实施可施工性研究的要素

1. 施工人员参与

早期的设计决策缺乏对施工方法的考虑是产生可施工性问题的主要原因。选择适当的施工方案和材料可以节约成本和加快施工进度，如采用预制构件、滑模施工和现场拼装等施工方法。由于不了解施工方法，同时又没有施工知识的输入，设计人员在设计阶段普遍对施工的需求考虑不足，在设计决策时往往采用不适当的假设而没有对未来的施工方法进行最优分析。

在传统的施工总承包模式中，承包商在施工图纸完成后才介入项目的实施，其创新性受到设计图纸的约束。如果让有丰富施工知识和经验的人尽早参与项目实施，即在设计阶段就和设计人员合作，能够使设计者在设计过程中就考虑施工的需求，使设计与施工集成，并不断深化，可以解决很多设计人员容易忽视的问题，从而优化施工流程，降低项目全寿命周期成本。

2. 可施工性研究尽早实施

在项目的早期，项目决策的成本很低，但这些决策却能够对项目的整体成本造成很大影响。施工图或技术说明一旦提交审核，再进行大的变更是非常困难的，不仅设计人员有抵触情绪，而且设计返工对成本和工期的影响都会阻碍设计变更的实施。所以，可施工性研究应尽早开始，并且不能仅局限于对施工图或技术说明进行审核，提出建议等。

在项目概念规划阶段就开始实施可施工性研究，让经验丰富的施工专家尽早参与项目的实施，能够充分利用他们的施工经验，为早期决策提供信息，适当影响投资人、策划者、设计者和材料、设备的供应商等，因此可以产生最大的效益，使项目的工期缩短、总体质量提高，可操作性、可维护性以及使用的可靠性都有所提高，并使项目全寿命周期成本降低。图3-7表明，在项目实施的不同阶段实施可施工性研究，其效益不同。

3. 可施工性延伸至整个项目周期

可施工性研究强调在项目实施的全过程中进行系统地研究，充分发挥施工人员经验和知识的作用。也就是说，可施工性研究应该成为项目实施总体规划的一部分，从投资人提出项目需求构想时开始，在项目的整个实施周期内持续进行，一直延续到整个工程项目竣工、启用为止。

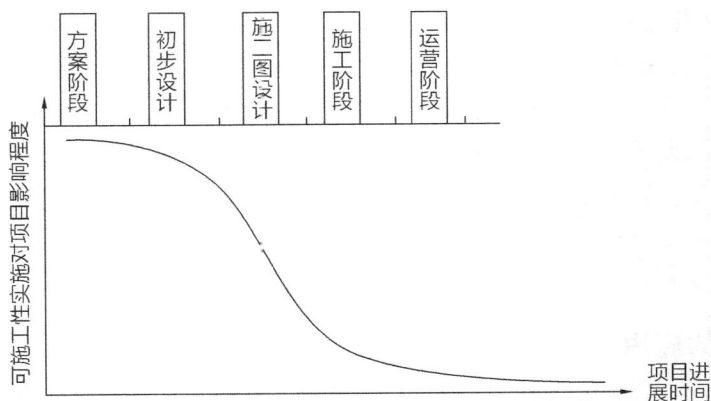

图 3-7　不同阶段实施可施工性研究的效益

4. 多方参与，有组织地进行

可施工性研究是致力于项目目标的集成化、系统化、专业化的研究活动。实施高效的可施工性研究，需要将参与项目的各方人员有效地组织起来，以利用各方的专业知识和经验，优化项目的实施过程。

参与可施工性研究的各方应始终从项目的整体利益出发进行研究。具体包括：①投资人必须在实施可施工性研究过程中发挥重要的作用。投资人将负责选定参与可施工性研究的人员，指定一位负责人。最重要的是，投资人需要赋予施工方在通常的项目规划和设计阶段无法获得的参与项目的权利。②可施工性研究协调人不仅要具有设计方面的知识和经验，而且必须有施工方面的经验和知识。同时，还需要具有良好的交流技巧，以便与其他参与者沟通。③参与可施工性研究的设计人员必须耐心地与其他参与人员交流，能够虚心地接受其他参与者提出的改善可施工性的建议。④参与可施工性研究的施工人员必须具备丰富的施工知识和经验，应当能够作权威性的发言，清晰地提出自己的见解，耐心地与其他参与者交流，可以表达参与项目的意愿，支持有利于优化项目的总体目标（不仅仅是施工目标）方案，以赢得可施工性研究参与各方的信任，使研究顺利进行。⑤可施工性研究还需要其他专业的专家共同参与，以审核某些特殊的工作，如运输、结构、焊接、吊装、管线、涂料及仪器等。

（二）可施工性分析在设计阶段的实施

进入正式的设计阶段后，施工人员发挥的作用就不再是建议性的而是建设性的。设计过程中，设计人员、施工人员、造价人员充分交流、沟通，可通过定期会议制度或组织制度来保证。在设计前，可施工性研究小组应参与制定项目总体进度计划和拟定出主要的施工方法，以保证设计方案与进度计划相匹配。

在设计中，重点审查总图方案，分析实现单项设计意图的施工方法，开展价值工程活动，推广应用标准化设计，尽可能多地采用工厂化生产的建筑部件，分析设计项目所需物资的可供性，提高设计对自然环境的适应性，集中组织一次全方位审查施工图的可施工性等，确保设计具有较高的可施工性。首先在设计的各子阶段设计过程中可施工性的考虑可以通过如下实现：施工人员在设计人员方案设计过程中就要了解其设计思路和设计进展，并在其设计基础上提出自己的技术建议，一方面为以后初步设计做准备；另一方面可以相互启发，让设计人员在实际进程中就循序渐进的考虑可施工性来完善图纸，减少设计人员返工修改图纸，从而减少日后的时间、人员及资金耗费。在初步设计过程中，施工人员可以把一些新的施工方法、工艺信息传递给设计人员，使设计图纸在实施中更具时效性，利用先进的技术成果促进项目目标实现，达到项目设计方案的优化。在初步设计完成后，由施工人员和设计人员进行图纸确认后，进入施工图设计阶段。在施工图设计过程中，由于前阶段施工人员的全程参与会明显加快设计进度，增加设计的合理性，而且在整个设计过程中，两方人员的交流使得施工人员已经熟悉图纸内容，在施工图完成后就省去了在认识图纸、反馈问题、变更等花费的时间，真正做到专业工种搭配进行，消除设计脱离的问题，用过程的优化替代了以往结果的优化。在施工中，重视并参加设计交底与图纸会审活动，加强对工程变更的管理，建立激励机制，鼓励承包商就设计文件提合理化建议等。

王成芳在分析了建设项目设计的可施工性后指出，设计阶段开展可施工性研究的基本工作程序可分为七步，如图 3-8 所示。

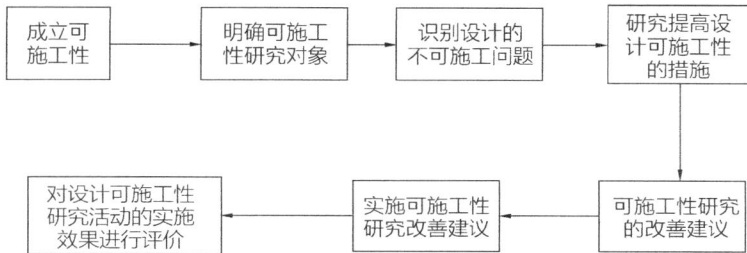

图 3-8　设计阶段可施工性研究的流程图

第一步，组建研究小组。随着建设项目的开展，项目经理应及时将研究人员扩大到施工单位、专业分包商和大型材料设备供应商。

第二步，确定研究的项目目标，明确可施工性研究的对象。

第三步，应用项目结构分解（WBS）方法，识别设计的不可施工性问题。

第四步，研究提高设计可施工性的措施。

第五步，提出改善设计可施工性的建议，并对它们进行技术、经济评价，择优选择。

第六步，应用设计可施工性研究的成果（进行设计变更后实施）。

第七步，对设计可施工性研究活动及其实施效果进行评价。

第四节　可持续设计

一、可持续设计概述

为了将可持续发展的理念转化成一种具体化可操作的设计策略，美国出版了《可持续建筑设计指导原则》，其中较主要的方面是：①重视对设计地段的地方性、地域性的理解，延续地方场所的文化脉络；②增强适用技术的公众意识，结合建筑功能要求，采用简单合适的技术；③树立建筑材料蕴藏能量和循环使用的意识，在最大范围内使用可再生的地方性建筑材料，避免使用高耗能量、破坏环境、产生废物以及带有放射性的建筑材料、构件；④针对当地的气候条件，采用被动式能源策略，尽量应用可再生能源；⑤完善建筑空间使用的灵活性，以便减少建筑体量，将建设所需的资源降至最少；⑥减少建造过程中对环境的损害，避免破坏环境、资源浪费以及建材浪费。

二、可持续设计的应用

可持续发展理念实施的体现是可持续建筑在建筑行业中的运用，经过长久以来的发展，可持续建筑已大量出现在人们的生活当中，其功能与理念受到了社会的广泛认可。

影响政府投资项目可持续性的因素包括：经济效益、资源利用情况、环境状况、可改造性、科技进步情况与可维护性。这些因素都影响建设项目的可持续性，并体现在能源、水、土地、材料的消耗和对环境的影响等方面。全生命周期造价与建筑的可持续性呈双曲线函数关系，即在其他条件不变的情况下，全生命周期造价越低，项目就越具有可持续性，所以本书将 LCC 与可持续设计结合在一起进行考虑，提出了基于 LCC 的可持续设计的具体实施框架及相关的技术措施。全生命周期造价与项目的可持续设计的关系如图 3-9 所示。

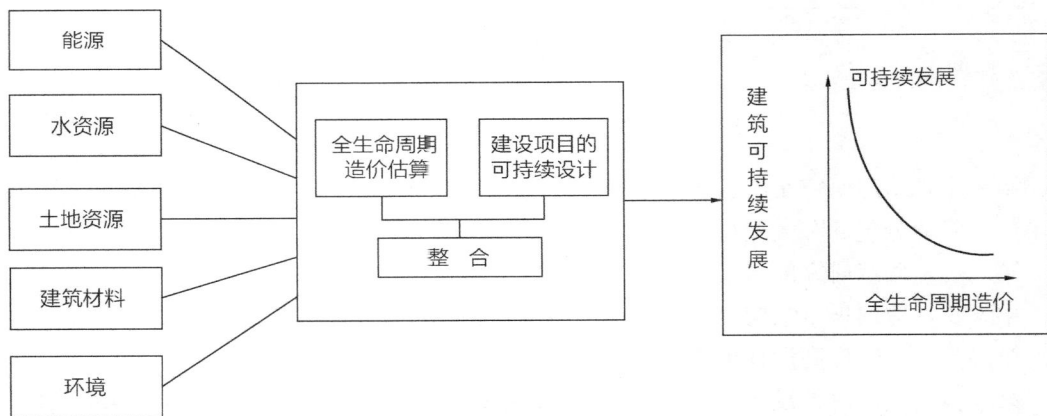

图 3-9　LCC 与项目可持续设计的关系图

（一）基于 LCC 的可持续设计切入点

传统的设计管理方式，缺乏从全生命周期的视角来审视建筑的理念，对建筑的未来运营成本和拆除成本考虑不足，即传统的设计管理方式更多关注的是建筑的建造成本，使得许多建筑缺乏可持续性。例如，许多政府投资项目在建成运行几年或十几年后，由于高额的运营维护费用，或者缺乏前瞻性的功能设计，不得不废弃或拆除，远远达不到项目的设计使用寿命，造成了资源的巨大浪费，并给环境带来极大的负担。因此，有必要引入

LCC 与可持续的理念与方法，改善我国政府投资项目目前的设计管理方式，实施建筑的可持续设计。

基于 LCC 的可持续设计对设计阶段项目管理绩效的改善主要从如下角度切入：首先，限额约束下各子系统优化方案的选择问题，将 LCC 集成到可持续设计包中，利用 LCC 方法评价和比较子系统优化方案，尽可能地降低建筑的 LCC，从而提高建筑的可持续性；其次，将上述建立的能够改善设计阶段项目管理绩效的基于 LCC 的可持续设计包，应用到设计的各个阶段，形成基于 LCC 的可持续设计框架。

（1）建立能够改善设计阶段项目管理绩效的设计包，即基于 LCC 的可持续设计包

限额设计是传统设计模式中控制造价的有效方法，但是由于限额的存在，设计人员只能在限额内寻求初始成本低的方案，缺乏寻求后期运营/维护低费用方案的激励，忽视了建筑项目的未来成本，使许多 LCC 较低的方案，却因为初始成本过高而被排斥掉，使投资人在未来的运营和维护中，遭遇巨额的资金困难。限额设计下的可持续设计，其方案优化时存在资金约束的问题。即在对基本方案进行优化时，需要对建筑的各个子系统进行优化，每个子系统的优化都可能引发增加投资，因此不可能实施所有的子系统优化方案，只能在资金约束下，从全生命周期的角度出发，选择最具有费用效率的子系统优化方案来实施。LCC 分析能够很好地解决这个问题，可以利用 LCC 及其附加指标对各子系统优化方案进行排序，以最大效率地利用投资，提高建筑可持续性。

（2）将基于 LCC 的可持续设计包应用到设计的各个阶段，形成基于 LCC 的可持续设计框架

在设计的各个阶段，不论是方案设计、初步设计还是施工图设计，均以如下基本工作内容为核心，即设计方案设计、设计方案评价与设计方案选择。只是各个阶段所设计的对象逐渐由宏观到微观，由整体到局部，会逐渐细化。例如，在方案设计阶段，需要对建筑的整体方案进行设计、评价和优选，初步设计阶段需要对各专业工程的方案进行设计和优选，而在施工图设计阶段，则可能会细化到各个分部分项工程，因此，本书将 LCC 集成到设计阶段的工作内容中，形成基于 LCC 的可持续设计包，在设计的各个阶段依次分别应用该设计包，寻求最终的可持续设计方案，便构成了基于 LCC 的可持续设计框架。

（二）基于 LCC 的项目可持续设计框架

传统的设计注重寻求技术先进、结构坚固耐用、功能适用、造型美观与环境协调和经济合理的设计方案，在一定程度上也很注重建筑的可持续性，但是没有引入 LCC 等先进的方法辅助进行方案设计和方案评价，而且其提高建筑可持续性方面的技术也不够系统全面。

1. 基于 LCC 的可持续设计包

在项目设计阶段的各部分工作中可以将 LCC 引入进来，即从影响全生命周期成本的因素出发进行方案设计，再利用 LCC 方法进行方案评价和选择，建立了基于 LCC 的可持续设计包，如图 3-10 所示，其主要包括方案设计、方案评价、方案选择三个步骤。

（1）方案设计。明确项目的功能需求和可获资源状况，分析项目全生命周期成本的构

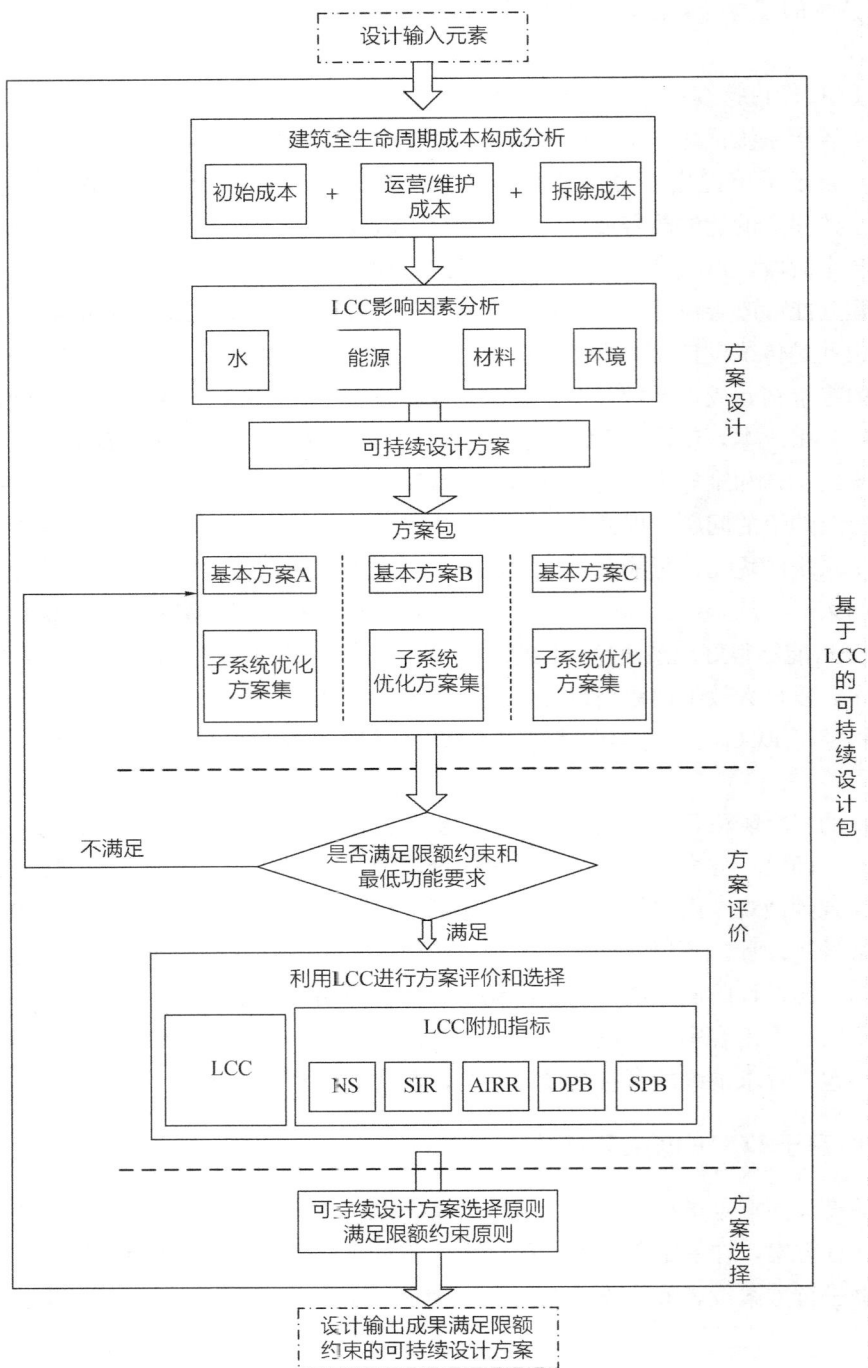

图 3-10　基于 LCC 的可持续设计包

成，并寻找影响项目全生命周期成本的主要因素，从这些因素出发，设计能够有效降低项目 LCC 的方案，一般需要设计两个以上的基本方案，并对各基本方案的子系统分别进行优化设计，每个方案最终形成一个基本方案和一个子系统优化方案集的组合。基本方案的建筑特征应基本选定，包括建筑选址、朝向、结构形式、设备选型等；然后再对建筑的子系统进行优化设计，例如将单层窗改为双层窗，改善建筑的朝向、采用节能电器、增加太阳能系统、增加外墙保温隔热系统等，这些就构成了该方案的子系统优化方案集。子系统的优化应集思广益，本着降低建筑全生命周期成本，提高可持续性的原则来设计。

在实际设计工作中，设计人员为避免繁杂的设计和分析工作，通常首先通过分析选定一个基本方案，再针对该方案进行优化。这种方法虽然节省了设计工作量，但是却存在缺陷，即：仅仅对选定的最优基本方案进行了优化，而没有对其他基本方案进行优化，这就有可能造成最优方案的遗漏——非最优基本方案经过优化后，有可能会优于最优基本方案的优化方案。因此本框架提出对所有的基本方案都要进行优化，然后进行全面的比较。

（2）方案评价。利用 LCC 进行方案评价时，相同成本因子可以剔除，方案比较时不予考虑，并计算 LCC 的附加指标。方案评价可分为三步：

1）评价各基本方案，分析其建造成本和全生命周期成本；

2）评价各子系统的生命周期费用效率；

对子系统优化方案集进行 LCC 分析，在投资限额的约束下，尽可能多的选择各子系统优化方案，以降低该方案的生命周期成本。这需要采用 LCC 附加指标对各子系统优化方案进行排序，优先选择费用效率高的改进方案，直到建筑的建造成本达到投资限额为止。

3）分析优化后的方案，计算其全生命周期成本。

（3）方案选择。方案选择的原则是以全生命周期成本最低的方案为最优方案，最具有可持续性。

2. 基于 LCC 的可持续设计框架

基于 LCC 的可持续设计包可以应用到设计的各个阶段，改善各个阶段的设计工作，提高各阶段输出成果的可持续性，形成基于 LCC 的可持续设计框架，本书设计阶段对于可持续设计包的应用主要体现在方案设计、初步设计及施工图设计三个阶段。具体如图3-11 所示。

（1）方案设计阶段

建筑方案设计是建筑设计的初始阶段，它是建筑设计人员对设计对象有较深刻的认识，对设计任务、环境、建筑功能等作了一定分析之后，对建筑平面形状、体型及立面处理、层数、层高、开间、进深、结构形式、总体布置等方面提出的初步设想。

进行方案设计时，应由总体到局部、由粗到细，注意先解决大的关键问题，如平面方案中主要先考虑建筑功能分区、流线组织、建筑平面形式选择及房屋开间、进深的确定和房间位置的合理安排，而不是门窗的具体尺寸；剖面设计主要是剖面形式、层高、层数确定和空间组合，而不是具体构造做法；建筑外形设计要解决好总体型、比例和大的虚实划分，而不是某一台阶花格或线脚的具体处理。

（2）初步设计阶段

初步设计是在建筑方案设计的基础上，进一步完善设计方案，在已定的场地范围内，按照设计任务书所拟的房屋使用要求，综合考虑技术经济条件和建筑艺术方面的要求，确

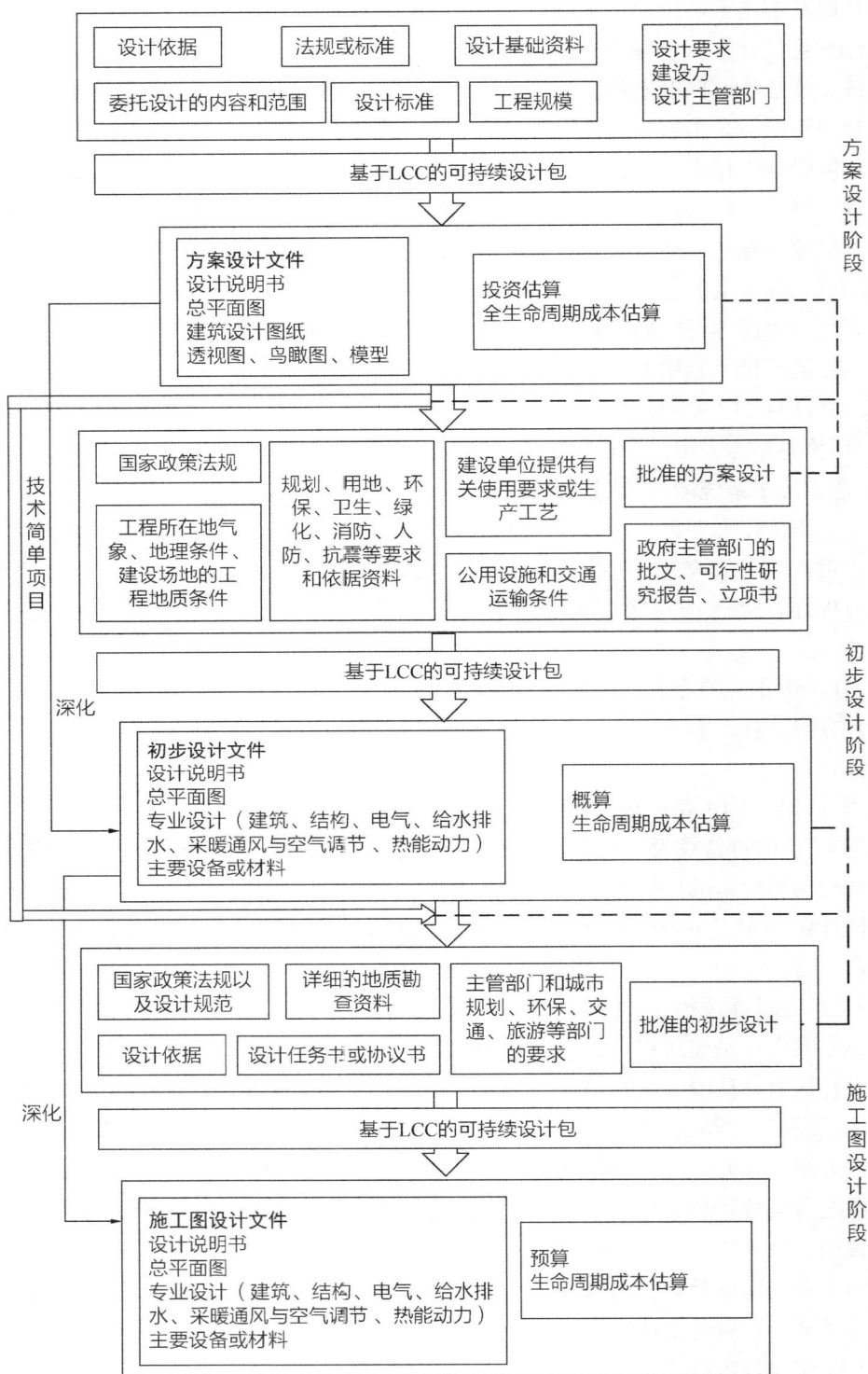

图 3-11　基于 LCC 的可持续设计框架

定建筑物的组合方式，选定所用建筑材料和结构方案，确定建筑物在场地的位置，说明设计意图，分析设计方案在技术上、经济上的合理性，并提出设计概算和生命周期成本估算。

（3）施工图设计阶段

施工图设计是建筑设计的最后阶段。它的主要任务是满足施工要求，即在初步设计或技术设计的基础上，综合建筑、结构、设备各工种，相互交底、核实核对，深入了解材料供应、施工技术、设备等条件，把满足工程施工的各项具体要求反映在图纸上。施工图设计的内容包括：确定全部工程尺寸和用料，绘制建筑、结构、设备等全部施工图纸，编制工程说明书、结构计算书、预算和生命周期成本估算。

（三） 设计阶段实施可持续设计的技术措施

建筑的可持续性主要体现在能源节约、资源消耗降低、环境保护等方面，在设计中致力于上述方面的技术措施，便构成了实施可持续设计的技术措施。很多研究、政府政策法规、设计规范都致力于开发和完善可持续设计的技术措施，基本都是从选址及景观规划、水资源利用和污水处理、能源系统、室内环境质量、材料及废物循环利用等角度出发，来探讨降低建筑全生命周期成本，提高可持续性的技术措施。

其中，美国 *Oakland Sustainable Design Guide* 从选址、水资源、能源、室内环境质量、材料、废物循环利用、交通等方面阐述一系列的技术措施，用以指导该州的建筑可持续设计，其中比较主要的方面是：

（1）重视对设计地段的地方性、地域性的理解，延续当地场所的文化脉络；

（2）增强适用技术的公众意识，结合建筑功能要求，采用简单合适的技术；

（3）树立建筑材料蕴藏能量和循环使用的意识，在最大范围内使用可再生的地方性建筑材料，避免使用高耗能量、破坏环境、产生废物以及带有放射性的建筑材料、构件；

（4）针对当地的气候条件，采用被动式能源策略，尽量应用可再生能源；

（5）完善建筑空间使用的灵活性，以便减少建筑体量，将建设所需的资源降至最少；

（6）减少建造过程中对环境的损害，避免破坏环境、资源浪费以及建材浪费。

建设部于 2005 年出台了《绿色建筑技术导则》，提出绿色建筑应坚持"可持续发展"的理念，并从节地与室外环境、节能与资源利用、节水与水资源利用、节材与材料资源、室内环境质量等方面阐述了在设计中应该考虑的技术要点。结合我国的《绿色建筑技术导则》与美国的 *Oakland Sustainable Design Guide* 以及其他一些研究，可持续设计应注重的技术措施，主要应包括项目选址、建筑节能、水资源利用、节约材料与使用绿色建材、废弃物的处置等方面。

1. 项目选址

项目选址对于降低项目的全生命周期成本，提高项目的可持续性具有重要意义。项目选址工作包括土地使用规划、交通布局、地址选择、建筑布局和朝向安排，雨水处理系统、植被、水资源利用和化学物质使用等。项目选址与场地规划应本着如下原则：①保护自然生态环境，充分利用原有场地上的自然生态条件，注重建筑与自然生态环境的协调；

②场地环境应安全可靠，远离污染源，并对自然灾害有充分的抵御能力；③建筑用地适度密集，加强土地的集约化与高效化利用，充分利用周边的配套公共建筑设施，合理规划用地。

2. 建筑节能

建筑节能可以从以下几个方面考虑：降低能耗、提高用能效率、使用可再生能源。

（1）降低能耗

①利用场地自然条件，合理考虑建筑朝向和楼距，充分利用自然通风和天然采光，减少使用空调和人工照明；②提高建筑围护结构的保温隔热性能，采用由高效保温材料制成的复合墙体和屋面及密封保温隔热性能好的门窗，采用有效的遮阳措施；③采用用能调控和计量系统。

（2）提高用能效率

①合理选择用能设备，采用高效建筑供能；根据建筑物用能负荷动态变化，采用合理的调控措施；②优化用能系统，考虑部分空间、部分负荷下运营时的节能措施，有条件时宜采用热、电、冷联供形式，提高能源利用效率；采用能源回收技术；针对不同能源结构，实现能源梯级利用。

（3）使用可再生能源

充分利用场地的自然资源条件，开发利用可再生能源，如太阳能、水能、风能、地热能、海洋能、生物质能、潮汐能以及通过热泵等先进技术取自自然环境（如大气、地表水、污水、浅层地下水、土壤等）的能量（表 3-1）。

可再生能源的应用①   表 3-1

可再生能源	利用方式
太阳能	太阳能发电
	太阳能供暖与热水
	太阳能光利用（不含采光）于干燥、炊事等较高温用途热量的供给
	太阳能制冷
地热（100%回灌）	地热发电＋梯级利用
	地热梯级利用技术（地热直接供暖－热泵供暖联合利用）
	地热供暖技术
风能	风能发电技术
生物质能	生物质能发电
	生物质能转换热利用
其他	地源热泵技术
	污水和废水热泵技术
	地表水水源热泵技术
	浅层地下水热泵技术（100%回灌）
	浅层地下水直接供冷技术（100%回灌）
	地道风空调

---

① 建设部《绿色建筑技术导则》，2005 年 10 月。

可再生能源的使用不应造成对环境和原生态系统破坏以及对自然资源污染。

3. 水资源利用

在进行可持续设计中，本着不损害设施功能的前提下，最大可能节约水的消耗。水资源的节约和利用，主要考虑到如下因素：节约用水可以减轻水资源紧缺的压力，同时可以降低水处理所需要的能源和化学用品，从而降低建筑的生命周期成本。

采用节水系统、节水器具和设备，并将生活用水、景观用水和绿化用水等按用水水质要求分别提供、梯级处理回用；景观用水利用河湖水、收集的雨水或再生水，绿化浇灌采用微灌、滴灌等措施。

综合利用雨污水，采用雨水、污水分流系统；在水资源短缺地区，采用雨水和中水回用系统；合理规划地表与屋顶雨水径流途径，最大程度降低地表径流，采用多种渗透措施增加雨水的渗透量。

水资源的利用主要从以下两个方面着手：提高水资源利用效率、雨污水综合利用。也就是一方面要减少水资源的消耗，另一方面要将污水和雨水资源化。

4. 节约材料与使用绿色建材

大量原材料的消耗带来了严重的环境问题，包括在矿产、木材等的开采、加工、使用、废弃等整个生命周期过程中产生的对地质地貌的扰动，水土的严重流失、对生态的破坏等，所选用的建筑材料对室内环境产生很大影响。

在可持续设计中，就应遵循节约使用建筑材料和选用绿色建材的原则。绿色材料（Green Material，GM）是指那些具有良好使用性能或功能，并对资源和能源消耗少，对生态与环境污染小，有利于人类健康，再生利用率高或可降解循环利用，在制备、使用、废弃直至再生循环利用的整个过程中，都与环境协调共存的建筑材料。

选用可循环、可回用和可再生的建材，减少不可再生资源的使用；选用可降解、对环境污染少的建材，减少施工废料；选用耗能低、高性能、高耐久性和本地建材，减少建材在全寿命周期中的能源消耗；使用原料消耗量少和采用废弃物生产的建材；使用可节能的功能性建材。

5. 废弃物处置

在工程项目中，可循环使用的材料，如木材、金属等约占废物总量的75％，这意味着回收利用具有很大的空间。由于越来越多的垃圾场达到了容量的极限，新的垃圾场选址存在困难，许多垃圾场又排斥建筑垃圾，因此，垃圾排放费用将会上升。在建筑设计阶段应认真规划建筑废弃物的处理，应多选用可以重复利用、循环利用的建筑材料和构件。在项目更新或拆除时，原建筑仍具有功能价值的构件、材料，应在新工程中加以重新利用。

第五节　质量功能展开（QFD）

一、质量功能展开（QFD）概述

质量功能展开（Quality Function Deployment，QFD）这一概念是由日本学者 Yoji

Akao 于 1966 年首次提出，它作为一种产品设计方法于 1972 年在日本三菱重工神户造船厂首次得到应用，该厂使用了"质量表"，分析如何把用户、消费者的需求变换成工程措施、设计要求。黄如宝（2008 年）指出，从本质上讲 QFD 方法是一种获取客户质量需求并将其转化为可供设计人员理解的质量特性的系统方法，在设计工作开始之前，设计人员须对投资人进行建筑功能需求调查，在此过程中设计人员获取了投资人对建筑内容、规模和标准的基本需求。

QFD 可以看作是由一系列关系组成的网络（Network of Relation-ships），通过这一网络，顾客需求被转化为产品质量特征，产品的设计则通过顾客需求与质量特征之间的关系被系统地"展开"到产品的每一个功能组成中，并进一步"展开"到每个零件和生产流程中，通过这一过程，最终实现产品设计。QFD 包含两个要素：质量展开（Quality Deployment）和功能展开（Function Deployment）。质量展开即把顾客需求部署到设计过程中去，它保证产品的设计、生产与顾客需求相一致。

二、质量功能展开的应用

QFD 技术最早应用在制造业中，用于通过收集调查产品客户的需求来了解和熟悉产品的开发设计，将客户需求有效转化为产品的设计方案和设计参数的过程。随着 QFD 技术应用的成熟发展，现已经不断有学者将此项技术引进到工程项目建设领域。

QFD 的核心组成部分由矩阵"质量屋（House of Quality，HOQ）"来实现，它是 QFD 基本原理的核心。HOQ 是一种形象直观的二元展开图表。HOQ 为 QFD 的要素分解提供了一个基本工具，如图 3-12 所示。

ASI 的开创者 Sulliven 认为，QFD 作为一个总体概念，提供了一种方法，通过这种方法，可以在产品开发和生产的每个阶段把顾客需求转变为适当的技术要求。Sulliven 的定义把 QFD 作为一种方法，看作一种过程。John R. Hauser & Don Clausing 以此思想为基础，具体提出了 QFD 的四阶段过程，即产品规划、零部件展开、工艺计划、生产计划。以 QFD 的四个阶段为主要工具对建设项目的

图 3-12　质量屋示意图

利益相关者需求、项目功能要求进行逐层展开，以达到建立确定项目的设计要求、建设目标的目的。QFD 在传统的制造业中的应用过程是由"顾客需求—产品规划""产品规划—零部件展开""零部件展开—工艺计划"和"工艺计划—生产计划"四个阶段逐层展开最终确定产品的生产要求，借鉴 QFD 的这种指导思想和方法，结合建设项目决策阶段管理工作的实际情况制定一个适合在决策阶段开展，用于指导项目设计阶段工作的项目建设目标的 QFD 展开过程。

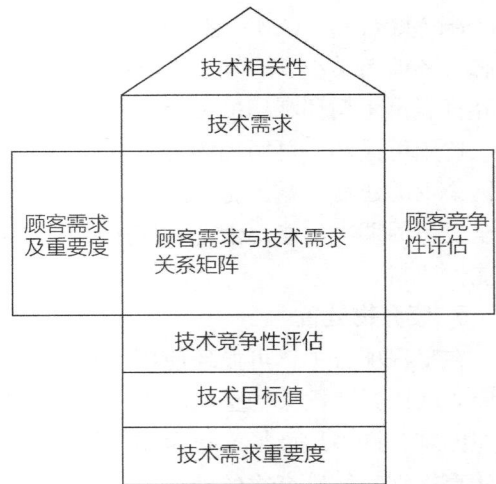

决策阶段项目设计目标体系构建工作的主要目标是根据项目的功能需求，确定项目的建设规模与规格等具体设计参数值，以满足社会对公共项目的需求。借助 QFD 的思想与方法，以项目利益相关者的需求作为质量功能展开的客户需求，将投资人的需求转化为项目的功能目标，再将功能目标进行展开转化为项目的设计目标。由于利用 QFD 在项目决策阶段构建项目设计目标，而典型的 QFD 过程是从产品的规划到零部件规划到工艺生产计划的全过程展开。因此，在决策阶段，不用考虑项目工艺计划和生产计划的展开。结合建设项目目标体系的构成，可以利用 QFD 方法进行两个阶段的质量功能展开"需求—功能"展开和"功能—目标"展开即可，具体过程如下。

（一）"需求—功能"展开

以利益相关者的需求为依据，建立"需求—功能"质量屋，确定项目功能要求目标和功能目标重要性权重。展开模型如图 3-13 所示。

展开过程的成果是项目目标体系中的功能目标及其重要度，建设项目的功能目标既是项目目标体系的构成部分，同时也是项目设计目标的构建依据，因为项目设计目标的构建便是以项目功能目标为依据，确定项目的设计目标重要度和目标值。即第二个过程："功能—目标"展开过程。

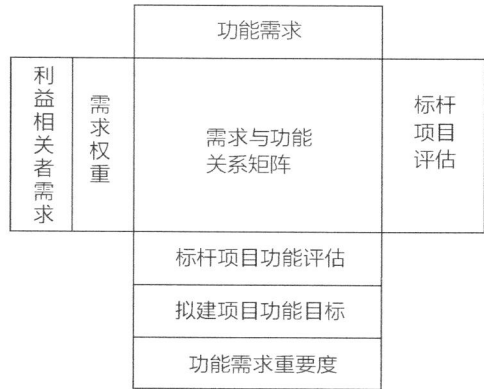

图 3-13 "需求—功能"展开模型

（二）"功能—目标"展开

功能—目标展开是以项目功能要求为依据进行项目设计目标重要度和目标值确定的过程，展开过程和展开方法与需求—功能展开过程相同，采用功能—目标质量屋模型，以标杆项目的目标值作为参考，进行具体目标的确定，模型如图 3-14 所示。

功能—目标展开过程的最终成果是项目设计目标体系，将最终得到的项目设计目标按照目标的属性进行分类整理即可以得到项目设计目标体系，如项目建设规模、质量标准、目标成本和进度目标等。此展开过程需要结合项目的工作分解结构（WBS）和标杆项目的功能分析结果。利用工作分解结构确定的项目可交付成果为项目设计目标内容确定了范围，标杆项目的功能分析为项目的功能评价值提供了参考和标准，利用标杆管理的思想最终目标就是要求达到最佳效果，使得拟建项目的超过标杆项目效果的目的。

图 3-14 "功能—目标"展开模型

第六节 PDCA循环

一、PDCA循环概述

"PDCA"循环又叫质量环，由质量管理专家戴明博士提出的概念，是质量体系活动应该遵循的科学工作程序，PDCA循环是能使任何一项活动有效进行的方法，如图3-15所示。

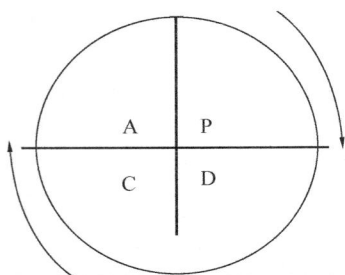

图3-15 PDCA循环模型

P、D、C、A四个英文字母所代表的意义如下：

P（Plan）——计划。包括方针和目标的确定以及活动计划的制定；

D（Do）——执行。执行就是具体运作，实施计划中的内容；

C（Check）——检查。检查计划实际执行的效果，比较和目标的差距；

A（Action）——调整（或处理）。包括两个内容：成功的经验加以肯定，并予以标准化或制定作业指导书，便于以后工作时遵循；对于没有解决的问题，查明原因，其解决的方法也就成为一个PDCA循环的内容。如此周而复始，不断推进工作的进展。

PDCA循环理论可应用于多个领域和活动中，它是一个可对管理过程和工作质量进行有效控制的工具，每一项活动都需要经过固定的四个阶段，这四个阶段就是计划、执行计划、检查计划、对计划进行调整并不断改善。PDCA可通过在项目中的实施并熟练运用而不断提高工作效率，促使管理向一个良性循环的方向进行发展。能不断地提高工作效率。因此，它被人们持续地、正式或非正式地、有意识或下意识地使用于自己所做的每项工作或每件事。

二、PDCA循环的应用

PDCA循环应用了科学的统计观念和处理方法。作为推动工作、发现问题和解决问题的有效工具，典型的模式被称为"四个阶段"和"八个步骤"。

1. 计划阶段（Plan）

（1）分析现状，发现问题；

（2）分析问题中各种影响因素；

（3）分析影响的主要原因；

（4）针对主要原因，采取解决的措施；

——（Why）为什么要制定这个措施？

——（What）达到什么目标？

——（Where）在何处执行？

——（Who）由谁负责完成？

——（When）什么时间完成？

——（How）怎样执行？

2. 执行阶段（Do）

执行，按实施计划的要求去做；并保存每步实施的记录（数据、提案内容、表格、照片等）。

3. 检查阶段（Check）

检查，把执行结果与要求达到的目标进行对比；确认是否按日程实施以及实施项目是否能按计划达成预定目标值。

4. 调整、总结阶段（Action）

标准化。把成功的经验总结出来，水平展开到其他方面，并进行标准化工作；

把没有解决或新出现的问题转入下一个 PDCA 循环中去解决。

PDCA 是对持续改进、螺旋式上升工作的一种科学的总结，将"四个阶段"和"八个步骤"融合在一起，如图 3-16 所示。

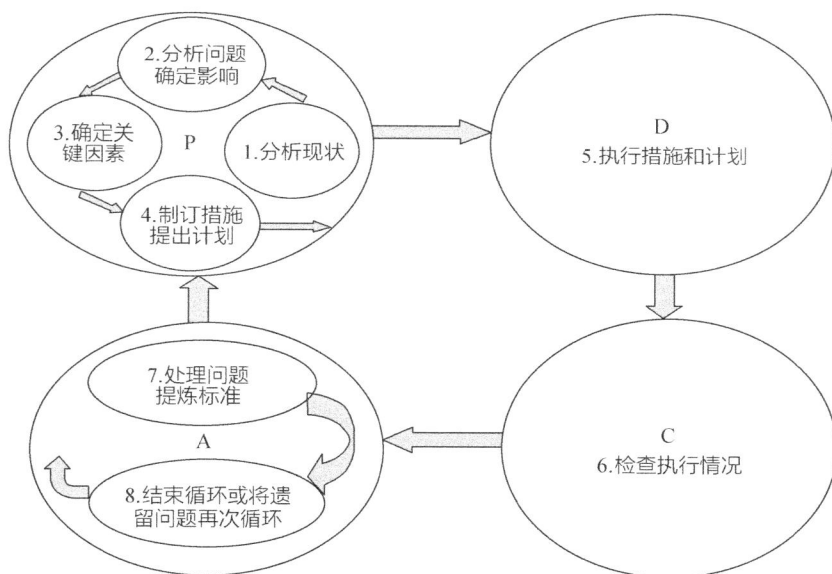

图 3-16　PDCA 循环示意图

PDCA 循环常被运用在施工质量控制当中，施工质量控制当中，PDCA 循环的核心也依然是 A 阶段，从制定目标、执行方案、发现问题、解决问题到制定新目标，当一个循环结束后，只有对已经解决的问题进行总结归纳，吸取经验教训才能使得质量控制产生效果，使得质量持续改进。只要有未解决的问题，就还需要对存在的质量问题进行处理，便进入了下一轮循环，直至实现施工质量目标。

在具体操作中，PDCA 循环的运行过程可用图 3-17 表示。

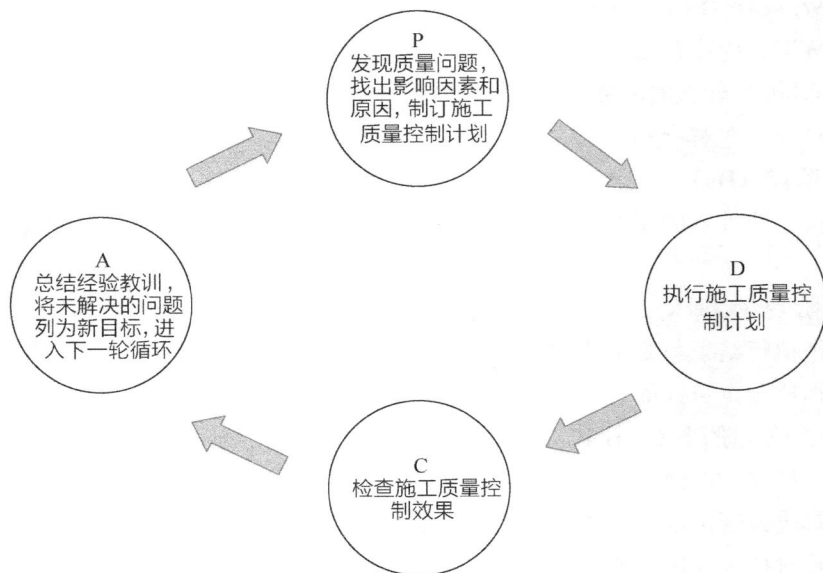

图 3-17 PDCA 循环在施工质量控制中的应用示意图

第七节 原型逼近法

一、原型逼近法概述

对于原型逼近法的应用，孙占山最早在《大中型管理信息系统的 SDPA 开发方法》一文中提到，并用于信息系统的开发，他在运用该方法的过程中与生命周期法结合使用，运用的步骤如下：①开发初始原型；②利用原型精化用户需求；③反复修改和扩充原型；④实现目标系统。其原型逼近法示意图如图 3-18 所示。

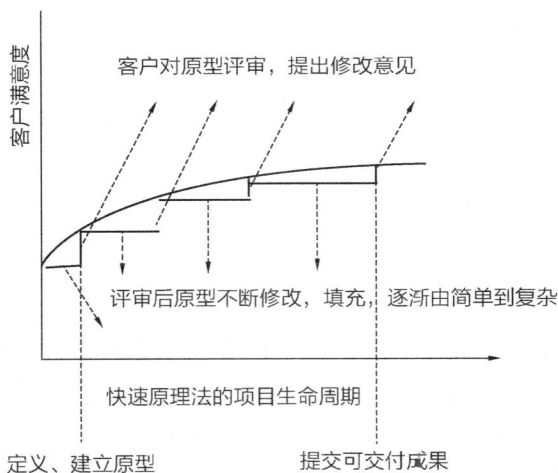

图 3-18 原型逼近法

在现行委托代理关系项目中都普遍存在一种现象，即委托方在项目初期很难明确地向受托方阐明其真实需求，甚至有时委托方本身也不明确自己的真实需求。在此情况下，代理方应不断地与委托方相关人员进行沟通或者通过"工作坊"的方式（即根据双方需要不定期地举行双方相关人员沟通交流，在会上双方可充分交换意见），一步一步地发掘委托方的真实需求，从而使得代理方的成果逐渐地逼近双方预期的最佳结果。

二、原型逼近法的应用

原型逼近法主要运用在对投资人需求分析中。在原型逼近法的模型基础上，将其运用到施工招标项目的投资人需求分析中，以招标代理的角度建立招标项目中对投资人需求进行分析的原型逼近模型，以达到投资人需求的满足。具体步骤如图 3-19 所示。

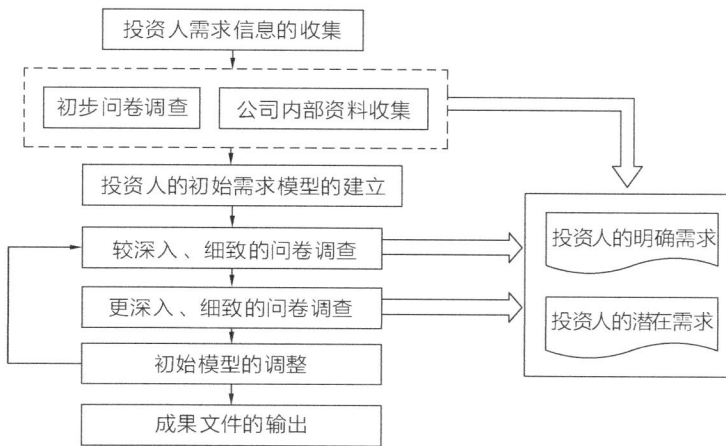

图 3-19　基于原型逼近法的投资人需求分析图

步骤一：投资人的初步需求是信息的收集，即需求分析模型的建立。分析和采集投资人的内部信息，包括投资人对投标人已完成类似工程项目的情况、资质条件、资金状况、信誉等级、履约情况分析等的要求，结合对投资人的初步问卷调查进行分析。根据内部资料收集及初步调查（调查问卷一），建立投资人需求的原型。在此基础上，针对收集的资料和部门发放不同的问卷，从质量、费用、进度、合同等多个方面更深入细致地了解投资人的需求。

步骤二：设计问卷二，可按照费用、质量、进度等方面分别找投资人的相关人员进行第二轮调查。

步骤三：在第二次问卷调查的基础上，针对问题的回答情况，设计更为深入细致的问卷三，可设计一些细节性的问题。通过问卷三的发放及信息的反馈，能较为深入地了解投资人的需求，通过这种逐步深入细致的问卷调查的方法，可较为准确地还原投资人的项目需求。问卷的不断深入、细化的过程是对原始需求模型的不断调整过程，在这个过程中明确投资人的各种需求，从而达到原型逼近，实现由简单到复杂的处理过程。

步骤四：对以上问卷调查的结果进行分析，检测和调整投资人需求分析的原始模型，若达到了对投资人需求的相对充分的了解状态，则可以此作为对投资人需求充分分析的状态；若仍存在疑问，可再设计问卷，重复上述步骤，最终达到对投资人需求的充分了解。

第八节　尽职调查

一、尽职调查概述

尽职调查原是指在进行证券发行、企业并购及其他交易时，对是否存在问题所进行的调查。尽职调查是为了对证券发行、企业并购及其他交易所涉及的法律、财务、税务、商业、环境等方方面面的问题进行详细、周全的调查，并对这些问题进行分析，最后为客户提供合理的建议。

威宁谢公司将尽职审查产品的功能定位于："协助银行及私募基金公司，在房地产项目买卖前为新建或半建成的建筑物进行尽职审查或者投资评估"。举例来说：若某一个投资人有一个项目，但是没有相应的建设资金，需要向银行借款。此时，银行为保证该借款安全可靠，银行会要求投资人提供一房产或其他固定资产作为抵押。银行为委托专门的造价咨询公司对该资产进行评估，确定该资产的价格等信息。这就构成尽职审查业务。

二、尽职调查的应用

（一）尽职调查工作清单 （以房地产项目）

如表 3-2 所示。

尽职调查工作清单（以房地产项目）　　　　　　　　　　表 3-2

序号	尽职调查事项		具 体 内 容
1	房地产资产方面	资产权益	1. 不动产权利在与当地土地管理部门的注册登记情况； 2. 当地土地管理局鉴定的土地使用权出让合同或与原土地使用权人签定的土地使用权转让合同，相应地块的宗地红线图； 3. 土地出让金付款凭证，例如当地土管局发出的，表明国有土地使用权出让金已支付的凭证，例如发票和/或收据的复印件； 4. 有关税务部门发出的土地契税的纳税收据复印件； 5. 目标公司名下的由当地土管局颁发的房地产权证； 6. 其他所有与土地使用权有关的文件和报告等文件
		权益负担	1. 任何关于物业的公共记录查询结果的资料，包括但不限于：关于土地和房屋产权、转让和抵押，权利证件质押，租赁登记等； 2. 所有就物业或其权利文件设定的留置、质押、抵押以及其他担保利益的文件； 3. 所有就物业或其权利文件设定的抵押、质押以及其他担保利益的登记证； 4. 所有关于影响本物业的地役权及约定文件，包括影响本物业但为其他物业带来利益的地役权和约定，及加之于其他物业之上，但为本物业带来利益的地役权和约定

序号	尽职调查事项		具体内容
2	工程建设审批事项		1. 《企业房地产开发资质》； 2. 项目立项批复及相关批复文件； 3. 规划意见书和审定设计方案通知书； 4. 建设用地规划许可证； 5. 用地批准书； 6. 土地出让合同或者土地转让合同，以及所需的上级部门批准文件； 7. 土地出让金缴纳凭证； 8. 土地补偿协议； 9. 国有土地使用权证书； 10. 建设用地钉桩通知； 11. 建设工程规划许可证； 12. 交通影响评审意见和环境影响报告表批复； 13. 绿化补偿、交通规划设计、人防工程、消防工程等批复； 14. 房屋拆迁许可证； 15. 施工许可证、工程施工协议及补充协议、市政施工协议； 16. 商品房预售许可证
3	非房地产资产方面	有形资产	1. 房屋、设备、办公用品等所有非房地产有形资产的详细清单； 2. 所有原始发票、买卖合同或其他与非房地重大有形资产有关的重要合同的复印件
		无形资产	1. 目标公司所拥有的商标、专利、著作权的权利文件的复印件； 2. 许可使用和/或转让合同的复印件； 3. 所涉及的任何侵权诉讼或其他任何已知的侵权索赔的文件资料； 4. 非房地产资产的评估报告（如有）的复印件
4	目标公司基本情况		1. 目标公司最初设立时的主管部门批准文件（如有）、企业法人营业执照正本和副本、房地产资质证书等； 2. 工商行政管理机关核发的经过 2008 年年检的最新的营业执照和资质证书等； 3. 目标公司章程和股东出资设立目标公司的协议（如有）及有关目标公司章程及股东出资设立目标公司的协议的任何修订、补充和更改； 4. 目标公司注册资本到位的所有验资报告以及与固定资产出资相关的评估报告、集体资产管理部门对评估报告的批准或备案文件（如有）； 5. 目标公司的股东名册以及各股东的出资比例；目标公司股东变动的情况和所有有关股东变动的法律文件（包括但不限于政府批准文件和股权交易文件）； 6. 目标公司自然人股东的身份证明； 7. 目标公司股东会的全部决议； 8. 目标公司现任董事会成员名单及所有董事会决议； 9. 目标公司当前的内部结构； 10. 目标公司在有关政府部门的所有登记和证明，包括但不限于税务登记（包括国税登记证和地税登记证）、外汇登记、海关登记等及目标公司从有关政府主管部门所获得的所有特许权、特许经营及其他许可文件； 11. 目标公司是否设立过任何子目标公司、分目标公司、办事处或其他经营实体；若有，请提供上述子目标公司、分目标公司、办事处或经营实体的名单及其最新营业执照； 12. 目标公司股东是否在其拥有的目标公司之股权上设置任何质押或第三者权利，若有，请提供与质押有关的批准/登记文件及质押合同； 13. 目标公司现有股东个人的高额负债及为他人借款提供担保的所有文件； 14. 目标公司现股东及其家庭成员持有其他目标公司股权的情况（目标公司或名称、经营范围、持股比例及所认职务）； 15. 目标公司现有职工的人数、劳动合同签订、工资支付以及是否存在劳动争议方面的资料

序号	尽职调查事项	具 体 内 容
5	目标公司债权债务、财务状况	1. 目标公司最新的财务报表（包括但不限于资产负债表、损益表、现金流量表及利润分配表）； 2. 目标公司融资情况和有关文件，包括但不限于所有的尚未全部履行完毕的贷款合同、融资合同及其他形式的资金融通合同和其他形式的文件，将要或者准备签订的贷款合同、融资合同及其他形式的资金融通合同的描述（包括但不限于金额、发生的时间、资金融通的形式、债权人等）； 3. 目标公司向第三人所提供的任何形式的担保情况及文件，包括但不限于保证、抵押、质押、留置等；前述文件包括但不限于担保之所有合同、文件、抵押和质押证明等（如有）； 4. 目标公司是否存在重大违约行为，如有，请提供相关合同、协议及违约事宜，前述违约行为包括但不限于逾期债务等
6	目标公司税务状况	1. 目标公司的税务登记证（包括国税和地税税务登记证）； 2. 目标公司设立至今的纳税结算表（如有）； 3. 目标公司持有的所有减免税批文或证明（如有）； 4. 目标公司在对外采购及销售过程中是否有未开立或索取发票的情况（如有）； 5. 目标公司任何时期所接到的所有税务部门签发的有关目标公司的所得税、营业税、增值税或消费税的欠税通知、欠税罚单； 6. 税务部门或政府主管部门任何时期对目标公司所进行的所有税务审计调查和与该审计有关的文件
7	目标公司的重要合同	1. 尚未履行完毕的土地、工程、借款、出售、租赁等重要合同； 2. 抵押、质押、保证等担保合同； 3. 公司与关联人之间、公司内部的重要合同、各类协议； 4. 可能对公司的资产、负债、权益和经营成果产生重大影响的其他合同
8	涉及目标公司的诉讼、争议及处罚	1. 已经发生的诉讼、仲裁、行政处罚等方面的资料； 2. 所有正在进行的诉讼和判决（或裁决）后未执行完毕的诉讼案件相关的文件和资料，如：裁判书、执行裁定等； 3. 有关行政处罚的文件和资料，如：行政处罚决定书、行政复议决定书等； 4. 可能引起诉讼和争议的事项资料； 5. 是否存在因诉讼、仲裁或者行政处罚导致其财产被有关机关采取查封、冻结、扣押等强制措施的情况
9	目标公司的保险及环境保护	1. 是否办理了保险，各项投保资料及缴费凭证； 2. 建设项目的环境影响评价报告（如适用）及其批复（如有）； 3. 与环境污染有关的重大事故情况，与环保有关的处罚/费用的详情
10	其他前需要调查的事项	—

（二） 尽职调查在房地产成本估算中的应用

如表 3-3 所示。

房地产成本估算方法及原理与适用对象

表 3-3

序号	成本估算方法	原　　理	适　用　对　象
1	市场比较法	替代原理：将勘估房地产与相应市场上类似房地产的交易案例直接比较，对形成的差异作适当的调整（或修正），以求取勘估房地产的公平市场价格	充分掌握房地产的相关市场交易实例，以此作为分析、比较的依据，比较才得以进行。一般认为，估价人员至少要掌握 10 个以上作为比较实例的相关的市场交易资料，其中：3 个是最基本的比较实例。收集实例资料越充裕，运用市场比较法所得的结果就越理想
2	成本法	生产费用价值论：基于房地产的生产费用，地价与上盖物的建筑费之和可以导出土地与上盖物的总值	房地市场狭小，其市场成交实例不多； 或由于新开发地区形成独立的地域环境，而无法以市场资料比较法或收益还原法估价； 有些勘估物具有特殊性，无法在市场上找到理想的比较物作为评估参照物，如别墅，设计和用途特殊的厂房，或带有公共服务设施性质的房地产（学校、医院、政府大楼等）
3	收益法	效用价值论：基于房地产将产生的效用视同在估价时点、购买一宗一定使用年限（或只有一定年限的纯收益）的房地产，等于在这个年限内可以在将来源源不断地获取纯收益，那么，以现有的一个货币额与这将来源源不断的纯收益的现值之和等同起来，这个货币额就是该宗房地产的价格	一般适用于每年有明确收益的房地产的价格评估；对纯粹是消费性的或无明显市场经营收益的房地产不能应用此法。 具体地讲，采用收益还原法的勘估案例，必须符合以下三个条件：其一，该资产的未来收益必须是能用金额来表示；其二，与未来的收益相联的风险报酬，也必须是可以计算的；其三，如果勘估对象是房地产与其他资产复合体（如包括内部机器设备的厂房、商店或写字楼），其各组合部分的资产都须符合前两个条件
4	剩余法	地租原理：（类似于地租原理，地租是每年的租金剩余，剩余法是一次性的价格剩余）现代房地产开发商应在计算楼价（预测的未来房地价格，专业术语称其为开发价值）减去建筑费、设计等专业费用以及利息、利润和税费等之后所剩的余额的基础，确定买价	剩余法是用来估算具有发展潜力的物业价值。 （1）待拆迁改造的再开发房地产的估价。如将原有的旧建筑物拆除后，再在原址建造新的项目，这时扣除的开发费用中还应包括拆迁安置补偿等费用； （2）仅将土地或旧房地产整理成可供直接建筑的土地时的整理土地或旧房地产的估价，如将一块未开发的"生地"开发成为一块"三通一平"或"七通一平"的"熟地"，然后转卖，这种情况下的预期开发后的价值为整理后的"熟地"价格。 （3）具有装修改造潜力的旧房地产的估价，如坐落位置、建筑结构较好的旧/房可进行装修改造变更为商场时

上篇　理论篇·087

序号	成本估算方法	原　　理	适　用　对　象
5	路线价法	实质上是市场比较法： 面临特定街道而可及性相等的市街地，设定标准深度，求得在该深度上数宗土地的平均单价，此单价即为路线价；然后据此路线价，在配合深度指数表和其他修正率表，则可以用数学方法算出临街同一街道的其他街地价	一般对大宗土地估价的评估比较适用。 （市场比较法或收益还原法一般适用于对个别地块的估价，而对大宗地价的评估有缓不济急之弊。） 是一种迅速、相对公平合理，又能结余人力、财力的方法，适用于土地课税、土地重划、征地拆迁或其他需要大规模对城市土地估价的场合。 前提条件：街道要系统完整，各宗土地排列较整齐，还需要有完善合理的深度百分率表和其他修正率表
6	其他方法	残余估价法、长期趋势法、抵押利息补偿法、购买年法、联合估价法、高层建筑地价均摊法等	—

目前成本估算方法较多，有的是在实践中产生的，有的是理论界提出的。在众多的估价方法中，通行的房地产成本估算方法有三种，即成本法、市场比较法和收益法。这三种方法在具体评估一宗房地产时，具有相互验证和互补的作用。因此，对一个房地产评估人员来讲，在评估时，要求尽可能用这三种方法都评估，然后对三个评估结论进行分析比较，提出一个比较可靠合理的最后结论。

（1）市场比较法

归纳起来主要有以下几个步骤

1）进行市场调查，广泛搜查交易实例；

2）从中选取可比实例；

3）建立价格可比基础；

4）进行交易情况修正；

5）进行交易日期修正；

6）进行区域因素修正；

7）进行个别因素修正；

8）综合评估决定评估价。

（2）成本法

成本法的运用是有一定条件的，可以说对于大多数房地产来说，已有充分证据说明这种处理方法是欠妥的。但对于那些市场需求较小，从而很难寻到成交记录的物业，如医院、学校、图书馆、派出所等建筑，常常就不得不用这类方法来进行评估。这个方法的运用，往往不是单一的，也需要其他方法辅助或验证。

运用成本法进行估价，首先要估算土地的价格，然后再加上估价时该建筑物折旧后的重建或重置成本。其估价的基本步骤如下。

1）基地估价

将勘估基地视为空地，并以该基地的最佳用途来估计其价格。基地价格直接与基地的经济效用及基地的开发利用程度有关，基地开发利用的程度越高，其价格相应地越高；反之，其价格也较低。需特别注意：基地价格的估计，不能以其开发利用的现状为标准，而应以其最充分开发和最佳用途为标准。当然，在估价时还应充分考虑到，政府的政策法令和基地本身条件对该基地开发利用程度的制约。

2）建筑物重置成本估价

估计勘估基地上全部建筑物的重建或重置成本，基地本身价格的部分不予计入。建筑物的重建或重置成本的计算，不仅要包括建筑材料的价格，还要包括施工建造的人工费用、管理费及税金和利润等各项费用。上述各项费用均以现值计算，且不剔除建筑物的折旧费用，亦即计算其完全重建或重置价。

3）应计折旧估算

根据建筑物的各种因素估算所有的折旧总额，然后再将第二步骤估算所得的建筑物完全重建或重置减去折旧总额，就得出建筑物的实际现值。

4）土地改良成本估价

估计土地改良成本。这里所说土地改良费用，主要是指平整土地势、筑路费、造景劣等。（如在第一步骤中已计入该项成本，就不得再作重复计算。）

5）综合计算

将上述计算所得的土地价格、建筑成本相加，就得到以成本法所估标的房地产价格。上述成本法估价步骤化作计价公式，就是：

勘估房地产的价格＝空置地价格－（建筑物的完全重建或重置价－折旧）－土地改良成本

准确地况，房地产估价时点价值＝土地估价时点价值－建筑物的估价时点重新建造成本－建筑物估价时点的折旧费。

（3）收益法

收益法是基于预期原理，即未来收益权利的现在价值。其基本思路首先可以粗略地表达如下：由于房地产的使用寿命相当长久，占用某一收益性房地产，不仅现在能取得一定的纯收益，而且能期待在将来继续取得这个纯收益，这样，该宗房地产的价格就相当于这样一个货币额，如果将这个货币额存入银行，也会源源不断地带来一种与这个纯收益等量的收入。形象一点表示是：某一货币额×利息率＝纯收益，那么，这个某一货币就是该宗房地产的价格。

第九节　ABC 分类法

一、ABC 分类法概述

ABC 分类法（Activity Based Classification），ABC 分类法又称帕累托分析法或巴雷托分析法、柏拉图分析、主次因分析法、ABC 分析法、分类管理法、重点管理法、ABC

管理法、abc 管理、巴雷特分析法，平常人们也称之为"80 对 20"规则。由于它把被分析的对象分成 A、B、C 三类，所以又称为 ABC 分析法。

ABC 分类法最早由意大利经济学家帕累托于 1906 年首次使用。ABC 分类法的核心思想是在决定一个事物的众多因素中分清主次，识别出少数的但对事物起决定作用的关键因素和种类繁多的但对事物影响极小的次要因素。ABC 分类法是运用数理统计的方法，对种类繁多的各种事物属性或所占权重不同要求，进行统计、排列和分类，划分为 A、B、C 三部分，分别给予重点、一般、次要等不同程度的相应管理。对应到库存管理中，ABC 分类管理就是将库存物资按品种和占用资金的多少分为重要的 A 类，一般重要的 B 类和不重要的 C 类三个等级，针对不同等级分别进行管理和控制的一种方法，其具体分类方法为：A 类物资所占品种占用资金大；B 类物资占用品种比 A 类物资多一些，占用的资金比 A 类物资少一点；C 类物资所占品种多，占用的资金少。

二、ABC 分类法的应用

（一） 收集数据

按分析对象和分析内容，收集有关数据。例如，打算分析产品成本，则应收集产品成本因素、产品成本构成等方面的数据；打算分析针对某一系统的价值工程，则应收集系统中各局部功能、各局部成本等数据。

（二） 处理数据

对收集来的数据资料进行整理，按要求计算和汇总。

（三） 制 ABC 分析表

ABC 分析表栏目构成如下：第一栏物品名称；第二栏品目数累计，即每一种物品皆为一个品目数，品目数累计实际就是序号；第三栏品目数累计百分数，即累计品目数对总品目数的百分比；第四栏物品单价；第五栏平均库存；第六栏是第四栏单价乘以第五栏平均库存，为各种物品平均资金占用额；第七栏为平均资金占用额累计；第八栏平均资金占用额累计百分数；第九栏为分类结果。

制表按下述步骤进行：将第 2 步已求算出的平均资金占用额，以大排队方式，由高至低填入表中第六栏。以此栏为准，将相当物品名称填入第一栏、物品单价填入第四栏、平均库存填入第五栏、在第二栏中按 1、2、3、4……编号，则为品目累计。此后，计算品目数累计百分数、填入第三栏；计算平均资金占用额累计，填入第七栏；计算平均资金占用额累计百分数，填入第八栏。

（四） 根据 ABC 分析表确定分类

按 ABC 分析表，观察第三栏累计品目百分数和第八栏平均资金占用额累计百分数，将累计品目百分数为 5％～15％而平均资金占用额累计百分数为 60％～80％的前几个物品，确定为 A 类；将累计品目百分数为 20%～30%，而平均资金占用额累计百分数也为 20%～30%的物品，确 定为 B 类；其余为 C 类，C 类情况正和 A 类相反，其累计品目百分数为 60%～80%，而平均资金占用额累计百分数仅为 5%～15%。

（五）绘 ABC 分析图

以累计品目百分数为横坐标，以累计资金占用额百分数为纵坐标，按 ABC 分析表第三栏和第八栏所提供的数据，在坐标图上取点，并联结各点曲线，则绘成 ABC 曲线。

按 ABC 分析曲线对应的数据，按 ABC 分析表确定 A、B、C 三个类别的方法，在图上标明 A、B、C 三类，则制成 ABC 分析图。

第十节　限额设计

一、限额设计概述

限额设计就是按照批准的可行性研究报告及投资估算控制初步设计，按照批准的初步设计总概算控制技术设计，再按技术设计的概算控制施工图设计，在各专业保证达到使用功能，投资人提出的基本要求的前提下，按分配的投资限额进行设计，严格控制不合理变更，从而保证总投资额不被突破。

限额设计是一种比较有效的工程造价控制方法，也是设计阶段项目管理工作的重点。限额总值如何确定，以什么标准确定，限额设计如何展开，如何去做，是限额设计中的重要问题。部分投资人缺乏确定限额的能力，也使如何尽可能准确合理地限定总值成为一个难点。本节将从项目全生命周期视角下设计阶段限额设计的实施作介绍。

二、限额设计的应用

（一）全生命周期视角下限额设计的实施前提

为了解决限额总值的设定合理的问题，要以两方面的控制为前提：

1. 加强设计人员的工程造价控制的意愿

项目的设计人员有责任告诉投资人是否已经超过既定的投资限额，并且从工期要求、投资人需求等方面来考虑和判断是否已经超出投资限额。项目投资限额超出应该尽早明确通知投资人，否则到设计完成时进行项目工程造价控制工作的难度已加大。另外，投资人或投资人委托的项目管理人员也需要加强对投资限额的跟踪和控制。

2. 加强设计人员的经济意识

在项目的设计阶段投资人或投资人委托的项目管理人员需要在项目全生命周期目标的基础上协助项目的设计人员完成项目的设计工作，并需要强化项目设计人员的经济意识。具体来说，设计的规模、档次、标准都与项目投资密切相关，规模、档次、标准越高，设计越完美，项目的总投资也就会越高。所以关键在于加强项目设计人员的经济意识。

综合以上两点，在项目的决策阶段，投资人需要编制基于全生命周期的项目投资估算；在项目的设计阶段，投资人或投资人委托的项目管理人员要加强对项目限额设计工作的实施。

（二） 全生命周期视角下限额设计的实施步骤

1. 确定基于全生命周期的设计阶段投资限额总值

确定项目设计阶段的限额总值，是通过限额设计来控制项目工程造价的重要依据和前提。限额设计目标是在初步设计开始前，根据批准的可行性研究报告及其投资估算确定的，这里的投资估算是对项目生命周期成本的估算。在大多数情况下，项目的设计限额总值总是等于或略小于项目可行性研究报告中的投资估算。

（1）投资估算必须实事求是地反映设计内容，并且保证投资估算的准确度。

由于工程条件和资料的不同，投资估算的准确度可能波动较大，项目的设计人员应结合各专业特点，对建设项目设计任务书的深度从技术、经济两方面科学论证设计方案，合理考虑影响项目投资的动态因素，切实编好投资估算，认真审查投资估算。

（2）投资估算应该体现对项目全生命周期成本的考虑。

在确定项目设计方案时就应当从项目全生命周期造价管理的角度出发，充分论证，选取最优设计方案，从而使得投资估算能够体现项目的长期经济性。

基于 LCC 的限额设计是在确定限额总值的之前，充分考虑了全生命周期成本，进行了生命周期造价分析。不仅考虑建设成本，即项目从筹建到竣工验收为止所投入的全部成本费用，而且考虑使用成本，即项目在使用过程中发生的各种费用，包括各种能耗成本、维护成本和管理成本等。除了这些资金成本，在进行全生命周期成本估算框定限额的时候，还考虑环境成本和社会成本。对经济成本和可量化的环境成本进行计算，对不可量化的社会成本进行定性分析。

2. 全生命周期造价分析（LCCA）分配设计限额

项目限额值主要根据批准的设计概算为依据。在初步设计阶段，概算编制出来之后，对投资目标进行分解，分解为如机电、基坑、材料等专业工程，对分解后的工程限制一个造价的额度，然后再把这个限额设计的额度返回给设计人员，要求设计人员调整设计，并在施工图设计阶段，按此额度进行施工图设计。投资目标分解后，针对造价较大的部分，进行多方案比选，从多个备选方案中选择一个合理的方案。

对限额总值的分配可以依据以下几个步骤进行（图 3-20）：

（1）对项目进行工作分解结构（Work Breakdown Structrue，WBS），分解为各单项工程；根据 LCC 投资估算，通过 LCCA 进行估算各单项工程工程量和造价，确定单项工程限额；

（2）对各单位工程进行分解，分解为各单位工程，进行生命周期成本分析，通过生命周期成本分解结构（Cost Breakdown Structrue，CBS）进行成本分解，再次估算各单位工程的工程量和造价，确定单位工程限额；

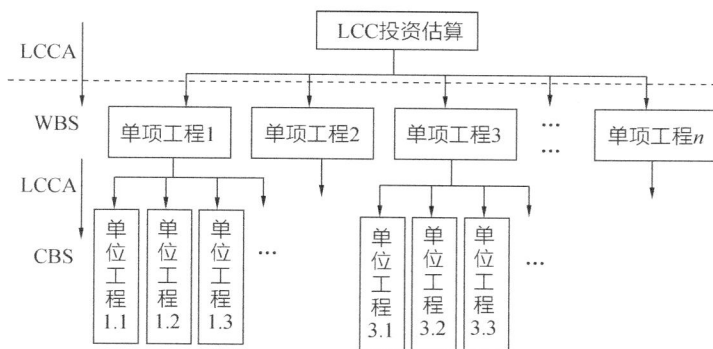

图 3-20　限额总值的分配

（3）提取类似工程项目，对类似项目进行生命周期成本分析，参考类似工程的 CBS，为项目的限额分配提供参考。

（三）用价值工程优化设计限额

在对项目的投资限额进行合理分配之后，还应通过引入价值工程原理，对设计限额总值的分配进行优化，重点关注项目限额分配中功能与成本的匹配。一般按照建设项目各组成部分的功能系数来确定其功能目标成本比例，再结合考虑类似工程的经验数据来进行调整，而不仅仅是机械地参考以往类似工程的技术经济资料，简单地将投资估算总额切割分块分配到各单位工程或分部工程中来确定设计限额，这样有助于限额设计投资分配中功能与成本的有机统一，体现出限额设计的主动性。

通过价值工程的功能分析，对建设项目各组成部分的功能加以量化，确定出其功能评价系数，以此作为设计限额分配时供参考的技术参数，从而最终求出分配到各专业、各单位工程的设计限额值。该方法的目的是使分配到各组成部分的成本比例与其功能的重要程度所占比例相近，即 $V=F/C\approx1$，从而更大程度地达到项目各组成部分投资比例的合理性。由于直接按功能评价系数确定的成本比例是建立在全生命周期费用基础上的，即该成本中包含了设置费（建设成本）和后期运营维持费（运营成本），因此还不能直接按功能目标成本比例来分配设计限额。这样就需要分析类似工程的经验数据，将功能目标成本中的维持费因素扣除，最后得到项目各组成部分占总造价的比例，设计限额总值就按照该比例进行分配。

具体的步骤是先求出建设项目各组成部分的功能评价值，进而求出功能评价系数，亦即项目各组成部分的功能目标成本比例。该成本比例是工程造价和运营维持费占整个项目全寿命周期费用的比重。得到的是项目各组成部分的工程造价占项目总造价（限额设计总值）的比例，只有得到了这个比例值，才能将限额总值按比例分配到各组成部分。在此以初步设计为例，具体的实施过程如图 3-21 所示。

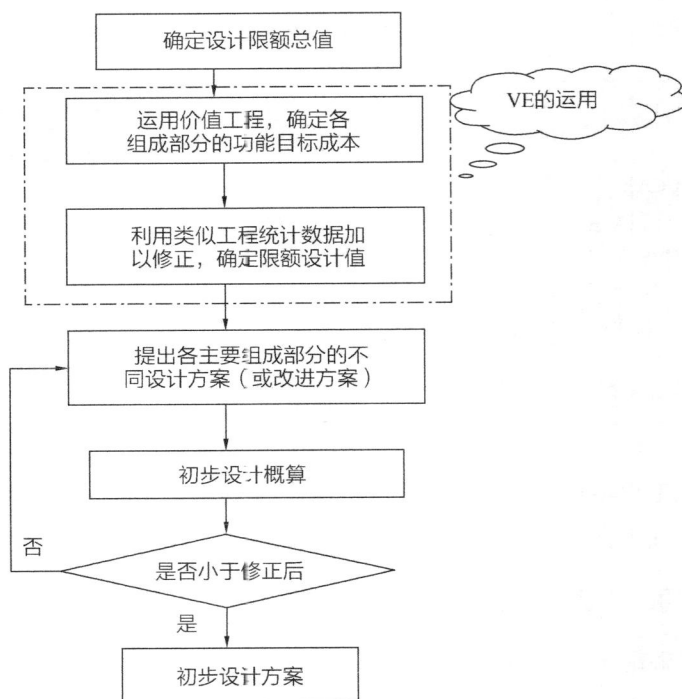

图 3-21　用价值工程优化限额分配流程图

第十一节　挣值管理

一、挣值管理概述

质量控制、进度控制、投资控制是施工阶段工程项目管理的三个主要目标，但是传统的管理方法都是对这三个目标分别管理，相互之间缺乏紧密的联系，从而带来了很多问题。例如：项目进度因资金不到位而拖延，迟延支付后发现工程的质量存在重大缺陷；当成本结算发现严重超支时，已经无法挽回损失。完成投资额的多少并不能代表工程进展的快慢，也不能代表工程质量的好坏，进行质量、进度、投资的联合监控是项目管理迫切需要解决的问题。现代计算机技术的发展为实现质量、进度、投资的联合监控提供了条件。

实施进度、投资的联合控制，要求在工程进展中及时获得投资额数据，利用计算机技术把网络进度计划和工程投资有机地结合起来，对一个项目绘制出各种性质的关于时间的资金流曲线、实际资金流曲线，以此来跟踪监测工程进度和投资额。在此基础上，及时对已经完成的工程部分进行质量验收，在支付出资金之前把好质量关，严格按累积的实现工程投资额进行支付，同时根据合同扣留质量保证金，这样就能较好地实现质量、进度、投资的联合管理，这是贯穿工程项目全生命周期的整体管理方法。从项目管理科学化的角度来讲，挣值法的引入是必然的趋势，而如何使挣值法结合工程实际，是以下内容中探讨的问题。

二、挣值管理的应用

（一）投资偏差分析

挣值（Earned Value）是一个表示已完成工作量的计划价值大小的中间变量，其计算公式为：

$$EV = 实际完成的作业量 \times 已完成作业量的预算（计划）成本$$

挣值法的第一个特征是用货币量代替工程量来测量工程的进度。另一个特征是用3个基本值而非1个值来表示项目的实施状态。挣值分析法的评价过程分为五个过程。

1. 确定挣值法的三个基本参数

（1）计划完成工作预算费用（Budgeted Cost of Work Scheduled，BCWS），习惯上称作的"计划投资额"，即根据批准认可的进度计划和预算到某一时点应当完成的工作所需投入资金的累计值。这个值对衡量工程进度和工程费用都是一个标尺或基准。一般来讲，BCWS在工作实施过程中应保持不变，除非工程发生变更。如果变更影响了工作的进度和费用，经过批准认可，相应的BCWS基线应该做出相应更改。

（2）已完成工作实际费用（Actual Cost of Work Performed，ACWP），习惯上称为"消耗投资额"，即到某一时点已完成的工作所实际花费的总金额。ACWP是指项目在计划实施阶段的计划时间内实际投入的资源费用的累计总额，它是进度的时间参数，是随项目推进而不断增加的，是呈S形的资源费用曲线。是实际费用，不是实际工作量。

（3）已完成工作预算费用（Budgeted Cost of Work Performed，BCWP），习惯上称为"实现投资额"，即根据批准认可的预算，到某一时点已经完成的工作所需投入资金累计值。由于投资人正是根据这个值对承包商完成的工作量进行支付，也就是承包商挣得的金额，故称挣值（EV）。这里的已完工作必须经过验收，符合质量要求。挣值反映了满足质量标准的工程实际进度，真正实现了投资额到工程成果的转化。

2. 计算偏差及指标

（1）费用偏差（Cost Variance，CV），指检查期间BCWP与ACWP之间的差异。

$$CV = BCWP - ACWP$$

当$CV < 0$时，表示费用超支；当$CV > 0$时，表示费用节约；当$CV = 0$时，表示实际费用与计划费用相一致。

（2）进度偏差（Schedule Variance，SV），指检查日期BCWP与BCWS之间的差异。

$$SV = BCWP - BCWS$$

当$SV < 0$时，表示进度提前；当$SV > 0$时，表示进度延误；当$SV = 0$时，表示实际进度与计划进度一致。

（3）费用执行指标（Cost Performance Index，CPI），指BCWP与ACWP之间的比值。

$$CPI=BCWP/ACWP$$

当$CPI>1$时，表示费用节约；当$CPI<1$时，表示费用超支；当$CPI=1$时，表示实际费用与预算费用一致。

（4）进度执行指标（Schedule Performance Index，SPI），指$BCWP$与$BCWS$之间的比值。

$$SPI=BCWP/BCWS$$

当$SPI>1$时，表示进度提前；当$SPI<1$时，表示进度延误；当$SPI=1$时，表示实际进度与计划进度一致。

3. 预测指标

（1）项目完成费用估计（Estimate At Completion，EAC），是指在检查时刻估算的项目范围规定的工作全部完成时的项目总费用。

1）若目前状态可以延续到未来，则：

$$EAC = ACWP + (BCWST - BCWP) \times ACWP/BCWP = BCWST \times ACWP/BCWP$$

式中，$BCWST$——项目总预算。

2）若目前状态不能延续到未来，未来将按计划执行，则：

$$EAC=ACWP+(BCWST-BCWP)$$

3）若目前状态不能延续到未来，未来也不会按计划执行，原来的估计已经失效，则：

$$EAC=ACWP+C_i$$

（2）完工尚需成本，或项目剩余工作成本估计（Estimate to Completion，ETC），是指项目从现在的检查时点到完工所需要的项目成本估算。

$$ETC=EAC-ACWP$$

4. 画出挣值评价曲线

根据各种数据进行分析，并绘制出挣值分析——评价曲线图，以实际图表的形式分析项目的进度与费用控制进行的情况，判断与计划内容的偏差分析，如图3-22所示。

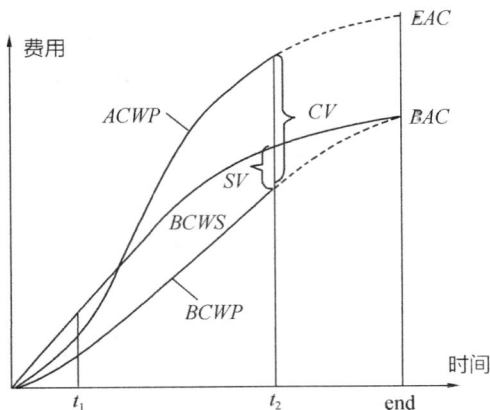

图3-22　基本参数与评价指标的关系

5. 分析与建议

在实行过程中，最理想的状态是$ACWP$、$BCWS$、$BCWP$三条曲线靠得很近、平稳上升，表示项目按预定计划目标前进。如果三条曲线离散度不断增加，则预示可能发生关系到项目成败的重大问题。如果管理监督不善，就可能导致消耗投资额曲线$ACWP$处于实现投资额曲线$BCWP$之上，说明费用已经超支，如果实现投资额曲线$BCWP$在计划投资额曲线$BCWS$的下方，说明进度已经滞后于计划进度。

（二）质量控制思想的改进挣值分析法

全面实行挣值法管理的第一步是实行投资额的三值报告和报道制度，投资的监督控制可根据不同时期的报告分析出支付与进度的实际与计划的差别，实现对项目进度控制、投资控制进行简单易行的绩效评价。一目了然的掌握工程进度的整体情况，便于按合同进行进度款的支付，这种三值监控指标有助于进度与投资的全面有效监督。但是质量、进度、投资是相互影响、相互制约的，在同样的条件下，质量的提升可能会引起进度的拖延和成本的增加。因此如何根据现有三值监控指标来监督工程质量，就需要对成熟的挣值分析法进行改进，现有研究中便于实际操作的方法是引入质量指数。

1. 引入质量指数

工程项目的不同目标之间可能相互冲突，单以质量目标为例：提高项目质量水平需要采取更多的预防控制措施与检验手段，使成本增加；相反，质量水平的提高减少了内外故障损失，从而降低了损失成本。因此，对质量进行控制并不是要求质量越高越好，质量过高会导致成本费用的增加和因为过分注重质量而造成的工期延误。反之质量过低也将会导致成本费用的增加和因为工程返工而造成的工期延误。从经济角度看，应把质量水平控制在最适宜点附近，这个适宜点也即项目规定质量水平。但是工程项目的实际施工过程是一个复杂多变的过程，不可能完全依照理想的质量水平运行，这就出现了构成挣值的另一个指标——项目质量指数。

虽然目前的工程质量评定仅有"合格""不合格"两项标准，但是如果企业想创优质工程或国家级奖项，就必须制定达标标准，做法就是企业依据工程评优原则自主定义工程质量评价的标准。例如，如果主体想达到优良标准，并不是主体的分项工程都必须达到优，只要主体的各个分项工程的优良数量达到一定的比例就可以，这样就需要人为的选择成本、进度较小的分项工程使其达到优良标准。

应该说明的是，这种制定科学合理的质量计划优化应该是在工作包中完成的，制订的质量计划也应该是被描述在工作包中的。这个质量计划应该是动态的，并且具有一定的弹性，也就是说如果在控制工程中管理人员发现某项该"优"的工程没有"优"，那么应该尽快调整计划，使得成本相对较低的分项工程变为"优"，最终目的都是在保证质量目标的前提下最大限度地降低工程成本和提高工程进度。

2. 确定质量指数

（1）每个工作包所包含的成本、进度是不同的，如果出现质量差异，不同的工作包对工程成本、进度造成的影响也是不同的。为了能够科学合理的评价工程，就需要对所完工程的每一个工作包赋予一定的权重 i，这个权重值应该由专家评判或者由有经验的工程项目管理人员综合项目各个实体工程的成本、进度得到。

（2）"优良""合格"反映了工程质量的优劣的程度，因此可以人为的为其分别打 90 分、60 分。各分部工程质量的评分值为 P_A，各分部计划质量分值为 P_B。

（3）由质量评分值加权汇总后，便得到实际工程质量的综合评分值 $P_综$。

实际工程质量的综合评分值 $P_综$ ＝ Σ 各分部工程质量评分值 P_A × i

（4）实际工程计划分值 $P_{计}$，如上述公式计算。

实际工程计划质量分值 $P_{计}$＝Σ各分部工程计划质量分值 $P_B\times i$

（5）确定质量指数。

计算实际的与计划的质量之比，成为质量指数 QI。它在统计学意义上是一个个体指数，代表一个项目的实际质量水平。

$$QI=\frac{P_{综}}{P_{计}}$$

（6）确定已获质量价值曲线 EQV。该曲线表示实际工程质量对应的资金价值。

$$EQV=BCWP\times QI$$

已获质量价值曲线 EQV 能够清晰反映出项目实际质量水平距离项目质量目标的偏离程度，应该是围绕 $BCWP$ 曲线（EV）的一条曲线。质量偏差 $QV=EQV-BCWP$，从理论上来讲，EQV 曲线在 $BCWP$ 曲线上方的概率较小，即 $QV>0$，此时反映的是项目实际质量水平超过项目计划质量水平的情况，过高的质量可能会导致投资的增加和工期延误；EQV 曲线在 $BCWP$ 曲线下方，即 $QV<0$，表示项目实际质量水平低于项目计划质量水平，为了达到项目目标，必须要求项目管理人员对工程质量进行监控，发现偏差立即调整计划，从而保证项目目标的实现。

实务篇

新新识途（8）全过程工程咨询中总建筑师对建筑物策划，总咨询师对项目策划；总建筑师保证项目成功，总咨询师保证项目管理成功；总建筑师和总咨询师共同努力为项目增值。悉尼歌剧院是建筑史上的瑰宝、项目成功的典范，也是丹麦建筑师约恩·乌松的功绩；但项目管理也是乌松和另一结构工程师负责，由于乌松不妥协导致前期项目管理失败。乌松辞职后项目完成，取得巨大成功，这是经验也是教训。

——《贻林微观察 1578》

第四章　决策阶段咨询服务

第一节　决策阶段工程咨询服务概述

建设项目决策阶段需要确定建设项目目标，项目目标分为两个层次，宏观目标和具体目标。宏观目标是指项目建设对国家、地区、部门或行业要达到的整体发展目标所产生的积极影响和作用；具体目标是指项目建设要达到的直接效果。具体目标主要包括：效益目标、规模目标、功能目标、市场目标。

重点解决"该不该建、在哪建、建什么、建多大、何时建、如何实施、如何规避风险、谁来运营、产生什么社会效应和经济效益等"重大问题，所确定的项目目标，对工程项目长远经济效益和战略方向起着关键性和决定性作用。

建设项目在决策阶段的主要工作包括项目建议书、可行性研究报告（包括确定投资目标、风险分析、建设方案等）、运营策划、评估报告（包括节能评估报告、环境影响评价、安全评价、社会稳定风险评价、地质灾害危险性评估、交通影响评价以及水土保持方案）等相关报告的编制以及报送审批工作。从项目建议书到可行性研究报告，是一个由粗到细、由浅入深，逐步明确建设项目目标的过程。

在投资人具有投资意向时，全过程工程咨询机构即可介入项目策划。

一、项目决策阶段工作流程

建设项目决策阶段主要包括项目建议书、环境影响评价报告、节能评估报告、可行性研究报告、安全评价报告、社会稳定风险评价报告、水土保持方案报告、地质灾害危险性评估报告和交通影响评价报告编制管理等环节。项目建议书编制完成，并经投资主管部门下达批复文件后，项目即立项。在可行性研究报告编制之前，需要根据项目自身特点和当地的相关政策文件编制完成如节能评估报告等内容，并经相关部门审批或备案后进行可行性研究报告编制。

建设项目决策阶段的参与主体主要包括投资人、全过程工程咨询单位、政府审批部门等，建设项目决策阶段的工作流程如图 4-1 所示。

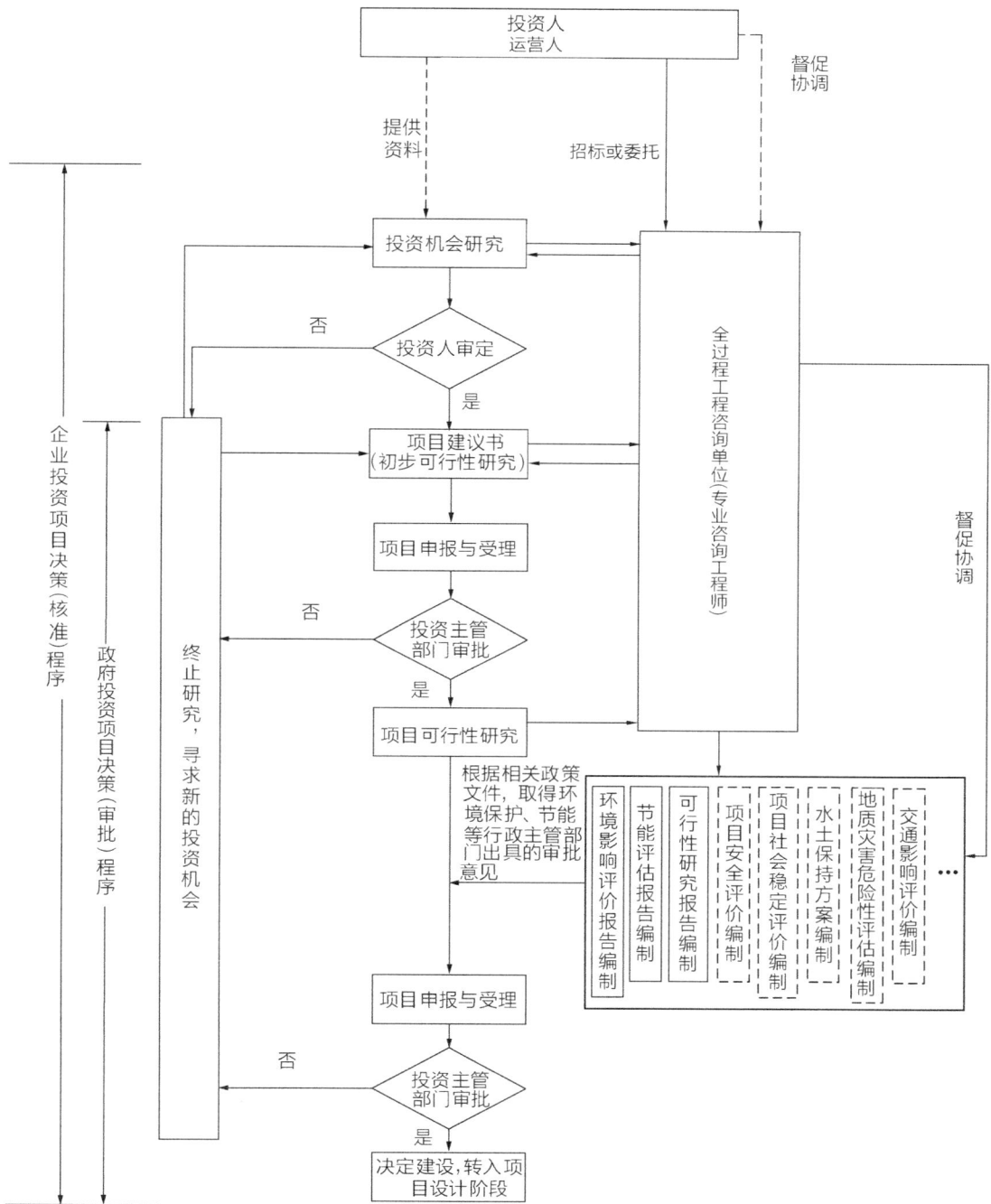

图 4-1　建设项目决策阶段工作流程图

二、决策阶段各参与单位的工作职责关系

在决策阶段，主要参与方有投资人、全过程工程咨询单位和政府相关行政审批部门，各参与方的主要职责体现在以下五个方面：

（一） 编制项目决策成果文件

全过程工程咨询单位的专业咨询工程师的主要工作包括项目建议书、环境影响评价报告、节能评估报告、可行性研究报告、安全评价报告、项目社会稳定风险评价报告、水土保持方案报告、地质灾害危险性评估报告和交通影响评价报告等其他的相关报告的编制以及报送审批工作。

（二） 审核项目决策成果文件

全过程工程咨询单位的总咨询师审核编制完成的成果文件，审核文件的合法性、合理性、合规性、系统和完整性、可实施性，并提交投资人确认。相关部门审批后可作为下一阶段的指导性文件。

（三）确认项目决策成果文件

投资人确认决策成果文件是否满足其要求，是否具有可实施性。

（四）申报项目决策成果文件

投资人或全过程工程咨询单位将确认的决策成果文件申报政府相关行政审批部门。

（五）审批/备案决策成果文件

政府相关行政审批部门，根据国家与当地的相关政策文件对决策成果文件进行审批或者备案。

因此，在项目决策阶段，各参与方的工作职责如表 4-1 所示。

决策阶段各参与方职责一览表 　　　　　　　　　　表 4-1

阶段	序号	工作任务	编制	审核	确认	申报	审批/备案
决策阶段	1	项目建议书	专业咨询工程师	总咨询师	投资人	投资人/全过程工程咨询单位	投资主管部门
	2	环境影响评价报告	专业咨询工程师	总咨询师	投资人	投资人/全过程工程咨询单位	环境保护行政主管部门
	3	节能评估报告	专业咨询工程师	总咨询师	投资人	投资人/全过程工程咨询单位	投资主管部门
	4	可行性研究报告	专业咨询工程师	总咨询师	投资人	投资人/全过程工程咨询单位	投资主管部门

阶段	序号	工作任务	编制	审核	确认	申报	审批/备案
决策阶段	5	安全评估报告	专业咨询工程师	总咨询师	投资人	投资人/全过程工程咨询单位	其他行政主管部门
	6	社会稳定风险评价报告	专业咨询工程师	总咨询师	投资人	投资人/全过程工程咨询单位	其他行政主管部门
	7	水土保持方案	专业咨询工程师	总咨询师	投资人	投资人/全过程工程咨询单位	其他行政主管部门
	8	地质灾害危险性评估报告	专业咨询工程师	总咨询师	投资人	投资人/全过程工程咨询单位	其他行政主管部门
	9	交通影响评价报告	专业咨询工程师	总咨询师	投资人	投资人/全过程工程咨询单位	其他行政主管部门

注：1. 各地关于决策阶段的行政审批要求在细节上有所不同，具体项目是审批还是备案，需参照各地方相关部门的要求，但大体上按照类似的程序进行，详细的要求可以参考各地的网站。

2. 其中投资主管部门是以国家投资主管部门下辖的各省、市、地区的部门，根据项目的具体情况而定。

第二节　决策阶段项目策划

项目决策阶段的项目策划，主要是指通过对项目前期的环境调查与分析，进行项目建设基本目标的论证与分析，进行项目定义、功能分析和面积分配，并在此基础上对与项目决策有关的组织、管理、经济与技术方面进行论证与策划，把建设意图转换成定义明确、要求清晰、目标明确且具有强烈可操作性的项目策划文件，回答为什么要建，以及建什么的问题，从而为项目的决策和实施提供全面完整的、系统性的计划和依据。

一、策划依据

（1）项目基本情况：项目名称、建设地点、项目性质、建设规模及内容、项目工艺方案、总平面布置、主要经济技术指标、项目进度计划，改、扩建项目的原项目基本情况等；

（2）项目用能概况：项目主要供能、用能系统与设备的初步选择、能源消费种类、数量及能源使用分布情况，改、扩建项目的原项目用节能评估项目基本情况及存在问题等；

（3）项目所在地的主要气候特征；

（4）项目所在地区的社会经济状况：经济发展现状、节能目标、能源供应和消费现状、重点耗能企业分布及其能源供应消费特点、交通运输状况等；

（5）类比工程的相关资料；

（6）投资人的组织机构、经营范围、财务能力等；

（7）国民经济的发展、国家和地方中长期规划；

（8）产业政策、生产力布局、国内外市场、项目所在地的内外部条件；

（9）《投资项目可行性研究指南（试行版）》；

（10）《建设项目经济评价方法与参数》第三版；

（11）其他相关法律、法规、规划、产业政策等；

（12）全过程工程咨询单位的知识和经验体系。

二、策划内容

项目决策策划是项目管理的一个重要组成部分，是项目实施策划的前提。其最主要的任务是定义开发或者建设什么，及其效益和意义如何。项目决策策划一般主要包括项目环境调查分析、项目定义和目标论证、项目经济策划、项目产业策划和项目组织管理策划五个方面的内容。具体内容如图4-2所示，此外，根据具体项目的不同情况，策划文件的形式可能有所不同，有的形成一份完整的策划文件，有的可能形成一系列策划文件。

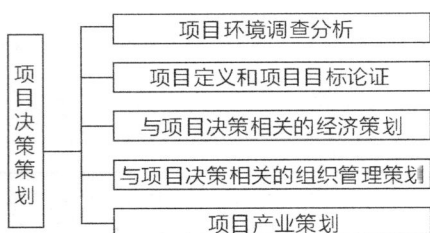

图 4-2　项目决策策划的内容

总的来说，项目决策策划工作，从明确投资人需求开始，在综合分析社会环境的基础上，进行项目定义，并对项目进行总体构思和项目定位，并进一步对项目进行功能策划、经济策划、组织管理策划并最终形成项目任务书，在整个策划过程中运用多种方法和手段从技术、经济、财务、环境和社会影响、可持续发展等多个角度对项目进行可行性分析，其中有不断的反馈和调整过程，直至项目能够最终通过审核，形成对设计的要求文件。

（一）环境调查分析

1. 项目环境调查分析内容

项目环境调查分析主要包括对自然环境、宏观经济环境、政策环境、市场环境、建设环境（能源、基础设施等）等进行调查分析。项目环境调查分析是对影响项目策划工作的各方面环境进行调查，并进行认证分析，找出影响项目建设与发展的主要因素，为后续策划工作提供较好的基础。

项目环境调查工作主要需要把握以下几点：立足于项目实施，重在环境分析；不可忽视项目的系统性、环境的整体性；重视稳定环境中的不稳定因素。

2. 项目环境调查分析的流程

环境调查分析的一般流程如图4-3所示。

（1）环境调查的准备工作

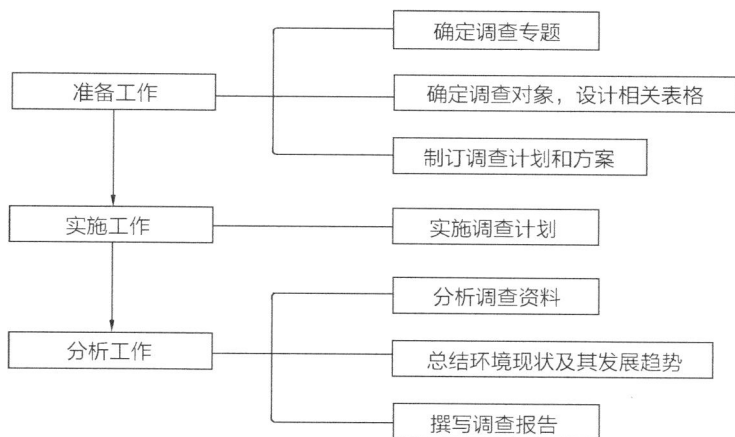

图 4-3　环境调查分析流程图

环境调查提纲：

1）调查目的，希望获取哪些资料；

2）调查内容，对调查目的的细化；

3）被调查者情况，一般包括被调查人所在的部门及其职位；

4）调查的问题及备注，准备问哪些问题，并留下谈话记录空间；

5）调查的资料编号及其名称，希望索要哪些资料；

6）调查人与调查日期。

（2）环境调查的实施

1）现场实地考察；

2）相关部门走访；

3）有关人群访谈：

①投资人方相关人员；

②最终用户；

③有关领导；

④有关方面专家和专业人士；

⑤其他相关人员。

4）文献调查与研究；

5）问卷调查。

（3）环境调查的分析和整理

主要包括自然环境分析、历史和文化环境分析、社会发展环境分析、经济环境分析、政策环境分析、产业发展环境分析、需求环境分析、建设环境分析等。

（二）项目定义和目标论证

项目定义与项目目标论证是将建设意图和初步构思，转换成定义明确、系统清晰、目标具体、具有明确可操作性的方案。它是经济评价的基础，其重点是用户需求分析与功能定位策划。项目定义与项目目标论证的基本内容常常包括以下几个方面：

1. 项目定义

项目定义包括项目定位（功能、建设规模、组成等）和建设目标（质量、进度、投资）。如图 4-4 所示，不同的项目在进行项目决策策划时，在项目定义中可能还会有其他不同的提法，或者会有不同的内容，但是项目定义的根本目的是明确项目的性质、用途、建设规模、建设水准以及预计项目在社会经济发展中的地位、作用和影响力。

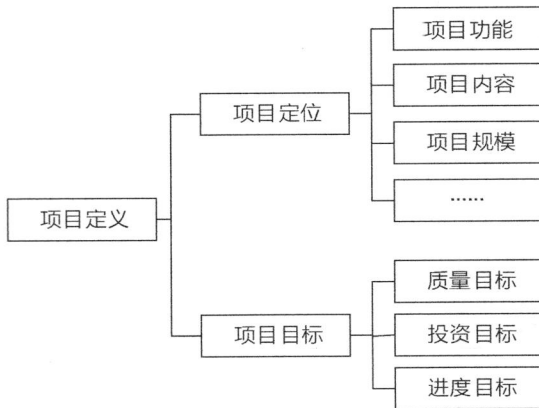

图 4-4　项目定义的内容框架图

2. 项目用户需求分析

项目用户需求分析是对潜在的最终用户的活动类型进行分解，归纳出每一类最终用户的主导需求，是项目功能定位的第一步。用户的需求可能包括：工作需求、生活需求和其他方面需求等。

3. 项目功能定位

项目功能策划是项目定义的具体化，是项目定义的很重要的一部分。功能策划是在项目总体构思和项目总体定位的基础上，结合项目用户需求分析，对项目进行更深入的研究，在不违背对项目性质、项目规模以及开发战略等定位的前提下，将项目功能进行细化，以满足项目用户的要求。

项目功能定位分为项目总体功能定位和项目具体功能分析。

（1）项目总体功能定位：基于整个宏观经济、区域经济、地域总体规划和项目产业一般特征而做出的与项目定义相一致的宏观功能定位。总体功能定位应充分重视借鉴同类项目的经验和教训；定位方法应建立在同类项目功能分析的基础上结合项目自身特点确定。

（2）项目具体功能分析：为满足运营活动需要，相关人群的需要，对项目拟将具有的功能、设施和服务等进行详细界定，是对总体功能定位的分解和细化，明确拟建项目究竟要实现哪些功能，主要包括明确项目的性质、项目的组成、项目的规模和质量标准等。

（3）功能分析步骤

1）在项目定义的基础上进行引申，对项目的总体功能进行宏观定位；

2）基于项目的总体功能定位，分析项目投资人的初衷和项目用户的活动类型，对项目的具体功能进行分解、细化；

3）考虑项目功能的具体实现方式，进行功能区面积分配。

（4）功能区划分要点

1）功能区划分应符合项目的整体功能分析结果，充分体现项目功能的完备性，做到不漏项，不重复。

2）参照项目的功能类别分析结果，分别实现工作功能，相似功能尽量集中分区，并注意相互之间的关系。

3）不考虑空间的界限，以避免代替规划设计。

4）不同功能独自分区，但相联系的功能区之间可能会有联系，应予以说明。

4. 项目面积分配

项目面积分配也是建设项目决策策划中很重要的一部分，它不仅是对项目功能定位的落实和实施，而且为项目的具体规划提供设计依据和参考，使设计人员在尽可能了解建设意图的基础上，最大限度地发挥创造性思维，使规划设计方案更具合理性和可操作性。

5. 项目定位

在最终用户需求分析、项目使用功能分析、项目面积分配等工作基础上，接下来可以对拟建项目进行相对准确的项目定位。项目开发建设的过程中，项目定位是很重要的一个环节，关系到项目开发建设的目标、功能定位，决定项目的发展方向。

6. 项目目标论证

项目目标论证必须从技术、经济、管理等方面论证目标的可行性，并往往从三维目标分解空间的两维平面上进行，从不同的侧面或截面论证目标的可行性，从而求得目标系统的整体性。具体内容如图 4-5 所示。

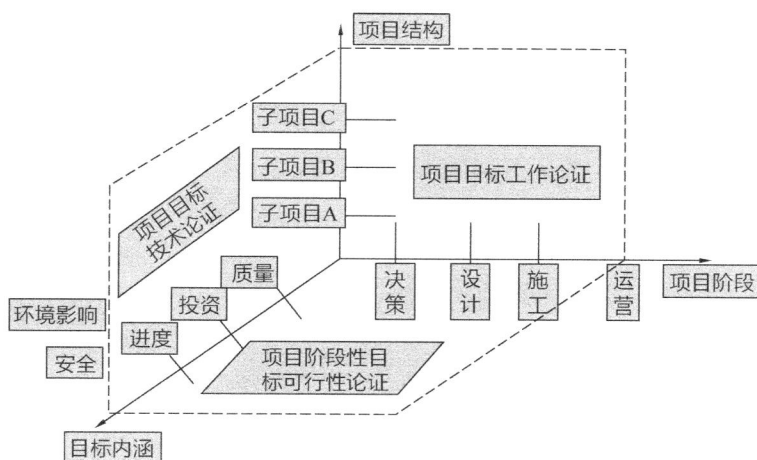

图 4-5　项目目标论证框架图

（三）　项目经济策划

项目经济策划是在项目定义与功能策划基础上，进行整个项目投资估算，并且进行融资方案的设计及其有关的经济评价。

1. 项目总投资估算

按照项目时间维度，建设项目投资估算可分为以下三个阶段：

（1）投资机会研究阶段的投资估算

明确投资方向，提出投资建议。该阶段工作比较粗糙，估算的误差率控制在 30% 左右。

（2）初步可行性研究阶段的投资估算

在投资机会研究结论的基础上，在项目定义和目标论证正在进行并未最终定稿的过程中，逐步弄清项目的投资规模，作出初步评价，误差率控制在 20% 左右。

（3）详细可行性研究阶段的投资估算

在已有明确的目标论证和项目定义结论基础上，进行全面、详细、深入的技术经济分析论证，评价选择最佳投资方案，估算的误差率控制在 10% 以内。

2. 项目融资方案策划

项目融资方案策划主要包括融资组织与融资方式策划、项目开发融资模式策划等。

（1）融资组织与融资方式策划。融资组织与融资方式策划主要包括确定项目融资的主体以及融资的具体方式。不同项目的融资主体有所不同，需要根据实际情况进行最佳组合和选择。

（2）项目开发融资模式策划。项目融资主体确定以后，对项目开发时具体的融资模式进行策划。

3. 项目经济评价

项目经济评价包括项目国民经济评价、财务评价和社会评价三个部分。

国民经济评价和社会评价是从国家、社会宏观角度出发考察项目的可行性。

财务评价是在国家现行财税制度和价格体系前提下，从项目的角度出发，计算项目范围内的财务效益和费用，分析项目的盈利能力和清偿能力，评价项目在财务上的可行性。

（四）　项目产业策划

项目产业策划超出了纯粹的建筑策划的范畴，是一种比较特殊的策划内容，它从国民经济或区域经济的发展角度考虑，与行业发展规划相关，影响到项目建成后的经济发展情况，同时也影响到最终用户的人群需求分析，因此有些项目在决策策划中加入了产业策划的内容。

项目产业策划是立足产业行业环境与项目所在地的实际情况，通过对今后项目拟发展产业的市场需求和区域社会、经济发展趋势分析，分析各种资源和能力对备选产业发展的重要性以及本地区的拥有程度，从而选择确定项目主导产业的方向，并进一步构建产业发展规划和实施战略的过程。

项目产业策划的步骤主要有：

（1）项目拟发展产业概念研究

归纳项目拟发展产业及其载体的概念、特征，影响该产业发展的促进或制约因素。作为项目产业策划的基础。

（2）项目产业市场环境发展现状研究

通过对项目相关发展产业的宏观市场环境分析和项目所在地产发展现状的研究，判断拟发展产业目前在国家的总体发展情况及本地区产业在市场中所处的水平，并针对性地制定竞争措施。

（3）项目产业市场需求的分析。

（4）城市社会、经济发展趋势的研究。

（5）项目所在地拟发展产业优、劣势分析。

（6）项目产业发展规划。

（五）项目组织管理策划

项目组织与管理策划包括项目组成结构策划、项目管理组织方案策划、项目合同策划方案以及项目总进度纲要策划等几个方面的内容。

1. 项目组成结构及编码方案策划

项目组织结构分解是在功能分析基础上得出的，表明了项目由哪些子项目组成，子项目又由哪些内容组成。项目组织结构分解与项目总投资规划、项目总进度规划密切相关，将指导项目总投资分解与编码、总进度的分解与编码。通过对项目进行合理分解，将有利于项目投资、进度、质量三大目标的控制，有利于项目全过程的实施。

2. 项目管理组织方案策划

项目管理组织方案主要涉及项目建设管理模式，具体包括项目管理的组织结构和项目建设的工作流程组织。项目管理组织结构反映了项目投资人与项目参与各方之间的关系，以及项目投资人的部门设置、指令系统、人员岗位安排等。有了项目管理的组织结构以后，就可以进行工作任务分工、管理职能分工等。

3. 项目合同策划方案

项目的合同策划是指确定决策期的合同结构、决策期的合同内容和文本、建设期的合同结构的确定、合同文本的选择、招标模式、合同跟踪管理、索赔与反索赔等，其中最重要的是合同结构的确定。许多大型建设项目的项目管理实践证明，一个项目建设能否成功，能否进行有效的投资控制、进度控制、质量控制及组织协调，很大程度上取决于合同结构模式的选择，因此应该慎重考虑。

4. 项目总进度纲要策划

项目总进度纲要是项目全过程进度控制的纲领性文件，在项目实施过程中，各阶段的进度计划、各子项目详细的进度计划都必须遵守项目总进度纲要。另外，总进度纲要出来以后，在项目实施过程中，还要进行多次的调整、优化，并进行论证。

三、策划流程

项目决策阶段的策划流程如图 4-6 所示。

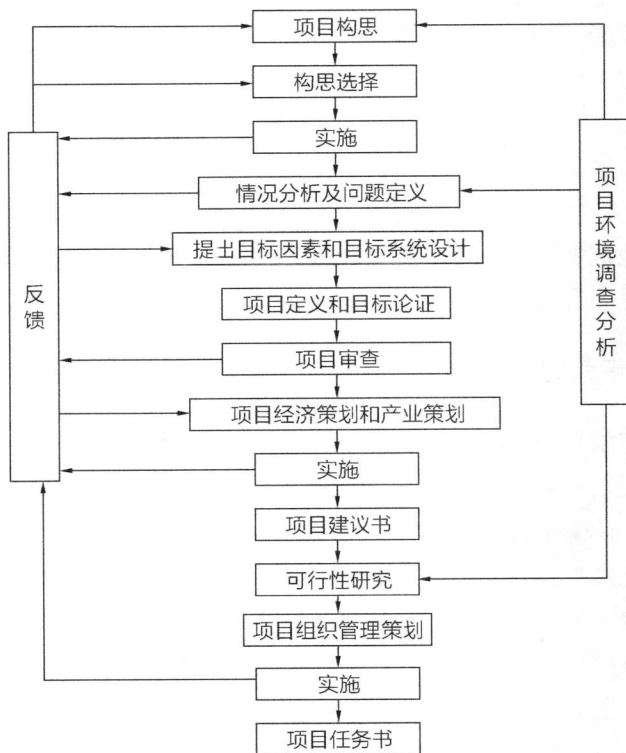

图 4-6　决策阶段项目策划流程图

四、注意事项

1. 项目决策策划报告

项目决策策划报告是对决策阶段工作的总结，是决策策划成果的表现形式。项目决策策划报告从形式上可以是一本总报告，也可以是几本专题报告。从内容上，项目决策策划报告一般包括以下几个部分：

（1）环境调查分析报告；

（2）项目定义与目标论证报告；

（3）项目经济策划报告；

（4）项目产业策划报告；

（5）项目组织管理策划报告；

（6）设计任务书。

其中，设计任务书是项目决策策划最终成果中的一项重要内容。项目设计任务书是对项目设计的具体要求，这种要求是在确定了项目总体目标、分析研究了项目开发条件和问题进行了详细的项目定义和功能分析基础上提出的，因此更加有依据，也更加具体，便于设计者了解投资人的功能要求，了解投资人对建筑风格的喜好，能在一定程度上减少设计的返工。设计要求文件是项目设计的重要依据之一。

2. 不同的项目在进行项目决策策划时，可能还会有其他不同的内容，或者有不同的提法

项目决策策划特有的系统性和综合性，决定了其工作内容应该在实践中不断的补充和完善。另外，项目策划完成及其最终目标体系的建立工作不是一次性的，而是一个动态的过程，随着项目实施的进展，要不断进行调整、补充和完善，才能真正实现投资人的意图，在获得良好的经济利益的同时并获得良好的社会效应，最终形成多方共赢的局面。

第三节　决策阶段项目管理

在建设项目管理过程中，全过程工程咨询单位代表项目投资人负责管理，原来由投资人承担的项目报批管理的工作也就转移给全过程工程咨询单位。建设项目决策阶段是从项目建议书编制到可行性研究报告编制，主要工作内容为项目建议书的编制和审查、环境影响评价报告的编制和审查、节能评估报告的编制和审查、安全评价报告的编制和审查、社会稳定风险评价报告编制和审查、水土保持方案报告编制和审查、地质灾害危险性评估报告编制和审查、可行性研究报告的编制和审查以及项目行政审批咨询服务管理。

一、项目建议书编制管理

项目建议书是要求建设某一具体项目的建议文件，是基本建设程序中最初阶段的工作，是投资决策前对拟建项目的轮廓设想。项目建议书的主要作用是为了推荐一个拟进行建设的项目的初步说明，论述它建设的必要性、条件的可行性和获得的可能性，供基本建设管理部门选择并确定是否进行下一步工作。项目建议书报经发改部门批准后，可以进行可行性研究工作，但并不表明项目非上不可，项目建议书不是项目的最终决策。

全过程工程咨询单位对项目建议书编制管理的工作内容体现在两个方面：一是组织专业咨询工程师编制项目建议书，并且在编制过程中进行督促、协调；二是对编制完成的项目建议书进行初步审核，审核合格后报发改部门审批。

二、环境影响评价报告编制管理

环境影响评价，是指对规划和建设项目实施后可能造成的环境影响进行分析、预测和评估，提出预防或者减轻不良环境影响的对策和措施，进行跟踪监测的方法与制度。全过程工程咨询单位应根据建设项目环境影响评价分类管理的要求，确定建设项目环境影响评价的类别。

全过程工程咨询单位对环境影响评价报告编制管理的工作内容体现在两个方面：一是组织专业咨询工程师编制环境影响评价报告，并且在编制过程中进行督促、协调；二是对编制完成的环境影响评价报告进行初步审核，审核合格后报环保部门审批。

三、节能评估报告编制管理

节能评估，是指根据节能法规、标准，对固定资产投资项目的能源利用是否科学合理进行分析评估的行为。全过程工程咨询单位应根据节能评估分类标准的要求，确定节能评估的类别，编制节能评估报告书、节能评估报告表或填写节能登记表。

全过程工程咨询单位对节能评估报告编制管理的工作内容体现在两个方面：一是组织专业咨询工程师编制节能评估报告，并且在编制过程中进行督促、协调；二是对编制完成的节能评估报告进行初步审核，审核合格后报发改部门审批。

四、项目安全评价编制管理

安全评价是以实现工程、系统安全为目的，应用安全系统工程原理和方法，对工程、系统中存在的危险、有害因素进行辨识与分析，判断工程、系统发生事故和职业危害的可能性及其严重程度，提出科学、合理、可行的安全对策建议，为制定防范措施和管理决策提供科学依据。以此达到最少损失和最优的安全投资效益。

全过程工程咨询单位对安全评价报告编制管理的工作内容体现在两个方面：一是组织专业咨询工程师编制安全评价报告，并且在编制过程中进行督促、协调；二是对编制完成的安全评价报告进行审查。

五、项目社会稳定风险评价编制管理

社会稳定风险评估，是指与人民群众利益密切相关的重大决策、重要政策、重大改革措施、重大工程建设项目、与社会公共秩序相关的重大活动等重大事项在制定出台、组织实施或审批审核前，对可能影响社会稳定的因素开展系统的调查，科学的预测、分析和评估，制定风险应对策略和预案。为有效规避、预防、控制重大事项实施过程中可能产生的社会稳定风险，为更好地确保重大事项顺利实施。

全过程工程咨询单位对项目的社会稳定风险评价报告编制管理的工作内容体现在两个方面：一是组织专业咨询工程师编制项目社会稳定风险评价，并且在编制过程中进行督促、协调；二是对编制完成的社会稳定风险评价报告进行审查。

六、水土保持方案编制管理

水土保持是指对自然因素和人为活动造成水土流失所采取的预防和治理措施，为了加强山区、丘陵区、风沙区开发建设项目的水土保持管理，防止人为造成新的水土流失，保护水土资源，改善生态环境，发展生产，在山区、丘陵区、风沙区修建铁路、公路、水工程、开办矿山企业、电力企业和其他大中型工业企业，其建设项目环境影响报告书中必须有水土保持方案。环境保护行政主管部门负责审批建设项目的环境影响报告书。水行政主管部门负责审查建设项目的水土保持方案。建设项目环境影响报告书中的水土保持方案必须先经水行政主管部门审查同意。

全过程工程咨询单位对项目的水土保持方案的编制管理的工作内容体现在两个方面：

一是组织专业咨询工程师编制项目水土保持方案，并且在编制过程中进行督促、协调；二是对编制完成的水土保持方案进行审查。审查合格后报水行政主管部门审批。

七、地质灾害危险性评估编制管理

地质灾害危险性评价又称地质灾害灾变评价，是在查清地质灾害活动历史、形成条件、变化规律与发展趋势的基础上，进行危险性评价，主要包括自然灾害与防治评价。其目的是对评估区域现状地质灾害的类型、发育程度及危害性进行全面评估，并对工程建设过程中可能引发、加剧的地质灾害以及建设工程本身可能遭受的地质灾害的危险性进行评估，在现状评估和预测评估的基础上综合评估地质灾害危险性程度，提出防治措施和建议。

全过程工程咨询单位对项目的地质灾害危险性评估报告编制管理的工作内容体现在两个方面：一是组织专业咨询工程师编制地质灾害危险性评估报告，并且在编制过程中进行督促、协调；二是对编制完成的地质灾害危险性评估报告进行审查。

八、可行性研究报告编制管理

可行性研究是工程建设前期决策的主要工作内容，是建设项目投资决策前进行技术经济论证的关键环节，为决策者提供是否选择该项目进行投资的依据。

可行性研究通过对项目有关的工程、技术、经济等各方面条件和情况进行调查、研究、分析，通过策划融资建设运营方案，分析投资估算、土地、资金、建造成本，对各种可能的建设方案和技术方案进行比较论证，从而确定建设项目的投资主体、工期、运营、使用主体和方案，并对项目建成后的经济效益进行预测和评价的一种科学分析方法，由此考查项目技术上的先进性和适用性，经济上的营利性和合理性，建设的可能性和可行性以及合理的经济规模。使建设项目在一定技术条件下，投入产出比处于较优状态，资源和资金可以得到充分利用，并可获得较优经济效益。

可行性研究是项目决策工作的最重要的内容，其结论为投资人的最终决策提供直接的依据。因此，凡大中型项目以及国家有要求的项目，都要进行可行性研究，其他有条件的项目也要进行可行性研究。可行性研究报告是项目最终决策和设计文件编制的重要依据，要求必须有相当的深度和准确性。

全过程工程咨询单位对可行性研究报告编制管理的工作内容体现在两个方面：一是组织专业咨询工程师编制可行性研究报告，并且在编制过程中进行督促、协调；二是对编制完成的可行性研究报告进行初步审核，审核合格后报发展改革部门审批。

九、项目行政审批咨询服务管理

项目的行政审批管理贯穿于项目建设行为的始终，但密集于项目建设的前期（一般指从项目立项到开工的阶段）。建设项目行政审批管理主要涉及项目使用单位、项目投资人、全过程工程咨询单位、设计单位以及各政府相关管理部门。在前期管理阶段，全过程工程咨询单位负责办理与工程相关的各类行政审批手续，涉及的行政审批部门包括：发改、规划、国土、建设、消防、环保、人防、地震、交通、园林、水务、气象、卫生、市政公用等部门。

在不同的项目建设时期，投资人或者全过程工程咨询单位需要向不同的部门进行行政审批，行政审批内容主要包括：建设项目选址意见书、建设用地规划许可证、建设工程规划许可证、国有土地使用证、建设工程施工许可证等。各地关于基本建设行政审批流程可能在细节上有所不同，具体根据项目所在地的相关政策文件执行，但大体上按照类似的程序进行。建设项目行政审批流程如图 4-7 所示。

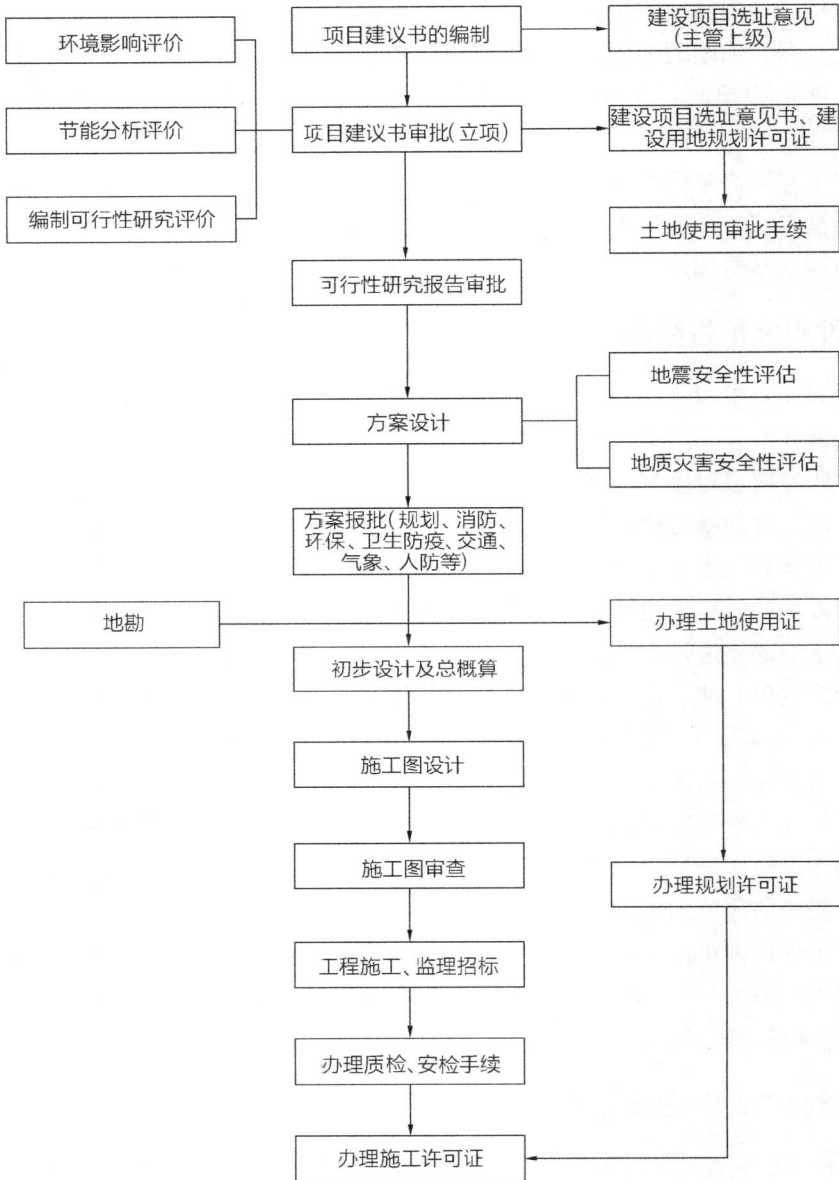

图 4-7　建设项目行政审批流程

项目各部门的具体行政审批内容如图 4-8 所示。

行政审批部门	审批内容

发展改革部门
- 项目建议书行政审批
- 节能评估报告行政审批
- 可行性研究报告行政审批
- 招标备案行政审批
- 初步设计概算行政审批

规划部门
- 建设项目选址意见书
- 建设用地规划许可证
- 建设工程规划许可证

国土部门

意向用地意见函	办理土地登记地籍调查
土地置换意见	办理规划手续地籍调查
置换土地批复	国有土地使用权初始登记
土地整合意见	国有土地使用权变更登记
办理用地手续地籍调查	……

建设部门

项目初步设计审查	建设工程质量监督备案
项目施工图审查备案	建设工程安全监督备案
建筑工程外立面装饰设计审查	报建费核准缴纳
工程招标投标监督备案	建筑工程施工许可证
建设工程施工合同备案	夜间施工许可证

其他相关部门

环境影响评价报告的审批	地震安全性评价和抗震设防要求的审定
交通影响评价报告审批	建设工程消防设计审核
取水许可	开发建设项目水土保持方案审批
城市绿化设计方案审查	建设项目预防性卫生审查
建设项目人防工程规划方案审查	建设项目人防工程施工图审查
水电气配套建设申请	……

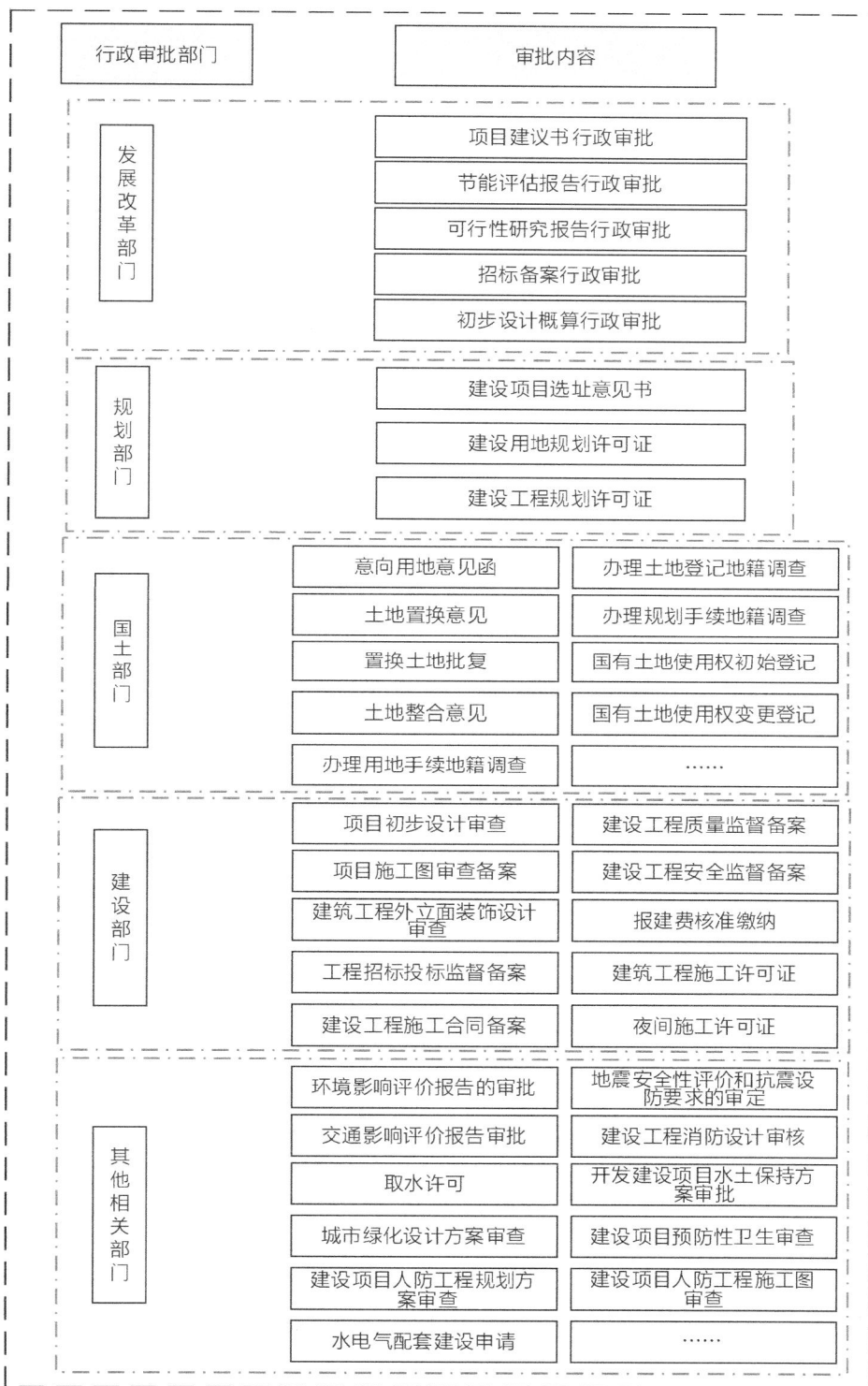

图 4-8　建设项目行政审批内容

全过程工程咨询单位对项目行政审批管理的工作内容体现在两个方面：一是组织人员对投资人提供的资料及各类材料进行审核；二是组织人员协助投资人办理审批手续，完成项目的审批工作。

第四节　项目建议书

项目建议书（或初步可行性研究报告）是要求建设某一具体项目的建议文件，是基本建设程序中最初阶段的工作，是投资决策前对拟建项目的轮廓设想，其主要作用是论述一个拟建建设项目的必要性、条件的可行性和获得的可能性，供投资人或建设管理部门选择并确定是否进行下一步工作。项目建议书报经投资主管部门批准后，可以进行可行性研究工作，但并不表明项目非上不可，项目建议书不是项目的最终决策。

一、依据

(1) 国民经济的发展、国家和地方中长期规划；

(2) 产业政策、生产力布局、国内外市场、项目所在地的内外部条件；

(3) 有关机构发布的工程建设方面的标准、规范、定额；

(4) 其他相关的法律、法规和政策；

(5) 投资人的组织机构、经营范围、财务能力等；

(6) 项目资金来源落实材料；

(7) 项目初步设想方案，如总投资、产品及介绍、产量、预计销售价格、直接成本及清单；

(8) 联合建设的项目需提交联合建设合同或协议；

(9) 根据不同行业项目的特殊要求需要的其他相关资料；

(10) 全过程工程咨询单位的知识和经验体系；

(11) 其他与项目相关的资料。

二、内容

项目建议书的编制是按照建设项目的隶属关系，由有关部门、地区、企业或投资人根据国民经济和社会发展的长远规划、行业规划、地区规划及经济建设的方针、任务和技术经济政策等要求，结合资源情况、企业战略、建设条件等，在广泛调查研究、收集资料、踏勘建设地点、初步分析投资效果的基础上进行编制。

（一）　项目建议书的编制要点

(1) 要全面掌握宏观信息，即国家经济和社会发展规划、行业或地区规划（尤其是市政路网规划）、线路周边自然资源等信息。

(2) 要重点论证项目建设的必要性。

（3）要根据项目预测结果，并结合规划情况及和同类项目类比的情况，论证提出合理的建设规模和投资规模。

（4）要尽可能全面地勾画项目的整体构架，减少较大建设内容的遗漏。

（二）项目建议书包括的内容

1. 项目建设的依据、必要性和任务

（1）项目建设的依据

概述项目所在地的行政区划和自然、地理、资源情况，社会经济现状以及地区国民经济与社会发展规划对文创中心建设的要求。

概述项目所在地建设现状及其近、远期发展规划对项目建设的要求。

说明项目所依据的产业发展规划和各项专业规划。

（2）项目建设的必要性

阐明项目在地区国民经济和社会发展规划中的地位与作用，论证项目建设的必要性。

根据地区国民经济发展规划和建设项目任务要达到的目标，在产业发展规划和相关规划的基础上，进行必要的补充调查研究工作，对所在地区功能基本相同的项目方案进行综合分析比较，阐明各项目方案的优缺点，论述推荐本项目的理由。

（3）项目建设的任务

阐述本项目的建设任务，按照国家政策和总体效益优化原则，分析研究有关部门对本项目的要求，结合工程条件，考虑本项目在区域规划中的作用，提出项目的开发目标和任务的主次顺序。

对分期开发的项目分别拟定近期和远期的开发目标与任务。

2. 项目建设条件

（1）水文、气候

简述工程所在区域自然地理、水系概况等。简述工程地点的气候特性和主要气象要素的统计特征值。

（2）地质

简述工程区域地形地貌、地层岩性、地质构造、构造稳定性，并初步确定工程场区地震基本烈度。对工程地质环境及主要工程地质问题提出初步评价意见。

（3）其他外部条件

分析项目所在地区和附近有关地区的生态、社会、人文环境等外部条件及其对本项目的相互影响。

说明有关部门和地区对项目建设的意见、协作关系以及有关协议。

说明有关其他部门、地区影响该工程立项的因素。

3. 项目初步建设方案

（1）项目目标及功能定位

项目功能定位及市场目标定位。对项目目标及功能的定位，是项目投资策划咨询和开

发建设的一项重要工作。

（2）项目方案构思

对未来投资项目的目标、功能、范围以及项目涉及的各主要因素和大体轮廓的设想与初步界定。

（3）项目方案初步论证

本项目的构成，包括大致估计建设内容及规模。提出选址初步意见和初步的土建、公用、辅助工程方案，估算出总建筑面积及主要单项工程的建筑面积。

4. 投资机会研究

投资机会研究又称投资机会论证。这一阶段的主要任务是提出建设项目投资方向建议，即在一个确定的地区和部门内，根据自然资源、市场需求、国家产业政策和国际贸易情况，通过调查预测和分析研究选择建设项目，寻找投资的有利机会。机会研究要解决两个方面的问题：一是社会是否需要；二是有没有可以开展项目的基本条件。

机会研究一般从以下三个方面着手开展工作：第一，以开发利用本地区的某一丰富资源为基础，谋求投资机会；第二，以现有工业的拓展和产品深加工为基础，通过增加现有企业的生产能力与生产工序等途径创造投资机会；第三，以优越的地理位置、便利的交通条件为基础分析各种投资机会。

这一阶段的工作比较粗略，一般是根据条件和背景相类似的建设项目来估算投资额和生产成本，初步分析建设投资效果，提供一个或一个以上可能进行建设的项目投资或投资方案。这个阶段所估算的投资额和生产成本的精确程度控制在±30%左右。大中型项目的机会研究所需时间在1～3个月，所需费用占投资总额的0.2%～1%。如果投资人对这个项目感兴趣，再进行下一步的可行性研究工作。

该阶段的工作成果为项目建议书中的部分内容，项目建议书是拟建项目单位向国家提出的要求建设某一项目的建议文件，是对建设项目建设的轮廓设想。

5. 环境影响初步评价

说明项目所在地区的环境质量、环境功能等环境特征。

根据工程影响区的环境状况，结合工程开发的规模、运用方式、施工组织方式等特性，应说明工程开发是否与这些规划的目标相协调。从环境保护角度分析是否存在工程开发的重大制约因素。

对环境的主要不利影响，应初步提出减免的对策和措施。

6. 项目管理实施方案

（1）进度计划

包括项目立项、规划方案送审、可研报批、征地拆迁、勘察、设计、施工图设计及相关审查、招投标等。建设工期基本合理科学，符合相关部门对建设工期的要求。

（2）招标方案

招标方案中，对项目的招标事项包括招标范围、招标组织形式、招标方式等进行论述，符合国家有关政策法律法规，复核项目特点和实际需求，具备可操作性和对后期工作的指导性。

7. **投资估算及资金筹措**

（1）投资估算

简述投资估算的编制原则、依据及采用的价格水平年。初拟主要基础单价及主要工程单价。提出投资主要指标，包括主要单项工程投资、工程静态总投资及动态总投资。估算分年度投资。对主体建筑工程应进行单价分析，按工程量估算投资。其他建筑工程、临时工程投资可按类比法估算。设备及安装工程投资可采用扩大指标估算。其他费用可根据工程规模逐项分别估算或综合估算。

（2）资金筹措设想

提出项目投资主体的组成以及对投资承诺的初步意见和资金来源的设想。

8. **经济初步评价**

（1）经济评价依据：说明经济评价的基本依据。

（2）财务初步评价

说明财务评价的价格水平、主要参数及评价准则；项目总投资。资金来源和条件。说明各项财务支出；构成项目成本的各项费用；初估项目收入。简述项目利润分配原则。提出财务初步评价指标。若需要融资，还需简述还贷资金来源，预测满足贷款偿还条件的物品价格。对项目的财务可行性进行初步评价。

9. **社会初步评价**

（1）社会影响初步分析

说明项目的社会影响分析旨在分析预测项目可能产生的正面影响和负面影响。包括项目对所在地区居民收入的影响、居民生活水平和生活质量的影响、居民就业的影响；项目对所在地区不同利益群体的影响，对教育、卫生的影响。

（2）社会互适性初步分析

初步分析预测项目能否为当地的社会环境、人文条件所接纳，以及当地政府、居民支持项目存在与发展的程度，考察项目与当地社会环境的相互适应关系。

（3）项目的初步社会风险分析

项目的社会风险分析是对可能影响项目的各种社会因素进行识别并提出防范措施。

对项目的社会可行性进行初步评价。

10. **结论与建议**

（1）综述项目建设的必要性、任务、规模、建设条件、建设方案、环境影响、建设工期、投资估算和经济评价等主要成果。

（2）简述项目建设的主要问题，以及地方政府及各部门有关方面的意见和要求。

（3）提出综合评价结论，并提出今后工作的建议。

三、程序

在项目建议书编制阶段，全过程工程咨询单位组建项目组—专业咨询工程师搜集

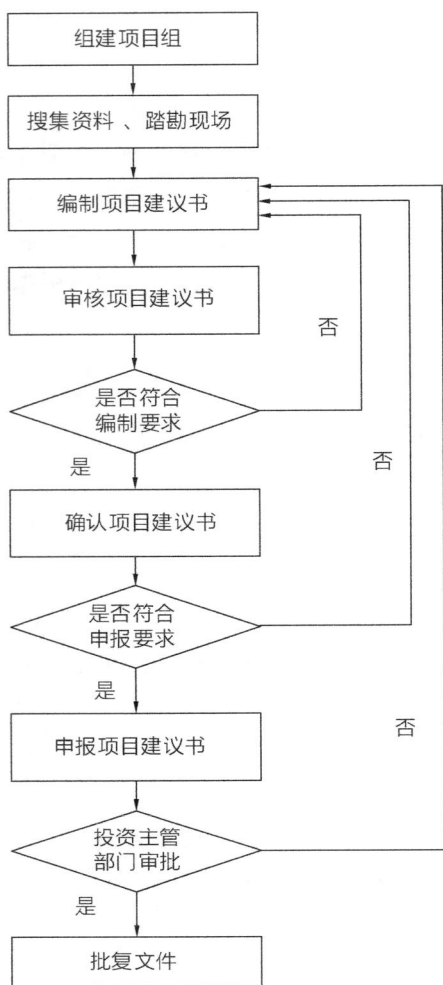

图 4-9　建设项目建议书编制
工作管理程序图

资料、踏勘现场—专业咨询工程师编制项目建议书—总咨询师审核项目建议书—投资人确认项目建议书—投资人/全过程工程咨询单位申报项目建议书—投资主管部门审批项目建议书。

项目建议书编制工作程序如图 4-9 所示。

四、注意事项

（1）要充分了解国家、地方的相关法规、政策，紧密结合自身行业的特点论证，项目建设目标要与国家、地区、部门、行业的宏观规划目标一致。

（2）要通过广泛的考察、调研，借鉴同行业的经验，资料数据一定要准确、可靠，要有较强的说服力。

（3）项目建议书评估要点

1）主要解决项目建设的必要性问题。

2）必要性的审核：

定性分析：政策因素、效果因素等；

定量分析：规划、项目定位、交通需求预测等；重点是与政策、规划的一致性问题。

3）投资估算审核：

多采用简单估算法（包括单位生产能力估算法、生产能力指数法、比例估算法、系数估算法和指标估算法等）。

第五节　可行性研究

项目可行性研究一般是在项目建议书(初步可行性研究)的基础上，详细地对在哪建、建什么、建多大、何时建、如何实施、如何规避风险、谁来运营、产生什么社会效应和经济效益等问题进行分析、研究。通过对拟建项目的建设方案和建设条件的分析、比较、论证，从而得出该项目是否值得投资，筹资方案、建设方案、运营方案是否合理、可行的研究结论，为项目的决策提供依据。

可行性研究是建设项目决策分析与评价阶段的重要的工作。可行性研究的过程既是深入调查研究的过程，又是多方案比较选择的过程。此外，项目的可行性研究不仅是投资决策的依据，也是筹措资金、申请贷款和编制初步设计文件的依据。因此，可行性研究具有预见性、公正性、可靠性、科学性的特点。

项目可行性研究报告主要是通过对项目的市场需求、资源供应、建设规模、工艺路线、设备选型、环境影响、资金筹措、盈利能力等，从技术、经济、工程等方面进行调查研究和分析比较，并对项目建成以后可能取得的财务、经济效益及社会影响进行预测，从而提出该项目是否值得投资和如何进行建设的咨询意见，为项目决策提供依据的一种综合性的分析方法。

此外，可行性研究报告为投资人筹集资金，申请银行贷款提供依据；也为商务谈判和签订有关合同或协议提供依据；并且批准的可行性研究报告是初步设计文件的编制依据。

一、依据

（1）《投资项目可行性研究指南（试行版）》；

（2）《项目申请报告通用文本》（发改投资〔2017〕684号）；

（3）《建设项目经济评价方法与参数》第三版；

（4）项目建议书（初步可行性研究报告）及其批复文件；

（5）城市规划行政主管部门出具的项目规划意见；

（6）国土资源行政主管部门出具的项目用地意见；

（7）环境保护行政主管部门出具的项目环评意见；

（8）土地合同及土地规划许可；

（9）其他区（市）县发展改革或市级主管部门的转报文件（含行投资人管部门意见）；

（10）国家和地方的经济和社会发展规划、行业部门的发展规划，如江河流域开发治理规划、铁路公路路网规划、电力电网规划、森林开发规划，以及企业发展战略规划等；

（11）有关的法律、法规和政策；

（12）有关机构发布的工程建设方面的标准、规范、定额；

（13）拟建场（厂）址的自然、经济、社会概况等基础资料；

（14）合资、合作项目各方签订的协议书或意向书；

（15）与拟建项目有关的各种市场信息资料或社会公众要求等；

（16）根据不同行业项目的特殊要求需要的其他相关资料；

（17）建设项目的其他相关资料；

（18）全过程工程咨询单位的知识和经验体系。

二、内容

1. 可行性研究报告的内容

根据《投资项目可行性研究指南（试行版）》以及相关政策文件的规定可知，建设项目的可行性研究报告一般包括以下内容：

（1）总论

总论包括：项目提出的背景与概况；可行性研究报告编制的依据；项目建设条件；问题与建议。

（2）市场预测

市场预测包括：市场现状调查；产品供需预测；价格预测；竞争力与营销策略；市场风险分析。

（3）资源条件评价

资源条件评价包括：资源可利用量；资源品质情况；资源赋存条件；资源开发价值。

（4）建设规模与产品方案

建设规模与产品方案包括：建设规模与产品方案构成；建设规模与产品方案的比选；推荐的建设规模与产品方案；技术改造项目推荐方案与原企业设施利用的合理性。

（5）场（厂）址选择

场（厂）址选择包括：场（厂）址现状及建设条件描述；场（厂）址方案比选；推荐的场（厂）址方案；技术改造项目现有场（厂）址的利用情况。

（6）技术设备工程方案

技术设备工程方案包括：技术方案选择；主要设备方案选择；工程方案选择；技术改造项目技术设备方案与改造前比较。

（7）原材料、燃料供应

原材料、燃料供应包括：主要原材料供应方案选择；燃料供应方案选择。

（8）总图运输与公用辅助工程

总图运输与公用辅助工程包括：总图布置方案；场（厂）内外运输方案；公用工程与辅助工程方案；技术改造项目与原企业设施的协作配套。

（9）节能措施

节能措施包括：节能设施；能耗指标分析（技术改造项目应与原企业能耗比较）。

（10）节水措施

节水措施包括：节水设施；水耗指标分析（技术改造项目应与原企业水耗比较）。

（11）环境影响评价

环境影响评价包括：环境条件调查；影响环境因素分析；环境保护措施；技术改造项目与原企业环境状况比较。

（12）劳动安全卫生与消防

劳动安全卫生与消防包括：危险因素和危害程度分析；安全防范措施；卫生保健措施；消防措施。

（13）组织机构与人力资源配置

组织机构与人力资源配置包括：组织机构设置及其适应性分析；人力资源配置；员工培训。

（14）项目实施进度

项目实施进度包括：建设工期；实施进度安排；技术改造项目的建设与生产的衔接。

（15）投资估算

投资估算内容包括：投资估算范围与依据；建设投资估算；流动资金估算；总投资额及分年投资计划。

（16）资金筹措

资金筹措包括：融资组织形式选择；资本金筹措；债务资金筹措；融资方案分析。

（17）财务评价

财务评价包括：财务评价基础数据与参数选取；销售收入与成本费用估算；财务评价报表；盈利能力分析；偿债能力分析；不确定性分析；财务评价结论。

（18）经济效益和社会效益

经济效益和社会效益包括：项目的经济效益；项目的社会效益。

（19）研究结论与建议

研究结论与建议包括：推荐方案总体描述；推荐方案的优缺点描述；主要对比方案；结论与建议。

2. 可行性研究报告的编制要点

（1）应能充分反映项目可行性研究工作的成果，内容齐全，结论明确，数据准确，论据充分，满足决策者定方案定项目的要求。

（2）重大技术方案，应有两个以上方案的比选，方案中应当包含建设项目的规模、功能、标准和绿色建筑实施方案分析等内容。

（3）主要工程技术数据应能指导下一步项目初步设计的进行。

（4）项目的资金筹措方案应切实可行，投资估算，土地、资金、建造成本分析应当合理，如有银行贷款等非政府资金筹集方式，报告还应能满足银行等金融部门信贷决策的需要。

（5）应反映可行性研究过程中出现的某些方案的重大分歧及未被采纳的理由，以供委托单位与投资人权衡利弊进行决策。

（6）应附有评审、审批决策所必需的文件资料等。

3. 可行性研究报告各阶段内容

可行性研究报告在不同阶段的要求不同，在项目建议书被主管计划部门批准后，对于投资规模大，技术工艺又比较复杂的大中型骨干项目，需要先进行初步可行性研究。初步可行性研究也称为预可行性研究，是正式的详细可行性研究前的预备性研究阶段。经过投资机会研究认为可行的建设项目，值得继续研究，但又不能肯定是否值得进行详细可行性研究时，就要作初步可行性研究，进一步判断这个项目是否具有生命力，是否有较高的经济效益，若经过初步可行性研究，认为该项目具有一定的可行性，便可转入详细可行性研究阶段（表4-2）。

可行性研究报告各阶段要求　　　　　　　　　　　　表4-2

工作阶段	机会研究	初步可行性研究	详细可行性研究	评价阶段
工作性质	项目设想	项目初步选择	项目拟定	项目评估
工作内容	鉴别投资方向和目标，选择项目，寻求投资机会（地区、行业、资源和项目的机会研究），提出项目投资建议	对项目初步评价作专题辅助研究，广泛分析、筛选方案，鉴定项目的选择依据和标准，研究项目的初步可行性，决定是否需要进一步作详细可行性研究或否定项目	对项目进行深入细致的技术经济论证，重点对项目进行财务效益和经济效益分析评价，多方案必选，提出结论性意见，确定项目投资的可行性和选择依据标准	综合分析各种效益，对可行性研究报告进行评估和审查，分析判断项目可行性研究的可靠性和真实性，对项目作最终决定

工作成果及作用	编制项目建议书作为判定经济计划和编制项目建议书的基础，为初步选择投资项目提供依据	编制初步可行性报告，判定是否有必要进行下一步详细可行性研究，进一步判明建设项目的生命力	编制可行性研究报告，作为项目投资决策的基础和重要依据	提出项目评估报告，为投资决策提供最后决策依据，决定项目取舍
估算精度	±30%	±20%	±10%	±10%
研究费用占总投资的百分比（%）	0.2%～1%	0.25%～1.25%	大项目0.2%～1% 中小项目1.0%～3.0%	—
需要时间（月）	1～3	4～6	大项目8～12 中小项目4～6	—

4. 可行性研究报告编制大纲

以公共建筑项目可行性研究报告编制大纲为例，介绍可行性研究报告的具体包括内容；公共建筑项目一般指行政办公用房、文化娱乐场馆、体育场馆、医疗卫生设施、教育科研设计机构用房、文物古迹和革命纪念建筑、慈善宗教建筑、外国使领馆等。下面为公共建筑项目可行性研究报告编制大纲：

第一章，总论。包括项目背景、项目概况和问题与建议。

第二章，需求分析与建设规模。包括需求分析、建设规模方案比选（包括结构形式、建筑面积、使用功能）和推荐建设规模方案。

第三章，厂（场）址选择。包括厂（场）址现状、厂（场）址条件、厂（场）址条件比选和推荐厂（场）址方案（绘制厂（场）址地理位置图）。

第四章，建筑方案选择。包括建筑设计指导思想与原则、项目总体规划方案、建筑方案、建筑方案比选和主要技术经济指标。

第五章，节能节水措施。包括节能措施及能耗指标分析和节水措施及水耗指标分析。

第六章，环境影响评价。包括项目厂（场）址环境现状、项目建设与运营对环境的影响、环境保护措施、环境保护设施与投资和环境影响评价。

第七章，劳动安全与卫生消防。包括危险因素及危险程度分析、安全设施和消防设施。

第八章，组织机构与人力资源配置。包括组织机构与人力资源配置。

第九章，项目实施进度。包括建设工期、项目实施进度安排和项目实施进度表（横线表）。

第十章，投资估算与资金筹措。包括投资估算和资金筹措方式与来源。

第十一章，财务评价。包括财务评价基础数据选择、服务收入支出预测和财务评价指标。

第十二章，社会评价。包括项目对社会的影响分析、项目与所在地区互适性分析、社会风险分析和社会评价结论。

第十三章，研究结论与建议。推荐方案总体描述、推荐方案优缺点描述、主要对比方案和结论与建议。

附图、附表、附件。

三、程序

在项目可行性研究报告编制阶段，全过程工程咨询单位组建项目组—专业咨询工程师搜集资料、踏勘现场—专业咨询工程师编制项目可行性研究报告—总咨询师审核项目可行性研究报告—投资人确认项目可行性研究报告—投资人/全过程工程咨询单位申报项目可行性研究报告—投资主管部门审批项目可行性研究报告。

可行性研究报告编制工作程序如图 4-10 所示。

四、注意事项

（一）可行性研究报告的深度应达到以下要求

（1）可行性研究报告应达到内容齐全、数据准确、论据充分、结论明确的要求，以满足决策者定方案、定项目的需要。

（2）可行性研究报告中选用的主要设备的规格、参数应能满足预订货的要求。引进技术设备的资料应能满足引进设备合同谈判的要求。

（3）可行性研究报告中的重大技术、财务方案，应有两个以上方案的比选。

（4）可行性研究报告中确定的主要工程技术数据，应能满足项目初步设计的要求。

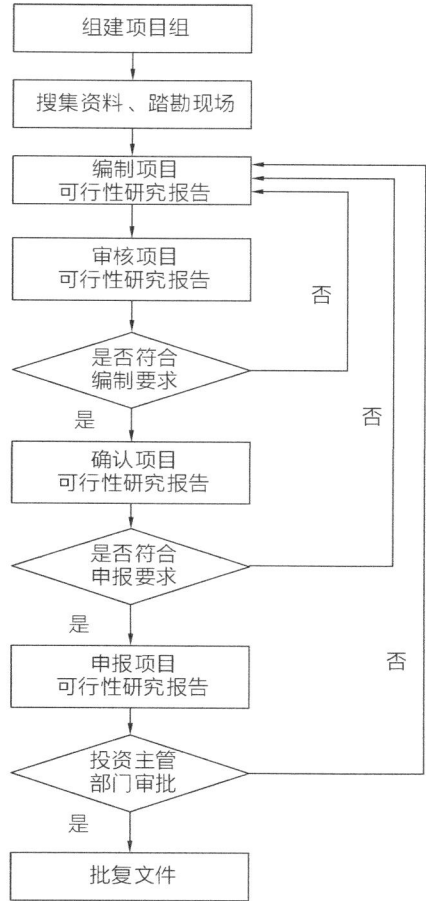

图 4-10 可行性研究报告编制
工作管理程序图

（5）可行性研究阶段对投资和成本费用的估算应采用分项详细估算法。

（6）可行性研究报告中确定的融资方案，应能满足项目资金筹措及使用计划对投资数额、时间和币种的要求，并能满足银行等金融机构信贷决策的需要。

（7）可行性研究报告应反映可行性研究过程中出现的某些方案的重大分歧及未被采纳的理由，以供决策者权衡利弊进行决策。

（8）可行性研究报告应附有供评估、决策审批所必需的合同、协议和城市规划、土地使用、资源利用、节约能源、环境保护、水土保持等相关主管部门的意见，出具相应行政许可文件。

（二）不同行业的可行性研究报告侧重点

不同行业的项目性质、建设目的及其作用对社会的各种影响差异甚大，研究分析方法、技术、各种经济技术指标也不同，并且即使同一行业的项目仍然会存在不同层次的差异性。因此可行性研究中不同行业的可行性研究侧重点不同。以下行业的可行性研究侧重点的提示可供参考使用：

（1）水利水电项目。通常具有防洪、灌溉、治涝、发电、供水等多项功能。需要重点研究水利水电资源的开发利用条件，水文、气象、工程地质条件，坝型与枢纽布置，库区淹没与移民安置等；项目经济评价以经济分析为主，财务分析为辅；对于社会公益、洼地水利项目，如防洪、治涝项目，财务分析的目的是测算提出维持项目正常运行需要国家补助的资金数额和需要采取的经济优惠政策。

（2）交通运输项目。包括公路、铁路、机场、地铁、桥梁、隧道等。该类项目的特点是不生产实物产品，而是为社会提供运输服务。需要重点研究项目对经济和社会发展、区域综合运输网布局、路网布局等方面的作用和意义，研究运量、线路方案、建设规模、技术标准、建筑工程方案等。项目经济评价以经济分析为主，财务分析为辅。

（3）农业开发项目。一般多为综合开发项目，可能包括农、林、牧、副、渔和加工业等项目，建设内容比较复杂。需要重点研究市场分析，建设规模和产品方案，原材料供应等。农业项目受气候等自然条件影响，效益与费用的不确定性较大。项目经济评价一般分项目层和经营层两个层次，项目层次评价以经济分析为主，财务分析为辅；经营层次评价只进行财务分析。

（4）文教卫生项目。包括学校、体育馆、图书馆、医院、卫生防疫与疾病控制系统等项目。此类项目建设的目的在于改善公共福利环境，提高人民的生活水平，保障社会公平，促进社会发展。需要重点研究项目的服务范围，确定项目的建设规模；依据项目的功能定位，选择比较适宜的建筑方案、主要设备和器械；项目经济评价以经济分析为主，常用的方法有最小成本分析、经济费用效果分析等。

（5）资源开发项目。包括煤、石油、天然气、金属、非金属等矿产资源的开发项目，水利水电资源的开发利用项目、森林资源的采伐项目等。此类项目需要重点研究资源开发利用的条件，包括资源开发的合理性、拟开发资源的可利用量、自然品质、赋存条件和开发价值；分析项目是否符合资源总体开发规划的要求，是否符合资源综合利用、可持续发展的要求，是否符合保护生态环境的有关规定。

（三）可行性研究报告评估要点

（1）主要解决项目的建设规模和投资问题。

（2）建设规模的审核：

内在因素：项目本身的交通需求预测情况；

外在因素：规划、建设标准、资源约束、同类项目类比等，重点是建设标准与资源约束；

（3）投资估算的审核：

多采用建设投资分类估算法，即对构成建设投资的五类投资（建筑工程费、设备购置费、安装工程费、工程建设其他费用、预备费用）分类进行估算。审核重点：价、量、费。

（四）项目建议书与可行性研究两阶段工作要求与区别

项目建议书要求通过实地踏勘和调查；重点研究必要性和建设时机；初步确定项目平面走线；对项目规模、技术标准、建设资金、经济效益进行必要论证，是项目建议书的依据。

可研则要求充分的调查研究，通过必要的测量和地质勘探，对可能的建议方案从技术、经济、安全、环境等方面综合比选论证。研究确定项目的起终点，提出推荐方案，确定建设规模、技术标准，估算项目投资，分析投资项目，编制报告。

第六节　决策阶段投资估算

投资估算是在项目投资决策投资管控的过程中，依据现有的资料和特定的方法对建设项目的投资数额进行的估计。它是项目建设前期编制项目建议书和可行性研究报告的重要组成部分，是项目决策的重要依据之一。投资估算的准确与否不仅影响到可行性研究工作的质量和经济评价结果，也直接关系到下一阶段的设计概算和施工图预算的编制，对建设项目资金筹措方案也有直接的影响。因此，全面准确地估算建设项目的工程造价是可行性研究乃至整个决策阶段造价管理的重要任务。投资估算在项目开发建设工程中的作用表现为：

（1）项目建议书阶段的投资估算，是项目投资主管部门审批项目建议书的依据之一，并对项目的规划、规模起参考作用。

（2）项目可行性研究阶段的投资估算，是项目投资决策重要依据，也是研究、分析、计算项目投资经济效果的重要条件。当可行性研究被批准后，其投资估算额即作为建设项目投资的最高限额，不得随意突破。

（3）项目投资估算对工程设计概算起控制作用，设计概算不得突破批准的投资估算额，并应控制在投资估算额之内。

（4）投资估算可作为项目资金筹措及制定建设贷款计划的依据，投资人可根据批准的项目投资估算额，进行资金筹措和向银行申请贷款。

（5）项目投资估算是核算建设项目固定资产投资需要额和编制固定资产投资计划的重要依据。

一、依据

建设项目投资估算的基础资料与依据主要包括以下几个方面：

（1）拟建项目的建设方案确定的各项工程建设内容及工程量；

（2）专门机构发布的建设工程造价费用构成、估算指标、计算方法，以及其他有关工程造价的文件；

（3）专门机构发布的工程建设其他费用估算方法和费用标准，以及有关机构发布的物价指数；

（4）部门或行业制定的投资估算方法和估算指标；

（5）拟建项目所需设备、材料的市场价格。

二、内容

建设项目总投资是为了完成项目建设并达到使用要求或生产能力，在建设期内预计或实际投入的全部费用总和。根据国家规定，从满足建设项目投资设计和投资规模的角度，建设项目投资的估算包括固定资产投资估算和流动资金估算两部分。

建设项目总投资如图 4-11 所示。

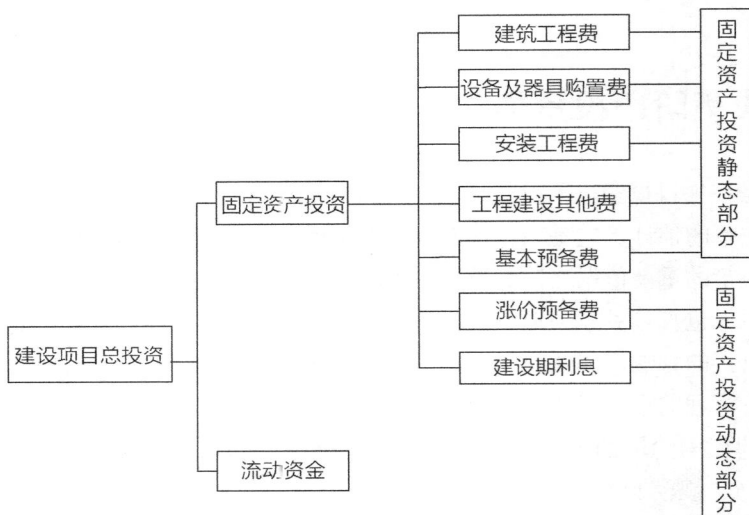

图 4-11　建设项目总投资

三、程序

投资估算的编制一般包含静态投资、动态投资与流动资金估算三部分，主要包括以下几步：

（1）分别估算各单项工程所需的建筑工程费、设备及工器具购置费和安装工程费。

其中建筑工程费的估算可以采用单位建筑工程投资估算法、单位实体工程量投资估算法和概算指标投资估算法三种方法的某一种进行估算。工器具购置费一般按占设备费的一定比例计取。安装工程费通常按行业或专门机构发布的安装工程定额、取费标准和指标估算投资。

（2）在汇总各单项工程费用的基础上，估算工程建设其他费用和基本预备费。

（3）估算涨价预备费和建设期贷款利息。

（4）估算流动资金。

（5）汇总得到建设项目总投资估算。

可行性研究阶段的投资估算编制流程如图 4-12 所示。

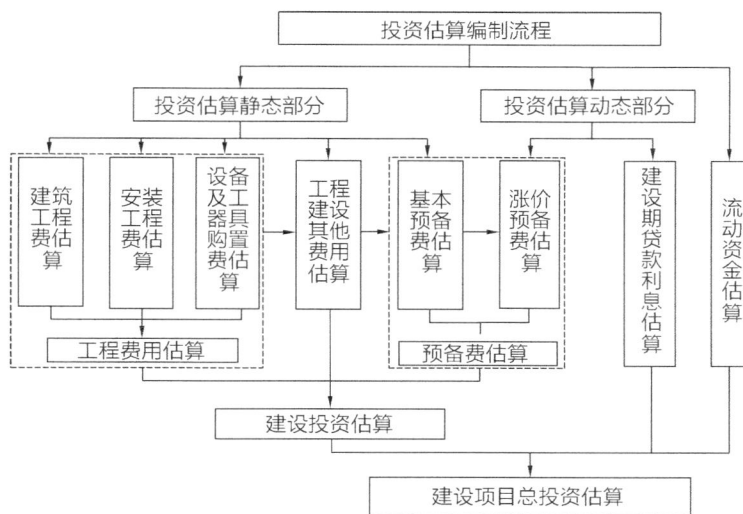

图 4-12　建设项目可行性研究阶段投资估算编制工作流程

四、注意事项

（一）投资估算阶段的划分

投资估算贯穿于整个建设项目投资决策过程之中，投资决策过程可划分为项目的投资机会研究或项目建设书阶段，初步可行性研究阶段及详细可行性研究阶段，因此投资估算工作也分为相应三个阶段。不同阶段所具备的条件和掌握的资料不同，对投资估算的要求也各不相同，因而投资估算的准确程度在不同阶段也不同，进而每个阶段投资估算所起的作用也不同。

1. 投资机会研究或项目建议书阶段

这一阶段主要是选择有利的投资机会，明确投资方向，提出概略的项目投资建议，并编制项目建议书。该阶段工作比较粗略，投资额的估计一般是通过与已建类似项目的对比得来的，因而投资估算的误差率可在 30% 左右。这一阶段的投资估算是作为相关管理部门审批项目建议书，初步选择投资项目的主要依据之一，对初步可行性研究及投资估算起指导作用，决定一个项目是否真正可行。

2. 初步可行性研究阶段

这一阶段主要是在投资机会研究结论的基础上，弄清项目的投资规模，原材料来源、工艺技术、厂址、组织机构和建设进度等情况，进行经济效益评价，判断项目的可行性，作出初步投资评价。该阶段是介于项目建议书和详细可行性研究之间的中间阶段，误差率一般要求控制在 20% 左右。这一阶段是作为决定是否进行详细可行性研究的依据之一，同时也是确定某些关键问题需要进行辅助性专题研究的依据之一，这个阶段可对项目是否真正可行作出初步的决定。

3. 详细可行性研究阶段

详细可行性研究阶段也称为最终可行性研究阶段，主要是进行全面、详细、深入的技术经济分析论证阶段，要评价选择拟建项目的最佳投资方案，对项目的可行性提出结论性意见。该阶段研究内容详尽，投资估算的误差率应控制在 10% 以内。这一阶段的投资估算是进行详尽经济评价，决定项目可行性，选择最佳投资方案的主要依据，也是编制设计文件，控制初步设计及概算的主要依据。

（二） 投资估算的原则

投资估算是拟建项目前期可行性研究的重要内容，是经济效益评价的基础，是项目决策的重要依据。估算质量如何，将决定着项目能否纳入投资建设计划。因此，在编制投资估算时应符合下列原则：

（1） 实事求是的原则；

（2） 从实际出发，深入开展调查研究，掌握第一手资料，不能弄虚作假；

（3） 合理利用资源，效益最高的原则：

市场经济环境中，利用有限经费，有限的资源，尽可能满足需要。

（4） 尽量做到快、准的原则：

一般投资估算误差都比较大。通过艰苦细致的工作，加强研究，积累的资料，尽量做到又快，又准拿出项目的投资估算。

（5） 适应高科技发展的原则：

从编制投资估算角度出发，在资料收集，信息储存，处理，使用以及编制方法选择和编制过程应逐步实现计算机化、网络化。

第七节　PPP 项目融资咨询

一、PPP 项目融资相关概述

（一） PPP 模式定义

PPP（Public Private Partnership，公私合作伙伴关系）模式是指公共部门通过与私营部门建立合作伙伴关系来提供公共产品和服务的一种合作模式。19 世纪英国学者提出了公私合作的理念，但直到 1992 年英国政府推出 PFI（Private Financing Initiative），PPP 模式才正式在西方诞生并流行。目前 PPP 模式已经在全球范围内被广泛应用，并日益成为各国政府实现其经济目标及提升公共服务水平的核心理念和措施。

由于各国具有不同的经济形态和文化背景，PPP 模式在不同国家的发展与应用程度也不同，因此 PPP 在各地具有不同的内涵。如表 4-3 所示，是几个具有代表性的国外机构对 PPP 模式的定义。

部分国外机构对 PPP 的定义　　　　　　　　　　　　表 4-3

来　　源	定　　义
英国财政部	两个或两个以上实体之间的一种协议，借以合作共同实现共享或兼容的目标，并共享一定的权利和义务、共同进行资源投资、共担风险和互惠互利
世界银行	社会资本方与政府方及其代理机构签订的一份长期提供资产或服务的合约，同时由社会资本方承担更多的风险责任和管理责任
欧盟委员	公私伙伴关系是指公共机构与商业社会之间为了确保基础设施的融资、建设、革新、管理与维护或服务的提供而进行合作的形式
加拿大 PPP 国家委员会	PPP 是公共部门和私人部门之间的一种合作经营关系，它建立在双方各自经验的基础上，通过适当的资源配置、风险分担和利益共享机制，更好地满足实现清晰界定的公共需求
美国 PPP 全国理事会	公私伙伴关系是指公共机构（联邦、州和地方）与营利性公司之间的一个协议。通过协议，公私两个部门共享彼此的技术、资产来为公众提供服务和设施。除了共享资源外，它们还要共同承担提供服务和设施中的风险并分享服务和设施带来的收益
香港 PPP 效率促进小组（Effciency Unit）	PPP 是公共部门和私营部门之间所签的一种协议形式，目的在于改善公共服务与设施，双方把互补的能力带进项目里，有不同的责任和参与程度

资料来源：根据文献自行绘制。

　　从各国和国际组织对 PPP 的理解来看，PPP 有广义和狭义之分。广义的 PPP 泛指政府和社会资本合作，是公共基础设施中的一种项目融资模式。在该模式下，鼓励私营企业、民营资本与政府进行合作，参与公共基础设施的建设，PPP 不仅是一种融资手段，而且是一次体制机制变革，涉及行政体制改革、财政体制改革、投融资体制改革。狭义的 PPP 可以理解为一系列项目融资模式的总称，包含 BOT、BOO、TOT 等多种模式。对 PPP 模式的广义和狭义的框架与要素归纳如图 4-13 所示。

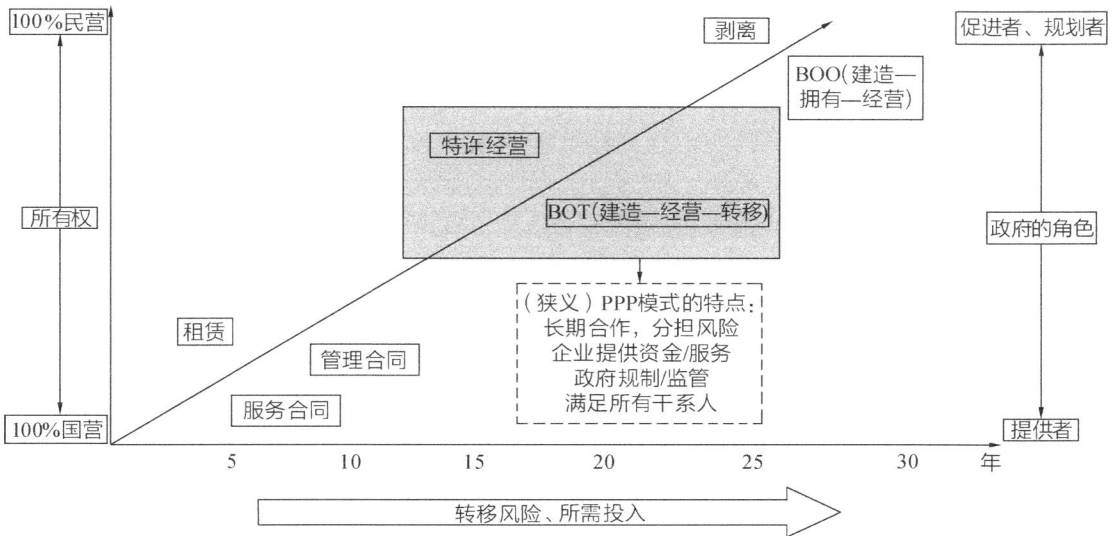

图 4-13　PPP 模式的构成要素

资料来源：根据文献，自行绘制

综上所述，PPP 模式目标是为了提供公共产品或服务，涉及公共部门和私人资本两大主体，双方风险共担、收益共享，形成以合同协议为基准的伙伴关系。因此，本书基于中国国情将 PPP 模式定义为：政府和社会资本在基础设施及公共服务领域建立的一种长期合作关系，其中社会资本承担设计、建设、运营、维护基础设施的大部分工作，并通过"使用者付费"及必要的"政府付费"获得合理投资回报，政府部门负责基础设施及公共服务价格和质量监管，以保证公共利益最大化。

(二) PPP 模式特点

根据 PPP 模式的定义，PPP 模式的本质是一种新型的融资关系。PPP 模式是政府部门在公共事业的相关项目中采用多种方式引入社会资本，并通过向使用者收费、政府支付或补贴等方式给予社会资本一定的投资回报的合作关系。与传统的融资模式相比，PPP 模式具有以下几个特征。

(1) PPP 项目具有实施的长期性。目前，PPP 融资模式主要应用于废污水处理、隧道等基础设施建设和基础服务等方面，这些项目初期的投资金额较大，并且投资回收期较长，从而决定了 PPP 项目实施的长期性的特点。财政部发布的《关于进一步做好政府和社会资本合作项目示范工作的通知》中将 PPP 模式的实施年限原则上确定为至少 10 年。在长期合作过程中，国家政策、科学技术和经济发展水平等方面的变化都会影响 PPP 项目的实际运行效率和效果。

(2) PPP 模式具有公益性的特征。PPP 模式的公益性是由应用项目的性质决定的。PPP 模式是由政府部门主导，通过引进社会资本进行交通、供电、供水等公共服务项目的开发、建设和运营。政府机构所特有的公共管理职能促使其要保证项目的公益性，从而保证公民的效益水平。

(3) PPP 模式具有利益与目标的不一致性。政府在基础设施项目中引入社会资本，一方面，政府不仅可以改善地区投资环境，促进经济水平提高，而且能够缓解财政压力，提高公共服务效率；另一方面，社会资本可进行多元投资，在一定程度上提高收益水平。政府与私人机构通过收益与风险共担机制，按照合理的分配比例实现 PPP 项目的利润共享。但是二者的目标是不同的，政府要保障社会福利与社会效益的最大化，而私人机构是利益最大化的追求者。因此，通过协议谈判寻找平衡点是 PPP 模式运行的关键。

(4) PPP 模式风险的分担具有区别性。PPP 实施的核心是利益共享与风险分担共担。PPP 模式的参与方各自发挥自身的资源优势，利用各方长处分担并化解项目风险，共同推动项目的顺利实施。一般情况下，政府机构要负担项目的政策法规、税收、恶性竞争、土地划拨等各方面的风险，私人机构则应分担利率、技术、供应商等方面存在的风险。通过合理的风险分担机制，充分利用 PPP 项目各参与方的优势与长处，促进公司利益与社会价值的共同提高。

(三) PPP 模式分类

在考虑资产权益、商业风险与合同期限的情况下，世界银行将 PPP 分为服务外包

（Service Contract）、管理外包（Management Contract）、租赁（Lease）、特许经营（Concession）、BOT/BOO 和剥离（Divestiture），其中剥离的合同期限为永久。

加拿大 PPP 国家委员会将广义 PPP 划分为 12 个类型，其转移给私人部门的风险大小排序如图 4-14 所示。

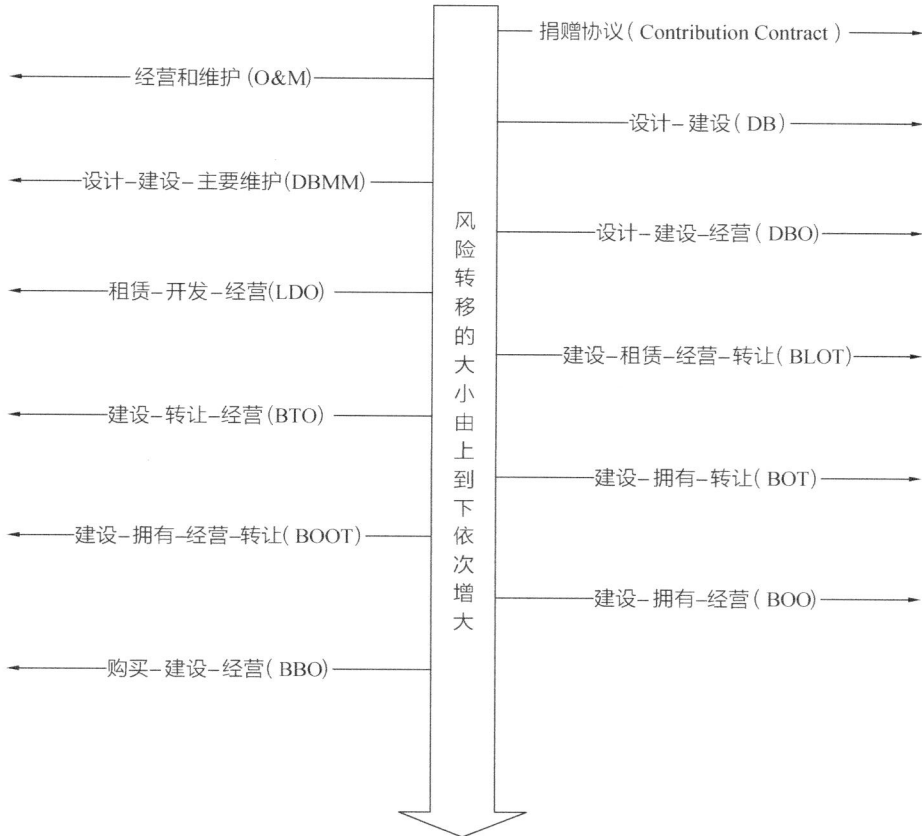

捐赠协议（Contribution Contract）

经营和维护（O&M）

设计–建设（DB）

设计–建设–主要维护（DBMM）

设计–建设–经营（DBO）

租赁–开发–经营（LDO）

建设–租赁–经营–转让（BLOT）

建设–转让–经营（BTO）

建设–拥有–转让（BOT）

建设–拥有–经营–转让（BOOT）

建设–拥有–经营（BOO）

购买–建设–经营（BBO）

风险转移的大小由上到下依次增大

图 4-14　风险转移私人部门大小排序

资料来源：自行绘制

参考国外的分类方式，结合国内政策文件及应用现状，PPP 模式可分为三大类，即：外包类、特许经营类、私有化类，根据每个大类又进行了细致划分，具体如图 4-15 所示。

二、PPP 项目融资基本内容

（一）PPP 项目融资的原则

PPP 项目往往投资金额巨大，融资方案的优劣很大程度上决定了投资者在项目中的获益，一般而言，融资应遵循以下三个通用原则：

PPP 分类树状图：

- PPP
  - 外包类
    - 模块块式外包
      - 服务外包
      - 管理外包
    - 整体式外包
      - 设计-建设
      - 设计-建设-主要维护
      - 经营与维护
      - 设计-建设-经营
  - 特许经营类
    - 移交-运营-移交
      - 购买-更新-经营-转让
      - 租赁-更新-经营-转让
    - 建设-运营-移交
      - 建设-租赁-经营-转让
      - 建设-拥有-经营-转让
    - 其他
      - 设计-建设-转移-经营
      - 设计-建设-融资-经营
  - 私有化类
    - 完全私有化
      - 购买-更新-经营
      - 建设-拥有-经营
    - 部分私有化
      - 股权转让
      - 其他

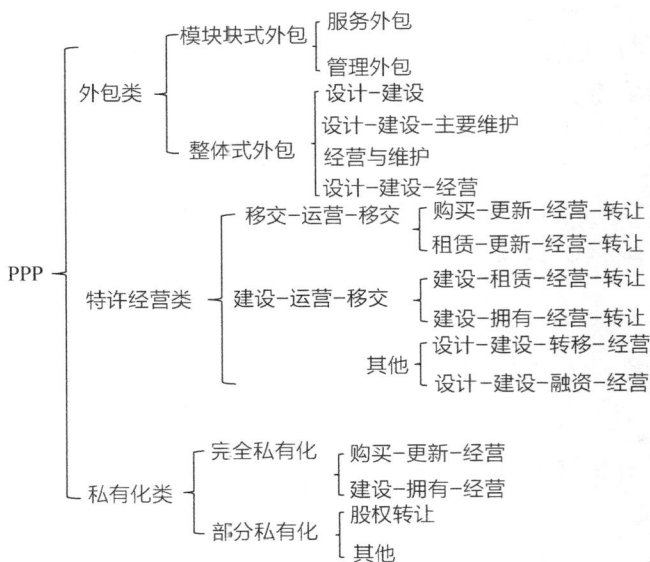

图 4-15　适合国内 PPP 的分类

1. 成本效益原则

成本效益原则是指项目的收益必须与融资成本相匹配，其中的收益是指项目的收益/净收益/各种投资收益率，融资成本一般包括资本筹集费（固定）和占用费（可变）。值得注意的是，成本收益的匹配不仅是两者数额上的匹配更重要的是两个现金流之间的时点匹配。经验表明，PPP 项目还贷风险最高的时候是在项目的建设后期和运营前期，因此，这期间的现金流匹配应特别关注。

2. 风险收益均衡原则

风险收益均衡原则中的风险主要包括：资金供给的风险（包括资金供给的不及时、利率变动、汇率变动风险等）、还本付息的风险（无偿还能力将被清盘/重组）、投资者收益下降的风险和资本成本上升的风险（高负债率导致高投资风险因而投资者提高风险报酬率）。

3. 时效性原则

融资环境包括金融市场状况、利率水平、税收政策、汇率水平等因素，对融资方案的选择有着明显的限制作用，因此要预见/寻找成本最低、风险最小的融资机会决定了项目融资具有时效性的特点。

综合上述三个通用原则，可以得出以下三个融资建议，供在实际项目中酌情考虑：

1. 最大化长期贷款

由于 PPP 项目投资周期长，很多基础设施项目的特许经营期都长达 20 年甚至更久，往往项目后期的风险更小、收益更为稳定，项目的财务可行性对现金流比利率更为敏感，因此可以支付稍高一些的利率以获得长期的贷款，减轻项目前期的还贷压力。

2. 最大化固定利率贷款

通过选择固定利率贷款，可以降低项目利率风险，获得更为稳定的项目经济效益，保证项目现金流的稳定性。

3. 最小化二次融资风险

在融资方案中应该尽量争取预先承诺的融资（即额外承贷），这样可以降低因成本超支时必须二次融资所带来的风险，如工期延误、资本市场变化等风险。当然，额外承贷也意味着需要付出额外成本。一般而言，二次融资应该选择在项目建造完成之后。

（二）PPP 项目融资渠道

一般而言，项目的融资渠道可分为内部融资和外部融资，如图 4-16 所示。

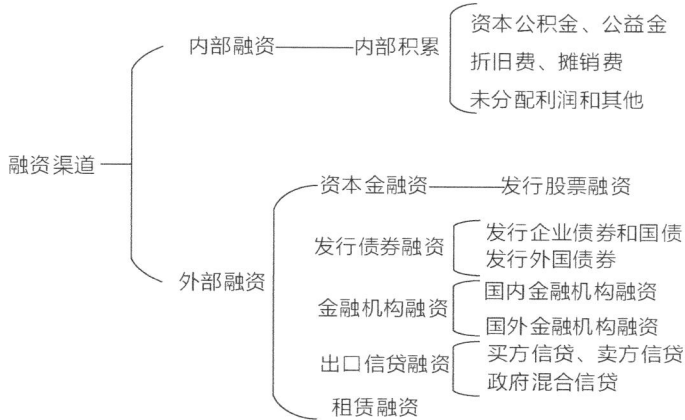

图 4-16　一般融资渠道

对于基础设施 PPP 项目，常见的融资渠道和特点如表 4-4 所示。

PPP 项目常见融资渠道及其特点

表 4-4

融资渠道	特　点
国际/国内商业银行贷款	最基本/简单的债务资金形式，决策过程复杂、融资金额有限及附带限制较多，利率和费用较高
出口信贷	为加强本国大型机械设备出口而提供的对外中长期贷款，分卖方和买方信贷。一般以贷款或提供担保两种形式；利率低，不承担建设风险，需其他贷款配套，有政治色彩，效率低
资本市场，即发行股票或债券上市融资	操作快捷、定价优惠、条件灵活、风险承受能力强、不需政治担保、发行费用低；比商业银行贷款期限长，限制条件较少，形成有效机制避免项目出现问题或督促发起人在出现的问题影响经济效益前能有效解决问题；但因投资风险较大，项目公司在建设前期融资比较困难
国际银团贷款（平迪加贷款）	一家或多家银行牵头，各分属于不同国家/地区的商业银行联合组成一个银行集团，各按一定比例，共同向借款人提供一笔中长期贷款；款额大、期限长、灵活条件（浮动/固定利率、多币种、提/还款期/方式、预付款）、风险小、利于借款人扩大知名度，但更多盟/契约有时条件严，非常适合于项目融资

融资渠道	特　点
国际金融机构/多边代理机构（MLA）	如世界银行、亚洲开发银行，欧洲、非洲、中美洲、伊斯兰开发银行；利率低，但手续繁杂、过程长
外国政府援助贷款	低息或无息
租赁公司	以租赁方式为项目设备和施工机械筹资
项目所在国政府贷款	低息
公共基金机构	如人寿保险公司退休养老基金和慈善基金。国外这些基金资金巨大、国内也在迅速积累和发展
项目其他参与者	如发起人、承包南、运营商、供应商、购买者、受益者等提供贷款

PPP 项目的融资究竟以哪一种融资方式为主，要具体分析项目情况，综合考虑各种因素。

（三）PPP 项目融资的主要参与方

PPP 项目融资的主要参与方包括政府、社会资本、SPV、银行和金融机构、设计施工单位、供应商、咨询公司、用户的各方等。

（1）政府。政府一般是 PPP 项目的发起者和主导者，目标是向社会提供公共基础设施和服务。政府的职能一般由国家机关单位或者是国家授权的企业行使，但在 PPP 项目中并没有实际操作的权利。政府通过特许经营的方式授权企业部分决策权，或者是通过直接投资、金融贷款等方式为项目开发提供资金支持、政策便利。保障 PPP 项目公益性是政府的主要职责。政府会通过给予一定的财政补助、税收优惠等政策鼓励社会资本参与公共设施服务建设，并提供必要的扶持措施，分担相关风险。

（2）社会资本。社会资本是项目运行中的一个重要的参与者，和政府或者政府机构代表共同合作成立项目公司。社会资本参与方可以是单个公司，也可以是多个公司组成的经济组织。社会资本以自有资本进行项目投资，按照风险分担机制承担项目风险，并分享项目收益。

（3）SPV。SPV 是 Special Purpose Vehicle 的缩写，即 PPP 项目公司。政府和社会资本方通过协议共同创立相关的企业，并由新成立的企业全权负责该项目的运行发展。协议主要关于社会资本参与方同意以贷款、技术转让、股权、出让管理方式等参与项目实施，并对项目的分工合作达成一致意见。SPV 的管理人员一般由个人或集体组成，并对 PPP 项目拥有决策和执行的权利。其中，政府人员较少的参与 SPV 的生产经营决策中，因此政府机构对项目运行的影响较小。

（4）银行和金融机构。PPP 项目投资额较大，需要巨大的资金支持。银行和金融机构是项目资金的一个重要来源。国际银团、信托机构、银行等金融机构能够提供大额的资金，且由于参与方较多，也能达到降低项目政府合作风险的效果。

（5）设计施工单位。PPP 项目实施过程中，SPV 公司一般会将 PPP 项目的具体设计和建造交由专业的承包商实施。承包商承担项目开发建设过程中主要风险，如质量不合格、建设期延误等现象发生，SPV 实现项目设计和建造风险的转移。

（6）供应商。供应商主要负责项目建设过程中原料、工程设施和能源等的供给。

（7）咨询公司。PPP 项目参与方众多，且投资额巨大、建设周期长、投资风险比较大，因此在人员、资金、风险等项目管理方面面临较大的挑战。专业性强的大型咨询公司可以针对运行过程中存在的具体问题提出合理有效的建议。一般来说，咨询公司不仅能够在国家税务、金融、财政等政策方面给项目开发者提供帮助，而且能够评估项目资金融入和使用的风险，并制定合理的方案。同时，咨询公司还可以对 SPV 实施运行过程中遇到的难题或障碍提供建议。

（8）用户。用户是 PPP 项目的终端，也是项目的直接使用者和受益者，主要社会大众和相关政府部门。用户通过支付相应的服务费而享受公共设施服务，因此，用户在服务效果和运行质量上具有相应的话语权，可以起到监督的作用。

（9）保险商

PPP 模式的巨大资金数额及未来许多难以预测的不利因素，要求项目的各个参与者准确地认定面临的主要风险，并视需为它们担保，因此，保险商成为分担项目风险的重要一方。

PPP 项目融资的各参与方如图 4-17 所示。

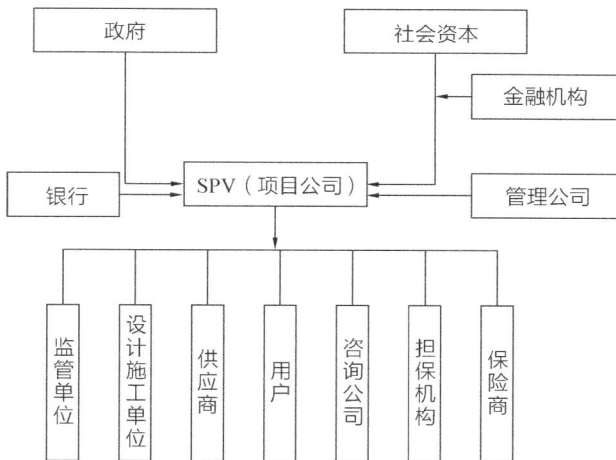

图 4-17　PPP 项目融资的参与方关联图

（四）PPP 融资模式的运作过程

PPP 融资的开展是一个系统性的操作流程，从 PPP 项目的识别到项目的移交，中间有三个很重要的操作流程——项目准备、采购和执行，具体操作流程如图 4-18 所示。

（1）项目识别流程。首先由公共部门或私人部门发起项目，由私人部门发起的项目更能体现社会需求。再将所发起的项目按照一定的标准进行项目筛选，确定更符合要求的项目。然后由 PPP 中心和行业主管部门进行物有所值的评价，主要从项目层面和项目的采购层面来评价 PPP 项目的可行性，物有所值评价过程是贯穿于整个项目周期的，以保证项目的最高收益。最后是财政承受能力的论证，判断政府是否有财力能够进行该项目。

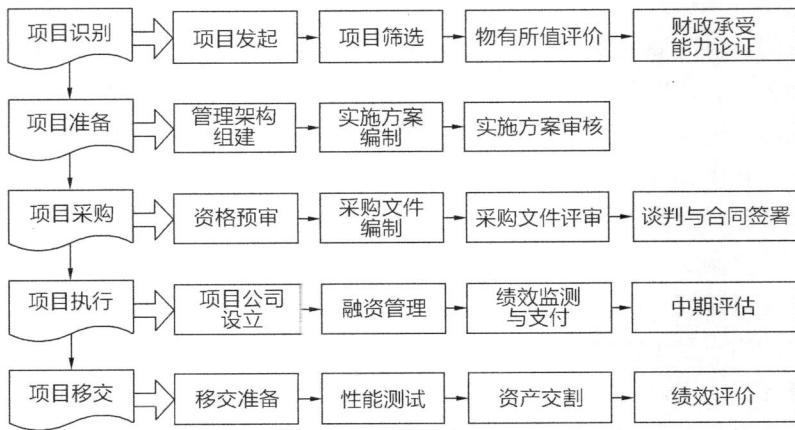

图 4-18　PPP 模式操作流程图

（2）项目准备流程。首先由政庑部门为项目进行管理架构体系的构建。再根据项目的特性制定风险分配的方案，确定 PPP 的运作方式。然后再确定交易结构，根据交易结构确定项目的合同体系和监管架构。其次，为该项目制定合适的采购方式。最后由财政部门进行实施方案的审核，确定该项目是否采用 PPP 方式。

（3）项目采购流程。首先对想要参与该项目的相关主体进行资格预审，确定各个主体是否有能力、有资格参与该项目。然后进行采购文件的编制，并交由专家评审小组进行采购文件的审核。采购文件通过后，进行项目采购谈判，确定最终合格的采购方，签署采购合同文件。

（4）项目执行流程。首先政府和社会资本根据合同要求，按比例投资并设立项目公司。政府及其监管部门对项目公司和社会资本筹集来的资金使用进行监管。同时财政部门对项目的实施机构进行绩效的监测与资金支付的监管。最后监管部门对项目进行中期评估、业绩考核等，以此来对社会资本或其他参与项目的国有企业等进行履约管理。

（5）项目移交流程。首先对所移交的项目进行资产评估，并制定项目的性能测试方案，做好这些前期的移交准备后，根据性能测试方案进行项目的性能测试，以确保项目的性能能够达到预期标准。之后在政府与社会资本之间做好项目的资产交割工作。最后进行项目的绩效评价，判断该项目的成本效益、可持续性等指标是否符合预定标准，为以后进行 PPP 项目积累经验并提供借鉴参考。

（五）PPP 项目融资的风险管理

风险分担直接关系到协议各方的经济利益，是 PPP 项目成功的又一个重要因素。风险分担的不合理必然会增加协议一方的成本，从而影响合作方的积极性并导致项目失败，因此，合理的风险分担原则必须具备两个功能：①减少风险发生的可能性、风险发生后造成的损失和风险管理的成本，使 PPP 项目对各方都具有吸引力；②培养各方的理性和谨慎的行为，即各方要有能力控制分担给己方的风险，并为项目的成功而有效努力。

1. 风险分担是原则

目前，学术界和业界对 PPP 项目的风险分担原则已达成共识：

原则一：由对风险最有控制力（包括控制成本最低）的一方承担相应的风险；

原则二：承担的风险程度与所得的回报大小相匹配；

原则三：私营部门承担的风险要有上限。

除了上述三个重要原则，还要特别注意，每个风险都要合理管理，另外，千万不要利用对方的暂时无知签订"不平等条约"，因为 PPP 项目是长期合同（10～30 年），项目各方要建立长期友好的合作关系，项目才能成功。

2. 风险分担的流程

根据这些风险分担原则，可以将 PPP 项目的风险分担划分为风险初步分担、全面分担和跟踪再分担三个阶段，内容具体如下：

（1）风险的初步分担阶段（可行性研究阶段）

公共部门初步判断哪些风险是公共部门和私营部门可以控制的，对于双方控制力之外的风险，留待下一阶段分担。公共部门最有控制力的风险（如税收和汇率等法规变化等）是公共部门应当承担的，其他风险（如设计建设等技术风险和通胀、利率等商业风险）则转移给私营部门。

（2）风险的全面分担阶段（投标与谈判阶段）

私营部门就第一阶段的风险初步分担结果进行自我评估，主要评估其拥有的资源和能力（包括经验技术、人才等），据此判断其对第一阶段分担的风险是否具有控制力。对于双方控制力之外的风险（如自然灾害等），则经过谈判确定风险分担机制，之后私营部门计算风险价值并进行自我评估，提出风险补偿价格。风险分担达成一致意见后，双方将签订合同。

（3）风险的跟踪和再分担阶段（建设和运营阶段）

跟踪已分担的风险是否发生协议各方意料之外的变化或者出现未曾识别的风险，再根据风险分担原则进行谈判，进行风险的再分担。

3. 风险分担的结果

（1）政府方需承担的风险。经过政府审批或核准的建设项目，政策风险宜由政府承担；对社会和法律风险，政府可以通过行政、法律的手段进行控制，这部分风险一般适宜政府来承担。

（2）社会资本方需承担的风险。社会资本具有较丰富的商业经验，与商业经济行为相关的类似风险由社会资本承担更为合理。但是，不同项目、不同类型的社会资本也会根据自身管理能力和特点，对风险承担可有所选择。

（3）双方共同承担的风险。政府和社会资本双方共担的风险，是指任何一方都不愿承担该风险的后果，或者任何一方承担都会减少对该风险控制的积极性，如不可抗力因素等。该风险一般需要通过谈判来确定双方承担的比例和所得回报。

（4）风险控制应对的措施和建议。结合风险分配方案，对各方承担的每一类风险需提出合理、可操作的应对措施和建议，以最大程度控制风险事件的发生，并保障在风险发生时最大限度地减少损失。

风险分担结果可以表格形式列出，如表 4-5 所示。

风险结果分配 表 4-5

项目阶段	风险因素	风险来源	风险结果	建议承担方	应对措施建议
全过程	政策风险	法律与政策稳定性	影响项目的正常进行，项目暂停甚至终止	政府	政府出具声明与保证，约定该情况下提前解约处理机制
	……	……	……	……	……
前期（准备期）	建设条件	水、电、路，建设用地、临时用地等	影响进度，成本增加	政府及社会资本	双方前期做好配套设施边界调研与划分工作
	……	……	……	……	……
建设期	市场风险	原材料价格	增加成本	社会资本	套期保值等
		职工待遇提高	成本超支	社会资本	加强人力成本管控、提高效率
		……	……	……	……
	……	……	……	……	……
运营维护期	……	……	……	……	……
……	……	……	……	……	……

三、PPP 项目融资工作程序

全过程工程咨询单位在 PPP 项目融资过程中的工作程序如图 4-19 所示。

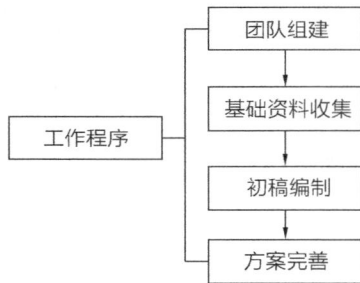

图 4-19 工作程序示意图

（一）咨询团队组建

1. 项目经理

项目经理应由对工程咨询、造价管理、招投标代理、投融资等有比较深刻理解和丰富实际操作经验的综合能力较强的咨询人员担任。

2. 工程技术团队

工程技术团队需要由与项目专业领域相关的工程技术人员组成，牵头人一般应具有一定的技术职称和专业执业资格。工程技术团队需要负责技术方案的工作论证及咨询，对项目关键的技术参数、建设标准等进行识别，对项目实施的各个阶段存在的关键问题、难点、风险等进行梳理，并提出相应的解决方案或协调机制。

3. 经济财务团队

经济财务团队需要由技术经济、造价、财务、税务等专业人员组成，主要负责的内容包括：对关键技术经济指标进行测算、核对，进行项目投入产出分析，设计包括交易结构、政府补贴、价格调整、项目回购等各环节的相关模型，确定相关参数，完成投融资模式分析论证等。

4. 法律团队

法律团队牵头人需要由高水平的执业律师担任，并要求律师在工程建设、项目投融资领域具有较为丰富的经验，主要负责的内容包括：对全过程咨询工作法律风险的识别，对相关方案的合法、合规性进行认定，对各方提出的问题出具法律意见书，协助设计合同体系、起草相关协议及合同文件，参与期间各种沟通、谈判等。

5. 招商团队

招商团队牵头人需要具有建设项目、设备或服务招标代理、政府采购代理的相关经验，其主要工作包括：协助收集相关资料，编制资格预审、招商采购文件，组织实施资格预审、招商采购活动，协助参与后期谈判等。

（二）基础资料收集

1. 类似项目资料收集与经验总结

一是对类似项目基本情况的收集，包括对新建、在建、已建项目本身的技术经济参数、运营维护指标等进行收集，以尽快熟悉该类型项目的特点，了解项目本身实施全周期存在的风险点、利益点等；二是对以不同模式开展的类似项目情况进行挑檐，包括新建、在建、已建项目，目的是对比各个项目采用的不用模式体现出来的优点、缺点，对成功的经验进行总结并加以应用，对存在的问题进行梳理、分析并加以规避。资料收集的方式包括对相关资料的查阅、整理、分析，也包括对相关部门、人员的走访、沟通等。

2. 项目前期技术资料收集与访谈

一是对建设项目本身的前期立项、可研、设计等文件进行收集，如果是存量项目或改扩建项目则还需要对存档历史资料进行收集，以充分了解项目的建设内容、建设条件、建设方案、相关技术经济指标等。二是以项目为基础，对相关的规划资料进行收集，了解项目的边界条件、同类项目的建设时序安排等。资料收集的方式包括对相关资料的查阅、整理、分析，也包括对相关部门、人员的走访、沟通等。

（三）初稿编制

初稿编制的内容主要包括对风险分配的初步研究，结合对边界条件的初步划分，确定初步的交易结构，总体上对未来各方合作在各个阶段中的责权利进行划分。初稿编制的目的可以为项目识别阶段服务，论证项目采用投融资模式的可行性、合理性，提出可行的总体方案；也可以对拟开展的投融资模式的主要合作内容进行初步的系统分析，以便进行初步的决策。

（四）方案完善

1. 征求意见并修改完善

实施方案编制过程中需要多次征求前期各参与方的意见，并在充分沟通的基础上不断进行完善，以得到各参与方的基本认可。

2. 评估论证

为确保前期决策科学性，项目主办方可委托专业第三方机构对实施方案等内容进行专门的评估论证；咨询机构应根据评估意见与建议，对实施方案进一步修改、完善。

四、PPP 项目融资注意事项

（一）选择合适的 PPP 项目，并针对具体的项目

选择合适的 PPP 类型，当项目满足以下条件时，政府可以考虑采用 PPP 模式：吸引私营伙伴参与，对私营伙伴的加入不存在法规管制；服务对象欢迎私营伙伴的加入；潜在私营伙伴之间存在竞争，通过竞争可以达到低成本高效率的目的；通过对客户的收费可以很快收回成本；可以提供创新机会；有利于促进国家和地区的经济发展。

以 PPP 模式建设的基础设施分为三类：即建设型、发展型和服务型。建设型主要针对基础设施严重短缺的情况，政府让出建设权和一定期限的收益权，项目建设和运行成本通过项目收费来弥补。发展型指具有一定开发性质的基础设施，公共性较强，通常采用公私合营方式予以提供。社会基础设施的供给适用服务型，如教育基础设施等，政府倡导 PPP 模式的目的是获取相应的服务，而非资产本身。公共部门以合约的方式，向私人部门开出"服务账单"。并根据私人部门提供的服务数量与质量支付费用。

（二）设计合理的风险分担结构

PPP 项目融资是否能够成功最主要的因素是项目的风险分担是否合理。通常可根据各方获利多少的原则考虑相应承担的风险，使项目参与的各方包括政府部门、私营公司、贷款银行及其他投资人都能够接受。PPP 项目的风险原则为：由对风险最有控制力的一方承担相应的风险。一方对某一风险最有控制力意味着他处在最有利的位置，能减少风险发生的概率和风险发生时的损失。从而保证了控制风险方用于控制风险所花费的成本是最小的，同时由于风险在某一方面的控制之内，使其有动力为管理风险而努力。

（三）加强政府的职能转变和角色转换

PPP 模式离不开政府的积极推动，但是政府顺利完成角色转化也是非常重要的。要按照完善社会主义市场经济体制的要求，在国家宏观调控下更大程度地发挥市场配置资源的基础性作用。最终建立市场引导投资、企业自主决策、银行独立审贷、融资方式多样、中介服务规范、宏观调控有效的新型投资体制。在这种新思路下，政府应由过去在公共基础设施建设中的主导角色，变为与私人企业合作提供公共服务中的监督、指导和合作的角色。在这个过程中，政府应对公共基础设施建设的投融资体制进行改革，对管理制度进行创新，以便更好地发挥其监督、指导和合作的角色。政府通过制定有效政策及具体措施，促进国内外私人资本参与本国基础设施的投资形成风险共担、利益共享的政府和商业性资本的合作模式。政府转为组织者和促进者，而不再是全部资金的供应者和经营管理者，不再承担巨大的投资风险和商业风险。

（四）形成有效的监管架构

PPP 模式能否成功运作的关键是政府的监管。良好的监管框架的形成和监管能力的

执行，是一个项目得以顺利完成以及未来的运营顺畅的重要环节。由于 PPP 是政府和私营机构的合作，那么在 PPP 模式监管框架形成的过程中，政府作为监管政策的制定者，制订监管框架时要充分征求利益的相关方，包括投资者、运营者、消费者的意见，使监管法规既能保证基础设施服务的质量，又能保护有关利益方的合法权益。监管法规一经制定，有关利益方就要严格遵守，依法行事。政府要发挥监管的作用，保证法规的贯彻和执行。此外，所有基础设施项目涉及的当事人都是监管框架的参加者，比如地方协会、商会、相关人员、相关行业代表、潜在运营合作伙伴、纳税人等都是参与方。在国外 PPP 的监管中，着重要强调的一点就是利益相关方一定要进入监管过程才能形成监管模式。

第八节　项目其他专项咨询

一、环境影响评价

建设项目环境影响评价的作用是通过评价查清项目拟建地区的环境质量现状，针对项目的工程特点和污染特征，预测项目建成后对当地环境可能造成的不良影响及其范围和程度，从而制定避免污染、减少污染和防止生态环境恶化的对策，为项目选址、空间布局、方案制订和优化提供科学依据。

根据《中华人民共和国环境影响评价法》和《建设项目环境影响评价分类管理名录》的相关规定，总体来说，对于可能造成重大环境影响的，应当编制环境影响报告书，对产生的环境影响进行全面评价；可能造成轻度环境影响的，应当编制环境影响报告表，对产生的环境影响进行分析或者专项评价；对环境影响很小、不需要进行环境影响评价的，应当填报环境影响登记表。在实践中究竟编制环境影响报告书（表）或填报环境影响登记表，应根据《建设项目环境影响评价分类管理名录》具体规定进行编制。

根据《中华人民共和国环境影响评价法》（2016 年修订）的规定，虽然除重大项目外，环境影响评价不再作为建设项目立项的前置审批条件，但是，建设项目的环境影响评价文件未依法经审批部门审查或者审查后未予批准的，投资人不得开工建设。

（一）依据

(1)《中华人民共和国环境保护法》（主席令第 9 号）；

(2)《中华人民共和国大气污染防治法》（主席令第 31 号）；

(3)《中华人民共和国水污染防治法》（主席令第 70 号）；

(4)《建设项目环境保护管理条例》（国务院令第 682 号）；

(5)《建设项目环境保护分类管理名录》（环发〔2001〕17 号）；

(6)《关于进一步加强环境影响评价管理防范环境风险的通知》（环发〔2012〕77 号）；

(7)《中华人民共和国环境影响评价法》（主席令第 48 号）（2016 年修订）；

(8)《建设项目环境影响评价分类管理名录》（环境保护部令第 44 号）；

（9）《国务院关于落实科学发展观加强环境保护的决定》（国发〔2005〕39号）；

（10）《建设项目环境影响评价技术导则总纲》HJ 2.1—2016；

（11）相关规划（城市总体规划，土地利用规划）；

（12）其他相关法律、法规、规划、产业政策等；

（13）其他有关工程技术资料；

（14）投资人的组织机构、经营范围、财务能力等；

（15）根据不同行业项目的特殊要求需要的其他相关资料；

（16）全过程工程咨询单位的知识和经验体系。

（二）内容

全过程工程咨询单位和投资人应当如实提供编制和审批环境影响评价报告所需的数据和资料，根据国家《建设项目环境保护分类管理名录》，按照建设项目的性质、规模以及可能对环境造成的影响，编制建设项目环境影响报告书、环境影响报告表或者环境影响登记表等环境影响评价文件。

1. 建设项目的环境影响报告书内容

（1）建设项目概况；

（2）建设项目周围环境现状；

（3）建设项目对环境可能造成影响的分析、预测和评估；

（4）建设项目环境保护措施及其技术、经济论证；

（5）建设项目对环境影响的经济损益分析；

（6）对建设项目实施环境监测的建议；

（7）环境影响评价的结论。

2. 建设项目的环境影响报告表（登记表）内容

（1）建设项目基本情况；

（2）建设项目所在地自然环境、社会环境简况；

（3）环境质量现状；

（4）评价适用标准；

（5）建设项目工程分析；

（6）项目主要污染物产生及预计排放情况；

（7）环境影响分析；

（8）建设项目拟采取的防治措施及预期治理效果；

（9）结论与建议。

3. 环境影响评价原则

突出环境影响评价的源头预防作用，坚持保护和改善环境质量。

（1）依法评价。贯彻执行中国环境保护相关法律法规、标准、政策和规划等，优化项目建设，服务环境管理。

（2）科学评价。规范环境影响评价方法，科学分析项目建设对环境质量的影响。

（3）突出重点。根据建设项目的工程内容及其特点，明确与环境要素间的作用效应关系，根据规划环境影响评价结论和审查意见，充分利用符合时效的数据资料及成果，对建设项目主要环境影响予以重点分析和评价。

（三）程序

在项目环境影响评价报告编制阶段，全过程工程咨询单位组建项目组—专业咨询工程师根据《建设项目环境影响评价分类管理名录》确定编制环境影响报告或填报环境影响登记表—专业咨询工程师搜集资料、踏勘现场—专业咨询工程师编制项目环境影响评价报告—总咨询师审核项目环境影响评价报告—投资人确认项目环境影响评价报告—投资人/全过程工程咨询单位申报项目环境影响评价报告—环境保护行政主管部门审批项目环境影响评价报告。

项目环境影响评价报告编制工作管理程序如图 4-20 所示。

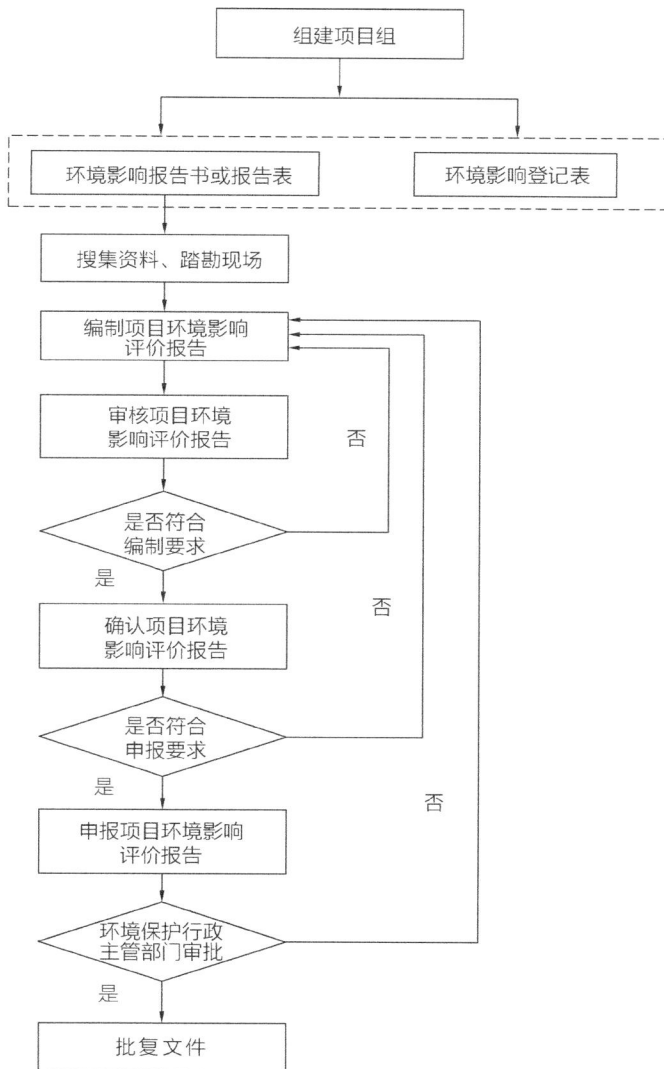

图 4-20　建设项目环境影响评价报告编制工作管理程序图

具体的环境影响评价报告的编制工作一般分为三个阶段，即调查分析和工作方案制定阶段、分析论证和预测评价阶段、环境影响报告书（表）编制阶段。具体流程如图 4-21 所示。

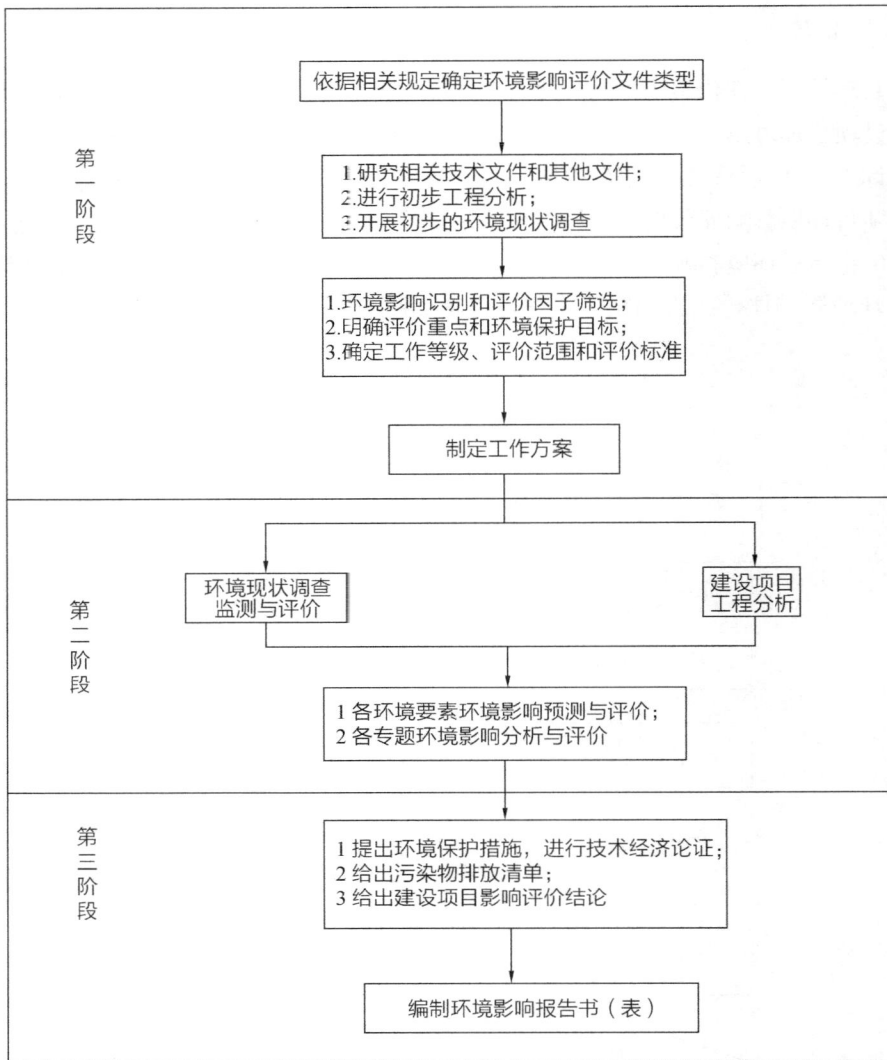

第一阶段

依据相关规定确定环境影响评价文件类型

1.研究相关技术文件和其他文件；
2.进行初步工程分析；
3.开展初步的环境现状调查

1.环境影响识别和评价因子筛选；
2.明确评价重点和环境保护目标；
3.确定工作等级、评价范围和评价标准

制定工作方案

第二阶段

环境现状调查监测与评价

建设项目工程分析

1各环境要素环境影响预测与评价；
2各专题环境影响分析与评价

第三阶段

1提出环境保护措施，进行技术经济论证；
2给出污染物排放清单；
3给出建设项目影响评价结论

编制环境影响报告书（表）

图 4-21　建设项目环境影响评价报告具体编制工作流程图

（四）注意事项

（1）项目投资人和全过程工程咨询单位应当如实提供编制环境影响评价报告所需的数据和资料，根据国家《建设项目环境保护分类管理名录》，按照建设项目的性质、规模以及可能对环境造成的影响编制建设项目环境影响报告书、环境影响报告表或者环境影响登记表等环境影响评价文件。

（2）根据环境保护部《环境影响评价技术导则总纲》HJ2.1—2011 的规定建设项目

环境影响报告书编制要求如下所示：

1）一般包括概述、总则、建设项目工程分析、环境现状调查与评价、环境影响预测与评价、环境保护措施及其可行性论证、环境影响经济损益分析、环境管理与监测计划、环境影响评价结论和附录附件等内容。

概述可简要说明建设项目的特点、环境影响评价的工作过程、分析判定相关情况、关注的主要环境问题及环境影响、环境影响评价的主要结论等。总则应包括编制依据、评价因子与评价标准、评价工作等级和评价范围、相关规划及环境功能区划、主要环境保护目标等。

附录和附件应包括项目依据文件、相关技术资料、引用文献等。

2）应概括地反映环境影响评价的全部工作成果，突出重点。工程分析应体现工程特点，环境现状调查应反映环境特征，主要环境问题应阐述清楚，影响预测方法应科学，预测结果应可信，环境保护措施应可行、有效，评价结论应明确。

3）文字应简洁、准确，文本应规范，计量单位应标准化，数据应真实、可信，资料应翔实，应强化先进信息技术的应用，图表信息应满足环境质量现状评价和环境影响预测评价的要求。

（3）环境影响报告表编制要求

环境影响报告表应采用规定格式。可根据工程特点、环境特征，有针对性突出环境要素或设置专题开展评价。

（4）环境影响报告书（表）内容涉及国家秘密的，按国家涉密管理有关规定处理。

（5）根据《中华人民共和国水土保持法》《中华人民共和国水土保持法实施条例》，在山区、丘陵区、风沙区修建铁路、公路、水利工程，开办矿山企业、电力企业和其他大中型工业企业，需采取水土保持措施，对水土保持方案进行论述。环境影响报告书的水土保持方案必须先经水行政主管部门审查同意。

二、节能评估报告编制管理

节能评估是指根据国家节能法规、标准，对投资项目的能源利用是否科学合理进行分析评估。节能评估报告是指在项目节能评估的基础上，由具有工程咨询资信或能力的专业咨询工程师编制的节能评估报告书或节能评估报告表。

根据《固定资产投资项目节能审查办法》的相关规定可知，固定资产投资项目节能审查意见是项目开工建设、竣工验收和运营管理的重要依据。政府投资项目，建设单位在报送项目可行性研究报告前，需取得节能审查机关出具的节能审查意见。企业投资项目，建设单位需在开工建设前取得节能审查机关出具的节能审查意见。未按规定进行节能审查，或节能审查未通过的项目，建设单位不得开工建设，已经建成的不得投入生产、使用。

（一）依据

（1）《固定资产投资项目节能审查办法》（国家发展改革委令第 44 号）；

（2）《固定资产投资项目节能评估和审查暂行办法》（国家发展改革委令第 6 号）（已经废止，但实践中仍然使用）；

（3）其他相关法律、法规、规划、行业准入条件、产业政策；

（4）其他相关标准及规范，节能技术、产品推荐目录；

（5）国家明令淘汰的用能产品、设备、生产工艺等目录；

（6）其他相关本项目的审批文件；

（7）项目基本情况：项目名称、建设地点、项目性质、建设规模及内容、项目工艺方案、总平面布置、主要经济技术指标、项目进度计划，改、扩建项目的原项目基本情况等；

（8）项目用能概况：项目主要供能、用能系统与设备的初步选择、能源消费种类、数量及能源使用分布情况，改、扩建项目的原项目用节能评估项目基本情况及存在问题等；

（9）项目所在地的主要气候特征；

（10）项目所在地区的社会经济状况：经济发展现状、节能目标、能源供应和消费现状、重点耗能企业分布及其能源供应消费特点、交通运输状况等；

（11）类比工程的相关资料；

（12）投资人的组织机构、经营范围、财务能力等；

（13）根据不同行业项目的特殊要求需要的其他相关资料；

（14）全过程工程咨询单位的知识和经验体系。

（二）内容

根据《固定资产投资项目节能审查办法》（国家发展改革委令第 44 号）规定，固定资产投资项目节能审查意见是项目开工建设、竣工验收和运营管理的重要依据。

节能评估报告是指在项目节能评估的基础上，由有资质或能力的单位出具的节能评估报告。节能评估报告编制的主要内容包括以下几部分：

（1）评价依据

主要包括相关法律、法规、规划、行业准入条件、产业政策，相关标准及规范，节能技术、产品推荐目录，国家明令淘汰的用能产品、设备、生产工艺等目录，以及相关工程资料和技术合同等。

（2）项目概况

1）投资人基本情况。投资人名称、性质、地址、邮编、法人代表、项目联系人及联系方式，企业运营总体情况。

2）项目基本情况。项目名称、建设地点、项目性质、建设规模及内容、项目工艺方案、总平面布置、主要经济技术指标、项目进度计划等（改、扩建项目需对项目原基本情况进行说明）。

3）项目用能概况。主要供、用能系统与设备的初步选择，能源消耗种类、数量及能源使用分布情况（改、扩建项目需对项目原用能情况及存在的问题进行说明）。

（3）项目建设方案的节能评估

1）项目选址、总平面布置对能源消费的影响；

2）项目工艺流程、技术方案对能源消费的影响；

3）主要用能工艺和工序，及其能耗指标和能效水平；

4）主要耗能设备，及其能耗指标和能效水平；

5）辅助生产和附属生产设施及其能耗指标和能效水平。

（4）分析和比选，包括总平面布置、生产工艺、用能工艺、用能设备和能源计量器具等方面。

（5）选取节能效果好、技术经济可行的节能技术和管理措施。

（6）项目能源消费量、能源消费结构、能源效率等方面的分析。

1）项目能源消费种类、来源及消费量分析评估。

2）能源加工、转换、利用情况（可采用能量平衡表）分析评估。

3）能效水平分析评估。包括单位产品（产值）综合能耗、可比能耗，主要工序（艺）单耗，单位建筑面积分品种实物能耗和综合能耗，单位投资能耗等。

（7）对所在地完成能源消耗总量和强度目标、煤炭消费减量替代目标的影响等方面的分析评价。

（三）程序

在节能评估报告编制阶段，全过程工程咨询单位组建项目组—专业咨询工程师搜集资料、踏勘现场—专业咨询工程师编制项目节能评估报告—总咨询师审核项目节能评估报告—投资人确认项目节能评估报告—投资人/全过程工程咨询单位申报项目节能评估报告—投资主管部门审批项目节能评估报告。

节能评估报告编制工作程序如图 4-22 所示。

（四）注意事项

根据《固定资产投资项目节能审查办法》（国家发展改革委令第 44 号）规定，政府投资项目，投资人在报送项目可行性研究报告前，需取得节能审查机关出具的节能审查意见。

1. 固定资产投资项目节能审查由地方节能审查机关负责

（1）国家发展改革委核报国务院审批以及国家发展改革委审批的政府投资项目，投资人在报

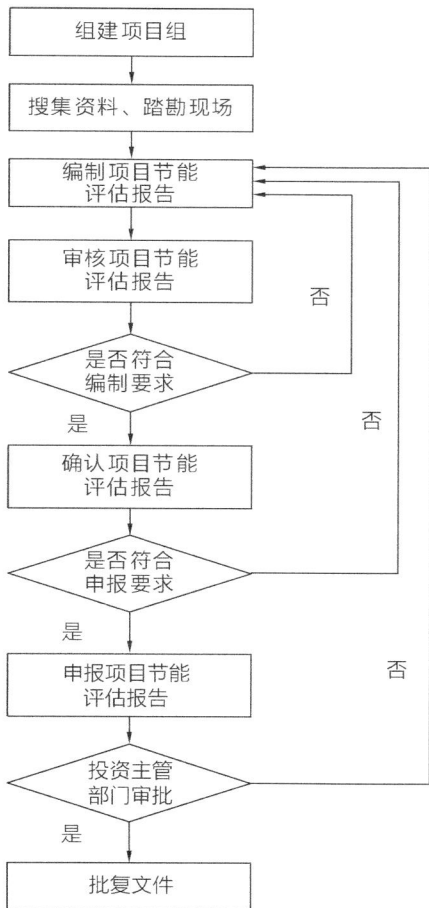

图 4-22 建设项目节能评估报告
编制工作管理程序图

送项目可行性研究报告前，需取得省级节能审查机关出具的节能审查意见。国家发展改革委核报国务院核准以及国家发展改革委核准的企业投资项目，投资人需在开工建设前取得省级节能审查机关出具的节能审查意见。

（2）企业投资项目，投资人需在开工建设前取得节能审查机关出具的节能审查意见。未按规定进行节能审查或节能审查未通过的项目，投资人不得开工建设，已经建成的不得投入生产、使用。

（3）年综合能源消费量 5000t 标准煤以上（改扩建项目按照建成投产后年综合能源消费增量计算，电力折算系数按当量值，下同）的固定资产投资项目，其节能审查由省级节能审查机关负责。其他固定资产投资项目，其节能审查管理权限由省级节能审查机关依据实际情况自行决定。

（4）年综合能源消费量不满 1000t 标准煤，且年电力消费量不满 500 万 kW•h 的固定资产投资项目，以及用能工艺简单、节能潜力小的行业（具体行业目录由国家发展改革委制定并公布）的固定资产投资项目应按照相关节能标准、规范建设，不再单独进行节能审查。

2. 项目节能审查条件

（1）节能评估依据的法律法规、标准规范、政策等准确适用；

（2）项目用能分析客观准确，方法科学，结论准确；

（3）节能措施合理可行；

（4）项目的能源消费量和能效水平能够满足本地区能源消耗总量和强度"双控"管理要求等。

三、项目安全评价

建设项目安全评价主要评价建设项目从安全角度是否符合当地规划，选址与周边的安全距离是否符合要求，采用的建筑结构、工艺设备，采取的安全应对措施是否符合要求，使安全监管部门明确是否批准项目的建设。对未达到安全目标的系统或单元提出安全补救措施，以利于提高建设项目本身的安全程度，满足安全生产的需要。

根据《建设项目安全实施"三同时"监督管理暂行办法》文件中规定，下列建设项目在进行可行性研究时，生产经营单位应当分别对其安全生产条件进行论证和安全预评价：

（1）非煤矿矿山建设项目；

（2）生产、储存危险化学品（包括使用长输管道输送危险化学品，下同）的建设项目；

（3）生产、储存烟花爆竹的建设项目；

（4）化工、冶金、有色、建材、机械、轻工、纺织、烟草、商贸、军工、公路、水运、轨道交通、电力等行业的国家和省级重点建设项目；

（5）法律、行政法规和国务院规定的其他建设项目。

投资人应当委托具有相应资信或能力的全过程工程咨询单位，对其建设项目进行安全预评价，并编制安全预评价报告，并且建设项目安全预评价报告应当符合国家标准或者行业标准的规定。

（一） 依据

(1)《中华人民共和国安全生产法》（中华人民共和国主席令第 70 号）；

(2)《国务院关于进一步加强企业安全生产工作的通知》（国发〔2010〕23 号）；

(3)《建设工程安全生产管理条例》（国务院令第 393 号）；

(4)《建设项目安全实施"三同时"监督管理暂行办法》（国家安全生产监督管理总局令第 36 号）；

(5)《海洋石油安全生产规定》（国家安全生产监督管理总局令第 4 号）；

(6)《危险化学品建设项目安全许可实施办法》（国家安全生产监督管理总局令第 8 号）；

(7)《冶金企业安全生产监督管理规定》（国家安全生产监督管理总局令第 26 号）；

(8)《安全评价通则》AQ 8001－2007；

(9)《安全预评价导则》AQ 8002－2007；

(10)《关于加强建设项目安全设施"三同时"工作的通知》（发改投资〔2003〕1346 号）；

(11)《建设领域安全生产行政责任规定》（建法〔2002〕223 号）；

(12) 其他安全生产及行业标准；

(13) 项目选址意见书、项目拟建场地的总平面图；

(14) 建设项目其他相关政策文件与资料；

(15) 投资人的组织机构、经营范围、财务能力等；

(16) 根据不同行业项目的特殊要求需要的其他相关资料；

(17) 全过程工程咨询单位的知识和经验体系。

（二） 内容

1. 安全评价的分类

根据《安全评价通则》AQ 8001－2007 规定，安全评价按照实施阶段的不同分为安全预评价、安全验收评价、安全现状评价。建设项目安全评价主要包括安全预评价和安全验收评价，而在决策阶段，建设项目主要进行安全预评价。

(1) 安全预评价

在建设项目可行性研究阶段、工业园区规划阶段或生产经营活动组织实施之前，根据相关的基础资料，辨识与分析建设项目、工业园区、生产经营活动潜在的危险、有害因素，确定其与安全生产法律法规、标准、行政规章、规范的符合性，预测发生事故的可能性及其严重程度，提出科学、合理、可行的安全对策措施建议，做出安全评价结论的活动。

(2) 安全验收评价

在建设项目竣工后正式生产运行前或工业园区建设完成后，通过检查建设项目安全设施与主体工程同时设计、同时施工、同时投入生产和使用的情况或工业园区内的安全设施、设备、装置投入生产和使用的情况，检查安全生产管理措施到位情况，检查安全生产规章制度健全情况，检查事故应急救援预案建立情况，审查确定建设项目、工业园区建设满足安全生产法律法规、标准、规范要求的符合性，从整体上确定建设项目、工业园区的运行状况和安全管理情况，做出安全验收评价结论的活动。

（3）安全现状评价

针对生产经营活动中、工业园区的事故风险、安全管理等情况，辨识与分析其存在的危险、有害因素，审查确定其与安全生产法律法规、规章、标准、规范要求的符合性，做出安全现状评价结论的活动。

安全现状评价既适用于对一个生产经营单位或一个工业园区的评价，也适用于某一特定的生产方式、生产工艺、生产装置或作业场所的评价。

2. 安全预评价报告内容

根据《安全预评价导则》AQ 8002—2007 规定，安全预评价报告基本内容如下：

（1）结合评价对象的特点，阐述编制安全预评价报告的目的；

（2）列出有关的法律法规、标准、规章、规范和评价对象被批准设立的相关文件及其他有关参考资料等安全预评价的依据；

（3）介绍评价对象的选址、总图及平面布置、水文情况、地质条件、工业园区规划、生产规模、工艺流程、功能分布、主要设施、设备、装置、主要原材料、产品（中间产品）、经济技术指标、公用工程及辅助设施、人流、物流等概况；

（4）列出辨识与分析危险、有害因素的依据，阐述辨识与分析危险、有害因素的过程；

（5）阐述划分评价单元的原则、分析过程等；

（6）列出选定的评价方法，并做简单介绍。阐述选定此方法的原因。详细列出定性、定量评价过程。明确重大危险源的分布、监控情况以及预防事故扩大的应急预案内容。给出相关的评价结果，并对得出的评价结果进行分析；

（7）列出安全对策措施建议的依据、原则、内容；

（8）作出评价结论。

（三） 程序

在项目安全（预）评价报告编制阶段，全过程工程咨询单位组建项目组—专业咨询工程师搜集资料、踏勘现场—专业咨询工程师辨识与分析危险、有害因素—专业咨询工程师划分评价单元，定性、定量评价—专业咨询工程师进行安全评价—专业咨询工程师提出安全对策措施建议—专业咨询工程师做出评价结论并编制项目安全（预）评价报告—总咨询师审核项目安全（预）评价报告—投资人确认项目安全（预）评价报告。

安全（预）评价报告编制工作程序如图 4-23 所示。

（四）注意事项

（1）安全预评价报告是安全预评价工作过程的具体体现，是评价对象在建设过程中或实施过程中的安全技术性指导文件。安全预评价报告文字应简洁、准确，可同时采用图表和照片，以使评价过程和结论清楚、明确，利于阅读和审查。

（2）评价报告内容应全面，条理应清楚，数据应完整，提出建议应可行，评价结论应客观公正；文字应简洁、准确，论点应明确，利于阅读和审查。

（3）评价报告的主要内容应包括：评价对象的基本情况、评价范围和评价重点、安全评价结果及安全管理水平、安全对策意见和建议，施工现场问题照片以及明确整改时限。

（4）安全评价报告宜采用纸质载体，辅助采用电子载体。

四、项目社会稳定风险评价

《国家发展改革委重大固定资产投资项目社会稳定风险评估暂行办法》（发改投资〔2012〕2492号）提出："项目单位在组织开展重大项目前期工作时，应当对社会稳定风险进行调查分析，征询相关群众意见，查找并列出风险点、风险发生的可能性及影响程度，提出防范和化解风险的方案措施，提出采取相关措施后的社会稳定风险等级建议。"按照中国基本建立的社会稳定风险分析（评估）制度，与人民群众利益密切相关的重大决策、重要政策、重大改革措施、重大工程建设项目，与社会公共秩序相关的重大活动

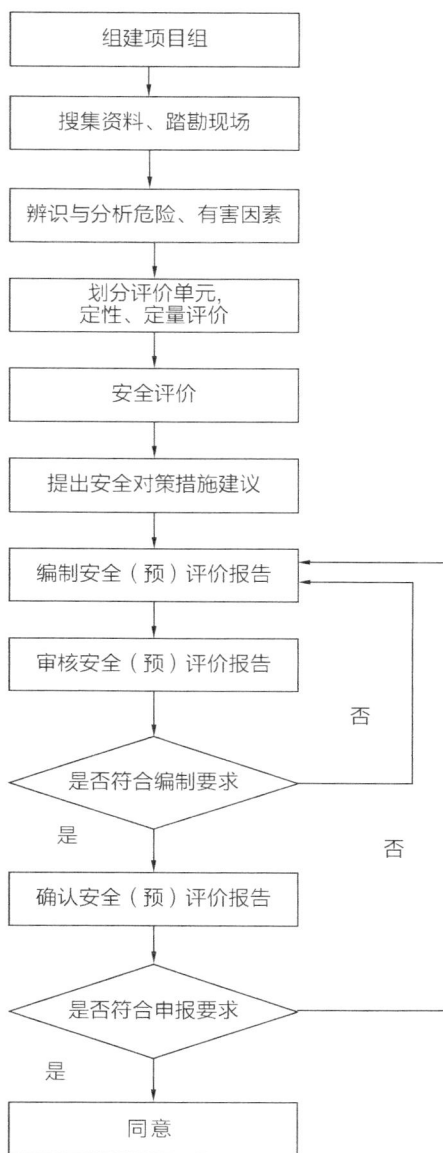

图 4-23　安全（预）评价报告编制工作管理程序图

等重大事项在制定出台或审批审核、组织实施前，对可能影响社会稳定的因素开展系统的调查，科学的预测、分析和评估，制定风险应对策略和预案。确保有效预防、规避、控制重大事项在实施过程中或在实施后可能产生的社会稳定风险，为重大事项的顺利实施保驾护航。

社会稳定风险分析应当作为项目可行性研究报告项目申请报告的重要内容并设独立篇章。此外，项目所在地人民政府或其有关部门指定的评估主体组织对项目单位做出的社会稳定风险分析开展评估论证，根据实际情况可以采取公示、问卷调查、实地走访和召开座谈会、听证会等多种方式听取各方面意见，分析判断并确定风险等级，提出社会稳定风险

评估报告。国务院有关部门、省级发展改革部门、中央管理企业在向国家发展改革委报送项目可行性研究报告、项目申请报告的申报文件中，应当包含对该项目社会稳定风险评估报告的意见，并附社会稳定风险评估报告。社会稳定风险评估报告是国家发展改革委审批、核准或者核报国务院审批、核准项目的重要依据。

（一）依据

（1）《国家发展改革委重大固定资产投资项目社会稳定风险评估暂行办法》发改投资〔2012〕2492号；

（2）《重大固定资产投资项目社会稳定风险分析篇章和评估报告编制大纲（试行）》发改办投资〔2013〕428号；

（3）相关法律、法规、规章、规范性文件以及其他政策性文件；

（4）项目单位提供的拟建项目基本情况和风险分析所需的必要资料；

（5）国家出台的区域经济社会发展规划、国务院及有关部门批准的相关规划；

（6）项目单位的委托合同；

（7）建设项目的其他相关依据。

（二）内容

社会稳定风险分析与评价的主要内容包括：风险调查、风险识别、风险估计、风险防范与化解措施制定、落实风险防范指施后的风险判断等五项。

1. 风险调查

社会稳定风险调查应围绕拟建项目建设实施的合法性、合理性、可行性、可控性等方面展开，调查范围应覆盖所涉及地区的利益相关者，充分听取、全面收集群众和各利益相关者的意见，包括合理和不合理、现实和潜在的诉求等。

（1）合法性。主要分析拟建项目建设实施是否符合现行相关法律、法规、规范以及国家有关政策；是否符合国家与地区国民经济和社会发展规划、产业政策等；拟建项目相关审批部门是否有相应的项目审批权并在权限范围内进行审批；决策程序是否符合国家法律、法规、规章等有关规定。

（2）合理性。主要分析拟建项目的实施是否符合科学发展观要求，是否符合经济社会发展规律，是否符合社会公共利益、人民群众的现实利益和长远利益，是否兼顾不同利益群体的诉求，是否可能引发地区、行业、群体之间的相互盲目攀比；依法应给予相关群众的补偿和其他救济是否充分、合理、公平、公正；拟采取的措施和手段是否必要、适当，是否维护了相关群众的合法权益等。

（3）可行性。主要分析拟建项目的建设时机和条件是否成熟，是否有具体、翔实的方案和完善的配套措施；拟建项目实施是否与本地区经济社会发展水平相适应，是否超越本地区财力，是否超越大多数群众的承受能力，是否能得到大多数群众的支持和认可等。

（4）可控性。主要分析拟建项目的建设实施是否存在公共安全隐患，是否会引发群众性事件、集体上访，是否会引发社会负面舆论、恶意炒作以及其他影响社会稳定的问题；

对拟建项目可能引发的社会稳定风险是否可控；对可能出现的社会稳定风险是否有相应的防范、化解措施，措施是否可行、有效；宣传解释和舆论引导措施是否充分等。

2. 风险识别

风险识别是在风险调查的基础上，针对利益相关者不理解、不认同、不满意、不支持的方面，或在建成后可能引发不稳定事件的情形，全面、全程查找并分析可能引发社会稳定风险的各种风险因素。

风险因素包括工程风险因素和项目与社会互适性风险因素。其中：工程风险因素可按政策、规划和审批程序，土地房屋征收及补偿，技术经济，环境影响，项目管理，安全和治安等方面分类。项目与社会互适性风险因素指项目能否为当地的社会环境、人文条件所接纳，以及当地政府、组织、社会团体、群众支持项目的程度，项目与当地社会环境的相互适应关系方面所面临的风险因素。

识别社会稳定风险首先需要分析引发风险的行为主体及导致其行为的诱因，即风险因素。可采用结构分析方法识别风险因素，即依据社会稳定风险调查所获得的信息资料，借鉴类似项目的历史经验，从项目周期不同环节的角度分析不同阶段产生的社会稳定风险因素及其动态变化情况，从行为主体的角度分析当地政府部门、项目投资人、新闻媒体等的行为可能引发的风险因素及其特点，从总体到细节、从宏观到微观进行层层风险分解，寻找可能引发社会不稳定的风险因素，以充分揭示项目社会稳定风险的来源、发生条件和具体原因。风险因素分析要充分体现行业、地域和项目特点，注意防止遗漏主要风险因素。

在全面分析确定项目风险因素后，根据项目风险因素的类型、发生阶段等，对风险因素进行分类归纳整理，建立投资项目社会稳定风险识别体系，识别项目社会稳定风险的主要风险类型、发生阶段及其风险因素，如表 4-6 所示。

主要风险因素识别表 表 4-6

序号	风险类型	发生阶段	风险因素	备注

注：风险发生阶段可包括项目前期决策、准备、实施、运营四个阶段。备注可标注风险特征（例如长期影响还是短期影响、持久性影响还是间断影响等）和其他需要说明的情况。

3. 风险估计

根据各项风险因素的成因、影响表现、风险分布、影响程度、发生可能性，找出主要风险因素，剖析引发风险的直接和间接原因，采用定性与定量相结合的方法估计出主要风险因素的风险程度。预测和估计可能引发的风险事件及其发生概率。

风险估计目前通常采用"问题导向法"进行估判。其中，风险概率是指风险事件出现的频率高低。影响程度是指风险可能引发群体性事件的参加人数、行为表现、影响范围和持续时间等特性。

对项目风险的可能性、后果和程度按大小高低分为不同的档级。具体赋值需要根据项目性质、评估要求和风险偏好等事先研究确定。根据项目实际涉及的主要风险因素，编制拟建项目的主要风险因素程度如表 4-7 所示。

主要风险因素及其风险程度表

表 4-7

序号	风险类型	发生阶段	风险因素	风险概率	影响程度	风险程度
1						
2						
3						
……						

4. 风险防范与化解措施制定

按照中国社会稳定风险分析（评估）的要求，在识别出社会风险并进行风险估计后，要针对主要风险因素，阐述采用的风险防范、化解措施策略，明确风险防范、化解的目标，提出落实措施的责任主体、协助单位、防范责任和具体工作内容，明确风险控制的节点和时间，真正把项目社会稳定风险化解在萌芽状态，最大限度减少不和谐因素。

可接受的社会稳定风险应是"低风险且可控"。在社会稳定风险评价中，风险"可控"是指当社会稳定风险实际发生时，通过实施维稳应急预案能够将风险影响控制在可接受的程度。

为了从源头上防范、化解拟建项目实施可能引发的风险，应根据拟建项目的特点，针对主要风险因素，编制并形成风险防范、化解措施汇总表 4-8。

风险防范和化解措施汇总表

表 4-8

序号	风险发生阶段	风险因素	主要防范、化解措施	实施时间和要求	责任主体	协助单位
1						
2						
3						
……						

5. 风险等级判断

对研究提出的风险防范、化解措施的合法性、可行性、有效性和可控性进行分析，根据分析结果预测各主要风险因素可能变化的趋势和结果，结合预期可能引发的风险事件和造成负面影响的程度等，综合判断项目落实风险防范、化解措施后的风险等级。

项目风险等级综合判断一般采用定性与定量相结合的方法进行判断。在定量分析方面，可选用专家打分法等方法，并说明确定措施后每个主要因素风险权重的方法。按照《国家发展改革委重大固定资产投资项目社会稳定风险评估暂行办法》的要求，对照本地区社会稳定风险等级评判标准，对拟建项目的社会稳定风险等级评判标准，对拟建项目的社会稳定风险作出客观、公正的判断，确定高、中、低等级。

（三）程序

在项目社会稳定风险评估阶段，全过程工程咨询单位组建项目组—专业咨询工程师制定工作方案—专业咨询工程师调查研究—专业咨询工程师分析研究—专业咨询工程师编制社会稳定风险分析报告—总咨询师审核社会稳定风险分析报告—投资人确认社会稳定风险分析报告—政府相关行政主管部门评估和使用社会稳定风险分析报告。

各程序具体工作内容如下：

1. 组建项目组

全过程工程咨询单位在项目社会稳定风险分析报告（或设独立篇章）编制阶段，组建项目组。

2. 制定工作方案

专业咨询工程师编制工作方案，确定项目社会稳定风险分析的主要内容和工作重点，工作进度安排，明确调查范围、对象和方式，提前准备所需调查问卷、公告、公示等文件资料等。

3. 调查研究

专业咨询工程师包括召开项目所在地政府职能部门、村镇（社区）干部、村民、利益相关者和专家等不同层次的座谈会；现场实地考察走访，通过张贴公告、公示、发放调查问卷和开展个别访谈等，进行现场调研。

4. 分析研究

专业咨询工程师在分析问卷调查等文件资料和利益相关者诉求的基础上，研究团队围绕项目风险识别、风险估计、风险防范和化解措施、等级评判，应急预案等进行研究论证，形成研究团队意见。

5. 编制社会稳定风险分析报告（篇章）

专业咨询工程师按国家规定内容、格式和要求，征求相关单位意见，结合内审意见进行修改完善，形成正式报告（篇章）。

6. 评估和使用社会稳定风险分析报告（篇章）

项目相关行政主管部门或当地政府委托评估机构，对编制的社会稳定风险分析报告或篇章进行评估；当地政府或投资主管部门根据评估报告出具审查意见，作为上级投资主管部门投资项目批复或核准的重要依据。

社会稳定风险评估的工作流程如图 4-24 所示。

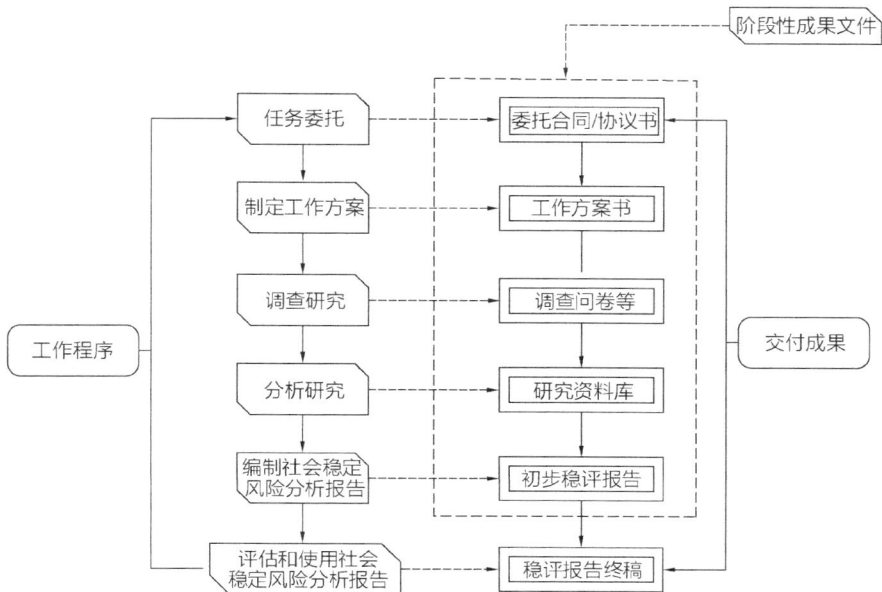

图 4-24　稳评工作程序示意图

（四） 注意事项

1. 项目社会稳定风险评估报告评估要点

（1）拟建项目建设实施的合法性、合理性、可行性、可控性；

（2）风险因素变化的合理性；风险调查的全面性；公众参与的完备性；风险因素识别的全面性和准确性；

（3）风险调查结果的真实性和可信性；

（4）风险防范、化解措施的合法性、系统性、完整性、全面性、合理性、有效性；

（5）主要风险因素的完整性；

（6）责任主体的明确性；

（7）风险等级评判方法、评判标准的选择的合适性。

2. 项目社会稳定风险评估报告是否完整，依据是否充分，结论是否实事求是和具有可行性。详细质量标准可参考表 4-9 所示。

社会稳定评价报告质量标准表　　　　　　　　表 4-9

待评要点			评价内容	满分分值		评价结果
基础资料	拟建项目概况		已有资料收集全面	5	30	
	现场调查		调查内容全面，记录项目完整	15		
	环境条件综合分析		环境条件基本特征阐述清楚	10		
调研分析	调研方法		方法选择是否科学、可行	5	30	
	调研内容、调查群体		是否全面、合理	15		
	调研记录		是否完整、可靠	10		
报告编制	资料汇总和选用		是否合理、科学	5	40	
	指导理论或思想		是否遵守国家、地区和有关部门的规定	5		
	文字	章节安排	章节安排合理、层次清晰、标题简明	5		
		文字内容	文字流畅、简介，术语、符号、计量单位规范，与插图表、附图表不矛盾	5		
	插图表	合理性	适合用图表表示的内容均用图表表示	5		
		规范性	样式规范、幅面适度，层次清楚、重点突出，插图表与文字无矛盾	5		
	结论		实事求是、切实可行	10		
质量等级（总分 100 分）			优>90；良 90～75；合格 75～60；不合格<60			

注：待评要点、评价内容、满分分值可根据项目和招标人要求进行调整。

五、水土保持方案

根据《开发建设项目水土保持方案技术规范》GB 50433—2008 的规定可知，开发建设项目水土保持工程设计可分为项目建议书、可行性研究、初步设计和施工图设计四个阶段。其中，开发建设项目在项目建议书阶段应有水土保持章节；工程可行性研究阶段（或项目核准前）必须编报水土保持方案，并达到可行性研究深度，工程可行性研究报告中应有水土保持章节；初步设计阶段应根据批准的水土保持方案和有关技术标准，进行水土保持初步设计，工程的初步设计应有水土保持篇章；施工图阶段应进行水土保持施工图设计。此外，应当注意以下两点：

（1）凡从事有可能造成水土流失的开发建设单位和个人，必须编报水土保持方案。

其中，审批制项目，在报送可行性研究报告前完成水土保持方案报批手续；核准制项目，在提交项目申请报告前完成水土保持方案报批手续；备案制项目，在办理备案手续后、项目开工前完成水土保持方案报批手续。经批准的水土保持方案应当纳入下阶段设计文件中。

（2）水土保持方案分为水土保持方案报告书和水土保持方案报告表。

凡征占地面积在 1 公顷以上或者挖填土石方总量在 1 万 m^3 以上的开发建设项目，应当编报水土保持方案报告书；其他开发建设项目应当编报水土保持方案报告表。

（一）依据

（1）《中华人民共和国水土保持法》（主席令第 39 号）；

（2）《中华人民共和国水土保持法实施条例》（国务院令〔1993〕第 120 号）；

（3）《开发建设项目水土保持方案管理办法》（水利部、国家计委、国家环保局、水保〔1994〕513 号）；

（4）《开发建设项目水土保持方案技术规范》GB 50433—2008；

（5）《开发建设项目水土流失防治标准》GB 50434—2008；

（6）建设项目的其他相关政策文件与建设资料。

（二）内容

根据《开发建设项目水土保持方案技术规范》GB 50433—2008 的规定可知，开发建设项目水土保持工程设计可分为项目建议书、可行性研究、初步设计和施工图设计四个阶段。

开发建设项目在项目建议书阶段应有水土保持章节。工程可行性研究阶段（或项目核准前）必须编报水土保持方案，并达到可行性研究深度，工程可行性研究报告中应有水土保持章节。初步设计阶段应根据批准的水土保持方案和有关技术标准，进行水土保持初步设计，工程的初步设计应有水土保持篇章。施工图阶段应进行水土保持施工图设计。

建设项目水土保持方案应达到下列防治水土流失的基本目标：

（1）项目建设区的原有水土流失得到基本治理。

（2）新增水土流失得到有效控制。

（3）生态得到最大限度的保护，环境得到明显改善。

（4）水土保持设施安全有效。

（5）扰动土地整治率、水土流失总治理度、土壤流失控制比、拦渣率、林草植被恢复率、林草覆盖率等指标达到现行国家标准《开发建设项目水土流失防治标准》GB 50434—2008 的要求。

1. 水土保持方案报告书内容规定

一、综合说明

综合说明应简要说明下列内容：

1. 主体工程的概况、方案设计深度及方案设计水平年。

2. 项目所在地的水土流失重点防治区划分情况，防治标准执行等级。

3. 主体工程水土保持分析评价结论。

4. 水土流失防治责任范围及面积。

5. 水土流失预测结果。主要包括损坏水土保持设施数量、建设期水土流失总量及新增量、水土流失重点区段及时段。

6. 水土保持措施总体布局、主要工程量。

7. 水土保持投资估算及效益分析。

8. 结论与建议。

9. 水土保持方案特性表。

二、水土保持方案编制总则

方案编制总则应包括下列内容：

1. 方案编制的目的与意义。

2. 编制依据。包括法律、法规、规章、规范性文件、技术规范与标准、相关资料等。

3. 水土流失防治的执行标准。

4. 指导思想。

5. 编制原则。

6. 设计深度和方案设计水平年。

三、项目概况

项目概况应说明项目基本情况、项目组成及总体布置、施工组织、工程征占地、土石方量、工程投资、进度安排、拆迁与安置等情况。

四、项目区概况

五、主体工程水土保持分析与评价

六、防治责任范围及防治分区

七、水土流失预测

八、防治目标及防治措施布设

九、水土保持监测

十、投资估算及效益分析

十一、实施保障措施

十二、结论及建议

十三、附件、附图、附表

2. 水土保持方案报告表内容规定

水土保持方案报告表主要包括项目简述、项目区概述、产生水土流失的环节分析，防治责任范围，措施设计及图纸，工程量及进度，投资，实施意见等内容。

（三）程序

在项目水土保持方案报告编制阶段，全过程工程咨询单位组建项目组—专业咨询工程师根据《开发建设项目水土保持方案编报审批管理规定》及项目自身特点确定编制水土保持方案报告书或水土保持方案报告表—专业咨询工程师搜集资料、踏勘现场—专业咨询工程师编制项目水土保持方案报告—总咨询师审核项目水土保持方案报告—投资人确认项目水土保持方案报告—投资人/全过程工程咨询单位申报项目水土保持方案报告—水行政主管部门审批项目水土保持方案报告。

水土保持方案报告编制工作程序如图4-25所示。

（四）注意事项

（1）凡从事有可能造成水土流失的开发投资人和个人，必须编报水土保持方案。

其中，审批制项目，在报送可行性研究报告前完成水土保持方案报批手续；核准制项目，在提交项目申请报告前完成水土保持方案报批手续；备案制项目，在办理备案手续后、项目开工前完成水土保持方案报批手续。经批准的水土保持方案应当纳入下阶段设计文件中。

（2）水土保持方案分为水土保持方案报告书和水土保持方案报告表。

凡征占地面积在1公顷以上或者挖填土石方总量在1万 m³ 以上的开发建设项目，应当编报水土保持方案报告书；其他开发建设项目应当编报水土保持方案报告表。

（3）水土保持方案报告的审批条件如下：

1）符合有关法律、法规、规章和规范性文件规定；

2）符合《开发建设项目水土保持方案技术规范》等国家、行业的水土保持技术规范、

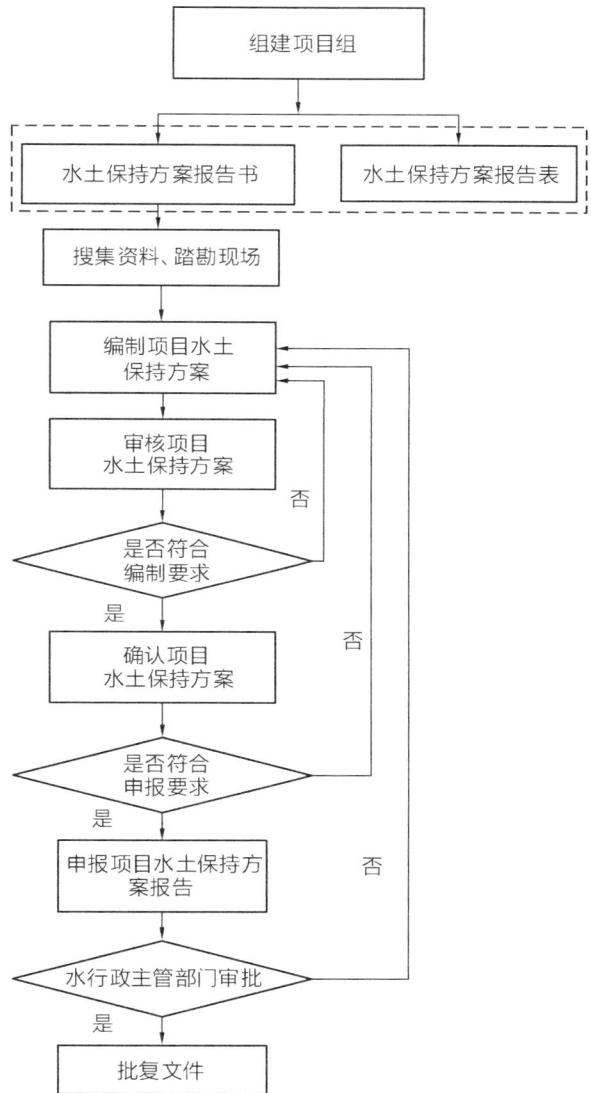

图4-25　建设项目水土保持方案报告
编制工作管理程序图

标准；

  3）水土流失防治责任范围明确；

  4）水土流失防治措施合理、有效，与周边环境相协调，并达到主体工程设计深度；

  5）水土保持投资估算编制依据可靠、方法合理、结果正确；

  6）水土保持监测的内容和方法得当；

  7）在山区、丘陵区、风沙区修建铁路、公路、水工程、开办矿山企业、电力企业和其他大中型工业企业，其建设项目环境影响报告书中必须有水土保持方案。

六、地质灾害危险性评估

  地质灾害危险性评价又称地质灾害灾变评价，是在查清地质灾害活动历史、形成条件、变化规律与发展趋势的基础上，进行危险性评价，主要包括自然灾害与防治评价。其目的是对评估区域现状地质灾害的类型、发育程度及危害性进行全面评估，并对工程建设过程中可能引发、加剧的地质灾害以及建设工程本身可能遭受的地质灾害的危险性进行评估，在现状评估和预测评估的基础上综合评估地质灾害危险性程度，提出防治措施和建议。

  地质灾害危险性评估制度改变了以往轻预防、重治理的被动局面，发挥了地质灾害防治专业的技术优势，为项目的地质防治提出了具有针对性和可操作性的措施。

（一）依据

  （1）《建设用地地质灾害危险性评估技术要求》（试行）；

  （2）《建设用地地质灾害危险性评估的通知》（国土资发〔1999〕392 号）；

  （3）《地质灾害防治条例》（国务院令第 394 号）；

  （4）《国土资源部关于加强地质灾害危险性评估工作的通知》（国土资发〔2004〕69 号文）；

  （5）《工程地质手册》（第三版）；

  （6）其他的相关政策文件；

  （7）项目的基本情况相关资料。

（二）内容

1. 地质灾害危险性评估主要工作内容

  （1）收集气象水文、地形地貌、水文地质、工程地质、环境地质、区域地质、地震等资料及工程建设初步设计图或规划图，确定评估范围与等级。对地质环境条件复杂，已有资料不能满足地质灾害危险性评估要求时，应根据具体情况进行必要的钻探或物探工作。

  （2）在收集和分析资料的基础上，通过踏勘和地质环境与地质灾害调查，了解评估区的气象水文、地形地貌、地层岩石、地质构造、水文地质、岩土性质和地质灾害发育现状及对拟建工程的影响，判定地质环境的复杂程度，进行地质灾害现状评估。

  （3）综合分析研究工程项目特征和评估区地质环境条件，研究工程建设与地质环境的相互影响，对工程建设可能引发或加剧和工程建设本身可能遭受的地质灾害进行预测评估。

（4）依据现状评估和预测评估结果，分区段划分出危险性等级，进行地质灾害危险性综合分区评估；评估建设场地用地适宜性，提出地质灾害防治措施和建议。

2. 评估范围与等级

（1）评估范围

地质灾害危险性评估范围，不应局限于建设用地和规划用地范围内，应根据拟建项目的特点、地质环境条件和地质灾害的影响范围予以确定。评估范围应包括拟建工程用地和地质灾害影响区域，并考虑外围地质灾害对其的影响。若危险性仅限于用地范围内，可按用地范围进行评估。

（2）评估等级

根据《地质灾害危险性评估规范》DZ/T 0286—2015 的有关规定，地质灾害危险性评估分级按照地质环境条件复杂程度与建设项目重要性划分为三级，对评估区所在地历史上已发生过危险性大、危害性大，且已造成较大人员伤亡及财产损失或已造成较大社会影响的地质灾害评估项目，均为一级评估项目。如表 4-10 所示。

地质灾害危险性评估分级表

表 4-10

复杂程度 评估分级 项目重要性	复杂	中等	简单
重要建设项目	一级	一级	一级
较重要建设项目	一级	二级	三级
一般建设项目	二级	三级	三级

建设项目重要性分类如表 4-11 所示。

建设项目重要性分类表

表 4-11

项目类型	项目类别
重要建设项目	开发区建设、城镇新区建设、放射性设施、军事设施、核电、二级（含）以上公路、铁路、机场，大型水利工程、电力工程、港口码头、矿山、集中供水水源地、工业建筑、民用建筑、垃圾处理场、水处理厂等
较重要建设项目	新建村庄、三级（含）以下公路，中型水利工程、电力工程、港口码头、矿山、集中供水水源地、工业建筑、民用建筑、垃圾处理场、水处理厂等
一般建设项目	小型水利工程、电力工程、港口码头、矿山、集中供水水源地、工业建筑、民用建筑、垃圾处理场、水处理厂等

地质环境条件复杂程度分类如表 4-12 所示。

1）一级评估应有充足的基础资料和半定量以上评价指标进行充分论证评估。

2）二级评估应有足够的基础资料和定性或半定量评价指标进行论证评估。

3）三级评估应有必要的基础资料，进行定性分析评估，可参照一级评估内容适当从简，做出概略评估。三级评估的综合调查精度要求为：在图幅面积 10cm×10cm 的范围内，调查控制点不应少于 2 个。

地质环境条件复杂程度分类表

表 4-12

复杂	中等	简单
1. 地质灾害发育强烈	1. 地质灾害发育中等	1. 地质灾害一般不发育
2. 地形与地貌类型复杂	2. 地形较简单，地貌类型单一	2. 地形简单，地貌类型单一
3. 地质构造复杂，岩性岩相变化大，岩土体工程地质性质不良	3. 地质构造较复杂，岩性岩相不稳定，岩土体工程地质性质较差	3. 地质、构造简单，岩性单一，岩土体工程地质性质良好
4. 工程地质、水文地质条件不良	4. 工程地质、水文地质条件较差	4. 工程地质、水文地质条件良好
5. 破坏地质环境的人类工程活动强烈	5. 破坏地质环境的人类工程活动较强烈	5. 破坏地质环境的人类工程活动一般

3. 地质环境条件调查与分析

（1）地质环境条件调查与分析的一般规定包括：

1）在充分搜集和分析评估区及有关相邻地区已有地质环境资料的基础上，应针对拟建工程或规划区的特点，对评估区地质灾害形成的地质环境条件进行调查。

2）地质灾害危险性评估调查用图应能充分反映评估区地质环境条件和灾害体特征，便于使用和阅读，比例尺可酌情确定，一般不宜小于 1∶50000。调查精度参见不同级别评估的要求。在对地质灾害形成有明显控制与影响的微地貌、地层岩性、地质构造等重要部位或重点地段，可适当加密调查点。

3）通过调查，应分析地质环境条件对评估区及周边地质灾害形成、分布和发育的影响。

4）通过综合分析，对评估区地质环境条件复杂程度做出总体和分区段划分，并给出主导因素、从属因素和诱发因素的评估结论。

5）野外调查应有野外记录本（表）、工作手图和实际材料图。

（2）地质环境条件调查与分析的内容

地质环境条件调查与分析的内容主要包括：区域地质背景；气象水文；地形地貌；地层岩石；地质构造；岩土体类型及其工程地质条件；水文地质条件和人类工程活动八个地质环境条件的特征与变化规律及其对工程建设的影响程度。

（3）分析各地质环境条件对评估区主要致灾地质作用形成、发育所起的作用，划分出主导地质环境因素、从属因素和激发因素，为预测评估提供依据。

（4）综合地质环境条件各因素的复杂程度，对评估区地质环境条件的复杂程度作出总体评价；对于线状工程、区域性工程，还应分区段评价地质环境条件的复杂程度。

（5）有关区域地壳稳定性、高坝和高层建筑地基稳定性、隧道开挖过程中的工程地质问题、地下开挖过程中的各种灾害（岩爆、突水、瓦斯突出等）及矿山生产中排土场、矸石山、矿渣堆、尾矿库发生的各种灾害和问题，不作为地质灾害危险性评估的内容，但上述问题存在于评估区内，应在地质环境条件中进行论述，并在评估报告中建议具有相关资信或能力的单位按专业规范和要求进行专项评价。

4. 地质灾害调查与分析

地质灾害调查与分析包括以下八个方面：

（1）地质灾害调查与分析的一般规定；

（2）崩塌（危岩）调查内容与要求；

（3）滑坡调查内容与要求；

（4）泥石流调查内容与要求；

（5）地面塌陷调查内容与要求；

（6）地裂缝调查内容与要求；

（7）地面沉降调查内容与要求；

（8）不稳定斜坡调查内容与要求。

（三）程序

在项目地质灾害危险性评估报告编制阶段，地质灾害危险性评估工作程序主要包括组建项目组、编制评估工作大纲、地质灾害综合调查、资料整理及报告编制以及报告评审五个环节，具体内容如下：

1. 组建项目组

全过程工程咨询单位在地质灾害危险性评估报告编制阶段组建项目组。

2. 编制评估工作大纲

专业咨询工程师应充分收集建设项目勘察、规划、设计资料，并组织现场勘察，进行地质环境基本特征分析。在分析已有资料基础上，根据项目建设和规划项目的特点、地质环境条件和地质灾害种类等特点，并结合相关规范条文规定，编制评估工作大纲，明确任务，确定评估范围及级别，设计地质灾害调查内容及重点，工作部署与工作量，提出质量监控措施和成果等。

3. 地质灾害综合调查

专业咨询工程师对工程基本特征及其对地质环境的要求、影响、承受能力和可能的灾变种类进行分析，确定地质灾害类型及评价要素的选取。对地质灾害进行综合评估，确定建设用地防治区划分析，并提出科学合理的预防治理措施。

4. 资料整理及报告编制

专业咨询工程师在对相关资料及分析结果进行整理汇总，并在此基础上进行地质灾害评估危险性报告的编制工作。评估报告应并有全面、真实的所需资料，专业咨询工程师应承诺对评估报告资料的真实性负责。

5. 报告评审

评审单位将按照有关规定和要求，组织具有国土资源系统水文工程环境地质项目评审专家资格的专家对提交的地质灾害危险性评估报告进行技术评审。专业咨询工程师必须参与评审会议，并对评估报告进行汇报。

地质灾害危险性评估报告在评审通过后，应根据专家组提出的意见和建议进行认真修改完善，修改稿送专家组组长复核通过并出具复核意见后，提交组织评审机构登记。

各程序工作流程图如图 4-26 所示。

（四）注意事项

（1）地质灾害危险性一、二级评估提交危险性评估报告书，三级评估提交危险性评估说明书。

（2）地质灾害危险性评估报告书内容。

1）征地地点及范围；

2）项目类型及平面布置图；

3）评价工作级别的确定；

4）地质环境条件；

5）地质灾害类型及特征；

6）工程建设诱发、加剧地质灾害的可能性；

7）工程建设本身可能遭受地质灾害的危险性；

8）综合评估与防治措施；

9）结论与建议。

（3）地质灾害危险性评估报告评审

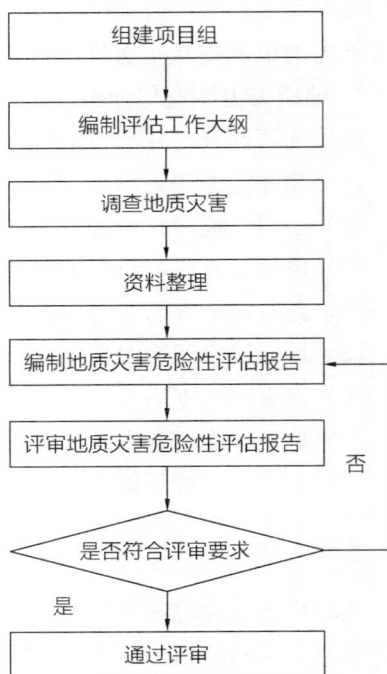

图 4-26 地质灾害危险性
评估工作流程图

目前各地方对地质灾害危险性评估报告评审普遍实行质量等级评定制度。评估报告的质量分为：优秀（90≤综合评分≤100 分）、良好（75≤综合评分＜90 分）、合格（60≤综合评分＜75 分）、不合格（综合评分＜60 分）四个等级。评分方式一般由每个评审专家自行评分，而后再取平均分作为综合评分（四舍五入，给出整数分）。评估报告质量等级作为评估单位资质年检考核和晋升资质等级的参考依据。报告质量等级评分标准可参考表4-13。

地质灾害危险性评估报告质量参考表　　　　　　　　表 4-13

项目名称：

项目	考评内容及要求	满分	得分
1. 技术资料齐全、准确程度	（1）基础技术资料的完备程度（6分）	20分	
	（2）文字报告、附图、附表的完备程度（8分）		
	（3）数字化成果的完备程度（6分）		
2. 评估报告与原始资料的吻合程度	（1）建设工程描述的准确程度（2分）	20分	
	（2）自然地理论述吻合程度（2分）		
	（3）气象、水文、地质、构造、地貌描述的吻合程度（4分）		
	（4）水文、工程地质论述的吻合程度（5分）		
	（5）地质灾害论述的吻合程度（7分）		

项　目	考评内容及要求	满分	得分
3. 评估报告的综合研究水平和质量	（1）地质灾害危险性现状评估质量（7分）	30分	
	（2）地质灾害危险性预测评估质量（8分）		
	（3）地质灾害危险性综合评估质量（8分）		
	（4）地质灾害防治措施的合理性和可操作性（7分）		
4. 综合图件的质量	（1）图件设计整体性和合理性（5分）	20分	
	（2）图件编制的准确性（5分）		
	（3）图件的可读性和美观性（5分）		
	（4）图件的数字化成果和信息系统的质量（5分）		
5. 评估报告与技术要求、细则的符合程度	（1）评估报告与实施细则的符合程度（5分）	10分	
	（2）评估报告与有关技术要求的符合程度（5分）		
合计得分		100分	
报告质量等级评分标准	90≤优秀≤100分、75≤良好<90分、60≤合格<75分、不合格<60分	报告质量等级	

注：评估工作程序不符合规定的评估报告不得评为优秀。

（4）地质灾害评估调查表

如表4-14所示。

地质灾害评估调查表　　　　表4-14

编号		灾害（隐患）名　称		位置	
地质环境要素					
地表形态及变形特征					
结构及体积特征					
发育程度		危害程度		诱发因素	
防治建议					
平面和剖面示意图（或照片）					
调查负责人		填表人		审核人	填表日期

（5）地质灾害危险性评估报告编写参考提纲

地质灾害危险性评估报告编写参考提纲

前言

说明评估任务由来，评估工作的依据，主要任务和要求。

第一章 评估工作概述

一、工程和规划概况与征地范围

二、以往工作程度

三、工作方法及完成的工作量

四、评估范围与级别的确定

第二章 地质环境条件

一、气象、水文

二、地形地貌

三、地层岩性

四、地质构造与区域地壳稳定性

五、工程地质条件

六、水文地质条件

七、人类工程活动对地质环境的影响

第三章 地质灾害危险性现状评估

一、地质灾害类型及特征：阐述已发生的灾种、数量、分布、规模、形成机制、危害对象、稳定性等

二、地质灾害危险性现状评估：按灾种分别进行评估

第四章 地质灾害危险性预测评估

一、工程建设引发或加剧地质灾害危险性的预测

二、工程建设可能遭受地质灾害危险性的预测

（在山地丘陵区进行工程建设，一般工程设计挖方切坡工程，对潜在不稳定边坡，必须进行危险性预测评估，可列专节论述）

第五章 地质灾害危险性综合分区评估及防治措施

一、地质灾害危险性综合评估原则与量化指标的确定

二、地质灾害危险性综合分区评估

三、建设场地适宜性分区评估

四、防治措施

第六章 结论与建议

七、项目资源供应链分析

（一）分析目的与意义

1. 工作目的

资源供应链分析即生产要素的分析，是指形成生产力的各种要素。生产力作用于建设项目的有关要素，包括投入项目的人力资源，材料，机械设备，技术和资金等要素。

项目资源供应链分析是将项目资源进行优化配置即适时、适量、按比例配置资源并投入到施工生产及运营维护中，满足建设项目需求。通过在整个项目管理阶段，对项目资源即劳动力、材料、设备、资金和技术对生产要素进行优化配置和动态平衡管理，确保在使用较少资源前提下，实现项目资源利用科学化和经济收益的最大化。以客户需求为中心，对建筑项目的咨询、设计、施工、物料、设备、劳动力供应以及竣工后的服务等这一供应链出发，进行全面的优化。

2. 工作意义

科学发展观的第一要义是发展，核心是以人为本，基本要求是全面协调可持续性，根本方法是统筹兼顾，这些内容科学概括了科学发展观的基本内涵。就资源的开发利用而言，按照科学发展观的要求，应努力实现资源的可持续开发利用，着力建设资源节约型社会和大力发展循环经济。

对于投资巨大、技术先进、规模宏大的作为定制型的建设项目复杂产品，对其各分系统或各类资源供应链进行分析，是实现科学发展观的重要途径，是实现资源的可持续利用，着力建设资源型社会和大力发展循环经济的重要措施。对工程建设项目进行资源供应链分析，是通过对信息流、物流、资金流和人力资源的控制，贯穿于项目的整个生命周期，将物料供应商、建造承包商、咨询工程师以及投资人连成一个整体的功能网链系统，通过跨越组织的边界，在整个链上应用系统的观念进行集成化管理。从而达到合理、节约使用资源，并用科学的方法，对后期投入使用资源进行前瞻性的规划分析，使得投入资源利用最大化，从而降低项目生命周期的投入成本。

对项目生命周期内资源供应链的分析无论是从环境、经济发展、企业利益等出发，都是顺应时代发展，建立可持续性发展战略的重要内容。

（二）分析内容

材料、机械、技术、人员、环境这是一套对建筑业竞争力提供保障的因素，需要这个项目实施过程中每一个环节都做到优秀，并且协调好，这也就涉及一个名词——资源供应链。在不断完善企业生产管理的同时，从客户需求为中心，对建筑项目的咨询、设计、施工、物料、设备、劳动力供应以及竣工后服务等这一供应链出发，进行全面的优化。继而解决"成本—质量—工期"之间的矛盾，在生态、社会、经济三方面达到一个平衡，使项目得到一个可持续发展，从而具有更大优势的竞争力。

工程资源包括确定需要何种资源（如人员、设备或材料）、每种资源的使用数量以及每一种资源供给能力。其主要作用是明确完成工作所需的资料种类、数量和特性，以便做出更准确的成本和持续时间估算。

建设项目的不同阶段，其所需资源的特点也有所差别。本指南从建设项目的建设到项目的运营维护共分五大阶段进行分析：

1. 建设项目决策阶段

要做出正确的决策，需要专业技术人员深入细致的市场调查和技术经济分析，并且编制可行性研究报告，辅助决策者进行判断和决策。所以，此阶段的资源主要是人力资源，需要了解是否能获得优质的前期决策研究人才。决策阶段的资源投入大约占建设项目建设总的资源投入量的 $1\%\sim3\%$，虽然与施工阶段相比所需资源较少，但对整个建设项目建设总体投资的影响程度巨大，并初步决定了本项目实施和运营所需的资源类型和数量，以及资源需求的时间。

2. 建设项目准备阶段

建设项目准备工作需要大量的专业人员，特别是设计工作需要各种专业工程师，还需要电脑（包括各种软件）、绘图仪器等设备，以及各种资料，如数据、规范、法律、法规、专业书籍，此阶段的资源也是以人力资源为主，需要了解是否能获得优秀的设计人员和管理人员，此阶段最终确定了本项目实施和运营所需的资源类型和数量，以及资源需求的时间。

3. 建设项目实施阶段

建设项目实施阶段的主要任务是施工。施工是建筑物实体的生产，所需资源主要包括：劳动力、建筑材料和设备、周转材料、施工机械设备和临时设施以及后勤供应等。这些资源是建设项目实施必不可少的，这阶段耗费的费用往往占工程建设总费用的 80% 以上，建设项目通过本阶段的资源消耗最终实现项目建设目标。

4. 建设项目试生产及竣工验收阶段

项目建设资源需求已接近尾声，主要是对各种资料的整理以及工程的最后调试工作，建设资源的需求量已很少，随后项目资源转为项目运营与维护阶段的需求。

5. 建设项目运营维护阶段

任何一项经济实践活动既是物质财富的创造过程，也是资源的消耗过程。项目运营维护资源供应链分析细分为基本职能领域和辅助职能领域。基本职能领域主要包括产品工程、产品技术保证、采购、生产控制、库存控制、销售分析。而辅助职能领域主要包括客户服务、制造、设计工程、成本核算、人力资源、市场营销等。项目运营阶段资源供应分析可以从以下角度去考核：

（1）在既定的人力、物力、财力条件下，如何充分合理地使用资源，使其发挥最大的效能，获得最大的产出，更好地满足既定的目标要求。

（2）在既定的目标下，如何充分合理地使用现有的人力、物力、财力等资源使其消耗量最小。

（3）不同的建设项目，此阶段运用所需要的主要资源有所不同。比如，医院的医护人员将决定医院项目是否正常发挥功能重要因素，而矿产资源却是炼钢厂能否达产的重要因素。因此在项目的前期决策阶段，需要研究运维阶段所需要的主要资源，进而研究拟建项目所处区域的资源供应能力、跨区域的资源供应所增加的成本因素等，是否有类似项目在争夺资源情况等，同时还要结合所需资源的可增殖能力（是可更新、可再生、不可再生）进行科学的可持续地利用，项目的决策应该充分考虑资源供应能力、资源可增殖能力进行科学决策，避免过度使用，确保可持续发展。

（三）分析方法

1. 资源分析依据

（1）进度管理计划：在进度管理计划中确定了资源估算准确度和所使用的数量；

（2）工作清单：工作清单中定义了需要资源的工作；

（3）工作属性：工作属性为分析工作所需的资源提供了主要依据；

（4）资源日历

资源日历表明了每种具体资源可用的工作日或工作班次。在分析资源需求情况时，需要了解在规划的工作期间内，哪些资源（如人力、设备和材料资源）可用。资源日历规定了在项目期间特定的项目资源何时可用、可用多久。可以在工作或项目层面建立资源日历。另外还需要考虑更多的资源属性，例如，经验或技能水平、来源地和可用时间等；

（5）风险登记册

风险事件可能影响资源的可用性及对资源的选择，故可编制风险登记册，用以记录已发生的风险和可能发生的风险；

（6）工作成本估算

资源的成本可能影响对资源的选择；

（7）环境因素

能够影响分析工作资源过程的环境因素包括资源所在位置、可用性和技能水平等；

（8）组织过程资产

能够影响分析工作资源过程的组织过程资产包括人员配备的资产和程序，租用、购买用品和设备的政策与程序，以往项目中类似工作所使用的资源类型的历史信息等。

2. 资源分析程序

项目全生命周期的资源供应链分析主要涉及五个领域：需求、计划、物流、供应、回流。如图 4-27 所示，供应链分析是以同步化、集成化生产计划为指导，以各种技术为支持，尤其以 Internet 为依托，围绕供应、生产作业、物流（主要指制造过程）、满足需求来实施的。供应链分析主要包括计划、合作和控制从供应商到用户的物料（零部件或成品）和信息。供应链资源分析的目标在于提高用户服务水平和降低总的交易成本，并且寻求两个目标之间的平衡，同时也为了寻求均衡使用的措施和方法。

项目资源分析的全过程应包括：项目资源的计划、配置、优化、控制和调整。

（1）资源需求分析

建设过程中资源需求分析需确定：需要哪些资源以及需要的数量和使用的时间。

1）在建设项目决策阶段：需要咨询工程师牵头，组织各专业技术人员对建设项目进

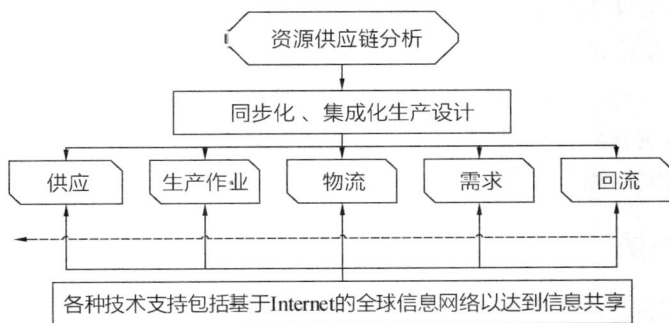

图 4-27 资源供应链分析领域

行全面、系统的分析，为决策者提供决策的依据；

2）在建设项目准备阶段：要围绕建设项目的设计进行大量的工作，需要建筑、结构、水、电、暖等多专业工程师的参与，同时需要电脑（含软件）、绘图仪等设备；

3）建设项目实施阶段：对管理人员、技术人员特别是一般劳动力的需求很大，对材料和设备的需求就更大，而竣工阶段对资源的需求则非常少。施工阶段的资源需求分析，主要通过工程量的计算并参考预算定额确定直接劳务的需要量、主要和大宗建筑材料的需要量、所需机械的台数及使用时间。同时，参考一定的比例或经验，分析出建设项目所需的间接劳务和管理人员的数量。

4）项目建设运营与维护阶段：基本职能领域和辅助职能领域。基本职能领域主要包括产品工程、产品技术保证、采购、生产控制、库存控制、销售分析；辅助职能领域主要包括客户服务、制造、设计工程、成本核算、人力资源、市场营销等。

（2）资源供给分析

资源供给可以从建设项目组织内部或外部解决，解决的方式也多种多样，这时就要分析资源的可获性及获得的难易程度。

1）对内部资源进行分析：比如设计单位分析内部拥有的设计人员和各种设备，以及人员和设备的可用性。例如：设计人员同时参与多个项目的设计工作，对这种资源的可获得性就要进行更加详细的分析。

2）对外部资源进行分析：比如决策阶段，建设方可以委托专业的咨询公司来完成可行性研究等工作；设计阶段，设计单位的部分专业设计可以委托外部的专业工程师完成。

（3）备选方案分析

确定需要哪些资源和如何可以得到这些资源后，就需要进行备选方案分析。建设项目很多工作都有若干备选的实施方案，如使用不同能力或技术水平的劳动力、不同规模或类型的设备、不同的工具以及自制、租赁或购买相关资源等。通过比较这些资源类型、获取方式等对进度的影响及其使用成本，从而确定资源的组合模式（即各种资源所占比例与组合方式）。事实上，不同备选方案下的资源组合对进度或成本的影响很大，如在混凝土工程中，自建混凝土搅拌站或采用商品混凝土，用混凝土泵车浇筑或用普通方法浇筑，其费用有明显的不同。当然，具体使用何种方式不是唯一的和绝对的。要根据实际情况选择最合适的资源组合模式。比如，综合考虑劳动力成本与机械费用的差值、工作面大小、进度要求等多方面因素。

（4）资源分配及资源计划

确定了资源的供给方式和组合模式后，就要根据不同任务的资源需求对其进行资源分配。这是一个系统工程，既要保证各个任务得到合适的资源，又要努力实现资源总量最少、使用平衡。简而言之，所有任务都分配到了所需的资源，而所有的资源也得到充分的利用。编制资源计划可以通过自上而下的方式分析，即从下到上逐层汇总 WBS 中每一工作需要的资源类型和数量，从而得到项目所需各种资源的数量、取得方式、使用时间等，也就得出了资源计划。

（5）资源计划的优化

各种资源在工程费用中占有相当大的比重，资源的合理组合、供应及使用对建设项目的经济效益具有很大的影响。因此，通过对资源计划的优化，能够实现建设项目收益最大化或项目成本最小化的目的。

首先，通过定义优先级确定各种资源的重要性。优先级的定义可以随着项目的不同而不同，一般有以下几个标准：①资源的数量和价值量；②资源增减的可能性；③获得程度；④可替代性；⑤供应问题对项目的影响。然后，根据资源的优先级对资源消耗计划进行优化及平衡。

资源计划的优化，可通过以下几个步骤实现：

1）设定目标：在可持续性供应链中大致有以下部分。

① 优化环境。解决链中环境问题，提高环境绩效，无疑会在短期内加大企业成本输出，所以需要有社会责任感和系统优化的思路。

② 稳定供应链。和供应链上的节点企业建立一致的环保意识，形成长期稳定的合作关系。

③ 减低成本。每个企业，任何企业都追寻的效益优化的重要途径。

④ 减低短板效应。综合链上各方资源，共同推进短板排除。

2）识别问题：考察设备、材料和过程方案，确定阻碍优化供应链运行的因素和一些成本与环境保护之间的矛盾。

进行识别的范围要从特殊产品和过程评估到整个公司。举例一些问题：

① 有没有合适的环境管理体系。

② 有没有必要的材料导致资源浪费。

③ 有没有不可循环再利用的包装影响到环境。

④ 有没有对周围环境影响较大的过程，并给公众带来很大反映。

⑤ 有没有严格筛选合作企业的方案。

⑥ 有没有环境管理监督的提案。

⑦ 有没有现场回收商，回收效果如何。

3）选定对象：一旦完成了识别问题，就要对问题进行重要性排序，分配权重。

4）选择方法：对象也确定了，下面就要选择适当的方法进行分析和解决这些问题。

可选择的方法可参考以下几个：

①上一章中论述的选择供应商和分包商的方法，一定会收集大量的信息，将那些信息在供应链企业中共享，彼此借鉴学习。

②对合作企业进行培训、技术办助和指导。

③建立合作伙伴关系，共同建立一些管理体系、技术方法，研发新材料和设备来解决问题。

④供应链重组，问题较严重时，可以对链结构分解重组，更换合作企业。

5) 实施和监控：按照计划实施项目，紧密结合 ISO 14000 或相关体系对过程进行 PDCA 循环周期性监控。

（四）分析成果

1. 各阶段主要分析成果

根据上文资源供应链分析工作程序，对各程序产生对应产生的成果如表 4-15 所示。

各阶段主要任务成果分析表 表 4-15

序号	分析阶段	主要任务	主要成果
1	资源需求分析	组建专兼结合的项目建设团队	人员配置情况表
		全面分析项目的必要性并设计建设方案	完成需求调研报告
		资源需求调研（适用群体调研、专业调研、专家咨询）	
		资料库建设	将调研资料整理成库
		编制统计资源需求文件	形成资源需求文件（WBS 分析文件）
2	资源供给分析	分析需求文件，根据需求文件确认供给关系	形成资源供给报告
		对内外部资源供给进行分析（包括，政府体系资源、金融、咨询顾问资源、建筑体系资源、营销体系的资源）	
		编制资源供给分析文件	
3	备选方案分析	备选方案罗列	形成方案及资源组合模式
4	资源分配及资源计划	根据资源供给方式和组合模式，根据不同任务的资源需求对其进行资源分配及计划	资源计划报告文件
5	资源计划优化	根据计划，明确优化方向	形成优化方案文件
		编制优化计划	

2. 分析成果说明

（1）工作资源需求

工作资源需求明确了工作包中每个工作所需的资源类型和数量。这些资源汇总后得到每个工作包和每个工作时段的资源估算。资源需求描述得详细程度随应用范围的不同而变化。在每个工作的资源需求文件中，都应说明每种资源的估算依据，以及确定资源类型、资源的供应能力和所需数量所做的假设。

（2）资源分解结构

资源分解结构是资源依类别和类型的层级展现。资源类别包括人力、材料和设备等。资源类型包括技能水平、等级水平或适用于项目的其他类型。资源分解结构有助于结合资源使用情况，组织与报告项目的精度数据。表4-16给出了一个示例。

资源分解结构示例表　　　　表 4-16

资源需求									
工作阶段		项目施工阶段							
编码	工作内容	人工（工日）	机械						
			挖掘机	推土机	汽车	拖拉机	打夯机	刨毛机	…
1	挖、装、运								
2	拉实土								
3	推运								
4	……								

（五）质量控制标准

资源供应链分析成果质量根据工作程序及成果文件进行评判，通过该质量控制标准，可以更好地把握资源供应链分析质量，具体如表4-17所示。

资源供应链分析质量控制参考标准表　　　　表 4-17

序号	评价阶段	评价事项	评价内容	满分分值		评价结果
1	资源需求分析	组建专业团队	团队成员构成的合理性	5	30	A
		资源需求调研	调查内容全面性	10		
		资料库建设	资料库建设的条理性与全面性	5		
		资源需求文件	资源需求分析的全面性，估算依据的合理性	10		
2	资源供给分析	资源供给分析	方法选择是否科学、可行	5	25	B
			是否全面、合理	10		
			是否完整、可靠	10		
3	备选方案分析	备选方案及资源组合模式	是否全面、合理、科学	10	10	C
4	资源分配及资源计划	资源计划报告文件	WBS资源类型和数量的全面性及合理性	10	20	D
			计划的条理性	10		

序号	评价阶段	评价事项	评价内容	满分分值		评价结果
5	资源计划优化	优化方案	对原计划供需矛盾分析的到位程度	5	15	E
			优化方案所带来效益增加	10		
	合计得分			100	100	=A+B+C+D+E
	质量等级（总分100分）		优＞90；良90～75；合格75～60；不合格＜60			

注：本表格仅作为参考标准。

新新识途（12）RlCS 认为审查设计的经济性时要依靠价值工程和 LCC，最近增添了可施工性分析，我在此基础上又增加了可运营性分析。建筑师最欢迎造价工程师的被动反映，那样他们才能画最新最美的图画，但是这显然不是业主乐见的。绝大部分业主会有预算约束，造价工程师叫限额设计，建筑师管限额设计叫戴着镣铐跳舞。怎样才能让建筑师戴上镣铐也能跳出最美的舞蹈，这是一个值得关注的问题。

———《贻林微观察 1582》

第五章　勘察设计阶段咨询服务

第一节　勘察设计阶段工程咨询服务概述

建设项目勘察设计阶段是在决策阶段形成的咨询成果（如项目建议书、可行性研究报告、投资估算等）和投资人要求基础上进行深化研究，对拟建项目进行综合分析、论证，编制项目勘察设计文件并提供相关咨询服务的过程。设计阶段是在技术和经济上对拟建工程项目的实施进行全面的安排，也是对工程建设进行规划的过程。根据中国现行的法律法规和政策、规范等，建设项目勘察设计阶段主要包括工程勘察和工程设计两个主要环节。

一般勘察工作分为可行性研究勘察、初步勘察、详细勘察及施工勘察。可行性研究勘察应满足确定场址方案的要求，初步勘察应满足初步设计的要求，详细勘察应符合施工图设计的要求，场地复杂或有特殊要求的工程宜进行施工勘察。

根据现行的《建筑工程设计文件编制深度规定》，我国建筑工程设计一般分为方案设计、初步设计和施工图设计三个阶段。前一个阶段的设计文件应能满足编制后一阶段设计文件的需要。本章建设项目勘察设计管理涉及的设计阶段有方案设计、初步设计、施工图设计以及为满足项目特殊需求而进行的专项设计和深化设计。

以全过程工程咨询"1＋N"服务模式，全过程工程咨询单位在项目勘察设计阶段，承担项目管理咨询工作主要有：项目勘察设计策划和勘察设计管理；而"N"的内容主要有：工程勘察、工程设计、造价管控等。

全过程工程咨询单位在建设项目勘察设计阶段的服务内容和流程如图 5-1 所示。

因此，本书建设项目的勘察设计管理，不仅是勘察设计阶段的管理，而是贯穿于工程项目建设的全过程，其中心任务是对勘察设计的工程质量、进度、投资等目标进行管理。

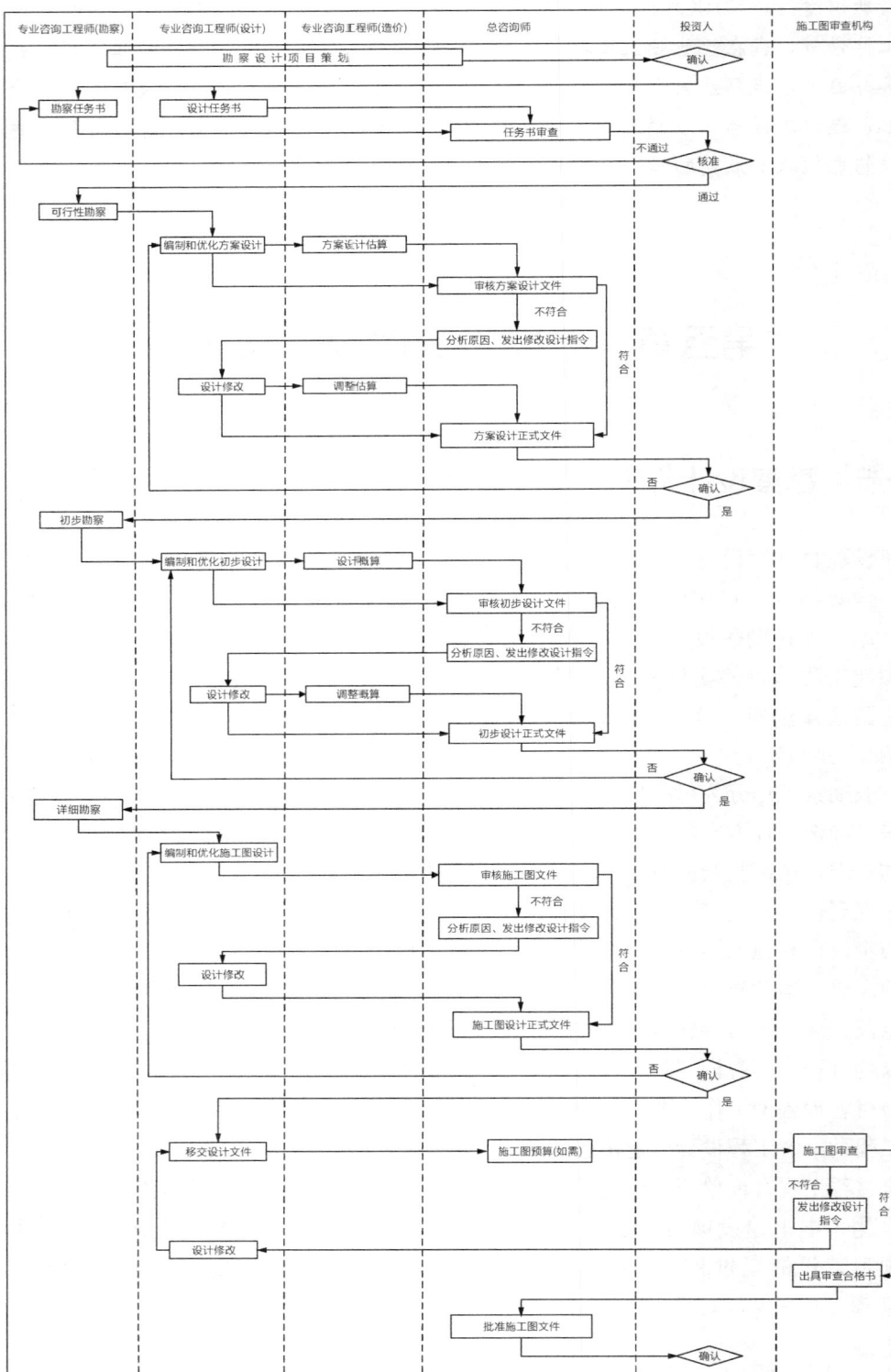

专业咨询工程师(勘察)	专业咨询工程师(设计)	专业咨询工程师(造价)	总咨询师	投资人	施工图审查机构

勘察设计项目策划 — 确认

勘察任务书　设计任务书

任务书审查

不通过

核准

通过

可行性勘察

编制和优化方案设计 → 方案设计估算

审核方案设计文件

不符合

分析原因、发出修改设计指令

设计修改 → 调整估算

符合

方案设计正式文件

否　确认　是

初步勘察

编制和优化初步设计 → 设计概算

审核初步设计文件

不符合

分析原因、发出修改设计指令

设计修改 → 调整概算

符合

初步设计正式文件

否　确认　是

详细勘察

编制和优化施工图设计

审核施工图文件

不符合

分析原因、发出修改设计指令

设计修改

符合

施工图设计正式文件

否　确认　是

移交设计文件 → 施工图预算(如需) → 施工图审查

不符合　符合

发出修改设计指令

设计修改

出具审查合格书

批准施工图文件

确认

图 5-1　全过程工程咨询单位勘察设计阶段咨询服务流程图

第二节　勘察设计策划与项目管理

一、勘察设计项目策划与管理内容

勘察设计阶段，全过程工程咨询的项目策划与项目管理服务内容主要分为：勘察设计策划、勘察设计目标管理、过程管理以及沟通管理。

（一）　建设项目勘察设计策划

在勘察设计阶段，全过程工程咨询单位在项目前期策划和决策成果基础上，通过深入收集资料和调查研究，进一步分析和明确投资人需求，运用组织、管理、经济和技术等手段精心策划项目勘察设计工作，实现项目勘察、设计和投资控制的集成与融合，为顺利推进项目招标和施工等奠定良好的基础。

（二）　建设项目勘察设计目标管理

建设项目勘察设计管理以目标管理为核心，主要包括建设项目勘察设计质量管理、建设项目勘察设计进度管理、建设项目勘察设计投资管理。其中，质量管理、进度管理与投资管理相互影响、相辅相成。对于建设项目来说，投资人的目标主要是在保证工程质量的前提下，缩短工期、降低造价。因此，本章将从投资人的角度出发，利用项目管理理论中的质量管理、进度管理和投资管理理论，以满足项目各参与方的最大利益为契合点，优化建设项目的进度、质量、成本等目标，实现建设项目管理的整体优化。

（三）　建设项目勘察设计过程管理

建设项目勘察设计过程管理包含了建设项目勘察设计管理各阶段的主要工作内容。此部分主要根据国家关于建设制管理办法、勘察设计有关法律法规，对投资人在方案设计阶段、勘察阶段、初步设计阶段、施工阶段的工作依据、工作内容、工作流程以及注意事项等内容进行系统阐述，旨在为建设单位提供详细的勘察设计管理指导手册。

（四）　建设项目勘察设计沟通管理

建设项目勘察设计沟通管理是指在合同约定的基础上进一步明确勘察、设计专业咨询工程师与投资人之间在勘察、设计工作方面的关系、联络方式、报告审批制度。勘察设计管理具有环环相扣、协调一致的特征，忽视任何环节的沟通都有可能造成勘察设计管理混乱。在项目内部树立良好的沟通管理意识，在各设计专业咨询工程师之间、勘察/设计专业咨询工程师与投资人之间、勘察设计专业咨询工程师与各配合单位之间建立顺畅的沟通渠道，将项目所有的成员有效联系起来，才能使设计产品得到最好的体现，才能满足投资人的要求，从而实现建设的目的。

二、勘察设计项目策划

（一）策划依据

（1）有关项目建设及质量管理方面的法律法规，如有关城市规划、建设用地、市政管理、环境保护、"三废"治理、建设项目质量监督等方面的法律、法规；

（2）有关项目建设的技术标准，如各种设计规范、规程、标准、设计参数的定额指标等；

（3）项目可行性研究报告、项目评估报告及选址报告；

（4）体现投资人项目建设意图的有关资料等；

（5）反映项目建设中和建成后所需要的有关技术、资源、经济等方面的协议、数据和资料。

（二）策划内容

1. 环境调查和分析

调查分析项目建设的自然环境、政策环境、市场环境、建设环境和建筑环境（风格、主色调等）。

2. 投资人需求分析及项目功能定位、目标论证

在决策阶段成果的基础上，进一步深入分析投资人需求，进行项目目标分析和再论证，包括投资目标分解和论证、编制项目投资总体规划；进行项目进度目标论证，编制项目建设总进度规划；进行项目功能分解、建筑面积分配，确定项目质量目标，编制空间和房间手册等。

3. 组织策划

制定项目勘察设计总体方案，全过程工程咨询组织结构、任务分工和职能分工，确定咨询工作流程，建立编码体系和勘察设计成果评价考核指标体系等。如有必要，组织设计方案竞赛和竞赛评审。

4. 项目管理策划

制定勘察设计阶段项目管理方案，包括制定勘察设计投资控制、进度控制、质量控制、信息管理和组织协调等目标。

5. 投资策划

编制资金需求量计划，进行投资估算以及融资方案的深化分析；分析和制订限额设计造价指标等。

6. 技术策划

明确项目采用的技术标准、设备方案及其应用范围等，并对项目技术方案和关键技术进行深化分析。

7. 优化设计策划

运用可施工性分析、可运营性分析、全生命周期成本分析以及价值工程分析等手段，

进行项目设计方案比选与优化的实施方案；专家评审论证等。

8. 风险分析

对项目勘察设计进行政策风险、经济风险、技术分析、组织风险和管理风险进行分析。

（三） 策划流程

建立规范有效的策划流程，是策划工作顺利开展的保证。全过程工程咨询单位在项目勘察设计阶段可按如下程序开展策划工作（图 5-2）。

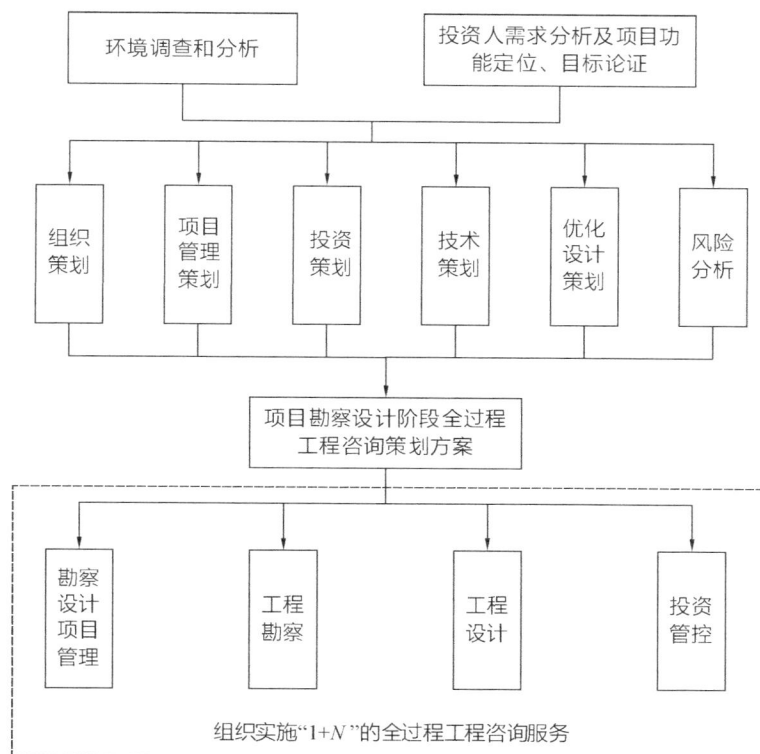

图 5-2　勘察设计阶段项目策划工作流程

（四） 策划注意事项

勘察设计阶段是将投资人的意图和需求转化为项目蓝图和具体资金需求的重要阶段，全过程工程咨询单位应充分发挥总咨询师和各专业咨询工程师的作用，在项目前期决策成果的基础上，深化、集成和融合项目勘察、设计和投资管控咨询咨询服务。

一是对进一步完善和细化决策阶段的土地资金建造成本评估。土地资金建造成本的管理贯穿建设项目的全过程，决策阶段完成土地资金建造成本的初步评估，设计阶段要根据建设项目设计方案对成本数据进行更加准确的评估。

二是根据决策阶段的评估报告、可行性研究报告和运营策划，进行图纸的方案设计。

对项目的规模、功能、技术标准和要求等，全过程工程咨询单位通过初步设计图纸和施工图设计图纸将决策成果的设计深化。

三是通过对项目的详细勘察，完成施工图设计、技术要求说明和施工图预算；由于风险存在于项目的全过程，因此还需要分析设计阶段的风险，用科学的方法对风险进行管理。

三、勘察设计目标管理

（一）质量目标管理

勘察设计是工程建设质量的基础保证，也是决定工程质量的关键因素。全过程工程咨询单位应加强设计质量管理，提高建筑设计水平，使工程建设项目达到技术先进、经济适用、安全可靠、资源节约、降低成本、质量优良、和谐美观的综合效果。

1. 编制依据

项目勘察设计目标管理的依据主要有：

（1）有关工程建设及质量管理方面的法律法规，如有关城乡规划、建设用地、市政管理、环境保护、"三废"治理、建设项目质量监督等方面的法律、法规；

（2）工程建设强制性标准；

（3）国家规定的建设工程勘察、设计深度要求；

（4）有关工程建设的技术标准，如各种设计规范、规程、标准、设计参数的定额指标等；

（5）项目可行性研究报告、项目评估报告及选址报告；

（6）体现投资人建设意图的设计任务书、设计规划大纲、设计纲要和设计合同等；

（7）反映项目建设中和建成后所需要的有关技术、资源、经济等方面的协议、数据和资料。

2. 编制内容

审核招标文件和合同文件中有关质量管理的条款，并策划设计总质量目标，勘察设计各阶段质量管理的主要任务划分如图5-3、表5-1所示。

设计各阶段质量管理任务 表5-1

阶段		质量管理任务
设计阶段	方案设计阶段	1. 编制方案设计任务书中有关质量管理的内容 2. 组织专家对设计方案进行评审并协助投资人选定设计方案 3. 审核设计方案是否满足国家及投资人的质量要求和标准 4. 从质量管理角度提出方案优化意见 5. 审核设计优化方案是否满足规划及其他规范要求 6. 组织专家对优化设计方案进行评审 7. 在方案设计阶段进行协调，督促设计部门完成设计工作 8. 编制本阶段质量控制总结报告

阶段		质量管理任务
设计阶段	初步设计阶段	1. 编制初步设计任务书中有关质量管理的内容 2. 审核初步设计是否满足国家及投资人的质量要求和标准 3. 对重要专业问题组织专家论证，提出咨询报告 4. 组织专家对初步设计进行评审 5. 分析初步设计对质量目标的风险，并提出风险管理的对策与建议 6. 若有必要，组织专家对结构方案进行分析论证 7. 对智能化总体方案进行专题论证及技术经济分析 8. 对建筑设备系统技术经济等进行分析、论证，突出咨询意见 9. 审核各专业工种设计是否符合规范要求 10. 审核各特殊工艺设计、设备选型，提出合理化建议 11. 在初步设计阶段进行设计协调，督促设计部门完成设计工作 12. 审核初步设计概算，使之符合立项时的投资要求 13. 编制本阶段质量控制总结报告
	施工图设计阶段	1. 在施工图设计阶段进行设计协调，跟踪审核设计图，发现图中的问题，及时向设计部门提出，督促设计部门完成设计工作 2. 审核施工图设计与说明是否与初步设计要求一致，是否符合国家有关设计规范，有关设计质量要求和标准，并根据需要提出修改意见，确保设计质量达到设计合同要求及获得政府有关部门审查通过 3. 审核施工图设计是否有足够的深度，是否满足施工招标及施工操作要求、确保施工进度计划顺利进行 4. 审核各专业设计的施工图纸是否符合设计任务书的要求，是否符合规范及政府有关规定的要求，是否满足材料设备采购及施工的要求 5. 对项目所采用的主要设备、材料充分了解其用途，并作出市场调查报告；对设备、材料的选用提出咨询报告，在满足功能要求的条件下，尽可能降低工程成本 6. 控制设计变更质量按规定的管理程序办理变更手续 7. 审核施工图预算，必须满足投资要求 8. 编制施工图设计阶段质量管理总结报告
	专项设计及深化设计阶段	1. 编制专项设计及深化设计任务书，明确投资人需求、设计总包配合要求、专项设计及深化设计技术标准、完成的设计成果内容，要求专项设计及深化设计人员严格按照这些规定编制设计文件 2. 根据设计任务书，编制专项设计及深化设计的设计方案及质量计划书 3. 加强专项设计及深化设计过程的沟通与交流，各方及时提交设计输入数据 4. 专项设计及深化设计应履行完善的签字、盖章等手续的出图程序 5. 加强设计成果的会审工作，层层把关，全面校审，确保满足总设计要求

搜集资料

分析资料

现场踏勘和调查

了解场地的地层、构造、岩性、不良地质作用和地下水等工程地质条件

区域地质、地形地貌、地震、矿产、当地的工程地质、岩土工程和建筑经验等资料

历史资料分析
拟选厂址的区域地质、厂址工程地质和水文地质、地震动参数区划、历史地震及历史地震的影响烈度以及近期地震活动等方面资料加以研究分析

工程地质测绘

工程地质测绘和调查的范围，应包括场地及其附近地段。可行性研究勘察可选用1：5000～1：50000

勘探工作

了解拟选方案的地形地貌、地呈岩性、地层构造、工程地质、水文地质和环境条件

场址稳定性评价

场址适宜性评价

符合选择场址方案的要求

最优场址方案建议

1.了解岩土覆盖层的组成、厚度和基岩面的埋藏特征；
2.了解隐伏岩体的构造特征；
3.了解是否存在洞穴和隐伏的软弱带；
4.在河海岸坡和山丘边坡地区；
5.对岸坡和边坡的稳定性进行调查分析

完成可行性研究勘察

搜集拟建项目资料

工程地质测绘及少量勘探

测绘方法：
1.原位测试；
2.室内测试

1.拟建工程的有关文件；
2.工程地质和岩土工程资料；
3.工程场地范围的地形图

初步查明地下条件

查明不良地质

岩土参数应根据工程特点和地质条件选用，并按下列内容评价其可靠性和适用性；
1.取样方法制其他因素对试验结果的影响；
2.采府的实验方法和取值标准；
3.不同测试方法所得结果的分析比较；
4.测结果的离散程度；
5.测试方法与计算模型的配套性

地下条件：
地质构造、地层结构、岩土工程特性、地下水埋藏条件
不良地质；
潜蚀、沙丘等不良地质作用的成因、分布、发展趋势及其对场地稳定性的影响

场地稳定性评价

提出设计参数与治理方案

符合初步设计的要求

1.地震效应初步分析评价；
2.场地土标准冻结深度；
3.水和土对建筑材料腐蚀性判定；
4.进行稳定性分析和评价

初步分析评价

完成初步勘察

搜集资料

布置勘探点

1.采取土试样和进行原位测试的勘探点数量，应根据地层结构、地基土的均匀性和设计要求确定，对地基基础设计等级为甲级的建筑物每栋不应少于3个；
2.每个场地每一主要土层的原状土试样或原位测试数据不应少于6件(组)；
3.在地基主要受力层内，对厚度大于0.5m的夹层或透镜体，应采取土试样或进行原位测试；
4.当土层性质不均匀时，应增加取土数量或原位测试工作量。

附有坐标和地形的建筑总平面图，场区的场地整平标高、建筑物的性质、规模、荷载、结构特点、基础形式、埋置深度、地基允许变形等资料

地质测绘与勘探

查明不良地质

查明建筑范围内岩土层的类型、深度、分布、工程特性、分析和评价地基的稳定性、均匀性和承载力

提出整治方案及建议

1.勘探点宜按建筑物周边线和角点布置，对无特殊要求的其他建筑物可按建筑物或建筑群的范围布置；
2.同一建筑范围内的主要受力层或有影响的下卧层起伏较大时，应加密勘探点，查明其变化；
3.重大设备基础应单独布置勘探点，重大的动力机器基础和高耸构筑物，勘探点不宜少于3个；
4.勘探手段宜采用钻探与触探相配合，在复杂地质条件、湿陷性土、膨胀岩土、风化岩和残积土地区，宜布置适量探井

岩土层性质分析

符合施工图设计的要求

场地稳定性分析

1.对需进行沉降计算的建筑物，提供地基变形计算参数，预测建筑物的变形特征；
2.查明埋藏的河道、沟浜、墓穴、防空洞、孤石等对工程不利的埋藏物；
3.查明地下水的埋藏条件，提供地下水位及其变化幅度；
4.在季节性冻土地区，提供场地土的标准冻结深度；
5.判定水和土对建筑材料的腐蚀性

岩土工程勘察报告

完成详细勘察

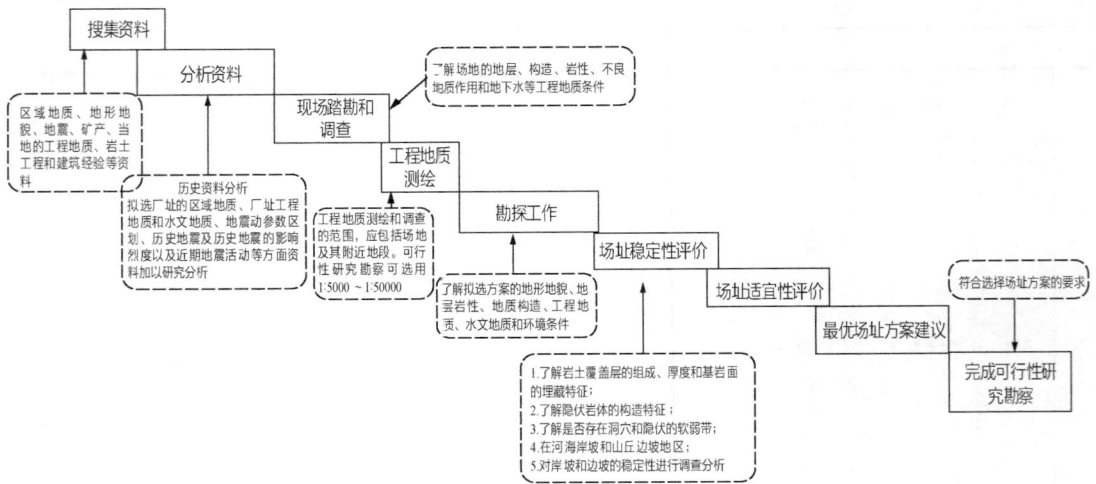

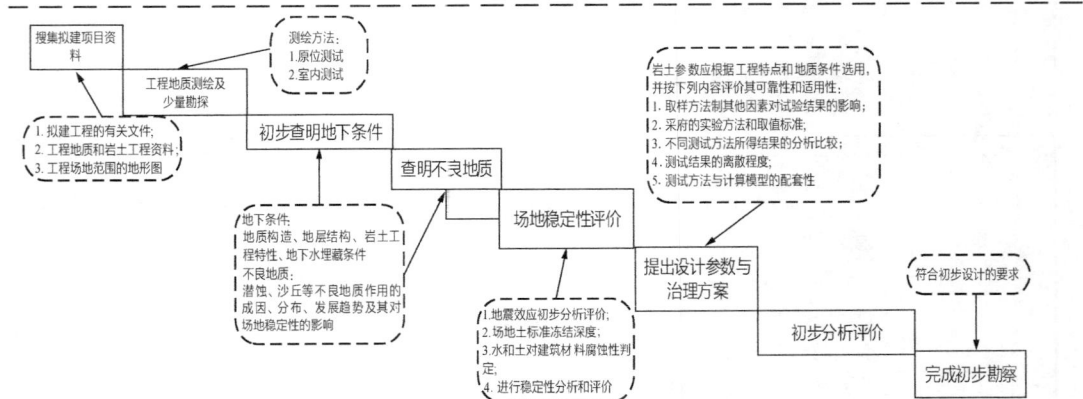

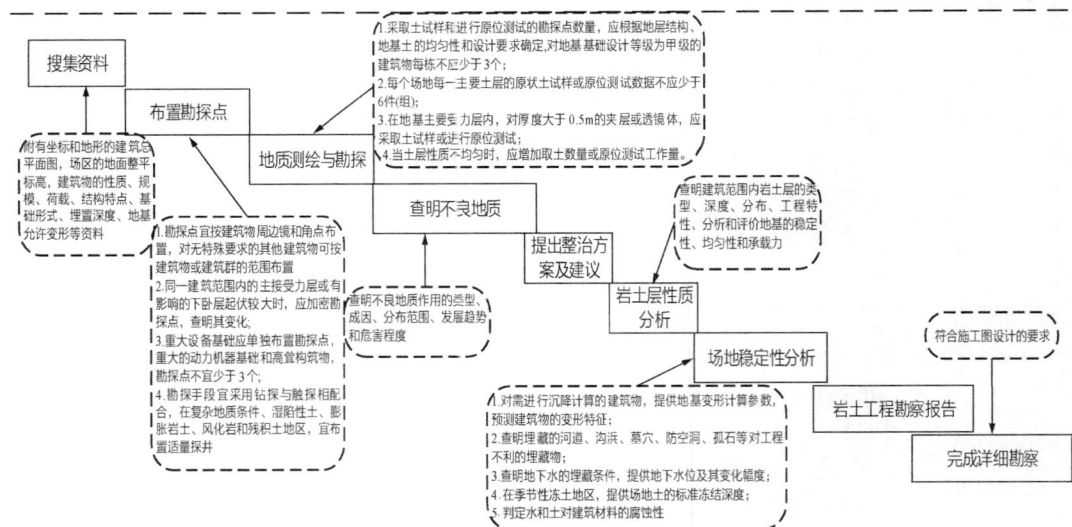

图 5-3 勘察设计管理要点（依据《岩土工程勘察规范》GB 50021—2001（2009 年版））

3. 编制程序

勘察设计阶段质量控制程序，如图 5-4 所示。

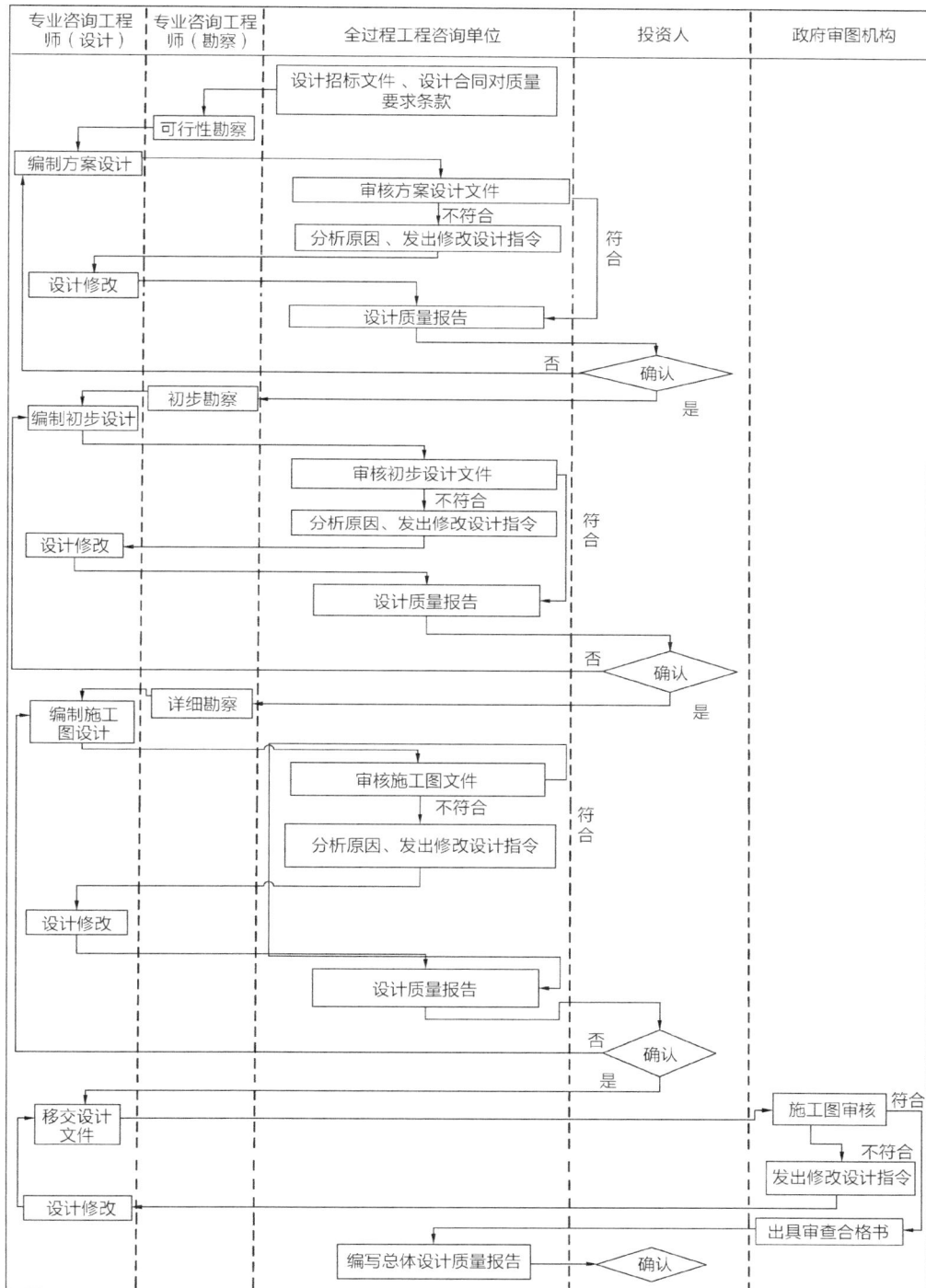

图 5-4　勘察设计阶段质量控制程序图

4. 编制方法

勘察设计过程的质量管理需要采用动态控制的方法，通常是通过事先控制、事中控制和事后控制来实现。其最重要的方法就是在各个勘察设计阶段前编制设计任务书，分阶段提交给设计部门，明确各阶段设计要求和内容，在各阶段设计过程中和结束后及时对设计提出修改意见，并对设计成果进行评审及确认。

5. 注意事项

项目勘察设计质量管理的注意事项有：

（1）严格按照"先勘察、后设计、再施工"的国家基本建设程序进行建设，确保建设质量；

（2）加强各专业、各设计部门之间的配合，减少设计失误；

（3）注重勘察设计评审，通过早期报警克服设计缺陷。对勘察设计进行跟踪审查，及时向设计人员反馈工程勘察设计中出现的错误及设计深度不够的地方，并提出相应的改进意见，协助设计部门将工程设计做到最完善，力求将工程施工期间更改设计的机会减至最低，并在设计概算报批前，对其进行详细审核；

（4）加强施工过程的专项设计管理和深化设计管理；

（5）采用 BIM 技术对质量进行控制。

（二）进度目标管理

1. 编制依据

项目勘察设计进度管理的依据主要有：

（1）项目建议书及可行性研究报告；

（2）设计任务书、设计合同等；

（3）总工期进度计划、设计进度计划；

（4）《工程建设项目勘察设计招标投标办法》（国家发改委等八部委第 2 号令）。

2. 编制内容

（1）设计各阶段进度管理的任务规划

审核招标文件和合同文件中有关进度管理的条款，并策划设计总进度目标，设计各阶段进度管理的任务规划，如表 5-2 所示。

勘察设计各阶段进度管理的主要任务　　　　　　　　　　　　　　表 5-2

	进度管理任务
可行性研究勘察	1. 搜集历史资料进行分析； 2. 对现场踏勘及调查； 3. 进行工程地质测绘与勘探； 4. 场地稳定性及适应性评价； 5. 最优场址方案建议

	进度管理任务
方案设计阶段	1. 编制设计方案进度计划并监督其执行； 2. 审核方案设计文件，结合投资人的设计要求提出优化意见； 3. 比较进度计划值与实际值，编制本阶段进度管理报表和报告； 4. 编制本阶段进度管理总结报告
初步勘察阶段	1. 搜集地质资料及工程地质测绘及少量勘探； 2. 初步查明地下条件，查明不良地质影响； 3. 场地稳定性评价； 4. 提出设计参数和治理方案的建议； 5. 初步分析评价
初步设计阶段	1. 确定初步设计阶段进度目标； 2. 审核设计部门提出的设计进度计划并监督其执行，避免发生因设计部门进度推迟而造成施工单位的索赔； 3. 比较进度计划值与实际值，编制本阶段进度管理报表和报告； 4. 过程跟踪设计进度，监控各设计专业的配合情况，确保按计划出图； 5. 编制本阶段进度管理总结报告
详细勘察阶段	1. 搜集附有坐标和地形的建筑总平面图等资料； 2. 对勘探点进行布置并进行地质测绘与勘探； 3. 查明不良地质的作用类型、成因、分布范围、发展趋势和危害程度； 4. 提出对不良地质的整治方案； 5. 岩土层性质分析及稳定性分析； 6. 岩土勘察报告的编制
施工图设计阶段	1. 确定施工图设计进度目标，审核设计部门的出图计划； 2. 编制甲供材料、设备的采购计划，在设计部门的协助下编制各材料、设备技术标准； 3. 及时对设计文件进行审定并作出决策； 4. 比较进度计划值与实际值，提名各种进度管理报表和报告； 5. 注意设计过程的配合问题，确保按时出图。控制设计变更及其审查批准实施的时间； 6. 编制施工图设计阶段进度管理的总结报告

　　为了保证勘察设计的正常进度，须由勘察设计部门编制针对勘察设计总进度计划，并将专项设计及深化设计纳入其出图计划中。

　　1. 经投资人审核、批准后的勘察设计总进度计划应下达给各专项设计及深化设计部门。各专项设计及深化设计部门必须严格执行设计总包的出图计划，并提交各自的进度报告；

　　2. 全过程工程咨询单位应进行对口督促和检查，如出现异常需要查明提出解决办法，并及时调整落实出图计划；

　　3. 监督专项及深化设计的实际进度，确保按计划出图

　　（2）勘察设计进度管理的重点

　　1）勘察工作完成后，设计部门进行设计图纸的测绘，设计图纸是建设的基础，涉及

施工招标等一系列工作，需要按"先勘察、后设计、再施工"的程序进行基本建设，需要高度重视勘察设计出图工作，明确各阶段出图时间点。

2）对勘察设计进度管理是贯穿设计管理全过程的重要工作内容。采取的主要措施为：

① 根据委托方的总体开发计划和工期要求，拟定勘察设计进度总控计划，明确方案设计、初步勘察、初步设计和详细勘察、施工图设计出图里程碑，征得委托方同意后作为各阶段勘察设计进度计划的依据。

② 要求勘察部门、设计部门按照总控计划编制详尽的分阶段分专业进度计划表，要求落实到时间、人员安排等，明确各专业责任人，并拟订保证进度按计划进行的具体措施，明确专业之间的资料提交、初图交付时间、审图时间、修改时间等，报委托方和全过程工程咨询单位审核批准后执行。

3）加强勘察、设计过程的协调配合，及时解决设计中需明确的问题，为设计工作创造条件。

4）实行计划跟踪检查，及时纠正进度偏差。根据进度计划时间节点，重点检查进度计划完成情况，发现偏差，要求设计部门分析原因，并制定纠偏措施。

当特殊情况出现，如投资人需求发生变化，全过程工程咨询单位应要求设计专业咨询工程师和投资人及时办理进度延期手续。

3. **编制程序**

进度管理流程图如图 5-5 所示。

4. **编制方法**

勘察设计阶段进度管理的方法是规划、控制和协调。规划是指编制、确定项目设计阶段总进度规划和分进度目标；控制是指在设计阶段，比较计划进度与实际进度的偏差，及时采取纠偏措施；协调是指协调各参与单位之间的进度关系。

全过程工程咨询单位应针对具体的项目，编制勘察设计总进度目标，明确各阶段勘察设计成果交付时间，相应的设备、材料招标建议计划，并提前确定设计中所涉及材料、设备的技术要求和标准。勘察部门应配合设计部门应据此完成设计文件交付，设计图纸交付计划必须满足施工进度计划要求和主要设备和材料的订货要求，全过程工程咨询单位应充分考虑各设计部门、各专业之间的接口配合要求和时间，及时组织设计联络会，保证设计进度。

（1）注重多界面协调，制订统一的项目编码系统，将项目各参与方的进度纳入统一的编码系统管理，通过统一检测、汇总准则及统一进度报告，对项目进度实施多界面的一体化管理；

（2）实行计划的分级管理。凡涉及计划修改与变动的任何里程碑性的建议，都必须获得投资人的同意和批准，否则不可调整；

（3）强调计划及协调的重要性，注重事前计划和过程协调，确保进度目标实现；

（4）设置主要控制点，包括：①方案、初步设计、施工图文件提交时间；②各阶段设计文件内部审查、确认时间；③政府相关机构报建审批完成时间；④关键设备和材料采购文件之技术标准的提交时间。

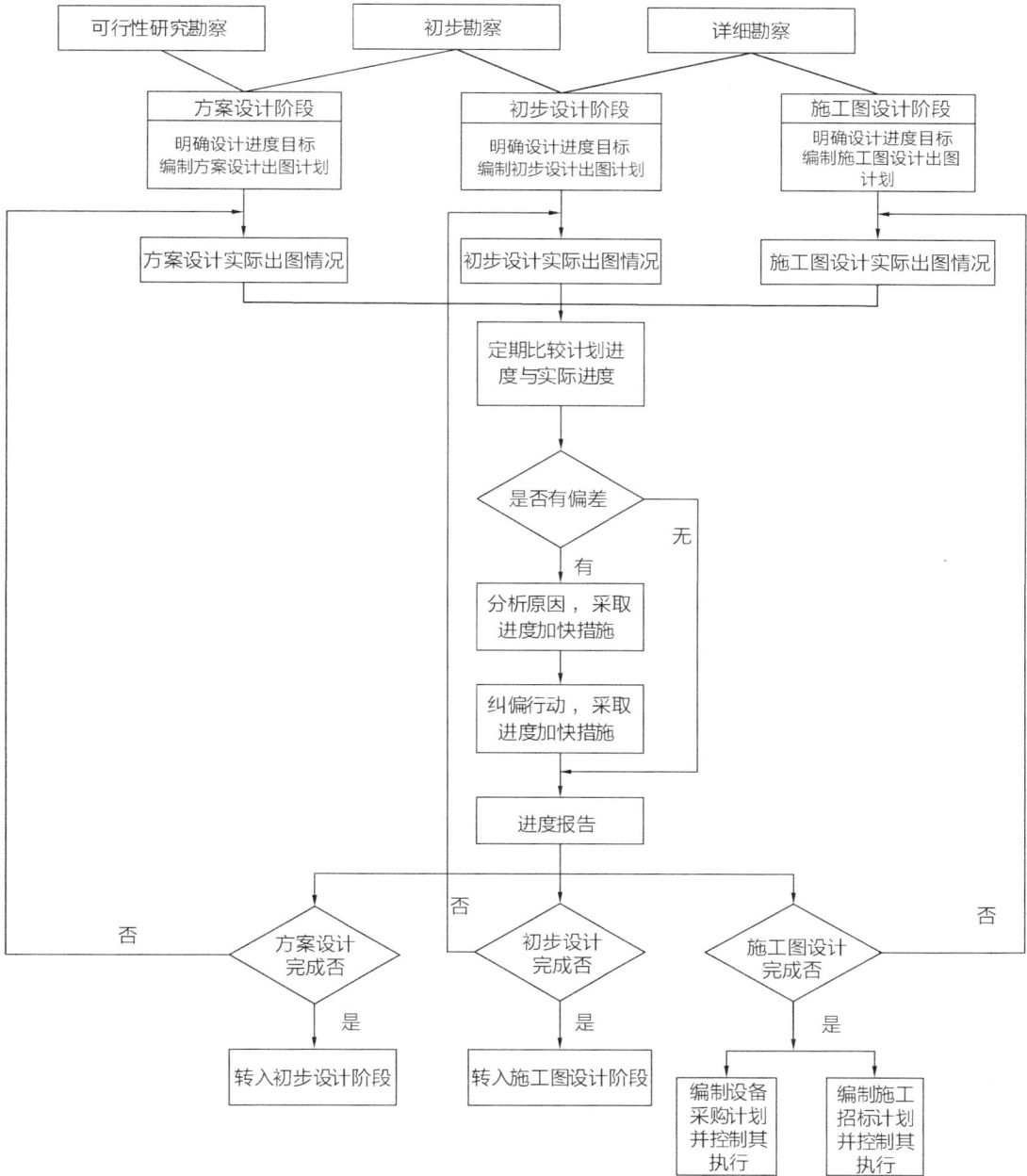

图 5-5　勘察设计进度管理流程图

5. 注意事项

项目勘察设计进度管理的注意事项有：

（1）应明确进度管理工作的基本思想：计划的不变是相对的，变是绝对的；平衡是相对的，不平衡是绝对的，要利用计算机作为工具，定期、经常地调整进度计划；

（2）设计进度管理要注重施工阶段的专项设计及深化设计管理；

（3）注重设计的出图管理，保证施工进度。

（三） 投资目标管理

1. 依据

项目勘察设计投资管理的依据主要有：

（1）设计合同、设计任务书；

（2）经批准的项目建议书及可行性研究报告；

（3）经批准的投资估算、设计概算以及施工图预算。

2. 内容

（1）设计投资管理的任务规划

审核招标文件和合同文件中有关投资管理的条款，并策划设计总投资目标，设计各阶段投资管理规划，如表5-3所示。

设计各阶段投资管理规划　　　　　　　　　　　　　　　　　表5-3

阶段		投资管理任务
设计阶段	方案设计阶段	（1）编制设计方案任务书中有关投资管理的内容； （2）对设计部门方案设计文件提出关于投资管理的优化意见； （3）根据设计方案优化意见编制项目总投资修正估算； （4）编制方案设计阶段资金使用计划并控制其执行； （5）比较修正投资估算与投资估算，编制各种投资管理报表和报告
	初步设计阶段	（1）编制、审核初步设计任务书中有关投资管理的内容； （2）审核项目设计总概算，并控制在总投资计划范围内； （3）采用价值工程方法，控制节约投资的可能性； （4）编制本阶段资金使用计划并控制其执行； （5）比较设计概算与修正投资估算，编制各种投资管理报表和报告
	施工图设计阶段	（1）编制、审核施工图设计任务书中有关投资管理的内容； （2）根据批准的总投资概算，修正总投资规划，提出施工图设计的投资管理目标； （3）编制施工图设计阶段资金使用计划并控制其执行，必要时对上述计划提出调整建议； （4）跟踪审核施工图设计成果，对设计从施工、材料、设备等多方面作必要的市场调查和技术经济论证，并提出咨询报告，如发现设计可能会突破投资目标，则协助设计人员提出解决办法； （5）审核施工图预算，如有必要调整总投资计划，采用价值工程的方法，在充分考虑满足项目功能的条件下进一步挖掘节约投资的可能性； （6）控制设计变更，注意审核设计变更的结构安全性，经济性等； （7）审核和处理设计过程中出现的索赔和与资金有关的事宜
	专项设计及深化设计阶段	应将专业及深化图设计的投资管理纳入设计投资管理中，并引入"限额设计、标准设计"等思想

（2）设计投资管理的重点

项目设计阶段的投资管理应引入限额设计的理念、加强审查力度、加强对设计部门有效监控，重点对建设项目的投资估算、设计概预算的内容进行审查。设计阶段投资管理的重点有：

① 设计任务书应全面反映委托方的需求，确定设计标准及工程所需材料、设备的标准，以便于设计部门开展设计；

② 方案优化工作是设计阶段控制投资的关键。全过程工程咨询单位应要求设计人员克服重技术、轻经济、设计保守浪费的倾向，要求造价人员应具备必要的专业知识，了解设计意图，熟悉工艺技术方案，用动态分析方法进行多方案技术经济比较，以节约工程投资；

③ 做好勘察工作，挖掘地基潜力，减少不必要投资。全过程工程咨询单位应邀请专家会同设计人员对基础选型进行分析研究，充分挖掘地基潜力，选用最佳基础设计方案，减少不必要的投资；

④ 各专业设计人员应掌握设计任务书的设计原则、建设方针、各项经济指标，做好关键设备、工艺流程、总图方案的比选，力争满足投资人建设需求；

⑤ 进行项目投资分析。将项目的投资计划分解至各专业设计工作，以指导各专业设计工作的开展；

⑥ 推行限额设计。设计过程中要积极推行限额设计，明确限额目标，实现工序管理，使限额设计贯穿于可行性研究、初步设计、技术设计以及施工图设计等各阶段；

⑦ 推广标准设计。标准设计是指根据共同条件和按照通用原则编制的、经过一定程序批准的、可供设计部门重复使用的、既优质又经济的一套成果；

⑧ 审查设计概算。重点审查设计概算是否在批准的投资估算内，若概算超过估算，应找出原因，修改设计，调整概算；

⑨ 推行设计收费与工程设计成本节约相结合的办法，制定设计奖惩制度，对节约成本设计者给予一定比例奖励，从而鼓励设计者寻求最佳设计方案，防止不顾成本、随意加大安全系数等现象的发生；

⑩ 加强设计变更管理，规范设计变更制度和现场签证的程序；

⑪ 提高设计人员的责任心，减少设计失误，避免"错、漏、碰、缺"问题的出现；

⑫ 加强对各阶段设计文件的审查工作。检查设计是否符合有关的规定及标准，审查设计采用的新材料、新技术、新工艺是否符合规范要求，并对其可靠性、安全性、经济性做出分析。

3. **程序**

勘察设计投资管理程序，如图 5-6 所示。

4. **方法**

设计过程的投资管理工作不单纯是技术方面的工作，也不单纯是项目经济方面的工作，而是包括组织措施、经济措施、技术措施、合同措施在内的一项综合性工作。设计过程投资控制的方法如图 5-7 所示。

工作流程　　　　　　　　　　　全过程工程咨询单位工作要求

工作流程	全过程工程咨询单位工作要求
投资估算编制	在该阶段要求全面认真收集有关资料，通过与类似工程的对比和各类技术参数的研究，全面细致地编制投资估算，充分预计各种不利因素对工程造价的影响，使投资估算最大限度地符合实际并留有必要空间，使其真正起到控制项目总投资的作用
投资估算审查	造价工程师必须做好投资估算的审查工作，要对投资估算采用资料的完整性、准确性、可靠性进行认真分析，保证投资预测、经济分析的准确
编制投资总控制初步目标	全过程工程咨询单位根据委托合同及项目合同体系，分别确定各项合同投资控制计划，编制项目投资总控制目标
进行设计招标	通过设计招标，优选出具有安全、实用、美观、经济合理的建筑结构和布局的最佳设计方案 为了克服一些设计人员不经心计算，随意加大荷载等级，增大概算基数，增加投资，不仅方案设计阶段应通过招标完成，对初步设计和施工图设计也应引入竞争机制，推行技术设计和施工图设计招标，使每个设计阶段均通过竞争完成，在设计中对每个设计阶段进行经济核算，但需注意设计各阶段成果的一致性 改进设计取费方法，推行设计收费与工程设计成本节约相结合办法，制定设计奖惩制度，对节约成本设计者给予一定比例分成，从而鼓励设计者寻求最佳设计方案，防止不顾成本，随意加大安全系数，严重浪费工程投资的现象发生
设计过程投资控制	**引入设计管理** 通过设计管理达到既保证工程项目安全可靠又最大限度提高其实用性和经济性 设计管理的重点应放在初步设计及施工图设计阶段，通过检查施工图是否根据已批准的初步设计进行深化，检查工程设计是否符合有关的规定，规范及标准，把好设备选型关，审查设计采用的新材料、新技术、新工艺是否符合规范要求，并研究其可靠性、安全性、经济性，综合协调各专业，避免或减少图纸变更 通过审查与复核验证其限额设计情况，对概算与预算按专业作出分析，控制工程设计阶段的投资 **实行限额设计、标准设计** 在初步设计阶段，各专业设计人员应掌握设计任务书的设计原则、建设方针、各项经济指标，搞好关键设备、工艺流程、总图方案的必选，把初步设计造价严格控制在限额内 施工图设计应按照批准的初步设计，其限额的重点应放在工程量的控制上，将上阶段设计审定的投资额和工程量分解到各个专业，然后再分解到各个专业，然后再分解到各个单位工程和分部工程 设计人员必须加强经济观念，在整个设计过程中，经常检查本专业的工程费用，切实做好控制造价工作
设计成果审查	主要审查设计概算是否在批准的投资估算内，如发现超估算，应找出原因，修改设计，调整概算，力争科学经济合理
修正总投资目标	施工图设计完成后，对投资总控制目标进行修正，经审核确认后，作为建安总承包和各分项招投标及采购的限额标准

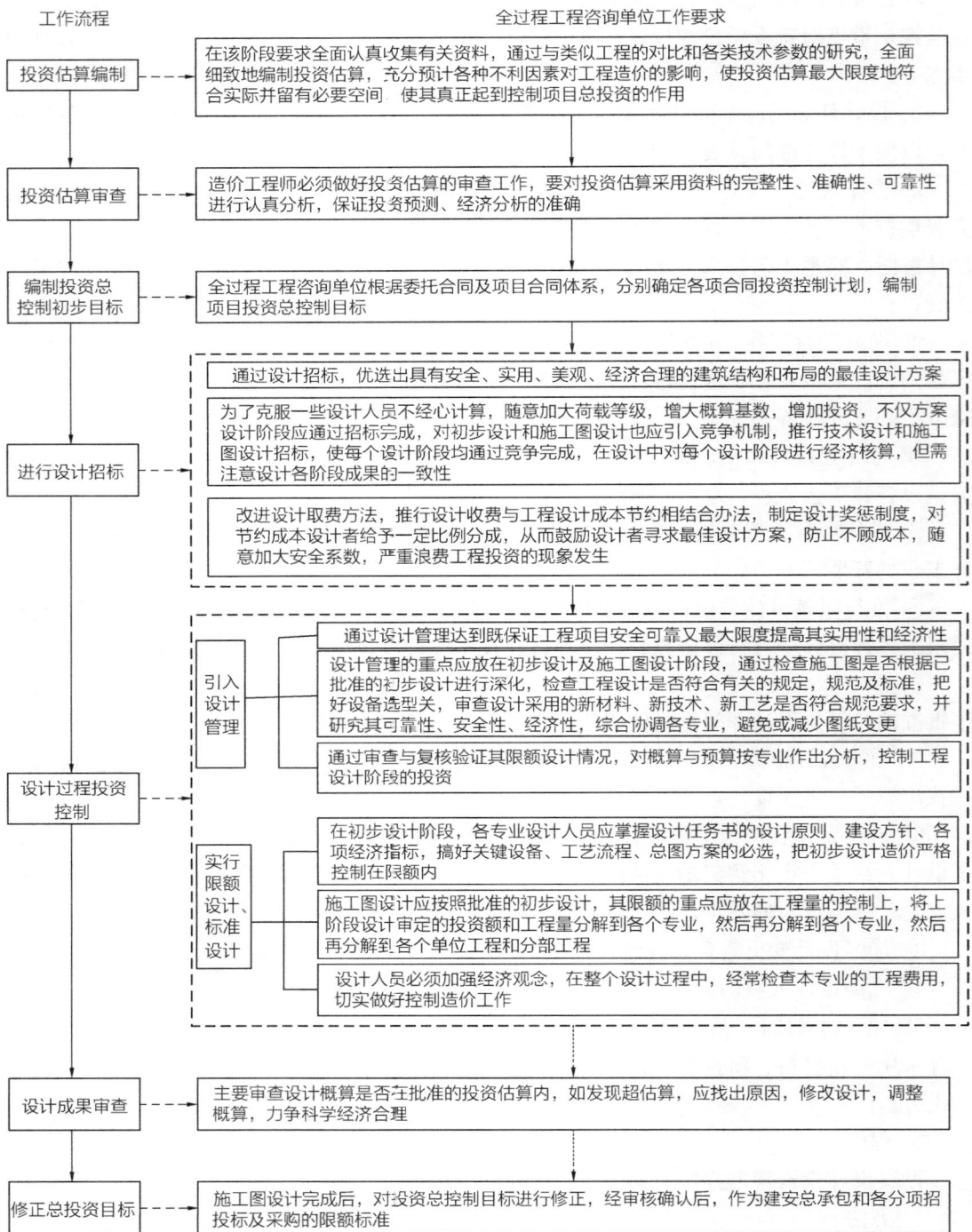

图 5-6　勘察设计投资管理程序图

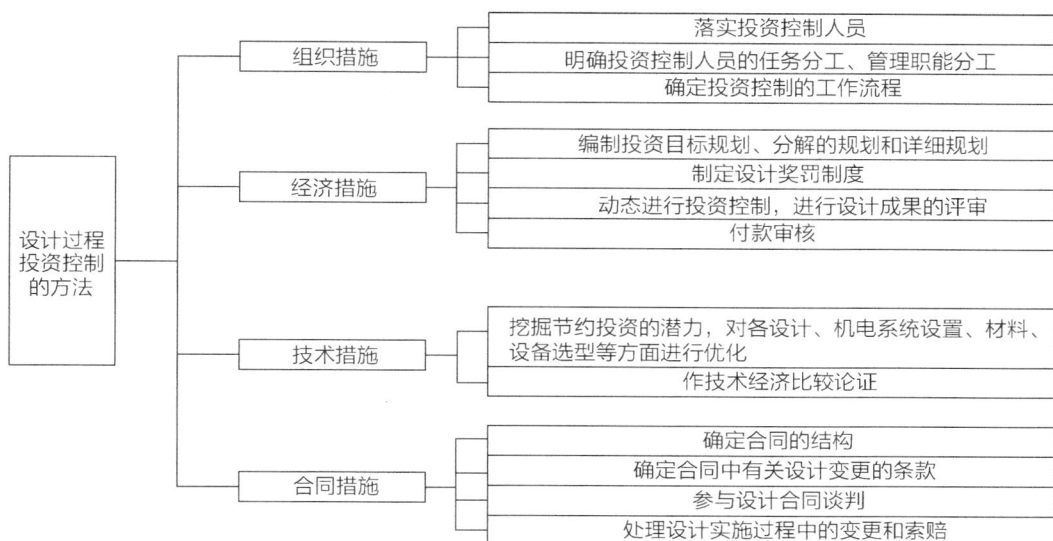

图 5-7 设计过程投资管理的方法

5. 注意事项

项目勘察设计投资管理的注意事项有:

(1) 制定科学的目标, 应形成投资管理目标系统;

(2) 要注重设计部门在建设过程中举足轻重的作用, 引入竞争机制, 积极推行设计招标;

(3) 勘察设计招投标不能仅以设计费投标报价为主要定标因素, 要综合考虑设计方案的优劣, 凡是大型、复杂的项目, 设计优劣对工程造价影响就越大;

(4) 注重设计变更管理。对必须变更的工程要先由造价咨询单位进行经济分析对比, 施工单位做出工程量和工程造价的增减分析, 经造价咨询部门审核, 上报投资人同意后, 变更方可成立, 才能调整原合同确定的工程造价。

四、勘察设计过程管理

(一) 勘察、 设计任务书的编制

1. 编制依据

(1) 勘察任务书的编制依据:

1) 项目建议书及可行性研究等批复文件;

2) 全过程工程咨询委托合同;

3) 工程建设强制性标准;

4) 国家规定的建设工程勘察、设计深度要求;

5)《建设工程勘察设计管理条例》(国务院令第 2015 年修订);

6)《岩土工程勘察规范》GB 50021—2001 (2009 年版);

7)《建设工程勘察质量管理办法》（建设部 2002 年第 115 号令）（2007 年修订）。

（2）设计任务书的编制依据：

1）土地挂牌文件、选址意见书或土地合同；

2）建设用地规划许可证；

3）项目设计基础资料；

4）上阶段政府报建的批文；

5）项目成本管理指导书；；

6）勘察文件；

7）环境评估报告；

8）交通评估报告；

9）能源评估报告；

10）物业管理设计要点。

2. 编制内容

（1）勘察任务书的编制

勘察任务书及设计任务书应由全过程咨询机构编制。

1）勘察任务书的拟定，应把地基、基础与上部结构作为互相影响的整体，并在调查研究场地工程地质资料的基础上，下达勘察任务书。

2）勘察任务书应说明工程的意图，设计阶段要求提交勘察文件的内容、现场及室内的测试项目以及勘察技术要求等，同时应提供勘察工作所需要的各种图表资料。

3）为配合初步设计阶段进行的勘察，在勘察任务书中应说明工程的类别、规模、建筑面积及建筑物的特殊要求、主要建筑物的名称、最大荷载、最大高度、基础最大埋深和重要设备的有关资料等，并向勘察部门提供附有坐标的、比例为 1：000～1：2000 的地形图，图上应划出勘察范围。

4）为配合施工图设计阶段进行的勘察，在勘察任务书中应说明需要勘察的各建筑物具体情况。如建筑物上部结构特点、层数、高度、跨度及地下设施情况，地面平整标高，采取的基础形式、尺寸和埋深、单位荷重或总荷重以及有特殊要求的地基基础设计和施工方案等，并提供经上级部门批准附有坐标及地形的建筑总平面布置图或单幢建筑物平面布置图。如有挡土墙时还应在图中注明挡土墙位置、设计标高以及建筑物周围边坡开挖线等。

（2）设计任务书的编制

设计任务书一般由全过程工程咨询单位在与委托单位及委托方充分沟通后编制。

设计任务书是委托方对工程项目设计提出的要求，是工程设计的主要依据。进行可行性研究的工程项目，可以用批准的可行性研究报告代替设计任务书。设计任务书可分为方案设计任务书、初步设计任务书、施工图设计任务书和专业设计任务书等。

1）方案设计阶段设计文件要求

按照《建筑工程方案设计招标投标管理办法》的规定，根据设计条件及设计深度，建筑工程方案设计招标类型分为建筑工程概念性方案设计招标和建筑工程实施性方案设计招标两种类型。由此可知，事实上在方案设计阶段存在着以下三种方案的设计类型。

① 概念性（招标）方案设计；

② 实施性（招标）方案设计；

③ 可行性研究（报批）方案设计。

需要说明的是，对于大中型综合性项目或成片开发建设项目的方案设计，往往是指规划方案设计或总体方案设计，也称场地方案设计。概念性方案设计的设计方法和设计程序常用于大中型建设项目设计前期工作中的项目初步研究，对于单一建筑物或小规模建筑物项目均是指建筑方案设计。

建筑工程方案设计招标要求，只是在建筑工程方案设计阶段，按照有关招标投标法律、法规和规章等规定，增加了通过方案招标进行方案选择的活动。通过招标选择的方案最终仍然需要满足项目可行性研究报告审批或核准的相关要求。

2）初步设计阶段设计文件深度要求

初步设计阶段是建筑工程设计的一个中间阶段。初步设计是根据项目设计的目标要求，在政府相关部门确认的设计方案基础上，编制具体实施方案的设计文件的活动。依据上述有关文件的规定，初步设计阶段的设计文件应当满足以下要求：

① 初步设计文件应当满足主管部门对初步设计的审查管理规定。

② 对工程设计的各专业技术应能够满足和控制编制施工图设计文件的条件。

③ 深入细化经主管部门批准确认的建设方案的技术经济设计，达到能够编制项目设计概算的深度。

④ 将项目分别发包给几个设计单位或实施设计分包的情况，初步设计文件相互关联处的深度应满足各设计分包单位的需要。

初步设计文件编制的内容和深度应当符合国家有关规定和要求；其中建筑工程应当按住房城乡建设部《建筑工程设计文件编制深度规定》执行；其他行业工程按照国家有关行业主管部门的规定执行；没有规定的，可以参照相近行业主管部门的有关规定执行。

3）施工图设计阶段设计文件深度要求

施工图设计阶段的设计文件，需要完整地表现建筑物外形、内部空间分割、结构体系、构造状况以及建筑群的组成和周围环境的配合，具有详细的构造尺寸。在工艺方面应具体确定各种设备的型号、规格及各种非标准设备的制造加工图。依据上述有关文件面规定，施工图设计阶段的设计文件应当满足以下要求：

① 施工图设计文件应满足设备材料采购、非标准设备制作和施工的需要；满足施工投标书的要求。

② 应符合主管部门对施工图设计文件审查管理制度的各项相关规定。

③ 当项目分别发包且需要深化施工设计时，设计文件的深度应能够满足各分包单位设计的需要。

④ 应满足设计合同中规定的其他（如施工图预算书等）设计文件要求。

根据可行性研究报告的内容，经过研究并选定方案之后编制的设计任务书，要对拟建项目的投资规模、工程内容、经济技术指标、质量要求、建设进度等做出规定。设计任务

书的主要内容如表 5-4 所示:

设计任务书编制要点 表 5-4

序号	内容	内容要点
1	项目名称、建设地点	
2	批准设计项目的文号、协议书文号及其有关内容	
3	项目建设的依据和目的	
4	建筑造型及建筑室内外装修方面要求	
5	项目建设的规模及生产纲要(生产大纲、产品方案)	对市场需求情况的预测
		对国内外同行业的生产能力估计
		市场销售量预测、价格分析、产品竞争能力分析、国外市场需求情况的预测、进入国际市场的前景分析
		项目建设的规模、产品方案及发展方向的技术经济比较与分析
6	资源、原材料、燃料动力、供水、运输、协作配套、公用设施的落实情况	所需资源、原材料、辅助材料、燃料动力的种类、数量、来源及供应的可能性和条件
		所需公用设施的数量、供应方式和供应条件
		资源的综合利用和"三废"治理的要求
7	建设条件和征地情况	建设用地的范围地形、场地内原有建筑物、构筑物、要求保留的树木及文物古迹的拆除和保留情况等
		场地周围道路及建筑等环境情况
		交通运输,供水、供电、供气的现状及发展趋势
8	生产技术、生产工艺、主要设备选型、建设标准及相应的技术指标	
9	项目的构成及工程量估算	项目的主要单项工程、辅助工程及协作配套工程的构成
		项目布置方案和工程量的估算
10	环境保护、城乡规划、抗震、防洪、文物保护等方面的要求和相应的措施方案	
11	组织机构、劳动定员和人员培训设想	
12	建设工期与实施进度	
13	投资估算、资金筹措和财务分析	主体工程和配套辅助工程所需投资(利用外资项目或引进技术项目应包括外汇款项)
		生产流动资金的估算
		资金来源、筹措方式、偿还方式、偿还年限
14	经济效益和社会效益	项目要达到的各项微观和宏观经济指标
		分析项目的社会效益
15	附件	可行性分析和论证资料
		项目建议书批准文件
		征地和外部协作配套条件的意向性协议
		环保部门关于"三废"治理措施的审核意见
		劳动部门关于劳动保护措施的审核意见
		消防部门关于消防措施的审核意见

3. 注意事项

勘察、设计任务书是勘察、设计的依据，同时也是委托方的意图反映，因此，编制勘察、设计任务书时需要充分体现项目建设意义，力图达到明确表达设计意图、明确表达设计功能和要求的目的。

勘察、设计任务书是大中型基本工程项目、限额以上技术改造项目进行投资决策和转入实施阶段的法定文件，大中型基本工程项目、限额以上技改项目要在编写出可行性报告之后编制设计任务书。

（二）勘察阶段管理

为了提供建设所需的工程地质资料，工程勘察分为可行性研究勘察、初步勘察、详细勘察、施工勘察。其中，可行性研究勘察应满足工程选址需要，初步勘察应满足初步设计文件编制的需要，详细勘察应满足施工图设计文件的编制需要，施工勘察应满足施工需要。

岩土工程勘察文件是建筑地基基础设计和施工的重要依据，必须保证野外作业和实验资料的准确可靠，同时，文字报告和有关图表应按合理的程序编制。勘察文件的编制要重视现场编录、原位测试和实验资料的检查校核，使之相互吻合，相互印证。

1. 依据

项目勘察阶段管理的依据主要有：

（1）经批准的项目建议书、可行性研究报告等文件；

（2）勘察任务书；

（3）《建设工程勘察设计管理条例》（国务院令第 293 号令）（2017 年修订）

（4）《工程建设项目勘察设计招标投标办法》（发展计划委员会 2003 年第 2 号令）（2013 年修订）

（5）《建设工程勘察设计资质管理规定》（建设部 2006 年第 160 号令）（2015 年修订）

（6）《建设工程勘察质量管理办法》（建设部 2002 年第 115 号令）（2007 年修订）

（7）《实施工程建设强制性标准监督规定》（建设部令第 81 号）（2015 年修订）

（8）《中华人民共和国建筑法》（主席令第 91 号令）（2011 年修订）

2. 内容

（1）勘察招标的组织

在本阶段，工程咨询单位组织勘察的招标工作，严格为业主把关、挑选出合适的勘察单位。

（2）勘察方案的审查

勘察方案应由勘察部门编制设计部门进行审查，审查主要包括以下内容：

1）钻孔位置与数量、间距是否满足初步设计或施工图设计的要求；

2）钻孔深度应根据上部荷载与地质情况（地基承载力）确定；

3）钻孔类别比例的控制，主要是控制性钻孔的比例以及技术性钻孔的比例；

4）勘探与取样：包括采用的勘探技术手段方法，取样方法及措施等；

5）原位测试包括多种，主要包括标贯试验，重探试验、静力触探、波速测试、平板载荷试验等。在勘察投标中应明确此类测试的目的、方法、试验要求、试验数量；

6）土工试验项目应该满足建筑工程设计与施工所需要的参数，比如：为基坑支护提供参数的剪切试验，地基土强度验算时的三轴剪切试验，以及水质分析等；

7）项目组织，包括机械设备、人员组织；

8）方案的经济合理性；

通过对勘察方案的审查，可以保证勘察成果满足设计需要、满足项目建设需要，为设计工作的开展提供真实的地勘资料。

（3）勘察文件的审查

勘察文件是勘察工作的成果性文件，需要充分利用相关的工程地质资料，做到内容齐全、论据充足、重点突出。此外，勘察文件应正确评价建筑场地条件、地基岩土条件和特殊问题，为工程设计和施工提供合理适用的建议。因此，全过程工程咨询单位要加强对勘察文件的审查，为设计和施工单位提供准确的依据。

全过程工程咨询单位对勘察文件的审查应包括以下几个方面内容：

1）勘察文件是否满足勘察任务书委托要求及合同约定；

2）勘察文件是否满足勘察文件编制深度规定的要求；

3）组织专家对勘察文件进行内部审查，确保勘察成果的真实性、准确性，将问题及时反馈至地勘单位，并跟踪落实修改情况；

4）检查勘察文件资料是否齐全。有无缺少实验资料、测量成果表、勘察工作量统计表和勘探点（钻孔）平面位置图、柱状图、岩芯照片等；

5）工程概述是否表述清晰，有无遗漏，包括：工程项目、地点、类型、规模、荷载、拟采用的基础形式等各方面；

6）勘察成果是否满足设计要求；

全过程工程咨询单位审查合格后要将勘察文件报送当地建设行政主管部门对勘察文件中涉及工程建设强制性标准的内容进行严格审查。并将审查意见及时反馈至勘察部门，直至取得审查合格书。

3. **程序**

全过程工程咨询单位勘察阶段管理程序，如图5-8所示。

4. **注意事项**

勘察阶段管理的注意事项主要看：

（1）凡在国家建设工程设计资质分级标准规定范围内的建设工程项目，均应当委托勘察设计业务；

（2）勘察设计业务的承接单位一定要具备相应的工程勘察资质证书，且与其证书规定的业务范围相符；

（3）勘察方案必须经报审合格后，方可实施；

（4）勘察文件一定要满足勘察任务书的要求。

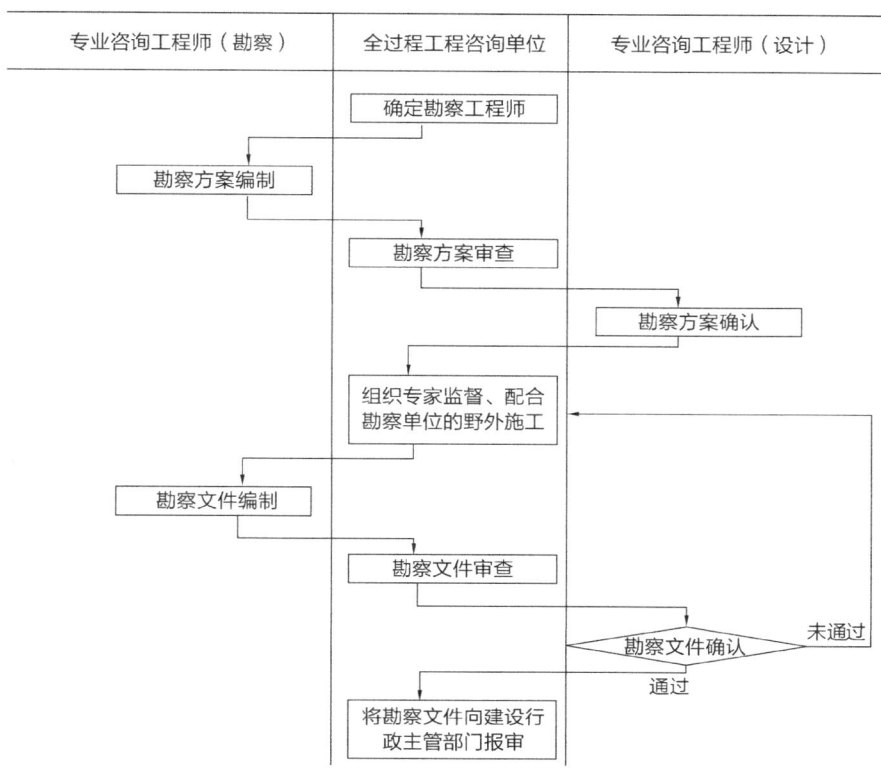

图 5-8　勘察阶段管理程序

5. 成果范例

勘察报告是岩土工程勘察的总结性文件，一般由文字报告和所附图表组成。

（1）报告的基本内容

岩土工程勘察报告的内容，应根据任务要求、勘察阶段、地质条件、工程特点等情况确定。报告的基本内容一般应包括下列各项：

1）委托单位、场地位置、工作简况，勘察的目的、要求和任务，以往的勘察工作及已有资料情况；

2）勘察方法及勘察工作量布置，包括各项勘察工作的数量布置及依据，工程地质测绘、勘探、取样、室内试验、原位测试等方法的必要说明；

3）场地工程地质条件分析，包括地形地貌、地层岩性、地质构造、水文地质和不良地质现象等内容，对场地稳定性和适宜性作出评价；

4）岩土参数的分析与选用，包括各项岩土性质指标的测试成果及其可靠性和适宜性，评价其变异性，提出其标准值；

5）工程施工和运营期间可能发生的岩土工程问题的预测及监控、预防措施的建议；

6）根据地质和岩土条件、工程结构特点及场地环境情况，提出地基基础方案、不良地质现象整治方案、开挖和边坡加固方案等岩土利用、整治和改造方案的建议，并进行技术经济论证；

7）对建筑结构设计和监测工作的建议，工程施工和使用期间应注意的问题，下一步岩土工程勘察工作的建议等。

（2）报告应附的图表

勘察报告应附必要的图表，主要包括：

1）场地工程地质图（附勘察工程布置）。

2）工程地质柱状图、剖面图或立体投影图。

3）室内试验和原位测试成果图表。

4）岩土利用整治、改造方案的有关图表。

5）岩土工程计算简图及计算成果图表。

（3）单项报告

除上述综合性岩土工程勘察报告外，也可根据任务要求提交单项报告，主要有：

1）岩土工程测试报告。

2）岩土工程检验或监测报告。

3）岩土工程事故调查与分析报告。

4）岩土利用、整治或改造方案报告。

5）专门岩土工程问题的技术咨询报告。

最后需要指出的是，勘察报告的内容可根据岩土工程勘察等级酌情简化或加强。

按规范有关文件要求检查勘察报告内容和成果，进行验收，提出书面验收报告，编写勘察阶段工作总结报告。

（三） 方案设计阶段管理

方案设计阶段是设计真正开始的阶段。建筑设计方案既需要满足委托方的需求，也需向当地规划部门报审。

1. 依据

方案设计阶段管理的主要依据有：

（1）与工程设计有关的依据性文件，如选址及环境评价报告、用地红线图、项目的可行性研究报告、政府有关主管部门对立项报告的批文、初步设计任务书或协议书等；

（2）设计所执行的主要法规和所采用的主要标准；

（3）设计基础资料，如气象、地形地貌、水文地质、抗震设防烈度、区域位置等；

（4）工程规模（如总建筑面积、总投资、容纳人数等）、项目设计规模等级和设计标准（包括结构的设计使用年限、建筑防火类别、耐火等级、装修标准）等；

（5）政府有关主管部门对项目设计的要求。如对总平面布置、环境协调、建筑风格等方面的要求。当城市规划等部门对建筑高度有阻止时，应说明建筑、构筑物的控制高度包括最高和最低高度限值。

2. 内容

（1）方案招标的组织

全过程工程咨询单位根据招标的特点和性质，做出详细分析，对招标计划和工作进行严格的审查，对招标进度不间断的监督。

（2）方案招标的审查

当全过程工程咨询单位不具备勘察设计能力时需要对方案进行招标。方案招标的过程就是择优选择项目的建筑形态的过程，全过程工程咨询单位应针对招标的特点和性质，做出详细分析。全过程工程咨询单位监督审查方案招标的重点主要有以下内容：

1）招标公告应准确反映项目信息和建设方的建设意图，同时应做好招标答疑工作；

2）严格审查参加投标单位的资质和业绩，避免出现挂靠大设计院和大公司而技术力量不够的私人和非正式的设计部门参加投标的现象，致使设计质量整体下降；

3）对违反招标投标法进行"围标""圈标"的设计部门一律做废标处理；

4）仔细地检查投标的递送文件，防止出现作弊行为；

5）严格要求参加招标人员的自律意识，防止出现腐败行为。

（3）方案设计的审查

在方案设计阶段，全过程工程咨询单位应组织专家委员对方案设计进行审查，以确定投标的方案是否切实满足招标人要求，审查内容主要有以下几点：

1）是否响应招标要求，是否符合国家规范、标准、技术规程等的要求；

2）是否符合美观、实用及便于实施的原则；

3）总平面的布置是否合理；

4）景观设计是否合理；

5）平面、立面、剖面设计情况；

6）结构设计是否合理，可实施；

7）公建配套设施是否合理、齐全；

8）新材料、新技术的运用；

9）设计指标复核；

10）设计成果提交的承诺。

（4）优化方案的审查

中标方案确定后，全过程工程咨询单位应组织行业专家，针对中标方案的不足，结合其他投标方案的长处，对中标方案提出修改建议，并编制形成正式文件。在规定的时间内督促中标的设计部门提出最优方案，直到满足投资人要求。

（5）方案报审的组织

全过程工程咨询单位应将内部审查并调整完毕的方案向当地规划部门报审。为了防止因审批时间过长而耽误整个项目进度的情况出现，在方案报审的过程中，全过程工程咨询单位应本着为委托方着想的服务理念，协助设计部门作好方案报审的准备工作，尽量确保方案会审顺利进行。对于报审前全过程工程咨询单位的准备工作，主要包括以下内容：

1）报审前复查设计方案图纸，检查是否符合规范要求，图纸是否具有设计部门图签、出图章、设计部门资质证书编号及各专业设计人员的签名；

2）检查报审的图纸文件是否齐全，不全的应要求设计部门补送有关图纸、文件，审批时间从补齐之日算起；

3）在取得《建筑工程设计方案审核意见单》后，立即协助委托方申请《建筑工程规划许可证》，为后期工作做好准备。

4）若设计方案经审核需做较大修改的，全过程工程咨询单位应再次及时组织送审设计文件；

完成建筑方案的报批审查后，方可进入初步设计阶段。

3. **程序**

方案设计审查流程图，如图 5-9 所示。

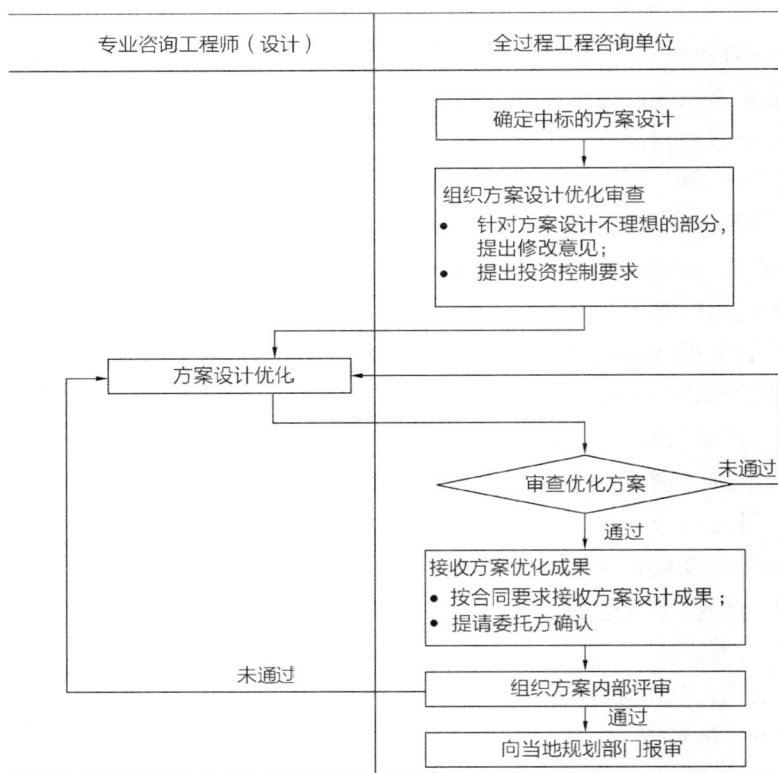

图 5-9　方案设计审查流程图

4. **注意事项**

（1）方案设计要以满足最终委托方的需求为重点，对建筑的整体方案需要进行设计、评选和优选。

（2）全过程工程咨询单位进行方案设计招标时，若只对方案设计进行招标，而无须中标单位承担后续设计任务时，要在招标文件中进行说明。

（3）全过程工程咨询单位需要对方案设计组织专家进行优化，在功能、投资等方面提出合理化建议。

（4）方案设计阶段的报批管理也是全过程工程咨询单位的重点工作内容，应引起重视。

（5）审查方案设计文件编制的深度：方案设计文件的内容及编制深度应符合《建筑工

程设计文件编制深度规定》（2016 版）。

（6）审查方案设计文件是否符合设计任务书（方案设计任务书）的要求：方案设计应贯彻安全、适用、经济、美观、环保、节能的设计方针；应执行国家强制性标准，满足现行设计规范规定；应体现先进的设计理念，创新意识。在这些方面优选设计方案的评委专家有丰富的知识和经验，应要求评委们把关。由于设计任务书是项目管理团队组织编制的，项目管理团队最理解建设单位意图，故项目管理团队应重点审核设计方案是否符合设计任务书的要求，如有遗漏或不足之处应要求设计单位修改，将存在问题消除在方案设计阶段，否则将给后续阶段的设计及报批造成被动。

5. 成果范例

本阶段应提交的设计成果有：

1）各专业设计说明书；

2）总平面及建筑设计图；

3）设计分析；

4）工程投资估算；

5）建筑效果图；

6）招标有要求时，应按其要求的比例及深度制作模型。

表 5-5 为某住宅小区方案设计阶段应提交的设计成果。

方案设计阶段的设计成果一览表　　　　　　　　　　　　　　表 5-5

分类	序号	资料及文件名称		分数	比例	备注
文字表格	1	设计说明				各专业及节能说明
	2	经济技术指标表				
	3	投资估算文件				
总图	4	总平面图				CAD
	5	功能分析图	用地及功能分区图			
	6		空间构成分析图			
	7		景观分析图			
	8		交通分析图			人流、车流
	9		消防分析图			
	10		地形分析图			
	11		绿地分析图			
	12		日照分析图			
	13		公建配套设施布置分析图			含停车场
	14		小区内管网综合分析图			
	15		小区管理模式分析图			
	16	其他	主要广场及节点图			含各出入口
	17		工作模型			
	18		土方平衡表			
	19		道路竖向设计图			
	20		彩色总平面图			
	21		总体剖面图			
	22		总体鸟瞰图			

分类	序号	资料及文件名称		分数	比例	备注
组团与管理	23	分析图	典型组团管理示意图			
	24		典型组团交通分析图			
	25	其他	效果图			
建筑设计图纸	26		地下室平面图			
	27		各层平面图			
	28		立面图			
	29		剖面图			
	30		效果图			
主要公共建筑	31		各层平面图			
	32		立面图			
	33		剖面图			
	34		效果图			
特别图纸	35		新技术、新材料应用图纸			
	36		特殊工艺及措施图纸			如有，需加说明
电子文档	37		以上内容的电子文档光盘			
模型	38		工作模型			
其他	39		方案介绍光碟			

（四）初步设计阶段管理

在方案设计通过投资人及相关部门的审批以后，就可以开展初步设计，初步设计文件应满足现行的《建筑工程设计文件编制深度的规定》，并提供相应的设计概算，以便投资人有效控制投资。

初步设计阶段全过程工程咨询单位的管理重点主要是对初步设计文件的审查，初步设计文件包括设计说明书（包括设计总说明、各专业设计说明）、有关专业的设计图纸、主要设备或材料表、工程概算书以及有关专业计算书。

本章主要介绍初步设计审查、设计概算审查和超限审查。

1. 初步设计审查

（1）依据

全过程工程咨询单位初步设计审查应以下列文件为依据：

1）国家政策、法规；

2）各专业执行的设计规范、标准及现行国家及项目所在地的有关标准、规程；

3）政府有关主管部门的批文、可行性研究报告、立项书、方案文件等的文号或名称；

4）批准的方案设计；

5）规划、用地、环保、卫生、绿化、消防、人防、抗震等要求和依据资料；

6）委托方提供的有关使用要求或生产工艺等资料；

7）建设场地的自然条件和施工条件；

8）有关的合同、协议、设计任务书等；

9）其他的有关资料。

（2）内容

在此阶段，当设计图纸出来后，全过程工程咨询单位需组织各专业专家逐张审查图纸，重点审查选材是否经济、做法是否合理、节点是否详细、图纸有无错缺碰漏等问题。在认真审阅图纸后，书面整理专家审图意见，与委托方和设计部门约定时间，共同讨论交换意见，达成共识后，进行设计图纸修改。

全过程工程咨询单位对初步设计审查合格后，需按当地建设行政主管部门的规定，将初步设计文件报送建设行政主管部门审查。

全过程工程咨询单位进行的初步设计的审查应当包括下列主要内容：

1）是否按照方案设计的审查意见进行了修改；

2）是否达到初步设计的深度，是否满足编制施工图设计文件的需要；

3）是否满足消防规范的要求；

4）建筑专业。①建筑面积等指标没有大的变化；②建筑功能分隔是否得到深化，总平面、楼层平面、立面设计是否深入；③主要装修标准明确；④各楼层平面是否分隔合理，有较高的平面使用系数；

5）结构专业。①结构体系选择恰当，基础形式合理；②各楼层布置合理；

6）设备专业。①系统设计合理；②主要设备选型得当、明确；

7）有关专业重大技术方案是否进行了技术经济分析比较，是否安全、可靠；

8）初步设计文件采用的新技术、新材料是否适用、可靠；

9）设计概算编制是否按照国家和地方现行有关规定进行编制，深度是否满足要求。

（3）程序，项目初步设计阶段管理程序，如图5-10所示。

（4）注意事项

1）初步设计深度不够是目前建设项目初步设计存在的一个普遍问题。因此，初步设计管理也要注重对设计人员经验和业务水平等方面加强对设计部门的管理。

2）注重初步设计不能与可行性研究报告偏离，其深度要达到或超过可行性研究报告。

3）全过程工程咨询单位需要按国家《建筑工程设计文件编制深度规定》的要求及合同要求，严格审查初步设计文件的内容是否齐全，设计文件的份数是否满足合同约定。

（5）成果范例

全过程工程咨询单位初步设计图纸审查意见表，如表5-6所示。

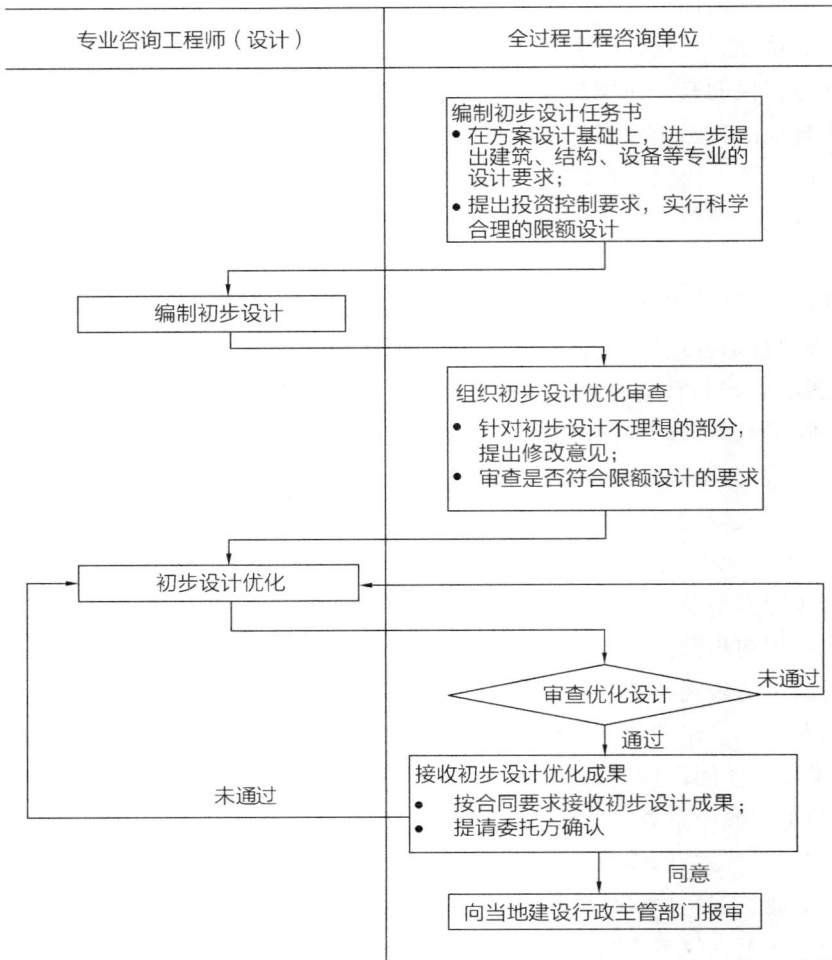

图 5-10 初步设计审查程序图

初步设计图纸审查意见表　　　　　　　　　　　　　表 5-6

编号：

工程项目		设计部门	
文件名称			
文件编号		提交日期	
全过程工程咨询 单位审查意见	审查意见： 审查人签字：　　　　　　　　项目经理签字： 时　间：　年　月　日		

抄报：委托方

2. 超限审查

（1）依据

1）《超限高层建筑工程抗震设防专项审查技术要点》（建质〔2015〕67号）；

2）《超限高层建筑工程抗震设防管理规定》（建设部2002年第111号令）。

（2）内容

在抗震设防区内进行超限高层建筑工程的建设时，全过程工程咨询单位应当在初步设计阶段向工程所在地的省、自治区、直辖市人民政府建设行政主管部门提出专项报告。

《超限高层建筑工程抗震设防管理规定》（建设部2002年第111号令）第八条规定"超限高层建筑工程的抗震设防专项审查内容包括：建筑的抗震设防分类、抗震设防烈度（或者设计地震动参数）、场地抗震性能评价、抗震概念设计、主要结构布置、建筑与结构的协调、使用的计算程序、结构计算结果、地基基础和上部结构抗震性能评估等"。

（3）程序

全过程工程咨询单位申请抗震设防专项审查的程序，如图5-11所示。

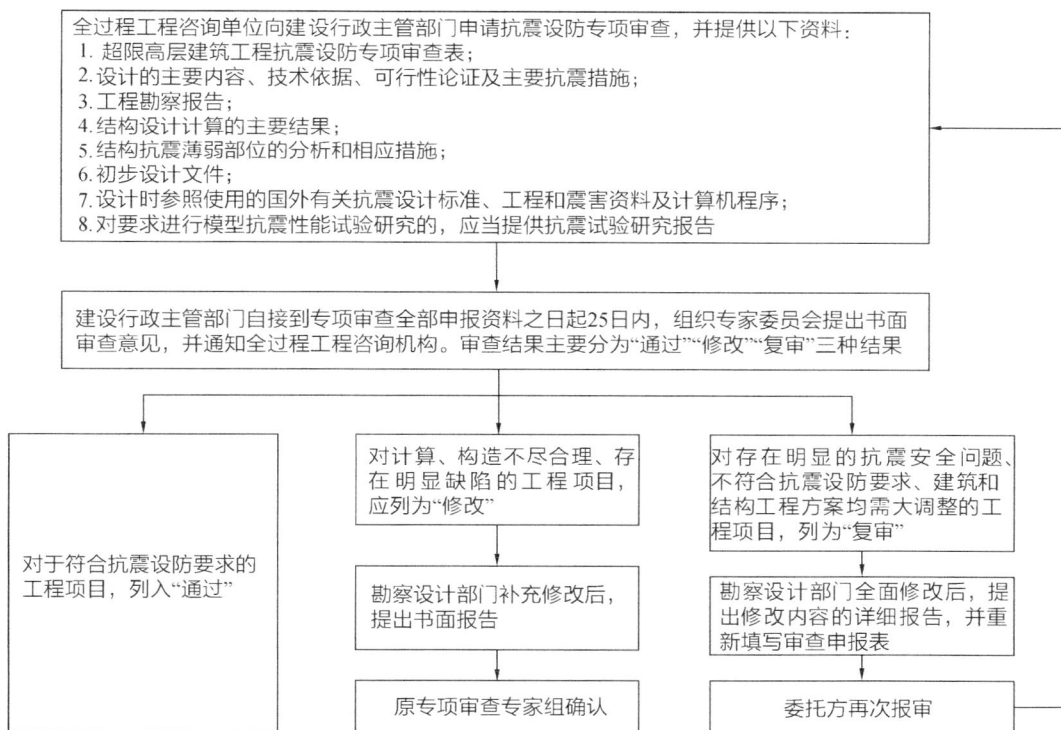

图 5-11　抗震设防专项审查程序

（4）注意事项

全过程工程咨询单位进行超限审查的注意事项主要有：

1）全过程工程咨询单位要了解超限高层建筑工程的范围，并填写超限高层建筑工程初步设计抗震设防专项审查申报表，向建设行政主管部门进行申报；

2）超限高层建筑工程抗震设防专项审查项目要符合《超限高层建筑工程抗震设防专项审查技术要点》（建质〔2015〕67号）的规定，也可参考《超限高层建筑工程抗震设防专项审查技术要点》（建质〔2015〕67号）提供的示例表。

（五） 施工图设计阶段管理

施工图设计阶段主要是通过图纸把设计者的意图和全部设计结果表达出来，主要以图纸的形式提交设计文件成果，使整个设计方案得以实施。施工图设计，一是用于指导施工；二是用作工程预算编制的依据。施工图设计应满足国家《建筑工程设计文件编制深度的规定》（建质函〔2016〕247号），是否提供施工图预算需要在设计合同中明确。

施工图设计阶段，全过程工程咨询单位的管理重点主要是对施工图设计文件的审查，施工图设计文件包括合同要求所涉及的所有专业的设计图纸（含图纸目录、说明和必要的设备、材料表及图纸总封面）、合同要求的工程预算书、各专业计算书。本章主要介绍施工图设计审查和施工图预算审查。

施工图设计审查分为全过程工程咨询单位自行组织的技术性及符合性审查以及建设行政主管部门认定的施工图审查机构实施的工程建设强制性标准及其他规定内容的审查，完成审查后的施工图文件应到建设行政主管部门进行备案。

1. 依据

全过程工程咨询单位进行的施工图设计审查应以下列文件为依据：

（1）设计依据；

（2）国家政策、法规及设计规范；

（3）设计任务书或协议书；

（4）批准的初步设计；

（5）详细的勘察资料；

（6）关于初步设计审查意见；

（7）关于初步设计工程所在地建设行政主管部门的批复意见；

（8）《建设项目施工图预算编审规程》CECA/GC 5—2010；

（9）其他资料。

此外，施工图审查机构进行的施工图设计审查，主要依据有：

1）《实施工程建设强制性标准监督规定》（建设部令第81号）（2015年修订）；

2）《房屋建筑和市政基础设施工程施工图设计文件审查管理办法》（住房城乡建设部令第13号）。

2. 内容

（1）全过程工程咨询单位对施工图设计及审查

在施工图出图后及送行政审查前，全过程工程咨询单位应组织委托方、造价部门、监理部门等各相关单位对施工图的设计内容进行内部审查，如：造价部门编制工程量清单应从工程量清单编制过程中发现的技术问题，或从造价控制的角度提出意见、建议；而监理部门应结合施工现场（比如，技术的可靠性、施工的便利性、施工的安全性等方面）提出意见、建议；主要检查施工图设计文件是否满足编制施工图预算的需要。全过程工程咨询单位应从施工图是否满足委托方需求等方面进行审查。

全过程工程咨询单位对各单位审查意见进行汇总，并召开专题会议共同讨论，由设计部门对施工图进行修改、完善，最后形成正式的施工图。

施工图设计文件应正确、完整和翔实，并确定具体的定位和结构尺寸、构造措施，材料、质量标准、技术细节等，还应满足设备、材料的采购需求，满足各种非标准设备的制作需求，满足招标及指导施工的需要。全过程工程咨询单位对施工图设计审查的主要内容应包括：

1）建筑专业

① 建筑面积是否符合政府主管部门批准意见和设计任务书的要求，特别是计入容积率的面积是否核算准确；

② 建筑装饰用料标准是否合理、先进、经济、美观，特别是外立面是否体现了方案设计的特色，内装修标准是否符合委托方的意图；

③ 总平面设计是否充分考虑了交通组织、园林景观，竖向设计是否合理；

④ 立面、剖面、详图是否表达清楚；

⑤ 门窗表是否能与平面图对应，其统计数量有无差错，分隔形式是否合理；

⑥ 消防设计是否符合消防规范，包括防火分区是否超过规定面积，防火分隔是否达到耐火时限，消防疏散通道是否具有足够宽度和数量，消防电梯设置是否符合要求；

⑦ 地下室防水、屋面防水、外墙防渗水、卫生间防水、门窗防水等重要位置渗漏的处理是否合理；

⑧ 楼地面做法是否满足委托方要求。

2）结构专业

① 结构设计总说明内容是否准确全面，结构构造要求是否交代清楚；

② 基础设计是否符合初步设计确定的技术方案；

③ 主体结构中的结构布置选型是否符合初步设计及其审查意见，楼层结构平面梁、板、墙、柱的标注是否全面，配筋是否合理；

④ 结构设计是否满足施工要求；

⑤ 基坑开挖及基坑围护方案的推荐是否合理；

⑥ 钢筋含量、节点处理等问题是否合理；

⑦ 土建与各专业的矛盾问题是否解决。

3）设备专业

① 系统是否按照初步设计的审查意见进行布置；

② 与建筑结构专业是否矛盾；

③ 消防工程设计是否满足消防规范的要求，包括火灾报警系统、防排烟系统、消火栓系统、喷淋系统以及疏散广播系统等；

④ 给水管供水量及管道走向、管径是否满足最不利点供水压力需要，是否满足美观需要；

⑤ 排水管的走向及布置是否合理；

⑥ 管材及器具选择是否符合规范及委托方要求；

⑦ 水、电、煤、消防等设备、管线安装位置设计是否合理、美观且与土建图纸不相矛盾；

⑧ 煤气工程是否满足煤气公司的审图要求；

⑨ 室内电器布置是否合理、规范，强、弱电室内外接口是否满足电话局、供电局及设计要求；

⑩ 用电设计容量和供电方式是否符合供电局规定要求。

完成内部审查后，应及时送至相关的施工图审查机构审查，并取得施工图审查合格书。

（2）施工图审查机构对施工图设计的审查

施工图审查机构对施工图设计的审查内容主要包括：

1）是否符合工程建设强制性标准；

2）地基基础和主体结构的安全性；

3）是否符合民用建筑节能强制性标准，对执行绿色建筑标准的项目，还应当审查是否符合绿色建筑标准；

4）勘察设计企业和注册执业人员以及相关人员是否按规定在施工图上加盖相应的图章和签字；

5）法律、法规、规章规定必须审查的其他内容。

3. **程序**

（1）全过程工程咨询单位对施工图设计的审查程序，如图 5-12 所示。

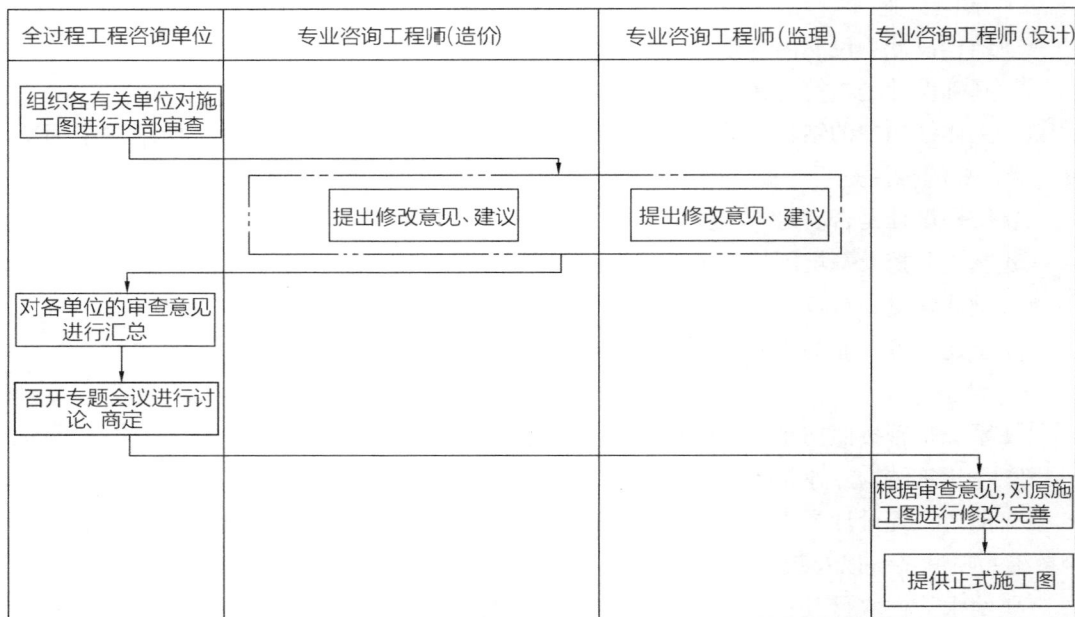

图 5-12　全过程工程咨询单位对施工图设计的审查程序

（2）施工图审查机构对施工图设计的审查程序，如图 5-13 所示。

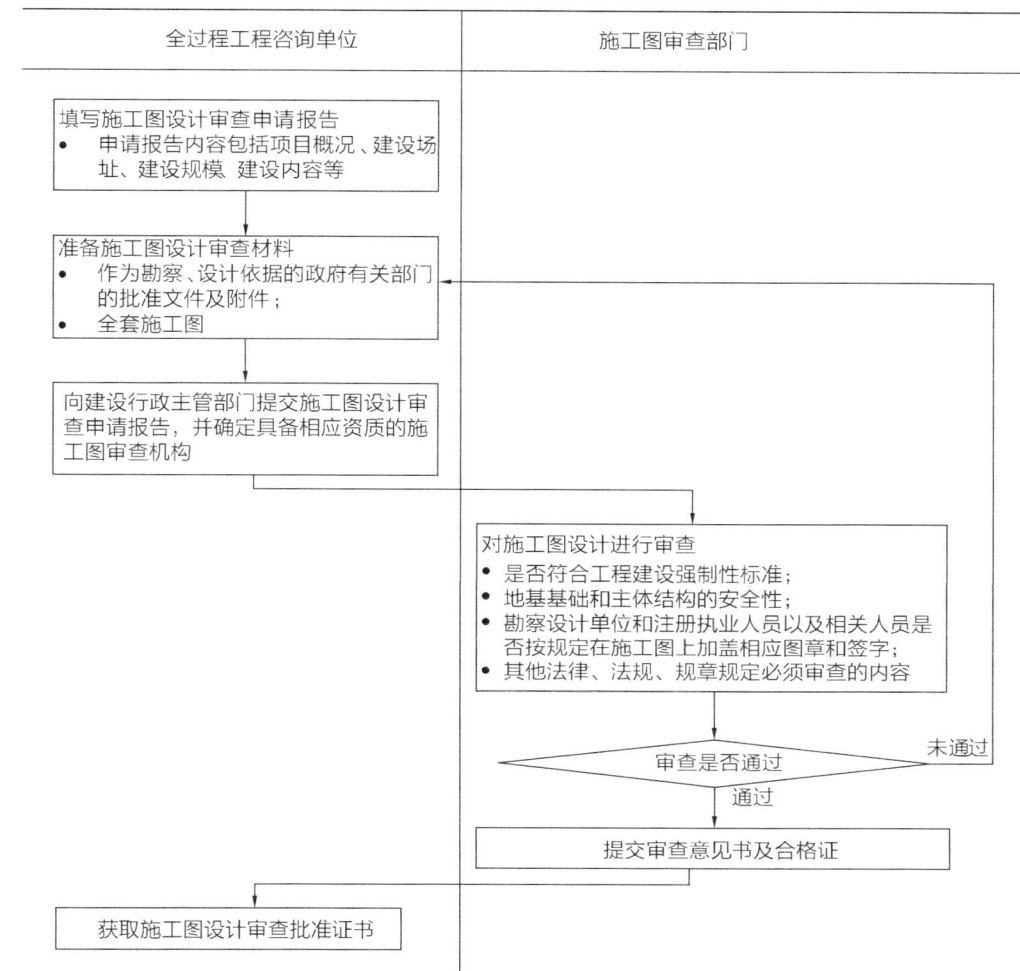

图 5-13　施工图审查机构对施工图设计的审查程序

4. 注意事项

（1）施工图审查机构一定要具备相应资质，审图机构及相关主管部门对施工图设计的审查：审图机构对施工图设计的审查是一项法定程序，只是对施工图涉及公共利益、公众安全和工程建设强制性标准的内容执行了审查，对其他有关设计的经济、技术合理性和设计优化等方面的问题，还需靠项目管理团队组织资深专家审查、优化。

超限高层建筑工程的施工图设计文件审查应当由经国务院建设行政主管部门认定的具有超限高层建筑工程审查资格的施工图设计文件审查机构承担。

（2）未经超限高层建筑工程抗震设防专项审查，建设行政主管部门和其他有关部门不得对超限高层建筑工程施工图设计文件进行审查。

（3）工程勘察文件经审查合格后，设计部门方可采用，同一项目的工程勘察文件与施工图设计文件原则上应委托同一审查机构审查。

（4）全过程工程咨询单位对施工图设计进行审查时，要注意施工图设计是否按照设计合同的规定提供足够套数的施工图，是否所有的施工图都加盖了设计部门的出图章，是否设计人、校对人、专业负责人、设计总负责人的签字齐全并且有专业会签。

五、勘察设计沟通管理

（一）依据

项目勘察设计沟通管理的依据有：
（1）各参与单位之间签订的合同；
（2）工作计划；
（3）工作制度。

（二）内容

1. 管理原则

做好项目勘察设计沟通管理工作，应遵循下列原则：
（1）技术相通原则。彼此知识背景结构相同（近），是有效设计效沟通的前提；
（2）相互信任原则。信任是沟通管理最为基本的原则，信任能消除沟通的距离，使沟通成果更有成效；
（3）相互理解原则。建立在相互理解范围内的设计沟通，方可更好的消除沟通障碍，达到沟通的目的；
（4）持续改进原则。为了更好地开展后续设计工作，需要持续、不断的修正勘察设计成果，最后得到满意的设计产品。

2. 内容

项目勘察设计沟通管理一般包含下列内容：
（1）设计管理联络方式和双方对口负责人；
（2）委托方提供设计所需的项目基础资料和项目设计数据的内容，并约定提供的时间和方式；
（3）设计中采用非常规做法的内容；
（4）设计中委托方需要审查、认可或批准的内容；
（5）向委托方和施工现场发送设计图纸和文件要求，列出图纸和文件发送的内容、时间、份数和发送方式，以及图纸和文件的包装形式、标志、收件人姓名和地址等；
（6）推荐备品备件的内容和数量；
（7）设备、材料请购单的审查范围和审批程序；
（8）采用的项目设计变更程序，包括变更的类型、变更申请（变更的内容、原因、影响范围）以及审批规定等。

（三）程序

项目勘察设计沟通过程如图 5-14 所示。

业主需求 ──信息──→ 设计创作 ──沟通──→ 设计成品 ──信息──→ 设计评审

图 5-14　勘察设计沟通过程

（四）方法

项目勘察设计沟通管理方法包括建立设计例会制度、设计汇报及报告制度以及设计成果评审制度等，如表 5-7 所示。

勘察设计沟通管理手段　　　　　　　　　　　　　　　表 5-7

沟通方法	沟通形式	主要使用对象	作用	特点
交谈	1. 面谈	各方沟通	相互交换信息，及时了解情况、减少矛盾，寻求共识；下达指令等	双方容易接受；处理问题及时、方便；面对面，实现目的的可能性大
	2. 电话交谈	各方沟通		
会议沟通	1. 勘察设计例会	各方沟通	由全过程工程咨询单位组织，对勘察、设计情况进行全面检查，及时发现和处理问题，交流信息，处理和协调有关问题，协调争议，统一步调，落实后续工作等	定期性、计划性及针对性强
	2. 专题会议	需协调方	讨论和处理重大问题，解决突出、突发问题等	专业性及针对性强
书面沟通（主要形式）	1. 委托方指令	各方沟通	对项目的管理、设计、监理及施工工作提出要求，下达指令，是项目施工的依据之一	作为施工依据
	2. 管理通知单	总咨询师与设计、监理、造价专业咨询工程师和各施工单位沟通	针对施工过程中的设计、监理、造价及各施工单位提出的要求、下达的指令	针对性强
	3. 会议纪要	各方沟通	记录会议过程和结果，解决提议问题，形成决议	可约束参会各方共同遵守
	4. 设计周报、月报	设计与委托方沟通	就一周、本月的工作情况、下步工作的计划向委托方、全过程工程咨询单位汇报	定期性及针对性强
	5. 设计审查意见	总咨询师与设计部门、委托方沟通	就设计文件作出内部审查，明确委托方意图，便于设计修改及指导后续工作	针对性强
	6. 其他书面文件	各方沟通	项目各方用于信息传递的其他文件	及时性强

沟通方法	沟通形式	主要使用对象	作用	特点
访问沟通法	1. 走访沟通	各方沟通	走访与工程相关的单位，解释情况，征求意见，增进了解，加强沟通等	解释性及互动性强
	2. 邀访沟通	各方沟通	邀请与工程相关的单位，解释情况，征求意见，增进了解，加强沟通、指导巡视工作等	针对性、解释性及互动性强

1. 例会制度

为了合理有序地推动设计的开展，及时有效的处理设计中出现的各种问题，确保设计质量，需要在项目建设过程中定期或不定期召开设计会议。

（1）设计例会的内容

1）设计阶段，由全过程工程咨询单位组织召开设计例会；

2）例会前一天，由全过程工程咨询单位总咨询师与设计总负责人或设计副总负责人联系，确认是否开会和开会具体时间、地点；

3）设计例会时间和地点确认后，通知委托方并建议委托方派代表参加例会；

4）设计总负责人或设计副总负责人应在例会上收集整理各专业提出的问题，并打印成书面材料；

5）本项目设计总负责人或设计副总负责人、各专业负责人、材料、技术部经理及专业工程师必须参加例会（若有具体困难不能到会，应派代理人参加），不得缺席、迟到；

6）设计例会会议纪要由全过程工程咨询单位负责整理，整理后在例会的第二天抄送设计部门和委托方，各方需要在会议纪要上签字表示认同纪要的内容真实、可靠。

（2）设计例会的程序

1）会议签到；

2）设计总负责人介绍当前设计情况，包括设计进度，方案确定等；

3）各专业负责人介绍本专业进度情况及本专业需委托方协调解决的问题（设备专业应说明主要设备材料选型情况）；

4）全过程工程咨询单位对设计方提出的书面问题作初步解答（不能解答的在本周内书面答复）；

5）各专业对本项目建设提出建设性意见；

6）全过程工程咨询单位、委托方总结前一阶段的设计工作并对下一阶段设计工作提出要求。

（3）设计汇报及报告制度

在设计过程中，为全面了解设计进展及各设计部门之间出现的沟通问题，需建立设计汇报制度。设计汇报应由设计总包负责，在了解、汇总各设计部门的情况后，统一向投资人报告。

2. 设计汇报的主要内容

设计汇报的主要内容有以下几点：

（1）汇报应包含各设计部门的设计进度状况；

（2）目前设计中存在的问题；

（3）需要投资人协调解决的相关事宜；

（4）下步工作计划。

3. 设计汇报的方式

在设计阶段，全过程工程咨询单位应要求设计部门按每周、每月进行设计工作汇报。表 5-8 为设计工作周报。

项目设计工作周报 表 5-8

工程名称	×××项目		文本页码	正文　1　页附件　页
收文单位	×××公司		传真电话	
收件人		收件人电话	工作邮箱	
发件单位	×××设计院×××设计项目部		传真电话	
发件人		发件人电话	工作邮箱	
主　题	项目设计工作周报			
具　体　内　容				
×××公司： 一、本周设计工作进展情况： ×××年××月××日～×××年××月××日工作进展情况 二、下周工作计划： 三、需要甲方协助的工作： 　　　　　　　　　　　　　　　　　　　×××项目部 　　　　　　　　　　　　　　　　　　　年　　月　　日				
经办人			负责人	
签收栏				
传真栏	已于20　年　　月　　日传给　　　　（人）收到，传真人签名：			
备注：				

此外，项目管理函件、便携的电话、口头通知等都可作为勘察设计沟通管理的方式。

（五）注意事项

勘察设计沟通管理的注意事项有：

（1）设计例会时间和地点确定后，一定要通知例会参与人，并确保参与人收到通知；

（2）会议纪要需抄送各有关单位；

（3）便携的电话、口头通知需要事后书面确认。

第三节 工程勘察

一、勘察任务书的编制

（一） 编制依据

（1）项目建议书及可行性研究等批复文件；

（2）全过程工程咨询委托合同；

（3）工程建设强制性标准；

（4）国家规定的建设工程勘察、设计深度要求。

（二） 编制内容

（1）勘察任务书的拟定，应把地基、基础与上部结构作为互相影响的整体，并在调查研究场地工程地质资料的基础上，下达勘察任务书。

（2）勘察任务书应说明工程的意图、设计阶段、要求提交勘察文件的内容、现场及室内的测试项目以及勘察技术要求等，同时应提供勘察工作所需要的各种图表资料。

（3）为配合初步设计阶段进行的勘察，在勘察任务书中应说明工程的类别、规模、建筑面积及建筑物的特殊要求、主要建筑物的名称、最大荷载、最大高度、基础最大埋深和重要设备的有关资料等，并向专业咨询工程师（勘察）提供附有坐标的、比例为1：1000～1：2000的地形图，图上应划出勘察范围。

（4）为配合施工图设计阶段进行的勘察，在勘察任务书中应说明需要勘察的各建筑物具体情况。如建筑物上部结构特点、层数、高度、跨度及地下设施情况，地面平整标高，采取的基础形式、尺寸和埋深、单位荷重或总荷重以及有特殊要求的地基基础设计和施工方案等，并提供经上级部门批准附有坐标及地形的建筑总平面布置图或单幢建筑物平面布置图。如有挡土墙时还应在图中注明挡土墙位置、设计标高以及建筑物周围边坡开挖线等。

二、勘察咨询服务

工程勘察文件是建筑地基基础设计和施工的重要依据，必须保证野外作业和实验资料的准确可靠，同时，文字报告和有关图表应按合理的程序编制。勘察文件的编制要重视现场编录、原位测试和实验资料的检查校核，使之相互吻合，相互印证。

（一） 编审依据

项目勘察阶段咨询服务的依据主要有：

（1）经批准的项目建议书、可行性研究报告等文件；

（2）勘察任务书；

（3）《建设工程勘察设计管理条例》（国务院令第 293 号令）（2015 年修订）；

（4）《工程建设项目勘察设计招标投标办法》（发展计划委员会 2003 年第 2 号令）（2013 年修订）；

（5）《建设工程勘察设计资质管理规定》（建设部 2006 年第 160 号令）（2015 年修订）；

（6）《建设工程勘察质量管理办法》（建设部 2002 年第 115 号令）（2007 年修订）；

（7）《实施工程建设强制性标准监督规定》（建设部令第 81 号）（2015 年修订）；

（8）《中华人民共和国建筑法》（主席令第 91 号令）（2011 年修订）；

（9）《岩土工程勘察规范》GB 50021—2001（2009 年版）；

（10）其他相关专业的工程勘察技术规范标准。

（二）编审内容

1. 勘察方案的编审

勘察方案应由全过程工程咨询单位勘察专业工程师编制、设计专业工程师进行审查，编审主要包括以下内容：

（1）钻孔位置与数量、间距是否满足初步设计或施工图设计的要求；

（2）钻孔深度应根据上部荷载与地质情况（地基承载力）确定；

（3）钻孔类别比例的控制，主要是控制性钻孔的比例以及技术性钻孔的比例；

（4）勘探与取样：包括采用的勘探技术手段方法，取样方法及措施等；

（5）原位测试，原位测试包括多种，主要包括标贯试验、重探试验、静力触探、波速测试、平板载荷试验等。在勘察投标中应明确此类测试的目的、方法、试验要求、试验数量；

（6）土工试验，土工试验项目应该满足建筑工程设计与施工所需要的参数，比如：为基坑支护提供参数的剪切试验，地基土强度验算时的三轴剪切试验，以及水质分析等；

（7）项目组织，包括机械设备，人员组织；

（8）方案的经济合理性：

通过对勘察方案的编制和审查，可以保证勘察成果满足设计需要、满足项目建设需要，为设计工作的开展提供真实的地勘资料。

2. 勘察文件的编审

勘察文件是勘察工作的成果性文件，需要充分利用相关的工程地质资料，做到内容齐全、论据充足、重点突出。此外，勘察文件应正确评价建筑场地条件、地基岩土条件和特殊问题，为工程设计和施工提供合理适用的建议。因此，全过程工程咨询单位要全面细致做好工程勘察文件的编制与审查，为设计和施工提供准确的依据。

全过程工程咨询单位须按照国家和省市制定的工程勘察标准、技术规范和有关政策文件，组织专业技术力量和设备等，组织开展工程勘察工作，精心编制和审查工程勘察文件，特别应重点做好以下几个方面内容：

（1）勘察文件是否满足勘察任务书委托要求及合同约定；

（2）勘察文件是否满足勘察文件编制深度规定的要求；

（3）组织专家对勘察文件进行内部审查，确保勘察成果的真实性、准确性，将问题及时反馈至地勘单位，并跟踪落实修改情况；

（4）检查勘察文件资料是否齐全。有无缺少实验资料、测量成果表、勘察工作量统计表和勘探点（钻孔）平面位置图、柱状图、岩芯照片等；

（5）工程概述是否表述清晰，有无遗漏，包括：工程项目、地点、类型、规模、荷载、拟采用的基础形式等各方面；

（6）勘察成果是否满足设计要求。

全过程工程咨询单位审查合格后要将勘察文件报送当地建设行政主管部门对勘察文件中涉及工程建设强制性标准的内容进行严格审查。并将审查意见及时反馈至专业咨询工程师（勘察），直至取得审查合格书。

（三）编制程序

全过程工程咨询单位勘察阶段咨询服务程序，如图 5-15 所示。

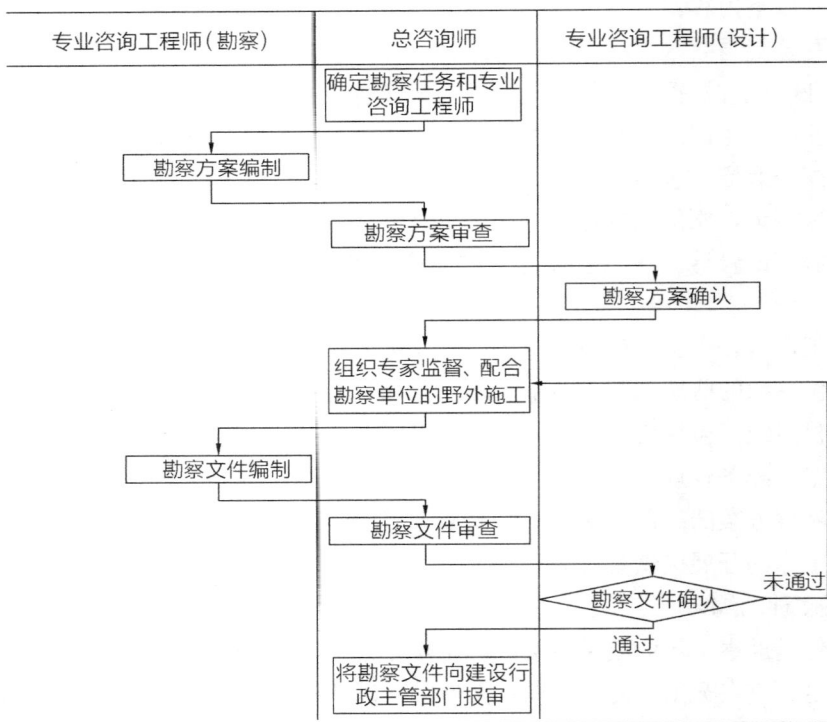

图 5-15　全过程工程咨询单位开展勘察咨询服务程序

（四）注意事项

勘察咨询服务的注意事项主要有：

（1）凡在国家建设工程设计资质分级标准规定范围内的建设工程项目，均应当委托勘察业务；

（2）开展勘察业务的机构一定要具备相应的工程勘察资质证书，且与其证书规定的业务范围相符，全过程工程咨询单位如没有响应资质的，应发包给拥有响应资质的工程勘察单位实施；

（3）勘察方案必须经报审合格后，方可实施；

（4）勘察文件一定要满足勘察任务书的要求。

第四节　工程设计

根据现行的《建筑工程设计文件编制深度规定》，建筑工程（民用建筑、工业厂房、仓库及其配套工程）一般应分为方案设计、初步设计和施工图设计三个阶段；对于技术要求相对简单的民用建筑工程，当有关主管部门在初步设计阶段没有审查要求，且合同中没有做初步设计的约定时，可在方案设计审批后直接进入施工图设计。本节以现行的《建筑工程设计文件编制深度规定》为例，阐述民用工程项目方案设计、初步设计、施工图设计咨询服务内容，而市政工程、公路工程、水利工程等其他类型项目，应根据对应的设计阶段划分标准和内容规定执行。

方案设计文件，应满足编制初步设计文件的需要，并应满足方案审批或报批的需要。

初步设计应根据批准的可行性研究报告或方案设计进行编制，要明确工程规模、建设目的、投资效益、设计原则和标准，深化设计方案，确定拆迁、征地范围和数量，提出设计中存在的问题、注意事项及有关建议，其深度应能控制工程投资，满足编制施工图设计、主要设备订货、招标及施工准备的要求。

施工图设计应根据批准的初步设计进行编制，其设计文件应能满足施工招标、施工安装、材料设备订货、非标设备制作、加工及编制施工图预算的要求。

在开展工程设计工作前，全过程工程咨询单位应编制设计任务书，保证设计工作顺利有序进行。

一、设计任务书的编制

（一）编制依据

（1）土地挂牌文件、选址意见书或土地合同；

（2）建设用地规划许可证；

（3）项目设计基础资料；

（4）上阶段政府报建的批文；

（5）项目成本管理指导书；

（6）勘察文件；

（7）环境评估报告；

（8）交通评估报告；

（9）能源评估报告；

（10）物业管理设计要点。

（二）编制内容

设计任务书一般由全过程工程咨询单位与投资人充分沟通后编制。

设计任务书是投资人对工程项目设计提出的要求，是工程设计的主要依据。进行可行性研究的工程项目，可以用批准的可行性研究报告代替设计任务书。设计任务书可分为方案设计任务书、初步设计任务书、施工图设计任务书和专业设计任务书等。

根据可行性研究报告的内容，经过研究并选定方案之后编制的设计任务书，要对拟建项目的投资规模、工程内容、经济技术指标、质量要求、建设进度等做出规定。设计任务书的主要内容如表5-9所示。

设计任务书编制要点

表5-9

序号	内容	内容要点
1	项目名称、建设地点	
2	批准设计项目的文号、协议书文号及其有关内容	
3	项目建设的依据和目的	
4	建筑造型及建筑室内外装修方面要求	
5	项目建设的规模及生产纲要（生产大纲、产品方案）	对市场需求情况的预测
		对国内外同行业的生产能力估计
		市场销售量预测、价格分析、产品竞争能力分析、国外市场需求情况的预测、进入国际市场的前景分析
		项目建设的规模、产品方案及发展方向的技术经济比较与分析
6	资源、原材料、燃料动力、供水、运输、协作配套、公用设施的落实情况	所需资源、原材料、辅助材料、燃料动力的种类、数量、来源及供应的可能性和条件
		所需公用设施的数量、供应方式和供应条件
		资源的综合利用和"三废"治理的要求
7	建设条件和征地情况	建设用地的范围地形、场地内原有建筑物、构筑物、要求保留的树木及文物古迹的拆除和保留情况等
		场地周围道路及建筑等环境情况
		交通运输，供水、供电、供气的现状及发展趋势
8	生产技术、生产工艺、主要设备选型、建设标准及相应的技术指标	
9	项目的构成及工程量估算	项目的主要单项工程、辅助工程及协作配套工程的构成
		项目布置方案和工程量的估算
10	环境保护、城乡规划、抗震、防灾、文物保护等方面的要求和相应的措施方案	

序号	内容	内容要点
11	组织机构、劳动定员和人员培训设想	
12	建设工期与实施进度	
13	投资估算、资金筹措和财务分析	主体工程和辅助配套工程所需投资（利用外资项目或引进技术项目应包括外汇款项）
		生产流动资金的估算
		资金来源、筹措方式、偿还方式、偿还年限
14	经济效益和社会效益	项目要达到的各项微观和宏观经济指标
		分析项目的社会效益
15	附件	可行性分析和论证资料
		项目建议书批准文件
		征地和外部协作配套条件的意向性协议
		环保部门关于"三废"治理措施的审核意见
		劳动部门关于劳动保护措施的审核意见
		消防部门关于消防措施的审核意见

二、方案设计

项目方案设计阶段是设计真正开始的阶段。建筑设计方案应满足投资人的需求和编制初步设计文件的需要，同时需向当地规划部门报审。

（一） 编制依据

（1）与工程设计有关的依据性文件，如选址及环境评价报告、用地红线图、项目的可行性研究报告、政府有关主管部门对立项报告的批文、初步设计任务书或协议书等；

（2）设计所执行的主要法规和所采用的主要标准；

（3）设计基础资料，如气象、地形地貌、水文地质、抗震设防烈度、区域位置等；

（4）政府有关主管部门对项目设计的要求，如对总平面布置、环境协调、建筑风格等方面的要求。当城市规划等部门对建筑高度有限制时，应说明建筑、构筑物的控制高度（包括最高和最低高度限值）；

（5）工程规模（如总建筑面积、总投资、容纳人数等）、项目设计规模等级和设计标准（包括结构的设计使用年限、建筑防火类别、耐火等级、装修标准等）。

（二） 编制内容

1. 方案设计说明书

（1）设计依据、设计要求及主要技术经济指标；

（2）总平面设计说明；

（3）建筑设计说明；

（4）结构设计说明；

（5）建筑电气设计说明；

（6）给水排水设计说明；

（7）供暖通风与空气调节设计说明；

（8）热能动力设计说明；

（9）投资估算文件。

2. 初步设计图纸

（1）总平面设计图纸。

（2）建筑设计图纸，含平面图、立面图和平面图等。

（3）热能动力设计图纸（当项目为城市区域供热或区域燃气调压站时提供）。

3. 交付成果

在项目方案设计阶段，全过程工程咨询单位交付的主要设计成果文件如图 5-16 所示，具体内容详见现行的《建筑工程设计文件编制深度规定》。

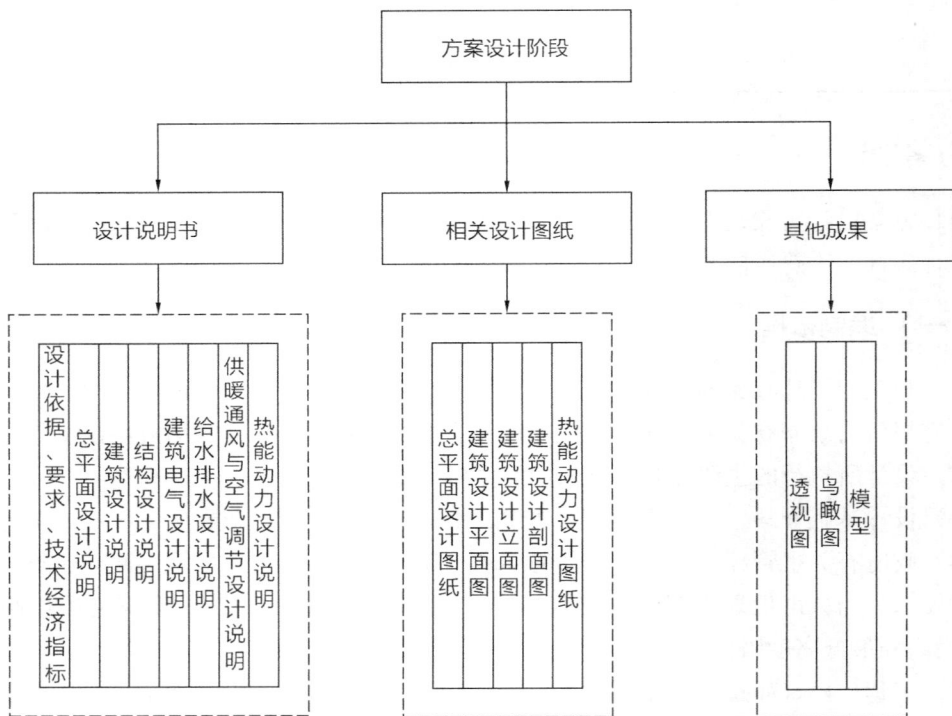

图 5-16　项目方案设计阶段主要成果文件

（三）　方案设计审查

1. 审查内容

在方案设计阶段，全过程工程咨询单位应组织专家委员对方案设计进行审查，以确定投标的方案是否切实满足招标人要求，审查内容主要有以下几点：

（1）是否响应招标要求，是否符合国家规范、标准、技术规程等的要求；

（2）是否符合美观、实用及便于实施的原则；

（3）总平面的布置是否合理；

（4）景观设计是否合理；

（5）平面、立面、剖面设计情况；

（6）结构设计是否合理，可实施；

（7）公建配套设施是否合理、齐全；

（8）新材料、新技术的运用；

（9）设计指标复核；

（10）设计成果提交的承诺。

2. 优化方案的审查

方案设计完成后，全过程工程咨询单位应组织行业专家，针对方案的不足，结合拟建项目情况，对方案提出修改建议，并编制形成正式文件。在规定的时间内督促专业咨询工程师（设计）提出最优方案，直到满足投资人要求。

（四） 编制程序

方案设计编审流程图，如图 5-17 所示。

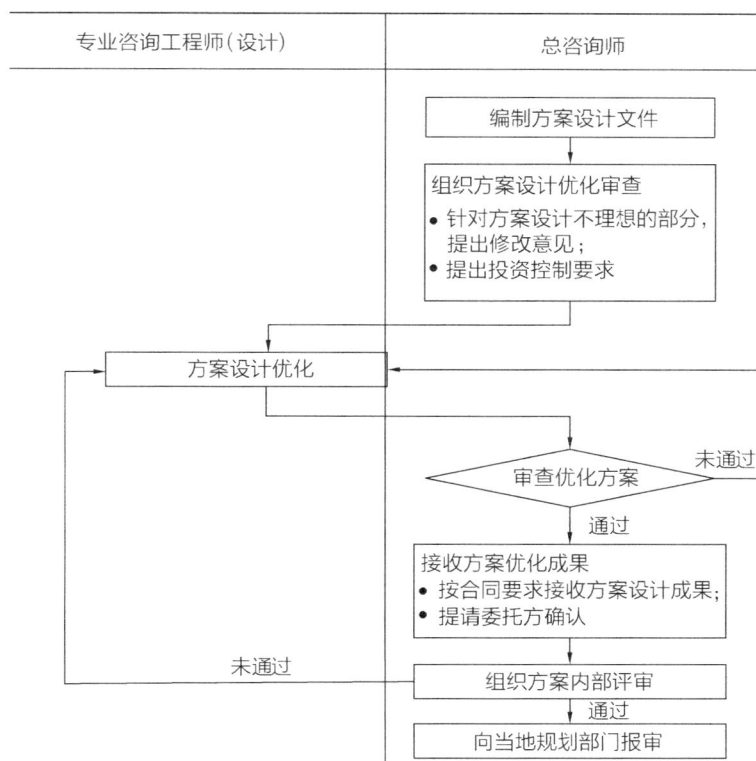

图 5-17　全过程工程咨询单位编审方案设计流程图

（五） 方案设计报审

全过程工程咨询单位应将内部盲查并调整完毕的方案向当地规划部门报审。为了防止因审批时间过长而耽误整个项目进度的情况出现，在方案报审的过程中，全过程工程咨询单位应本着为投资人着想的服务理念，协助专业咨询工程师（设计）作好方案报审的准备工作，尽量确保方案会审顺利进行。对于报审前全过程工程咨询单位的准备工作，主要包括以下内容：

（1）报审前复查设计方案图纸，检查是否符合规范要求，图纸是否具有专业咨询工程师（设计）图签、出图章、设计资质证书编号及各专业设计人员的签名；

（2）检查报审的图纸文件是否齐全，不全的应要求专业咨询工程师（设计）补送有关图纸、文件，审批时间从补齐之日算起；

（3）在取得《建筑工程设计方案审核意见单》后，立即协助投资人申请《建筑工程规划许可证》，为后期工作做好准备；

（4）若设计方案经审核需做较大修改，全过程工程咨询单位应再次及时组织送审设计文件。完成建筑方案的报批审查后，方可进入初步设计阶段。

（六） 注意事项

（1）方案设计要以满足最终投资人的需求为重点，对建筑的整体方案需要进行设计、评选和优选。

（2）全过程工程咨询单位自身若无能力自行完成方案设计，应进行方案设计招标，如果只对方案设计进行招标，而无须中标单位承担后续设计任务时，要在招标文件中进行说明。

（3）全过程工程咨询单位需要对方案设计组织专家进行优化，在功能、投资等方面提出合理化建议。

（4）方案设计阶段的报批管理也是全过程工程咨询单位的重点工作内容，应引起重视。

三、初步设计

在方案设计通过投资人及相关部门的审批以后，就可以开展初步设计，初步设计文件应满足现行的《建筑工程设计文件编制深度的规定》并提供相应的设计概算，以便投资人有效控制投资。

（一） 初步设计文件编制内容

1. 初步设计总说明

（1）工程设计依据；

（2）工程建设的规模和设计范围；

（3）总指标：总用地面积，总建筑面积和反映建筑功能规模的技术指标，其他有关的技术经济指标；

（4）设计要点综述；

（5）提请在设计审批时需解决或确定的主要问题。

2. 总平面专业设计

（1）设计说明书：

1）设计依据及基础资料；

2）场地概述；

3）总平面布置；

4）竖向设计；

5）交通组织；

6）主要技术经济指标表；

7）室外工程主要材料。

（2）设计图纸

1）区域位置图（根据需要绘制）；

2）总平面图；

3）竖向布置图；

4）根据项目实际情况可增加绘制交通、日照、土方图等，也可图纸合并。

3. 建筑专业设计

（1）设计说明书

1）设计依据；

2）设计概述；

3）多子项工程中的简单子项应作综合说明；

4）对需分期建设的工程，说明分期建设内容和对续建、扩建的设想及相关措施；

5）幕墙工程和金属、玻璃和膜结构等特殊屋面工程及其他需要专项设计、制作的工程内容的必要说明；

6）需提请审批时解决的问题或确定的事项以及其他需要说明的问题；

7）建筑节能设计说明；

8）当项目按绿色建筑要求建设时，应有绿色建筑设计说明；

9）当项目按装配式建筑要求建设时，应有装配式建筑设计和内装专项说明。

（2）设计图纸

1）平面图；

2）立面图；

3）剖面图；

4）根据需要绘制局部的平面放大图或节点详图；

5）对于贴邻的原有建筑，应绘出其局部的平、立、剖面；

6）当项目按绿色建筑要求建设时，以上有关图纸应表示相关绿色建筑设计技术的内容；

7）当项目按装配式建筑要求建设时，设计图纸应表示采用装配式建筑设计技术的内容。

4. 结构专业设计

（1）设计说明书

1）工程概况；

2）设计依据；

3）建筑分类等级；

4）主要荷载（作用）取值；

5）上部及地下室结构设计；

6）地基基础设计；

7）结构分析；

8）主要结构材料说明；

9）其他需要说明的内容；

10）当项目按绿色建筑要求建设时，应有绿色建筑设计说明；

11）当项目按装配式建筑要求建设时，应增加装配式建筑说明。

（2）设计图纸

1）基础平面图及主要基础构件的截面尺寸；

2）主要楼层结构平面布置图；

3）结构主要或关键性节点、支座示意图；

4）伸缩缝、沉降缝、防震缝、施工后浇带的位置和宽度。

（3）建筑结构工程超限设计可行性论证报告

（4）计算书，应包括荷载作用统计、结构整体计算、基础计算等必要的内容

5. 建筑电气专业设计

（1）设计说明书

1）设计依据；

2）设计范围；

3）变、配、发电系统；

4）配电系统；

5）照明系统；

6）电气节能及环保措施；

7）绿色建筑电气设计；

8）装配式建筑电气设计；

9）防雷设计；

10）接地及安全措施；

11）电气消防设计；

12）智能化设计；

13）机房工程设计；

14）需提请在设计审批时解决或确定的主要问题。

（2）设计图纸

1）电气总平面图；

2）变、配电系统；

3）配电系统；

4）防雷系统、接地系统；

5）电气消防；

6）智能化系统。

（3）主要电气设备表，注明主要电气设备的名称、型号、规格、单位、数量

（4）计算书

1）用电设备负荷计算；

2）变压器、柴油发电机选型计算；

3）典型回路电压损失计算；

4）系统短路电流计算；

5）防雷类别的选取或计算；

6）典型场所照度值和照明功率密度值计算；

7）因条件不具备不能进行计算的内容，应在初步设计中说明，并应在施工图设计时补算。

6. 给水排水专业设计

（1）设计说明书

1）设计依据；

2）工程概况；

3）设计范围；

4）建筑小区（室外）给水设计；

5）建筑小区（室外）排水设计；

6）建筑室内给水设计；

7）建筑室内排水设计；

8）中水系统；

9）节水、节能减排措施；

10）对有隔振及防噪声要求的建筑物、构筑物，说明给排水设施所采取的技术措施；

11）对特殊地区（地震、湿陷性或胀缩性土、冻土地区、软弱地基）的给水排水设施，说明所采取的相应技术措施；

12）对分期建设的项目，应说明前期、近期和远期结合的设计原则和依据性资料；

13）当项目按绿色建筑要求建设时，说明绿色建筑设计目标，采用的主要绿色建筑技术和措施；

14）当项目按装配式建筑要求建设时，说明装配式建筑给排水设计目标，采用的主要装配式建筑技术和措施；

15）各专篇（项）中给排水专业应阐述的问题；给排水专业需专项（二次）设计的系统及设计要求；

16）存在的问题：需提请在设计审批时解决或确定的主要问题；

17）施工图设计阶段需要提供的技术资料等。

（2）设计图纸（对于简单工程项目初步设计阶段可不出图）

1）建筑小区（室外）应绘制给水排水总平面图；

2）建筑室内给水排水平面图和系统原理图。

（3）设备及主要材料表

（4）计算书

1）各类生活、生产、消防等系统用水量和生活、生产排水量，园区、屋面雨水排水量，生活热水的设计小时耗热量等计算；

2）中水水量平衡计算；

3）有关的水力计算及热力计算；

4）主要设备选型和构筑物尺寸计算。

7. 供暖通风与空气调节专业设计

（1）设计说明

1）设计依据；

2）设计范围；

3）设计计算参数；

4）供暖设计说明；

5）空调设计说明；

6）通风设计说明；

7）防排烟设计说明；

8）空调通风系统的防火、防爆措施说明；

9）节能设计说明；

10）当项目按绿色建筑要求建设时，说明绿色建筑设计目标，采用的主要绿色建筑技术和措施；

11）当项目按装配式建筑要求建设时，说明装配式建筑设计目标，采用的主要装配式建筑技术和措施；

12）废气排放处理和降噪、减振等环保措施；

13）需提请在设计审批时解决或确定的主要问题。

（2）设备表

（3）设计图纸

1）供暖通风与空气调节初步设计图纸；

2）系统流程图；

3）供暖平面图；

4）通风、空调、防排烟平面图；

5）冷热源机房平面图。

8. 热能动力专业设计

（1）设计说明书

1）设计依据；

2）设计范围；

3）锅炉房设计说明；

4）其他动力站房设计说明；

5）室内管道设计说明；

6）室外管网设计说明；

7）节能、环保、消防、安全措施说明等；

8）当项目设计为绿色建筑时，说明绿色建筑设计目标，采用的主要绿色建筑技术和措施；

9）需提请设计审批时解决或确定的主要问题。

（2）设计图纸

1）热力系统图；

2）锅炉房平面图；

3）其他动力站房平面布置图及系统原理图；

4）室内外动力管道平面走向图。

（3）主要设备表

（4）计算书

对于负荷、水电和燃料消耗量、主要管道管径、主要设备选择等，应做初步计算。

9. 交付成果

在项目初步设计阶段，全过程工程咨询单位交付的主要设计成果文件，在设计深度上应符合已审定的方案设计内容，能据以确定土地征用范围、准备主要设备及材料，能据以进行施工图设计和施工准备，并作为审批确定项目投资的依据。初步设计成果文件如图5-18所示，具体内容详见现行的《建筑工程设计文件编制深度规定》。

（二）初步设计审查与优化

1. 审查与优化依据

全过程工程咨询单位初步设计审查应以下列文件为依据：

（1）国家政策、法规；

（2）各专业执行的设计规范、标准及现行国家及项目所在地的有关标准、规程；

（3）政府有关主管部门的批文、可行性研究报告、立项书、方案文件等的文号或名称；

（4）批准的方案设计；

（5）规划、用地、环保、卫生、绿化、消防、人防、抗震等要求和依据资料；

（6）投资人提供的有关使用要求或生产工艺等资料；

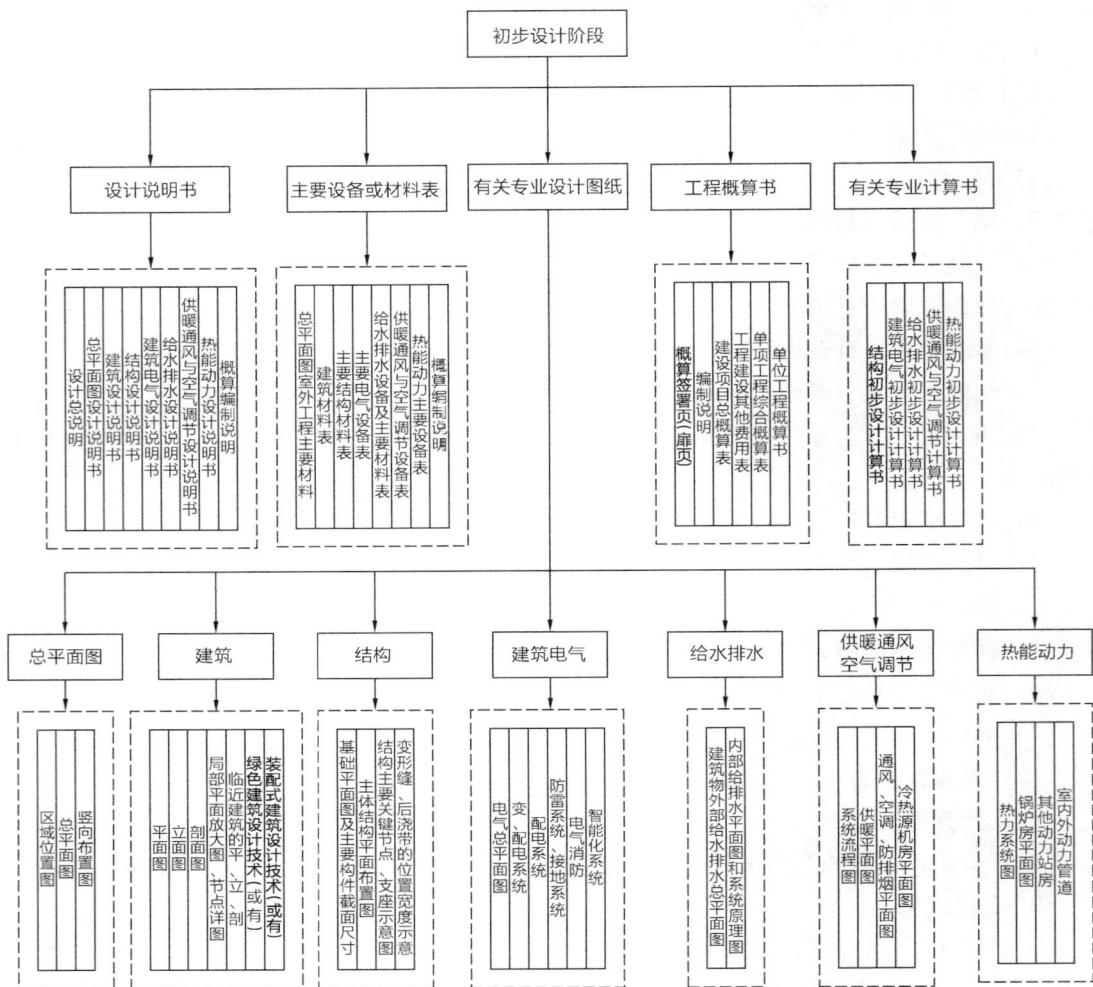

图 5-18　项目初步设计阶段主要成果文件

（7）建设场地的自然条件和施工条件；

（8）有关的合同、协议、设计任务书等；

（9）其他的有关资料。

2. 审查与优化内容

当初步设计图纸出来后，全过程工程咨询单位需组织各专业专家逐张审查图纸，重点审查选材是否经济、做法是否合理、节点是否详细、图纸有无错缺碰漏等问题。在认真审阅图纸后，书面整理专家审图意见，与投资人和专业咨询工程师（设计）约定时间，共同讨论交换意见，达成共识后，进行设计图纸修改。

全过程工程咨询单位对初步设计审查合格后，需按当地建设行政主管部门的规定，将初步设计文件报送建设行政主管部门审查。

全过程工程咨询单位进行的初步设计的审查应当包括下列主要内容：

（1）是否按照方案设计的审查意见进行了修改；

（2）是否达到初步设计的深度，是否满足编制施工图设计文件的需要；

（3）是否满足消防规范的要求；

（4）建筑专业。①建筑面积等指标没有大的变化；②建筑功能分隔是否得到深化，总平面、楼层平面、立面设计是否深入；③主要装修标准明确；④各楼层平面是否分隔合理，有较高的平面使用系数；

（5）结构专业。①结构体系选择恰当，基础形式合理；②各楼层布置合理；

（6）设备专业。①系统设计合理；②主要设备选型得当、明确；

（7）有关专业重大技术方案是否进行了技术经济分析比较，是否安全、可靠；

（8）初步设计文件采用的新技术、新材料是否适用、可靠；

（9）设计概算编制是否按照国家和地方现行有关规定进行编制，深度是否满足要求。

（三）初步设计编审程序

项目初步设计文件编审程序，如图5-19所示。

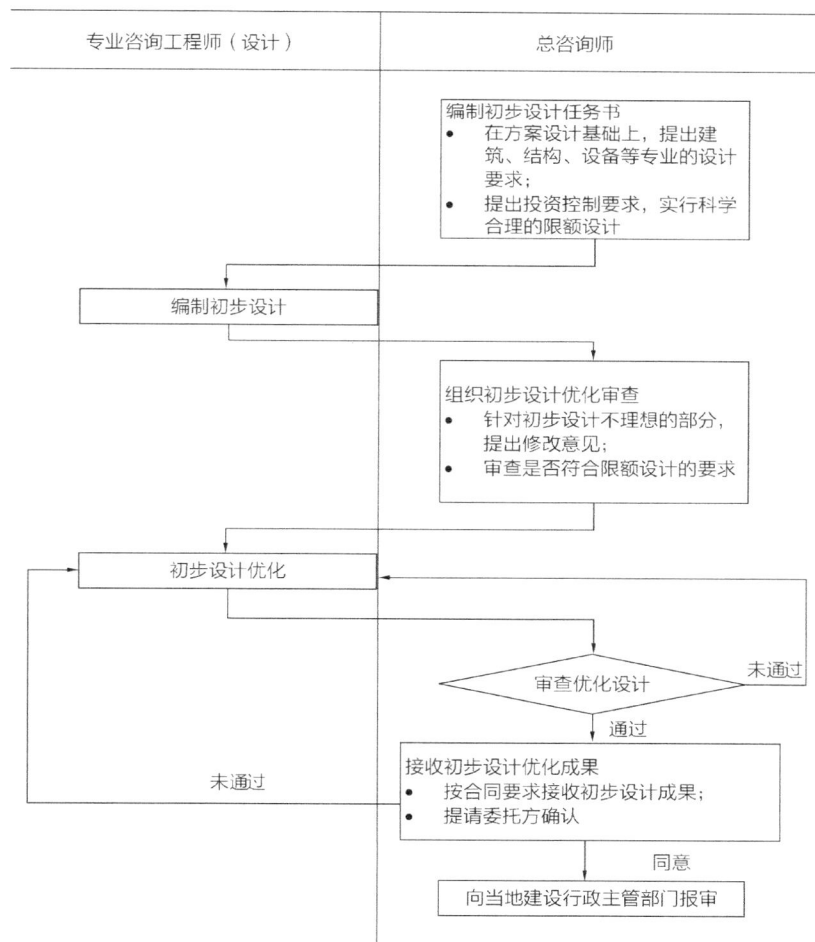

图5-19　全过程工程咨询单位编审初步设计文件流程图

（四） 注意事项

（1）初步设计深度不够是目前建设项目初步设计存在的一个普遍问题。因此，初步设计管理也要注重对设计人员经验和业务水平等方面加强对专业咨询工程师（设计）的管理。

（2）注重初步设计不能与可行性研究报告偏离，其深度要达到或超过可行性研究报告。

（3）全过程工程咨询单位需要按国家《建筑工程设计文件编制深度规定》的要求及合同要求，严格审查初步设计文件的内容是否齐全，设计文件的份数是否满足合同约定。

四、施工图设计

施工图设计阶段主要是通过图纸把设计者的意图和全部设计结果表达出来，主要以图纸的形式提交设计文件成果，使整个设计方案得以实施。施工图设计，一是用于指导施工，二是用作工程预算编制的依据。施工图设计应满足现行的《建筑工程设计文件编制深度的规定》。

（一） 施工图设计文件编制内容

施工图设计文件包括合同要求所涉及的所有专业的设计图纸（含图纸目录、说明和必要的设备、材料表等）以及图纸总封面；对于涉及建筑节能设计的专业，其设计说明应有建筑节能设计的专项内容；涉及装配式建筑设计的专业，其设计说明及图纸应有装配式建筑专项设计内容。

1. 总平面专业设计

在施工图设计阶段，总平面专业设计文件应包括图纸目录、设计说明、设计图纸、计算书。

（1）图纸目录；

（2）设计说明；

（3）总平面图；

（4）竖向布置图；

（5）土石方图；

（6）管道综合图；

（7）绿化及建筑小品布置图；

（8）详图：道路横断面、路面结构、挡土墙、护坡、排水沟、池壁、广场、运动场地、活动场地、停车场地面、围墙等详图；

（9）计算书：设计依据及基础资料、计算公式、计算过程、有关满足日照要求的分析资料及成果资料等。

2. 建筑专业设计

在施工图设计阶段，建筑专业设计文件应包括图纸目录、设计说明、设计图纸、计算书。

（1）图纸目录；

（2）设计说明；

（3）平面图；

（4）立面图；

（5）剖面图；

（6）详图。

3. 结构专业设计

在施工图设计阶段，结构专业设计文件应包含图纸目录、设计说明、设计图纸、计算书。

（1）图纸目录。

（2）结构设计总说明。

每一单项工程应编写一份结构设计总说明，对多子项工程应编写统一的结构设计总说明。当工程以钢结构为主或包含较多的钢结构时，应编制钢结构设计总说明。当工程较简单时，亦可将总说明的内容分散写在相关部分的图纸中。

结构设计总说明应包括以下内容：

1）工程概况。

2）设计依据。

3）图纸说明。

4）建筑分类等级。

5）主要荷载（作用）取值及设计参数。

6）设计计算程序。

7）主要结构材料。

8）基础及地下室工程。

9）钢筋混凝土工程。

10）钢结构工程。

11）砌体工程。

12）检测（观测）要求。

13）施工需特别注意的问题。

14）有基坑时应对基坑设计提出技术要求。

15）当项目按绿色建筑要求建设时，应有绿色建筑设计说明。

16）当项目按装配式结构要求建设时，应有装配式结构设计专项说明。

（3）基础平面图。

（4）基础详图。

（5）结构平面图。

（6）钢筋混凝土构件详图。

（7）混凝土结构节点构造详图。

（8）其他图纸：楼梯图、预埋件、特种结构和构筑物等。

（9）钢结构设计施工图。

钢结构设计施工图的内容和深度应能满足进行钢结构制作详图设计的要求。钢结构设计施工图应包括以下内容：

1）钢结构设计总说明；

2）基础平面图及详图；

3）结构平面（包括各层楼面、屋面）布置图；

4）构件与节点详图。

（10）计算书。

4. 建筑电气专业设计

在施工图设计阶段，建筑电气专业设计文件图纸部分应包括图纸目录、设计说明、设计图、主要设备表，电气计算部分出计算书。

（1）图纸目录；

（2）设计说明；

（3）图例符号（应包括设备选型、规格及安装等信息）；

（4）电气总平面图（仅有单体设计时，可无此项内容）；

（5）变、配电站设计图：高、低压配电系统图（一次线路图）、平、剖面图、继电保护及信号原理图、配电干线系统图、相应图纸说明等；

（6）配电、照明设计图：配电箱（或控制箱）系统图、配电平面图、照明平面图等，图中表达不清楚的，可随图作相应说明；

（7）建筑设备控制原理图：建筑电气设备控制原理图、建筑设备监控系统及系统集成设计图等；

（8）防雷、接地及安全设计图；

（9）电气消防：电气火灾监控系统、消防设备电源监控系统、防火门监控系统、火灾自动报警系统、消防应急广播等；

（10）智能化各系统设计：智能化各系统及其子系统的系统框图、智能化各系统及其子系统的干线桥架走向平面图、智能化各系统及其子系统竖井布置分布图；

（11）主要电气设备表：注明主要电气设备的名称、型号、规格、单位、数量；

（12）计算书：施工图设计阶段的计算书，计算内容同初设要求；

（13）当采用装配式建筑技术设计时，应明确装配式建筑设计电气专项内容。

5. 给水排水专业设计

在施工图设计阶段，建筑给水排水专业设计文件应包括图纸目录、施工图设计说明、设计图纸、设备及主要材料表、计算书。

（1）图纸目录；

（2）设计总说明和图例；

（3）建筑小区（室外）给水排水总平面图；

（4）室外排水管道高程表或纵断面图；

（5）自备水源取水工程，应按照现行的《市政公用工程设计文件编制深度规定》要求，另行专项设计；

（6）雨水控制与利用及各净化建筑物、构筑物平、剖面及详图；

（7）水泵房平面、剖面图；

（8）水塔（箱）、水池配管及详图；

（9）循环水构筑物的平面、剖面及系统图；

（10）污水处理；

（11）建筑室内给水排水图纸：平面图、系统图、局部放大图等；

（12）设备及主要材料表；

（13）计算书：根据初步设计审批意见进行施工图阶段设计计算；

（14）当采用装配式建筑技术设计时，应明确装配式建筑设计给排水专项内容。

6. 供暖通风与空气调节专业设计

在施工图设计阶段，供暖通风与空气调节专业设计文件应包括图纸目录、设计与施工说明、设备表、设计图纸、计算书。

（1）图纸目录；

（2）设计说明和施工说明；

（3）设备表，施工图阶段性能参数栏应注明详细的技术数据；

（4）平面图；

（5）通风、空调、制冷机房平面图和剖面图；

（6）系统图、立管或竖风道图；

（7）通风、空调剖面图和详图；

（8）室外管网设计深度要求；

（9）计算书；

（10）当采用装配式建筑技术设计时，应明确装配式建筑设计暖通空调专项内容。

7. 热能动力专业设计

在施工图设计阶段，热能动力专业设计文件应包括图纸目录、设计说明和施工说明、设备及主要材料表、设计图纸、计算书。

（1）图纸目录；

（2）设计说明、施工说明与运行控制说明；

（3）锅炉房图；

（4）其他动力站房图；

（5）室内管道图；

（6）室外管网图；

（7）设备及主要材料表：应列出设备及主要材料的名称、性能参数、单位和数量、备用情况等，对锅炉设备应注明锅炉效率；

（8）计算书。

8. 交付成果

在项目施工图设计阶段，全过程工程咨询单位根据批准的初步设计进行编制和交付的设计成果文件，须能满足施工招标、施工安装、材料设备订货、非标设备制作、加工及编制施工图预算的要求。施工图设计成果文件如图 5-20 所示，具体内容详见现行的《建筑工程设计文件编制深度规定》。

（二） 施工图设计文件审查

施工图设计阶段，全过程工程咨询单位需要对施工图设计文件进行审查，施工图设计文件包括合同要求所涉及的所有专业的设计图纸（含图纸目录、说明和必要的设备、材料表及图纸总封面）、合同要求的工程预算书、各专业计算书。本章主要介绍施工图设计审查和施工图预算审查。

施工图设计审查分为全过程工程咨询单位自行组织的技术性及符合性审查以及建设行政主管部门认定的施工图审查机构实施的工程建设强制性标准及其他规定内容的审查，完成审查后的施工图文件应到建设行政主管部门进行备案。

1. 审查依据

全过程工程咨询单位进行的施工图设计审查应以下列文件为依据：

（1）设计依据；

（2）国家政策、法规及设计规范；

（3）设计任务书或协议书；

（4）批准的初步设计；

（5）详细的勘察资料；

（6）关于初步设计审查意见；

（7）关于初步设计工程所在地建设行政主管部门的批复意见；

（8）其他资料。

此外，施工图审查机构进行的施工图设计审查，主要依据有：

（1）《实施工程建设强制性标准监督规定》（建设部令第 81 号）（2015 年修订）；

（2）《房屋建筑和市政基础设施工程施工图设计文件审查管理办法》（住房城乡建设部令第 13 号）。

2. 审查内容

（1）全过程工程咨询单位对施工图设计及审查

在施工图出图后及送行政审查前，全过程工程咨询单位应组织投资人、造价工程师等对施工图的设计内容进行内部审查，如：造价工程师应从工程量清单编制过程中发现的技术问题，或从造价控制的角度提出意见、建议；而专业咨询工程师（监理）应结合施工现场（比如，技术的可靠性、施工的便利性、施工的安全性等方面）提出意见、建议；全过程工程咨询单位应从施工图是否满足投资人需求等方面进行审查。

全过程工程咨询单位对各单位审查意见进行汇总，并召开专题会议共同讨论，由专业咨询工程师（设计）对施工图进行修改、完善，最后形成正式的施工图。

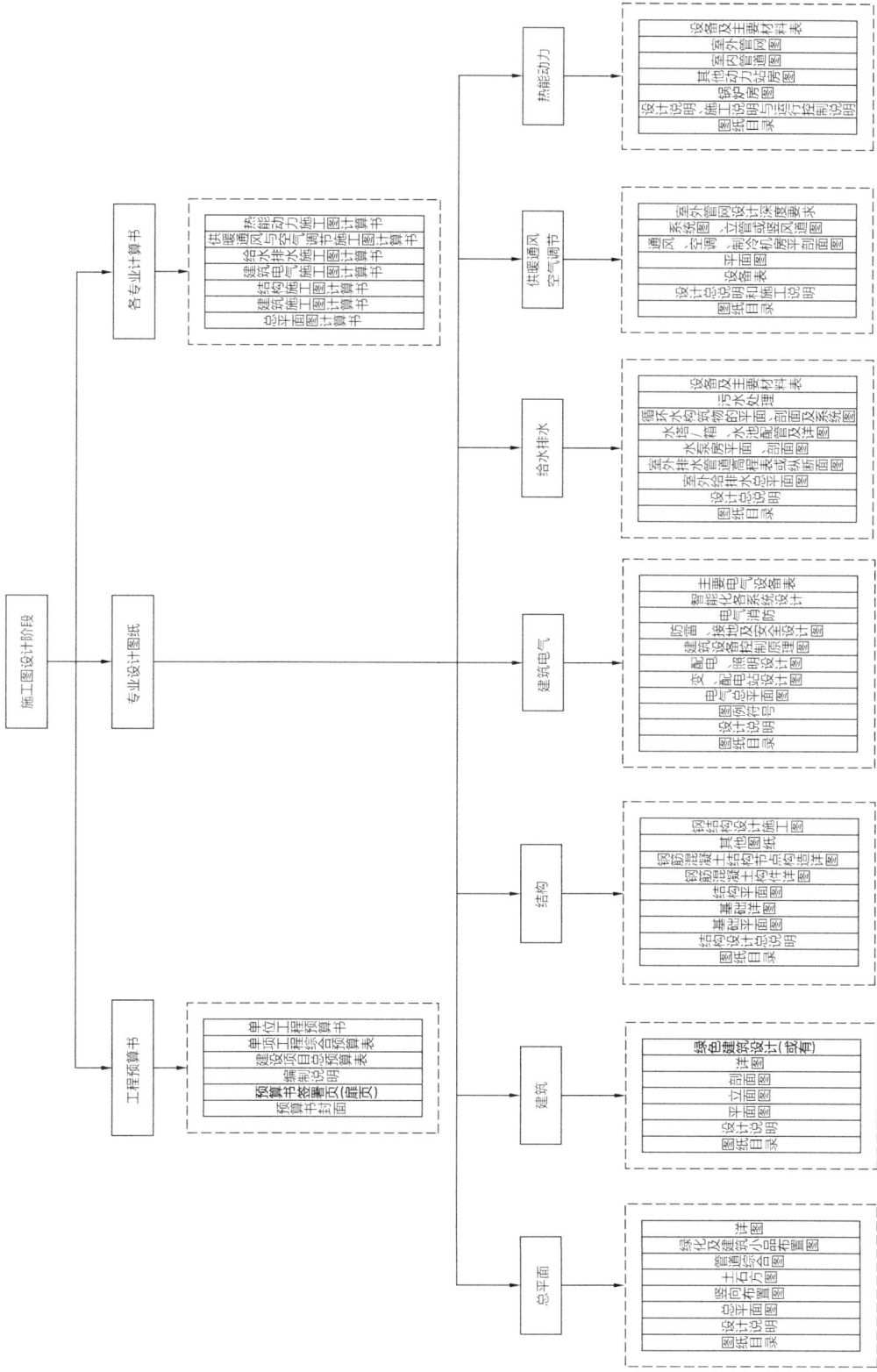

图 5-20 项目施工图设计阶段主要成果文件

施工图设计阶段
├─ 各专业计算书
│   ├─ 热能动力施工图计算书
│   ├─ 供暖通风与空气调施工图计算书
│   ├─ 建筑给水排水施工图计算书
│   ├─ 建筑电气施工图计算书
│   ├─ 结构施工图计算书
│   ├─ 建筑施工图计算书
│   └─ 总平面图计算书
│
├─ 专业设计图纸
│   ├─ 热能动力
│   │   ├─ 设备及主要材料表
│   │   ├─ 室外管网图
│   │   ├─ 其他动力管道图
│   │   ├─ 锅炉房图
│   │   ├─ 设计说明与施工说明
│   │   └─ 图纸目录与运行控制说明
│   ├─ 供暖通风空调
│   │   ├─ 系统原理图设计深度要求
│   │   ├─ 通风、空调、制冷机房平面剖面图
│   │   ├─ 立管图
│   │   ├─ 平面图
│   │   ├─ 设备表
│   │   ├─ 设计总说明和施工说明
│   │   └─ 图纸目录
│   ├─ 给水排水
│   │   ├─ 设备及主要材料表
│   │   ├─ 循环水构筑物的处理工艺图
│   │   ├─ 水处理站平面及系统图
│   │   ├─ 水泵房平面剖面图及系统图
│   │   ├─ 室外给排水管道图
│   │   ├─ 室外给排水总平面图纵断面图
│   │   ├─ 设计说明
│   │   └─ 图纸目录
│   ├─ 建筑电气
│   │   ├─ 主要电气设备表
│   │   ├─ 智能化各系统设计
│   │   ├─ 防雷、接地、安全及特殊系统设计图
│   │   ├─ 建筑电气消防设计
│   │   ├─ 配电、照明设计原理图
│   │   ├─ 变、配电站设计图
│   │   ├─ 电气总平面图
│   │   ├─ 设计图例符号图
│   │   ├─ 设计说明
│   │   └─ 图纸目录
│   ├─ 结构
│   │   ├─ 钢结构设计与施工图
│   │   ├─ 钢筋混凝土其他图纸及构造详图
│   │   ├─ 钢筋混凝土结构节点构造详图
│   │   ├─ 结构平面图详图
│   │   ├─ 基础平面详图
│   │   ├─ 结构设计总说明
│   │   └─ 图纸目录
│   ├─ 建筑
│   │   ├─ 绿色建筑设计(或专章)
│   │   ├─ 剖面图
│   │   ├─ 立面图
│   │   ├─ 平面图
│   │   ├─ 设计说明
│   │   └─ 图纸目录
│   └─ 总平面
│   ├─ 绿化及建筑小品布置图详图
│   ├─ 管道综合图
│   ├─ 土方图
│   ├─ 竖向布置图
│   ├─ 总平面图
│   ├─ 设计说明
│   └─ 图纸目录
│
└─ 工程预算书
    ├─ 单位工程预算书
    ├─ 单项工程综合预算表
    ├─ 建设项目总预算表
    ├─ 编制说明
    ├─ 预算书签署页(扉页)
    └─ 预算书封面(扉页)

施工图设计文件应正确、完整和详尽，并确定具体的定位和结构尺寸、构造措施，材料、质量标准、技术细节等，还应满足设备、材料的采购需求，满足各种非标准设备的制作需求，满足招标及指导施工的需要。全过程工程咨询单位对施工图设计审查的主要内容应包括：

1）建筑专业

① 建筑面积是否符合政府主管部门批准意见和设计任务书的要求，特别是计入容积率的面积是否核算准确；

② 建筑装饰用料标准是否合理、先进、经济、美观，特别是外立面是否体现了方案设计的特色，内装修标准是否符合投资人的意图；

③ 总平面设计是否充分考虑了交通组织、园林景观，竖向设计是否合理；

④ 立面、剖面、详图是否表达清楚；

⑤ 门窗表是否能与平面图对应，其统计数量有无差错，分隔形式是否合理；

⑥ 消防设计是否符合消防规范，包括防火分区是否超过规定面积，防火分隔是否达到耐火时限，消防疏散通道是否具有足够宽度和数量，消防电梯设置是否符合要求；

⑦ 地下室防水、屋面防水、外墙防渗水、卫生间防水、门窗防水等重要位置渗漏的处理是否合理；

⑧ 楼地面做法是否满足投资人要求。

2）结构专业

① 结构设计总说明是内容否准确全面，结构构造要求是否交代清楚；

② 基础设计是否符合初步设计确定的技术方案；

③ 主体结构中的结构布置选型是否符合初步设计及其审查意见，楼层结构平面梁、板、墙、柱的标注是否全面，配筋是否合理；

④ 结构设计是否满足施工要求；

⑤ 基坑开挖及基坑围护方案的推荐是否合理；

⑥ 钢筋含量、节点处理等问题是否合理；

⑦ 土建与各专业的矛盾问题是否解决。

3）设备专业

① 系统是否按照初步设计的审查意见进行布置；

② 与建筑结构专业是否矛盾；

③ 消防工程设计是否满足消防规范的要求，包括火灾报警系统、防排烟系统、消火栓系统、喷淋系统以及疏散广播系统等；

④ 给水管供水量及管道走向、管径是否满足最不利点供水压力需要，是否满足美观需要；

⑤ 排水管的走向及布置是否合理；

⑥ 管材及器具选择是否符合规范及投资人要求；

⑦ 水、电、煤、消防等设备、管线安装位置设计是否合理、美观且与土建图纸不相矛盾；

⑧ 煤气工程是否满足煤气公司的审图要求；

⑨ 室内电器布置是否合理、规范，强、弱电室内外接口是否满足电话局、供电局及设计要求；

⑩ 用电设计容量和供电方式是否符合供电局规定要求。

完成内部审查后，应及时送至相关的施工图审查机构审查，并取得施工图审查合格书。

（2）施工图审查机构对施工图设计的审查

施工图审查机构对施工图设计的审查内容主要包括：

1）是否符合工程建设强制性标准；

2）地基基础和主体结构的安全性；

3）是否符合民用建筑节能强制性标准，对执行绿色建筑标准的项目，还应当审查是否符合绿色建筑标准；

4）勘察设计企业和注册执业人员以及相关人员是否按规定在施工图上加盖相应的图章和签字；

5）法律、法规、规章规定必须审查的其他内容。

（三）施工图设计编审程序

全过程工程咨询单位对施工图设计的编审程序，如图 5-21 所示。

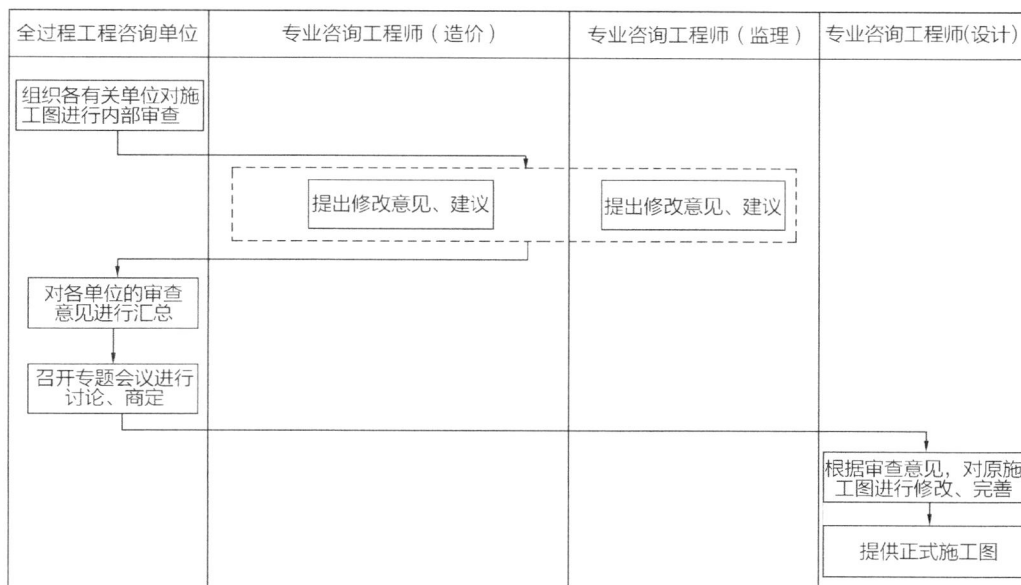

图 5-21 全过程工程咨询单位对施工图设计的编审程序

（四）注意事项

（1）施工图审查机构一定要具备相应资质，超限高层建筑工程的施工图设计文件审查应当由经国务院建设行政主管部门认定的具有超限高层建筑工程审查资格的施工图设计文件审查机构承担。

（2）未经超限高层建筑工程抗震设防专项审查，建设行政主管部门和其他有关部门不得对超限高层建筑工程施工图设计文件进行审查。

（3）工程勘察文件经审查合格后，专业咨询工程师（设计）方可采用，同一项目的工程勘察文件与施工图设计文件原则上应委托同一审查机构审查。

（4）全过程工程咨询单位对施工图设计进行审查时，要注意施工图设计是否按照设计合同的规定提供足够套数的施工图，是否所有的施工图都加盖了专业咨询工程师（设计）的出图章，是否设计人、校对人、专业负责人、设计总负责人的签字齐全并且有专业会签。

第五节　勘察设计阶段投资管控

在建设项目的工作分解结构中，建设项目的设计与计划阶段是决定建筑产品价值形成的关键阶段，它对建设项目的建设工期、工程造价、工程质量以及建成后能否产生较好的经济效益和使用效益，起到决定性的作用，因此对设计阶段进行造价管理是非常重要的。从国内外工程实践及造价资料分析表明，在方案设计阶段，影响项目投资的可能性为 75%～95%；在初步设计阶段，影响项目投资的可能性为 35%～75%；在施工图设计阶段，影响项目投资的可能性为 5%～35%。由此可见，重视对设计阶段的造价管理，可以有效地解决建设项目总造价偏高的危险。因此，控制工程造价的思想在设计开始的时候就应该保证选择恰当的设计标准和合理的功能水平。各阶段对投资影响程度分析图如图 5-22 所示。

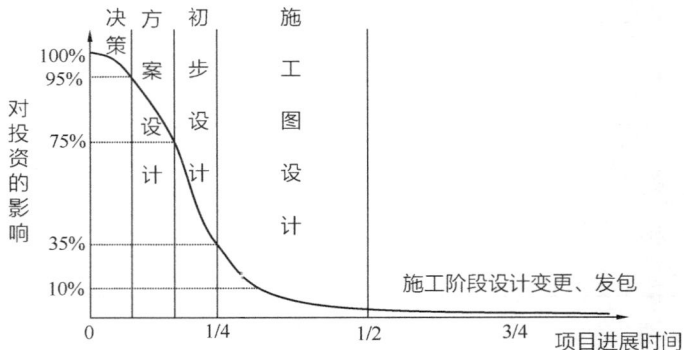

图 5-22　各设计阶段对投资影响程度分析图

一、设计概算的编制与审核

（一）设计概算编制

1. 依据

概算编制依据涉及面很广，一般指编制项目概算所需的一切基础资料。对于不同项目，其概算编制依据不尽相同。设计概算文件编制人员必须深入现场进行调研，收集编制概算所需的定额、价格、费用标准以及国家或行业、当地主管部门的规定、办法等资料。投资人应当主动配合，并向专业咨询工程师（设计）提供有关资料。

概算文件中所列的编制依据有以下几个方面的要求：

（1）定额和标准的时效性。使用概算文件编制期正在执行使用的定额和标准，禁止使用已经作废或还没有正式颁布执行的定额和标准。

（2）具有针对性。要针对项目特点，使用相关的编制依据，并在编制说明中加以说明，使概算对项目造价有一个正确的认识。

（3）合理性。概算文件中所使用的编制依据对项目的造价（投资）水平的确定应当是合理的，也就是说，按照该编制依据编制的项目造价（投资）能够反映项目实施的真实造价（投资）水平。

（4）对影响造价或投资水平的主要因素或关键工程的必要说明。概算文件编制依据中应对影响造价或投资水平的主要因素作较为详尽的说明，对影响造价或投资水平关键工程造价（投资）水平的确定作较为详尽的说明。

2. **内容**

（1）建设项目总概算及单项工程综合概算的编制

1）总概算的编制说明，要求文句通畅简练、内容具体确切，能说明问题。本节概算编制说明规定的内容为建设项目的共有特征，除此之外，概算编制说明应针对具体项目的独有特征进行阐述；编制依据应不与国家法律法规和各级政府部门、行业颁发的规定制度矛盾，应符合现行的金融、财务、税收制度，应符合国家或项目建设所在地政府经济发展政策和规划；概算编制说明还应对概算存在的问题和一些其他相关的问题进行说明，比如不确定因素、没有考虑外部衔接等问题。可参考《建设项目设计概算编审规程》CECA/GC 2—2015 中附表对工程费用等进行计算。

2）工程费用项目排列：

① 主要工艺生产装置包括直接参加生产产品和中间产品的工艺生产装置。

② 辅助工艺生产装置是指为主要生产项目服务的工程项目，包括集中控制室、中央试验室、机修、电修、仪修、汽修、化验、仓库工程等。

③ 公用工程是指为全厂统一设置的公用设施：工程项目，如给水排水工程（循环水场、给水排水泵房、水塔、水池、消防、给水排水管网等）、供热工程（锅炉房、热电站、软化水处理设施及全厂热力管网）、供电及电信工程（全厂变（配）电所、电话站、广播站、微波站、全厂输电线路、场地道路照明、电信网络等）。

④ 总图运输包括厂区及竖向大型土石方、防洪、厂区路、桥涵、护坡、沟渠、铁路专用线、运输车辆、围墙大门、厂区绿化等。

⑤ 生产管理服务性工程是指为办公生产服务的工程，包括传达室、厂部办公楼、厂区食堂、医务室、浴室、哺乳室、倒班宿舍、招待所、培训中心、车库、自行车棚、哨所、公厕等。

⑥ 生活福利工程是指为职工住宅区服务的生活福利设施工程，如宿舍、住宅、生活

区食堂、托儿所、幼儿园、商店、招待所、卫生所、俱乐部以及其他福利设施。

⑦ 厂外工程是指建设单位的建设、生产、办公等直接服务的厂区以外的工程，如水源工程、输水与排水管线、厂外输电线路、通信线路、输气线路、铁路专用线、公路、桥梁码头等。

给出的工程费用项目排列顺序为一般项目的形式，具体项目可按其特点调整，各省（直辖市、自治区）或行业可针对所管项目特征制定具体形式，特殊项目可参考编制概算。

（2）工程建设其他费用、预备费、专项费用概算编制

1）工程建设其他费用、预备费、专项费用概算的计算方法可以参考《建设项目设计概算编审规程》CECA/GC 2—2015。有合同或国家以及各省、市或行业有规定的，按合同和有关规定计算。

2）涉及技术引进的项目，在概算编制阶段一般已经签订合同或协议，国外技术人员现场服务费和接待费按已经签订合同或协议费用计算；出国人员差旅费和生活费按规定标准计算，引进设备材料国内检验费可按受检设备材料费的1%计算，图纸资料翻译复制费、银行担保及承诺费、国内安装保险费等按有关规定计算。

3）工程建设其他费用概算表格形式可以参见《建设项目设计概算编审规程》。

4）基本预备费费率可针对项目特点不同；价差预备费中的投资价格指数按国家颁布的计取。

5）应列入项目概算总投资中相关费用的规定：

① 资金来源有多种渠道，如自有资金、基建贷款、外币贷款、合作投资、融资等，还有资产租赁等其他形式。除自有资金、合作投资外，要计算这些资金或资产在建设期的时间价值列入概算，本规程按贷款方式规定了建设期利息计算方法，其他资金或资产在建设期的时间价值按有关规定或实际发生额度计算。在编制说明中还应对资金渠道进行说明，发生资产租赁的，说明具体租赁方式及租金。

② 一般铺底流动资金按流动资金的30%计算，也可按其他方法计算。

③ 固定资产投资方向调节税暂停征收，规定征收时计算，并计入概算。

注意：该部分列举了经常发生的工程建设其他费用，对于不同的建设项目是不同的，有的费用项目发生，有的不发生，还可能发生除上述以外的其他一些费用项目，例如，一般建设项目很少发生或一些具有明显行业特征的工程建设其他费用项目，移民安置费、河道占用补偿费、航道维护费、植被恢复费等，各省（直辖市、自治区）和各行业分会可在实施中针对具体项目其他费用发生的实际情况补充规定，或具体项目发生时依据有关政策规定列入。

（3）单位工程概算的编制

1）单位工程概算书是概算文件的基本组成部分，单项工程概算文件由单位工程概算汇总编制，单位工程概算是编制单项工程综合概算（或项目总概算）的依据。

2）单位工程概算一般分土建、装饰、采暖通风、给水排水、照明、工艺安装，自控仪表、通信、道路、总图竖向等专业或工程分别编制。

① 建筑工程单位工程概算编制深度影响概算文件编制深度的一个重要因素，应按构

成单位工程的主要分部分项工程编制，根据初步设计工程量按工程所在省（直辖市、自治区）颁发的概算定额（指标）或行业概算定额（指标），以及工程费用定额计算。必要时结合施工组织设计进行详细计算。在满足投资控制和造价管理的条件下，对于通用结构建筑可采用"造价指标"编制概算。

② 安装工程单位工程概算编制深度是影响概算文件编制深度的另一个重要因素，对其涉及的设备、主要材料以及他们的安装施工费用应进行详细计算。对主要设备、主要材料进行多方询价，认真分析比较确定合理的价格；对关键工程的工程量进行认真核算，结合施工组织设计，合理计算概算造价。

a. 定型或成套设备费在编制设计概算编制时，一般根据设计设备表，按设备出厂价或询价、报价加设备运杂费方法计算，也可采用以往采购价格或者有关部门、机构发布的信息价格计算。

b. 外币汇率按概算编制期国家外汇管理局公布的银行牌价（编制期某日或某主要合同签订日的卖价）计算。

在概算编制说明中应说明进口设备材料有关费率取定及依据，如国外运输费、国外运输保险费、海关税费、国内运杂费以及其他有关税费等，还应说明外币总价、折算方法（牌价日期及汇率）、结算条件、减免税的依据、折合人民币总价等，并且引进设备费用按设计单元分项列表。

进口设备材料费用应以与外商签订的合同（或询价）为依据；设计文件应提供能满足概算编制深度要求的有关数据，设计人员或概算编制人员充分考察或咨询引进设备所涉及的有关硬件和软件费用。

c. 引进合同总价一般包括以下内容：

a) 硬件费：指设备、材料、备品备件、化学药剂、触媒、施工专用工具、机具等费用，以外币折合人民币后，列入第一部分工程费用，其中设备、备品备件，化学药剂、触媒、施工专用工具、机具等列入设备购置费；钢材、焊条等材料列入安装工程费。

b) 软件费：指设计费、自控软件、技术资料费、专利费、技术秘密费、技术服务费用等，以外币折合人民币后，列入第二部分其他费用。

c) 从属费用：指国外运输费、国外运输保险费、进口关税、增值税、银行财务费、外贸手续费等，国外运输费、国外运输保险费以外币折合人民币后，随货价性质分别列入第一部分工程费用的设备购置费或安装工程费中，进口关税、增值税、银行财务费、外贸手续费等按国家有关规定计算分别列入第一部分工程费用的设备购置费或安装工程费中。

进口设备货价及从属费用计算方法按有关规定。

3) 初步设计阶段概算和施工图预算的编制深度宜参照现行的《建设工程工程量清单计价规范》深度执行。

（4）调整概算的编制

1) 如果设计概算经批准后调整，需要经过原概算审批单位同意，方可编制调整概算。调整概算需有充分的理由，需要调整概算的原因：

① 重大自然灾害对已建工程造成巨大破坏，重建这些破坏工程费用超出基本预备费

规定范围，可以调整概算。由于国家规定的安全设防标准提高引起的费用增加超出基本预备费规定范围，也可以调整概算。如果发生该原因而需调整概算时，需要先重新编制可行性研究报告，经论证评审可行审批后，才能编制调整概算。投资人和专业咨询工程师（设计）在调查分析的基础上编制调整概算，按规定的审批程序报批。

② 属国家重大政策性变动因素，如财务税收、金融、产业调整、安全环保等，同时包括在国家市场经济调控范围内的影响工程造价的主要设备材料的价格大幅度波动等因素。投资人自行扩大建设规模、提高建设标准等而增加费用不予调整。

2）当调整变化内容较多时，调整前后概算对比表，以及主要变更原因分析应单独成册，也可以与设计文件调整原因分析一起编制成册。在上报调整概算时，应同时提供原设计的批准文件、重大设计变更的批准文件、工程已发生的主要影响工程投资的设备和大宗材料购买货发票（复印件）和合同等作为调整概算的附件。

3. 程序

设计概算文件编制必须在建立在正确、可靠、充分的编制依据基础之上。

（1）参与设计方案讨论、进行方案比选

设计概算文件编制人员应与设计人员密切配合，以确保概算的质量，项目设计负责人和概算负责人应对全部设计概算的质量负责。有关的设计概算文件编制人员应参与设计方案的讨论，与设计人员共同做好方案的技术经济比较工作，以选出技术先进、经济合理的最佳设计方案。

（2）科学编制设计概算

设计人员要坚持正确的设计指导思想，树立以经济效益为中心的观念，严格按照批准的可行性研究报告或立项批文所规定的内容及控制投资额度进行限额设计。并严格按照规定要求，提出满足概算文件编制深度的设计技术资料。设计概算文件编制人员应对投资的合理性负责。杜绝不合理的人为增加或减少投资额度。

（3）投资人组织审查

专业咨询工程师（设计）完成初步设计概算后由全过程工程咨询单位发送给投资人，投资人必须及时组织力量对概算进行审查，并提出修改意见反馈。

（4）修改并报送主管部门

由全过程工程咨询单位与投资人共同核实取得一致意见后，由专业咨询工程师（设计）进行修改。再随同初步设计一并报送主管部门审批。

4. 注意事项

概算负责人、审核人、审定人应由国家注册造价工程师担任，具体规定由省、市建委或行业造价主管部门制定。

为了提高概算编制水平。应对编制人员进行认真考核。概算编制质量的质量可采取送审值与审批值差额比率方法考核，规定总概算，综合概算、单位工程概算审核差额比率，以及责任单位和人员。各省、市或行业分会可根据所主管的工程特点制定具体管理办法。

（二） 设计概算审核

全过程工程咨询单位设计概算管理的工作职责是组织专业咨询工程师（设计）在造价

控制目标内进行估算调整及设计调整、组织初步设计概算内部评审、组织专业咨询工程师（设计）进行技术经济分析比较或调整概算。

1. **依据**

设计概算审查应以下列文件为依据：

（1）国家政策、法规；

（2）各专业执行的设计规范、标准及现行国家及项目所在地的有关标准、规程；

（3）政府有关主管部门的批文、可行性研究报告、立项书、方案文件等的文号或名称；

（4）规划、用地、环保、卫生、绿化、消防、人防、抗震等要求和依据资料；

（5）投资人提供的有关使用要求或生产工艺等资料；

（6）审查计价指标；

（7）审查其他费用。

2. **内容**

设计概算审查的主要内容有：

（1）审查设计概算文件是否齐全；

（2）审查设计概算的编制依据，审查的重点有：①审查编制依据的合法性；②审查编制依据的时效性；③审查编制依据的适用范围；

（3）审查概算编制深度：审查重点有：①审查编制说明；②审查概算编制深度；③审查概算的编制范围；

（4）审查建设规模、标准，审查重点有：①审查概算的投资规模、生产能力、设计标准、建设用地、建筑面积、主要设备、配套工程等是否符合原批准可行性研究报告或立项批文的标准；②如概算总投资超过原批准投资估算10%以上，应进一步审查超估算的原因，确因实际需要投资规模扩大，需要重新立项审批；

（5）审查设备规格、数量和配置；

（6）审查建筑安装工程工程费，根据初步设计图纸、概算定额及工程量计算规则、专业设备材料表、建构筑物和总图运输一览表，审查是否有无多算、重算、漏算；

（7）审查计价指标；

（8）审查其他费用。

3. **程序**

项目设计概算审查流程，如图5-23所示。

4. **方法**

采用适当方法审查设计概算，是确保审查质量、提高审查效率的关键。常用的方法有：

（1）查询核实法

查询核实法是对一些关键设备和设施、重要装置、引进工程图纸不全、难以核算的较大投资进行多方查询核对、逐项落实的方法。

（2）对比分析法

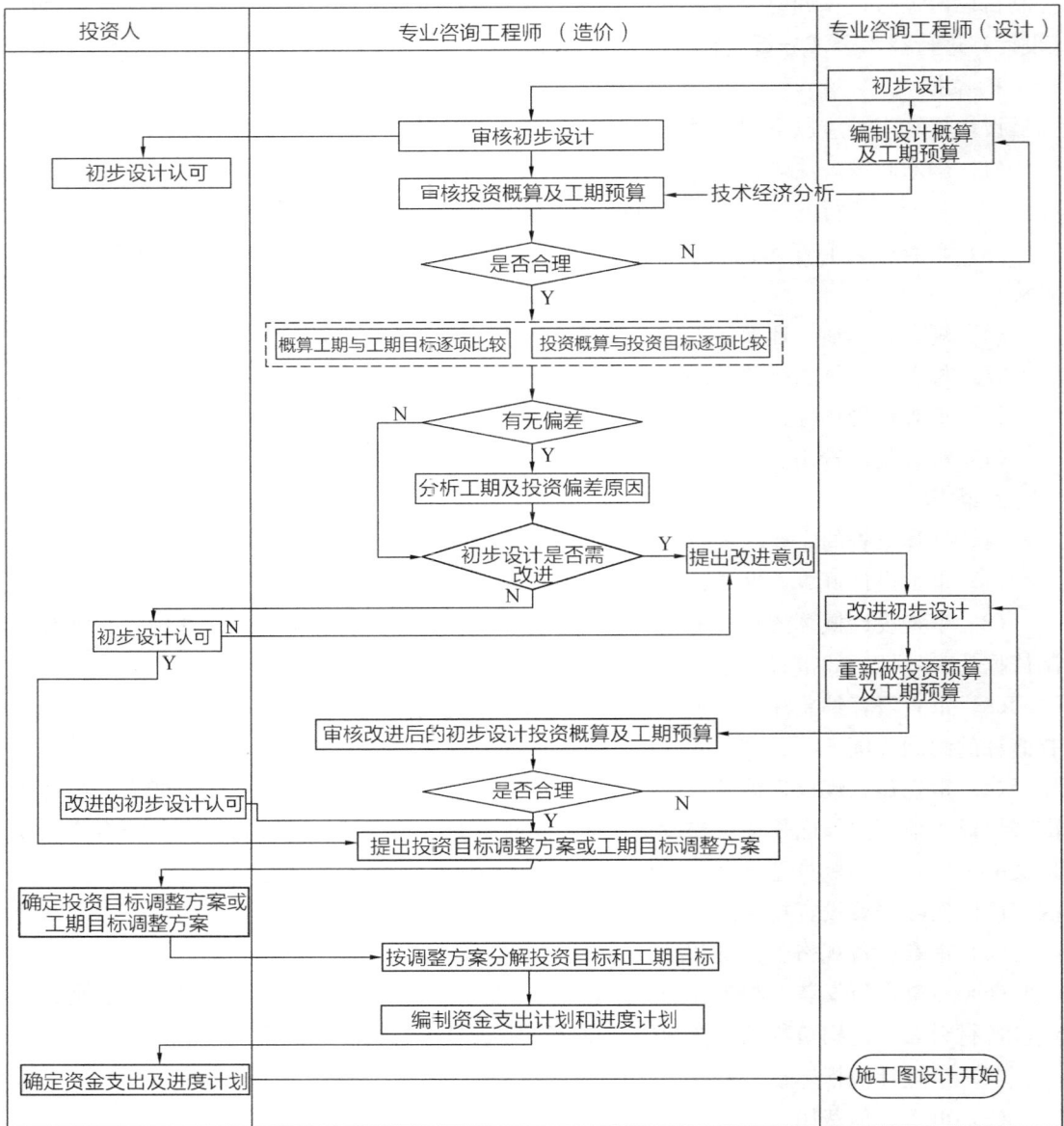

图 5-23 全过程工程咨询单位设计概算咨询工作流程

对比分析法是通过建设规模、标准与立项批文对比，工程数量与设计图纸对比，综合范围、内容与编制方法、规定对比，各项取费与规定标准对比，材料、人工单价与统一信息对比，引进投资与报价要求对比，技术经济指标与同类工程指标对比等，发现设计概算存在的主要问题和偏差。

（3）主要问题复核法

主要问题复核法是对审查中发现的主要问题、偏差大的工程进行复核，对重要、关键设备和生产装置或投资较大的项目进行复查。

（4）分类整理法

分类整理法是指对审查中发现的问题和偏差，对照单项、单位工程的顺序目录，先按设备费、安装工程费、建筑工程费和工程建设其他费用分类整理，再汇总核增或核减项目及其投资额，最后将具体审核数据，按照"原编概算""审核结果""增减投资""增减幅度"四栏列表，并照原总概算表汇总顺序，将增减项目逐一列出，相应调整所属项目投资合计，再依次汇总审核后的总投资及增减投资额。

（5）联合会审法

联合会审前，可先采取多种形式审查，包括专业咨询工程师（设计）自审，投资人、全过程工程咨询单位等单位初审，造价工程师评审，邀请同行专家预审，经层层审查把关后，再召开有关单位和专家的联合会审会议。设计概算应全面、完整地反映建设项目的投资数量和投资构成，通过上述的审查措施，使其真正成为控制投资规模和工程造价的主要依据。

5. **注意事项**

（1）要了解建设工程的概况。认真阅读设计说明书，充分了解设计意图，必要时到工程现场实地察看；

（2）重点加强对建筑安装工程费和设备及工器具购置费的审核；

（3）设计概算应包含整个建设项目的投资，避免概算漏项。为此，在概算审核中，要根据项目要求，将漏项部分计算到总概算中，使审核后的概算充分反映项目的实际投资状况；

（4）设计概算要提供单项工程概算表和单位工程概算表。当一个项目由多个单项工程组成时应编制单项工程概算表，并以其所辖的建筑工程、设备安装工程为基础汇总编制。单位工程概算表分为建筑工程概算表、设备安装工程概算表；

（5）若审查后初步设计概算超出立项批复的投资额，全过程工程咨询单位需要与委托单位、投资人共同做出决策：是降低建设标准还是减少建筑面积，或重新立项报批。

二、优化设计的造价咨询

（一）开展限额设计

1. 依据

（1）《工程建设标准强制性条文（房屋建筑部分）》（2013 修订）；

（2）《建筑工程设计文件编制深度规定》（2016 年修订）；

（3）《建筑工程方案设计招标投标管理办法》（2008 年版）；

（4）《工程勘察设计收费标准》（2015 年修订）；

（5）《水利水电工程控制投资开展限额设计的规定》（能源水规〔1990〕677 号）；

（6）《火电建设项目推行限额设计的若干意见》（电规〔1997〕75 号）；

（7）建设项目的设计文件，包括设计说明书、设计总平面等。

2. 内容

限额设计的控制过程是合理确定项目投资限额，科学分解投资目标，进行分目标的设计实施，设计实施的跟踪检查，检查信息反馈用于再控制的循环过程。

（1）合理确定项目投资限额

鉴于经审批的设计任务书中的项目总投资额，即为进行限额设计控制项目造价的主要依据，而设计任务书中的项目总投资额又是根据审批的项目可行性研究报告中的投资估算额下达的，那么提高项目可行性研究报告中投资估算的科学性、准确性、可信性，便成为合理确定项目投资限额的重要环节。为适应推行限额设计的要求，应适当加深项目可行性研究报告的深度，并维护项目投资估算的严肃性；使投资估算真正起到控制项目造价的作用。为此，在编制项目投资估算时，既要避免故意提高项目造价，又要避免有意压低项目造价和漏项，而使项目资金不足，真正做到科学地实事求是地编制项目投资估算，使项目的投资限额与单项工程的数量、建筑标准、功能水平相协调。

（2）科学分配初步设计的投资限额

专业咨询工程师（设计）在进行设计以前，总咨询师应将项目设计任务书中规定的建设方针、设计原则、各项技术经济指标等向专业咨询工程师（设计）交底，并将设计任务与规定的投资限额分工程分专业下达到专业咨询工程师（设计），亦即将设计任务书中规定的投资限额分配到各单项工程和单位工程，作为进行初步设计的造价控制目标或称投资限额，并要求各专业设计人员认真研究实现投资限额的可行性，对项目的总图方案、工艺流程、关键设备、主要建筑和各种费用指标提出方案比选，做出投资限额决定。

（3）根据投资限额进行初步设计

初步设计开始时，总咨询师应将可行性研究报告的设计原则、建设方针和各项控制经济指标向专业咨询工程师（设计）交底，对关键设备、工艺流程、主要建筑和各种费用指标提出技术方案比较，研究实现可行性研究报告中投资限额的可行性，将设计任务和投资限额分专业下达，促使专业咨询工程师（设计）进行多方案比选。并以单位工程为考核单元，事先做好专业内部的平衡调整，提出节约投资的措施，力求将工程造价和工程量控制在限额内。对由于初步设计阶段的主要设计方案与可行性研究阶段的工程设想方案相比较发生重要变化所增加的投资，应本着节约的原则，在概算静态投资不大于同年度估算投资的110％的前提下，经方案优化，报总咨询师批准后，才可列入工程概算。初步设计阶段控制概算不超过投资估算主要是对工程量和设备、材质的控制。为此，初步设计阶段的限额设计工程量应以可行性研究阶段审定的设计工程量和设备、材质标准为依据，对可行性研究阶段不易确定的某些工程量，可参照通用设计或类似已建工程的实物工程量确定。

（4）合理分配施工图设计的造价限额

经审查批准的建设项目或单项工程初步设计及初步设计概算，应作为施工图设计的造价控制限额。专业咨询工程师（设计）把概算限额分配给各单位工程各专业设计上作为其造价控制额，使之按造价控制额确定施工图设计，选用材料及设备等。

（5）施工图设计的造价控制

1）施工图设计必须满足批准的初步设计所确定的设计原则、设计范围、设计内容、功能质量要求进行。完成的施工图纸及其预算造价应严格控制在批准的初步设计概算以内。施工图阶段限额设计的重点应放在工程量控制上，控制的工程量标准是经审定的初步设计工程量，并作为施工图设计工程量的最高限额。

2）在设计过程中和设计完成时，专业咨询工程师（设计）要注意算经济账，做技术经济分析。当经过技术经济分析证明设计是可行的，才能做出施工图设计的定案决定。

3）施工图设计阶段的限额设计应在专业设计、总图设计阶段下达任务书，并附上审定的概算书、工程量和设备单价表等，供设计人员在限额设计中参考使用。

4）施工图设计阶段的投资分解和工程量控制的项目划分应在与概算书相一致的前提下，由设计和造价人员协商并经总经济师审定。条件具备时，主要项目也可按施工图分次进行投资分解与工程量控制。施工图设计与初步设计的年份价差影响，在投资分解时不予考虑，均以初步设计时的价格水平为准。

5）当建设规模、产品方案、工艺流程或设计方案发生重大变更时，必须重新编制或修改初步设计及其概算，并报原主管部门审批。其限额设计的投资控制额也以新批准的修改或新编的初步设计的概算造价为准。

3. 流程

限额设计流程图如图 5-24 所示。

4. 注意事项

进行限额设计有以下要点：

（1）准确合理分解投资目标，确定投资限额：各设计阶段投资总限额一般用投资估算控制方案设计；用设计估算控制初步设计；用初步设计概算控制施工图设计。要进行限额设计，还必须对投资总限额进行分解，明确建设项目各组成部分和各专业设计工种所分配的投资限额在方案设计前的设计准备阶段，应通过编制投资规划，按照方案设计的深度对投资估算进行分解，明确建设项目各组成部分的投资限额。

（2）坚持投资限额的严肃性：投资限额目标一旦确定，必须坚持投资额的严肃性，不能随意变动。如有必要调整必须通过分析论证，按规定程调整。

（3）限额设计应以控制工程量为主要手段：限额设计是以控制投资为核心，为了方便有效地进行限额设计，应以控制工程量为主要手段，各专业设计人员应根据拟建项目的功能、规模、标准和投资限额分析各分部分项工程的工程量，要严格控制建

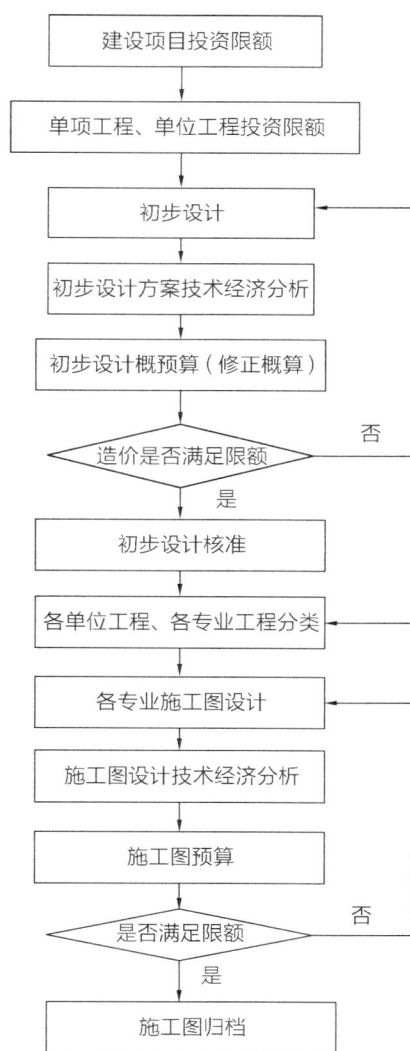

图 5-24　限额设计流程图

设标准高、可做可不做的分部分项工程的工程量。

（4）跟踪限额设计的执行情况：应要求各专业专业咨询工程师（设计）负责人根据各专业特点编制"各设计专业投资核算点表"，并确定各设计专业投资控制点的计划完成时间。造价工程师按照投资核算点对各专业设计投资进行跟踪核算，并分析产生偏差的原因。

（5）建立实施限额设计的奖惩约束机制：投资人和全过程工程咨询单位对专业咨询工程师（设计）要实行节约投资的奖励措施与盲目设计导致投资超支的处罚办法，首先应在设计合同的条款中明确专业咨询工程师（设计）根据投资人下达的投资限额进行设计，若因专业咨询工程师（设计）的责任突破投资限额，设计必须修改、返工，并应承担由此带来的损失。鼓励通过精心优化设计，节省工程投资，并根据节约投资额的大小对专业咨询工程师（设计）实施奖励。

（二）设计方案经济比选

1. 工作依据

（1）国家和省市的经济和社会发展规划；

（2）有关机构发布的工程建设方面的标准、规范、定额；

（3）国家或有关部门颁布的有关项目评价的基本参数和指标；

（4）有关基础数据资料，包括同类项目的技术经济参数、指标等；

（5）项目设计说明书；

（6）项目的项目建议书（初步可行性研究报告）和咨询合同的具体委托要求；

（7）项目的投资估算；

（8）项目的概算等。

2. 方法

（1）利用价值工程方法，协助进行设计方案优化

设计方案比选优化的方法有很多，主要有目标规划法、层次分析法、模糊综合评价法、灰色综合评价法、价值工程法和人工神经网络法等。较为常用的是价值工程法进行方案比选和优化。

价值工程（Value Engineering，简称 VE）是从合理利用资源发展起来的一门软科学管理技术，如今已发展成为一门比较完善的管理技术，并在实践中形成了一套科学的实施程序。其计算如下所示。

$$V = \frac{F}{C}$$

式中：V（Value）表示价值系数；

$\quad\;$ F（Function）表示功能系数；

$\quad\;$ C（Cost）表示成本系数。

价值工程主要用于研究对象功能的提高与改进，通过提高功能（F）或降低成本（C）来提升价值（V）。其目标是以最低的寿命周期成本，使研究对象具备它所必须具备的功能。它将研究对象的价值、功能和成本作为一个整体同时考虑，以功能分析为核心，将其

定量化并转化为能够与成本直接相比的量化值，强调不断的改革和创新以达到提高研究对象价值的目的。提高价值的途径有以下五种：

1）在提高研究对象功能的同时，又降低成本，这是提高价值最为理想的途径，但对生产者要求较高，往往要借助科学技术的突破才能实现；

2）保持研究对象成本不变，通过提高功能，提高利用资源的效果或效用，达到提高价值的目的；

3）保持研究对象功能不变，通过降低寿命周期成本，达到提高价值的目的；

4）研究对象功能有较大幅度提高，成本有较少提高；

5）研究对象功能略有下降，成本大幅度降低。

随着价值工程应用范围的扩展，逐渐也应用于多方案间的优选比较，即计算互斥方案的价值系数，选择价值系数靠近1的功能与成本匹配程度较高的方案为较优方案。

（2）对不同方案进行成本分析，提出成本优化建议

成本分析，成本分析的方法主要有对比分析法和因素分析法两种：

① 对比分析法

对比分析法是根据实际成本指标与不同时期的指标进行对比，来揭示差异，分析差异产生原因的一种方法。在对比分析中，可采取实际指标与计划指标对比、本期实际与上期（或上年同期、历史最好水平）实际指标对比、本期实际指标与国内外同类型企业的先进指标对比等形式。通过对比分析，可一般地了解企业成本的升降情况及其发展趋势，查明原因，找出差距，提出进一步改进的措施。在采用对比分析时，应注意本期实际指标与对比指标的可比性，以使比较的结果更能说明问题，揭示的差异才能符合实际。若不可比，则可能使分析的结果不准确，甚至可能得出与实际情况完全不同的相反的结论。在采用对比分析法时，可采取绝对数对比、增减差额对比或相对数对比等多种形式。

② 因素分析法

因素分析法是将某一综合性指标分解为各个相互关联的因素，通过测定这些因素对综合性指标差异额的影响程度的一种分析方法。在成本分析中采用因素分析法，就是将构成成本的各种因素进行分解，测定各个因素变动对成本计划完成情况的影响程度，并据此对企业的成本计划执行情况进行评价，并提出进一步的改进措施。

采用因素分析法的程序如下：

a. 将要分析的某项经济指标分解为若干个因素的乘积。在分解时应注意经济指标的组成因素应能够反映形成该项指标差异的内在构成原因，否则，计算的结果就不准确。如材料费用指标可分解为产品产量、单位消耗量与单价的乘积。但它不能分解为生产该产品的天数、每天用料量与产品产量的乘积。因为这种构成方式不能全面反映产品材料费用的构成情况。

b. 计算经济指标的实际数与基期数（如计划数、上期数等），从而形成了两个指标体系。这两个指标的差额，即实际指标减基期指标的差额，就是所要分析的对象。各因素变动对所要分析的经济指标完成情况影响合计数，应与该分析对象相等。

c. 确定各因素的替代顺序。在确定经济指标因素的组成时，其先后顺序就是分析时的替代顺序。在确定替代顺序时，应从各个因素相互依存的关系出发，使分析的结果有助于分清经济责任。替代的顺序一般是先替代数量指标，后替代质量指标；先替代实物量指标，后替代货币量指标；先替代主要指标，后替代次要指标。

d. 计算替代指标。其方法是以基期数为基础，用实际指标体系中的各个因素，逐步顺序地替换。每次用实际数替换基数指标中的一个因素，就可以计算出一个指标。每次替换后，实际数保留下来，有几个因素就替换几次，就可以得出几个指标。在替换时要注意替换顺序，应采取连环的方式，不能间断，否则，计算出来的各因素的影响程度之和，就不能与经济指标实际数与基期数的差异额（即分析对象）相等。

e. 计算各因素变动对经济指标的影响程度。其方法是将每次替代所得到的结果与这一因素替代前的结果进行比较，其差额就是这一因素变动对经济指标的影响程度。

f. 将各因素变动对经济指标影响程度的数额相加，应与该项经济指标实际数与基期数的差额（即分析对象）相等。

3. 程序

项目设计方案经济比选咨询工作程序如图 5-25 所示。

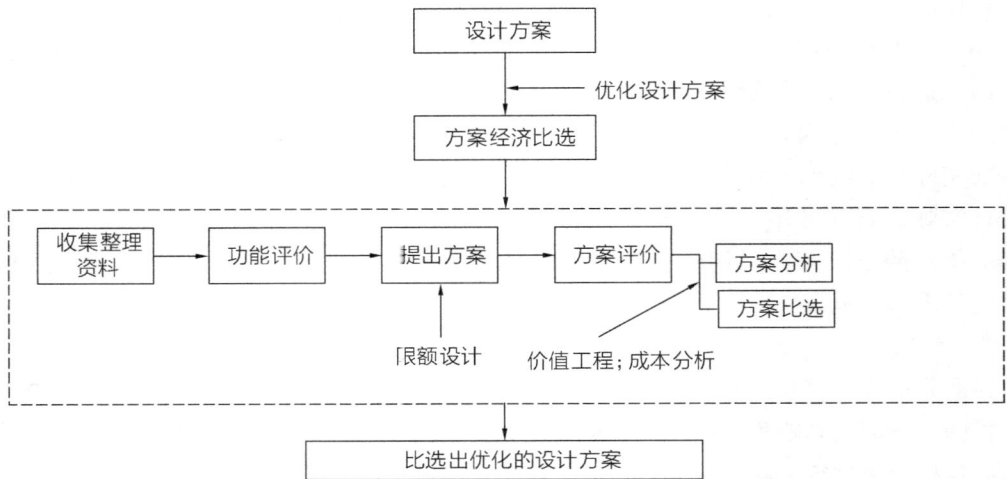

图 5-25 项目方案经济比选咨询工作程序

4. 注意事项

（1）对于单项工程或单位工程设计的多方案经济比选，应将技术与经济相结合，配合委托人确定合理的建设标准，采用统一的技术经济评价指标体系进行全面对比分析。

（2）在进行多方案经济比选、编写优化设计造价咨询报告时应与投资人、设计专业咨询师充分沟通，可参考借鉴类似项目的技术经济指标，提出的优化设计建议应切实可行并得到投资人与全过程工程咨询单位的认可。

三、施工图预算的编制与审核

（一）施工图预算编制

1. 依据

（1）国家、行业和地方政府有关建设投资（工程造价）管理的法律和规定；

（2）经审查批准后的施工图设计文件和相关标准图集；

（3）经批准的拟建项目的设计概算文件；

（4）工程地质勘查资料；

（5）施工组织设计或施工方案；

（6）现行建筑工程与安装工程预算定额和费用定额、单位计价表、费用规定、企业定额等文件。

2. 内容

（1）编制前的准备工作

主要收集编制施工图预算的编制依据。包括施工图纸、有关的通用标准图、图纸会审记录、设计变更通知、施工组织设计、预算定额、取费标准及市场材料价格等资料。

（2）熟悉图纸和预算定额

熟悉施工图等基础资料编制施工图预算前，应熟悉并检查施工图纸是否齐全、尺寸是否清楚，了解设计意图，掌握工程全貌。另外，针对要编制预算的工程内容搜集有关资料，包括熟悉并掌握预算定额的使用范围、工程内容及工程量计算规则等。

（3）了解施工组织和施工现场情况

制施工图预算前，应了解施工组织设计中影响工程造价的有关内容。例如，各分部分项工程的施工方法，土方工程中余土外运使用的工具、运距，施工平面图对建筑材料、构件等堆放点到施工操作地点的距离等等，以便能正确计算工程量和正确套用或确定某些分项工程的基价。这对于正确计算工程造价、提高施工图预算质量有着重要意义。

（4）计算工程量

工程量计算应严格按照图纸尺寸和现行定额规定的工程量计算规则，遵循一定的顺序逐项计算分项子目的工程量。计算各分部分项工程量前，应先列项。也就是按照分部工程中各分项子目的顺序，先列出单位工程中所有分项子目的名称，然后再逐个计算其工程量。这样，可以避免工程量计算中，出现盲目、零乱的状况，使工程量计算工作有条不紊地进行，也可以避免漏项和重项，该阶段主要编制建筑安装工程费，设备及工具、器具购置费等。

（5）汇总工程量、套预算定额基价（预算单价）

各分项工程量计算完毕，并经复核无误后，按预算定额手册规定的分部分项工程顺序逐项汇总，然后将汇总后的工程量抄入工程预算表内，并把计算项目的相应定额编号、计量单位、预算定额基价以及其中的人工费、材料费、机械台班使用费填入工程预算表内。

（6）计算直接工程费

计算各分项工程直接费并汇总，即为一般土建工程定额直接费，再以此为基数计算其他直接费、现场经费，求和得到直接工程费。

（7）计取各项费用按取费标准（或间接费定额）

计算间接费、计划利润、税金等费用，求和得出工程预算价值，并填入预算费用汇总表中。同时计算技术经济指标，即羊方造价。

（8）进行工料分析

计算出该单位工程所需要的各种材料用量和人工工日总数，并填入材料汇总表中。这一步骤通常与套定额单价同时进行，以避免二次翻阅定额。如果需要，还要进行材料价差调整。

（9）编制说明、填写封面、装订成册

3. 流程

项目施工图预算编制流程如图 5-26 所示。

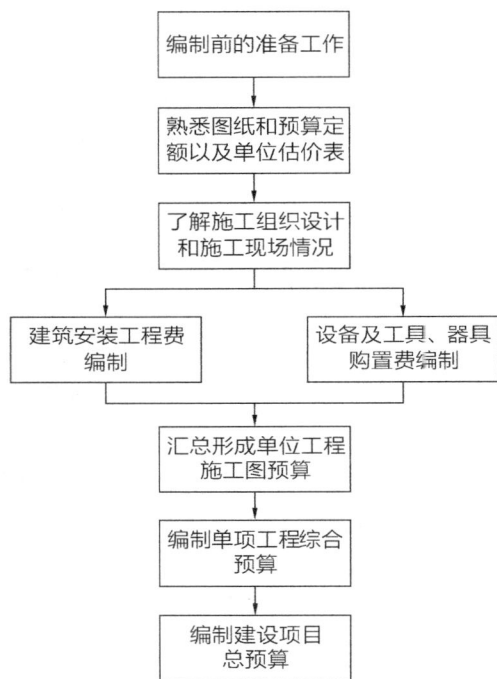

图 5-26 项目施工图预算编制流程

4. 方法

（1）单价法

即是用事先编制好的分项工程的单位估价表来编制施工图预算的方法。

按施工图计算的各分项工程的工程量，并乘以相应单价，汇总相加，得到单位工程的人工费、材料费、机械使用费之和；再加上其他直接费、现场经费、间接费、计划利润和税金等，便可以得到单位工程的施工图预算造价。

其中其他直接费、现场经费、间接费和利润可根据统一规定的费率乘以相应的计取基数求和，单价法编制施工图预算的直接费计算公式及编制的基本步骤如下：

单位工程施工图预算直接费＝Σ（工程量×工料单价）

（2）实物法

应用实物法编制施工图预算，首先应根据施工图纸分别计算出分项工程量，然后套用相应概算人工、材料、机械台班的定额用量，再分别乘以工程所在地当时的人工、材料、机械台班的实际单价，求出单位工程的人工费、材料费和施工机械使用费，并汇总求和，进而求得直接工程费，然后再按照规定计取其他各项费用，汇总后，就得到单位工程施工图预算造价。

实物法编制施工图预算的主要计算公式是：

$$单位工程预算直接工程费 = \begin{cases} \sum（工程量×人工预算定额用量×当时当地人工工日单价）+ \\ \sum（工程量×材料预算定额用量×当时当地材料预算单价）+ \\ \sum（工程量×机械台班预算定额用量×当时当地机械台班单价） \end{cases}$$

在市场经济条件下，人工、材料和机械台班单价是随市场而变化的，用实物法进行编制施工图预算，所采用的价格是反映实际价格水平，工程造价的准确性较高。

（3）综合单价法

综合单价法是指分部分项工程量的单价为全费用单价，既包括直接费、间接费、利润、税金，也包括合同约定的所有工料价格变化风险等一切费用，是一种国际上通行的计价方式。分项工程的综合单价乘以工程量即为该分项工程的合价，所有分项工程合价汇总后即为该工程的总价。

该种方法与上述两种方法相比较，主要区别在于间接费和利税是用一个费率分摊到分项工程单价中去的，从而组成了分项工程完全单价。但是由于采用的价格是一种综合单价，仍然是一种计划的综合单价，而不是通过市场竞争形成的单价。

（二）施工图预算审核

1. 依据

全过程工程咨询单位施工图预算管理工作重点是对施工图预算的审查，施工图预算审查的依据主要有：

（1）设计合同、设计任务书等；

（2）批准的项目建议书、可行性研究报告、初步设计文件等；

（3）现行的《建筑工程设计文件编制深度规定》；

（4）建设场地的自然条件和施工条件；

（5）完整的施工图文件；

（6）其他资料。

2. 内容

施工图预算审查应重点注意以下几个方面：

（1）预算列项，既不能多项、重项，也不能漏项，否则即使其他步骤都正确，预算结果也不正确；

（2）工程量计算，复核计算规则、计算单位、工程量数据是否正确；

（3）定额及预算单价的套用，复核其是否漏算、定额套用是否重复或错误使用；

（4）取费标准，复核类别、费率、基数、价差的计算是否正确；

（5）其他费用的计算。

3. 程序

施工图预算审查步骤如下：

做好施工图预算审查前的准备工作

熟悉施工图纸。施工图是编制预算分项数量的重要依据，必须全面熟悉了解，核对所有图纸，清点无误后，依次识读；

1) 了解预算包括的范围，根据预算编制说明，了解预算包括的工程内容；

2) 弄清预算采用的单位估价表：

3) 选择合适的审查方法，按相应内容审查；

4) 综合整理审查资料，并与编制单位交换意见，定案后编制调整预算。

施工图预算具体审查程序，如图 5-27 所示。

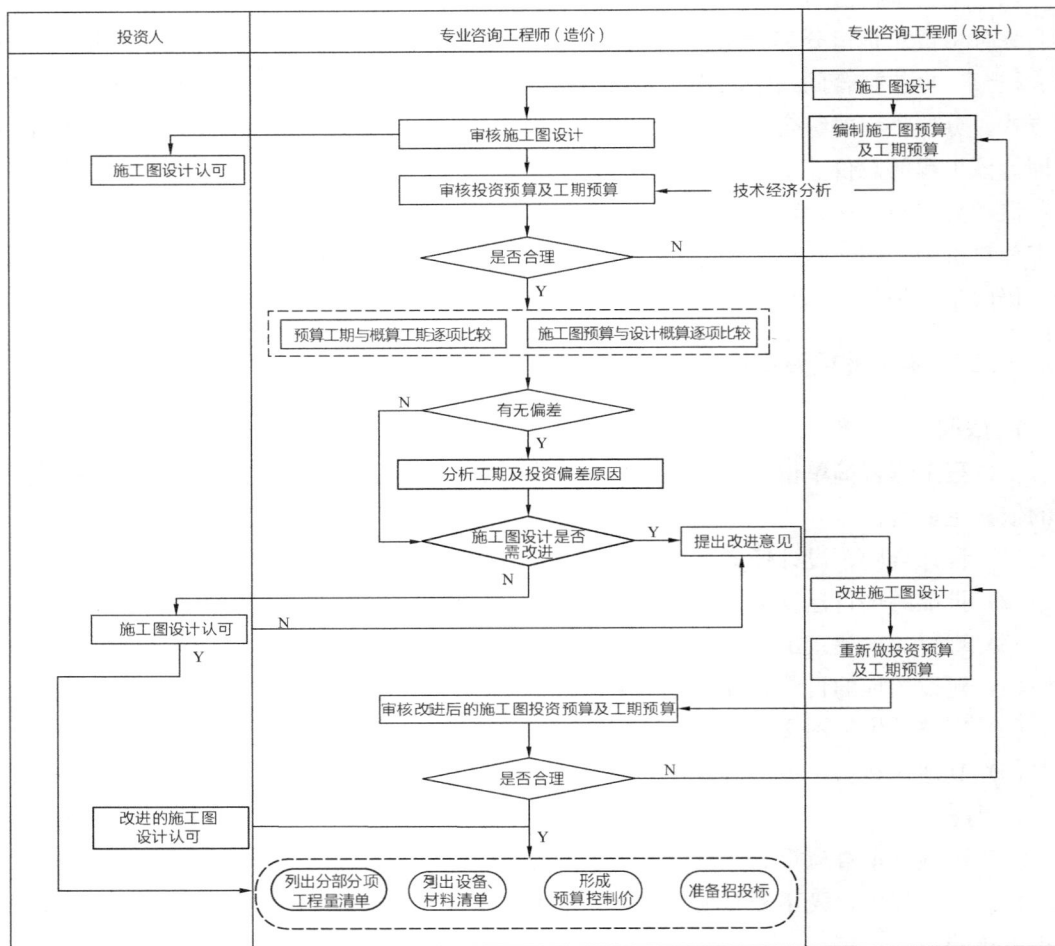

图 5-27 施工图预算审查程序

4. 方法

（1）全面审核法

首先根据施工图预算全面计算工程量，然后将计算的工程量与审查对象的工程量逐一进行对比，同时，根据定额或者单位估价表逐项对审核对象的单价进行核实。

（2）标准预算审核法

对利用标准图纸或通用图纸的工程，先集中力量编制标准预算，以此为准审查工程预算。按标准设计图纸或通用图纸施工的工程，一般上部结构和做法相同，只是根据现场施工条件或地质情况不同，仅对基础部分做局部改变。此种工程以标准预算为准，对局部修改部分进行单独审核，而不需要逐一进行审核。

（3）分组计算审核法

分组计算审核法就是将预算中有关项目按类别划分为若干组，利用同组中一组数据审核分项工程量的一种做法。首先将相邻且有一定内在联系的分部分项工程量进行编组，利用同组分项工程按相邻且有一定内在联系的项目进行编组，由此判断同组中其他几个分项工程的准确程序。

（4）对比审核法

对比审核法是用已建成工程的预算或虽未建成但已审查修正的工程预算对比审查拟建的工程预算的一种方法。

（5）筛选审核法

筛选法是统筹法的一种，也是一种对比方法。建筑工程虽有建筑面积和高度的不同，但是各分部分项工程的工程量、造价、用工量在每个单位面积上的数值变化不大。通过归纳工程量、价格、用工三方面基本指标来筛选各分部分项工程，对不符合条件的进行详细审查。若审查对象的预算标准与基本指标的标准不同，就要对其进行调整。

（6）重点审核法

重点审核法是抓住工程预算中的重点进行审核，一般包括工程量较大或者造价较高的各种工程、补充定额以及各项费用等。

5. 注意事项

施工图预算审查的注意事项有：

（1）从事施工图预算审核的咨询工程师，应具备相应的执业（从业）资格，需在施工图预算审核文件上签署注册造价工程师执业资格专用章，并出具施工图预算审核意见报告，报告要加盖工程造价咨询企业的公章和资质专用章。

（2）审核人员应充分理解整体的施工图预算审核方案。

（3）审核人员应充分论证收集到的资料及补充资料是否完全支持随后的施工图预算编制实施，尽量提前充分准备，防止遗漏与疏忽。

（4）材料价格的来源很多，目前主要建筑材料采用由各级造价管理部门发布的材料指导信息价格，全国各地的工程造价管理部门都在发布材料价格信息，材料信息发布是否准确、及时也会影响到施工图预算审核的准确性。

（5）经审查的施工图预算不能超过初步设计概算。

总咨询师（22）全过程工程咨询最大的痛点是遴选和取费。咨询型代建性质决定全过程工程咨询机构就是代业主，业主把投资全交给你，就应该有选择的权利。当年北京市推行代建制时，采用公开招标遴选代建人，在前三名候选人中可由业主自行决定中标人而不必依顺序。财政部在 PPP 项目中遴选合作伙伴社会资本时也突破了政府采购法推荐使用竞争性磋商办法。我们全过程工程咨询推荐采用邀请招标方法。

——《贻林微观察 1212》

第六章　招标采购阶段咨询服务

第一节　招标采购阶段咨询服务概述

建设项目的招标采购阶段，是在前期阶段形成的咨询成果（如可行性研究报告、投资人需求书、相关专项研究报告、不同深度的勘察设计文件（含技术要求）、造价文件等）基础上进行招标策划，并通过招标采购活动，选择具有相应能力和资质的中标人，通过合约进一步确定建设产品的功能、规模、标准、投资、完成时间等，并将招标人和中标人的责权利予以明确。招标采购阶段是实现投资人建设目标的准备阶段，该阶段确定的中标人是将前期阶段的咨询服务成果建成优质建筑产品的实施者。

根据现行的《中华人民共和国招投标法》《中华人民共和国招标投标法实施条例》招标采购活动包括招标策划、招标、投标、开标、评标、中标、定标、投诉与处理等一系列流程。招标采购活动应当遵循公开、公平、公正和诚实信用的原则。

本章将从全过程工程咨询单位的角度出发，在建设项目招标采购阶段，全过程工程咨询单位承担"1＋N"的任务，本章根据综述中"1"和"N"的描述，招标采购阶段的具体咨询工作如表 6-1 所示。

"1＋N"模式招标采购阶段全过程工程咨询内容　　　　　　　　表 6-1

"1＋N"模式	工作内容
"1"招标采购项目管理业务	① 协助招标人制定招标采购管理制度； ② 招标采购策划； ③ 招标采购过程管理； ④ 合同管理； ⑤ 招标采购项目后评估
"N"招标采购代理业务	① 招标或资格预审公告的编制及发布； ② 资格预审及招标文件编制及发布； ③ 勘察现场（根据实际情况决定）； ④ 招标答疑； ⑤ 开标、评标、定标； ⑥ 中标公示； ⑦ 投诉质疑处理； ⑧ 发中标通知书； ⑨ 签订合同

第二节　招标采购阶段项目策划

一、依据

（1）相关法律法规、政策文件、标准规范等；

（2）项目可行性研究报告、投资人需求书、相关利益者需求分析、不同深度的勘察设计文件（含技术要求）、决策和设计阶段造价文件等；

（3）投资人经营计划，资金使用计划和供应情况，项目工期计划等；

（4）项目资金来源、项目性质、项目技术要求、投资人对工程造价、质量、工期的期望以及资金的充裕程度等；

（5）承包人专业结构和市场供应能力分析；

（6）项目建设场地供应情况和周边基础设施的配套情况；

（7）潜在投标人专业结构和市场供应能力分析；

（8）项目建设场地供应情况和周边基础设施的配套情况；

（9）招标过程所形成书面文件；

（10）合同范本。

二、内容

招标策划工作的重点内容包括：投资人需求分析、标段划分、招标方式选择、合同策划、时间安排等。充分做好这些重点工作的策划、计划、组织、控制的研究分析，并采取有针对性的预防措施，减少招标工作实施过程中的失误和被动局面，保证招投标质量。

（一）投资人需求分析

全过程工程咨询单位可通过实地调查法、访谈法、问卷调查法、原型逼近法等收集投资人对拟建项目质量控制、造价控制、进度控制、安全环境管理、风险控制、系统协调性和程序连续性等方面的需求信息，编制投资人需求分析报告，主要内容如图 6-1 所示。

（二）标段划分策划

1. 标段划分的法律规定

招标法第九条规定：招标项目需要划分标段、确定工期的，招标人应当合理划分标段、确定工期，并在招标文件中说明。

招标法实施条例第二十四条规定：招标人对招标项目划分标段的，应当遵守招标投标法的有关规定，不得利用划分标段限制或者排斥潜在投标人。依法必须进行招标的项目的招标人不得利用划分标段规避招标。

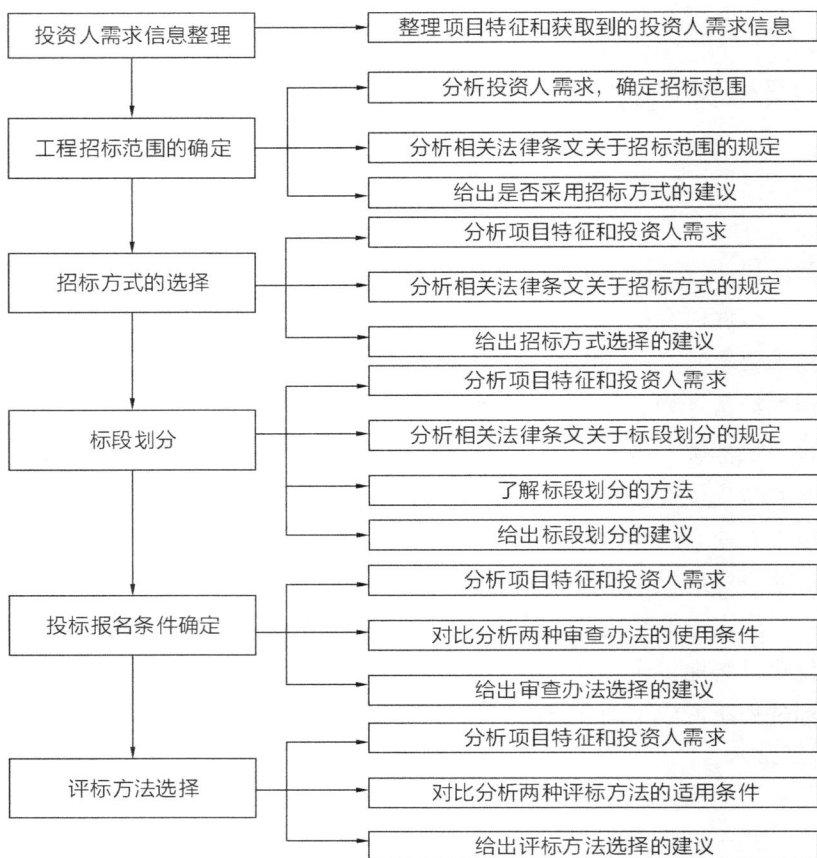

图 6-1 投资人需求分析主要内容

2. 标段划分的基本原则

划分标段应遵循的基本原则：合法合规、责任明确、经济高效、客观务实、便于操作。

3. 影响标段划分的因素

建设方可以把设计施工合并为一个标段；也可以把设计、施工划分为二个标段；还可以把设计划分为数个标段，如勘察、设计各为一个标段，把施工划分为若干标段，如把主体工程划为一个标段，配套工程按专业划分为相应的标段。影响上述工程标段划分的主要因素为：

（1）工程的资金来源。

（2）工程的性质。一般来说，建设方能够准确全面地提出规模、功能、技术要求的项目，可以采用把设计施工合并为一个标段的形式，不具备上述条件的，宜采用设计、施工分别划分为不同标段的形式进行招标。

（3）工程的技术要求。

（4）对工程造价的期望。

（5）对工期的期望。

(6) 对质量的期望。

(7) 资金的充裕程度。

以上是通用的影响标段划分形成的因素，不同的工程还有其特殊的因素，就是上述通用的因素，应用到具体的工程中，各个因素应予以考虑的权重也是各不相同的，只有充分遵循上述标段划分的原则，才能客观地评价和平衡影响标段划分的因素，以达到合理划分工程标段的目的。

因此，全过程工程咨询单位应根据拟建项目的内容、规模和专业复杂程度等提出标段划分的合理化建议。

（三） 招标方式选择

全过程工程咨询单位应分析建设项目的复杂程度、项目所在地自然条件、潜在承包人情况等，并根据法律法规的规定、项目规模、发包范围以及投资人的需求，确定是采用公开招标还是邀请招标。

1. 公开招标

公开招标是指招标人以招标公告方式，邀请不特定的符合公开招标资格条件的法人或者其他组织参加投标，按照法律程序和招标文件公开的评标方法、标准选择中标人的招标方式。依法必须进行货物招标的招标公告，应当在国家指定的报刊或者信息网络上发布。

根据国家发展改革委第 16 号令《必须招标的工程项目规定》的第二条全部或者部分使用国有资金投资或者国家融资的项目包括：

(1) 使用预算资金 200 万元人民币以上，并且该资金占投资额 10% 以上的项目；

(2) 使用国有企业事业单位资金，并且该资金占控股或者主导地位的项目。

2. 邀请招标

邀请招标是指招标人邀请符合资格条件的特定的法人或者其他组织参加投标，按照法律程序和招标文件公开的评标方法、标准选择中标人的招标方式。邀请招标不必发布招标公告或招标资格预审文件，但应该组织必要的资格审查，且投标人不应少于 3 个。

(1)《招标投标法》规定，国家发展改革委确定的重点项目和省、自治区、直辖市人民确定的地方重点项目不适宜公开招标的，经国家发展改革委或省、自治区、直辖市人民政府批准，可以进行邀请招标。

(2)《招标投标法实施条例》规定，国有资金投资占控股或者主导地位的依法必须进行招标的项目，应当公开招标；但有下列情形之一的，可以进行邀请招标：

1) 技术复杂、有特殊要求或者受自然环境限制，只有少量潜在投标人可供选择。

2) 采用公开招标方式的费用占项目合同金额的比例过大。

有本款所列情形，属于规定的需要履行项目审批、核准手续的依法必须进行招标的项目，由项目审批、核准部门在审批、核准项目时做出认定；其他项目由招标人申请有关行政监督部门做出认定。

(3)《工程建设项目勘察设计招标投标办法》规定，依法必须进行勘察设计招标的工程建设项目，在下列情况下可以进行邀请招标：

1）项目的技术性、专业性强，或者环境资源条件特殊，符合条件的潜在投标人数量有限。

2）如采用公开招标，所需费用与工程建设项目总投资比例过大的。

3）建设条件受自然因素限制，如采用公开招标，将影响项目实施时机的。

（4）《工程建设项目施工招标投标办法》规定，国家发展改革委确定的重点项目和省、自治区、直辖市人民政府确定的地方重点项目，以及全部使用国有资金投资或者国有资金投资控股或者占主导地位的工程建设项目，应当公开招标；有下列情形之一的，经批准可以进行邀请招标：

1）项目技术复杂或有特殊要求，只有少量几家潜在投标人可供选择的。

2）受自然地域环境限制的。

3）涉及国家安全、国家秘密或者抢险救灾，适宜招标但不适宜公开招标的。

4）拟公开招标的费用与项目的价值相比，不值得的。

5）法律、法规规定不宜公开招标的。

（5）《工程建设项目货物招标投标办法》规定，国家发展改革委确定的重点项目和省、自治区、直国务院发展改革部门确定的国家重点建设项目和各省、自治区、直辖市人民政府确定的地方重点建设项目，其货物采购应当公开招标；有下列情形之一的，经批准可以进行邀请招标：

1）货物技术复杂或有特殊要求，只有少量几家潜在投标人可供选择的。

2）涉及国家安全、国家秘密或者抢险救灾，适宜招标但不宜公开招标的。

3）拟公开招标的费用与拟公开招标的节资相比得不偿失的。

4）法律、行政法规规定不宜公开招标的。

采用邀请招标方式的，招标人应当向三家以上具备货物供应的能力、资信良好的特定的法人或者其他组织发出投标邀请书。

（四） 招标合同策划

合同策划包括合同种类选择和合同条件选择。合同种类基本形式有单价合同、总价合同、成本加酬金合同等。不同种类的合同，其应用条件、权利和责任的分配、支付方式，以及风险分配方式均不相同，应根据建设项目的具体情况选择合同类型。

合同条件的选择。投资人应选择标准招标文件中的合同条款，没有标准招标文件的宜选用合同示范文本的合同条件，结合招投标目标进行调整完善。

合同策划是全过程工程咨询单位组织招标策划和开展发承包阶段咨询服务的一项重点工作，具体内容详见本章第三节。

（五） 招标时间安排

全过程工程咨询单位需要合理制订招标工作计划既要和设计阶段计划、建设资金计划、征地拆迁计划、工期计划等相呼应，又要考虑合理的招标时间间隔，特别有关法律法规对招标时间的规定，并且要结合招标项目规模和范围，合理安排招标时间。依据现行国家法律法规的规定，各阶段招标时限的规定总结如表 6-2 所示。各行业的部门规章或各地的地方性法规、规章有可能对部分事项时限有与此不一致的规定，可以根据各地政策和项目特点进行调整。

依法必须招标的工程建设项目招投标事项时限规定汇总

表 6-2

序号	工作内容（事项）	时限
1	招标文件（资格预审文件）发售时间	最短不得少于 5 日
2	提交资格预审申请文件的时间	自资格预审文件停止发售之日起不得少于 5 日
3	递交投标文件的时间	自招标文件开始发出之日起至投标文件递交截止之日止最短不少于 20 天。大型公共建筑工程概念性方案设计投标文件编制时间一般不少于 40 日。建筑工程实施性方案设计投标文件编制时间一般不少于 45 日
4	对资格预审文件进行澄清或者修改的时间	澄清或者修改的内容可能影响资格预审申请文件编制的，应当在提交资格预审申请文件截止时间至少 3 日前发出
5	对资格预审文件异议与答复的时间	对资格预审文件有异议的，应当在提交资格预审申请文件截止时间 2 日前提出，投资人应当自收到异议之日起 3 日内作出答复，作出答复前，应当暂停招投标活动
6	对招标文件进行澄清或者修改的时间	澄清或者修改的内容可能影响投标文件编制的，应当在提交投标文件截止时间至少 15 日前发出
7	对招标文件异议与答复的时间	对招标文件有异议的，应当在提交投标文件截止时间 10 日前提出，投资人应当自收到异议之日起 3 日内作出答复，作出答复前，应当暂停招投标活动
8	对开标异议与答复时间	承包人对开标有异议的，应当在开标现场提出，投资人应当当场作出答复
9	评标时间	投资人应当根据项目规模和技术复杂程度等因素合理确定评标时间。超过三分之一的评标委员会成员认为评标时间不够的，投资人应当适当延长
10	开始公示中标候选人时间	自收到评标报告之日 3 日内
11	中标候选人公示时间	不得少于 3 日
12	对评标结果异议与答复时间	承包人对评标结果有异议的，应当在中标候选人公示期间提出，投资人应当自收到异议之日起 3 日内作出答复。作出答复前，应当暂停招投标活动
13	投诉人提起投诉的时间	自知道或者应当知道其权益受到侵害之日起 10 日内向有关行政监督部门投诉。异议为投诉前置条件的，异议答复期间不计算在投诉限制期内
14	对投诉审查决定是否受理的时间	收到投诉书 5 日内
15	对投诉作出处理决定的时间	受理投诉之日起 30 个工作日内；需要检验、检测、鉴定、专家评审的，所需时间不计算在内
16	投资人确定中标人时间	最迟应当在投标有效期满 30 日前确定

序号	工作内容（事项）	时　　限
17	向监督部门提交招标投标情况书面报告备案的时间	自确定中标人之日起 15 日内
18	投资人与中标人签订合同时间	自中标通知书发出之日起 30 日内
19	退还投标保证金时间	招标终止并收取投标保证金的，应及时退还；承包人依法撤回投标文件的，自收到撤回通知之日起 5 日内退还；投资人与中标人签订合同后 5 个工作日内退还

三、程序

全过程工程咨询单位通过了解拟建项目情况、投资人需求分析、标段划分、招标方式选择、合同策划、招标时间安排等细节工作，将工作关键成果进行汇总整理，编写形成招标策划书。工作程序如图 6-2 所示。

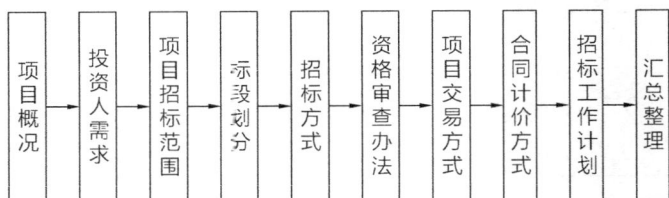

图 6-2　招标策划书编写程序

四、注意事项

全过程工程咨询单位在招标采购策划过程中，应根据项目的进展情况和项目的特点，着重注意以下方面，以更好地开展项目的咨询策划工作。

（1）全过程工程咨询单位在组织招标策划过程中，应对社会资源供需进行深入分析，如拟招标项目需要开挖土方和运输，若项目所在地附近存在土方需求的，则应考虑将开挖土方供应给临近的需求者，以求降低成本、提高社会效益。

（2）应充分考虑项目功能、未来产权划分对标段影响，招标策划工作中应根据投资人的需要，对优先使用的功能、产权明晰的项目优先安排招标和实施。

（3）项目招标策划应与项目审批配套执行，充分考虑审批时限对招标时间安排的影响和带来的风险，避免项目因审批尚未通过而导致招标无效，影响项目建设程序。

（4）招标策划应充分评估项目建设场地的准备情况，特别需要在招标前完成土地购置和征地拆迁工作，现场三通一平条件充足，避免招标结束后承包人无法按时进场施工导致索赔或纠纷问题。

第三节　招标采购阶段项目管理

全过程工程咨询单位应组织建立招标采购管理制度，确定招标采购流程和实施方式，规定管理与控制的程序和方法。需要特别强调的是，招标采购活动应当是在国家相关部门监督管理下有秩序地进行的一项涉及面广、竞争性强、利益关系敏感的经济活动。因此，招标投标活动及其当事人应当接受依法实施的监督，这对招标投标的当事人来说是一项法定的义务。由于招标投标活动范围很广，专业性又强，很难由一个部门统一进行监督，而是由各个不同的部门根据规定和各自的具体职责分别进行监督。各省、自治区、直辖市人民政府从本地实际出发，对各部门招投标监督职责分工有具体规定，建设项目的招标采购管理应同时遵守工程建设项目所在地的规定。

全过程工程咨询单位在招标采购阶段需要管理的内容有：

（1）招标采购策划管理；

（2）招标采购制度管理；

（3）招标采购过程管理；

（4）招标采购合同管理；

（5）招标采购流程评价。

一、依据

（1）相关法律法规、政策文件、标准规范等；

（2）项目可行性研究报告、投资人需求书、相关利益者需求分析、不同深度的勘察设计文件（含技术要求）、决策和设计阶段造价文件等；

（3）招标人经营计划，资金使用计划和供应情况，项目工期计划等；

（4）项目资金来源、项目性质、项目技术要求、投资人对工程造价、质量、工期的期望以及资金的充裕程度等；

（5）潜在投标人专业结构和市场供应能力分析；

（6）项目建设场地供应情况和周边基础设施的配套情况；

（7）招标过程所形成书面文件；

（8）合同范本。

二、内容

（一）招标采购策划管理

全过程工程咨询单位对项目进行招标策划：根据工程的勘察、设计、监理、施工以及与工程建设有关的重要设备（进口机电设备除外）、材料采购的费用投资估算或批准概算来进行招标策划，明确哪些须招标，哪些可不用招标，并编制相应的招标文件，通过一系列的招标活动完成对中标人的招标。具体的招标采购策划见本章第二节。

（二） 招标采购制度管理

全过程工程咨询单位应协助招标人制定招标采购阶段的管理制度，招标采购管理制度中应包含招标采购组织机构及职责、招标采购工作准则、招标采购工作流程、质疑投诉处理、资料移交、代理服务费支付、抒标代理机构的考核制度、招标采购人员职业规范、奖励与处罚，以及招标人和招标代理机构等各参建方在招标采购过程的会签流程等内容，本着规范招标、采购行为，保障招标人的根本利益，兼顾质量和成本，提高工作效率和市场竞争力的原则，完善招标采购制度。

（三） 招标采购过程管理

建设项目招标采购过程管理主要包含招标程序管理及各阶段的主要工作内容管理。

招标程序是相应法律法规规定的招标过程中各个环节承前启后、相互关联的先后工作序列。招标程序对招投标各方当事人具有强制约束力。违反法定程序需承担法律责任。

各阶段的主要工作内容是指招标人在招标、投标、开标、评标、定标、签订合同等阶段所要做的或监督委托的招标代理机构应做主要事项，包括但不限于组织参建单位相关人员进行招标文件（资格预审文件）的讨论审核、工程量清单及控制价的审核、组织相关方人员进行招标答疑、招标流程合规化的监督、协助处理投诉质疑等主要管理工作。

1. **招标文件（资格预审文件）**

（1）资格预审文件：

1）招标范围；

2）投标人资质条件；

3）资格审查方法（有限数量制或合格制）；

4）资格审查标准。

（2）招标文件：

1）招标范围；

2）投标人资质条件；

3）投标报价要求和内容；

4）评标办法；

5）主要合同条款；

6）价款的调整及其他商务约定。

2. **工程量清单及控制价的审核**

工程量清单编制完成后应进行审核，主要审核内容详见"工程量清单审核程序"中的内容。

3. **组织相关方人员进行招标答疑**

全过程工程咨询单位组织相关参与单位，在开标之前进行招标答疑活动，招标人对任何一位投标人所提问题的回答，必须发送给每一位投标人，保证招标的公开和公平。回答函件作为招标文件的组成部分，如果书面解答的问题与招标文件中的规定不一致，以函件的解答为准。

4. 招标流程合规化的监督

全过程工程咨询单位"协助招标人"严格把关招标流程，从"市场调研、评委抽取、招标条件、资格审查、评标过程、中标结果、合同签订、合同履行"八个关键环节入手，细化为具体监督内容的监督流程，由监督人员在招投标监督过程中执行。

5. 协助处理投诉质疑

全过程工程咨询单位耐心做好质疑答复工作，严防事态升级，重视投诉质疑回复工作。质疑投诉回复是质疑投诉处理的阶段性工作标志，对它的把握要做到恰到好处。全过程工程咨询单位"须协助招标人"耐心做好质疑答复工作，严防事态升级，重视投诉质疑回复工作。要做到按所提疑问逐条仔细给予回复，答复时用词要精准不能产生歧义。

（四）招标采购合同管理

1. 依据

（1）法律法规

1）《中华人民共和国合同法》（主席令第 15 号）；

2）《中华人民共和国标准施工招标文件》（2007 版）；

3）《建设工程施工合同（示范文本）》GF—2017—0201；

4）其他相关法律法规、政策文件、标准规范等。

（2）建设项目工程资料

1）项目决策、设计阶段的成果文件，如可行性研究报告、勘察设计文件、项目概预算、主要的工程量和设备清单；

2）投资人和全过程工程咨询单位提供的有关技术经济资料；

3）类似工程的各种技术经济指标和参数以及其他有关的资料；

4）项目的特征，包含项目的风险、项目的具体情况等；

5）招标策划书；

6）其他相关资料。

2. 内容

施工合同是保证工程施工建设顺利进行、保证投资、质量、进度、安全等各项目标顺利实施的统领性文件，施工合同应该体现公平、公正和双方真实意愿反映的特点，施工合同只有制定科学才能避免出现争议和纠纷，确保建设目标的实现。

（1）合同条款拟订

全过程工程咨询单位须根据项目实际情况，依据《建设工程施工合同（示范文本）》GF-2017-0201，科学合理拟订项目合同条款。

1）合同协议书

合同协议书主要包括：工程概况、合同工期、质量标准、签约合同价和合同价格形式、项目经理、合同文件构成、承诺以及补充协议等重要内容，集中约定了合同当事人基本的合同权利义务。

2）通用合同条款

通用合同条款是合同当事人根据《中华人民共和国建筑法》《中华人民共和国合同法》等法律法规的规定，就工程建设的实施及相关事项，对合同当事人的权利义务做出的原则性约定。

3）专用合同条款

专用合同条款是根据不同建设工程的特点及具体情况，对通用合同条款原则性约定的细化、完善、补充、修改或另行约定的条款。

4）补充合同条款

通用合同条款和专用合同条款未有约定的，必要时可在补充合同条款加以约定。

（2）要点分析

1）承包范围以及合同签约双方的责权利和义务

明确合同的承包范围以及合同签约双方的责权利和义务才能从总体上控制好工程质量工程进度和工程造价，合同的承包范围以及合同签约双方的责权利和义务的描述不应采用高度概括的方法，应对承包范围以及合同签约双方的责权利和义务进行详尽的描述。

2）风险的范围及分担办法

在合同的制定中，合理确定风险的承担范围是非常重要的，首先，风险的范围必须在合同中描述清楚，合理分担风险，避免把一切风险都推给中标人承担的做法。

3）严重不平衡报价的控制

"不平衡报价"是中标人普遍使用的一种投标策略，其目的是为了"早拿钱"（把前期施工的项目报价高）和"多拿钱"（把预计工程量可能会大幅增加的项目报价高），一定幅度的"不平衡"是正常的，但如果严重的不平衡报价，将严重影响造价的控制。为了控制严重不平衡报价的影响，在合同中应明确对严重不平衡报价的处理办法：

① 投资人有权进行清标并调整的办法；

② 在合同中设定对工程量增加或减少超过工程量清单中提供的数量的一定幅度（如10%）时，超出或减少部分工程量的单价要进行调整的办法。通过这些条款的设置就能从招标环节杜绝不平衡报价的影响，实现造价的主动控制。

4）进度款的控制支付

进度款的支付条款应清楚支付的条件、依据、比例、时间、程序等。工程款的支付方式包括：预付款的支付与扣回方式、进度款的支付条件、质保金的数量与支付方式及工程款的结算等。

5）工程价款的调整、变更签证的程序及管理

合理设置人工、材料、设备价差的调整方法，明确变更签证价款的结算和支付条件。

6）违约及索赔的处理办法

清晰界定正常变更和索赔，明确违约责任及索赔的处理办法。合理利用工程保险、工程担保等风险控制措施，使风险得到适当转移、有效分散和合理规避，确保有效履约合

同，实现投资控制目标。

3. 程序

全过程工程咨询单位的合同条款策划的程序如图 6-3 所示。

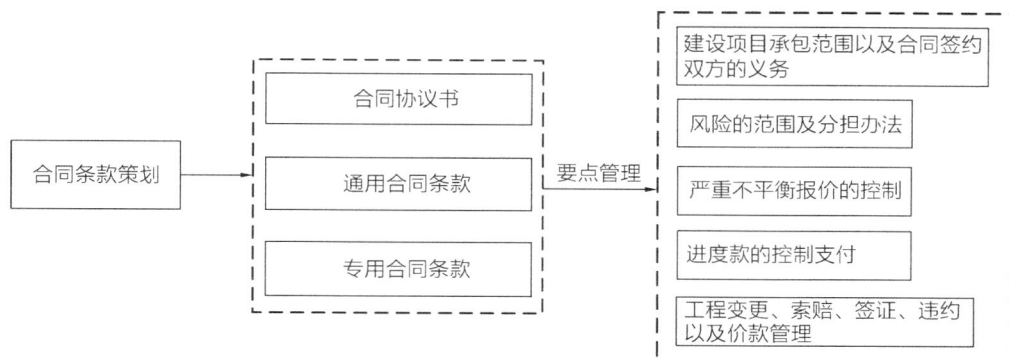

图 6-3　合同策划程序图

4. 注意事项

合同条款策划应注意以下问题：

（1）合同条款策划要符合合同的基本原则，不仅要保证合法性、公正性，而且要合理分担风险，促使各方面的互利合作，确保高效率地完成项目目标。

（2）合同条款策划应保证项目实施过程的系统性、协调性和可实施性。

（3）合同承包范围应清晰，合同主体和利益相关方责权利和义务明确。

（4）合同管理并不是在合同签订之后才开始的，招标过程中形成的大部分文件，在合同签订后都将成为对双方当事人有约束力的合同文件的组成文件。该阶段合同管理的主要内容有：①审核资格预审文件（采用资格预审时），对潜在投标人进行资格预审；②审核招标文件，依法组织招标；③必要时组织现场踏勘；审核潜在投标人编制投标方案和投标文件；④审核开标、评标和定标工作；⑤合同分析和审查工作；⑥组织合同谈判和签订，落实履约担保；⑦合同备案等。对中标人的投标文件进行审核，再签订合同。

（五）　招标采购流程评价

在项目招标采购完成之后，全过程工程咨询单位应对招标采购流程进行评估。将合同各参与主体在执行过程中的利弊得失、经验教训总结出来，为投资人同类型招标采购提供借鉴，为项目部及公司决策层提供参考。

三、程序

全过程工程咨询单位在招标采购阶段的项目管理工作，通过前期协助招标人制定招标采购管理的制度，组织策划招标采购流程，管理招标采购的过程，同时，对招标投标的合同进行管理，招标投标活动完成后，开展招标采购项目后评估。

全过程工程咨询单位的招标采购工作的程序如图 6-4 所示。

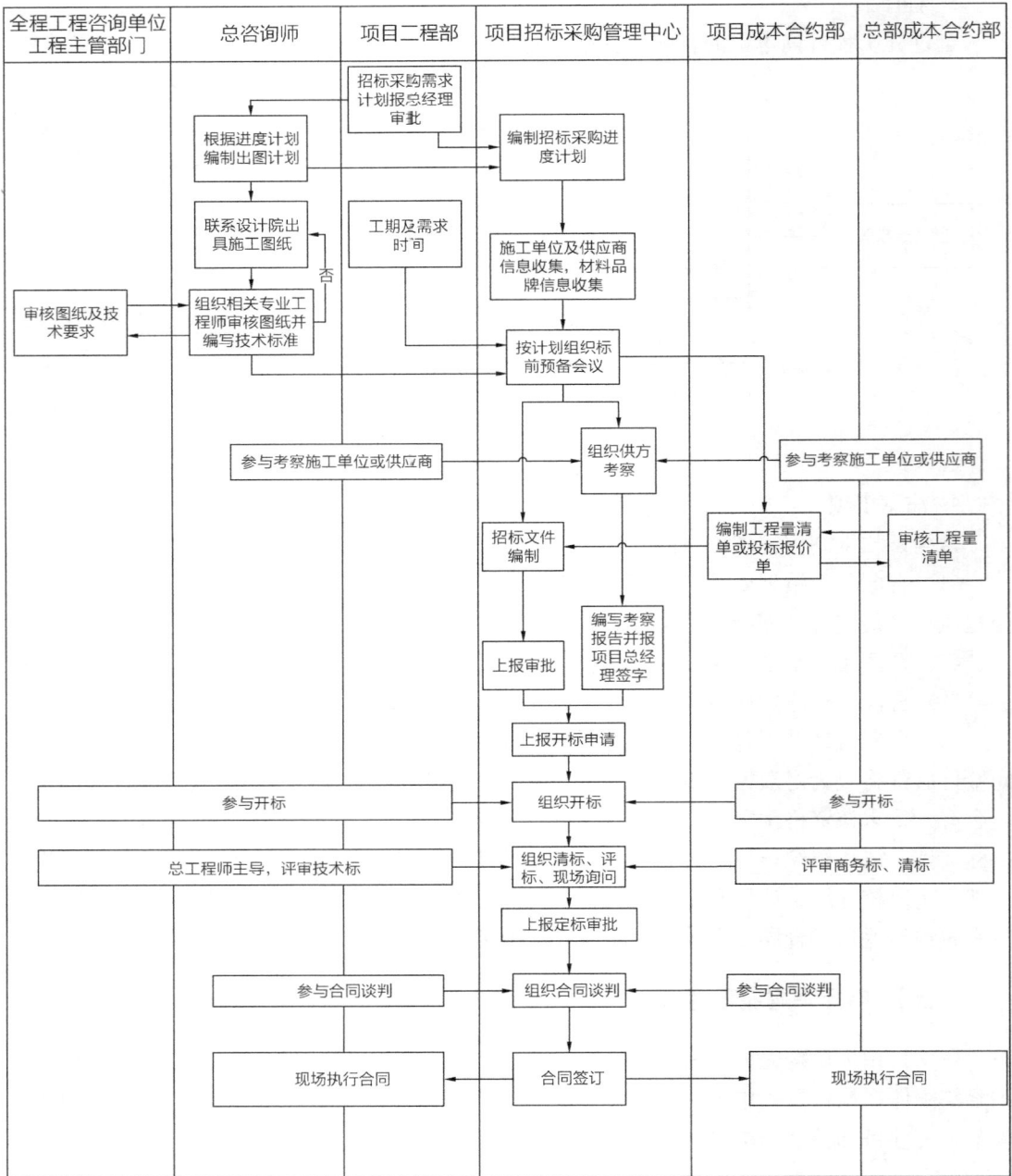

图 6-4　全过程工程咨询单位的招标采购工作的程序

四、注意事项

（1）全过程工程咨询单位在招标采购项目过程中，应对社会资源供需进行深入分析，如拟招标项目需要开挖土方和运输，若项目所在地附近存在土方需求的，则应考虑将开挖土方供应给临近的需求者，以求降低成本、提高社会效益。

（2）应充分考虑项目功能、未来产权划分对标段影响，招标策划工作中应根据投资人的需要，对优先使用的功能、产权明晰的项目优先安排招标和实施。

（3）项目招标策划应与项目审批配套执行，充分考虑审批时限对招标时间安排的影响和带来的风险，避免项目因审批尚未通过而导致招标无效，影响项目建设程序。

（4）招标策划应充分评估项目建设场地的准备情况，特别需要在招标前完成土地购置和征地拆迁工作，现场三通一平条件充足，避免招标结束后中标人无法按时进场施工导致索赔或纠纷问题。

第四节　招标采购代理

工程招标代理，是指工程招标代理机构接受招标人的委托，从事工程的勘察、设计、施工、监理以及与工程建设有关的重要设备（进口机电设备除外）、材料采购招标的代理业务。工程招标代理工作包括：与招标人签订招标代理合同，拟定招标方案，提出招标申请，发布招标公告或发出投标邀请书，编制、发售资格预审文件，审查投标申请人资格，编制并发售招标文件，编制标的或投标控制价，踏勘现场与答疑，组织开标，组织评标定标与发出中标通知书，招标投标资料汇总与书面报告，协助招标人签订合同、合同备案等。

一、依据

（一）法律法规

（1）相关法律法规、政策文件、标准规范等；

（2）《中华人民共和国标准施工招标文件》（2007 年版）；

（3）《建设工程招标控制价编审规程》CECAGC 6—2011；

（4）《建设项目全过程造价咨询规程》CECA/GC 4—2017；

（5）《中华人民共和国招标投标法》（2017 年修订）；

（6）《中华人民共和国招标投标法实施条例》（2017 年修订）；

（7）《建设工程造价咨询成果文件质量标准》CECA/GC 7—2012。

（二）建设项目工程资料

（1）项目可行性研究报告、投资人需求书、相关利益者需求分析、不同深度的勘察设计文件（含技术要求）、决策和设计阶段造价文件等；

（2）投资人资金使用计划和供应情况，项目工期计划等；

（3）项目建设场地供应情况和周边基础设施的配套情况；

（4）潜在投标人技术、管理能力、信用情况等；

（5）材料设备市场供应能力；

（6）合同范本；

（7）招标策划书。

二、内容

全过程工程咨询单位对项目进行招标策划并编制完招标文件后，需要通过一系列招标活动完成对中标人的招标。

1. 招标公告

按现行有关规定，招标公告的基本内容包括：

（1）招标条件。包括招标项目的名称、项目审批、核准或备案机关名称及批准文件编号，招标人的名称，项目资金来源和出资比例，阐明该项目已具备招标条件，招标方式为公开招标。

（2）招标项目的建设地点、规模、计划工期、招标范围、标段划分等。

（3）对投标人的资质等级与资栲要求。申请人应具备的资质等级、类似业绩、安全生产许可证、质量认证体系，以及对贩务、人员、设备、信誉等方面的要求。

（4）招标文件或资格预审文件获取的时间、地点、方式、招标文件的售价，图纸押金等。

（5）投标文件递交的截止时间、地点。

（6）公告发布的媒体。

依法必须招标项目的招标公告应当在国家指定的媒体发布，对于不属于必须招标的项目，招标人可以自由选择招标公告的发布媒介。

（7）联系方式，包括招标人和招标代理机构的联系人、地址、邮编、电话、传真、电子邮箱、开户银行和账号。

（8）其他。

对有关部委结合行业的具体特点进行了一些特殊规定如表 6-3 所示。

不同类型项目招标公告内容（包括但不限于）   表 6-3

类型	招标公告内容
工程建设项目勘察设计招标投标	① 工程概况； ② 招标方式、招标类型、招标内容及范围； ③ 投标人承担设计任务范围； ④ 对投标人资质、经验及业绩的要求； ⑤ 购买招标文件的时间、地点； ⑥ 招标文件工本费收费标准； ⑦ 投标截止时间、开标时间及地点； ⑧ 联系人及联系方式等

续表

类型	招标公告内容
工程建设项目施工招标投标	① 招标人的名称和地址； ② 招标项目的内容、范围、规模、资金来源； ③ 招标项目的实施地点和工期； ④ 获取招标文件或资格预审文件的地点和时间； ⑤ 对招标文件或资格预审文件收取的费用； ⑥ 对投标人的资格等级要求； ⑦ 投标截止时间、开标时间及地点
工程建设项目货物招标投标	① 投标人的名称和地址； ② 招标货物的名称、数量、技术规格、资金来源； ③ 交货的地点和时间； ④ 获取招标文件或资格预审文件的地点和时间； ⑤ 对招标文件或资格预审文件收取的费用； ⑥ 提交资格预审申请或投标文件的地点和截止日期； ⑦ 对投标人的资格要求

此外，招标人采用邀请招标方式的，应当向 3 个以上具备承担招标项目能力、资信良好的特定法人或其他组织发出投标邀请书。投标邀请书的内容和招标公告的内容基本一致，但无需说明发布公告的媒介，需增加要求潜在投标人确认是否收到了投标邀请书的内容。

公开招标的项目，招标人采用资格预审办法对潜在投标人进行资格审查的，应当发布资格预审公告、编制资格预审文件。资格预审公告的基本内容和招标公告的内容基本一致，只需增加资格预审方法，表明是采用合格制还是有限数量制；资格预审结束后，向投标人发送资格预审合格通知书的同时发送投标邀请书。

2. 资格审查

为了保证潜在投标人能够公平地获取投标竞争的机会，确保投标人满足招标项目的资格包括条件，同时避免招标人和投标人不必要的资源浪费，招标人应当对投标人资格进行审查。资格审查分为资格预审和资格后审两种。

（1）资格预审。资格预审是指招标人采用公开招标方式，在投标前按照有关规定程序和要求公布资格预审公告和资格预审文件，对获取资格预审文件并递交资格预审申请文件的潜在投标人进行资格审查。一般适用于潜在投标人较多或者大型、技术复杂的工程项目。

1）资格预审主要审查潜在投标人或者投标人是否符合下列条件：

① 具有独立订立合同的权利。

② 具有履行合同的能力，包括专业、技术资格和能力，资金、设备和其他物质设施状况，管理能力，经验、信誉和相应的从业人员。

③ 没有处于被责令停业，投标资格被取消，财产被接管、冻结、破产状态。

④ 在最近 3 年内没有骗取中标和严重违约及重大工程质量问题。

⑤ 法律、行政法规规定的其他资格条件等。

资格审查时，招标人不得以不合理的条件限制、排斥潜在投标人或投标人，不得对潜在投标人或者投标人实行歧视待遇。任何单位和个人不得以行政手段或其他不合理方式限制投标人的数量。

2）资格预审的程序。

① 编制资格预审文件。

② 发布资格预审公告。

③ 出售资格预审文件。

④ 对资格预审文件的澄清、修改。

⑤ 潜在投标人编制并递交资格预审申请文件。

⑥ 组建资格审查委员会。

⑦ 资格审查委员会对资格预审申请文件进行评审并编写资格评审报告。

⑧ 招标人审核资格评审报告，确定资格预审合格申请人。

⑨ 向通过资格预审的申请人发出投标邀请书（代资格预审合格通知书），并向未通过资格预审的申请人发出资格预审结果的书面通知。

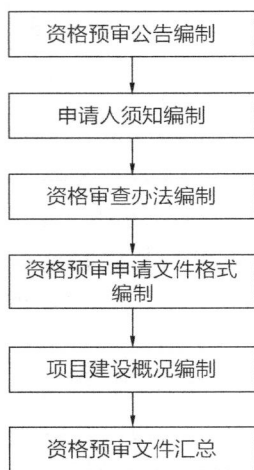

图 6-5　资格预审文件编制程序

3）资格预审文件。资格预审文件是告知申请人资格预审条件、标准和方法，并对申请人的经营资格、履约能力进行评审，确定合格中标人的依据。资格预审文件编制程序如图 6-5 所示：

（2）资格后审。是指在开标后，在评标过程中对投标申请人进行的资格审查。采用资格后审的，对投标人资格要求的审查内容、评审方法和标准与资格预审基本相同，评审工作由招标人依法组建的评标委员会负责。招标人应当在招标文件中载明对投标人资格要求的条件、标准和方法。

经过资格预审的，一般不再进行资格后审，但招标文件另有规定的除外。

3. 招标文件编制

招标文件是招标人向潜在投标人发出的要约邀请文件，是告知投标人招标项目内容、范围、数量与招标要求、投标资格要求、招标投标程序、投标文件编制与递交要求、评标标准和方法、合同条款与技术标准等招标投标活动主体必须掌握的信息和遵守的依据，对招标投标各方均具有法律约束力。

（1）编制招标文件应遵循的原则和要求。招标文件的编制必须遵守国家有关招标投标的法律、法规和部门规章的规定，应遵循下列原则和要求：

1）招标文件必须遵循公开、公平、公正的原则，不得以不合理的条件限制或者排斥潜在投标人，不得对潜在投标人实行歧视待遇。

2）招标文件必须遵循诚实信用的原则，招标人向投标人提供的工程项目情况，特别是工程项目的审批、资金来源和落实等情况，都要确保真实和可靠。

3）招标文件介绍的工程项目情况和提出的要求，必须与资格预审文件的内容相一致。

4）招标文件的内容要能清楚地反映工程项目的规模、性质、商务和技术要求等内容，设计图纸应与技术规范或技术要求相一致，使招标文件系统、完整、准确。

5）招标文件规定的各项技术标准应符合国家强制性标准。

6）招标文件不得要求或者标明特定的专利、商标、名称、设计、原产地或材料、构配件等生产供应者，以及含有倾向或者排斥投标申请人的其他内容。如果必须引用某一生产供应者的技术标准才能准确或清楚地说明拟招标项目的技术标准时，则应当在参照后面加上"或相当于"的字样。

7）招标人应当在招标文件中规定实质性要求和条件，并用醒目的方式标明。

（2）招标文件的内容。

1）按现行有关规定，招标文件的基本内容包括：

① 招标公告或投标邀请书。采用资格预审的形式时，投标邀请书可代资格预审通过通知书，是用来邀请资格预审合格的投标人投标的；在邀请招标时，不发布招标公告，是用投标邀请书直接邀请潜在投标人参加投标。

② 投标人须知。包括工程概况，招标范围，资格审查条件，工程资金来源或者落实情况，标段划分，工期要求，质量标准，现场踏勘和投标预备会，投标文件编制、提交、修改、撤回的要求，投标报价要求，投标有效期，开标的时间和地点等。

③ 评标标准和评标方法。包括选择评标方法、确定评审因素和标准以及确定评标程序。

④ 技术条款（含技术标准、规格、使用要求以及图纸等）。

⑤ 投标文件格式。包括投标函、投标函附录投标担保书、投标担保银行保函格式、投标文件签署授权委托书及招标文件要求投标人提交的其他投标资格格式。

⑥ 拟签订合同主要条款及合同格式。一般分为通用条款和专用条款两部分。通用条款具有普遍适用性；专用条款是针对某一特定工程项目合同的具体规定，是对通用条款的补充和修改。

⑦ 附件和其他要求投标人提供的材料。

对不同类型项目招标文件的内容，有关部委结合行业的具体特点作出一些特殊规定。

2）对工程勘察设计招标文件，《工程建设项目勘察设计招标投标办法》规定，勘察设计招标文件应当包括下列内容：

① 投标须知。

② 投标文件格式及主要合同条款。

③ 项目说明书，包括资金来源情况。

④ 勘察设计范围，对勘察设计进度、阶段和深度的要求。

⑤ 勘察设计基础资料。

⑥ 勘察设计费用支付方式，对未中标人是否给予补偿及补偿标准。

⑦ 投标报价要求及投标有效期。

⑧ 对投标人资格审查的标准。

⑨ 评标标准和方法。

3）对工程项目施工招标文件，《工程建设项目施工招标投标办法》规定，招标人根据施工招标项目的特点和需要编制招标文件。招标文件一般包括下列内容：

① 投标邀请书。

② 投标人须知。

③ 合同主要条款。

④ 投标文件格式。

⑤ 采用工程量清单招标的，应当提供工程量清单。

⑥ 技术条款。

⑦ 设计图纸。

⑧ 评标标准和方法。

⑨ 投标辅助材料。

招标人应当在招标文件中规定实质性要求和条件，并用醒目的方式标明。

4）对工程项目货物招标文件，《工程建设项目货物招标投标办法》规定，一般包括下列内容：

① 投标邀请书。

② 投标人须知。

③ 投标文件格式。

④ 技术规格、参数及其他要求。

⑤ 评标标准和方法。

⑥ 合同主要条款。

招标人应当在招标文件中规定实质性要求和条件，说明不满足其中任何一项实质性要求和条件的投标将被拒绝，并用醒目的方式标明；没有标明的要求和条件在评标时不得作为实质性要求和条件。对于非实质性要求和条件，应规定允许偏差的最大范围、最高项数，以及对这些偏差进行调整的方法。

国家对招标货物的技术、标准、质量等有特殊要求的，招标人应当在招标文件中提出相应特殊要求，并将其作为实质性要求和条件。

（3）招标文件的发放。招标代理机构应当以书面的形式通知选定的符合资质条件的投标申请人领取招标文件，书面通知中应包括获取招标文件的时间、地点和方式。

（4）编制招标文件中需要注意事项（需增加内容）：

1）招标文件评分细则中专家打分不能存在空档，量化具体评分分值，如下错误案例：招标文件的评分细则中规定：工程质量保证措施全面、具体、可行性等，评标专家可据实给出一般：1～3分；良：4～6分；优7～9分等。

2）投标文件的内容及格式应与其他章节相对应，不得提出违反法律法规或不合理的其他要求。

3）招标文件中答疑时间、投标截止时间等节点时间满足相关法律法规要求。

4）《合同条款》《投标人须知》《工程量清单》等每个环节是否符合相关规定。

5）必要时，可通过图纸查看招标文件描述的工程概况（规模）、类似业绩要求的规模是否与图纸一致。

4. 现场踏勘与答疑

（1）现场踏勘。招标人组织现场踏勘和招标文件答疑会，应对特别注意的是不得向任何单位和个人透露参加现场踏勘和出席交底答疑会的投标人的情况。签到应采取分别签到记录。

（2）答疑或投标预备会。投标人对有需要解释的问题，以书面形式在招标文件或招标人规定的时间内向招标人提出。招标人对有必要解释说明的问题以补充招标文件的形式发放给投标人。

5. 组织评标委员会

招标人或招标代理机构根据招标建筑工程项目特点和需要组建评标委员会，一般工程项目按照当地有关规定执行。大型公共建筑工程或具有一定社会影响的建筑工程，以及技术特别复杂、专业性要求特别高的建筑工程等情况，经主管部门批准，招标人可以从设计类资深专家库中直接确定，必要时可以邀请外地或境外资深专家参加评标。评标委员会成员名单在中标人确定前应当保密。

6. 接受投标有关文件

在投标过程中，全过程工程咨询单位主要的工作内容是接收中标人提交的投标文件和投标保证金等，并审核投标文件和投标保证金是否符合招标文件和有关法律法规的规定。

7. 开标

（1）开标应当在招标文件确定的提交投标文件截止时间的同一时间公开进行，开标地点应当为招标文件中预先确定的地点。

（2）开标时，由中标人或者其推选的代表检查投标文件的密封情况，也可以由投资人委托的公证机构检查并公证；经确认无误后，由工作人员当众拆封，宣读中标人名称、投标价格和投标文件的其他主要内容。

8. 清标

在全过程工程咨询服务中，针对项目的需要，专业咨询工程师（招标代理）在开标后、评标前对投标报价进行分析，编制清标报告成果文件。清标报告应包括清标报告封面、清标报告的签署页、清标报告编制说明、清标报告正文及相关附件。及时检查评标报告内容是否完整和符合有关规定，然后提交总咨询师和投资人复核确认。

清标报告正文宜阐述清标的内容、清标的范围、清标的方法、清标的结果和主要问题等。一般应主要包括：

（1）算术性错误的复核与整理，不平衡报价的分析与整理，错项、漏项、多项的核查与整理。

（2）综合单价、取费标准合理性分析和整理。

（3）投标报价的合理性和全面性分析与整理，投标文件中含义不明确、对同一问题表述不一致、明显的文字错误的核查与整理等。

（4）投标文件和招标文件是否吻合；招标文件是否存在歧义问题，是否需要组织澄清等问题。

9. **评标**

（1）投资人或其委托的全过程工程咨询单位应依法组建的评标委员会，与中标人有利害关系的人不得进入相关项目的评标委员会。

（2）评标委员会可以要求中标人对投标文件中含义不明确的内容作必要的澄清或者说明，但是澄清或者说明不得超出投标文件的范围或者改变投标文件的实质性内容（如有时）。

（3）评标委员会应当按照招标文件确定的评标标准和方法，对投标文件进行评审和比较，设有标底的，应当参考标底。评标委员会完成评标后，应当向投资人提出书面评标报告，并推荐合格的中标候选人。

10. **定标（发中标通知书）**

（1）根据评标委员会提出的书面评标报告和推荐的中标候选人确定中标人。投资人也可以授权评标委员会直接确定中标人。

（2）中标人确定后，投资人应当向中标人发出中标通知书，并同时将中标结果通知所有未中标的投标人。

（3）中标通知书对投资人和中标人具有法律效力。中标通知书发出后，投资人改变中标结果的，或者中标人放弃中标项目的，应当依法承担法律责任。

全过程咨询机构到相关行政监督部门将定标结果进行备案（或按项目所在地规定）并公示中标候选人。

11. **签订合同**

根据招投标法，投资人和中标人应当自中标通知书发出之日起三十日内，按照招标文件和中标人的投标文件订立书面合同。全过程工程咨询单位应协助投资人进行合同澄清、签订合同等工作，同时根据投资人的需求和项目需要，可协助投资人进行合同谈判、细化合同条款等内容。投资人和中标人不得再行订立背离合同实质性内容的其他协议。

三、程序

全过程工程咨询单位须严格执行有关法律法规和政策规定的程序和内容，规范严谨组织项目招标采购过程管理，具体程序如图 6-6 所示。

四、注意事项

（1）全过程工程咨询单位、投资人、中标人和相关利益方应依法做好廉洁管理工作，确保项目招标投标工作公正公平开展。

（2）招标文件、资格预审文件的发售、澄清、修改的时限，或者确定的提交资格预审申请文件、投标文件的时限需符合招标投标法律法规规定。不得擅自更改招标文件规定的投标截止时间和递交地点。

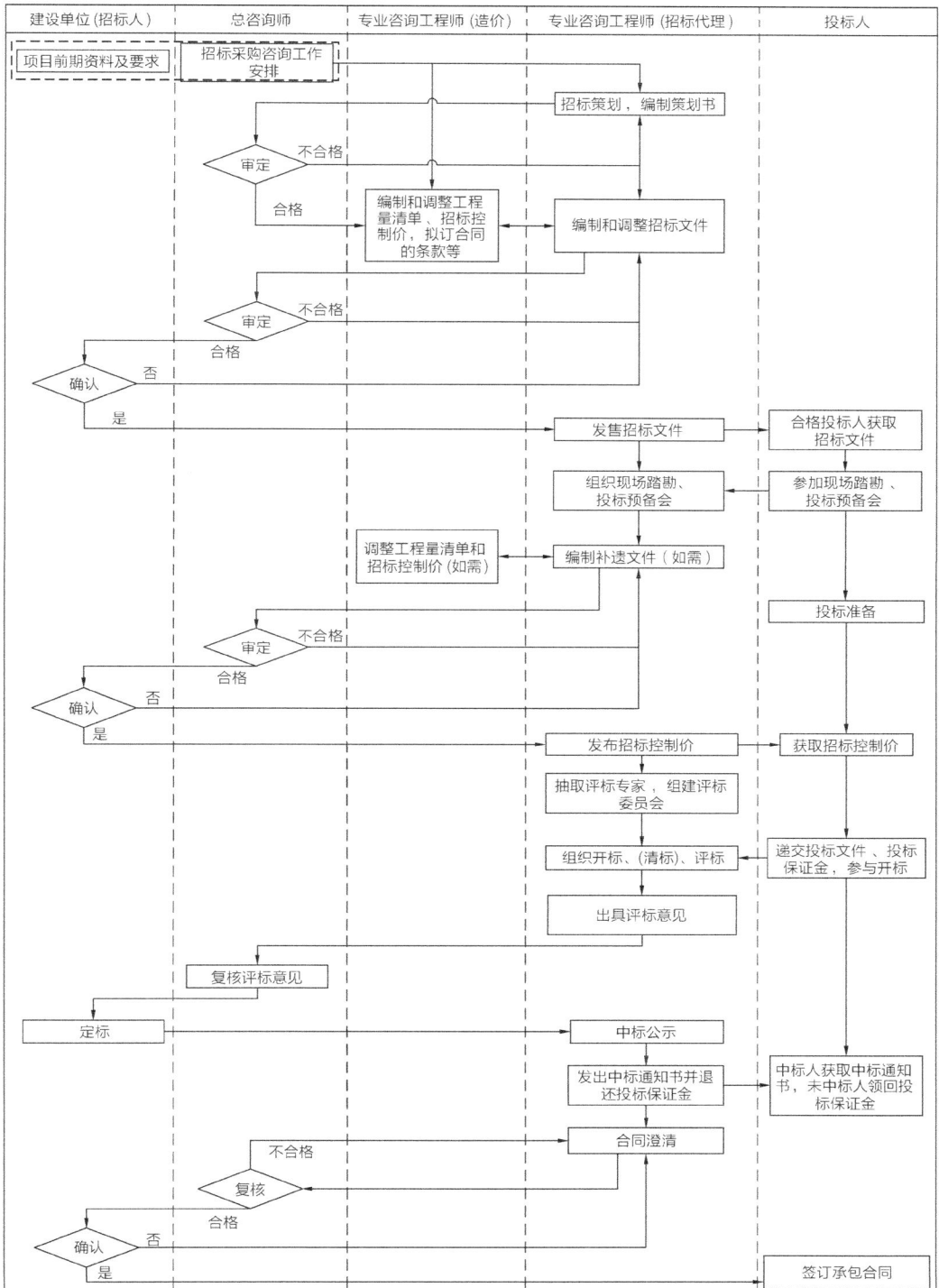

建设单位(招标人)	总咨询师	专业咨询工程师(造价)	专业咨询工程师(招标代理)	投标人

备注：如采用资格预审方式招标，则须在发售招标文件前编制和公布资格预审公告和预审文件、组织资格预审

图 6-6 全过程工程咨询单位招标采购阶段工作程序图

（3）超过规定的比例收取投标保证金、履约保证金或者不按照规定退还投标保证金及银行同期存款利息。

（4）投资人应按规定时限发出中标通知书，中标通知书发出后无正当理由不得改变中标结果。

（5）投资人应按规定时限与中标人订立合同；不得在订立合同时向中标人提出附加条件。

（6）投资人和中标人应按照招标文件和中标人的投标文件订立合同，合同的主要条款与招标文件、中标人的投标文件的内容应一致，投资人、中标人不得订立背离合同实质性内容的协议。

第五节　招标采购阶段投资管控

招标采购阶段投资管控作为建设项目全过程投资管控的重要组成部分，是工程投资事前控制的主要手段，不仅为施工阶段和工程竣工结算阶段的投资管控奠定了基础，而且对于提升建设项目投资管理水平和投资控制效果具有十分重要的意义。

招标采购阶段，是确定合同价款的一个重要阶段，它通过施工图实际算量，已经比较接近工程的实际造价和对建筑成品已经能初步体现，对后期工程竣工结算有着直接的影响。

一、工程量清单编制与审核

（一）依据

（1）《建设工程工程量清单计价规范》GB 50500—2013；

（2）《建设项目全过程造价咨询规程》CECA/GC 4—2017；

（3）国家或省级、行业建设主管部门颁发的计价定额和办法；

（4）建设工程设计文件；

（5）与建设项目有关的标准、规范、技术资料；

（6）招标文件及其补充通知、答疑纪要；

（7）施工现场实际情况、地勘水文资料、工程特点及常规施工方案；

（8）其他相关资料。

（二）内容

1. 分部分项工程量清单编制

分部分项工程量清单是指表示拟建工程分项实体工程项目名称和相应数量的明细清单，应该包括项目编码、项目名称、项目特征、计量单位和工程量五个部分。具体编制要件和要点如表6-4所示。

表 6-4

要件	编制要点	备注
项目编码	12 位阿拉伯数字表示,1~9 位按《13 规范》附录的规定设置,10~12 位应根据拟建工程的工程量清单项目名称设置	不得有重码
项目名称	施工图纸中有体现的,规范中有列项则直接列项,计算工程量;施工图纸有体现,规范中没有相应列项,项目特征和工程内容都没提示,则补项,在编制说明中注明	根据《13 规范》结合工程实际确定
项目特征描述	根据项目情况介绍	根据项目情况介绍
计量单位	以"吨"为单位,保留三位小数,第四位小数四舍五入;以"立方米""米""千克"保留两位小数,第三位四舍五入;以"个""项""樘""套"等为单位的,应取整数	有两个或两个以上计量单位的,应结合拟建工程项目选择其中一个确定
工程量计算	按《13 规范》附录 A-F 中规定的工程量计算规则计算。另外对于补充工程量计算规则必须符合下述原则:第一具有可算性,第二计算结果具有唯一性	工程量计算要准确

补充项目为附录中未包括的项目,有补充项目时,编制人应作补充,并报省级或行业工程造价管理机构备案,省级或行业工程造价管理机构应汇总报住房城乡建设部标准定额研究所。

2. 措施项目清单编制

措施项目清单是未完成工程项目施工,发生于该工程施工前、施工过程中技术、生活、文明、安全等方面的非实体工程实体项目清单。编制时需考虑多方面的因素,除工程本身,还涉及气象、水文、环境、安全等因素。措施项目清单应根据拟建工程的实际情况列项,若清单计价规范中存在未列项目,可根据实际情况进行补充。

(1)措施项目清单的编制依据:

1)拟建工程的施工组织设计。

2)拟建工程的施工技术方案。

3)与拟建工程相关的工程施工规范和工程验收规范。

4)招标文件。

5)设计文件。

(2)措施项目清单的确定要按照以下要求:

1)参考拟建工程的施工组织设计,以确定环境保护、安全文明施工、二次搬运等项目。

2)参考施工技术方案,以确定夜间施工、混凝土模板与支架、施工排水、施工降水、垂直运输机械、大型机械设备进出场及安拆、脚手架等项目。

3)参考相关施工规范与工程验收规范,以及技术方案没有表述但是为了实现施工规范和验收规范要求而必须发生的技术措施。

4）确定设计文件中一些不足以写进技术方案的，但是要通过一定的技术措施才能实现的内容。

5）确定招标文件中提出的某些必须通过一定的技术措施才能实现的要求。

3. 其他项目清单编制

其他项目清单是指除分部分项工程量清单、措施项目清单所包含的内容以外，因招标人的特殊要求而发生的与拟建工程有关的其他费用项目和相应数量的清单。其影响因素包括工程建设标准的高低、工程的复杂程度、工程的工期长短、工程的组成内容、发包人对工程管理要求等。其他项目清单的内容包括暂列金额、暂估价、计日工和总承包服务费，未包含项目需要补充。

（1）暂列金额指招标人在工程量清单中暂定并包括在合同价款中的一笔款项。用于施工合同签订时尚未确定或者不可预见的所需材料、设备、服务的采购，施工中可能发生的工程量变更、合同约定调整因素出现时的工程价款调整以及发生的索赔、现场签证等费用。

暂估价是指招标人在工程量清单中提供的用于支付必然发生但暂时不能确定价格的材料的单价以及专业工程的金额。

（2）在工程实施中，暂列金额、暂估价所包含的工作范围和图纸、标准深化固定后，按照工程专业、设备、材料类别等分类汇总的金额，达到法定招标范围标准的，应由招标人同中标人联合招标，确定承包人和承包价格。

（3）在工程实施中，暂列金额、暂估价所包含的工作范围和图纸、标准深化固定后，按照工程专业、设备、材料类别等分类汇总的金额，未达到法定招标范围标准但适用政府采购规定的，应按照政府采购规定确定承包人和承包价格。

（4）在工程实施中，暂列金额、暂估价所包含的工作范围和图纸、标准深化固定后，按照工程专业、设备、材料类别等分类汇总的金额，未达到法定招标范围标准也不适用政府采购规定，承包人有法定的承包资格的，由承包人承包，承包人无法定的承包资格但有法定的分包权的，由承包人分包，招标人同承包人结算的价格按招投标文件相关规定确定。

（5）在工程实施中，暂列金额、暂估价所包含的工作范围和图纸、标准深化固定后，按照工程专业、设备、材料类别等分类汇总的金额，未达到法定招标范围标准也不适用政府采购规定，承包人既无法定的承包资格又无法定的分包权的，由招标人另行发包。

（6）在工程实施中，暂列金额、暂估价所包含的工作范围由其他承包人承包的，纳入项目总承包人的管理和协调范围，由其他承包人向项目总承包人承担质量、安全、文明施工、工期责任，项目总承包人向招标人承担责任。

4. 规费、税金项目清单编制

规费项目清单应包括工程排污费、社会保障会（养老保险、失业保险、医疗保险）、住房公积金、危险作业意外伤害保险费。税金项目清单包括营业税、城市建设维护税、教育费附加。

（三） 程序

1. 工程量清单编制流程

依据《建设工程工程量清单计价规范》GB 50500—2013 和《建设项目全过程造价咨询规程》CECA/GC 4—2017 实施手册，建设项目工程量清单编制流程图如图 6-7 所示。

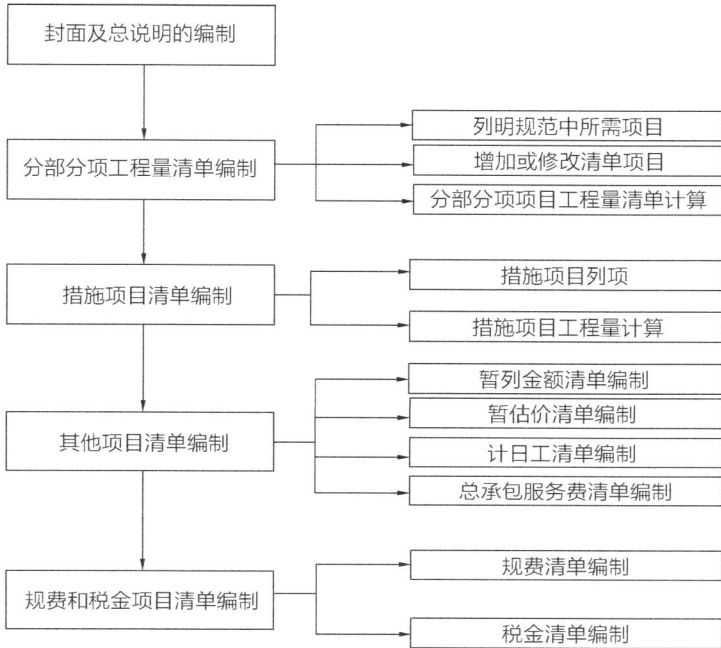

图 6-7　工程量清单编制程序图

2. 工程量清单审核程序

工程量清单的审核可以分为对封面及相关盖章的审核、工程量清单总说明的审核、分部分项工程量清单的审核、措施项目清单的审核、其他项目清单的审核、规费税金项目清单的审核及补充工程量清单项目的审核。

工程量清单审核流程如图 6-8 所示。

（四） 注意事项

在编制工程量清单时，应当做好以下工作：

（1）充分理解招标文件的招标范围，协助投资人完善设计文件。

（2）认真查看现场，措施项目应该与施工现场条件和项目特点相吻合。

（3）工程量清单应表达清晰，满足投标报价要求。

（4）在工程量清单中应明确相关问题的处理及与造价有关的条件的设置，如暂估价；工程一切险和第三方责任险的投保方、投保基数及费率及其他保险费用；特殊费用的说明；各类设备的提供、维护等的费用是否包括在工程量清单的单价与总额中；暂列金额的

图 6-8　工程量清单审核程序图

使用条件及不可预见费的计算基础和费率。

（5）工程量清单的编制人员要结合项目的目的要求、设计原则、设计标准、质量标准、工程项目内外条件，及相关资料和信息全面兼顾进行，不能仅仅依靠施工图进行编制，还应分析研究施工组织设计、施工方案，只有这样才可以避免由于图纸设计与实际要求不吻合造成的设计变更。

二、招标控制价编制与审核

（一）依据

（1）《建设工程工程量清单计价规范》GB 50500—2013、《建设项目全过程造价咨询规程》CECA/GC 4—2017；

（2）国家或省级、行业建设主管部门颁发的计价依据和办法；

（3）经过批准和会审的全部建设工程设计文件及相关资料，包括施工图纸等；

（4）与建设项目有关的标准、规范、技术资料；

（5）招标文件及其补充通知、答疑纪要；

（6）施工现场情况、工程特点及常规施工方案；

（7）批准的初步设计概算或修正概算文件；

（8）工程造价管理机构发布的工程造价信息及市场价格；

（9）招标控制价编制委托代理合同；

（10）其他相关资料。

对于实际工程项目编制招标控制价的依据采用编制前期准备工作中所收集的相关资料和文件作为依据。

（二）内容

招标控制价计价的内容应该根据《建设工程工程量清单计价规范》GB 50500—2013的具体要求来编制，具体如图 6-9 所示。

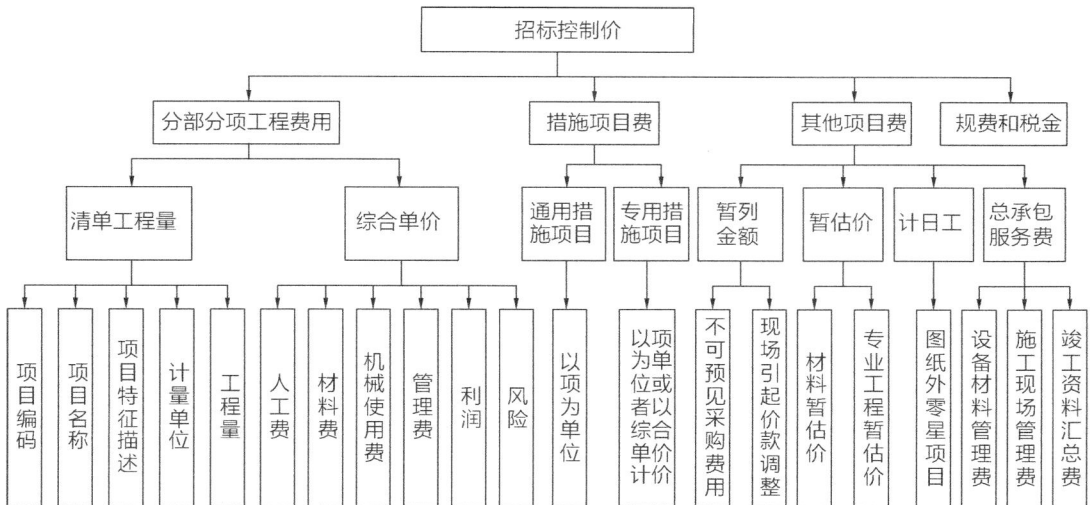

图 6-9　招标控制价组成内容

（三）程序

（1）招标控制价编制程序

招标控制价编制工作的基本程序包括编制前准备、收集编制资料、编制招标控制价价格、整理招标控制价文件相关资料、形成招标控制价编制成果文件。具体如图 6-10 所示。

（2）招标控制价审核程序

招标控制价审核工作的基本流程包括审核前准备，审核招标控制价文件，形成招标控制价审核成果文件，具体如图 6-11 所示。

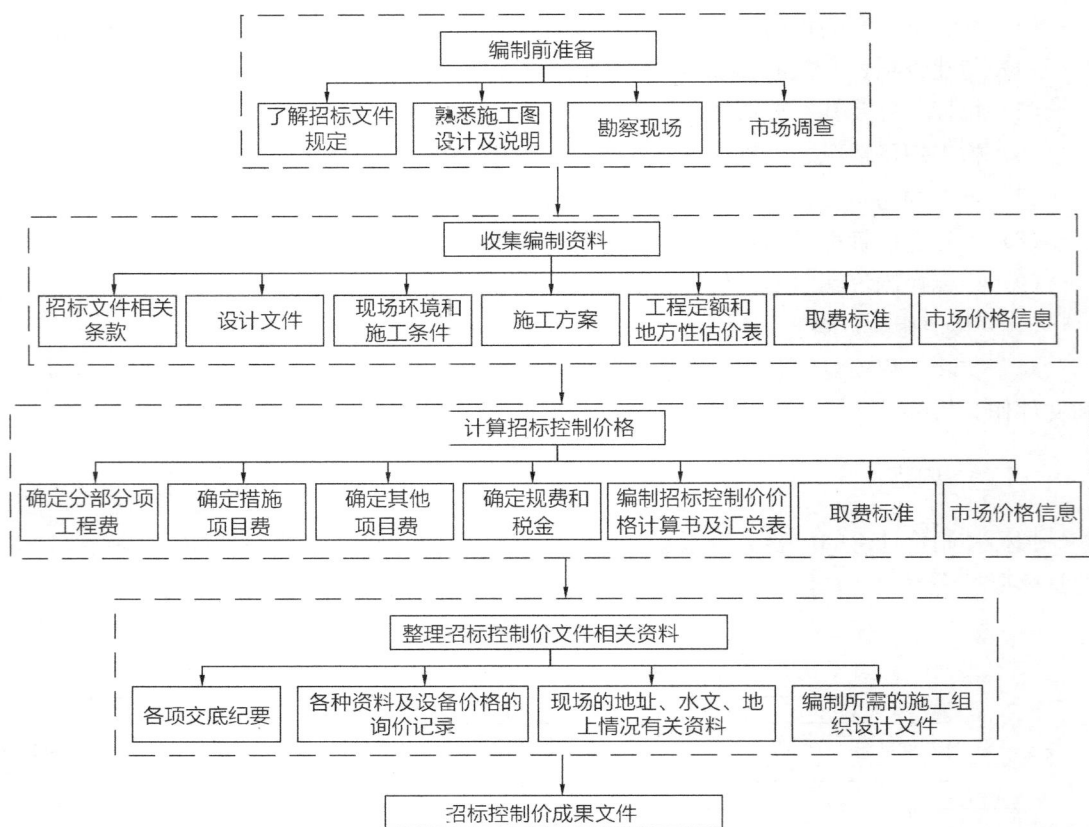

图 6-10 招标控制价编制程序

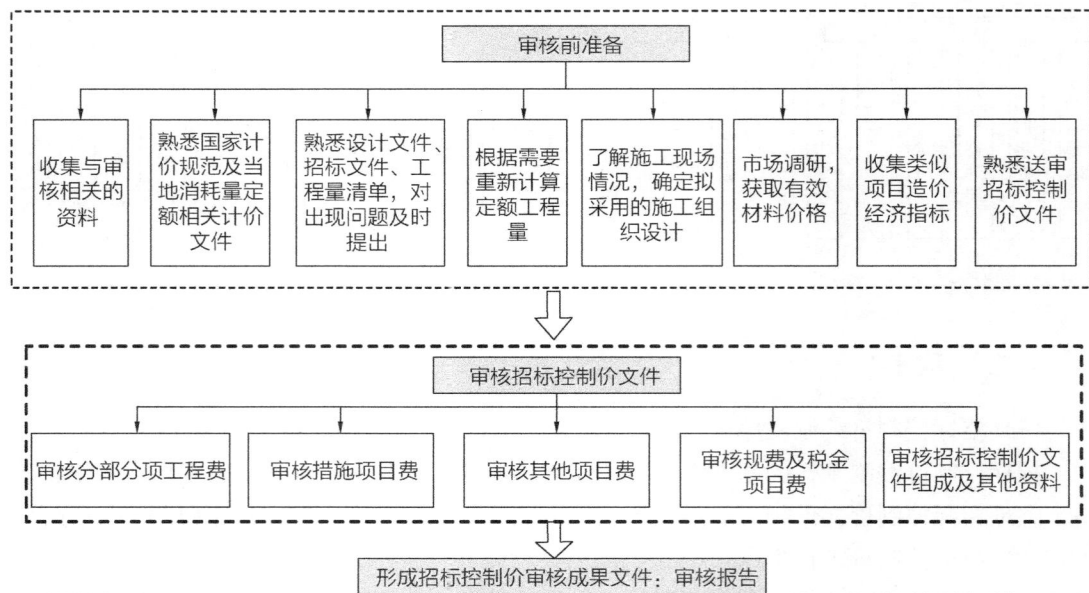

图 6-11 招标控制价审核程序

（四） 注意事项

（1）编制招标控制价应与招标文件（含工程量清单和图纸）相吻合，并结合施工现场情况确定，确保招标控制价的编制内容符合现场的实际情况，以免造成招标控制价与实际情况脱离。

（2）招标控制价确定既要符合相关规定，也要有可靠的信息来源，又要与市场情况相吻合。

（3）措施项目费用的计取范围、标准必须符合规定，并与拟定的合适的施工组织设计和施工方案相对应。

（4）在编制招标控制价时，要有对招标文件进行进一步审议的思路，对存在的问题及时反馈处理，避免合同履行时的纠纷或争议等问题。

三、合同价款的约定

（一） 签约合同价与中标价的关系

（1）签约合同价是指合同双方签订合同时在协议书中列明的合同价格；

（2）对于以单价合同形式招标的项目，工程量清单中各种价格的合计即为合同价；

（3）签约合同价就是中标价，因为中标价是指评标时经过算术修正的、并在中标通知书中申明招标人接受的投标价格。

（二） 合同价款约定的规定和内容

1. 合同签订的时间及规定

招标人和中标人应当在投标有效期内自中标通知书发出之日起 30 天内按招标文件和投标文件订立合同。

（1）中标人违约

中标人无正当理由拒签合同的，招标人取消其中标资格，其投标保证金不予退还；给招标人造成的损失超过投标保证金数额的，中标人还应当对超过部分予以赔偿。

（2）招标人违约

发出中标通知书后，招标人无正当理由拒签合同的，招标人向中标人退还投标保证金；给中标人造成损失的，还应当赔偿损失。

招标人与中标人签订合同后 5 日内，应当向中标人和未中标的投标人退还投标保证金及银行同期存款利息。

2. 合同价款类型的选择

招标的工程：价款依据招投标文件在书面合同中约定。不得违背招投标文件中关于工期、造价、质量方面的实质性内容。招标与投标文件不一致，以投标文件为准。

不招标的工程：招标投标双方认可的合同价款基础上，在合同中约定。

（1）鼓励采用单价方式：实行工程量清单计价的建筑工程；

（2）总价方式：技术难度较低，工期较短的建设工程；

（3）成本加酬金方式：紧急抢险、救灾以及施工技术特别复杂的建设工程。

四、其他

（一） 中标后， 对中标人投标书的复核

评标结果出来，当初步确定中标人后，需要对中标人投标书的复核或进行清标工作。

（二） 清标

1. 清标的定义和目的：所谓清标就是通过采用核对、比较、筛选等方法，对投标文件进行的基础性的数据分析和整理工作

其目的是找出投标文件中可能存在疑义或者显著异常的数据，为初步评审以及详细评审中的质疑工作提供基础。技术标和商务标都有进行清标的必要，但一般清标主要是针对商务标（投标报价）部分。

清标也是国际上通行的做法，在现有建设工程招标投标法律法规的框架体系内，清标属于评标工作的范畴。

清标的实质是通过清标专家对投标文件客观、专业、负责的核查和分析，找出问题、剖析原因，给出专业意见，供评标专家和投资人参考，以提高评标质量，并为后续的工程项目管理提供指引。

2. 清标工作组的组成

清标应该有清标工作组完成，也可以由招标人依法组建的评标委员会进行，招标人也可以另行组建清标工作组负责清标。清标工作组应该由招标人选派或者邀请熟悉招标工程项目情况和招标投标程序、专业水平和职业素质较高的专业人员组成，招标人也可以委托工程招标代理单位、工程造价咨询单位或者监理单位组织具备相应条件的人员组成清标工作组。清标工作组人员的具体数量应该视工作量的大小确定，一般建议应该在 3 人以上。

3. 清标工作的原则

清标工作是评标工作的基础性工作。清标工作是仅对各投标文件的商务标投标状况作出客观性比较，不能改变各投标文件的实质性内容。清标工作应当客观、准确、力求全面，不得营私舞弊、歪曲事实。

清标小组的任何人员均不得行使依法应当由评标委员会成员行使的评审、评判等权力。

清标工作组同样应当遵守法律、法规、规章等关于评标工作原则、评标保密和回避等国家相关的关于评标委员会的评标的法律规定。

4. 清标工作的主要内容

（1）算术性错误的复核与整理；

（2）不平衡报价的分析与整理；

（3）错项、漏项、多项的核查与整理；

（4）综合单价、取费标准合理性分析与整理；

（5）投标报价的合理性和全面性分析与整理；

（6）形成书面的清标情况报告。

5. 清标的重点有以下几项

（1）对照招标文件，查看投标人的投标文件是否完全响应招标文件。

（2）对工程量大的单价和单价过高于或过低于清标均价的项目要重点查。

（3）对措施费用合价包干的项目单价，要对照施工方案的可行性进行审查。

（4）对工程总价、各项目单价及要素价格的合理性进行分析、测算。

（5）对投标人所采用的报价技巧，要辩证地分析判断其合理性。

（6）在清标过程中要发现清单不严谨的表现所在，妥善处理。

6. 清标报告的内容

清标报告是评标委员会进行评审的主要依据，它的准确与否将可能直接影响评标委员会的评审结果和最终的中标结果，因此，至关重要，清标报告一般应包括如下内容：

（1）招标工程项目的范围、内容、规模等情况；

（2）对投标价格进行换算的依据和换算结果；

（3）投标文件算术计算错误的修正方法、修正标准和建议的修正结果；

（4）在列出的所有偏差中，建议作为重大偏差的情形和相关依据；

（5）在列出的所有偏差中，建议作为细微偏差的情形和进行相应补正所依据的方法、标准；

（6）列出投标价格过高或者过低的清单项目的序号、项目编码、项目名称、项目特征、工程内容、与招标文件规定的标准之间存在的偏差幅度和产生偏差的技术、经济等方面原因的摘录；

（7）投标文件中存在的含义不明确、对同类问题表述不一致或者有明显文字错误的情形；

（8）其他在清标过程中发现的，要提请评标委员会讨论、决定的投标文件中的问题。

（三） 审核评标方法和评分标准

（1）审核拟采用的评标方法：在《标准施工招标文件》中给出了经评审的最低投标价法和综合评估法，审核项目的评标方法是否适合项目的特点。

（2）审核评分标准：在招标文件的"评标办法前附表"中，招标代理机构对各项评分因素均制定了评分标准，并确定了施工组织设计、项目管理机构、投标报价、其他评分因素的权重，还确定了评标基准价的计算方法。对上述评分标准进行审核时应掌握下列原则：

1）施工组织设计评分标准要强调投标人对工程项目特点、重点、难点的把握，以及施工组织和施工方案的针对性、科学性和可行性。

2）项目管理机构评分标准要强调项目经理和技术负责人的任职资格学历和实实在在的业绩，应要求附证明材料；强调项目管理机构人员的到位承诺；应增加对项目经理、技术负责人等主要成员面试的评分。

3）投标报价的权重要适当，对技术不复杂，规模不太大或对投标人均比较了解，且对各投标人均较信任情况下，权重宜加大；反之，权重不宜过大。

4）其他评分因素可增加对各投标单位考察的结果、施工单位及项目经理的信用评分（市场与现场管理联动）等项内容，使评标不只是评委对投标文件的评审，应综合投标人的实际素质、能力、业绩和信用程度。

（四）投标人对清标存在问题给予书面答复澄清承诺函，最终经评标委员会提出的书面评标报告和推荐的中标候选人确定中标人。

全过程咨询机构到相关行政监督部门将定标结果进行备案（或按项目所在地规定）并公示中标候选人。

（五）合同洽谈及签订

全过程工程咨询单位应协助投资人进行合同澄清、洽谈、细化合同条款等工作，投资人和中标人应当自中标通知书发出之日起三十日内，按照招标文件和中标人的投标文件订立书面合同。

第六节　工程总承包模式的发承包咨询服务

一、工程总承包模式发承包概述

《国务院办公厅关于促进建筑业持续健康发展的意见》（国办发〔2017〕19 号）明确提出："完善工程建设组织模式，加快推行工程总承包。"工程总承包（英文简称 EPC），是指从事工程总承包的单位按照与投资人签订的合同，对工程项目的设计、采购、施工等实行全过程或者若干阶段承包，并对工程的质量、安全、工期和造价等全面负责的工程建设组织实施方式。

工程总承包模式是国际上常用的工程项目的承发包模式之一，它可以从根本上解决了传统承发包模式下设计和施工不协调而造成的弊端，由承包人承担工程项目的勘察、设计、采购、施工、试运行等全过程的工作，从而保证项目建设过程的流畅性和协作性，然而，它对投资人的要求也更加严格，要求投资人必须提出明确的建设需求和建设目标，项目具备相应的发包条件。本节简要阐述在工程总承包模式下，全过程工程咨询单位如何开展发承包阶段咨询服务工作。

二、工程总承包模式发承包介入时点分析

由于中国特定的市场环境，在项目实施初期，无法完全确定投资人和产权人之间的关系，建设产品需要在实施阶段不断完善、逐渐明晰，导致 EPC 模式施行条件不充分，再加上缺乏经验积累和完整的法律法规体系，EPC 模式实施缺乏有效的指引。当前，国家大力推行 EPC 模式，本书通过分析研究该模式的原理，结合国内 EPC 的实施情况，认为有

必要对招标发起的时点、招标条件，投资人和承包人所需要承担的风险等进行正确引导，以便更好地发挥 EPC 模式的积极作用。

本章前五节是基于传统工程发承包模式（DBB），阐述项目发承包阶段工程咨询服务。EPC 模式与 DBB 模式在发承包流程、要点基本相同，但发承包条件、内容和风险分担有区别。

在 EPC 模式下，投资人必须提出明确的建设需求和建设目标。因此，发承包最早的介入时间应该在项目决策完成后，最好介入时间在初步设计文件获审批后，最晚不晚于施工图设计完成。即建设项目的全过程工程咨询服务的发承包阶段可以前移至决策阶段之后和施工图设计完成之前。

合理确定 EPC 模式招标的介入时点，明确发承包条件是项目采用工程总承包模式的重要准备工作，是确保 EPC 项目成功实施的关键因素。

（一）介入时点分析

根据《住房城乡建设部关于进一步推进工程总承包发展的若干意见》（建市〔2016〕93 号）（简称"93 号文"）的规定，投资人可以根据项目的特点，在可行性研究、方案设计或者初步设计完成后，按照确定的建设规模、建设标准、投资限额、工程质量和进度要求等进行工程总承包项目发包。全过程工程咨询单位为 EPC 项目提供发承包咨询服务，介入时间节点可参照如图 6-12 所示，并根据拟建项目的时间情况选定具体时点，以保证发承包双方准备充分、招投标流程的顺利实施。

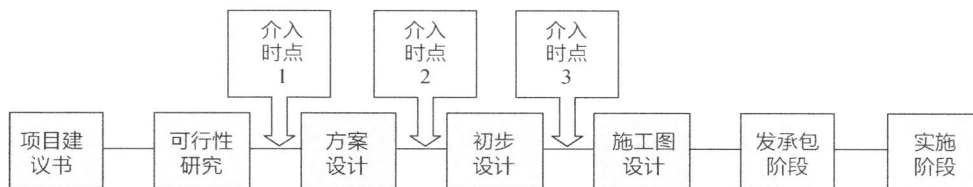

图 6-12 工程总承包招标介入时点嵌入图

各省市政府行政主管部门出台的关于工程总承包模式招标的介入时点不完全相同，有的省市是两个介入时点，有的省市则是三个介入时点，也有个别模式只有一个介入时点，但与"93 号文"规定的时间节点基本一致。不同的介入时点对应的招标条件不同，全过程咨询机构对招标管理的工作内容也不同。

（二）介入时点选择的影响要素分析

根据上述分析，工程总承包项目在招标过程中选择的介入时点可能不同，而且不同的介入时点所对应的项目准备工作也不一样。一方面表现在工程项目的基本建设程序上，另一方面表现在项目自身的要求上。根据各地和各行业的项目实施经验，项目所属行业规范成熟度、项目自身特点、投资人控制能力和承包人管理能力是影响工程总承包模式介入时点的重要因素。全过程工程咨询单位应根据项目的自身情况，科学有效选定项目发承包的时间节点，一方面保证咨询工作顺利开展，确保 EPC 项目顺利实施，另一方面为投资人提高项目效益。

1. 行业规范成熟度对工程总承包模式介入时点的影响

各地实施工程总承包的相关管理办法中，大致可分为两大介入时点，即项目可行性研究（估算）完成或初步设计（概算）完成。该类原则的设定来源于生产类（工业）项目采用工程总承包模式的情形。

工业建筑和民用建筑工程中的居住建筑中，由于设备类型相对固定、建筑结构形式类似、功能需求明确、技术方法相对成熟，投资人仅需提供准确的功能需求，便可设置出稳定的造价指标，由此，方案设计、初步设计图纸与施工图纸的变化不大，在工程总承包人与投资人的可控范围之内，介入时点的选择可相对前移到时点1。

土木工程（包括道路、轨道交通、城市道路、桥涵、隧道、水工、矿山、架线与管沟、其他土木工程）其建设目标、功能需求非常明确，技术方法相对成熟，而潜在承包人的经验如果能主动用到项目的实施阶段，将更有利于项目的节约、高效实施，品质的提升，因此，介入时点的选择可相对前移到时点2。

除居住建筑外的民用建筑，建设功能复杂多样；使用需求千差万别；投资人和产权人角色可能不一致，存在在项目建成后才确定产权人的情况；导致产品标准化程度不高，个性化特征明显，规范程度相对有限，即使信任水平再高，也存在风险难以把控，标准难以统一的情况，因此，介入时点的选择应在初步设计之后完成，即时点3。

2. 项目自身特点对工程总承包模式介入时点的影响

根据项目所属行业的不同，项目的属性也有所不同，导致工程总承包模式招标的介入时点也会不同。

（1）项目目标的明确性：投资人对于项目目标的明确程度不同，导致招标会在不同的时点进行。如果投资人在前期决策阶段对于项目的目标、规模、标准都很明确，就可以选择在可行性研究之后进行招标，但是如果条件不明确，则需要考虑在初步设计完成后，项目的建设规模和标准确定之后进行招标。

（2）项目的约束性：通常工程总承包项目会受到工期、成本、质量和空间等条件的约束。这些约束条件是否明确以及它们是否合理，是导致工程总承包模式介入时点不同的重要原因。一旦在可行性研究阶段项目的约束条件明确且合理，根据类似项目的历史资料，投资人可以选择在可研之后进行招标。但是如果项目的约束条件模糊或者约束条件苛刻，投资人则需要通过完成初步设计来明确和落实项目约束条件的可行性，来保证项目在此约束条件下能够顺利完成，吸引总承包进行投标。

（3）项目的风险性和管理复杂性：如果项目参照类似已完工程，能够明确未来可能发生的风险，会降低未来投资人和承包人进行项目管理的复杂性，因此可以选择在可研之后的招标介入时点。如果项目未来不确定性很强且风险不可控，则对发承包双方的管理能力要求很高，因此，投资人完成项目的初步设计后进行招标以满足双方对于未来风险预估和项目可控的要求。

3. 投资人控制能力对工程总承包模式介入时点的影响

作为工程项目的重要一方，投资人对于本项目的要求以及项目特点的了解是工程总承包项目前期决策和准备的重要工作。如果投资人在项目的决策阶段和可行性研究阶段，对项目的功能要求和建筑实体有明确的规划，就可以选择提早进行总承包人的招标，将明确的投资人要求写进招标文件中，以保证承包人能够在考虑项目需求结合自身能力的基础上进行投标。

4. 承包人管理能力对工程总承包模式介入时点的影响

工程总承包人是工程总承包项目的重要执行者，在行业内总承包人的能力和信誉是投资人选择招标介入时点的一个重要因素，总承包人不仅要使项目能够满足投资人的要求，更要保证工程可以成功实施。以公路工程为例，该行业内的工程总承包人都有着丰富的公路工程经验，对于公路工程的实施和管理有着很强的控制能力，因此投资人在选择何时进行招标时，可以根据承包人的信誉和业绩来选择更有能力和更有经验的承包人来帮助自己完成线路优化，并结合承包人积累的历史数据完成设计、管理和施工，力求保证项目的成功完成。

三、工程总承包模式发承包条件

工程总承包项目建设的前期准备工作是投资人为投资计划从设想到顺利实现逐步创造条件的工作，是工程项目投资决策逐步深入、完善和具体化的工作，是全过程工程咨询单位协助投资人通过招标方式选择总承包的前置条件。前期准备工作包括城市规划、项目建议书、可行性研究和设计任务书、场地进入条件等，这是中国工程项目基本建设的必要程序。

结合我国国情，工程总承包项目的招标可以发生在不同的介入时点（包括介入时点1、2、3），但对所有工程项目，必须完成如下前期准备工作，包括城市规划，项目建议书和可行性研究报告，具备场地进入条件，其他前期准备工作结合不同招标介入时间点再下确定。

所有条件必须满足相关规定：可行性研究报告的编制需要满足《投资项目可行性研究指南（试行版）》对可行性研究报告的编制深度要求；设计文件需要满足《建筑工程设计文件编制深度规定》（2016版）的要求；场地必须保证产权明晰没有纠纷，同时明确土地拆迁、安置、补偿的相关协议书，而投资人应是实际的土地拆迁、安置、补偿责任主体。

（一）工程总承包项目招标的前期准备是必须完成的基本建设程序

截至2017年底，住房城乡建设部以及有关省市主管部门陆续制定了一系列关于推进工程总承包的政策文件。经梳理和归纳，按照国家及本市有关规定的政策文件对工程总承包项目招标条件的规定是明确的，包括：项目建议书已完成审批、核准或者备案手续，建设资金来源已经落实，可行性研究报告及投资估算已取得国家有关部门批复、核准或备案文件等；可在实际实施过程中，存在后置审批情况，建议进一步规范实施行为，有效发挥EPC模式的积极作用。

（二）工程总承包项目招标的前期准备是项目自身必须具备的条件

各地方的招标条件中除了对工程总承包项目不同招标介入时点下的必要流程进行了规

定，同时部分省市也对工程总承包项目自身的条件进行规定，包括细化建设规模、细化建设标准、划分工作责任等。本书对于工程总承包项目不同介入时点下项目前期准备工作的研究，不仅包括项目的基本建设程序，也包括项目的自身条件，为工程总承包模式下，投资人做好招标的前置条件提供了标准和规范，保证在不同介入时点下工程总承包项目招标过程的顺利进行。

全过程工程咨询单位应积极发挥专业作用，在工程总承包项目前协助投资人做好前期工作，深入研究工程项目建设方案，在可行性研究、方案设计或者初步设计完成后，在项目承发包范围、建设规模、建设标准、功能需求、投资限额、工程质量和进度要求确定后，进行工程总承包项目发承包。若项目建设范围、建设规模、建设标准、功能需求不明确等，前期条件不充分的，不宜采用工程总承包方式和开展工程总承包发包工作。

四、工程总承包模式发承包咨询

全过程工程咨询单位接受投资人的委托，根据投资人的要求和项目前期资料，科学合理开展工程总承包项目发承包咨询工作，招标过程可参考本章第二节的内容，但由于工程总承包项目自身特殊性，全过程工程咨询单位的总咨询师、专业咨询工程师（招标代理、造价等）在开展发承包咨询服务时应重点做好以下几方面的工作：

（一）发包方式选择

工程总承包项目可以依法采用招标（公开招标、邀请招标）或者直接发包的方式选择工程总承包人。工程总承包项目范围内的设计、采购或者施工中有任意一项属于依法必须招标的，应当采用招标的方式选择工程总承包单位。

（二）招标文件编制

工程总承包项目由于其发标前具备的准备条件，与传统的项目发承包模式所具备的条件不同，全过程工程咨询单位在编制招标文件时，应重点关注下列内容：

（1）发包前完成的水文、地勘、地形等勘察和地质资料的整理供承包人参考，收集工程可行性研究报告、方案设计文件或者初步设计文件等基础资料，确保其完整性和准确性；

（2）招标的内容及范围，主要包括设计、采购和施工的内容及范围、规模、标准、功能、质量、安全、工期、验收等量化指标；

（3）投资人与中标人的责任和权利，主要包括工作范围、风险划分、项目目标、价格形式及调整、计量支付、变更程序及变更价款的确定、索赔程序、违约责任、工程保险、不可抗力处理条款、投资人指定分包内容等；

（4）要求利用采用建筑信息模型或者装配式技术等新技术的，在招标文件中应当有明确要求和费用的分担。

（三）评标办法

工程总承包项目评标一般采用综合评估法，评审的主要因素包括承包人企业信用、工程总承包报价、项目管理组织方案、设计方案、设备采购方案、施工组织设计或者施工计划、工程质量安全专项方案、工程业绩、项目经理资格条件等。全过程工程咨询单位应结合拟建项目情况，针对上述主要评审因素进行认真研究，科学制订项目的评标办法和细则。

（四） 合同计价方式

工程总承包项目宜采用固定总价合同。全过程工程咨询单位应依据住房城乡建设主管部门制定的计价规则，为投资人拟订合法科学的计价方式和条款，并协助投资人和总承包人在合同中约定具体的工程总承包计价方式和计价方法。

依法必须招标的工程项目，合同固定价格应当在充分竞争的基础上合理确定。除合同约定的变更调整部分外，合同固定价格一般不予调整。

（五） 风险分担

全过程工程咨询单位应协助投资人加强风险管理，在招标文件、合同中约定合理的风险分担方法。投资人承担的主要风险一般包括：

（1） 投资人提出的建设范围、建设规模、建设标准、功能需求、工期或者质量要求的调整；

（2） 主要工程材料价格和招标时基价相比，波动幅度超过合同约定幅度的部分；

（3） 因国家法律法规政策变化引起的合同价格的变化；

（4） 难以预见的地质自然灾害、不可预知的地下溶洞、采空区或者障碍物、有毒气体等重大地质变化，其损失和处置费由投资人承担；因工程总承包单位施工组织、措施不当等造成的上述问题，其损失和处置费由工程总承包单位承担；

（5） 其他不可抗力所造成的工程费用的增加。

除上述投资人承担的风险外，其他风险可以在合同中约定由工程总承包人承担。

第七节　国际工程招标

一、国际工程招标概述

国际工程是指一个工程项目的策划、咨询、融资、采购、承包、管理以及培训等各个阶段或环节，其主要参与者（单位或个人、产品或服务）来自不止一个国家或地区，并且按照国际上通用的工程项目管理理念进行管理的工程。国际工程包括我国公司去海外参与投资或实施的各项工程，也包括国际组织或国外的公司到中国来投资和实施的工程。

招标是一种国际上普遍应用的、有组织的市场采购行为，是建筑工程项目、货物及服务中广泛使用的买卖交易方式。

招标是国际通用的一种发包方式之一。多数国家都制定了适合本国特点的招标法规，以统一其国内招标办法，但还没有形成一种各国都应遵守的带有强制性的招标规定。国际工程招标，也都根据国家或地区的习惯选用一种具有代表性，适用范围广，并且适用本地区的某一国家的招标法规，如世界银行贷款项目招标和采购法规、英国招标法规和法国使用的工程招标制度等。

世界银行制定的一套包括国际竞争性招标、国内竞争性招标、有限国际性招标等一整套工程采购招标体系。在执行中，普遍认为该招标体系能够体现该行的采购政策。世界银行的采购政策要点是：既经济，又有效益；开展卖方之间公平自愿参加竞争，形成买方市场，取得交易活动的主导地位，在卖方的竞争中，合理取得各种对买方有利的条件；招标程序公开，机会均等，手续严密，评定公正；适当保护和扶植借款国的工业建筑发展。世界银行的招标方法，相对更适合发展中国家情况。

国际工程招投标的特点

1. 法规性强

招标和投标是市场上购买大宗商品的基本方法。在市场经济条件下，招标投标既对市场规范化管理，也有利于社会资源的有效利用。国内外项目招标投标有相应的规定，工程招标投标必须遵循相应的法律法规。

2. 专业性强

工程招标投标涉及工程技术、工程质量、工程经济、合同、商务、法律法规等，专业性强。主要体现在：

（1）工程技术专业性强。

（2）招投标工作专业性要求高。

（3）招标与投标的法律法规的专业性强。

3. 透明度高

在整个招标和招标过程中必须遵循"公平，公正，公开"的原则。招标过程中的高透明度是保证招标公平公正的前提。

4. 风险性高

工程招标投标都是一次性的，确定买卖双方经济合同关系在前，产品或服务的提供在后。买卖双方以未来产品的预期价栺进行交易，招标投标的市场交易方式的这种特殊性，决定了其风险性。产品是未来即将生产或提供的，产品生产的质量、提供的服务要等到得到产品后或服务完成后才可确知；交易价格是根据一定原则预期估计的，产品的最终价格也要到提供产品或服务终了时才能最后确定。这些无论对业主还是承包人都具有风险。加强招标投标中的风险控制是保证企业经营目标实现的重要手段。

5. 理论性与实践性强

工程招标投标的基本原理和招标工作程序及招标投标文件的组成、标底标价的计算、投标策略等以及所涉及的各个方面都具有很强的理论性。同时，工程项目招标投标也具有很强的实践性，只有通过实际编制招标投标文件、参加工程招标投标工作实践，才能全面掌握工程招标投标技术的实际应用。

二、国际工程招标方式

目前国际上采用的招标方式基本上可以归纳为四类：公开招标、邀请招标、两阶段招标和议标。

（一）公开招标

公开招标，也称为无限竞争性公开招标（Unlimited Competitive Open Bidding）。这种招标方式先由招标人在国内外有关报纸及刊物上刊登招标广告，凡对该招标项目感兴趣的投标人，都有同等的机会了解投标要求，进行投标，以形成尽可能广泛的竞争格局。

公开招标方式多用于政府投资的工程，也是世界银行贷款项目招标采购方式之一。

公开招标具有代表性的做法有世界银行贷款项目公开招标方式和英国、法国的公开招标方式。

1. 世界银行贷款项目的公开招标方式

世界银行公开招标方式包括国际竞争性招标和国内竞争性招标两种。

（1）国际竞争性招标

国际竞争性招标，是世界银行贷款项目的一种主要招标方式，该行规定，限额以上的货物采购和工程合同，都必须采用此种招标方式。限额是指对一般借款国，限额界限在10万～25万美元。我国在世界银行贷款项目金额都比较大，故对我国的限额放宽一些，目前我国和世界银行商定，限额在100万美元以上的采用国际竞争性招标。

国际竞争性招标有很多特点，但有三点是最基本的：

① 广泛地通告投标机会，使所有合格的国家里一切感兴趣并且合格的企业都可以参加投标。通告可以用各种方式进行，经常是多种形式结合使用：在一种官方杂志上公布；在国内报纸上登广告；通知驻该国首都的各国使馆；以及（对于大的、特殊的或重要的合同）在国际发行的报纸或有关的外贸杂志或技术杂志上登广告。除了使用期刊或报纸刊登广告外，世界银行、美洲开发银行、亚洲开发银行和联合国开发计划署现在还要求必须通过《联合国发展论坛报》（商业版）的《一般采购通告》栏目发布采购机会。

② 必须公正地表述准备购买的货物或正好进行的工程技术的说明书，以保证不同国籍的合格企业能够尽可能广泛地参与投标。

③ 必须根据标书中具体说明的评标的标准，一般是将评标价格最低的合格投标人为中标人。这条规则对于保证竞争程序得以公平地进行时很重要的。

国际竞争性招标最适用于采购大型设备及大型土木工程施工，这些项目不同国籍的承包商都会有兴趣参加投标。

国际竞争性招标虽然耗时长，但还是各国适用的采购场合中达到其采购目的的最佳办法。

（2）国内竞争性招标

国内竞争性招标，顾名思义，是通过在本国国内刊登广告，按照国内招标办法进行。在不需要或不希望外商参加投标的情况下，政府倾向于国内竞争性招标；也有些工程规模小、地点分散或属于劳动密集型工程，外商对此缺乏兴趣，因此，采用国内竞争性招标。

国内竞争性招标与国际竞争性招标的不同点表现在：

① 广告只限于刊登在国内报纸或官方杂志，广告语言可用本国语言，不必通知外国使馆驻工程所在国的代表。

② 招标文件和投标文件均可用本国文字编写；投标银行保函可由本国银行出具；投标报价和付款一般使用本国货币；评价价格基础可为货物使用现场价格；不实行国内优惠和借款人规定的其他优惠；履约银行保函可由本国银行出具；仲裁在本国进行；从刊登广告或发出招标文件到截至投标准备时间为：设备采购不少于 30 天，工程项目不少于 45 天。

除上述不同点外，其他程序与国际竞争性招标相同，也必须考虑公开、经济和效益因素。

2. 英、法的公开招标方式

英国和法国的招标制度，也具有一定的代表性。

（1）英国的公开招标方式

英国的公开招标方式，是由招标人公开发布广告或登报，投标人自愿投标，投标人的数目不限。承包商报的投标书均原封保存，直至招标截止时才由有关负责人当众启封。按照这种招标方式，往往会形成低价中标。英国公开招标方式，多用于政府投资工程，私人投资工程一般不采用这种方式。

（2）法国的公开招标方式

法国的公开招标有两种方式，即价格竞争性公开招标和竞争性公开招标。据法国《公共事业法典》规定，公开招标需在官方公报发表通告，愿参加投标的法人企业均可申报。价格竞争性公开招标，在工程上规定限价格，招标只能在此范围内进行；竞争性公开招标不规定该工程的上限价格，而是综合考虑包括价格以外的其他要素然后决定中标者。实际上，90% 的招标都是最低价中标。

（3）公开招标标的特点

① 为一切有能力的承包商提供一个平等的竞争机会（A Fair Competitive Opporrtunity）。

② 业主可以选择一个比较理想的承包商：丰富的工程经验；必要的技术条件；良好的资金状况。

③ 利于降低工程造价。

④ 有可能出现投机商，应加强资格预审，认真评标。这些投机商会故意压低报价以挤掉其他态度严肃认真而报价较高的承包商。也可能在中标后，在某一施工阶段以各种借口要挟业主。

（二）邀请招标

邀请招标，也称为有限竞争性选择招标（Limited Competitive Selected Bidding）。这种招标方式一般不在报上登广告，业主根据自己的经验和资料或请咨询公司提供承包商的情况，然后根据企业的信誉、技术水平、过去承担过类似工程的质量、资金、技术力量、设备能力、经营能力等条件，邀请某些承包商来参加投标。

1. 邀请招标的步骤

邀请招标的具体做法一般包括以下几个步骤：

（1）招标人在自己熟悉的承包商（供货商）中选择一定数量的企业，或者采取发布通告的方式在报名的企业中选定。然后审查选定企业的资质，做出初步选择。

（2）招标人向初步选中的投标人征询是否愿意参加投标。在规定的最后答复日期之前，选择一定数量同意参加投标的施工企业，制定招标名单。要适当确定邀请企业的数量，不宜过多。限制邀请投标人的数量，除了减少审查投标书等工作量和节省招标费用外，还因为施工企业参加投标后，需做大量的工作：查勘现场、参加标前会、编制标书等，都需要支付较大的费用。邀请的单位越多，耗费的投标费用越大。对不中标的施工企业来说，支出的费用最终还是要在其他工程项目中得到补偿，这就必然导致工程造价的提高。所以，对一些投标费用较高的特殊工程，邀请单位还可适当减少。

制订邀请名单，应尽可能保证选定的单位都是符合招标条件的。这样，在评标时就可以主要依靠报价（或性价比）的高低来选定中标单位。对那些未被选中的投标人，应当及时通知他们。

（3）向名单上的企业发出正式邀请和招标文件。

（4）投标人递交投标文件，选定中标单位。

2. 邀请招标的特点

这种方式由于参加投标施工企业的数量有限，不仅可以节省招标的费用，缩短招标的时间，也增加了投标人的中标概率，对双方都有一定的好处。但这种方式限制了竞争范围，可能会把一些很有实力的竞争者排除在外。因此，有些国家和地区，国家投资项目等特别强调自由竞争、机会均等公正原则时，对招标中使用邀请招标的方式制订了严格的限制条件。这些条件一般包括：

（1）项目性质特殊，只有少数企业可以承担。

（2）公开招标需要的费用太高，与招标所能得到的好处不成比例。

（3）公开招标未能产生中标单位。

（4）因工期紧迫和保密等特殊要求，不宜公开招标。

国外私人投资的项目，多采用邀请招标。

（三） 两阶段招标

两阶段招标（Two—stage bidding），也称为两段招标。实质上是一种公开招标和邀请招标综合起来的招标方式。第一段，按公开招标方式进行招标，经过开标和评标之后，再邀请最有资格的数家承包商进行第二阶段投标报价，最后确定中标者。世界银行的两步招标法及法国的指定招标就属于这种方式。

1. 两阶段招标的适用范围

在两阶段招标一般适用于下列两种情况：

（1）在第一阶段报价、开标、评标之后，如最低标价超出标底20%，且经过减价之后仍达不到要求时，可邀请其中标价最低的几家商谈，再做第二阶段投标报价。

（2）对一些大型、复杂的项目，可考虑采用两阶段招标。先要求投标人提交"技术标"，即进行技术方案招标。通过技术标的投标人才能提交商务标。

有时，承包商在投标时把技术标与商务标分开包装。先评技术标，技术标通过，打开其商务标；技术标未通过者，商务标原封不动，退还给投标人。

2. 两阶段招标的特点

（1）应用一些专业化强的项目，如一些大型化工设备安装就常常采用这种方式。

（2）投标过程较长，在十分必要时才采用。

（四）议标

议标，也称为谈判招标或指定招标（Negotiated Bidding）。招标人与几家潜在的投标人就招标事宜进行协商，达成协议后将工程委托承包（或指定供货）。

1. 议标的优点

这种招标方式的优点是不需要准备完整的招标文件，节约时间，可以较快地达成协议，开展工作。

2. 议标的缺点

议标的缺点很明显，但由于议标背离了公开竞争的原则，必然导致一些弊病。如招标人反复压价；招投标双方互相勾结，损害国家的利益；招标过程不公开、不透明，失去了公正性。

3. 议标的适用范围

一般来说，只有特殊工程才采用议标确定中标商。这里所说的特殊工程主要包括以下几种情况：因需要专门技术或设备、军事保密性工程或设备、抢险救灾项目、小型项目等。

第八节　电子招投标模式

国家发展和改革委员会、住房城乡建设部等八部委颁布的《电子招标投标办法》对电子招标投标进行了定义：电子招标投标活动是指以数据电文形式，依托电子招标投标系统完成的全部或者部分招标投标交易、公共服务和行政监督活动。

根据《电子招标投标办法》中规定，电子招标投标活动是指以数据电文形式，依托电子招标投标系统完成的全部或者部分招标投标交易、公共服务和行政监督活动。对其进行分析可知，电子招标投标活动，一是招标投标文本、程序采用数据电文形式；二是依托构成的电子招标投标网络系统；三是具有完成交易、信息服务和在线监督三项职能的综合交易平台。交易平台是以数据电文形式完成招标投标交易活动的信息平台；公共服务平台是满足交易平台之间信息交换、资源共享需要，并为市场主体、行政监督部门和社会公众提供信息服务的信息平台；行政监督平台是行政监督部门和监察机关在线监督电子招标投标活动的信息平台。

在招标投标涉及的三大平台中，交易平台是招标投标相对人招标采购的交易市场，体现了相对人的私有权利，其组建运营应当依靠市场在竞争中发展，政府的作用是提供维持公平市场秩序的保障，权力不应当干预交易平台的建立、运行和竞争，不能指定运营商或进行地区保护等；服务平台是为社会提供公共信息服务的平台，属于公益性质。可以由政府或协会、招标投标交易场所等部门以公益为目的按专业或行业建立、运营；在线监督平台属于行政权力维持和保证市场秩序的渠道，监督平台由政府行政监督部门和监察部门依照法定分工组建和维持其运行并开展监督活动。三大平台所展现的功能涵盖工程项目招标投标的不同方面，功能相互补充，全方位互联互通，共同促进电子招标投标系统的全面发展。

电子招标投标市场发展的最终目标，是在全国范围内建立起交易平台、公共服务平台、行政监督平台三大平台，以及分类清晰、功能互补、互联互通的电子招标投标系统，最终实现所有招标项目全过程电子化。电子招投标的推广提升了对招标投标市场的管理机制，基于企业内部网络和外部互联网，建立一个多方、多部门、多层级协同工作的物资采购网上招投标平台，全面实现网上招投标建立物资供应商信用及准入控制机制，对中标人进行跟踪监管和闭环管理，促进和物资供应商重视诚信，重视竞争，促进中标人不断提高履约质量。

一、电子招标模式

电子招标投标的发展对于我国的招标投标市场建设至关重要，电子招标系统模式是整个电子招标投标活动应用的基础，从我国电子招标投标市场的发展历程来看，在招标投标市场运行的电子招标应用模式主要有离线评标模式和全过程在线模式两种，在这两种电子招标应用模式中，大部分的电子招标投标系统都包含了在线发布招标公告、出售标书、在线答疑和在线开标功能，部分公司在先前简单开标模式的基础上进一步研发，实现了电子招标系统离线评标功能，随着我国信息化技术的快速发展，成熟的 IT 网络环境及高度标准化的业务流程使得部分公司实现了全过程的在线开标评标功能，为电子招标投标市场的逐步完善起到重要作用。电子招标模式主要有以下两种：

（一）离线评标模式

离线评标模式是在简单开标模式的基础上发展起来的。通过对我国电子招标投标市场相关信息技术与网络环境的进一步建设，优化各个阶段的操作流程，离线评标模式基本上能够将招标投标信息电子化和招标投标服务在线化的功能覆盖到招标投标的各个环节，因此离线评标模式比简单的开标模式在操作功能上和信息安全功能上优势更明显，能够处理很多关于招标投标活动出现的复杂情况，同时也避免了很多招标投标的电子信息安全问题。离线评标模式的评标过程是在与互联网隔离的环境下进行的，将该功能模块分割出来主要是考虑评标过程的安全问题而采用的一种过渡方案，该电子招标模式随着市场成熟度的发展而发展的，在整个社会和相关企业的信用环境和网络安全环境、网络安全保障技术成熟了之后可以采用全过程的在线电子评标模式。离线评标模式的具体功能展示如图6-13所示。

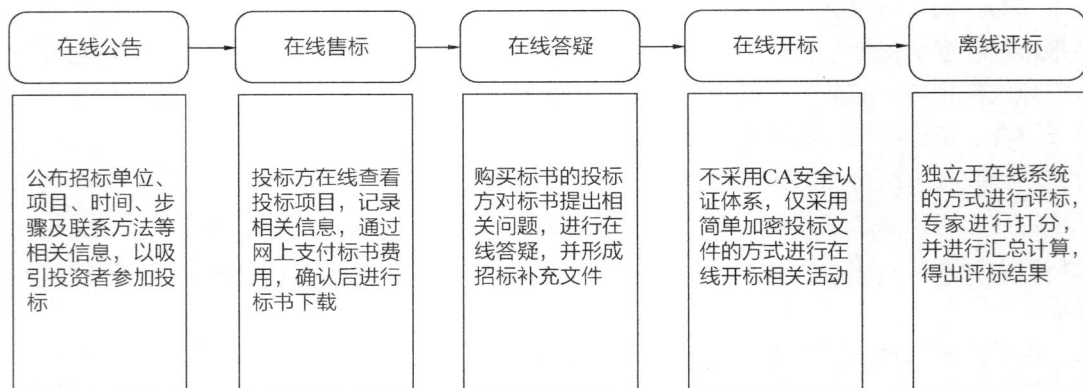

图 6-13　离线评标模式流程

（二）　全过程在线模式

全过程在线的电子招标投标模式是将招标投标相关活动网络化的最优模式，电子招标投标的所有活动均在线进行，统一的网络环境使得招标方、投标方、评标专家以及相关招标投标代理机构之间的联系更为方便快捷，是一个完整而统一的电子招标应用系统。在整个的电子招标投标模式的应用过程中，整体的网络环境和统一的操作流程使得电子招标投标活动变得更加便捷和流畅，有效地节省了复杂的招标投标活动所带来的时间成本和经济成本，而整体的网络数据库存储，使得电子招标投标有迹可循，相关的电子招标投标活动依据和档案查找方便，电子化、网络化的电子招标投标信息以及相关信息的储存为招标投标的存档带来了极大的方便，也便捷了政府相关部门对招标投标活动的监督与管理，有效地促进了我国电子招标投标市场整体的发展。全过程的在线化加快了招标投标参与方之间的信息共享与信息流动，提高了招标投标的工作效率，全过程在线模式的具体功能展示如图 6-14所示。

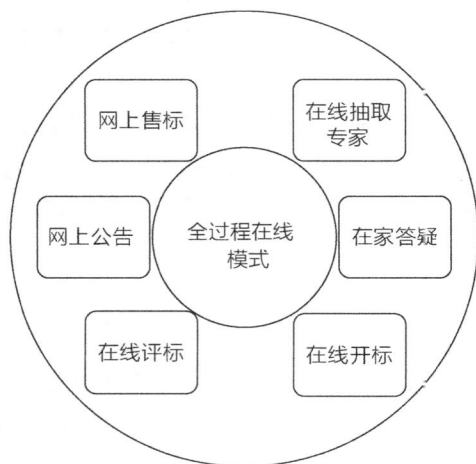

图 6-14　全过程在线模式图

我国的电子招标采购工作已经有了一定的应用基础。在一些国际招标领域，以及一些企业单位，其电子招标采购工作已经开始。中国采购与招标网已经实现了标书网上下载、评标专家网上抽取、开标过程网上公示等功能。当然据了解，在大多数行业的电子招标应用过程中，投标、开标、评标等环节的电子化程度还普遍偏低。电子招投标作为一种新型的招标模式，已经引起了国家相关部门的高度重视。

相比传统招标模式，电子招标的优势主要在于：提高招标投标的效率、以网络为载体减少监管机构压力、便于数据存取和获得、减少废标率、建立招投标市场诚信等，总之，招标投标电子化，有利于我国加快建设资源节约型、环境友好型社会。

二、电子招投标与传统招投标风险的差异性分析

（一）风险来源分析

对工程项目的传统招标投标方式进行风险分析，发现风险来源主要集中在两个方面，一个是招标投标的过程风险，另一个是招标投标的外部环境风险，传统招标方式包括招标准备阶段，招标阶段，评标阶段和招标程序。风险源于整个招标过程中涉及的招标方式，招标文件和招标风险的准备，资格预审风险和评估方法风险。合同管理风险和重新招标风险。传统招标模式的外部环境风险包括保险管理、市场风险和法律风险。根据电子招标模型分析发现，电子招标不仅包括招标投标的过程风险和招标投标的外部环境风险，还包括电子招标信息技术风险。电子投标模式是依靠先进的电子信息技术和综合网络环境进行电子投标平台招标，评标，电子投标信息传输，数据存储，网络运行安全等一系列活动。它是保障电子招标模式应用的基础，也是电子信息技术风险的主要来源。除电子信息技术风险外，网络运行监督风险，政府权力和干预风险是电子竞价模式的风险来源。这表明电子招标模式的风险来源比传统招标模式更为广泛和复杂。

（二）风险影响分析

不同性质类型的风险对传统招标和电子招标有不同的影响。招标风险分为内部流程风险和外部环境风险。内部风险是影响招投标活动的主要因素。它对招标和招标活动产生了更大的影响。风险造成的后果更为严重。外部风险是影响招标活动的次要因素，对招标投标活动的影响有一定的局限性。在传统模式下，招标过程中的大部分风险都是部分风险，在风险发生时不会影响风险。电子招标模式风险的发生，特别是电子信息技术风险的发生，不仅会导致项目招标投标活动的失败，而且会对整个电子招标行业产生一系列不利影响。由于电子投标的所有信息都是基于电子信息网络和数据库存模型，一旦电子投标信息和企业相关信息泄露，将对整个招标和招标市场产生巨大影响，影响整个招标投标市场的发展。因此，应根据不同类型风险的特点制定风险应对策略，全过程工程咨询单位坚决控制整体风险的发生，避免或减少当地风险带来的损失。

中央倡导的全过程工程咨询叫作"咨询型代建"，其特征是：第一以 PMA 项目管理咨询为原型，兼具非风险型 CM 快速轨道施工管理模式特点；第二设置投资管控目标，但不承担超概风险；第三项目管理组织形式为直线参谋制，咨询型代建机构处于参谋位置，由业主发出指令。这就是全过程工程咨询，其最大优点是咨询流程一体化，咨询产业链集成化，缺点是激励不足。

——《贻林微观察 623》

第七章 施工阶段咨询服务

第一节 施工阶段工程咨询服务概述

建设项目施工阶段根据前期设计、发承包阶段所确定下来的设计图纸（包括建设规模、建设功能、技术标准、材料设备选型等）、技术要求、招投标文件、施工合同的约定以及其他规定进行项目的建设，并在项目施工阶段对施工图设计进一步深化，以期优质的完成项目建设。为了优质的完成项目建设，全过程工程咨询单位在施工阶段需要对建设项目进行全过程全方位管理。

一、施工阶段各参与单位的工作职责

项目施工阶段涉及的利益相关主体众多，参与单位主要集中在投资人、全过程工程咨询单位、施工承包商及设备、材料供应商等，各参与单位在施工阶段的工作以及工作职责即有：

（1）投资人：确定全过程工程咨询单位及施工承包及设备、材料供应商，并签订合同，对项目实施进行监督。

（2）全过程工程咨询单位：对项目实施进行全过程管理、协调，集成各参建单位的关系和管理以确保项目目标的实现。

（3）施工承包商及设备、材料供应商：在项目实施过程中，负责相应项目工程的协调，按合同要求完成承包任务。

二、项目施工阶段的工作内容

施工阶段是建设项目建设过程中的重要阶段，全过程工程咨询单位按合同规定对工程成本、质量、进度进行控制，对合同、信息进行有效的管理，并协调投资人、承包单位各方关系，约束双方履行自己的义务，同时维护双方的合法权益，使工程项目顺利实施。施工阶段工程咨询服务内容采用"1＋N"服务模式，如表 7-1 所示。

"1"即施工阶段项目管理：即包括投资管理；进度管理；质量管理等。

施工阶段工程咨询主要服务 "1＋N" 服务模式　　　　　　　　　表 7-1

"1＋N" 服务模式	内容要点	工作内容
"1"：项目管理	投资管理	负责项目投资管理的决策，确定项目投资控制的重点难点，确定项目投资控制目标，并对项目的专业造价工程师的工作进行过程和结果的考核
	进度管理	编制项目总控计划，组织建立项目进度管理制度，明确进度管理程序、规范进度管理职责及工作要求
	质量管理	质量管理应坚持缺陷预防的原则，按照策划、实施、检查、处置的循环方式进行系统运作
"N"：咨询服务	工程监理	1）施工阶段勘察设计咨询
	造价管理	2）成本控制
	跟踪审计	3）质量控制
	工程纠纷处理	4）进度控制 5）其他管理

"N" 即施工阶段咨询服务内容要点有：

（1）工程监理：

《建设工程监理规程》GB/T 50319—2013 中规定："工程监理单位是受投资人委托，在施工阶段对建设工程质量、造价、进度进行控制，对合同信息进行管理，对工程建设相关方的关系进行协调，并履行建设工程安全生产管理法定职责的服务活动。"即工程监理单位受投资人委托，按照建设工程监理合同约定，在建设工程勘察设计、成本、质量、进度等控制阶段提供咨询服务。

（2）各类型的造价管理。

（3）跟踪审计。

（4）工程纠纷处理。

基于各项咨询服务内容要点考虑，可将施工阶段咨询内容划分如下：

（1）施工阶段勘察设计咨询：

建设项目在设计阶段形成设计文件之后，为了更好地将设计转化为实体，需要对设计文件进行现场咨询、专项设计及深化设计咨询、设计交底与图纸会审相关咨询服务内容。

（2）成本控制：

施工阶段全过程工程咨询单位在工程造价上的控制重点在工程计量以及工程价款支付、施工组织安排，施工中变更、索赔、签证的发生进行审核等工作。

（3）质量控制：

建筑产品是一次性产品，其体量大，投资大，建设周期长，工艺要求复杂，施工环境众多，不便于综合测试，一经建成便不能更换。因此，在施工过程中保证工程质量是所有参建各方必须重视和关心的焦点，施工阶段工程质量的控制任务是根据投资人的委托，按照建设工程施工合同，监督承包单位按图纸、规范、规程、标准施工，使施工安装有序地进行，最终形成合格的、具有完整使用价值的工程。

（4）进度控制：

由于工程项目实施过程中，影响其施工进度的因素比较多，致使众多工程的施工进度一拖再拖，不能实现进度目标。因此需要加强对项目进行进度管理。

（5）其他管理：

1）职业健康与安全管理

2）风险及防范

3）现场综合考评

4）信息管理

5）组织协调

第二节　施工阶段策划与项目管理

一、依据

（1）《中华人民共和国建筑法》（主席令〔1998〕91 号）（2011 年修订）；

（2）《建设工程质量管理条例》（国务院令〔2000〕279 号）（2017 年修订）；

（3）《建设工程监理规范》GB/T 50319—2013；

（4）《建筑工程施工质量验收统一标准》GB 50300—2013；

（5）《建设工程造价咨询规范》GB/T 51095—2015；

（6）《关于编制基本建设工程竣工图的几项暂行规定》（国家建设委员会〔1982〕50 号）；

（7）《建设项目（工程）竣工验收办法》（国家计委〔1990〕1215 号）；

（8）《实施建筑工程建设强制性标准监督规定》（建设部 2000 年第 81 号令）（2015 年修订）。

二、项目策划

施工阶段是形成建筑实物的重要阶段。同时也是项目管理周期中工程量最大、投入的人力、物力和财力最多、工程管理难度最大的阶段。该阶段主要的工作内容包括投资管理、进度管理、质量管理、职业健康安全及环境管理以及造价管理、跟踪审计、工程纠纷处理等专项工作内容。因此，在项目建设管理中，如何有效地对施工阶段进行管理是策划的一项极为重要的工作。全过程工程咨询单位需要对建设项目从下述三个方面进行策划考虑：

一是从项目投资人的角度考虑对建设项目的投资、质量、工期、安全文明进行管控；努力实现"质量优、投资省、工期短"的最佳目标，并确保建设项目满足环境保护法等相关要求。

二是从承包商角度考虑项目整个建设期进行成本、质量、进度控制，合同、信息管理以及组织协调；通过合同管理、信息管理和组织协调等手段，控制建设工程质量、造价和进度目标，并履行建设工程安全生产管理与环境保护的法定职责。

三是从项目所具有的风险进行分析，面对项目风险的不确定性，需要一个标准且有序的流程，通过对项目风险进行系统的识别、评估和应对，使风险保持在可接受的控制范围以内。实施项目风险管理并且提高项目风险管理效率和效果，对于保证项目目标的顺利实现具有重要意义。

因此建设项目施工阶段是将建设项目的设计图纸按照项目可研要求、项目投入、产出目标等要求建设工程项目实体，实现投资决策意图的阶段。因此，全过程工程咨询单位在项目建设管理中，如何有效地对施工阶段进行控制、管理、协调，成为项目管理的一项极为重要的工作，也是建设项目最终是否成功的重要阶段。

为实现工程项目的优质建设及高效利用"1＋N"服务模式，全过程工程咨询单位在建设项目实施阶段必须通过组织协调、合同管理等手段，对项目进行全方位管理。在该阶段，组织协调是该阶段有效管理的基础，全过程工程咨询单位依据组织方案及相关合同有效控制并优化质量、进度、成本，是实现"1＋1＞2"效果的关键，也是建设项目成功的关键。

结合工程实践，建设项目实施阶段的主要参与单位包括投资人、全过程工程咨询单位、承包人等。项目实施阶段各参与单位的组织关系图如图 7-1（传统模式）、图 7-2（EPC 承包模式）所示。

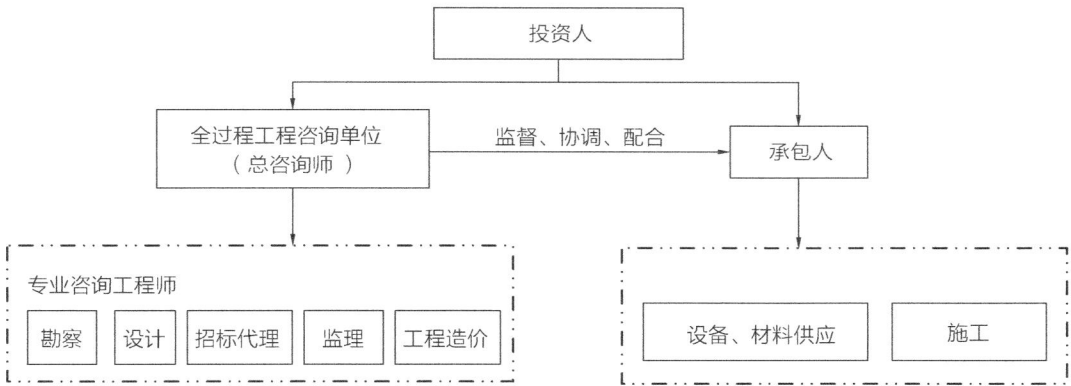

图 7-1　传统模式下全过程工程咨询单位、承包人的组织关系图

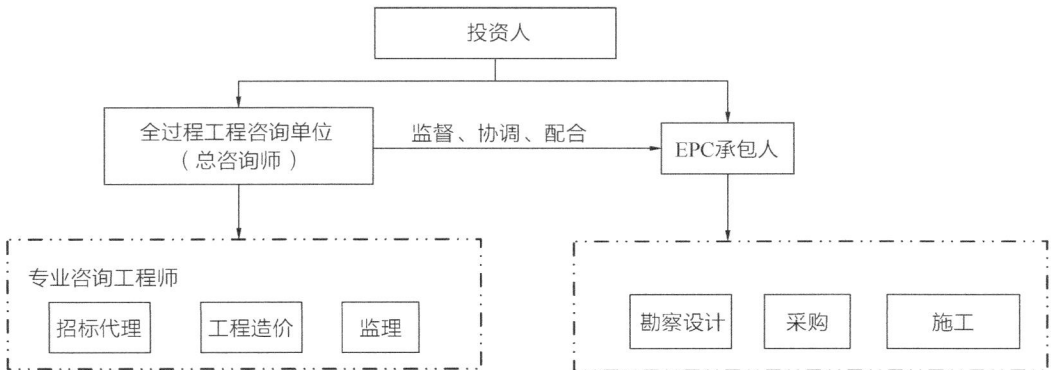

备注：在 EPC 的模式下全过程工程咨询单位的总咨询师需要对设计优化进行协调管理

图 7-2　EPC 承包模式全过程工程咨询单位、EPC 承包人组织关系图

全过程工程咨询单位在实施阶段对外协调沟通的对象有投资人和承包人，通过定期会议、联络人机制等能较好地实现沟通目标。对外沟通须注意沟通记录的整理及保管，便于事后跟踪和追溯。全过程工程咨询单位是由总咨询师与各专业咨询工程师组成的工作体系，每个人都有自己的目标和任务，为避免"各自为政"带来的紊乱无序、效率低下，须选择恰当的方式进行及时、有效的沟通，如：例会、现场交流及借助各种信息媒介的高效沟通。

1. 资金管理策划

施工阶段资金管理策划的重点在于资金使用计划的编制，其主要是根据项目的施工进度计划，安排建设项目在不同时段所需要的资金，它是实现投资管理的分时控制，并体现投资渐进的过程。在建设项目施工过程中，资金使用计划的编制过程主要包括编制的准备、投资目标的分解和编制。投资目标的分解是编制资金使用计划过程中最重要的步骤，可以分为按投资构成、按子项目、按时间分解三种类型。

全过程工程咨询单位编制资金使用计划的具体程序如图 7-3 所示。

通常，按投资构成编制的资金使用计划主要根据建筑工程投资、安装工程投资、设备购置投资、工程购置投资及其他投资进行分解，比较适用于大量经验数据的工程项目；按不同子项目编制的资金使用计划可按单项工程、单位工程、分部分项工程进行分解，在施工阶段一般可分解到分部分项工程；按进度编制的资金使用计划是在项目进度计划的基础上编制的，此方法有利于分时控制投资。按时间进度编制的资金使用计划的步骤如下：

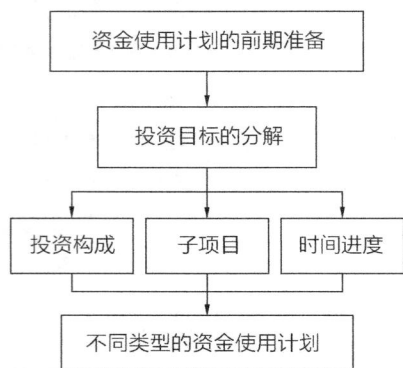

图 7-3　资金使用计划编制的程序

（1）编制施工进度计划。

（2）根据单位时间内完成的工程量或投入的人力、物力和财力，计算单位时间（月或旬）的投资，在时标网络图上按时间编制投资支出计划，如图 7-4 所示。

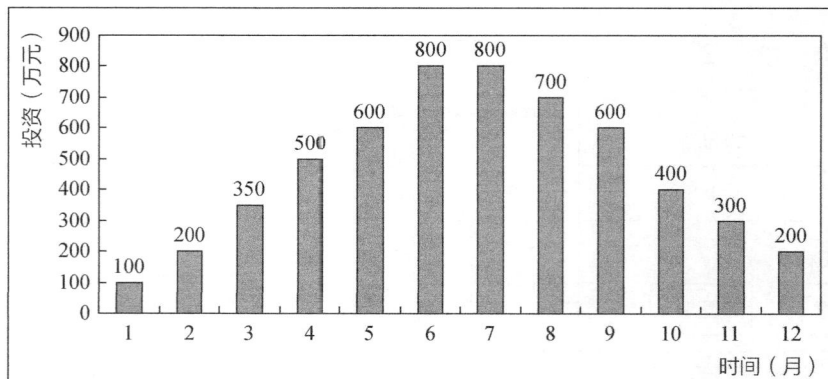

图 7-4　时标网络图上按月编制的资金使用计划

（3）计算工期内各时点的预算支出累计额，绘制时间—投资曲线（S形曲线），时间投资累计曲线（S形曲线）。

在施工过程中，全过程工程咨询单位可以根据投资构成、子项目及时间进度三种方法编制资金使用计划来保障项目的资金管理。

2. 质量管理策划

质量管理策划主要是确定全过程工程咨询单位质量管理的组织机构及各部门职责，把参建该工程项目施工的各方人员有效的组织起来，将实现既定的质量目标作为每个部门、每个人完成本职工作所应达到的目标。质量管理目标实施的保证体系是全过程工程咨询单位贯彻执行国家和各地行政主管部门颁布的质量方面现行法律法规标准、规范、规程和各项质量管理制度实施的组织保证。

（1）质量管理组织机构

质量管理组织机构设置是要明确质量管理部门及人员岗位职责、权限，建立包括各参建单位在内的项目质量管理制度。

建设项目施工阶段中质量管理组织机构反映各参建单位在质量管理体系中的相互关系，全过程工程咨询单位质量管理组织机构框架如图7-5所示。

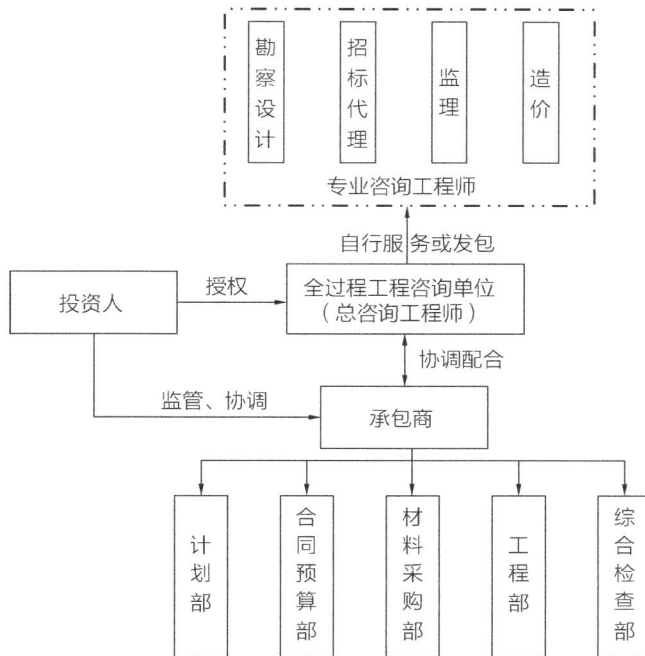

图 7-5　全过程工程咨询单位质量管理组织机构框图

（2）各参建单位职责

建立工程项目质量管理职责，是要明确各部门及其人员在工程质量管理中所应承担的任务、职责、权限，做到各尽其职，各负其责，工作有标准。建设项目施工阶段的质量管理牵头单位是全过程工程咨询单位，全过程工程咨询单位按投资人要求，通过对施工阶段中勘察部门、设计部门、监理部门、施工部门、设备材料供应部门的监督、协调、检查、管理，保证施工项目按照国家法律法规及相关技术规范程序实施，达到项目质量管理目标。

1）全过程工程咨询单位

应履行《中华人民共和国建筑法》《建设工程质量管理条例》（国务院令第 279 号）规定的勘察、设计单位、工程监理单位质量责任，履行委托合同中规定的工程质量责任。应明确全过程工程咨询单位在工程质量控制中的起到主导作用，其工作重点应该放在工程全面质量控制的策划与检查，以及为工程质量达到其至超越原策划效果而进行的质量、技术管理，对工程质量实施监督。并对施工质量承担监理责任。

2）投资人

承担《中华人民共和国建筑法》《建设工程质量管理条例》（国务院令第 279 号）规定的投资人（即建设单位）对工程质量的决策责任，委托全过程工程咨询单位负责工程质量管理，建立工程质量管理制度，并明确有关管理人员的质量责任。

3）施工单位

施工单位是施工质量的直接实施者和责任者，应全面履行《建设工程质量管理条例》和施工合同规定的质量责任。建立质量责任制，确定工程项目的项目经理、技术负责人和施工管理负责人，应强调施工单位应在自检质量合格的基础上全过程工程咨询单位查验。

4）建筑材料、设备、构配件供应商

应履行《建设工程质量管理条例》，对所提供的材料、设备、构配件的质量进行负责，所提供的材料、设备、构配件必须符合产品标准和合同的约定。

3. 进度管理策划

建设工程总进度目标是指整个项目的进度目标，它是在项目决策阶段项目定义时确定的，工程进度控制的依据是项目决策阶段所确定的工期以及建设工程施工合同所约定的工期目标。在确保工程质量和安全并符合控制工程造价的原则下控制进度。应采用动态的控制方法，对工程进度进行主动控制。

为了完成施工阶段进度控制工作，全过程工程咨询单位或专业咨询工程师（监理）需要做好以下工作：完善建设工程控制性进度计划；审查施工单位提交的施工进度计划；协助投资人编制和实施有投资人负责供应的材料与设备供应计划；组织进度协调计划，协调各方关系；跟踪检查实际施工进度；研究制定预防工期索赔的措施，做好工期延期审批工作等。项目施工阶段进度控制程序如图 7-6 所示。项目专业监理工程师应按下列要求监督进度计划的实施：

（1）依据施工总进度计划，对施工单位实际进度进行跟踪监督检查，及时收集、整理、分析进度信息，发现问题及时按照建设工程施工合同规定和已审批的进度计划要求纠正，实施动态控制。

（2）按月（周）检查实际进度，并与计划进度进行比较分析，发现实际进度滞后于计划进度且有可能影响合同工期时，要求施工单位及时采取措施，实现计划进度目标。

（3）在监理月报中向投资人报告工程实际进展情况，比较分析工程施工实际进度与计

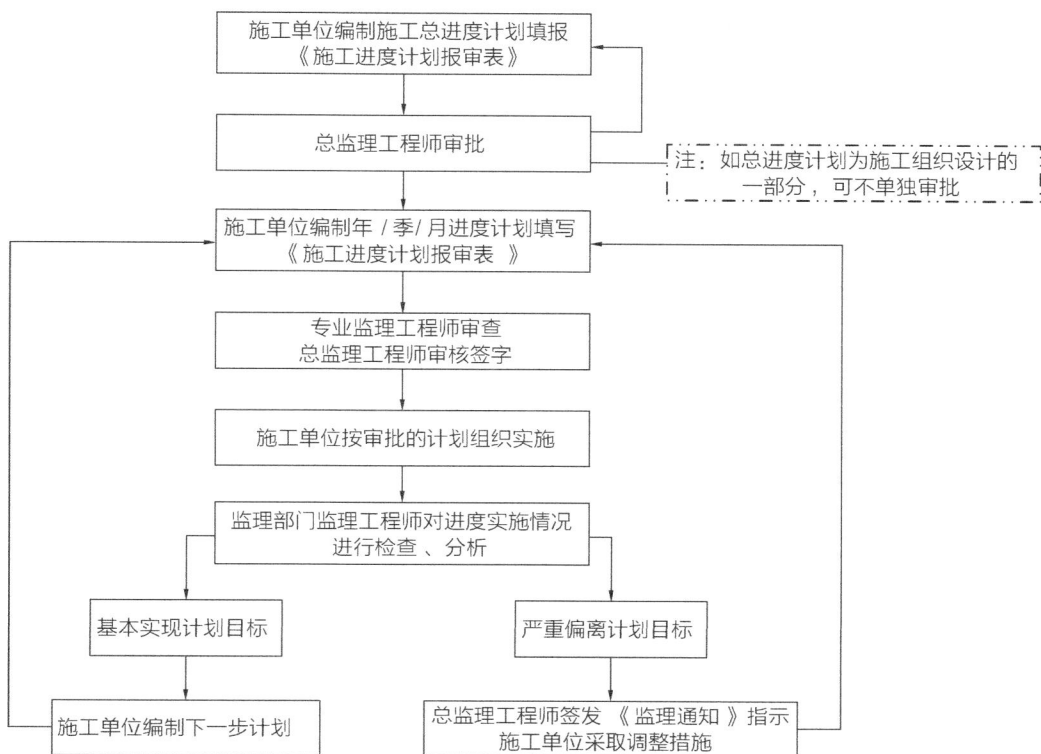

图 7-6　进度控制程序

划进度偏差，预测实际进度对工程总工期的影响，报告可能出现的工期延误风险。

（4）对由投资人原因可能导致的工程延期及其相关费用索赔的风险，应向投资人提出预防建议。

专业监理工程师可采取下列方法对施工进度偏差进行纠正：

（1）发现工程进度偏离计划时，总监理工程师应组织监理人员分析原因，召开各方协调会议，研究应对措施，签发《监理通知单》或《工作联系单》，要求施工单位进行调整。

（2）在监理月报中向投资人报告工程进度和所采取的纠正偏离措施的执行情况。

（3）由于施工单位原因造成工期延误，在专业监理工程师签发《监理通知单》后，施工单位未有明显改进，致使工程在合同工期内难以完成时，项目监理机构应及时向投资人提交书面报告，并按合同约定处理。

三、项目管理

施工阶段是工程项目形成实体的阶段，在这阶段投资集中，周期长，参建单位多，工作关系复杂。在施工阶段，除了在项目决策、设计阶段策划的事项需要实施外，施工阶段的各项计划、措施、制度等也需要策划，施工阶段各参建单位均要实现各自的目标和利益，全过程工程咨询单位必须围绕着项目的总目标，组织、协调各参建方，在众多的管理工作和参建单位中，全过程工程咨询团队应清醒地认识自己是总集成者，明确自身工作任务：

（1）全过程工程咨询单位根据全过程工程咨询合同对项目进行投资、进度、质量等方面的管理，建立全面管理的制度、明确职责分工和业务关系。

（2）明确投资控制目标、质量目标和进度目标，在施工阶段主要起到监督、协调、管理的作用。

（3）负责项目投资管理，确定项目投资控制的重点难点，确定项目投资控制目标。

（4）编制项目总控计划，组织建立项目进度管理制度，明确进度管理程序、规范进度管理职责及工作要求。

（5）质量管理应坚持缺陷预防的原则，按照策划、实施、检查、处置的循环方式进行系统运作。

1. 投资管理

全过程工程咨询单位在施工阶段的投资管理主要体现在资金使用计划的管理、工程计量与工程价款的支付管理、工程变更及现场签证的管理、索赔费用的管理。其中，工程计量及工程价款的支付管理包括工程计量与工程价款支付中对工程计量与工程价款的审核；工程变更及现场签证的管理包括工程变更管理、现场工程签证管理。

本阶段全过程工程咨询单位负责项目投资管理的决策，确定项目投资控制的重点难点，确定项目投资控制目标，并对项目的专业造价工程师的工作进行过程和结果的考核。

（1）依据：

1）《建设工程项目管理规范》G3/T 0319—2013；

2）《建设项目全过程造价咨询规程》CECA/GC 4—2017；

3）建设项目可行性研究报告；

4）设计概算；

5）施工图预算；

6）施工合同；

7）施工组织设计（施工进度计划等）。

（2）内容：

1）编制资金使用计划，确定、分解投资控制目标。对工程项目造价目标进行风险分析，并制订防范性对策；

2）进行工程计量；

3）复核工程付款账单，签发付款证书；

4）在施工过程中进行投资跟踪控制，定期地进行投资实际支出值与计划目标值的比较，发现偏差，分析产生偏差的原因，采取纠偏措施；

5）协商确定工程变更的价款，审核竣工结算；

6）对工程施工过程中的投资支出作好分析与预测，经常或定期向投资人提交项目投资控制及其存在问题的报告。

（3）程序：

施工项目投资管理的一般程序如图 7-7 所示。

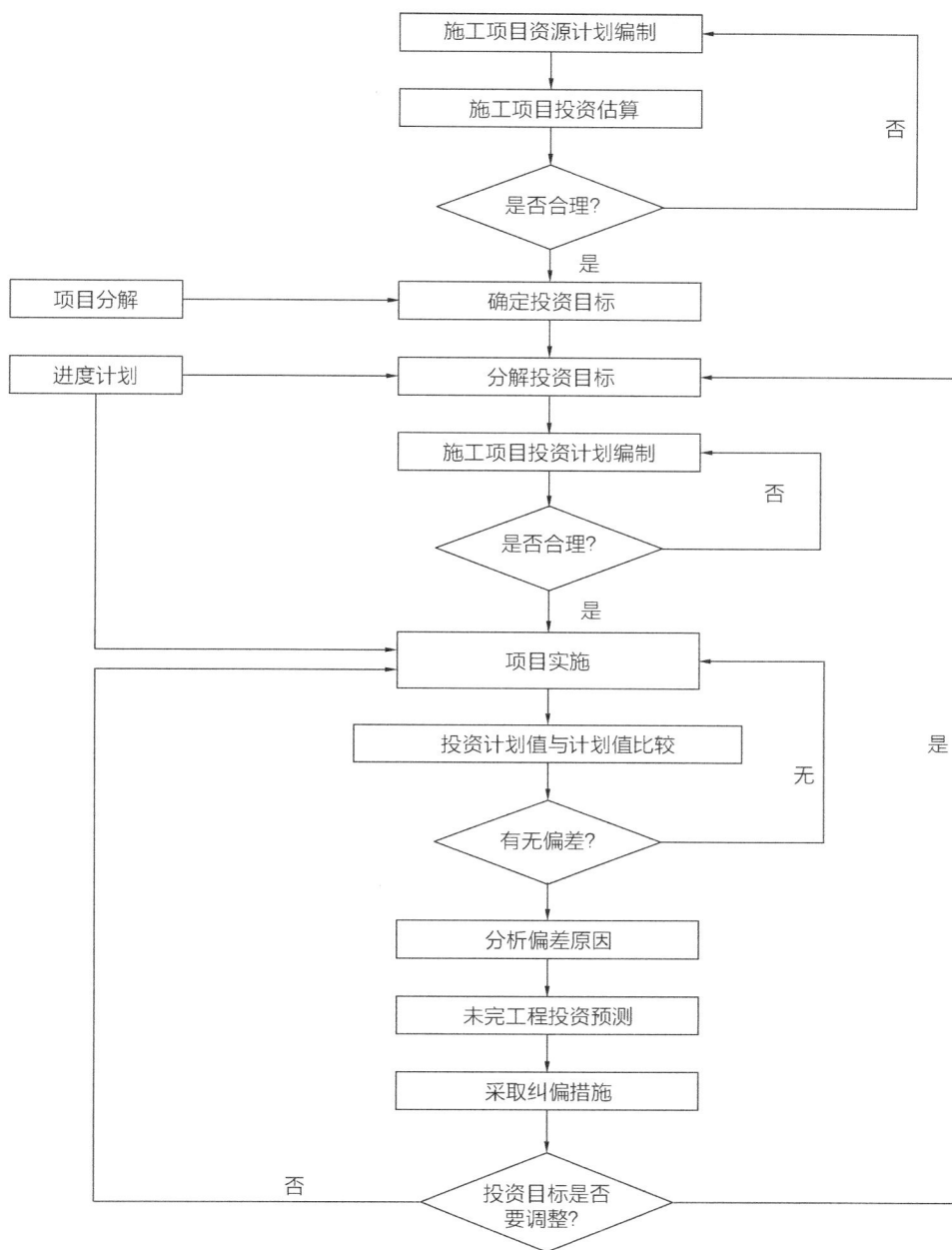

图 7-7　施工项目投资管理的一般程序

（4）注意事项：

1）在保证工程项目功能目标、质量目标和工期控制目标的前提下，合理编制投资控制计划和采取切实有效措施实行动态控制，不能为了减少投资而采用降低功能目标、降低质量标准和拖延工期的办法。

2）工程项目投资控制，不仅要考虑项目建设期的资本投入，还要考虑项目建成投产后的经常性开支。应从工程项目长期创造效益出发，全面考虑工程项目整个生命周期的总成本费用，决不能为压缩建设投资，而造成建成投产后经常性使用（运营）费用增加，最终导致工程项目投资效益降低。

3）动态控制。投资控制贯穿于工程项目的整个生命周期。这个过程，包括对投资计划的分析和论证，对投资计划执行状况的跟踪、检查、分析和评估，及时发现计划执行中出现的偏差，分析偏差产生的原因，并针对出现的偏差采取有效措施，纠正和消除产生偏差的原因，确保投资控制目标的实现。

2. 进度管理

全过程工程咨询单位在施工过程中的进度管理主要包括项目进度计划的编制、项目进度计划的实施、项目进度计划的检查、项目进度计划的调整。其中，项目进度计划的编制包含里程碑计划和主要参建单位作业的形象进度，采取的主要手段有横道图法、关键路线法及计划评审技术等方法；项目进度计划的检查是指在进度计划执行中，检查、跟踪实际进度是否按照计划进度执行项目进度计划的调整，以便找出检查影响进度偏差的原因，依据进度目标和合同要求对进行调整。

（1）依据：

1）施工合同所约定的工期目标；

2）施工总进度计划；

3）施工现场进度统计表情况。

（2）内容：

工程项目进度管理，是指建设项目在实施过程中，全过程工程咨询单位对各个阶段的进展程度和项目最终完成的期限所进行的管理，从而确保工程项目在满足时间约束的条件下实现项目的总体目标。

（3）程序：

1）编制建设项目总控制计划；

2）实施施工总进度计划；

3）建设项目进度调整；

4）编制项目进度报告书。

（4）注意事项：

1）在实际建设项目实施过程中，工程项目总进度目标可以按照下列方法进行：参照过去同类或相似工程进行推算；采用建设定额工期；按照投资人的实际要求确定。

2）明确管理机构与岗位。利用组织分解结构确定承担管理任务和子项任务的机构与岗位，检查各任务间的逻辑关系。

3）完善并优化进度计划。项目管理机构应仔细研究草拟的进度计划，应考虑如下事项：工作时间估算的现实性，管理与生产任务间逻辑关系的准确性，是否有未排入计划的疏漏任务，各岗位分配任务的均衡性与适当性，是否有可能导致任务搁浅的工作瓶颈等。

3. 质量管理

全过程工程咨询单位在施工阶段的质量管理主要包括质量管理的规划、质量管理计划的编制、质量管理计划的实施、施工阶段质量检查验收。施工阶段对项目的质量管理主要体现在通过质量管理的规划，制定质量管理的目标和实现目标的质量管理组织机构及各参建单位职责程序，在此基础上运行质量管理程序，以质量计划文件的编制为质量管理的起点，通过施工阶段质量计划的实施，控制施工阶段的质量目标，对工程质量从始至终的预控与从下到上的过程控制结合，按照预控、实施、检查、处置、验收、再检查、再验收的循环方式进行施工阶段质量管理，实现质量计划目标。

（1）依据：

1）国家及地方相关法律、法规性文件，如《关于修改〈中华人民共和国建筑法〉的决定》（2011）；

2）《建设工程质量管理条例》（国务院第 279 号令）及建设工程的强制性标准；

3）《建筑工程施工质量验收统一标准》GB 50300—2013；

4）《建设工程质量检测管理办法》（建设部令 141 号）；

5）《建筑工程质量监督条例（试行）》；

6）《质量管理体系基础和术语》GB/T 19000—2016；

7）工程咨询、勘察、设计、监理和施工、发承包等相关发包合同文件；

8）质量管理计划；

9）投资人的功能要求报告及设计任务书；

10）地质勘查文件、设计施工图纸及设计要求；

11）施工组织设计及专项施工方案措施；

12）其他影响质量的因素等。

（2）内容：

建设项目的质量管理是指通过以较低的投资在预定的时间内建设完成致力于满足工程项目质量要求，包括质量管理的规划、质量管理计划的编制、质量管理计划的实施、施工阶段质量检查验收。

（3）程序：

1）督促项目监理机构履行国家法律法规，履行监理合同所约定的职责；

2）督促项目监理机构严格控制进场原材料、构配件和设备等的质量，检查施工质量，参加阶段性成果（分部工程、隐蔽工程）的检查验收；

3）协助投资人进行采购管理，参与有关工程材料、设备等供货单位的考察，并作出评价；

4）协助投资人参与工程质量事故的调查和处理。

4. 职业健康安全及环境管理

全过程工程咨询单位的职业健康安全及环境管理主要包括职业健康安全管理和项目环境管理。职业健康安全和环境方针是该单位在安全、环境、健康方面总的指导思想，是实施和改进单位职业健康安全和环境管理的推动力，是单位生产经营方针的重要组成部分。它必须体现在单位各级管理的目标和计划之中，起到保持和改进职业健康安全和环境绩效的作用。职业健康安全和环境方针是依据单位性质和规模，职业健康安全和环境初始评审结果，法律、法规和其他要求的符合性分析，职业健康安全和环境状况等制订的。它集中体现了单位对遵守法律、法规的承诺，体现了对持续改进、事故预防、污染预防和保护员工健康安全的承诺。这种承诺是全过程工程咨询单位向社会公开声明，向相关方的保证，致力追求安全、健康、环保绩效，旨在体现全过程工程咨询单位的良好形象，更好地为投资人提供优质服务。

四、注意事项

1. 进度控制方案的制定

在进行建设项目工程进度管理策划工作时，必须建立里程碑节点计划，并加大与各部门的沟通和交流，以便可以通过协商制定出完善可行的项目进度总控制计划和项目施工进度节点计划。还要依照现场施工情况，确定工程进度控制措施，不仅要对总包施工进度计划和各施工环节的施工进度计划进行严格的审核，而且还要做好协调总包施工管理工作，制定人员奖惩机制和总体施工进度控制方案。

2. 工程质量管理策划

在施工前必须制定完善的工程质量管理目标和安全管理目标，并对一些关键点进行量化指标说明。要秉着质量与安全管理指导原则，制定出详细的安全文明施工管理目标和制度，严格按照工程管理规范进行工程建设及监督工作。

结合实际，制定相应的质量管理及检验措施：首先，要严格审查工程设计图纸，构建健全的质量保证体系；其次，要对进场材料进行全面的检查，确保其完全符合房产工程项目施工标准；再次，督促相关单位要加大对工作人员的培训力度，进一步提高其施工素质和施工水平；第四，做好日常质量管理工作，争取做到及时发现、及时处理，进而大大降低变更情况和施工事故，更好地促进投资人的可持续发展。

3. 工程成本管理策划

限额设计工程管理部门要结合项目成本管理要求，将目标成本细化成不同物业类型的分项管理成本，同时还要要求设计单位根据施工图，建立完善可行的成本限额设计，并制定成本控制标准，这样才能对建设项目进行限额设计，实现其最终的成本管理目标。同时，制定奖惩制度为了进一步提升设计单位的工程成本控制意识，必须采取多方案技术和经济认证，以便可以对工程设计过程中，容易影响工程质量的各项指标因素进行合理的控制。

4. 项目风险管理策划

结合建设项目开发的用途和施工特点，对工程施工中容易产生的风险因素进行全面的分析。其次，根据风险分析结果制定对应的解决措施。再次，工程管理人员要牢牢掌握工程质量控制要点，并对应的编制出科学合理的控制方案。另外还要对最终控制结果进行综合性评估，看其所执行的风险控制目标是否达成、控制方案是否具有一定的可行性和规范性，若是存在偏差，则要作出及时的完善和修整。最后，要提升项目管理人员的风险控制意识，制定成本风险控制对策，不仅要注重规划设计阶段的成本控制工作，而且还要强化施工图的审核和校对，由工程专业审核人员执行具体审核工作，并对各施工环节进行实时的监督和管理，进而将工程施工中存在的一切安全隐患彻底抵制在萌芽状态中。

第三节　施工阶段勘察设计咨询服务

一、设计文件的资料咨询服务

全过程工程咨询单位对设计文件的资料进行管理可以保证设计及施工有序进行，通过图纸审查及备案的初步设计文件、方案设计文件、施工图均应先交全过程工程咨询单位登记归档，全过程工程咨询单位应设置专人进行管理并负责统计和分发设计文件，各收图单位应指定人员到全过程工程咨询单位签领。

（一）依据

（1）《建设工程文件归档整理规范》GB/T 50328—2014；
（2）全过程工程咨询单位的知识和经验体系。

（二）内容

（1）设计文件接收；
（2）设计文件分发；
（3）图纸资料存档管理。

（三）程序

1. 设计文件接收

全过程工程咨询单位收到专业咨询工程师（设计）送来的图纸资料后，做好以下工作：

（1）按照合同内容，核实图纸套数，对照图纸目录核查图纸数量是否吻合，无误后方可接收图纸；
（2）进行图纸收录登记，建立台账；
（3）涉及图纸深化或修改时，应要求专业咨询工程师（设计）进行书面交底；
（4）接收图纸须核实其有效性（出图章、设计人员签字等）。

2. 设计文件分发

（1）按合同、施工标段及承包人要求及时分发设计图纸；
（2）实行设计图纸发放记录登记制度；
（3）建立《图纸资料分配单》和《图纸资料发放登记表》。

3. 图纸资料存档管理

（1）图纸资料及时归档，重视零星图纸的管理与归档，应日案日清；
（2）作废版本图纸资料在验证后加盖"作废"章，且不得进柜贮存，应采取隔离措施确保不与有效图纸相混淆；

  （3）需借用存档图纸资料时，应按规定办理借阅、归还手续；

  （4）重要资料借阅时应提供复印件，不得随意将原件借出。

（四）注意事项

  （1）设计文件资料管理要依据国家有关规定，建立规范的资料管理档案和管理制度，保证设计资料不丢失、不混乱、不混淆；

  （2）图纸资料的签收和分发一定要保证双方签字认可，避免事后纠纷；

  （3）图纸深化时一定要附带目录，避免图纸混乱而耽误施工；

  （4）重要的文件、图纸应备好复印件，不能将原件随意借出；

  （5）注意图纸的使用及图纸数量是否满足施工需要。

二、勘察及设计的现场咨询服务

  勘察设计现场配合服务是勘察及设计工作的重要组成部分，随着建筑技术的不断发展，新技术、新结构、新工艺层出不穷，加之设计各专业之间的配合问题，勘察及设计的现场配合是勘察设计的关键性服务，发挥着对勘察设计成果补充完善的作用。

（一）依据

  （1）《中华人民共和国建筑法》（主席令第 91 号令，2011 年修订）；

  （2）《建设工程勘察设计管理条例》（国务院令第 293 号令，2015 年修订）；

  （3）《建设工程质量管理条例》（国务院 2000 年第 279 号令，2017 年修订）；

  （4）《岩土工程勘察规范》GB 50021—2001（2009 年版）；

  （5）《建设工程勘察质量管理办法》（建设部 2002 年第 115 号令，2007 年修订）；

  （6）《实施工程建设强制性标准监督规定》（建设部 2008 年第 81 号令，2015 年修订）；

  （7）勘察、设计合同；

  （8）勘察、设计成果文件；

  （9）全过程工程咨询单位的知识和经验体系。

（二）内容

1. 施工过程中地勘及设计的现场服务

  如派驻设计现场代表，收集投资人及参加各方的意见、及时解决设计问题，质量事故技术方案的审定，对施工现场进行技术督导以及新技术、新工艺、新结构、关键工序的现场指导。

2. 不利物质条件情况的处理

  专业咨询工程师（勘察、设计）须对实际施工中发现与勘察设计文件不符的不利物质条件进行现场分析、处理。不利物质条件情况的处理流程如图 7-8 所示。

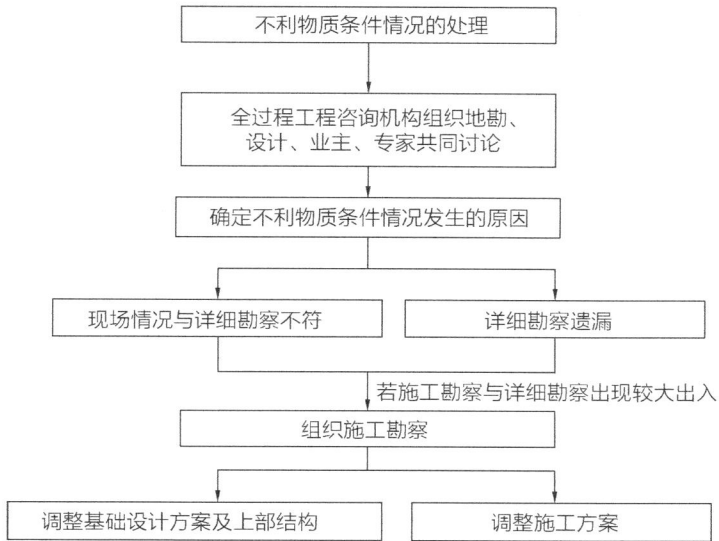

图 7-8　不利物质条件情况的处理流程

3. 地基与基础工程验收

4. 主体结构工程验收

（三）注意事项

（1）隐蔽工程要会同专业咨询工程师（勘察、设计）进行处理；

（2）加强沟通，及时解决施工中存在的问题。在施工过程中，专业咨询工程师（勘察、设计）应对现场提出的技术问题和修改意见及时响应，保证现场工作顺利实施；

（3）搞好现场的工作技术支持服务。

三、专项设计咨询服务

专项设计是针对建设规模相对较大、技术含量较高、各专业关系错综复杂、原设计图纸已表达但还不能完全满足施工需要的工程项目而进行的后续设计。

（一）依据

（1）《中华人民共和国建筑法》（主席令第 91 号）（2011 年修订）；

（2）《建设工程质量管理条例》（国务院 2000 年 279 号令）（2017 年修订）；

（3）《实施建筑工程建设强制性标准监督规定》（建设部 2000 年第 81 号令）（2015 年修订）；

（4）《建筑工程勘察质量管理办法》（建设部 2002 年第 115 号令）（2007 年修订）；

（5）《工程勘察设计资质管理规定》（建设部 2006 年第 160 号令）（2015 年修订）；

（6）《建设工程勘察设计管理条例》（建设部 2006 年第 293 号令）（2015 年修订）；

（7）《建筑工程设计文件编制深度规定》（建质〔2008〕216 号）；

(8) 设计合同、设计任务书等；

(9) 经批准的设计图纸；

(10) 全过程工程咨询单位的知识和经验体系。

（二）内容

(1) 在专项设计之前，首先要熟悉和理解项目合同、原设计图纸、特殊要求等，有些重要部位还要对照原设计图纸和招标文件中的工程和技术规范及现场实际工作环境，根据自身的工程实践经验和设计经验进行专项设计；

(2) 专业咨询工程师（设计）应根据已审批的设备、材料的规格和种类进行专项设计；

(3) 所有的专项设计完成之后，要组织专门的评审会议，涉及的专项设计工程师须做好汇报准备，确保沟通顺畅；

(4) 总咨询师负责专项设计总体进度管理，专业咨询工程师（设计）应在总咨询师的进度管理要求下，负责各专业专项设计进度；

(5) 总咨询师负责专项设计的技术统筹，并负责将各专业的所有专项设计内容综合反映在一个共用模型或图纸系统内，该模型或图纸系统与所有工程相关单位共享使用。

（三）程序

(1) 确定专项设计及深化设计界面划分及相应的设计要求；

(2) 依据界面划分、合同约定，确定相应的专项设计及深化专业咨询工程师（设计），要求其应具备相应的专项设计资质，具有完善的质量保证体系；

(3) 根据项目的实施情况开展专项设计及深化设计；

(4) 在总咨询师综合协调下，专项设计及深化设计图纸应经总咨询师及各相关专业、深化专业咨询工程师（设计）跨专业会签。各专项设计及深化设计会签完成后，由总咨询师汇总、审核后的设计图纸提交投资人，由投资人组织相关单位进行审定；

(5) 专项设计及深化设计图纸审批单位主要包括全过程工程咨询单位、投资人、具备相应资质的施工图审查机构；

(6) 如报审未能通过，须根据投资人、施工图审查机构的审核意见修改，牵涉到其他专业的还须重新进行流转确认程序。

专项设计及深化设计管理流程如图 7-9 所示。

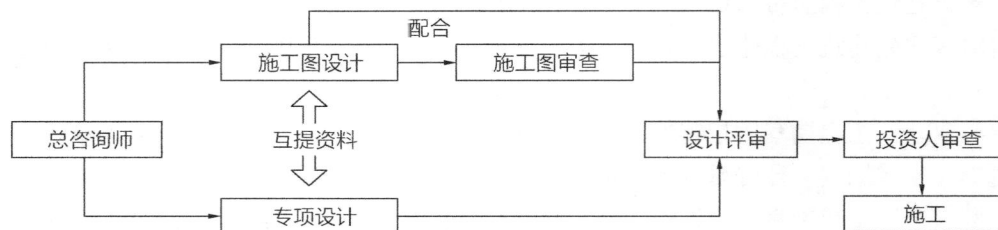

图 7-9 专项设计及深化设计管理流程

（四）注意事项

（1）专项设计及深化设计业务一定要委托给具备相应资格的设计专业工程师；

（2）专项设计及深化设计一定要满足原设计的总体要求。

四、设计交底与图纸会审咨询服务

设计技术交底与图纸会审是保证工程顺利施工的主要步骤，通过设计交底和图纸会审可以使施工人员充分领会设计意图，熟悉设计内容，正确按图施工。

（一）依据

（1）《中华人民共和国建筑法》（主席令第 91 号）（2011 年修订）；

（2）《建设工程质量管理条例》（国务院 2000 年 279 号令）（2017 年修订）；

（3）《建设工程勘察设计管理条例》（建设部 2006 年第 293 号令）（2015 年修订）；

（4）《建筑工程设计文件编制深度规定》（建质〔2008〕216 号）；

（5）设计合同、设计任务书等；

（6）经批准的设计图纸；

（7）全过程工程咨询单位的知识和经验体系。

（二）内容

（1）在技术交底与图纸会审之前，各有关单位（投资人、全过程工程咨询单位、承包人）必须事先指定主管该项目的工程技术人员、专业工程师熟悉图纸，进行初步审查，初步审查意见于图纸会审前至少两天送交全过程工程咨询单位汇总，之后移交专业咨询工程师（设计）。

（2）设计技术交底与图纸会审工作，是设计图纸施工前的一次详细审核，各有关单位必须在图纸会审签到表上签字。

（3）设计技术交底与图纸会审时，主要专业咨询工程师（设计）应了解设计情况的人员出席情况，对所提交的施工图纸进行有计划、有系统的技术交底。

（4）全过程工程咨询单位应指定一家单位负责形成会审纪要底稿，在正式的会议纪要发出前，专业咨询工程师（造价）应对会审中提出的设计变更所涉及的费用变化提供详尽的咨询报告，对设计变更可能引起的费用增减提出意见，以便投资人最后决策是否需要变更。

（5）会议纪要应由各单位签字确认，各方无异议便签字确认的会议纪要分发给各有关单位，即被视为设计档案组成部分并予以存档。

（三）程序

施工图设计技术交底与图纸会审程序，如图 7-10 所示。

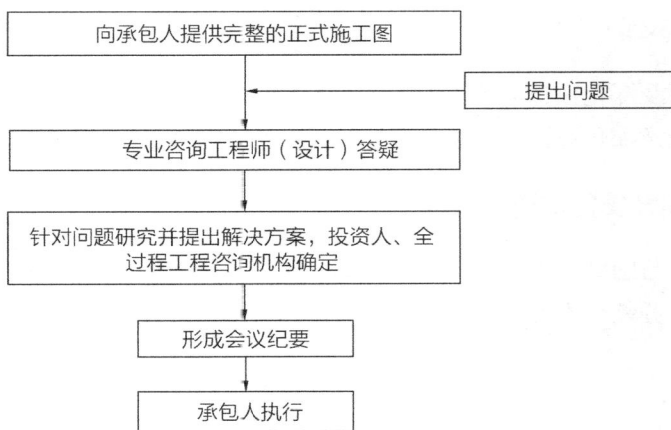

图 7-10　施工图设计技术交底与图纸会审流程图

（四）注意事项

（1）涉及会议纪要发生的变更，需要专业咨询工程师（造价）提出咨询意见，由投资人确认是否发生该变更后，会议纪要方可发出。

（2）各参加单位需要在已整理好的图纸会审纪要上签字确认并各自存档。

第四节　施工阶段的成本控制

一、工程计量及工程价款的支付管理

（一）依据

全过程工程咨询单位在对工程计量与工程价款支付的管理中，主要体现对工程计量与工程进度款的审核，主要依据：

（1）《中华人民共和国招标投标法》以及其他国家、行业和地方政府的现行有关规定；

（2）《建设工程工程量清单计价规范》GB 50500—2013；

（3）《建设项目全过程造价咨询规程》CECA/GC 4—2017；

（4）承发包双方签订的施工合同；

（5）工程施工图纸；

（6）施工过程中的签证、变更费用洽商单和索赔报告等；

（7）监理单位核准的工程形象进度确认单；

（8）已核准的工程变更令及修订的工程量清单等；

（9）监理单位核准的签认付款证书。

（二）内容

工程计量是向施工单位支付工程款的前提和凭证，是约束施工单位履行施工合同义务，强化施工单位合同意识的手段。在项目管理过程中，全过程工程咨询单位应充分发挥监理单位及造价部门在工程计量及工程款（进度款）支付管理中的作用，应严格审查从以下几方面对工程进度进行付款：

（1）必须完成合同约定的达到付款节点；

（2）已完工程项目达到合同约定的质量；

（3）造价部分对已完工程进行造价审核。

1. 全过程工程咨询单位或其专业咨询工程师（造价）职责：

（1）根据工程施工或采购合同中有关工程计量周期及合同价款支付时点的约定，审核工程计量报告与合同价款支付申请，编制《工程计量与支付表》《工程预付款支付申请核准表》及《工程进度款支付申请核准表》。

（2）应对承包人提交的工程计量结果进行审核，根据合同约定确定本期应付合同价款金额；对于投资人提供的甲供材料（设备）金额，应按照合同约定列入本期应扣减的金额中，并向投资人提交合同价款支付审核意见。

（3）工程造价咨询单位应对所咨询的项目建立工程款支付台账，编制《合同价与费用支付情况表（建安工程）/（工程建设其他费用）》。工程款支付台账应按施工合同分类建立，其内容应包括：当前累计已付工程款金额、当前累计已付工程款比例、未付工程合同价余额、未付工程合同价比例、预计剩余工程用款金额、预计工程总用款与合同价的差值、产生较大或重大偏差的原因分析等。

工程造价咨询单位向投资人提交的工程款支付审核意见，应包括下列主要内容：

1）工程合同总价款；

2）期初累计已完成的合同价款及其占总价款比例；

3）期末累计已实际支付的合同价款及其占总价款比例；

4）本期合计完成的合同价款及其占总价款比例；

5）本期合计应扣减的金额及其占总价款比例；

6）本期实际应支付的合同价款及其占总价款比例；

7）其他说明及建议。

2. 全过程工程咨询单位或专业咨询工程师（监理）职责：

（1）对工程款支付进行把关审核，应重点审核进度款支付申请中所涉及增减工程变更金额和增减索赔金额，这是控制工程计量与进度款支付的关键环节。

（2）审核是否有超报、虚报及质量不合格的项目，将审定的完成工程投资进度款登入台账。

其中：

（1）工程量计量

1）当建设工程施工合同无约定时，工程量计量宜每周期计量一次，根据专业监理工程师签认的已完工程，审核签署施工单位报送的《工程款支付报审表》；

2）对某些特定的分项、分部工程的计量方法，可由项目监理机构、投资人和施工单位根据合同约定协商确定；

3）对一些不可预见的工程量，如地基基础处理、地下不明障碍物处理等，项目监理机构应会同投资人、施工单位等相关单位按实际工程量进行计量，并留存影像资料。

（2）审核工程款支付

工程预付款支付：施工单位填写《工程款支付报审表》，报全过程工程咨询单位或专业咨询工程师（监理）。专业监理工程师提出审查意见，总监理工程师审核是否符合建设工程施工合同的约定，并签署《工程款支付证书》；

工程进度款支付：施工单位填写《工程款支付报审表》，报项目监理单位。专业监理工程师应依据工程量清单对施工单位申报的工程量和支付金额进行复核，确定实际完成的工程量及应支付的金额。总监理工程师对专业监理工程师的审查意见进行审核，签认《工程款支付证书》后报投资人审批；

变更款和索赔款支付：施工单位按合同约定填报《工程变更费用报审表》和《费用索赔报审表》，报项目监理单位，项目监理单位应依据建设工程施工合同约定对施工单位申报的工程变更的工程量、变更费用以及索赔事实、索赔费用进行复核，总监理工程师签署审核意见，签认后报投资人审批。

竣工结算款支付：专业监理工程师应对施工单位提交的竣工结算资料进行审查，提出审查意见，总监理工程师对专业监理工程师的审查意见进行审核，根据各方协商一致的结论，签发竣工结算《工程款支付证书》。

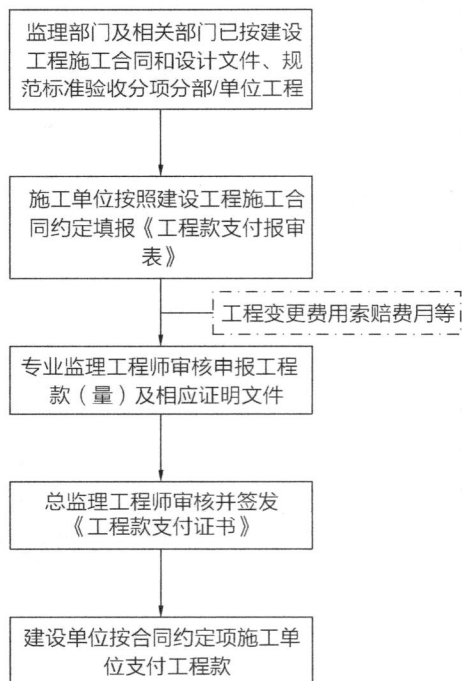

图 7-11　工程款支付基本程序

（三）　程序

全过程工程咨询单位监理部门应按下列程序进行工程计量和付款签证：

（1）监理部门专业监理工程师对施工单位在工程款支付报审表中提交的工程量和支付金额进行复核，确定实际完成的工程量，提出到期应支付给施工单位的金额，并提出相应的支持性材料。

（2）监理部门总监理工程师对专业监理工程师的审查意见进行审核，签认后报投资人审批。

（3）总监理工程师根据投资人的审批意见，向施工单位签发工程款支付证书。

在施工过程中，工程计量与进度款支付是控制工程投资的重要环节。工程支付款的支付流程如图 7-11 所示。全过程工程咨询单位应按工程进度款审签程序进行审核，如图 7-12 所示。

工程计量与进度款支付为控制工程投资的重要环节。为了更好地控制投资，全过程工程咨询单位应保证工程计量与进度款支付的工作质量。在进行工程计量与进度款支付审核时，应重点从工程计量和进度款支付申请进行控制。

1. 全过程工程咨询单位在审核承包单位提交的工程计量报告时应重点审核

（1）审核计量项目

审核计量项目就是审核项目是否属该计量项目的范围，以免重复计量。如投标报价按招标工程量清单漏项的项目或其特征描述已包含在其他报价中的项目，则均不属于该计量项目的范围。

（2）审核计量计算规则

全过程工程咨询单位应熟练掌握计量的计算规则，审核是否按计量规则计算工程量。

（3）审核计量数据

全过程工程咨询单位审核的计量数据，就是对其几何尺寸及数量等原始数据，对照设计图纸或实地丈量进行审核，做到每一数据准确无误。

（4）全面审核

全过程工程咨询单位或专业咨询工程师（监理）对计量资料应进行全面的检查和审核。内容包括：质量检测、试验结果、中间交验证书和各类计量资料及其结果，重点审查计量项目是否符合计量条件，全过程工程咨询单位审核后签认工程计量。

2. 工程进度款支付申请的审核

全过程工程咨询单位审核承包单位提交的进度款支付申请是进度款支付程序中的重点，审核内容包括：

（1）审核分部分项工程综合单价

审核分部分项工程综合单价的正确性。对于施工过程中未发生变化的分部分项工程，其综合单价应按照投标文件中的综合单价计取；施工过程中因政策、物价波动、工程量清单内容错项、漏项、设计变更、工程量增减等原因引起的综合单价发生变化的分部分项工程，其综合单价要严格按照合同约定的调整方法进行调整，并且需经过发、承包双方的确认，避免承包单位出现高报、重报的现象。

（2）审核形象进度或分阶段工程量

对于签订总价合同的工程或作为总价子目支付的单项工程，全过程工程咨询单位应审核每一支付周期内承包单位实际完成的工程量，对照在合同专用条款中约定的合同总价支付分解表所表示的阶段性或分项计量的支持性资料，以及所达到工程形象目标或分阶段需

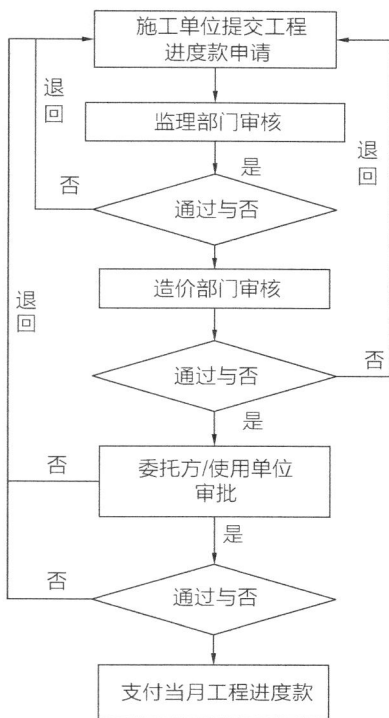

图 7-12　工程进度款审签流程图

完成的工程量和有关资料进行审核，达到支付分解表要求的支付进度款，未达到要求的不应支付进度款。

（3）审核进度款支付比例

审核进度款支付的比例，应严格按照合同约定，既不能向承包单位多付进度款，又要保证承包单位的资金周转，避免因资金不到位而影响工程进度。

（4）审核计日工金额

审核计日工的数量，依据现场签证或变更报价单上双方确认的计日工的数量，按照投标文件中计日工的综合单价计算本支付周期内应支付的计日工金额。

（5）审核应抵扣的预付款

应严格按照合同约定的办法计算应抵扣预付款的具体金额。

（6）审核工程变更金额

对已确认的工程变更，凡涉及工程造价变化的，在监理单位或造价部门审核的基础上由全过程工程咨询单位审核工程变更的程序是否符合要求，变更的理由是否充分，变更的金额是否准确。

（7）审核工程签证金额

对已确认的工程签证，在监理单位或造价咨询单位审核的基础上由投资人审核签证主体是否合法、审核签证形式是否有效、审核签证内容是否真实合理、审核签证程序及时间是否符合合同约定、审核签证的金额是否准确。

（8）审核工程索赔金额

对工程索赔报告的真实性进行审核，重点审核索赔的程序和相关辅助资料的合理性，对费用索赔的计算过程、计算方法及计算结果的准确性进行审核，注重审核索赔费用组成的合理性。

3. 工程款支付审批管理

（1）根据项目施工用款总计划，结合造价管理中的动态控制对项目趋势进行分析，编制项目施工用款年度、季度、月度付款计划。经投资人批准的月度投资用款计划是审核工程款支付的依据。

（2）按照合同约定的工程预付款、工程进度款等付款规定条件，审核施工单位的相关款项支付申请报告。

（3）如因施工项目的特殊情况，如暂时性资金紧张、工程进度滞后等情况，导致工程实际付款与计划付款严重不符时，经投资人同意，并与相关各方进行相应的协调工作后调整项目投资用款计划。

（4）造价管理人员负责资金支付的管理，建立工程款付款台账，填写合同付款登记表，留存付款申请表原件等，保证支付账目管理有据清晰。

（5）定期对工程现场实际施工情况与工程款支付的情况进行对比，工程进度款与完成的工程量挂钩，对实际款项发生值与计划控制值进行分析、比较，运用合同和支付等手段确保投资款的合理使用，并控制在预定目标内。

（6）工程竣工结算前，注意付款的截止比例，以免超付。

（四）注意事项

（1）为防止施工招标的工程量清单准确性不够，出现多算、漏算等现象，提高投资控制精度，待施工合同签订后，全过程工程咨询单位应及时组织施工单位对招标的工程量清单予以复核。

（2）施工过程中产生的索赔，索赔成立后根据合同约定可在进度款中同期支付；

（3）暂估价格与实际价格的差额根据合同约定可在进度款中同期支付。

（五）成果范例

全过程工程咨询单位进行工程计量与进度款支付审核的成果性文件一般包括以下表格，如表7-2～表7-7所示。

工程计量与支付表

表7-2

工程名称：

第　页，共　页

序号	项目编码	项目名称	计量单位	承包人申报数量	投资人核实数量	发承包核实数量	备注

承包人代表： 日期：	监理工程师： 日期：	造价工程师： 日期：	投资人代表： 日期：

工程名称：   **编号：**

致：（发包人全称）

我方根据施工合同的约定，现申请支付工程预付款为×××（大写）元，×××（小写）元，请予核准。

序号	名称	金额（元）	备注
1	已签约合同款金额		
1.1	其中：安全防护、文明施工费金额		
1.2	……		
2	应支付的工程预付款金额		
3	应支付的安全防护、文明施工费金额		
…	……		
…	合计应支付的工程预付款金额		

承包人（章）

造价专业人员：

承包人代表：

日期：

复核意见：	复核意见：
□与合同约定不相符，修改意见见附件。 □与合同约定相符，具体金额由造价工程师复核。	你方提出的支付申请经复核，应支付的工程预付款金额为×××（大写）元，×××（小写）元。
监理工程师： 日期：	造价工程师： 日期：

审核意见：

□不同意。

□同意，支付时间为本表签发后的 15 天内。

发包人（章）：

发包人代表：

日期：

注：1 在选择栏中的"□"内作标识"√"。

    2 本表一式四份，由承包人填报；投资人、监理单位、造价部门、承包人各存一份。

工程进度款支付申请（核准）表

表 7-4

工程名称：

编号：

致：（发包人全称）

我方于 ×××至××× 期间已完成了工作。

根据合同的约定，现申请支付本期的工程价款为 ××× （大写）元，××× （小写）元，请予核准。

序号	名称	金额（元）	备注
1	累计已完成的工程价款金额		
2	累计已实际支付的工程价款金额		
3	本期已完成的工程价款金额		
4	本期完成的计日工金额		
5	本期应增加和扣减的变更金额		
6	本期应增加和扣减的索赔金额		
7	本期应抵扣的预付款金额		
8	本期应扣减的质保金额		
9	本期应增加或扣减的其他金额		
10	本期实际应支付的工程价款金额		

承包人（章）：

承包人代表：

日期：

复核意见：	复核意见：
□与实际施工情况不相符，修改意见见附件。 □与实际施工情况相符，具体金额由造价工程师复核。	你方提出的支付申请经复核，本周期已完成工程价款为 ××× （大写）元，××× （小写）元，本周期应支付金额为 ××× （大写）元，××× （小写）元。
监理工程师： 日期：	造价工程师： 日期：

审核意见：

□不同意。

□同意，支付时间为本表签发后的 15 天内。

发包人（章）：

发包人代表：

日期：

注：1 在选择栏中的"□"内作标识"√"。

2 本表一式四份，由承包人填报；投资人、监理单位、造价部门、承包人各存一份。

致：_____（项目监理单位）

根据施工合同约定，我方已完成_____工作，投资人应在_____年_____月_____日前支付工程款共计_____（大写）（小写：_____），请予以审核。

附件：

☐已完成工程量报表

☐工程竣工结算证明材料

☐相应支持性证明文件

施工项目（盖章）

项目负责人（签字）

年 月 日

审查意见：

1. 施工单位应得款为：

2. 本期应扣款为：

3. 本期应付款为：

附件：相应支持性材料

专业监理单位（签字）

年 月 日

审核意见：

项目监理单位（盖章）

总监理工程师（签字、加盖执业印章）

年 月 日

审批意见：

投资人（盖章）

投资人代表（签字）

年 月 日

本表由施工单位填写，一式三份，监理单位、投资人、施工单位各一份；工程竣工结算报审时本表一式四份，监理单位、投资人各一份、施工单位二份。

工程款支付证书   表 7-6

致：_____（施工单位）

根据施工合同约定，经审核编号为_____工程款支付报审表，扣除有关款项后，同意支付工程款共计_____（大写）（小写：_____）。附件：

其中：

1. 施工单位申报款为：

2. 经审核施工单位应得款为：

3. 本期应扣款为：

4. 本期应付款为：

附件：工程款支付报审表及附件

项目监理单位（盖章）

总监理工程师（签字、加盖执业印章）

年 月 日

建设项目建设其他费用审批表   表 7-7

项目名称：   编号：

致：_____（施工单位）

根据施工合同约定，经审核编号为_____工程款支付报审表，扣除有关款项后，同意支付工程款共计（大写）_____（小写：_____）。

其中：

1. 施工单位申报款为：

2. 经审核施工单位应得款为：

3. 本期应扣款为：

4. 本期应付款为：

附件：工程款支付报审表及附件

项目监理单位（盖章）

总监理工程师（签字、加盖执业印章）

年 月 日

二、工程变更及现场签证的管理

全过程工程咨询单位或专业咨询工程师（造价）应在工程变更和工程签证确认前，对其可能引起的费用变化提出建议，并根据施工合同的约定对有效的工程变更和工程签证进行审核，计算工程变更和工程签证引起的造价变化，并计入当期工程造价。造价部门对工程变更、工程签证认为签署不明或有异议时，可要求施工单位、投资人或监理单位予以澄清。

（一）工程变更管理

1. 依据

工程变更是施工阶段费用增减的主要途径，全过程工程咨询单位必须重视工程变更管理，主要依据：

（1）国家、行业、地方有关技术标准和质量验收规范及规定等；

（2）《建设工程工程量清单计价规范》GB 50500—2013；

（3）《建设项目全过程造价咨询规程》CECA/GC 4—2017；

（4）承发包施工合同；

（5）施工图纸；

（6）人工、材料、机械台班的信息价以及市场价格；

（7）变更通知书及变更指示；

（8）计量签证。

2. 内容

在建设项目施工过程中，由于各种原因，经常出现工程变更和合同争执等许多问题。这些问题的产生，一方面是由于勘察设计疏漏，导致在施工过程中发现设计没有考虑或考虑不周的施工项目，不得不补充设计或变更设计；投资人方案调整、施工单位方案优化。另一方面是由于发生不可预见的事故，如自然或社会原因引起的停工和工期拖延等；

由于工程变更所引起的工程量变化、施工单位索赔等，都有可能使建设项目投资超出投资控制目标，全过程工程咨询单位必须重视工程变更及其价款的管理。

建设项目工程变更管理主要对工程变更资料的审查，审查的重点包括审查变更理由的充分性、变更程序的正确性、变更估价的准确性。对于施工单位或监理单位提出的工程变更，若在建设项目合同授权范围内且不影响使用功能的情况下，需经投资人和全过程工程咨询单位同意，所有工程变更经设计部门同意后，由监理单位发出。

全过程工程咨询单位在进行工程变更管理过程中，建立严格的审批制度和审批程序，防止任意提高设计标准，改变工程规模，增加工程投资，切实把投资控制在控制目标范围内。

3. 程序

（1）全过程工程咨询单位或其专业咨询工程师（造价）对工程变更和工程签证的审核应遵循以下原则：

1）审核工程变更和工程签证的必要性和合理性；

2）审核工程变更和工程签证方案的合法性、合规性、有效性、可行性和经济性。

（2）工程变更价款确定的原则如下：

1）合同中已有适用于变更工程的价格，按合同已有的价格计算、变更合同价款。

2）合同中有类似于变更工程的价格，可参照类似价格变更合同价款。

3）合同中没有适用或类似于变更工程的价格，全过程工程咨询单位或专业咨询工程师（监理）应与投资人、施工单位就工程变更价款进行充分协商达成一致；如双方达不成一致，由总监理工程师按照成本加利润的原则确定工程变更的合理单价或价款，如有异议，按施工合同约定的争议程序处理。

工程变更对工程项目建设产生极大影响，全过程工程咨询单位应从工程变更的提出到工程变更的完成，再到支付施工承包商工程价款，对整个过程的工程变更进行管理。其中设计变更工作流程以及工程变更管理的程序如图 7-13、图 7-14 所示。

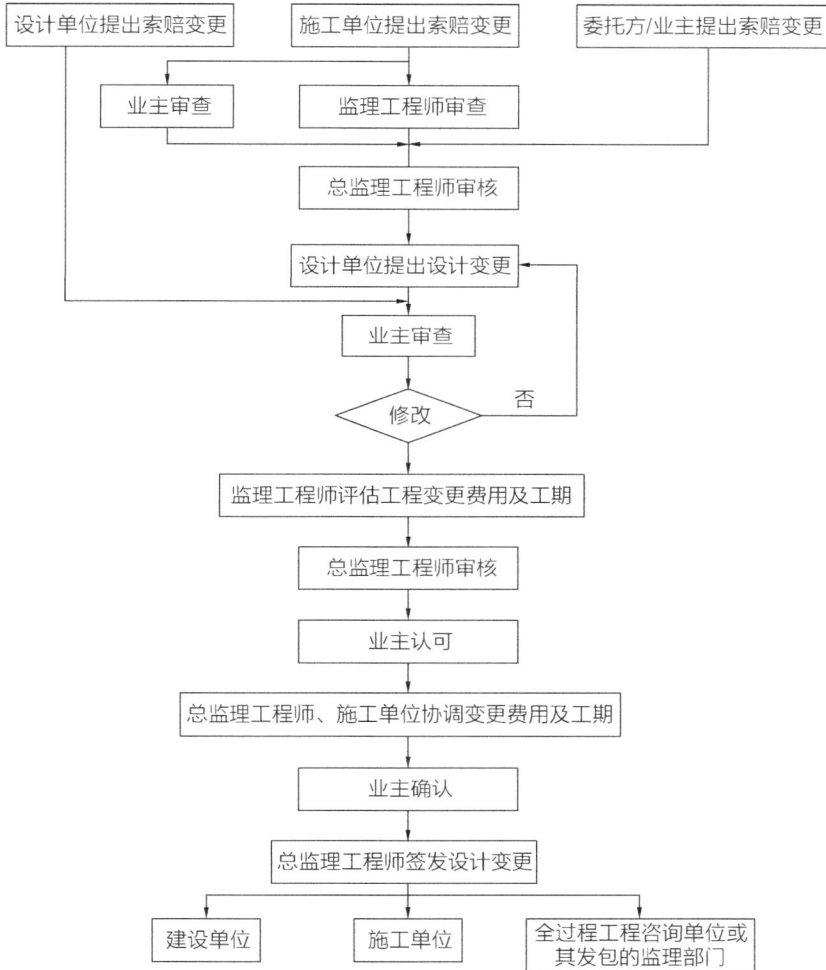

图 7-13　设计变更工作流程

全过程工程咨询单位进行工程变更管理的主要工作：

（1）审查变更理由的充分性

全过程工程咨询单位对施工单位提出的变更，应严格审查变更的理由是否充分，防止施工单位利用变更增加工程造价，减少自己应承担的风险和责任。区分施工方提出的变更

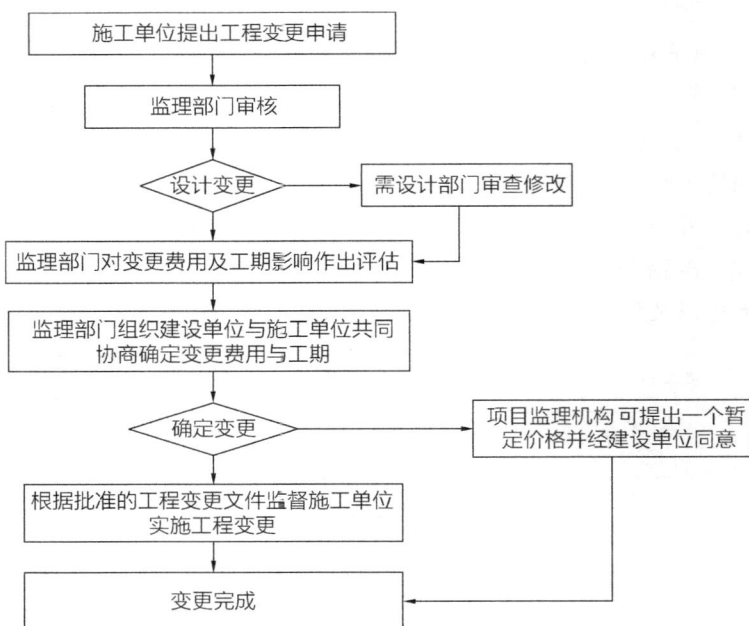

图 7-14　工程变更管理程序

是技术变更，还是经济变更，对其提出合理降低工程造价的变更应积极支持。

全过程工程咨询单位对设计部门提出的设计变更应进行调查、分析，如果属于设计粗糙、错误等原因造成的，根据合同追究设计责任。

全过程工程咨询单位对于投资人提出的设计变更，若因不能满足使用功能或在投资可能的前提下提高设计标准经分析可以变更。

（2）审查变更程序的正确性

全过程工程咨询单位审查承包单位提出变更程序的正确性，应按照双方签订合同对变更程序的要求进行审查。如果合同中没有规定，则根据《建设工程价款结算暂行办法》（财建〔2004〕369 号）中的规定，右审查过程中主要应注意四个关键环节：

1）施工中发生工程变更，承包单位按照经投资人认可的变更设计文件，进行变更施工，其中，政府投资项目重大变更，需按基本建设程序报批后方可施工。

2）在工程设计变更确定后 14 天内，设计变更涉及合同价款调整的，由承包单位向投资人提出，经投资人审核同意后调整合同价款。

3）工程设计变更确定后 14 天内，如承包单位未提出变更工程价款报告，则投资人可根据所掌握的资料决定是否调整合同价款和调整的具体金额。重大工程变更涉及工程价款变更报告和确认的时限由双方协商确定。

4）收到变更工程价款报告一方，应在收到之日起 14 天内予以确认或提出协商意见，自变更工程价款报告送达之日起 14 天内，对方未确认也未提出协商意见时，视为变更工程价款报告已被确认。

（3）审查变更估价的准确性

在工程变更管理过程中，全过程工程咨询单位对工程变更的估价的处理应遵循以下原则：

1）工程变更计量应按合同约定方法计算工程变更增减工程量，合同没约定的按国家和地方现行的工程量计算规则计算；

2）工程变更计价应按合同约定条款计算工程变更价款，合同没约定的，可按下列原则计价：

① 已标价工程量清单中有适用于变更工程项目的，采用该项目的单价；但当工程变更导致该清单项目的工程数量发生变化，且工程量偏差超过15%，此时，该项目单价应按照工程量偏差的相关规定调整。

② 已标价工程量清单中没有适用、但有类似于变更工程项目的，可在合理范围内参照类似项目的单价。

③ 已标价工程量清单中没有适用也没有类似于变更工程项目的，由承包人根据变更工程资料、计量规则和计价办法、工程造价管理机构发布的信息价格和承包人报价浮动率提出变更工程项目的单价，报投资人确认后调整。承包人报价浮动率可按下列公式计算：

招标工程：承包人报价浮动率 $L = (1 - $ 中标价 / 最高投标限价$) \times 100\%$

非招标工程：承包人报价浮动率 $L = (1 - $ 报价 / 施工图预算$) \times 100\%$

④ 已标价工程量清单中没有适用也没有类似于变更工程项目，且工程造价管理机构发布的信息价格缺价的，由承包人根据变更工程资料、计量规则、计价办法和通过市场调查等取得有合法依据的市场价格提出变更工程项目的单价，报投资人确认后调整。

3）合同中另有约定的，按约定执行。

对于建设项目，按照一般规定在合同中没有适用或类似于变更的价格由施工单位提出适当的变更价格，经监理单位确认后执行。全过程工程咨询单位为了有效控制投资，在施工合同专用条款中对上述条款进行修改，在合同没有适用或类似于变更的工程价格由施工单位提出适当的变更价格，经监理单位审核后，报造价部门进行审核，必要时报投资人审批。若施工单位对全过程工程咨询单位最后确认的价格有异议，而又无法套用或无法参考相关定额的，由全过程工程咨询单位或专业咨询工程师（监理）和施工单位共同进行市场调研，力争达成共识。对涉及金额较大的项目，由全过程工程咨询单位中（监理单位和造价部门）同施工单位等相关方共同编制补充定额，报造价部门审批，确定变更工程价款。

（4）提出审核意见、签认变更报价书

1）全过程工程咨询单位审查同意承包商的要求，若投资人授权全过程工程咨询单位，则可以直接签认；若投资人未授权，则需报投资人签认。

2）全过程工程咨询单位审查未同意承包商的要求，则需要注明变更报价书上的错误、未同意的原因、提出的变更价款调整方案，并抄送监理单位审阅。

4. 注意事项

（1）因不能满足项目使用功能或施工技术要求的需要，则必须进行变更；

（2）在满足项目使用功能及施工技术要求的前提下，尽管变更理由充分，若总投资不可控，则全过程工程咨询单位仍不能同意变更；

（3）若经相关单位审核同意变更，则应按变更程序确定变更项目综合单价；

（4）严格执行应当拒绝的现场工程变更、签证；

现场工程变更、签证是施工阶段费用增加的主要途径，必须重视现场工程变更、签证的管理，严格设计现场工程变更、签证的审批程序，建立现场变更、签证台账制度，每月进行统计分析，并加强现场签证的预防工作，将现场工程变更签证控制在合理的范围内。

下列情形的工作内容不予办理工程变更或现场签证：

1）招标文件规定应由施工单位自行承担的；

2）施工合同约定或已包括在合同价款内应由施工单位自行承担的；

3）施工单位在投标文件中承诺自行承担的或投标时应预见的风险；

4）由施工单位责任造成的工程量增加；

5）法律、法规、规章规定不能办理的。

（5）严格执行现场工程变更、签证事项。

现场变更签证应明确根据《建设工程工程量清单计价规范》GB 50500—2013 相关规定和要求，对不符合相关规定和要求的应当拒签。

1）严格界定工程变更的定义。工程变更是指"合同工程实施过程中由投资人提出或由承包人提出经投资人批准的合同工程的任何一项工作的增、减、取消或施工工艺、顺序、时间的改变；设计图纸的修改；施工条件的改变；招标工程量清单的错、漏从而引起的合同条件的改变或工程类的增减变化"除此之外的情形不属于工程变更的范围。

2）严格签证内容要求的条件。需要签证的内容尽可能出具正式图纸，如不能实现出具相关图纸或对图纸不能体现的地方，必须在施工前各方人员现场确认工程量。避免在签证中签认单价或总价。如必须签认价格，应在签证中注明为是不是全费用价格，不得写入"……列入直接费。"

3）签证应注意时效性。办理签证必须在签证单中注明发生时间，以作为在结算时准确判定调整价差的依据。

5. 成果范例

全过程工程咨询单位进行工程变更管理的成果文件一般包括如下表，如表 7-8～表 7-10 所示。

工程变更台账表

工程名称：   表 7-8

序号	变更项目名称	变更编号	变更原因及主要内容	上报金额（元）	审价金额（元）	备注
1						
2						
3						
…						

建设项目工程变更项目汇总表

表 7-9

编号：

工程项目名称		合同名称	
		合同编号	
变更号	变更项目名称	变更的费用	
变更 1			
变更 2			
变更 3			
…			

备注：本表适用于全过程工程咨询单位。

建设项目工程变更审批表

表 7-10

变更提出单位： （盖章）

编号：

工程名称		合同编号	
分部分项工程			
变更的金额	（万元） 详见附件预算书		
变更的原因			
设计单位意见			（盖章） 年　月　日
监理单位意见			（盖章） 年　月　日
造价单位意见			（盖章） 年　月　日
投资人意见			（盖章） 年　月　日

备注：1. 除相关单位的意见外，其余均由提出单位填写；

2. 本表一式四份，提出单位、设计部门、监理单位、造价部门各执一份。

（二） 现场工程签证管理

1. 依据

全过程工程咨询单位在进行现场签证管理，主要依据：

（1）国家、行业和地方政府的有关规定；

（2）承发包合同；

（3）现场地质相关资料；

（4）现场变化相关依据；

（5）计量签证；

（6）工联系单、会议纪要等资料。

2. 内容

现场工程签证是指在施工现场由全过程工程咨询单位和施工单位共同签署的，必要时需投资人签认，用以证实在施工过程中已发生的某些特殊情况的一种书面证明材料。现场签证的管理必须坚持"先签证、后施工"的原则。

现场工程签证主要涉及工程技术、工程隐蔽、工程经济、工程进度等方面内容，均会直接或间接地发生现场签证价款从而影响工程造价。工程签证的主要内容如表 7-11 所示。

工程签证主要内容 表 7-11

签证类型	具体内容
工程技术	1）施工条件的变化或非承包单位原因所引起工程量的变化； 2）工程材料替换或代用等； 3）更改施工措施和技术方案导致工作面过于狭小、作业超过一定高度，采取为保证工程的顺利进行必要措施； 4）合同约定范围外的，承包单位对投资人供应的设备、材料进行运输、拆装、检验、修复、增加配件等； 5）投资人借用承包单位的工人进行与工程无关的工作； 6）施工前障碍物的拆除与迁移及跨越障碍物施工
隐蔽工程	1）监理人某种原因未能按时到位，随后要求的剥离检查； 2）在某工序被下一道工序覆盖前的检验，如基础土石方工程、钢筋绑扎工程
工程经济	1）非承包单位原因导致的停工、窝工、返工等任何经济损失； 2）合同价格所包含工作内容以外的项目； 3）没有正规的施工图纸的建设项目，例如大检修工程、零星维修项目，由承包单位提出一套技术方案，经审批完毕后实施；实施完毕后办理工程签证，依据工程签证办理竣工结算； 4）合同中约定的可调材差的材料价格
工程进度	1）设计变更造成的工期拖延； 2）非承包单位原因造成分部分项工程拆除或返工； 3）非施工单位原因停工造成的工期拖延
其他方面	1）不可预见因素，包括不可预见的地质变化、文物、古迹等； 2）不可抗力因素

3. 程序

结合工程实践，全过程工程咨询单位进行规范化的工程签证流程如图 7-15 所示。现场工程签证需要以有理、有据、有节为原则，即签证的理由成立、签证的依据完整有效、签证的依据计算正确，且每一步都要得到各行为主体的认可和同意，才能继续下一个流程的运行。

现场工程签证具体内容具有不确定、无规律的特征，也是施工单位获取额外利润的重要手段。因此做好现场签证管理，是全过程工程咨询单位项目投资控制的一项极其重要的工作，也是影响项目投资控制的关键因素之一。全过程工程咨询单位应要求监理单位和造价部门严格审查现场工程签证，并把好最后的审核关。对于涉及金额较大、签证理由不充足的，全过程工程咨询单位还要征得投资人的同意，实行投资人、全过程工程咨询单位、监理单位、施工单位和造价部门会签制度。全过程工程咨询单位进行现场签证管理主要体现：

（1）明确现场工程签证内容

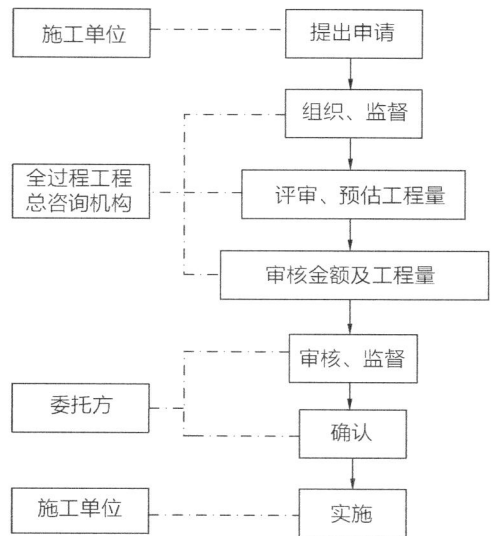

图 7-15 建设项目工程现场签证流程

施工过程中的签证工作必须符合法律、法规、规章、规范性文件约束下合同对签证的具体约定。全过程工程咨询单位与施工单位对签证中需要明确的内容，可以在施工合同专用条款中重点写明，其涉及的主要内容。

在合同中应约定签证的签发原则，哪些内容可以签证，哪些内容不能签证，如果签证则签证的内容有哪些。凡涉及经济费用支出的停工、窝工、用工、机械台班签证等，由现场代表认真核实后签证，并注明原因、背景、时间、部位等。应在施工组织设计中审批的内容，不能做签证处理。例如：临设的布局、挖土方式、钢筋搭接方式等，应在施工组织设计中严格审查，不能随意做工程签证处理。

全过程工程咨询单位应在合同中约定签证的效力。例如，在一个项目施工合同中，要求现场签证必须有总监签字才能生效，无总监签字的现场签证是不能作为结算审核和索赔的依据。此外，全过程工程咨询单位与施工单位根据单张签证涉及费用大小的签证权限，建立不同层次的签证制度。涉及金额较小的内容可由全过程工程咨询单位现场代表和监理人共同签字认可；涉及金额较大的内容应由全过程工程咨询单位或监理单位、承包单位两方召开专题会议，形成会议纪要，通过签署补充合同的形式予以确定。

（2）合同约定时间内及时办

现场签证要在合同约定的时间内及时办理，不应拖延或过后回忆补签。一方面保证签证的效力，另一方面由于工程建设自身的特点，很多工序会被下一道工序覆盖，如基础土方工程；还有会在施工过程中被拆除，如临时设施。另一方面参加建设的各方人员都有可能变动。因此，全过程工程咨询单位在现场签证中应当做到一次一签，一事一签，及时处理，及时审核。对于一些重大的现场变化，还应该拍照或录像，作为签证的参考证据。

（3）加强签证审查

全过程工程咨询单位对签证的审查主要包括在几个方面：审查签证主体合法、审查签证形式有效、审查签证内容真实合理、审查签证程序及时间符合合同约定，下面具体说明：

1）签证主体合法

签证主体是施工合同双方在履行合同过程中在签证单上签字的行为人。签证单上的签字人是否有权代表承发包双方签证，直接关系到该签证是否有效，关系到承包方在履行合同过程中所做的签证是否最终能进入工程结算价。因此，审查签证主体必须为合同中明确约定的主体。

2）签证形式有效

工程签证相当于施工合同的补充协议，一般来说应采用书面形式，审查内容应当包括签证的当事人，签证的事实和理由，签证主体的签字以及承发包双方的公章。

3）签证内容真实合理

审查签证内容真实合理，真实性表现在签证内容属实，有些承包单位采取欺骗手段，虚报隐蔽工程量，如虚增道路、场地混凝土的厚度等。另外，建筑材料品种繁多，尤其是装饰材料，从表面看上去相同的材料，其价格却相差很远。合理性表现在签证内容应符合合同约定，签证内容涉及价款调整、工期顺延及经济补偿等内容，应坚持合同原则，严格按照合同约定的计算方法、调整方法等进行相应签证。

4）签证程序及时间符合合同约定

审查应严格遵循合同中约定的签证程序进行签证，未按照时效和程序会导致签证无效。

4. 注意事项

（1）现场签证手续办理要及时。在施工过程中，签证发生时应及时办理签证手续，如零星工作、零星用工等。对因施工时间紧迫，不能及时办理签证手续的，事后应及时督促监理单位等相关单位补办签证手续，避免工程结算时发生纠纷。

（2）加强现场工程签证的审核。在现场签证中，施工单位有可能提供与实际情况不符的内容及费用，如多报工程量、提供虚假的签证等。因此，全过程工程咨询单位应首先要求监理单位严格审查，同时把好最后的审核关，避免出现施工单位的签证不实或虚假签证情况的发生。

（3）规范现场工程签证。建立现场工程签证会签制度，明确规定现场工程签证必须由全过程工程咨询单位或专业咨询工程师（监理）、造价部门和施工单位共同签认才能生效，必须经由投资人签认，缺少任何一方的签证均无效，不能作为竣工结算和索赔的依据。在施工过程中，投资人有可能提出增加建设内容或提高建设标准，须经投资人进行签认。因此，在委托合同中应明确其增加的投资由投资人负责。

5. 成果范例

全过程工程咨询单位或专业咨询工程师（监理）进行现场工程签证的成果文件一般包括下表，如表7-12～表7-15所示。

工程签证台账表

表 7-12

工程名称：

序号	签证项目名称	签证编号	签证原因及主要内容	上报金额（元）	审价金额（元）	备注
1						
2						
3						
...						

建设项目工程签证汇总表

表 7-13

工程名称：　　　　　　　　　　　　　　　　　　　　　　　　　　　　编号：

工程项目名称		合同名称	
		合同编号	
签证号	签证项目名称		签证的费用
签证 1			
签证 2			
签证 3			
...			
...			
...			
...			

备注：本表适用于全过程工程咨询单位。

建设项目工程签证报审核定表

表 7-14

工程名称：

编号：

根据合同（补充协议）第　　条的规定，由于＿＿＿＿＿＿原因，要求就下列签证并予核定。

事项：

增加/减少合同金额：＿＿＿＿＿＿＿＿＿元

附件：

申报单位（施工承包）：

项目负责人：

年　月　日

监理单位意见：

专业监理单位：

总监理工程师：

年　月　日

工程造价部门意见：

项目负责人：

年　月　日

全过程工程咨询单位意见：

项目负责人：

年　月　日

备注：1. 除相关单位的意见栏外，其余均由申报单位填写；

2. 本表一式四份，申报单位、监理单位、造价部门、全过程工程咨询单位各执一份。

现场签证表

表 7-15

工程名称：　　　　　　　　　　　**标段：**　　　　　　　　　　　**编号：**

施工部位		日期	

致：＿＿＿＿＿＿＿＿＿＿＿＿＿＿（投资人全称）

　　根据＿＿＿（指令人姓名）＿年＿月＿日的口头指令或你方＿（或监理人）＿年＿月＿日的书面通知，我方要求完成此项工作应支付价款金额为（大写）＿＿＿＿（小写＿＿＿），请予核准。

附：1. 签证事由及原因
　　2. 附图及计算式

承包人（章）

承包人代表：

日　　期：

复核意见： 你方提出的此项签证申请经复核： □不同意此项签证，具体意见见附件； □同意此项签证，签证金额的计算，由造价工程师复核。 　　　　　　　　　　　　　　监理工程师： 　　　　　　　　　　　　　　日　期：	复核意见： 　　□此项签证按承包人中标的计日工单价计算，金额为（大写）＿＿＿元，（小写＿＿＿元）； 　　□此项签证因无计日工单价，金额为（大写）＿＿＿元，（小写＿＿＿）。 　　　　　　　　　　　　造价工程师： 　　　　　　　　　　　　日　期：

审核意见：

□不同意此项签证；

□同意此项签证，价款与本期进度款同期支付。

投资人（章）：

投资人代表：

日　　期：

注：1. 在选择栏中的"□"内作标识"√"；

　　2. 本表一式四份，由承包人在收到投资人（监理人）的口头或书面通知后填写，投资人、监理单位、造价部门、承包人各存一份。

三、索赔费用的管理

（一）依据

全过程工程咨询单位进行索赔费用处理时主要依据：

（1）国家和省级或行业建设主管部门有关工程造价、工期的法律、法规、政策文件等；

（2）招标文件、工程合同、经认可的施工组织设计、工程图纸、技术规范等；

（3）工程各项来往的信件、指令、信函、通知、答复等；

（4）工程各项有关的设计交底、变更图纸、变更施工指令等；

（5）工程各项经监理工程师签认的签证及变更通知等；

（6）工程各种会议纪要；

（7）施工进度计划和实际施工进度表；

（8）施工现场工程文件；

（9）工程有关施工部位的照片及录像等；

（10）工程现场气候记录，如有关天气的温度、风力、雨雪等；

（11）建筑材料和设备采购、订货运输使用记录等；

（12）工地交接班记录及市场行情记录等。

（二）内容

1. 审核造价部门对工程索赔的审核应遵循以下原则

（1）审核索赔事项的时效性、程序的有效性和相关手续的完整性；

（2）审核索赔理由的真实性和正当性；

（3）审核索赔资料的全面性和完整性；

（4）审核索赔依据的关联性；

（5）审核索赔工期和索赔费用计算的准确性。

2. 工程造价部门审核工程索赔费用后，应在签证单上签署意见或出具报告，意见或报告应包括下列主要内容

（1）索赔事项和要求；

（2）审核范围和依据；

（3）审核引证的相关合同条款；

（4）索赔费用审核计算方法；

（5）索赔费用审核计算细目。

3. 全过程工程咨询单位对于施工过程中索赔费用管理，主要包括

（1）索赔的预防，做好日常施工记录，为可能发生的索赔提供证据；

（2）索赔费用的处理，包括索赔费用的计算及索赔审批程序。

4. 索赔的预防

全过程工程咨询单位通过工程投资计划的分析，找出项目最易突破投资的子项和最易发生费用索赔的因素，考虑风险的转移，制定具体防范对策。例如：在编制招标文件和施工承包合同时，应有索赔的意识，将承包合同不完善而引起的索赔，从而导致工程费用增加。此外，全过程工程咨询单位应严格审查施工单位编制的施工组织设计，对于主要施工技术方案进行全面的技术经济分析，防止在技术方案中出现投资增加的漏洞。

5. 索赔费用的处理

全过程工程咨询单位应严格审批索赔程序，组织监理单位进行有效的日常工程管理，切实认真做好工程施工记录，同时注意保存各种文件图纸，为可能发生的索赔处理提供依据。当索赔发生后，要迅速妥当处置。根据收集的工程索赔的相关资料，迅速对索赔事项开展调查，分析索赔原因，审核索赔金额，并征得投资人意见后负责与施工单位据实妥善协商解决。

（三）程序

（1）全过程工程咨询单位或专业咨询工程师（监理）可按下列程序处理施工单位提出的费用索赔

1）受理施工单位在施工合同约定的期限内提交的费用索赔意向通知书。

2）收集与索赔有关的资料。

3）受理施工单位在施工合同约定的期限内提交的费用索赔报审表。

4）审查费用索赔报审表。需要施工单位进一步提交详细资料时，应在施工合同约定的期限内发出通知。

5）与投资人和施工单位协商一致后，在施工合同约定的期限内签发费用索赔报审表，并报投资人。

（2）全过程工程咨询单位或专业咨询工程师（监理）批准施工单位费用索赔应同时满足下列条件

1）施工单位在施工合同约定的期限内提出费用索赔。

2）索赔事件是因非施工单位原因造成，且符合施工合同约定。

3）索赔事件造成施工单位直接经济损失。

（3）当施工单位的费用索赔要求与工程延期要求相关联时，全过程工程咨询单位或专业咨询工程师（监理）可提出费用索赔和工程延期的综合处理意见，并应与投资人和施工单位协商。

（4）因施工单位原因造成投资人损失，投资人提出索赔时，全过程工程咨询单位应与投资人和施工单位协商处理。

当全过程工程咨询单位未能按合同约定履行自己的各项义务或工作失误，以及应由全过程工程咨询单位承担责任的其他情况，造成施工单位的工期延误和（或）经济损失，按照国家有关规定和施工合同的要求，施工单位可按程序向全过程工程咨询单位进行索赔，其索赔流程如图 7-16 所示。

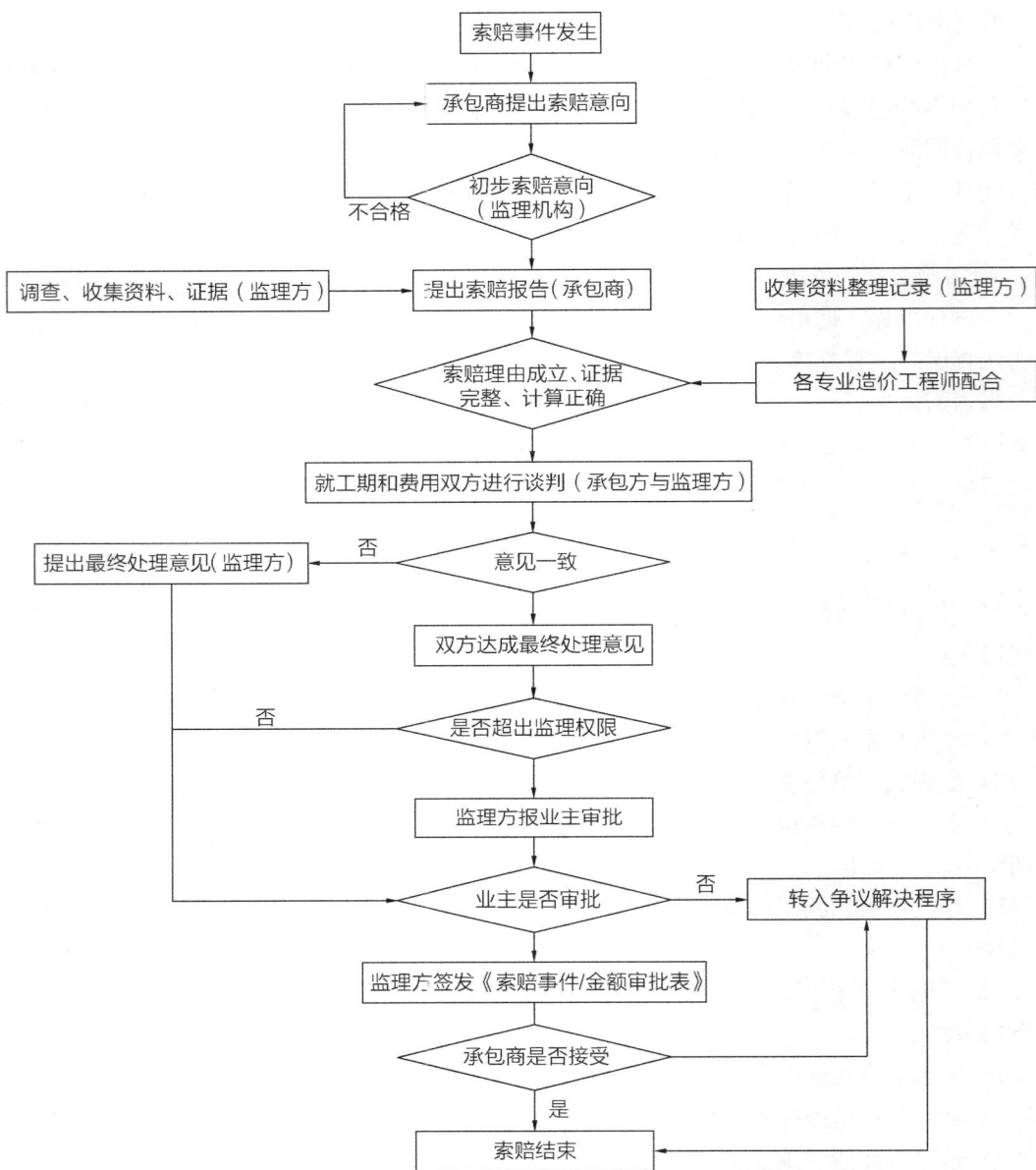

图 7-16 全过程工程咨询单位对施工单位索赔处理程序

（5）全过程工程咨询单位对施工单位索赔方法如下：

1）收集索赔原始资料

索赔原始资料证据的准备程度决定了索赔能否成功。因此，全过程工程咨询单位对于原始证据的收集整理尤为重要。索赔资料的收集如表7-16所示。

涉及工程费用索赔的有关施工和监理文件资料包括：施工合同、采购合同、工程变更单、施工组织设计、专项施工方案、施工进度计划、投资人和施工单位的有关文件、会议纪要、监理记录、监理工作联系单、监理通知单、监理月报及相关监理文件资料等。

内容 类型		收集资料内容
签订合同阶段资料	招标文件	招标文件中约定的工程范围更改、施工技术更换、现场水文地质情况的变化以及招标文件中的数据错误等均可导致索赔
	投标文件	投标文件是索赔重要的依据之一，尤其是其中的工程量清单和进度计划将是费用索赔和工期索赔的重要参考依据
	工程量清单	工程量清单也是索赔的重要依据之一，在工程变更增加新的工作或处理索赔时，可以从工程量清单中选择或参照工程量清单中的单价来确定新项目或者索赔事项的单价或价格
	计日工表	包括有关的施工机械设备、常用材料、各类人员相应的单价、作为索赔施工期间投资人指令要求承包商实施额外工作所发生费用的依据
	合同条件	包括双方签订的合同与所使用的合同范本两部分，合同中又包括合同协议书、通用合同条件，专用合同条件，规范要求、图纸、其他附件等
施工阶段资料	往来信函	监理的工程变更指令、口头变更确认函、加速施工指令、工程单价变更通知、对承包商问题的书面回答等
	会议纪要	标前会议纪要、工程协调会议纪要、工程进度变更会议纪要、技术讨论会议纪要、索赔会议纪要等，并且会议纪要上必须有双方负责人的签字
	现场记录	施工日志、施工检查记录、工时记录、质量检查记录、施工机械设备使用记录、材料使用记录、施工进度记录等。重要的记录如：质量检查、验收记录、还应有投资人或其代表的签字认可
	现场气象记录	每月降水量、风力、气温、河水位、河水流量、洪水位、洪水流量、施工基坑地下水状况、地震、泥石流、海啸、台风等特殊自然灾害的记录
	工程进度计划	批准的进度计划、实际的进度计划
	工程财务记录	工程进度款每月的支付申请表、工人劳动计时卡（或工人工作时间记录）、工资单、设备材料和零配件采购单、付款收据、工程开支月报等
	索赔事件发生时现场的情况	描述性文件、工程照片及声像资料，各种检查检验报告和技术鉴定报告
其他资料	相关法律与法规	招标投标法、政府采购法、合同法、公司法、劳动法、仲裁法及有关外汇管理的指令、货币兑换限制、税收变更指令及工程仲裁规则等
	市场信息资料	当地当时的市场价格信息、价格调整决定等价格变动信息、当地政府、行业建设主管部门发布的工程造价指数、物价指数、外汇兑换率（如果有）等市场信息
	先例与国际惯例	以前处理此类索赔问题的先例、处理此类索赔问题的国内、国际惯例，所谓惯例是指在事件中逐渐形成的不成文的准则，是一种不成文的法律规范，最初只被一些国家（地区）使用，后来被大多数国家（地区）接收，成为公认的准则

2) 索赔费用的计算

① 总费用法

总费用法是指发生了多起索赔事件后，重新计算该工程的实际总费用，再减去原合同价，其差额即为承包商索赔的费用。

计算公式：索赔金额＝实际总费用－投标报价估算费用

但这种方法对全过程工程咨询单位不利，因为实际发生的总费用中可能有承包商的施工组织不合理因素；承包商在投标报价时为竞争中标而压低报价，中标后通过索赔可以得到补偿。

② 修正总费用法

修正总费用法即在总费用计算的原则上，去掉不合理的费用，使其更合理。修正的内容包括：计算索赔款的时段仅局限于受到外界影响的时间；只计算受影响时段内的某项工作所受影响的损失；对投标报价费用重新进行核算，按受影响时段内该项工作的实际单价进行核算，乘以实际完成的该项工作的工程量，得出调整后的报价费用。

计算公式：索赔金额＝某项工作调整后的实际总费用－该项工作的报价费用

③ 分项计算法

分部分项法即按照各种索赔事件所引起的费用损失，分别计算索赔款。这种方法比较科学、合理，同时方便全过程工程咨询单位审核索赔款项，但计算比较复杂。分项计算方法如表 7-17 所示。使用这种方法计算索赔款时，应先分析干扰事件引起的费用索赔项目，然后计算各费用项目的损失值，最后加以汇总。

分项计算索赔费用方法 表 7-17

	工程量增加	窝工
人工费	预算单价×增加量	窝工费×窝工时间
材料费	实际损失材料量×原单价×调值系数	
机械台班费	预算单价×增加量	（自有）折旧费×时间； （租赁）租金×时间
管理费	（合同价款/合同工期）×费率×延误天数	一般情况下不考虑
总部管理费	① 按照投标书中总部管理费的一定比例计算： 总部管理费＝合同中总部管理费比率×（直接费索赔款额＋现场管理费索赔款额等） ② 按照公司总部统一规定的管理费比率计算： 总部管理费＝公司总部管理费比率×（直接费索赔款额＋现场管理费索赔款额等） ③ 以工期延长的总天数为基础，计算总部管理费： 索赔的总部管理费＝该工程的每日管理费×工程延期的天数	
利润	（合同价款/合同工期）×利润率×变更天数	一般情况下不考虑
利息	利息＝计息基数×约定的利率	一般情况下不考虑

（四）注意事项

（1）此项索赔是否具有合同依据、索赔理由是否充分及索赔论证是否符合逻辑。

（2）索赔事件的发生是否存在施工单位的责任，是否有施工单位应承担的风险。

（3）在索赔事件初发时，施工单位是否采取了控制措施。据国际惯例，凡遇偶然事故发生影响工程施工时，施工单位有责任采取力所能及的一切措施，防止事态扩大，尽力挽回损失。如确有实施证明施工单位在当时未采取任何措施，全过程工程咨询单位可拒绝其补偿损失的要求。

（4）施工单位是否在合同规定的时限内向全过程工程咨询单位和监理单位报送索赔意向通知书。

（五）成果范例

全过程工程咨询单位进行索赔费用处理的成果性文件一般包括下表，如表 7-18～表 7-20 所示。

建设项目工程费用索赔汇总表

编号：　　　　　　　　　　　　　　　　　　　　　　　　　　　　　　　　　　表 7-18

工程项目名称		合同名称	
		合同编号	
序号	索赔项目名称	索赔的费用	
1			
2			
3			
…			
…			
…			
…			
…			
…			
…			

备注：本表适用于全过程工程咨询单位。

建设项目工程费用索赔报审表

表 7-19

工程项目名称：   **编号：**

    根据合同（补充协议）＿＿＿条的规定，由于＿＿＿＿＿＿＿＿＿＿＿＿＿＿＿原因，我方提出索赔（资料附后），请有关单位予以审定。

    事项及理由：

    计算过程：

费用索赔		（元）	工期索赔	（天）
索赔单位名称				（盖章） 年　月　日
监理单位意见				（盖章） 年　月　日
造价部门意见				（盖章） 年　月　日
全过程工程咨询 单位意见				（盖章） 年　月　日

    备注：1. 除相关单位的意见栏外，其余均由提出单位填写；

           2. 本表一式四份，提出单位、监理单位、造价部门、全过程工程咨询单位各执一份。

索赔意向通知书	表 7-20

工程名称： 　　　　　　　　　　　　　　　　　　　　　　编号：

致：＿＿＿＿＿＿＿＿＿＿＿＿＿＿＿＿＿

　　根据施工合同＿＿＿＿＿＿＿＿＿（条款）约定，由于发生了＿＿＿＿＿＿＿＿＿＿＿＿事件，且该事件的发生非我方原因所致。为此，我方向＿＿＿＿＿＿＿＿＿＿（单位）提出索赔要求。

　　附件：索赔事件资料

提出单位（盖章）

负责人（签字）

年　月　日

第五节　施工阶段的质量控制

在项目施工阶段，质量对于项目的成功至关重要，全过程工程咨询单位对于项目施工阶段的质量控制，即做好有效的质量管理规划，明确项目质量管理的范围，建立和健全质量保证体系，通过采取有效措施，在满足工程造价和进度要求的前提下，保障项目质量目标的实现。

一、施工阶段质量控制

（一）依据

建设工程质量控制，就是通过采取有效措施，在满足工程造价和进度要求的前提下，实现预定的工程质量目标。全过程工程咨询单位的或专业咨询工程师（监理）在建设工程施工阶段质量控制的主要任务是通过对施工投入、施工和安装过程、施工产出品进行全过程控制，以及对施工单位及其人员的资格、材料和设备、施工机械和机具、施工方案和方法、施工环境实施全面控制，以期按标准实现预定的施工质量目标。

（1）国家及地方相关法律、法规性文件，如《关于修改〈中华人民共和国建筑法〉的决定》（2011年）、《建设工程质量管理条例》（国务院第279号令）及建设工程的强制性标准；

（2）《建筑工程施工质量验收统一标准》GB 50300—2013；

（3）《建设工程质量检测管理办法》（建设部令141号）；

（4）《建筑工程质量监督条例（试行)》；

（5）《质量管理体系基础和术语》GB/T 19000—2016；

（6）工程监理和施工、发承包及材料设备采购等相关承办单位合同文件；

（7）质量管理计划；

（8）投资人的功能要求报告及设计任务书；

（9）地质勘察文件、设计施工图纸及设计要求；

（10）施工组织设计及专项施工方案措施；

（11）其他影响质量的因素等。

（二） 内容

为完成施工阶段质量控制任务，全过程工程咨询单位或专业咨询工程师（监理）需要做好以下工作：

（1）协助投资人做好施工现场准备工作，为施工单位提交合格的施工现场；

（2）审查确认施工总包单位及分包单位资格；

（3）检查工程材料、构配件、设备质量；

（4）检查施工机械和机具质量；

（5）审查施工组织设计和施工方案；

（6）检查施工单位的现场质量管理体系和管理环境；

（7）控制施工工艺过程质量；

（8）验收分部分项工程和隐蔽工程；

（9）处置工程质量/问题、质量缺陷；

（10）组织协助处理工程质量事故；

（11）审核工程竣工图，组织工程预验收；

（12）参加工程竣工验收。

任何建设工程项目都是由分项工程、分部工程和单位工程所组成的，而工程项目的建设，则通过一道道工序来完成。工程项目施工阶段质量控制是从工序质量到分项工程质量、分部工程质量、单位工程质量的控制过程，由原材料的质量控制开始，达到完成各项工程质量目标为止的质量控制过程。为确保工程质量，对实施的全过程进行质量管理监督、控制与检查，按照施工过程前后顺序将过程控制划分为事前、事中、事后质量控制，主要内容如图7-17所示。

施工阶段质量控制

├─ 施工事前质量控制
│   ├─ 施工准备工作质量控制
│   │   ├─ 施工人员的资格审查
│   │   ├─ 工程原材料质量控制
│   │   ├─ 施工所需机械质量控制
│   │   ├─ 施工图设计、技术交底会审
│   │   └─ 施工现场临设、技术准备、管理机构、环境条件质量控制
│   └─ 开工报告审核
│
├─ 施工过程事中质量控制
│   ├─ 施工过程中设计及工程变更
│   ├─ 施工安装工艺过程
│   │   ├─ 各项检验批验收控制
│   │   ├─ 各分部分项工序控制
│   │   ├─ 各工序间衔接质量控制
│   │   └─ 各项取样抽检、检测、实验控制
│   └─ 中间产品质量控制
│
└─ 施工事后质量控制
    ├─ 工程质量签定文件
    │   ├─ 竣工图
    │   ├─ 质量检验评定资料
    │   └─ 各项质量保资料
    └─ 竣工质量验收
        └─ 工程质量评定

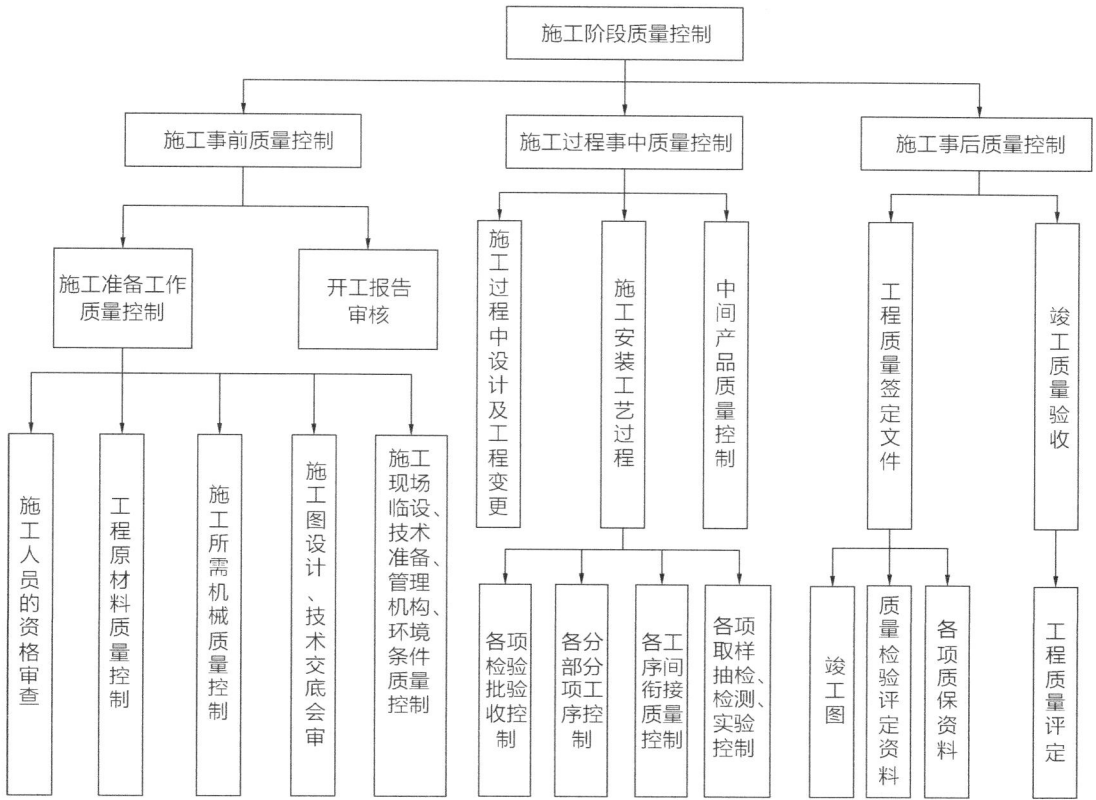

图 7-17 按照施工过程时段的施工质量控制内容

1. 施工事前质量控制

全过程工程咨询单位应明确各级技术、质量、操作人员的职责，督促相关单位做好施工组织设计（方案）、专项方案的评审和技术交底工作，开工前针对施工中可能影响质量的各种因素做出预控措施，制定切实可行的操作程序和交底工作，要求施工单位技术人员提前做好各项技术保证措施，避免质量问题的出现。具体内容如下：

（1）对施工单位资质进行核查，确保施工单位的资质等级与承揽的工程项目要求相符；对施工人员素质和人员结构进行检查，使参与施工的人员技术水平与工程技术要求相适应。

（2）对施工组织设计和质量计划进行审查。施工组织设计，包括施工方案、施工方法、进度计划、施工措施、现场平面布置等。施工组织设计是施工准备和施工全过程的指导性文件。对施工组织设计，要着重审查下列几点：

1）施工组织设计的编制、审查和批准应符合规定的程序；

2）施工组织设计应符合国家的技术政策，充分考虑承包合同规定的条件、现场条件及法规条件的要求，突出"安全第一"的原则；

3）施工组织设计具有较强的针对性；

4）施工组织设计要有可操作性，即切实可行；

5）技术方案应择优选择，突出成熟、稳妥、安全可靠、经济可行；

6）质量管理体系和技术管理体系健全完善；

7）施工现场安全、环保、消防和文明施工符合规定；

8）在满足合同和法规要求的前提下，在审查过程中要尊重施工单位的自主决策权和自主管理权。

（3）施工准备阶段的检查工作，如岗前培训、操作规程、技术交底、施工机械设备的使用运转检查、各项施工设施的安全检查。进入场地的各项工程材料报检、抽检、检测、复验。

（4）对进场的原材料、构配件和设备的监控：

1）进入现场的原材料，必须经施工单位自检合格后，报监理单位进行审查。

2）对到达现场的构配件和设备，由监理单位、施工单位、安装单位按规定程序进行检查验收。合格的移交施工单位保管，凡是不合格的原材料、构配件和设备不能进入现场，不得在施工中使用。

（5）对施工机械设备的监控。审查所需的施工机械设备，是否与已批准的施工组织设计或施工计划一致，是否满足施工的需求。

（6）审查主要分部（分项）工程施工方案。应要求承包单位对某些主要分部（分项）工程或重点部位、关键工序在施工前，将施工工艺、原材料使用、劳动力配置、质量保证措施等情况编写专项施工方案，当承包单位采用新技术、新工艺时，应审查其提供的鉴定证明和确认文件。

（7）组织设计交底会议。为了使施工单位了解设计意图，全过程工程咨询单位要组织由设计部门、施工单位、监理单位参加设计施工图交底和图纸会审会议，督促施工单位准备好技术标准图集、规范、规程等文件。

（8）对施工单位质量管理体系的检查。检查施工单位是否按照施工组织设计建立、健全了质量保证体系，该体系运行能否起到工程质量的控制作用。

（9）审查参建单位质量管理计划的全面性、针对性、协调性。

（10）审查参建单位是否建立健全质量管理相关制度。

事前控制内容如表 7-21 所示。

事前控制内容 表 7-21

序号	事前控制工作项	事前控制工作内容
1	检查施工企业资质、质量认证文件	1. 查看承包企业资质证书是否符合承包工程的资质等级要求；与投标时名称是否一致且有效； 2. 是否有《质量管理体系》认证文件，且在有效期内； 3. 查验分包单位、设备供应单位相关资质
2	查看承包企业项目管理班子构成	1. 查看项目经理及项目组成员姓名、专业、人数是否与投标书相一致； 2. 对主要组成员发生的更换应有合理的说明，更换者不得降低标准
3	参与施工图纸会审和设计交底	1. 核实设计图纸是否经过政府有关部门审查通过的施工图纸； 2. 了解施工企业理解设计意图、确定质量重点、难点，消除施工图纸差错，提出深化设计部位，提出新技术、重要部位质量控制详细要求

序号	事前控制工作项	事前控制工作内容
4	核查施工现场环境及施工条件	1. 现场条件是否达到基本三通一平等施工要求的基本条件，特别是地下障碍物是否全部清理处理完毕； 2. 查看勘探、设计资料，核查标高基准点和项目定位数据
5	检查进场的主要施工设备、签认建筑构配件、设备报验、签认材料的报验	1. 要求承包单位应按有关规定对主要原材料进行复试； 2. 审查构配件和设备厂家的资质证明及产品合格证明、进口材料和设备商检证明，并要求承包单位按规定进行复试。应审查施工现场主要设备的规格、型号是否符合施工组织设计的要求
6	审查主要分部（分项）工程施工方案	要求承包单位对某些主要分部（分项）工程或重点部位、关键工序在施工前，将施工工艺、原材料使用、劳动力配置、质量保证措施等情况编写专项施工方案，审查其可施工性
7	核查质量管理体系和管理制度	1. 参与单位是否建立符合该项目的质量管理组织，完备的质量管理体系；以及相应的质量管理制度； 2. 质量管理体系文件是否符合《质量管理体系 基础和术语》GB/T 19000—2016质量管理体系的原则和文件相关要求； 3. 参建单位是否配备了符合要求的质量管理人员，并为质量管理人员配置了质量管理的相关设备、工具及相关条件
8	检查参建单位项目质量管理文件符合性	1. 与投资人签订的合同，合同中规定的质量特性，项目应达到的各项指标及验收标准，包括项目所执行的技术标准和规范是否一致； 2. 是否遵守了项目所在地区的法律、法规及技术标准、规范； 3. 是否与其投标文件相关内容相一致； 4. 与参建单位的项目管理计划及其他质量管理文件相一致
9	审查参建单位质量管理计划的全面性、针对性、协调性	1. 项目质量计划的范围、工程特点及施工合同条件、法规条件、现场条件分析； 2. 质量管理计划是否充分考虑了设计、施工、采购、试运行等的全过程质量管理与协调要求； 3. 项目质量管理是否遵循持续策划、实施、检查、改进质量管理活动的过程； 4. 项目质量总目标及分解目标，拟定的质量标准； 5. 质量管理组织结构和职责、人员及资源配置计划； 6. 确定施工工艺与操作方法的技术方案和施工任务的流程组织方案； 7. 施工材料、设备物资等的质量管理及控制措施； 8. 施工质量检验、检测、试验工作的计划安排及实施方法和准则； 9. 施工质量控制重点部位是否明确，其控制的方式要求是否配套； 10. 与其他参建单位交叉工作面质量保证措施； 11. 质量记录文件和资料的管理； 12. 产品标识、成品保护和不合格产品的管控； 13. 项目质量计划的编制依据（技术标准、规范等）； 14. 是否与该项目的其他管理计划相协调

序号	事前控制工作项	事前控制工作内容
10	审查参建单位是否建立健全质量管理相关制度	1. 施工单位的技术交底制度； 2. 施工单位材料进场检验制度； 3. 施工单位的样板制度； 4. 施工部位挂牌制度； 5. 施工单位过程"三检"制度； 6. 质量否决制度； 7. 成品保护制度； 8. 质量考核奖惩制度； 9. 质量文件记录制度； 10. 有关工程技术、质量的文件资料管理制度； 11. 工程质量等级评定、核定制度； 12. 培训上岗制度； 13. 竣工服务承诺制度； 14. 工程质量事故报告及调查制度

2. 施工过程中质量控制

在施工过程中，全过程工程咨询单位要狠抓施工单位对质量控制措施的落实，做到分工清晰，职责明确，措施到位。加强对监理单位的监督管理，要求监理单位严格按巡视、平行检查、旁站等方法对施工质量进行监督检查，严格按质量控制程序，对分部、分项、检验批、隐蔽工程和单位工程进行检查验收、签认。督促相关各方按规定及时见证取样抽检，及时做好质量管理资料的收集、整理和归档工作。具体内容如下：

（1）对施工单位质量保证体系的运行情况监控。施工单位是否真正按质量管理体系文件执行。质量管理体系的运行是否发挥良好的作用，有何不足和问题。如果达不到质量目标的要求，对该体系要进行持续改进和调整。

（2）对关键质量点跟踪监控。监督检查关键工序施工过程中的操作人员、机械设备、材料、施工方法及工艺流程是否按规定执行，是否符合保证质量的要求。现场监督检查的方式有：旁站与巡视检查，平行检查。对于重要的工序和部位，要求进行旁站监督与控制，确保工程质量。

1）全过程工程咨询单位或专业咨询工程师（监理）应根据工程特点和施工单位报送的施工组织设计，确定旁站的关键部位、关键工序，安排监理人员进行旁站，并应及时记录旁站情况。

2）全过程工程咨询单位或专业咨询工程师（监理）应安排监理人员对工程施工质量进行巡视。巡视应包括下列主要内容：

① 施工单位是否按工程设计文件、工程建设标准和批准的施工组织设计、（专项）施工方案施工。

② 使用的工程材料、构配件和设备是否合格。

③ 施工现场管理人员，特别是施工质量管理人员是否到位。

④ 特种作业人员是否持证上岗。

3）全过程工程咨询单位或专业咨询工程师（监理）应根据工程特点、专业要求，以及建设工程监理合同约定，对施工质量进行平行检验。

（3）认真处理工程变更，严格执行变更程序。施工过程中，由于前期勘察设计的原因，或由于外界自然条件的变化，探明的地下障碍物、管线、文物、地质条件不符，以及施工工艺方面的限制、投资人要求的改变，均会涉及工程变更。因此，做好工程变更的控制工作，也是施工质量控制的一项重要内容。

（4）做好施工过程中检查验收工作。对于各工序完成后的成果和重要部位，先由施工单位按规定自检，自检合格后，向监理单位提交"质量验收通知单"，经全过程工程咨询单位或专业咨询工程师（监理）检验确认合格后，才能进入下一道工序施工。

（5）工程质量问题和质量事故的处理。质量缺陷、质量事故是由各种主观和客观原因造成的，工程上出现质量缺陷难以避免。当施工中发现质量问题时，应立即向施工单位发出通知，要求其对质量缺陷进行补救处理。当出现不合格产品时，全过程工程咨询单位或专业咨询工程师（监理）应要求施工单位拿出方案采取措施，实施整改，并跟踪检查，直到整改合格。交工后在质量责任期内出现质量问题时，监理单位应要求施工单位进行修补或返工，直到问题清除或投资人满意为止。

（6）下达停工和复工指令确保工程质量。当施工现场出现质量异常情况，又未采取有效措施；隐蔽作业未经检验而擅自修改封闭；未经同意擅自修改设计或图纸；使用不合格的原材料、构配件等，发现上述情况之一者，全过程工程咨询单位或专业咨询工程师（监理）应下达停工指令，纠正之后下达复工指令。

（7）材料配合比的质量控制。施工过程中，均会涉及材料配合比、不同材料的混合拌制作业。如混凝土工程中，水泥、砂、石原材料的组成配合比，混凝土拌制的配合比；交通工程中路基填料的配合比及拌制；路面工程中沥青摊辅料的配合比等。由于不同原材料配合及拌制后的产品对最终工程质量有重要的影响。因此，监理单位要高度重视相关的质量控制工作。

为确保工程质量，要对工程材料、混凝土试块、砂浆试块、受力钢筋等进行取样送检制度。施工单位在取样时，要通知全过程工程咨询单位或专业咨询工程师（监理），在其监督下完成见证取样的工作，在见证条件下，将取样送实验室检验。

（8）计量工作的质量控制。施工过程计量器具包括计量仪器、检测设备、称重衡器等等。对于施工单位来说，从事计量作业的人员必须经过培训，并且具有一定的专业知识，操作方法得当，会处理和整理数据。监理单位要对操作人员技术水平进行审核，对计量作业结果进行评价和确认。

施工阶段的质量管理事中控制内容如表 7-22 所示。事中控制的控制重点如表 7-23 所示。

质量管理的事中控制内容

表 7-22

事中控制	实施控制的内容
检查质量管理体系管理工作质量、评价管理体系管理工作质量；对存在的责任不落实、质量意识差等问题提出纠正要求	1. 建立定期质量管理人员会议制度，分析评价当前质量管理中的问题，布置当前质量工作预控内容要点，确定落实的措施及要求； 2. 协调处理施工中各参建单位交叉工作界面质量管理发生的矛盾等问题，减少界面质量责任不清； 3. 查看质量职能部门是否按预定的质量管理体系和管理计划实施了管理；质量管理人员管理是否到位，是否做到及时检查测量，严格掌握质量标准，坚决纠正质量偏差；分析评价质量计划中、特别是重要质量控制点、关键技术的质量措施落实问题； 4. 通过一定数量、部位或阶段的质量管理结果判断质量管理体系的项目适用性和质量人员的职业水准；对于管理体系运行存在的问题提出纠正措施和要求； 5. 对照施工设计修改或深化设计的图纸技术说明等设计文件、有关设计质量要求和强制性标准等相关规定，检查相应的质量措施跟进和落实情况； 6. 按照控制工作计划和有针对性的参与施工技术复核、计量检测、见证取样等活动，检查其质量管理的规范性、及时性、计划性；参加有关施工质量例会； 7. 实施过程中的各项质量信息是否完整、连续、真实；信息传递流程是否畅通； 8. 根据质量控制计划分阶段或定期分析工程质量信息，并提出分析报告及项目管理机构的意见，评价质量管理体系运行效果； 9. 对发生的质量事件应对措施是否得当、及时，是否执行了预定程序

质量管理事中控制的控制重点

表 7-23

序号	控制项目	控制重点内容
1	检查施工单位的技术交底制度	1. 坚持以技术进步保证施工质量的原则； 2. 施工单位技术部门应编制有针对性的施工组织设计，积极采用新工艺、新技术；针对特殊工序编制要有针对性的作业指导书； 3. 每个工种、每道工序施工前要组织进行各级技术交底，包括项目技术负责人对作业长的技术交底、作业长对班组的技术交底、班组长对作业班组的技术交底； 4. 各级交底以书面进行。因技术措施不当或交底不清而造成质量事故的要追究有关部门和人员的责任
2	检查施工单位设备材料进场检查制度、使用流向登记管理制度	1. 用于工程的钢筋、混凝土等建筑材料、构配件和设备应通过正常的采购渠道，并具有出厂合格证明、质检或试验记录等相关资料； 2. 根据国家规范要求对使用材料分批分量进行抽查检验，见证取样过程、料进场检验制度、使用流、编号、封存、记录、送检单位是否符合有关规定，对抽检不合格的材料一律不准使用，并监督进行标识，隔离保存，不得再用； 3. 建立设备材料流向跟踪登记管理制度，以便保证工程所用的所有原材料和设备从进场、检试验、领用直到使用部位都具有可追溯性
3	检查施工挂牌制度	1. 主要工种如钢筋、混凝土、模板、砌砖、抹灰等，施工过程中在现场实行挂牌制度，注明管理者、操作者、施工日期，并做相应的图文记录； 2. 挂牌记录作为重要的施工档案保存，因现场不按规范、规程施工而造成质量事故的要追究有关人员的责任
4	抽查施工单位过程三检制度	1. 实行并坚持自检、互检、交接检制度，自检要作方案记录； 2. 隐藏工程要由项目技术负责人、质量检查员、班组长检查。并做出较详细的方案记录
5	检查质量否决制度	1. 对不合格分项、分部和单位工程必须进行返工，不合格分部工程不得进入下道工序； 2. 要追究不合格品作业组长和相关监管者的责任。有关责任人员要查出不合格品的原因。并采取必要的纠正和预防措施

序号	控制项目	控制重点内容
6	检查成品保护制度	1. 要像重视工序的操作一样重视成品的保护，实际是否规定并正确执行了明确规定的成品保护办法，进行成品保护意识的培养； 2. 施工单位合理安排施工工序，避免对成品破坏和污染。减少工序的交叉作业上下工序的成品造成影响时，应征得上道工序操作人员及管理人员的同意，建立起如造成的损失由下道工序操作者及管理人员负责的成品保护赔偿制度等
7	检查质量文件记录制度	1. 质量记录是质量责任追溯的依据，力求真实和详尽，各类现场操作记录、质量检验记录等要妥善保管，特别是各类工序交接的处理，详细记录当时的情况，理清各方责任； 2. 是否认真执行了质量文件记录制度
8	检查有关工程技术、质量的文件资料管理制度	1. 工程文件资料的完整是工程竣工验收的重要依据，由专职资料员、整理、保管、存档，做到工程技术、质量保证资料及验收资料随工程进行； 2. 整理、存档情况是否标准规范
9	检查工程质量等级评定、核定制度	竣工工程首先由施工企业按国家有关标准、规范进行质量等级评定，然后报当地工程质量监督机构进行等级核定，合格的工程发给质量等级证书，未经质量等级核定或核定为不合格的工程不得交工
10	持证上岗、培训上岗制度	1. 核查按照规定应当持证上岗的有效上岗证； 2. 工程项目所有管理及操作人员经过业务知识技能培训，并持证上岗
11	工程质量事故报告及调查制度	工程发生质量事故，立即向当地质量监督机构和建设行政主管部门报告，并做好事故现场抢险及保护工作，建设行政主管部门要根据事故等级逐级上报，同时按照"三不放过"的原则，负责事故的调查及处理工作。对事故上报不及时或隐瞒不报的要追究有关人员的责任
12	监督过程质量验收的	通过参加分项、分部工程的中间过程验收，进行抽样检验、操作依据及质量记录的检查，确认是否符合设计及验收标准的要求，考核施工综合质量管理的阶段性状况

3. 施工事后质量控制

各分部分项工程和结构主体工程、单位工程完工后，全过程工程咨询单位应督促监理单位、施工单位按国家或行业规定整理、归档有关资料，分部、分项、主体工程由监理主持组织验收，单位工程验收由全过程工程咨询单位主持组织各参建单位参加共同验收，确保工程质量符合国家验收标准。质量管理事后控制内容如表7-24所示。

质量管理事后控制 表7-24

事后控制	实施控制的内容
已完施工产品保护	适时检查对已经完成的成品是否明确实施成品保护的具体单位并采取了防护、覆盖、封闭、包裹等相应保护措施。对未实施保护或保护措施不当的，提出整改要求
施工质量检查验收	1. 确认工程质量检查验收所使用的标准先进和有效，并符合相关规定； 2. 按照施工质量验收统一标准规定的质量验收划分验收的批次、分项工程、分部工程及单位工程的施工质量验收，多层次设防把关，控制项目质量目标
不合格产品的处理	1. 对项目实施各阶段中发现的材料不合格品，应监督施工等有关单位及时进行标识，并应及时隔离和处置，防止使用到项目中，并保存不合格品处置的记录； 2. 各种不合格品的记录和报告，应传递到有关部门进行不合格原因的检测分析，制定纠正措施，防治同类不合格品的再次使用； 3. 修订同类产品质量管理办法，根据发生的原因完善和改进相关监控措施

质量控制的重点，是指对工程质量控制管理中对后续工程质量影响大的因素，或是发生质量问题时危害大的因素，或是技术要求高、施工难度大的工程部位，或是产品质量不稳定容易发生质量通病的工序，以及设计采用的特种地基、特种结构等新材料、新技术的经验不足的情形，都应列为项目质量控制的重点。

工程质量控制重点的设置原则如下：

（1）采用新技术、新工艺、新材料的部位或环节；

（2）施工条件困难的和操作技术要求难度大的工序或环节，如复杂的曲线结构拼装、模板放样等；

（3）施工过程中技术要求高的关键环节，如预应力结构的张拉工序中张拉力的控制；

（4）施工中质量不稳定又不容易被直接发现的部位工序，如地下室、人防工程的防水层、屋面防水层等；

（5）对操作人员心理、身体素质或者技术要求较高的工序操作，如高温、高空、水下、危险作业、负责设备安装、重型构件吊装等；

（6）特殊气候对质量影响的因素，如高温或寒冷季节对浇筑混凝土采取的防裂、防冻、测温、施工缝处理等措施；

（7）大体积混凝土浇筑、特种混凝土的质量保证措施、大型屋架等构配件吊装等；

（8）大跨度或超高结构等技术难度大的施工环节，大孔性湿陷性黄土、膨胀土特殊地基的处理等；

（9）关键性的施工操作，工序之间的技术性间歇、施工过程中的观测数据等；

（10）质量通病易发的部位、设计变更频繁的部位；

（11）涉及多个参建单位交叉集中作业的部位；

（12）认为必要的重要控制点，如设备安装调试及装修中的质量控制确定的重点等。

4. 设置项目质量控制点

工程质量控制点是指对影响质量的关键部位、关键工序、重要环节或薄弱环节确定的重点控制对象，施工单位应设置质量控制点并制定相应的质量管理措施，项目管理机构应当检查施工单位对工程质量控制点的设置和执行措施的情况，相关人员应实施对控制点的监督。一般建筑工程质量控制点的设置如表 7-25 所示。

质量控制点的设置   表 7-25

工程内容	质量控制点
工程测量定位	坐标控制网、标高控制点、定位轴线、基础标高、楼层标高垂直测量等数据等
地基基础	基底标高、基坑钎探、基础尺寸、基础垫层标高、预埋件位置、预留洞等
模板	标高、空间尺寸、预留洞口和位置、预埋件位置、数量、模板支撑稳定性等
钢筋混凝土	钢筋品种、规格尺寸、搭接长度、钢筋焊接、保护层厚度、混凝土配合比、外加剂比例、施工缝位置、不同标号混凝土的浇筑位置、混凝土的测温等
砌体	砌体轴线、砂浆配合比、构造柱的连接方式、拉结构造筋位置、垂直度等
室内外装修	……
设备安装调试	参与设备和系统的单机和联动调试等

（三） 程序

施工阶段质量控制程序如图 7-18 所示。

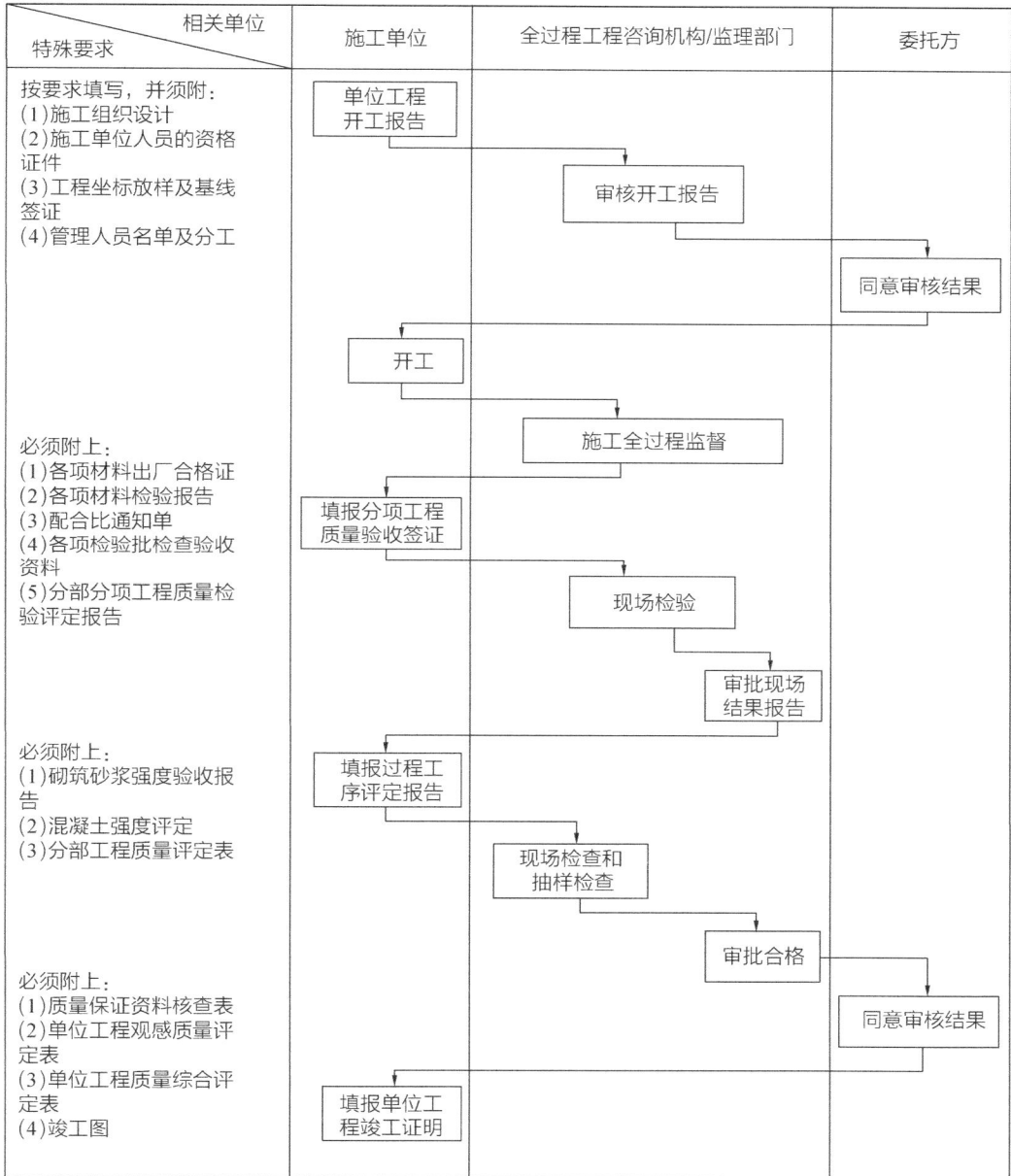

图 7-18 施工阶段质量控制程序

其中分包单位资质审查基本程序如图 7-19 所示。

全过程工程咨询单位对施工阶段的质量控制的涉及的方法如下：

（1）制定质量监控工作程序，制定现场施工质量控制程序。

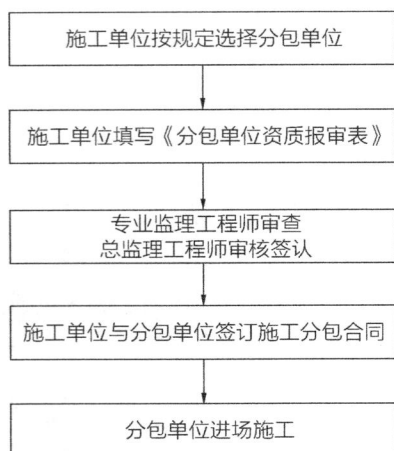

施工单位按规定选择分包单位

↓

施工单位填写《分包单位资质报审表》

↓

专业监理工程师审查
总监理工程师审核签认

↓

施工单位与分包单位签订施工分包合同

↓

分包单位进场施工

图 7-19　工程材料、构配件和设备
质量控制基本程序

（2）开工前审核各项技术保障文件是对工程质量进行全面监督、检查与控制的重要程序（环节）。审核的具体内容如下：审查进入施工现场的各分包单位的资质、人员资格证明文件；审查施工承包单位的开工申请应具备的各项条件，检查、核实施工准备工作落实情况；核查承包单位提交的施工专项方案、施工组织设计等技术保障措施的审批程序合法性；审查施工单位提交的有关材料、半成品和构配件的质量证明文件。

（3）协调组织各种相关施工技术、工艺、质量问题的会议。如施工图会审会议、设计技术交底会议、地基基础处理会议等。为了使施工单位准确理解设计技术要求，全过程工程咨询单位或专业咨询工程师（监理）要组织设计、施工、监理等相关部门参加会议，以便有效准确的按照设计规范、标准开展施工活动。

（4）对进场的原材料、构配件和设备进行监控。进场的原材料、构配件和设备经施工单位自检后，全过程工程咨询单位或专业咨询工程师（监理）对检查合格产品进行审核。凡是不合格的不能进入现场，更不得在施工中使用。

（5）认真进行现场质量监督检查，施工中各工序、工艺是否按照方案实施，重要工序、关键部位是否旁站监督控制，坚持施工方自检和专项检查：抽检、平行检、巡检、预检的原则，强化施工过程中的隐蔽检查验收工作，通过施工方的自检和专项检查，发现质量问题，及时处理，消除质量隐患。

（6）制定工程质量控制方案措施，明确各分部、分项工程保证质量的措施及质量控制重点，按照管理程序：实施、检查、纠正、再检查、验收才能进入下道工序的循环，不断克服质量的薄弱环节和通病、缺陷、隐患，以促使工程质量的提高。

（7）按照国家各项施工验收规范，各项质量检验标准和设计的要求，对分部、分项、重点部位、关键部位、结构安全、使用功能原材料等项进行质量的检验评定和取样抽检评定。

（8）工程质量追踪回检，对完成后的各项工作及工程交付使用后要进行回访，检查工程质量的变化情况，及时收集质量信息，由于施工原因造成的质量问题，要认真处理，不断总结提高工程质量水平。

（四）　注意事项

（1）施工承包商对施工质量负责。工程施工中的质量控制属于生产过程的质量控制，不仅要保证工程的各个要素符合规定要求，而且要保证各个部分的成果，即分部分项工程符合规定要求，还要保证最终整个工程符合质量要求，这个阶段质量控制的对象是承（分）包商、供应商或工程项目部，重点是对他们的管理保证体系完善和运行进行控制。

（2）在工程施工过程中，如果出现问题，质量目标最容易受到损害，投资人、承包商、供应商等忽略质量目标，项目管理对此要有充分的认识，并作好应对准备措施。

（3）确定质量控制程序，明确权力和责任，必须向实施者落实质量责任，灌输质量意识。质量控制的关键因素是实施者，所以投资人与全过程工程咨询单位应高度重视对承（分）包商、供应商的选择。

（4）各项施工任务完成后应督促施工单位、监理单位及时完善质量保证文件。

（五）成果范例

关于施工质量计划的实施涉及的成果性文件比较多，现给出项目管理单位考核内容、中间检查交接记录表、不合格项目提出及处理通知单的成果性文件，具体如表 7-26～表 7-28 所示。

项目管理单位考核内容

表 7-26

工程名称：　　　　　　　　　　　　　　　　　　　　　　　　　编号：

考核人：			日期：　　年　　月　　日		
分类	项目	主要检查内容	评估标准	情况分析	得分
质量控制	预控措施	管理规划、实施细则的编制全面、实际，目标明确	根据目标控制的设置，措施到位的情况：得 0～10 分		
		是否对关键部位进行了质量预控，并要求各参建单位加强了管理	根据对关键部位质量预控的具体措施得分：0～10		
		审查各参建单位设计（方案）是否可行、认真，监督其落实	根据设计（方案）落实的情况、效果考核：得 0～10 分		
		审查各参建单位的质量管理体系健全、可靠	根据质量管理体系设置的情况：得 0～10 分		
	过程检查	对进场材料、设备进行检查，主要查程序合法、资料真实有效	检查进场材料、设备管理情况得 0～10 分		
		对隐检、验收工序是否进行了检查	根据对隐检、验收工序检查的情况得 0～10 分		
		对要求旁站的部位进行监督	根据是否坚持旁站监督，并对监督的情况检查得 0～10 分		
		对特殊工种人员持证上岗是否进行了检查	根据特殊工种持证上岗的情况检查得 0～10 分		
	事后控制	检验批验收制度的执行情况	根据对检验批验收执行情况得 0～5 分		
		是否按备案制的要求进行管理归档文件的建档工作，文件的处理是否及时	根据文件的建档、处理、整理情况得 0～5 分		
		是否及时检查各参建单位的质保资料整理情况，达到了真实、完整的要求	根据各参建单位的质保资料整理情况：得 0～5 分		
		对需整改的项目是否及时进行了跟踪落实	根据整改项目的情况：得 0～5 分		
质量控制得分：					

表 7-27

□间检查交接记录表 表 7-27

表 D1-4

编号：

工程名称				
交接部位		交接日期		年　月　日
交接简要说明				
遗留问题	经移交，接收和见证三方单位共同检查： 符合设计要求和规定，验收合格，同意移交			
签字栏				

本表由交接单位和接受单位各保存一份。

不合格项目提出及处理通知单 表 7-28

工程名称：

施工单位：＿＿＿＿＿＿＿＿＿＿＿＿＿＿＿＿＿＿＿

监理单位：＿＿＿＿＿＿＿＿＿＿＿＿＿＿＿＿＿＿＿

编号：

提出	发现日期		结构　系统　设备 □　□　□		问题类别： 设计　设备　施工　调试　其他 □　　□　　□　　□　　□	
	发现地点					
	情况概要及 处理建议					
	提出单位：		提出人：	签发：		年　月　日
受理	责任单位：		责任单位负责人签字：			年　月　日
	监理部	不合格项目类别： A　B　C　D	处理类别： 处理　停工处理　紧急处理 □　　□　　　□		监理单位：	
					监理组长：	
					总监理师：	
	投资人		会签	单位	负责人	备注
处理	处理方案：					
	处理过程及结果：					
	处理班组：		技术负责人：		单位质检：	
	设计部门：		监理部：		建管单位：	
验收	验收结果： 优秀　良好　合格　不合格 □　　□　　□　　□			验收说明：		
	责任单位		设计部门		监理部	
	投资人单位		质监部门			

注：本表由监理单位填写一式四份，审核后投资人、建管、监理、施工单位各留一份。

二、施工阶段质量验收

（一）依据

各参建单位必须按《中华人民共和国建筑法》（主席令第 91 号）、《建设工程质量管理条例》（国务院第 279 号令）以及有关规定，确保建设项目建筑工程质量达到《建筑工程质量验收统一标准》GB 50300—2013 的要求，验收合格并交付使用，依据如下：

（1）施工合同和施工图设计文件；

（2）施工质量验收标准和验收规范；

（3）建设工程相关的法律、法规、管理标准和技术标准。

（二）内容

根据《建筑工程质量验收统一标准》GB 50300—2013 规定验收是指建设工程质量在施工单位自行检查合格的基础上，由工程质量验收责任方组织，工程建设相关单位参加，对检验批、分项、分部、单位工程及其隐蔽工程的质量进行抽样检查，对技术文件进行审核，并根据设计文件和相关标准以书面的形式对工程质量是否达到合格做出确认。其内容如表 7-29 所示。

施工质量验收的内容   表 7-29

验收划分	符合验收要求
检验批	主控项目和一般项目的质量经抽样检验合格； 具有完整的施工操作依据、质量检查记录
隐蔽工程	要求施工单位首先应完成自检并合格，然后填写专用的《隐蔽工程验收单》
分项工程	所含的检验批均应符合合格质量的规定； 所含的检验批的质量验收记录应完整
分部（子分部）工程	所含的检验批均应符合合格质量的规定； 质量保证资料应完整； 地基基础、主体结构、各项子分部工程的评（估）定报告文件； 设备安装等分部工程有关安全和功能的检验和抽样检测结果应符合有关规定
单位（子单位）工程	所含分部（子分部）工程的质量均应验收合格； 质量保证资料应完整； 所含分部工程有关安全和功能的检测、检验资料应完整； 主要功能项目的抽样结果应符合相关专业质量验收规范的规定； 感官质量验收应符合要求； 各参建责任主体单位对单位（子单位）工程的质量评价、评估文件

检验批和分项工程是质量验收的基本单元；分部工程是在所含全部分项工程验收的基础上进行验收的，在施工过程中随完工随验收，并留下完整的质量验收记录和资料；单位工程作为具有独立使用功能的完整的建筑产品，进行竣工质量验收。

施工过程的质量验收包括以下验收环节，通过验收后留下完整的质量验收记录和资料，为工程项目竣工质量验收提供依据：

1. 检验批质量验收

所谓检验批是指"按同一的生产条件或按规定的方式汇总起来供检验用的，由一定数量样本组成的检验体"，检验批是工程验收的最小单位，是分项工程乃至整个建筑工程质量验收的基础。

检验批应由监理工程师组织施工单位项目专业质量检查员、专业工长等进行验收。

检验批质量验收合格应符合下列规定：

（1）主控项目的质量经抽样检验均应合格；

（2）一般项目的质量经抽样检验合格；

（3）具有完整的施工操作依据、质量验收记录。

主控项目是指建筑工程中的对安全、节能、环境保护和主要使用功能起决定性作用的检验项目。主控项目的验收必须从严要求，不允许有不符合要求的检验结果，主控项目的检查具有否决权。除主控项目以外的检验项目称为一般项目。

2. 分项工程质量验收

分项工程的质量验收在检验批验收的基础上进行。一般情况下，两者具有相同或相近的性质，只是批量的大小不同，分项工程可由一个或若干检验批成。

分项工程应由专业监理工程师组织施工单位项目专业技术负责人等进行验收。

分项工程质量验收合格应符合下列规定：

（1）含检验批的质量均应验收合格；

（2）所含检验批的质量验收记录应完整。

3. 分部工程质量验收

分部工程的验收在其所含各分项工程验收的基础上进行。

分部工程应由总监理工程师组织施工单位项目负责人和项目技术负责人等进行验收；全过程工程咨询单位或勘察、设计负责人和施工单位技术、质量部门负责人应参加地基和基础分部工程验收；全过程工程咨询单位或专业咨询工程师（设计）负责人和施工单位技术、质量部门负责人应参加主体结构、节能分部工程验收。

分部工程质量验收合格应符合下列规定：

（1）所含分项工程的质量均应验收合格；

（2）质量控制资料应完整；

（3）有关安全、节能、环境保护和主要使用功能的抽样检验结果应符合相应规定；

（4）观感质量应符合要求。

（三）程序

施工质量验收是对已完成工程实体的内在质量和外观质量按规定程序检查后，确认其是否符合设计及各项验收标准的要求，其是可交付使用的重要环节。按照施工验收的检查、处置、验收、再检查、验收的循环方式进行，保证项目质量的目标。其验收程序如图 7-20 所示。

（1）施工过程中，隐蔽工程在隐蔽前施工单位首先进行自检，合格后通知投资人或专业咨询工程师（监理）进行验收，并形成验收文件；分部分项工程完成后，施工单位首先进行自检，合格后通知投资人或专业咨询工程师（监理）进行验收，重要的分部分项工程应请设计部门参加验收；单位工程完成后，施工单位、监理单位应自行组织初验、评定，符合验收标准的规定后，向投资人提交验收申请。

（2）全过程工程咨询单位收到验收申请后，应组织施工、设计、监理、勘察相关部门等方面的人员进行单位工程验收，明确验收结果，并形成验收报告。

（3）按国家现行管理制度，房屋建筑工程及市政基础设施工程验收合格后，尚需在规定的时间内，将验收文件报政府管理部门备案。

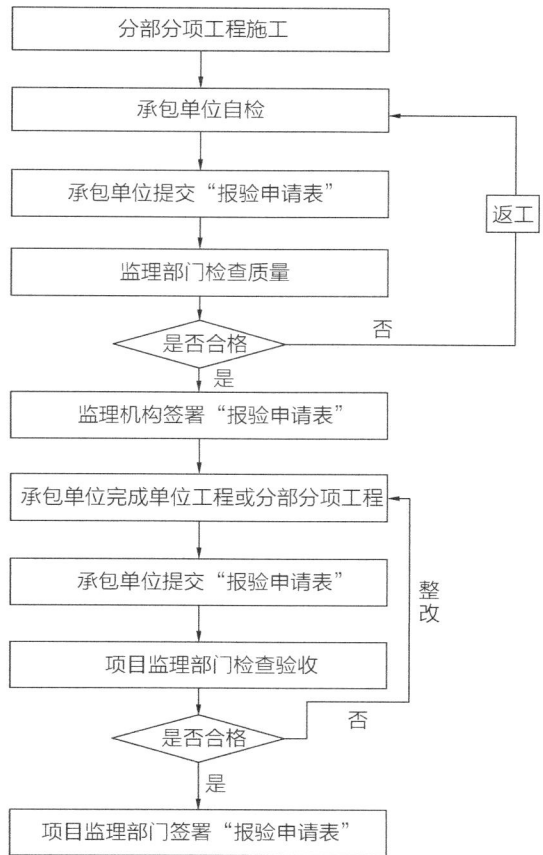

图 7-20　施工验收程序

按照国家施工及验收规范《建筑工程质量验收统一标准》GB 50300—2013，对质量标准规定的检查项目，应用规定的方法和手段对原材料、成品、半成品、构配件、设备、隐蔽工程；分部、分项工程；单位工程进行质量检查、检测，并与质量标准的规定相比较，以确定质量是否符合要求。

1. 原材料、成品、半成品、各种加工预制品、设备的检查验收制度

原材料、设备、产品质量的优劣是保证工程质量的基础，订货时依据质量标准签订合同，必要时应先鉴定样品，经鉴定合格的应予封存，作为原材料、构件、配件的验收依据，必须是符合质量标准和设计要求的方可使用。

2. 在施工过程中坚持施工方的自检、交接检和监理方的检查制度

按照"谁施工谁负责"的质量原则，所有的生产操作施工方必须对本单位的施工质量负责，完成和部分完成工作任务时，应及时进行自检，如有不合格项目及时返工处理，达到合格标准，才能申报监理方进行检查，隐蔽验收，经施工单位、监理单位以及其他相关部门共同检查、验收确认合格后，方可进入下道工序或进行隐蔽。

项目监理单位发现施工存在质量问题的，或施工单位采用不适当的施工工艺，或施工不当，造成工程质量不合格的，应及时签发监理通知单，要求施工单位整改。整改完毕后，项目监理机构应根据施工单位报送的监理通知回复单对整改情况进行复查，提出复查意见。

3. 隐蔽工程验收制度

隐蔽工程指将被其他分项工程所隐蔽的分项工程或分部工程。坚持隐蔽工程验收制度是防止质量隐患，保证工程质量的重要措施。重要的隐蔽工程项目如：基底基槽、基础、防水工程等，应由监理单位主持，施工项目的技术负责人、设计、地勘、质量监督部门共同参与进行验收，隐蔽工程验收后，应办理验收手续，列入工程档案。对验收中提出的不符合质量标准的问题，应认真处理，经复核合格写明处理情况，才能通过。未经隐蔽工程验收程序或验收不合格的工程不得进行下道工序施工。

4. 预检复查制度

预检复查主要指该分项工程在未施工前所进行的预先检查。预检复查是保证工程质量、防止可能发生差错造成重大质量事故的重要措施，一般由监理单位主持，施工责任工长、质量员、有关班组长参加，预检复查项目主要有：建筑位置放线测量、建筑轴线、模板、墙体轴线、建筑±0.00 标高及各层标高水平线等。

5. 地基验槽、基础、主体、特殊分部分项工程检查验收制度

单位工程的基础、主体完成后必须进行验收方可进行工程施工装修、安装施工。主体结构验收可以分阶段、分层次进行。验收由总监理工程师主持，施工、设计、地勘单位项目负责人参与；质量监督部门见证核查。

6. 单位工程检查验收制度

工程项目按照设计施工图纸、施工规范完成后，施工单位应组织有关人员进行自检。全过程工程咨询单位或专业咨询工程师（监理）的总监理工程师应组织各专业监理工程师对工程质量进行竣工预验收。存在施工质量问题时，应由施工单位及时整改。整改完毕后，由施工单位向投资人提交工程竣工报告，申请工程竣工验收。预验收合格后，上报咨询单位。咨询单位收到工程竣工报告后，应由咨询单位项目负责人组织监理、施工、设计、勘察等单位项目负责人进行单位工程验收。验收时所有的施工质保资料、检验、检测资料、各项原材料合格资料报告、施工竣工资料齐全完整。设计部门、地勘单位对该项目的质量评价意见；监理单位对该项目的施工、质量评估报告。验收必须资料齐全完整，且通过各方签字才能交付使用。以上资料进入工程档案一并归档。

（四）注意事项

必须注意的是，由于分部工程所含的各分项工程性质不同，因此它并不是在所含分项验收基础上的简单相加，即所含分项验收合格且质量控制资料完整，只是分部工程质量验收的基本条件，还必须在此基础上对涉及安全、节能、环境保护和主要使用功能的地基基础、主体结构和设备安装分部工程进行见证取样试或抽样检测；而且还需要对其观感质量进行验收，并综合给出质量评价，对于评价为"差"的检查点应通过返修处理等进行

补救。

其中，施工过程质量验收不合格的处理措施有：

（1）实施过程的质量验收是以检验批的施工质量为基本验收单元。检验批质量不合格可是由于使用的材料不合格，或施工作业质量不合格，或质量控制资料不完整等原因所致，处理方法有：

1）在检验批验收时，发现存在严重缺陷的应推倒重做，有一般的缺陷可通过返修或更换器具、设备消除缺陷经返工或返修后应重新进行验收。

2）个别检验批发现某些项目或指标（如试块强度等）不满足要求难以确定是否验收，应请有资质的检测单位检测鉴定，当鉴定结果能够达到设计要求时，应予以验收。

3）当检测鉴定达不到设计要求，但经原设计单位核算认可能够满是结构安全和使用检验批，可予以验收。

（2）严重质量缺陷或超过检验批范围内的缺陷，经法定检测单位检测鉴定以后，认为能满足最低限度的安全储备和使用功能，则必须进行加固处理，经返修或加固处理分项分部工程，满足安全及使用功能要求时，可按技术处理方案和协商文件的要求予以验收，责任方应承担经济责任。

（3）通过返修或加固处理后仍不能满足安全或重要使用要求的分部工程及单位工程，严禁验收。

（五）成果范例

关于工程检验批划分及验收计划和隐蔽工程验收记录的成果性文件表格如表 7-30、表 7-31、表 7-32 所示。

工程检验批划分及验收计划

表 7-30

项目名称：　　　　　　　　　　　　　　　　　　　　　　　　　　　　编号：

工程名称及编码						
项目基本情况						
序号	检验批名称	检验批编号	验收部位	划分及验收依据	验收时间	验收人
编制		审核		批准		
时间		时间		时间		

隐蔽工程质量验收记录表

表 7-31

单位（子单位）工程名称		分项工程名称	
分部（子分部）工程名称	建筑节能	隐蔽工程项目	
施工单位		项目经理	
分包单位		分包负责人	
施工执行标准名称及编号	建筑节能工程施工质量验收规范 GB 50411—2014		
隐蔽工程部位	施工质量验收规范的规定（质量要求）	施工单位检查记录	监理（建设）单位验收记录

施工单位自查结论	专业工长（施工员）		施工班组长	
	项目专业质量检查员：　　　　　　　　　　　　　　　　　年　月　日			

监理部门或投资人复查结论	
专业监理单位（投资人项目专业技术负责人）：　　　　　　　　　年　月　日	

监理通知单

表 7-32

工程名称：　　　　　　　　　　　　　　　　　　　　　　　　　　编号：

致：＿＿＿＿＿＿＿＿＿＿＿＿＿＿（施工项目经理部）

事由：＿＿＿＿＿＿＿＿＿＿＿＿＿＿＿＿＿＿＿＿＿＿＿＿＿＿＿＿＿＿＿＿

＿＿＿＿＿＿＿＿＿＿＿＿＿＿＿＿＿＿＿＿＿＿＿＿＿＿＿＿＿＿＿＿＿＿＿＿

＿＿＿＿＿＿＿＿＿＿＿＿＿＿＿＿＿＿＿＿＿＿＿＿＿＿＿＿＿＿＿＿＿＿＿＿

内容：＿＿＿＿＿＿＿＿＿＿＿＿＿＿＿＿＿＿＿＿＿＿＿＿＿＿＿＿＿＿＿＿

＿＿＿＿＿＿＿＿＿＿＿＿＿＿＿＿＿＿＿＿＿＿＿＿＿＿＿＿＿＿＿＿＿＿＿＿

＿＿＿＿＿＿＿＿＿＿＿＿＿＿＿＿＿＿＿＿＿＿＿＿＿＿＿＿＿＿＿＿＿＿＿＿

项目监理机构（盖章）

总/专业监理工程师（签字）

年　月　日

注：本表一式三份，项目全过程工程咨询单位或专业咨询工程师（监理）、投资人、施工单位各一份。

第六节　施工阶段的进度控制

一、项目进度计划的跟踪与检查

（一）依据

（1）施工合同中工期的约定；

（2）总进度控制性计划和各项作业进度计划；

（3）施工现场进度统计表情况；

（4）相关资源供应、消耗资料、资金支付报表；

（5）全过程工程咨询单位关于项目进度计划经验体系。

（二）内容

项目全过程工程咨询单位中的监理单位应审查施工单位报审的施工总进度计划和阶段性施工进度计划，提出审查意见，并应由总咨询师审核后报投资人。

施工进度计划审查应包括下列基本内容：

（1）施工进度计划应符合施工合同中工期的约定；

（2）施工进度计划中主要工程项目无遗漏，应满足分批投入试运、分批动用的需要，阶段性施工；

（3）进度计划应满足总进度控制目标的要求；

（4）施工顺序的安排应符合施工工艺要求；

（5）施工人员、工程材料、施工机械等资源供应计划应满足施工进度计划的需要；

（6）施工进度计划应符合投资人提供的资金、施工图纸、施工场地、物资等施工条件。

全过程工程咨询单位监理单位应检查施工进度计划的实施情况，发现实际进度严重滞后于计划进度且影响合同工期时，应签发监理通知单，要求施工单位采取调整措施加快施工进度。全过程工程咨询单位监理单位总监理工程师应向投资人报告工期延误风险。

全过程工程咨询单位监理单位应比较分析工程施工实际进度与计划进度，预测实际进度对工程总工期的影响，并应在监理月报中向投资人报告工程实际进展情况。

为了能够有效掌握项目进度的真实情况，全过程工程咨询单位在进度计划控制中须采取有效的措施检查、监督是否按照计划进度执行。在项目实施过程中，全过程工程咨询单位应组织、督促进度控制人员经常忙地、定期跟踪检查施工实际进度情况，其主要内容包括：

（1）应按统计周期规定进行定期或根据需要进行不定期检查。

（2）工程项目进度计划的检查内容具体包括：

1）工程量的完成情况；

2）工作时间的执行情况（工程形象进度完成情况）；

3）资源使用与进度的匹配情况；

4）上次检查的问题整改情况；

5）根据检查内容编制进度检查报告。进度检查报告应包含：

① 执行情况的描述；

② 实际进度与计划进度对比；

③ 进度实施中存在的问题及原因分析；

④ 执行对质量安全成本的影响情况；

⑤ 采取的措施和对下一步计划进度的预测。

（三） 程序

全过程工程咨询单位在进行项目进度计划的检查的程序如图 7-21 所示。

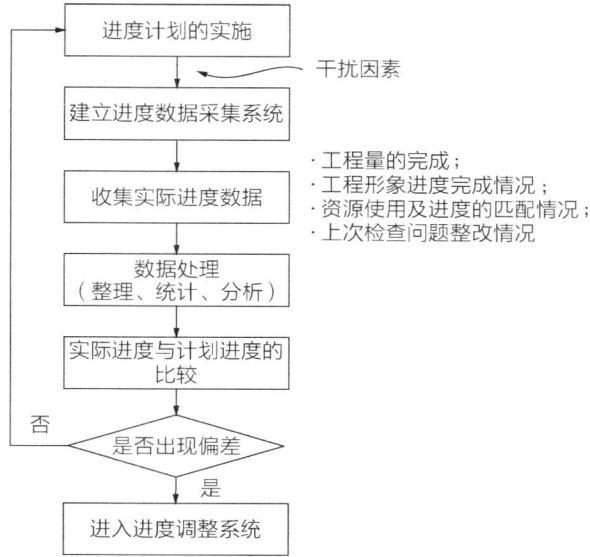

图 7-21　建设项目进度计划检查系统过程图

全过程工程咨询单位在工程项目实施过程中检查施工实际进度的主要方法包括以下方面：

1. 跟踪检查施工实际进度

全过程工程咨询单位跟踪检查的主要工作是定期收集统计实际工程进度的有关数据。收集的方式可以采用报表或现场实地检查两种。收集的数据应当全面、真实、可靠，不完成或不正确的进度数据将导致判断不准确或决策失误。

全过程工程咨询单位可视工程进度的实际情况，每月、每半月或每周进行一次，在某些情况下，甚至可以每日进行进度检查，定期或不定期召开各参建单位的进度协调会。

2. 实际进度数据的加工处理

全过程工程咨询单位收集到的施工项目实际进度数据，要进行必要的整理并形成与进度计划具有可比性的数据、相同的量纲和形象进度。一般可以按实物工程量、工作量和劳动消耗量以及累计百分比整理和统计实际检查的数据，以便与相应的计划完成量相对比。

3. 实际进度与计划进度的比较分析

全过程工程咨询单位将实际进度与计划进度进行比较是建设项目进度分析的主要环节，主要将实际的数据与计划的数据比较，通常可利用表格形成各种进度比较报表或直接绘制比较图形来直观地反映实际与计划的差距，通过比较了解实际进度与计划进度滞后、超前还是计划一致。

4. 施工项目进度检查结果的处理

全过程工程咨询单位督促各参建单位根据施工项目进度检查的结果，按照检查制度的规定，汇总形成进度检查报告向主管人员或部门进行汇报。

5. 加强对重点施工部位进度管理

全过程工程咨询单位需按照合同要求定期收集各承包商有关工程进展状况，通过召开生产协调例会等进度协调会，对进度计划进行实地检查，了解掌握项目的总体进度，督促承包商调配资源，严格按照进度计划组织实施；此外，全过程工程咨询单位要根据掌握的情况，全面分析工程进度计划，预测工程进度计划的进展情况，存在的问题，对承包商不能解决的内外关系预先进行协调处理。

（四）注意事项

全过程工程咨询单位在进行项目进度计划检查过程中，需注意：

（1）全过程工程咨询单位在进行进度检查过程中，需定期与承包商、材料供应商以及其他相关人员召开会议讨论工程工作进度，并应提交工程进度跟踪报告。

（2）全过程工程咨询单位在进度检查时，若出现进度问题，应及时找出原因，分析对策并提出解决方案。

（3）全过程工程咨询单位应定期提交进度检查报告，包括工程进度现状、进度分析、计划修改、进度更新、出现的问题及相关问题下阶段的预测处理等。

（五）成果范例

全过程工程咨询单位对项目进度计划执行情况进行跟踪检查，其成果性文件包括进度计划跟踪表、进度情况对比表及项目进度检查表。

（1）进度计划跟踪表，如表7-33所示。

进度计划跟踪表　　　　　　　　　　　　　表7-33

项目名称					
文档编号		项目经理		检查日期	
工程部位	负责人	计划完成日期	实际完成日期	是否完成	备注

（2）进度情况对比表，如表7-34、图7-22所示。

进度情况月对比表　　　　　　　　　　　　表7-34

工程名称：　　　　　　编号：　　　　　施工单位：　　　　　监理单位：

标段	幢号	计划完成工作	实际完成工作
一	4幢	基础筏板浇筑完成	筏板完成，绑扎柱筋
二	8幢	……	……
三	3幢	……	……
四	6幢	……	……
五	7幢	……	……
六	1幢	……	……

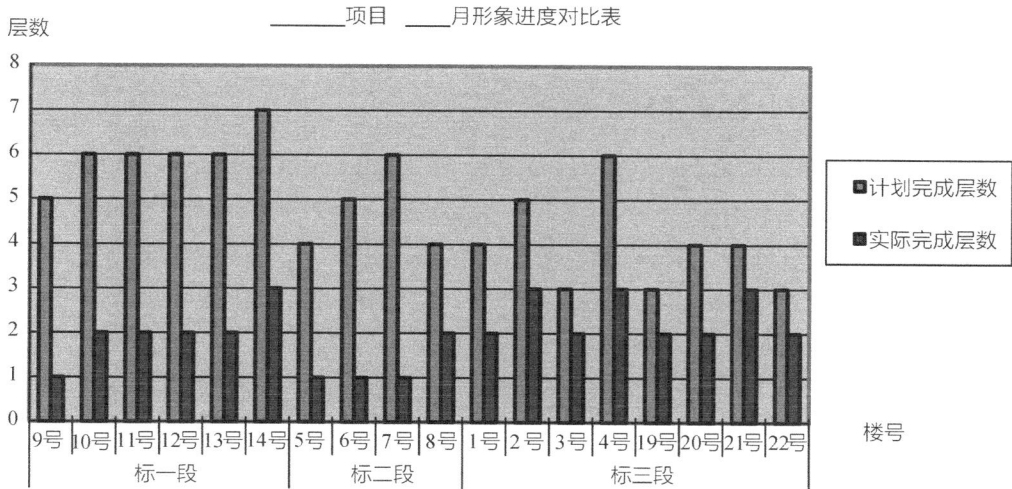

图 7-22 形象进度对比图

（3）项目进度检查表，如表 7-35 所示。

项目进度检查表   表 7-35

工程名称：   编号：

分类	项目	主要检查内容	评估标准	情况分析	得分
		考核人：	**日期：　　年　　月　　日**		
进度检查	预控措施	审查项目总进度计划的编制是否全面、实际、合理，目标明确	根据项目总进度计划的编制情况可行性得 0～10 分		
		是否对项目总进度计划进行了分解、控制，并要求各参建单位严格执行、具体落实	根据分解、控制情况，特别是分解落实的情况，关键部位的管理措施得 0～10 分		
		审查组织设计、施工方案在技术措施上，是否满足总进度计划的要求	根据组织设计、施工方案在技术措施上落实的情况得 0～10 分		
		根据施工总进度计划要求，对材料、设备进场的时间安排	根据材料、设备组织进场的实施方案情况得 0～10 分		
	过程间检查	对进度情况是否了进行动态管理、跟踪检查、分析	根据项目进行的动态管理、跟踪检查、分析、调控情况得 0～10 分		
		对各交叉专业的管理，是否科学合理、有条不紊	检查各交叉作业的管理情况得 0～10 分		
		是否按进度计划、组织设计、施工方案的要求实施	根据进度计划、组织设计、施工进度的实施情况得 0～10 分		
		对重点、难点等关键部位是否在进度、技术上充分考虑	根据对重点、难点等关键部位在时间安排上、技术措施上恰当予否得 0～10 分		
	事后控制	每道工序完成后，是否及时组织检查验收	根据对每道工序的检查验收及时性得 0～10 分		
		实际进度与计划进度发生偏差时，是否采取可行的调控、纠偏措施	根据采取的调控、纠偏措施实施情况得 0～10 分		

进度检查得分：

二、项目进度计划的调整

（一） 依据

全过程工程咨询单位在进行进度计划的调整时，通常依据以下内容：

（1）施工进度计划检查报告；

（2）施工组织设计方案；

（3）项目进度总控制计划；

（4）项目变更的请求。

（二） 内容

全过程工程咨询单位对施工进度计划的调整主要依据施工进度计划检查的结果，在进度计划执行发生偏离的时候，通过对施工内容、工程量、起止时间、资源供应的调整，或通过局部改变施工顺序，重新确认作业过程项目协作方式等工作关系进行的调整，更充分利用施工的时间和空间进行合理交叉衔接，并编制调整后的施工进度计划，以保证施工总目标的实现。

项目进度计划调整的主要内容包括：

（1）施工内容：如工序的合并或拆分、施工段的重新划分等；

（2）工程量：工程量的增减在施工过程中最常见的、也是最多的；

（3）起止时间：可根据工期、资源等的要求，改变起止时间；

（4）持续时间：可根据资源的情况、施工环境的情况对工序或施工过程的持续时间进行调整；

（5）工作关系：包括工艺关系、组织关系等，但一般是指组织关系；

（6）资源供应：包括人力、物力、财力等资源供应情况进行调整。

在进行调整时可逐项调整也可同时调整，还可以将几项结合起来调整，以求综合效益最佳。全过程工程咨询单位只要能达到预期目标，调整的越少越好，但往往需要几项结合起来调整。

此外，全过程工程咨询单位在对施工进度计划的调整过程中，还需要对进度偏差的影响进行分析，通过实际进度与计划进度的比较，分析偏差对后续工作及总工期的影响。进度偏差的大小及其所处的位置不同，对后续工作和总工期的影响程度不同，分析时需要利用网络计划中工作总时差和自由时差进行判断。经过分析，全过程工程咨询单位可以确认应调整产生进度偏差的工作和调整偏差值的大小，以便确定采取调整的新措施，获得新的符合实际进度情况和计划目标的新进度计划。

（三） 程序

全过程工程咨询单位进行项目进度计划调整的程序如图 7-23 所示。

全过程工程咨询单位对于项目进度计划调整的方法主要有以下内容：

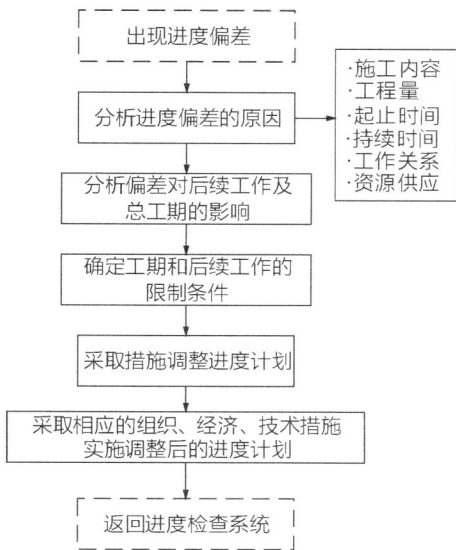

图 7-23 建设项目进度计划调整系统过程图

1. 缩短某些工作的持续时间

这种方法是不改变工作之间的逻辑关系，而是缩短某些工作的持续时间，而使施工进度加快，并保证实现计划工期的方法。这些被压缩持续时间的工作是位于由于实际施工进度的拖延而引起总工期增长的关键线路和某些非关键线路上的工作。同时，这些工作又是可压缩持续时间的工作。此方法实际上是网络计划优化中的工期优化方法和工期与费用优化方法。其具体做法是：

（1）研究后续各工作持续时间压缩的可能性，及其极限工作持续时间；

（2）确定由于计划调整，采取必要措施而引起的各工作的费用变化率；

（3）选择直接引起拖期的工作及紧后工作优先压缩，以免拖期影响扩大；

（4）选择费用变化率最小的工作优先压缩，以求花费最小代价，满足既定工期要求；

（5）综合考虑（3）（4），确定新的调整计划。

2. 改变某些工作之间的逻辑关系

当工程项目实施中产生的进度偏差影响到总工期，且有关工作的逻辑关系允许改变时，可以改变关键线路和超过计划工期的非关键线路上有关工作之间的逻辑关系，达到缩短工期的目的。例如，将顺序进行的工作改为平行作业、搭接作业以及分段组织流水作业等，都可以有效地缩短工期。对于大型群体工程项目，单位工程间的相互制约相对较小，可调幅度较大；对单位工程内部，由于施工顺序和逻辑关系约束较大，可调幅度较小。

3. 资源供应的调整

对于因资源供应发生异常而引起进度计划执行问题，应采用资源优化方法对计划进行调整，或采取应急措施，使其对工期影响最小。

4. 增减施工内容

增减施工内容应做到不打乱原计划的逻辑关系，只对局部逻辑关系进行调整，在增减施工内容以后，应重新计算时间参数，分析对原网络计划的影响。当对工期有影响时，应采取调整措施，保证计划工期不变。

5. 增减工程量

增减工程量主要是指改变施工方案、施工方法，从而导致工程量的增加或减少。

6. 起止时间的改变

起止时间的改变应在相应的工作时差范围内进行：如延长或缩短工作的持续时间，或将工作在最早开始时间和最迟完成时间范围内移动。每次调整必须重新计算时间参数，观察该项调整对整个施工计划的影响。

此外，在项目实施过程中经常会出现因为进度拖延而引起的赶工期，全过程工程咨询单位可以通过调整后续计划、修改网络图等方法积极的赶工，解决进度拖延问题。在实际工程中经常采用的赶工方法有：

（1）增加资源投入；

（2）重新分配资源；

（3）减少工作范围；

（4）改善设备材料；

（5）提高劳动生产率；

（6）部分任务转移；

（7）改变网络计划中工程活动的逻辑关系；

（8）修改实施方案。

（四）注意事项

全过程工程咨询单位复核监理单位报送的施工单位工程进度调整时，应注意以下方面：

（1）新修正施工进度是否满足合同约定的工期要求，是否满足项目总体进度要求。

（2）尽量保证调整后的施工进度时间不能超过其相应的总时差，如果某分项工程延期事件发生在关键线路上，但它延长的施工时间并未超过总时差时，就可以对其进行调整。全过程工程咨询单位应注意的是，工程施工进度计划中的关键线路并非固定不变，它会随着工程进展和情况的变化而转移，所以全过程工程咨询单位应以审核后的施工进度计划（不断调整后）为依据对施工进度计划进行调整。

（3）调整后的施工进度计划必须符合现场的实际情况，因此要对重点调整的计划各类有关细节进行详细的说明，并及时向投资人提供调整后的详细报告。同时，要组织全过程工程咨询单位项目工程师对施工现场进行详细考察和分析，做好相关记录，以便为合理确定施工进度计划提供可靠依据。

（4）注意工期延期和延误：

1）施工单位提出工程延期要求符合施工合同约定时，项目全过程工程咨询单位或专业咨询工程师（监理）应予以受理。

2）当影响工期事件具有持续性时，项目监理单位应对施工单位提交的阶段性工程临时延期报审表进行审查，并应签署工程临时延期审核意见后报投资人。

3）当影响工期事件结束后，项目监理单位应对施工单位提交的工程最终延期报审表进行审查，并应签署工程最终延期审核意见后报投资人。

4）项目监理单位在批准工程临时延期、工程最终延期前，均应与投资人和施工单位协商。项目监理单位批准工程延期应同时满足下列条件：

① 施工单位在施工合同约定的期限内提出工程延期；

② 因非施工单位原因造成施工进度滞后；

③ 施工进度滞后影响到施工合同约定的工期。

5）施工单位因工程延期提出费用索赔时，项目监理单位可按施工合同约定进行处理。

6）发生工期延误时，项目监理单位应按施工合同约定进行处理。

（5）注意工程暂停及复工处理：

1）签发工程暂停令的情形：

全过程工程咨询单位监理单位发现下列情况之一时，总监理工程师应及时签发工程暂停令：

① 投资人要求暂停施工且工程需要暂停施工的；

② 施工单位未经批准擅自施工或拒绝项目监理单位管理的；

③ 施工单位未按审查通过的工程设计文件施工的；

④ 施工单位违反工程建设强制性标准的；

⑤ 施工存在重大质量、安全事故隐患或发生质量、安全事故的。

总监理工程师在签发工程暂停令时，可根据停工原因的影响范围和影响程度，确定停工范围。总监理工程师签发工程暂停令，应事先征得投资人同意，在紧急情况下未能先报告时，应在事后及时向投资人作出书面报告，如图7-24所示。

2）工程暂停相关事宜

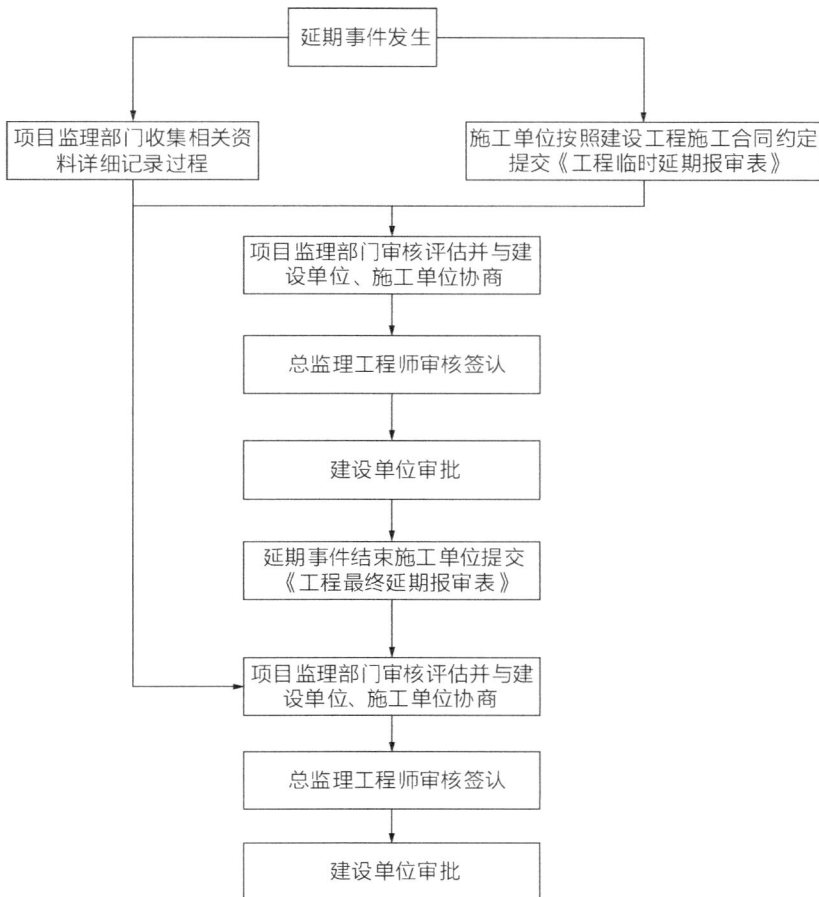

图 7-24 工程延期管理流程

暂停施工事件发生时，全过程工程咨询单位监理单位应如实记录所发生的情况。总监理工程师应会后有关各方按施工合同约定，处理因工程暂停引起的与工期、费用有关的问题。因施工单位原因暂停施工时，项目监理单位应检查、验收施工单位的停工整改过程。

3) 复工审批或指令

当暂停施工原因消失、具备复工条件时，施工单位提出复工申请的，项目监理单位应审查施工单位报送的工程复工报审表及有关材料，符合要求后，总监理工程师应及时签署审查意见，并应报投资人批准后签发工程复工令；施工单位未提出复工申请的，总监理师应根据工程实际情况指令施工单位恢复施工，如图 7-25 所示。

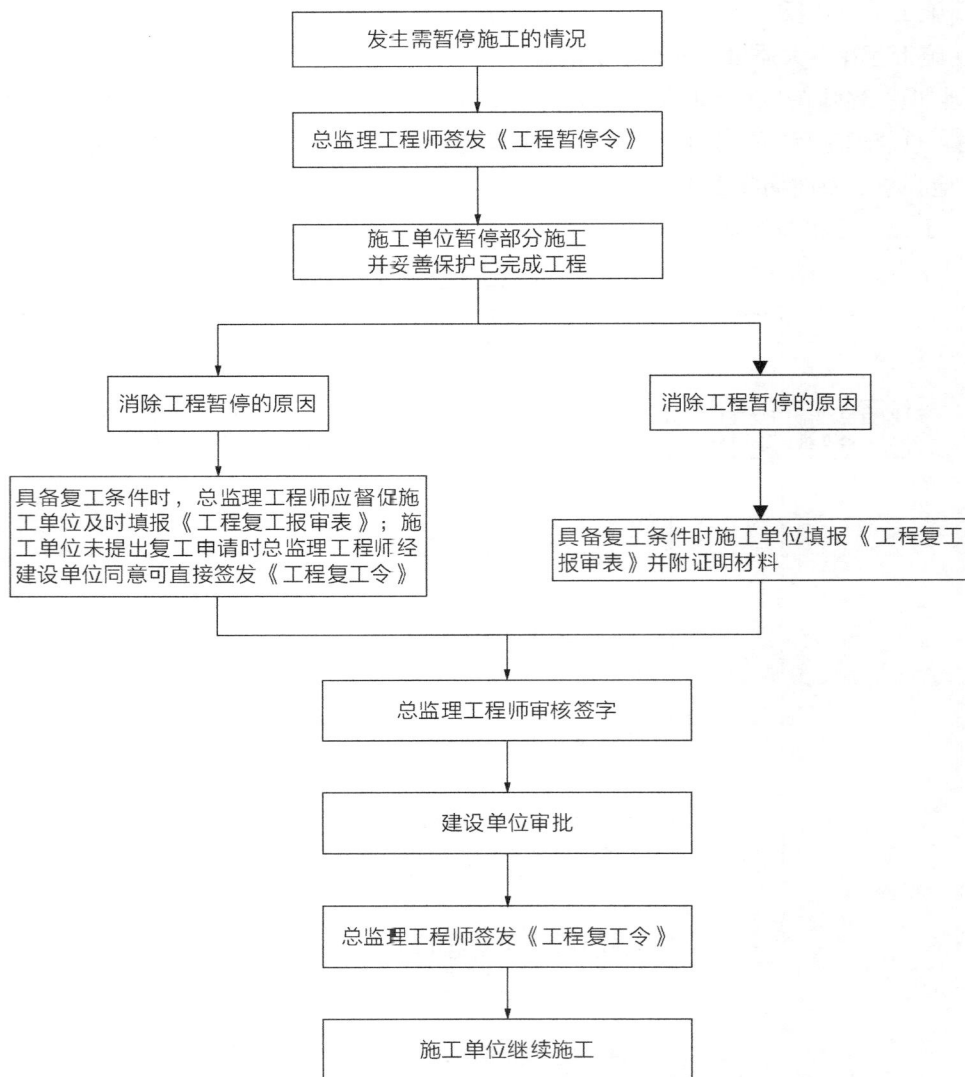

图 7-25 工程暂停及复工管理流程

（五） 成果范例

全过程工程咨询单位对项目进度计划调整的成果性文件主要体现在施工进度的偏差对比，如图 7-26 所示，如表 7-36，表 7-37 所示。

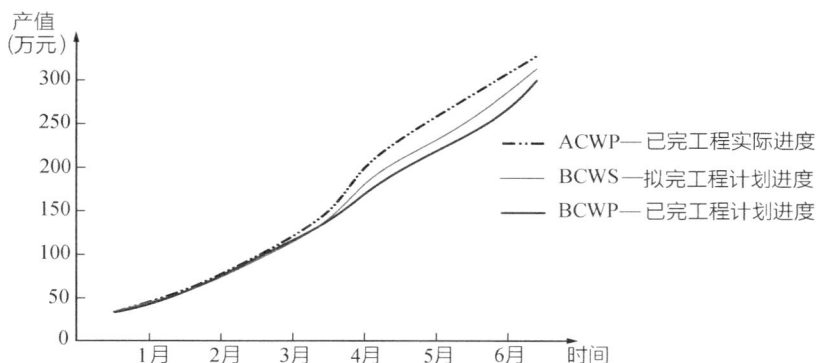

图 7-26　××号楼完成量偏差对比图

工程临时/最终延期报审表　　　　　　　　　　　　　　表 7-36

工程名称：　　　　　　　　　　　　　　　　　　　　　　　　　编号：

致：＿＿＿＿＿＿＿＿＿＿＿（全过程工程咨询单位监理单位） 根据施工合同＿＿＿＿＿＿＿＿＿＿（条款），由于＿＿＿＿＿＿＿＿＿＿原因，我方申请工程临时/最终延期 ＿＿＿＿＿＿＿＿＿＿（日历天），请予批准。 　附件：1. 工程延期依据及工期计算 　　　　2. 证明材料 　　　　　　　　　　　　　　　　　　　　施工项目经理部（盖章） 　　　　　　　　　　　　　　　　　　　　项目经理（签字） 　　　　　　　　　　　　　　　　　　　　　　　年　　月　　日
审核意见： 　□同意工程临时/最终延期＿＿＿＿＿＿＿（日历天）。工程竣工日期从施工合同约定的＿＿年＿＿月＿＿ 日延迟到＿＿＿年＿＿＿月＿＿＿日。 　□不同意延期，请按约定竣工日期组织施工。 　　　　　　　　　　　　　　　　　　　　监理单位（盖章） 　　　　　　　　　　　　　　　　　　　　总监理工程师（签字、加盖执业印章） 　　　　　　　　　　　　　　　　　　　　　　　年　　月　　日
审批意见：   　　　　　　　　　　　　　　　　　　　　投资人（盖章） 　　　　　　　　　　　　　　　　　　　　投资人代表（签字） 　　　　　　　　　　　　　　　　　　　　　　　年　　月　　日

注：本表一式三份，项目监理单位、投资人、施工单位各一份。

序号	分项工程名称	工程量	投入工人数量	星期日 (月　日)			星期一 (月　日)			星期二 (月　日)			星期三 (月　日)			星期四 (月　日)			星期五 (月　日)			星期六 (月　日)		
				上午	下午	晚上	上午	下午	晚上	上午	下午	晚上	上午	下午	晚上	上午	下午	晚上	上午	下午	晚上	上午	下午	晚上
1																								
2																								
3																								
4																								
5																								
6																								
7																								
8																								
9																								
10																								
11																								
12																								
13																								
14																								
15																								
16																								
17																								
18																								
19																								
上周完成计划进度情况：							本周需要甲方解决事情：																

第七节　施工阶段职业健康安全及环境管理

一、职业健康与安全管理

（一）依据

（1）《中华人民共和国安全生产法》（主席令第 70 号）；

（2）全国人民代表大会常务委员会关于修改《中华人民共和国安全生产法》的决定（主席令第 13 号）；

（3）《中华人民共和国建筑法》（主席令第 91 号）；

（4）全国人民代表大会常务委员会关于修改《中华人民共和国建筑法》的决定（主席令第 46 号）；

（5）《建设工程质量管理条例》（国务院令第 279 号）；

（6）《国务院关于修改部分行政法规的决定》（国务院令第 687 号）；

（7）《中华人民共和国职业病防治法》（全国人大常委会第 24 次会议）；

（8）《全国人民代表大会常务委员会关于修改〈中华人民共和国节约能源法〉等六部法律的决定第二次修正》（全国人大常委会第 21 次会议）；

（9）《建设施工安全检查标准》JGJ 59—2011；

（10）《建设工程安全生产管理条例》（国务院令第 393 号）；

（11）《安全生产许可证条例》（国务院令第 397 号）；

（12）国务院关于修改部分行政法规的决定（国务院令第 653 号）；

（13）《职业健康安全管理体系要求》GB/T 28001—2011；

（14）《建筑工程质量验收统一标准》GB 50300—2013；

（15）《建筑施工安全检查标准》JGJ 59—2011；

（16）《建设施工企业安全生产许可证管理规定》（建设部令〔128〕号）；

（17）《实施工程建设强制性标准监督规定》（建设部令〔81〕号）；

（18）《危险性较大的分部分项工程安全管理办法》（建质〔2009〕87 号）；

（19）《建筑企业资质管理办法》（建设部令第 22 号）；

（20）《建筑工程施工许可证管理办法》（建设部令第 18 号）；

（21）各省市建筑管理条例。

职业健康和安全管理的目的是保护产品生产者、使用者和其他相关人员（如工地及周边的员工、临时工作人员、访问者和其他部门人员）的职业健康、生命及财产安全，将他们面临的风险减小到最低程度，消除和避免对健康和安全方面的危害。

项目安全管理，就是在项目实施过程中，组织安全生产的全部管理活动。通过对项目实施安全状态的控制，使不安全的行为和状态能及时得到预防、减少或消除，以使项目工期、质量和费用等目标的实现得到充分的保证。

（二）内容

（1）项目健康与安全管理的准备工作

1）在项目管理机构中统筹配置安全管理人员；

2）熟悉项目特征资料、项目建设条件、各承包单位资料；

3）熟悉有关国家工程职业健康安全文明管理的法规、规范标准；

4）检查、督促承包单位开展职业健康安全管理的准备工作。

（2）项目开工前的健康与安全管理工作

1）协助施工单位完成开工前的安全报批备案，督促施工单位完善安全生产预控工作；

2）督促承包单位建立健全施工现场安全保证体系；

3）检查施工组织设计中安全技术措施和专项施工方案的报审、审批工作情况的审查；

4）审查承包单位安全生产资质和特种作业人员资格；

5）督促承包单位做好进场工人的安全、职业健康教育及交底工作；

6）结合项目实际情况及时发现项目危险源，督促承包单位做好危险源的辨识及管控工作。

（3）施工过程的健康安全管理工作

1）检查承包单位落实各分部分项工程开工前的安全技术方案；

2）监督核查施工现场危险源的检查、巡查工作情况，对重大危险源施工的旁站监理工作的落实；

3）监督核查施工安全隐患的及时处理；

4）监督核查施工安全设施、施工机械验收的工作；

5）组织参加现场安全检查或安全会议；

6）配合安全事故调查、分析安全事故原因，督促施工安全事故的及时处理；

7）督促核查参建单位安全资料的收集、整理、归档等管理工作。

（4）项目的安全施工管理

全过程工程咨询单位或专业咨询工程师（监理）应根据法律法规、工程建设强制性标准，履行建设工程安全生产管理的监理职责，并应将安全生产管理的监理工作内容、方法和措施纳入监理规划及监理实施细则。

应审查施工单位现场安全生产规章制度的建立和实施情况，并应审查施工单位安全生产许可证及施工单位项目经理、专职安全生产管理人员和特种作业人员的资格，同时应核查施工机械和设施的安全许可验收手续。

应审查施工单位报审的专项施工方案，符合要求的，应由总监理工程师签认后报投资人。超过一定规模的危险性较大的分部分项工程的专项施工方案，应检查施工单位组织专家进行论证、审查的情况，以及是否附具安全验算结果。全过程工程咨询单位或专业咨询工程师（监理）应要求施工单位按已批准的专项施工方案组织施工。专项施工方案需要调整时，施工单位应按程序重新提交项目监理单位审查。

专项施工方案审查应包括编审程序应符合相关规定和安全技术措施，应符合工程建设强制性标准。

监理单位应巡视检查危险性较大的分部分项工程专项施工方案实施情况。发现未按专项施工方案实施时，应签发监理通知单，要求施工单位按专项施工方案实施。

项目监理单位在实施监理过程中，发现工程存在安全事故隐患时，应签发监理通知单，要求施工单位整改；情况严重时应签发工程暂停令，并应及时报告投资人。施工单位拒不整改或不停止施工时，项目监理单位应及时向有关主管部门报送监理报告。

（1）施工单位资质与施工人员资格是否合法：施工单位向全过程工程咨询单位中报送分包单位资格报审表时，全过程工程咨询单位应审查该分包单位是具备相应的施工资质，是否在资质允许的范围内承接施工任务，是否持有安全生产许可证。特别对供货单位进入施工现场进行安装的单位要按上述要求进行审查。审查合格后方可进入施工现场安装。

全过程工程咨询单位应审查施工单位、技术负责人、专职安全生产管理人员的执业资格、职称、安全生产考核合格证等是否符合相关文件的规定；审查特种作业人员是否持有特种作业操作资格证书等。

（2）督促全过程工程咨询单位认真审核施工单位报送的施工组织设计与施工方案，全过程工程咨询单位审核施工组织设计时，应审查施工组织设计是否有针对性，是否进行了危险源辨识和风险评估，是否编制了危险性较大分部分项工程清单，对高、中度风险的危险源和危险性较大的分部分项工程是否采取了相应措施或制定专项施工方案，对各种可能发生的安全事故是否编制了应急预案等。应督促监理人员对危险性较大的分部分项工程编制监理实施细则。

（3）督促全过程工程咨询单位认真执行有关安全施工管理的各项程序：全过程工程咨询单位应掌握并认真执行法律法规与规范性文件规定安全施工管理的各项程序，如基坑支护及坑边防护、脚手架等安全设施经验收合格后方可使用；高大模板支撑体系经验收，并由施工单位项目技术负责人和全过程工程咨询单位总监签字后，方可进入后续工序施工，并且拆除前也应经施工单位项目技术负责人和全过程工程咨询单位总监核查，混凝土同条件养护试块强度报告并履行拆模审批签字程序；起重机械经拆装告知、告知确认、验收、检测等程序后，方可投入使用；超过一定规模的危险性较大分部分项工程的专项施工方案必须经专家论证通过等。

（4）监督全过程工程咨询单位掌握并执行有关安全施工的强制性标准《安全条例》规定："工程监理单位应当审查施工组织设计中的安全技术措施或者专项施工方案是否符合工程建设强制性标准。"并规定："工程监理单位和监理单位应当按照法律、法规和工程建设强制性标准实施监理员应掌握并执行有关安全施工的强制性标准。"所以全过程工程咨询单位应掌握并执行有关安全施工的强制性标准。

（5）督促全过程工程咨询单位按经审批同意的专项施工方案实施监理，特别对超过定规模的危险性较大分部分项工程，必须切实检查施工单位是否按照经专家论证通过的专项施工方案实施。

（6）督促全过程工程咨询单位发现存在安全事故隐患时，应要求施工单位整改；情况严重的，应要求施工单位暂停施工，并及时报告投资人。施工单位如不整改或者不停止施工的，应当及时向有关主管部门报告。

（7）抽查全过程工程咨询单位实施施工安全管理监理工作形成的记录：全过程工程咨询单位在实施施工安全管理的监理工作中应及时形成完整、准确的记录，如安全设施的验收记录、检查报告。对技术文件的审查意见和结论，各项程序性检查的记录，发出监理通知、会议纪要、工作暂停令等。通过检查这些记录，考核监理工作的质量，完善这些记录有利于提高监理工作质量和规避项目管理人员与监理人员的风险。

（三）程序

（1）确定本项目职业健康与安全目标；

（2）检查职业健康与安全技术措施计划的编制完整性、合法性；

（3）检查职业健康安全技术措施计划的实施情况；

（4）随着施工进度情况，督促施工单位有针对性地改进相关职业健康安全技术措施计划，保证职业健康安全目标的实现。

职业健康与安全管理的程序如图 7-27 所示。

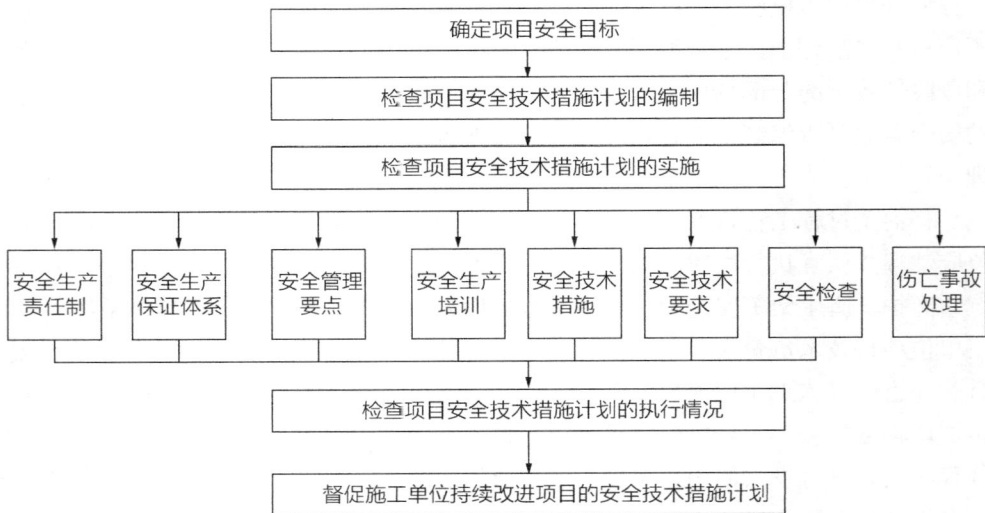

```
┌─────────────────────────────────┐
│         确定项目安全目标          │
└─────────────────────────────────┘
┌─────────────────────────────────┐
│     检查项目安全技术措施计划的编制    │
└─────────────────────────────────┘
┌─────────────────────────────────┐
│     检查项目安全技术措施计划的实施    │
└─────────────────────────────────┘

┌──────┐┌──────┐┌──────┐┌──────┐┌──────┐┌──────┐┌──────┐┌──────┐
│安全生产││安全生产││安全管理││安全生产││安全技术││安全技术││安全检查││伤亡事故│
│责任制 ││保证体系││要点  ││培训  ││措施  ││要求  ││     ││处理  │
└──────┘└──────┘└──────┘└──────┘└──────┘└──────┘└──────┘└──────┘

┌─────────────────────────────────┐
│    检查项目安全技术措施计划的执行情况  │
└─────────────────────────────────┘
┌─────────────────────────────────┐
│  督促施工单位持续改进项目的安全技术措施计划 │
└─────────────────────────────────┘
```

图 7-27　职业健康安全管理的程序

1）完善职责分工，制定项目管理部有关安全管理的制度，落实安全责任制。

2）检查承包单位建立的各项安全文明施工保证体系，机构健全、人员到位，职责明确、运转有效，实现职业健康安全文明施工控制目标。

3）督促承包单位建立健全职业健康安全文明施工的各项制度，包括职业健康安全文明施工责任制度、安全文明施工技术措施管理制度、职业健康安全文明施工教育制度、设备机械操作运行安全管理制度、职业健康安全文明施工交底制度、职业健康安全文明施工检查制度、职业健康安全文明施工奖罚制度、工伤事故处理制度等。

4）要求承包单位调离不称职的职业健康安全文明施工管理人员，选用称职的职业健康安全文明施工管理人员。

（5）召开会议，检查布置现场安全事项，定期、不定期检查工地危险源。

（四）注意事项

（1）全过程工程咨询单位应协助建立职业健康安全生产责任制，并把责任目标分解落实到人；

（2）检查施工现场的职业健康安全生产教育制度，检查三级教育的实施，确保上岗作业人员具备执业健康安全生产知识；

（3）全过程工程咨询单位应督促施工单位做好施工安全和职业健康技术措施计划的实施工作，保证安全技术措施计划的实现。对职业健康安全事故处理，应坚持事故原因不清楚不放过，事故责任者和人员没有受到教育不放过，事故责任者没有处理不放过，没有制定纠正和预防措施不放过等原则。

（五） 成果范例

关于工程项目职业健康安全管理的成果性文件表格如表 7-38 所示。

工程项目职业健康安全管理表 表 7-38

项目名称： 编号：

工程名称及编码					
项目基本情况					

序号	项目	计划投入时间				合计
		1	2	……	12	
1	个人安全防护用品、用具					
2	临边、洞口安全防护设施					
3	临时用电安全防护					
4	脚手架安全防护					
5	机械设备安全防护设施					
6	消防设施、器材					
7	施工现场文明施工措施费					
8	安全教育培训费用					
9	安全标志、标语等标牌费用					
10	安全评优费用					
11	专家论证费用					
12	与现场安全隐患整改等有关的费用支出					
13	季节性安全费用					
14	施工现场急救器材及药品					
15	其他安全专项活动费用					
	合计					

编制		审核		批准	
时间		时间		时间	

二、项目环境管理

（一）依据

（1）《中华人民共和国环境保护法》（主席令第 22 号）；

（2）中华人民共和国第十二届全国人民代表大会常务委员会第八次会议修订《中华人民共和国环境保护法》（主席令第 9 号）；

（3）《中华人民共和国环境影响评价法》（主席令第 77 号）；

（4）全国人民代表大会常务委员会第二十一次会议《关于修改〈中华人民共和国节约能源法〉等六部法律的决定》修正（主席令第 48 号）；

（5）《中华人民共和国固体废物污染环境防治法》（主席令第 31 号）；

（6）全国人民代表大会常务委员会第二十四次会议《关于修改〈中华人民共和国对外贸易法〉等十二部法律的决定》第三次修正（主席令第 57 号）；

（7）《规划环境影响评价条例》（国务院令第 559 号）；

（8）《建设项目环境保护管理条例》（国务院令第 253 号）；

（9）国务院关于修改《建设项目环境保护管理条例》的决定（国务院令第 682 号）

（10）《建设工程施工现场环境与卫生标准》JGJ 146—2013；

（11）《环境管理体系要求及使用指南》GB/T 24001—2016；

（12）《城市建筑生活垃圾管理规定》（建设部令第 157 号）；

（13）《安全生产环境保护奖惩考核制度》。

（二）内容

施工现场环境管理工作主要由全过程工程咨询单位配合投资人负责编制总体策划和部署，建立项目环境管理组织机构，制定相应制度和措施，组织培训，使各级人员明确环境保护的意义和责任。内容包括如下几个方面：

（1）检查施工单位是否按照施工总平面图、施工方案和施工进度计划的要求，认真实施施工现场施工平面图的规划、设计、布置、使用和管理；

（2）全过程工程咨询单位应检查施工现场文明施工管理实施情况，监督施工单位进行现场文化建设，保持作业环境整洁卫生，监督施工单位减少对周边居民和环境的不利影响；

（3）全过程工程咨询单位应监督检查施工单位是否对施工现场的环境因素进行分析，对于可能产生的污水、废气、噪声、固定废弃物等污染源采取措施，进行控制；

（4）全过程工程咨询单位应检查施工现场节能、排污管理，督促施工单位施工现场用水、用电能耗、排污、垃圾、扬尘、废旧材料二次利用等环境管理控制办法的实施情况。

（三）程序

（1）确定项目环境管理目标。根据企业的环境方针和工程的具体情况，制定项目环境保护计划。

（2）检查施工单位的项目环境管理体系运行情况，确保施工项目的环境管理目标按照分级管理思想能够落实。

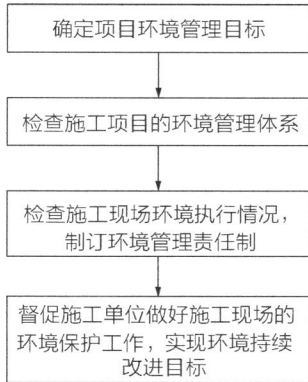

```
┌─────────────────────────┐
│   确定项目环境管理目标    │
└─────────────────────────┘
            │
            ▼
┌─────────────────────────┐
│  检查施工项目的环境管理体系 │
└─────────────────────────┘
            │
            ▼
┌─────────────────────────┐
│  检查施工现场环境执行情况，│
│    制订环境管理责任制      │
└─────────────────────────┘
            │
            ▼
┌─────────────────────────┐
│ 督促施工单位做好施工现场的 │
│ 环境保护工作，实现环境持续 │
│       改进目标            │
└─────────────────────────┘
```

图 7-28 施工现场环境管理程序

（3）检查施工现场施工单位的环境管理执行情况，建立环境管理责任制。明确责任，建立相应的责任制。

（4）督促施工单位做好施工现场的环境保护工作，在审核和评价的基础上，找出薄弱环节，不断改进环境管理工作，保证施工现场的环境条件符合正常施工要求，实现施工现场的环境持续改进。

施工现场环境管理的程序如图 7-28 所示。

施工现场环境管理方法如下：

（1）实行施工现场环境保护目标责任制

全过程工程咨询单位实施施工现场环境保护目标责任制是指全过程工程咨询单位将施工现场环境保护指标以责任书的形式，层层分解到全过程工程咨询单位的有关部门和个人，将其列入岗位责任制，从而形成施工现场环境保护监控体系。全过程工程咨询单位通过实行施工现场环境保护目标责任制，实现对施工现场的环境管理目标。

（2）加强检查和监控工作

全过程工程咨询单位对施工现场的环境管理工作需要通过不断的检查和监控才能完成，这就需要全过程工程咨询单位加强施工现场的环境检查和监控工作，以保证施工单位按照规定的环境实施要求施工。

（3）进行综合治理

全过程工程咨询单位一方面要求施工方采取措施控制施工现场的环境污染，另一方面也应与外部的有关单位和环保部门保持联系、加强沟通。要统筹考虑项目目标的实现与现场环境保护问题，使两者达到统一。

（4）采取有效的技术措施

1）防治大气污染的措施。

2）防治噪声污染的措施。

3）防治污水污染的措施。

4）防治固体废弃物污染的措施。

（四）注意事项

（1）应按照分区化原则，搞好项目的环境管理，进行定期检查，加强协调，及时解决发现的问题，实施纠正和预防措施，保持良好的作业环境、卫生条件和工作秩序，做到预防污染的目的。

（2）全过程工程咨询单位应要求施工方制定应急准备和相应措施，并保证信息通畅，预防可能出现的非预期的损害。在出现环境事故时，应及时消除污染，并应制定响应措施，防治环境二次污染。

（五） 成果范例

关于施工现场环境管理的成果性文件表格如表 7-39 所示。

施工现场环境管理体系运行表格

表 7-39

工程名称：　　　　　　　　　　　　　　　　　　　　　　　　　　　　编号：

施工单位				
检查日期		检查人		陪同人	
检查项目		检查情况		备注

第八节　施工阶段的其他管理

一、施工阶段的现场综合考评

（一） 目的

加强施工现场管理，提高管理水平，实现文明施工，确保工程质量和施工安全及成本节约。

（二） 依据

（1）绩效考核表；
（2）实地考察。

（三） 内容

（1）每一个项目部项目工程施工的全过程。
（2）对工程施工参与各方在施工现场中各种行为的评价。
（3）在工程施工现场综合考评中，施工单位的施工现场管理活动和行为占有绝大多数的权重，是最主要的考评对象。

项目现场综合管理成果考评的目的、依据、对象和负责考评的主管单位等概况如表 7-40 所示。

施工项目现场管理考评的概况

表 7-40

内容	说　明
考评目的	·加强施工现场管理，提高管理水平，实现文明施工，确保工程质量和施工安全

内容	说　　明
考评依据	·《建设工程施工现场综合考评试行办法》建监〔1995〕407 号
考评对象	·每一个建设工程及建设工程施工的全过程； ·对工程建设参与各方（投资人、监理、设计、施工、材料及设备供应单位等）在施工现场中各种行为的评价； ·在建设工程施工现场综合考评中，施工项目经理部的施工现场管理活动和行为占有 90% 的权重，是最主要的考评对象
考评管理机构 考评实施机构	·国务院建设行政主管部门归口负责全国的建设工程施工现场综合考评管理工作 ·国务院各有关部门负责所直接实施的建设工程施工现场综合考评管理工作 ·县级及以上地方人民政府建设行政主管部门负责本行政区域内的建设工程施工现场综合考评管理工作 ·施工现场综合考评实施机构（简称考评机构）可在现有工程质量监督站的基础上加以健全或充实

项目现场综合考评的内容详如表 7-41 所示。

施工现场综合考评的内容

表 7-41

考评项目 （满分）	考评内容	有下列行为之一 则该考评项目为 0 分
施工组织管理 （20 分）	·合同的签订及履约情况 ·总分包、企业及项目经理资质 ·关键岗位培训及持证上岗情况 ·施工项目管理规划编制实施情况 ·分包管理情况	·企业资质或项目经理资质与所承担工程任务不符 ·总包人对分包人不进行有效管理和定期考评 ·没有施工项目管理规划或施工方案，或未经批准 ·关键岗位人员未持证上岗
工程质量管理 （40 分）	·质量管理体系 ·工程质量 ·质量保证资料	·当次检查的主要项目质量不合格 ·当次检查的主要项目无质量保证资料 ·出现结构质量事故或严重质量问题
施工安全管理 （20 分）	·安全生产保证体系 ·施工安全技术、规范、标准实施情况 ·消防设施情况	·当次检查不合格 ·无专职安全员 ·无消防设施或消防设施不能使用 ·发生死亡或重伤二人以上（包括二人）事故
文明施工管理 （10 分）	·场容场貌 ·料具管理 ·环境保护 ·社会治安 ·文明施工教育	·用电线路架设、用电设施安装不符合施工项目管理规划，安全没有保证 ·临时设施、大宗材料堆放不符合施工总平面图要求，侵占场道，危及安全防护 ·现场成品保护存在严重问题 ·尘埃及噪声严重超标，造成扰民 ·现场人员扰乱社会治安，受到拘留处理

考评项目 （满分）	考评内容	有下列行为之一 则该考评项目为 0 分
投资人、全过程 工程咨询单位的 现场管理 （10 分）	·有无专人或委托监理管理现场 ·有无隐蔽工程验收签认记录 ·有无现场检查认可记录 ·执行合同情况	·未取得施工许可证而擅自开工 ·现场没有专职管理技术人员 ·没有隐蔽工程验收签认制度 ·无正当理由影响合同履约 ·未办理质量监督手续而进行施工

施工项目现场综合管理综合考评办法及奖罚如表 7-42 所示。

施工现场综合考评办法及奖罚 表 7-42

	主要条款
考评办法	·考评机构定期检查，每月至少一次；企投资人管部门或总包单位对分包单位日常检查，每周一次 ·一个施工现场有多个单体工程的，应分别按单体工程进行考评；多个单位工程过小，也可按一个施工现场考评 ·全国建设工程质量和施工安全大检查的结果，作为施工现场综合考评的组成部分 ·有关单位和群众对在建工程、竣工工程的管理状况及工程质量、安全生产的投诉和评价，经核实后，可作为综合考评得分的增减因素 ·考评得分 70 分及以上的施工现场为合格现场；当次考评不足 70 分或有单项得 0 分的施工现场为不合格现场 ·建设工程施工现场综合考评的结果应由相应的建设行政主管部门定期上报并在所辖区域内向社会公布
奖励处罚	·建设工程施工现场综合考评的结果应定期向相应的资质管理部门通报，作为对建筑业企业、项目经理和监理单位资质动态管理的依据 ·对于当年无质量伤亡事故、综合考评成绩突出的单位予以表彰和奖励 ·对综合考评不合格的施工现场，由主管考评工作的建设行政主管部门根据责任情况，可给予相应的处罚： ·对建筑业企业、监理单位有警告、通报批评、降低一级资质等处罚 ·对项目经理和监理单位有取消资格的处罚 ·有责令施工现场停工整顿的处罚 ·发生工程建设重大事故的，对责任者可给予行政处分，情节严重构成犯罪的，可由司法机关追究刑事责任

二、项目施工阶段的组织协调

（一）目的

施工阶段参建单位众多，各参建单位均要实现各自的目标与利益，各参建单位处理事情的角度与习惯也不尽相同，并且不少工作成果往往是多个参建单位共同努力的结果，所以各参建单位之间的沟通、协调必不可少。全过程工程咨询单位是各参建单位工程管理工作的集成者，所谓集成，在很大程度上就是指为了实现项目总目标，积极主动实施沟通、协调，调动各参建单位积极性，将各参建单位形成目标一致、步调协调的整体，排除各项干扰，协调各项矛盾，使施工顺利进行，一个成功的全过程工程咨询单位最主要的任务之一就是充分发挥自己的沟通能力，开展沟通和组织协调工作，使全过程工程咨询单位更加合理和高效地工作，使各参建单位为实现项目总目标努力奋斗。沟通是组织协调的信息保证和手段，没有良好的沟通就不会有效的协调；组织协调是沟通的目的之一，也是沟通过程的基本内容，没有协调的需求，沟通则失去方向。所以沟通和组织协调是有机的整体，不可分割。

项目沟通管理主要体现在全过程工程咨询单位协助配合投资人、施工单位以及其他参与方进行沟通对相关信息的收集和传递，信息收集的准确性、及时性和全面性对项目实施的影响非常大。信息传递的时效性、对称性、确认性以及传递的方法，小则影响工作效率，大则影响工期和造价，甚至发生争议引发诉讼。比如，环境管控文件、停水停电通知、道路限行公告等这些外部信息都是全过程工程咨询单位必须及时准确的收集和传递的。否则都可能从技术上、质量上、进度上对工程产生影响，并且易引起"非承包商原因"诱发的争议和索赔。因此，上传下达无障碍沟通，能够及时准确的实现利益相关者的意图，最终达到项目利益相关者的目标，是项目沟通管理的目的。

（二）内容

项目沟通管理包括保证及时与恰当地生成、搜集、传播、存储、检索和最终处置项目信息所需的过程。它在人员、想法和信息之间提供取得成功所必需的关键联系。涉及项目的任何人都应准备以项目"语言"发送和接收信息并且必须理解他们以个人身份参与的沟通怎样影响整个项目。

（1）全过程工程咨询单位应充分发挥沟通的下列作用

1）为项目决策和计划提供依据：来自项目内、外部准确、完整、及时的信息，并对这些信息进行有效的沟通，有利于全过程工程咨询单位做出正确的决策和周密的计划。

2）为组织和管控过程提供依据和手段：全过程工程咨询单位只有在掌握和沟通各方面信息后，才能有效地组织实施和管控项目建设的各过程。

3）有利于建立和改善人际关系：信息沟通、意见交流，将许多独立的个人、团队、组织贯通，形成一个整体。信息沟通还是人的一种重要心理需要，是人们用以表达思想感情与态度，寻求同情与友谊的重要手段。畅通的信息沟通，可以减少人与人的冲突，改善人与人之间的关系。

4）为全过程工程咨询单位的成功领导提供重要手段：全过程工程咨询单位依赖于各种途径将意图传递给下级人员和相关参建单位，并使其理解和执行。没有畅通的信息交流和良好的沟通，下级人员和相关参建单位就不能正确、及时地理解和执行，项目就不能按投资人的意图进行，最终导致项目各项工作混乱，甚至项目失败。

（2）对不同的沟通对象，要掌握下列沟通的要点

1）与投资人的沟通

投资人是工程项目的所有者，行使项目的最高权力，全过程工程咨询单位是为投资人提供服务，必须服从投资人的决策、指令。做好沟通的要点如下：

① 加强双方的理解：一方面，首先全过程工程咨询单位要对项目的总目标和投资人的意图有准确的理解，要反复阅读合同或项目任务文件；其次在日常工作中要采取换位思考的方式，站在投资人的立场上考虑其需求，明确投资人到底需要什么样的服务。另一方面，全过程工程咨询单位所做的工作、采取的措施和决策建议，应充分说明其根据和理由，取得投资人的理解和认可。

② 尊重投资人，注重向投资人请示、报告：定期和不定期地向投资人报告项目进展情况，所做的工作及其效果，让投资人了解项目的全貌和项目的实施状况；在请示投资人做工作决策时，应向其提供充分的信息、方案的利弊得失、方案的依据及对目标的影响。

③ 经常向投资人解释项目的过程和项目的管理方法，使其理解项目管理方法，减少其非程序干预和越级指挥。

2）与参建单位的沟通

施工阶段参建单位主要是指施工单位、材料供应单位等。他们与全过程工程咨询单位没有直接的合同关系，但根据他们与投资人合同的约定，必须接受全过程工程咨询单位的领导、组织、协调和监督。与他们做好沟通的要点如下：

① 应让各参建单位理解项目的总目标、阶段性目标及各自的目标、项目的各项实施方案、各自的工作任务和职责等，增加项目的透明度，这不仅体现在技术交底中，而且应贯穿在整个项目的实施过程中。

② 向他们解释清楚，并用工作实际真诚地向他们表明，全过程工程咨询单位是项目各项管理工作的集成者，所开展的各项工作都是为了施工能顺利进行，既是为投资人服务，也是为他们服务，都是为实现项目的总目标。并用工作实践表明，项目没有集成管理，各参建单位各自为政，项目不可能顺利进行，以提高各参建单位互相沟通和主动与全过程工程咨询单位沟通的自觉性。

③ 应尊重各参建单位，全过程工程咨询单位应认识到没有各参建单位的努力，项目的目标就不可能实现，应使各参建单位共赢。全过程工程咨询单位应鼓励参建单位将项目实施状况的信息、实施结果和遇到的困难，心中的不平和意见与其交流和沟通，这样可及时寻找和发现对计划、对管理的误解或对立情绪可能产生的干扰。不能随便对参建单位动用处罚权或经常以处罚相威胁，更不可违背合同约定实施处罚。

3）与政府等相关部门的沟通

施工阶段建设行政主管部门及其委托的质量安全监督机构，环保、环卫、消防、街道等部门和机构将对项目实施监督、检查甚至执法，全过程工程咨询单位应做好与这些部门、机构的沟通，并要求各参建单位与其做好沟通工作。

① 应以满足法律法规要求开展各项工作来迎接这些部门、机构的监督、检查，否则将始终处于被动地位，失去了主动与这些部门沟通的机会。

② 主动向他们请示、汇报，与他们联络。

4）全过程工程咨询单位内部的沟通

① 项目全过程工程咨询单位人际关系的协调。

全过程工程咨询单位是由各方面人员组成的工作体系，工作效率在很大程度上取决于人际关系的协调程度。全过程工程咨询单位应首先协调好人际关系，激励项目机构人员。

a. 在人员安排上要量才录用。要根据项目机构中每个人的专长进行安排，做到人尽其才。工程人员的搭配要注意能力互补和性格互补，人员配置要尽可能少而精，避免力不胜任和忙闲不均。

b. 在工作委任上要职责分明。对项目部门中的每一个岗位，都要明确岗位目标和责任，应通过职位分析，使管理职能不重不漏，做到事事有人管，人人有专责，同时明确岗位职权。

c. 在绩效评价上要实事求是。要发扬民主作风，实事求是地评价工程人员工作绩效，以免人员无功自傲或有功受屈，使每个人热爱自己的工作，并对工作充满信心和希望。

d. 在矛盾调解上要恰到好处。人员之间的矛盾总是存在的，一旦出现矛盾，就要进行调解，要多听取其他成员的意见和建议，及时沟通。使全过程工程咨询单位人员始终处于团结、和谐、热情高涨的工作氛围之中。

② 全过程工程咨询单位内部组织关系的协调。

全过程工程咨询单位是由若干部门（专业组）组成的工作体系，每个专业组都有自己的目标和任务。如果每个专业组都从建设工程整体利益出发，理解和履行自己的职责，则整个建设工程就会处于有序的良性状态，否则，整个系统便处于无序的紊乱状态，导致功能失调，效率下降。为此，应从以下几方面协调项目全过程工程咨询单位内部组织关系：

a. 在目标分解的基础上设置组织机构，根据工程特点及建设工程合同约定的工作内容，设置相应的管理部门。

b. 明确规定每个部门的目标、职责和权限，最好以规章制度形式做出明确规定。

c. 事先约定各个部门在工作中的相互关系。工程建设中的许多工作是由多个部门共同完成的，其中有主办、牵头和协作、配合之分，事先约定，可避免误事、脱节等贻误工作。

d. 建立信息沟通制度。如采用工作例会、业务碰头会，发送会议纪要、工作流程图、信息传递卡等来沟通信息，这样有利于从局部了解全局，服从并适应全局需要。

e. 及时消除工作中的矛盾或冲突。坚持民主作风，注意从心理学、行为科学角度激励各个成员的工作积极性；实行公开信息政策，让大家了解建设工程实施情况、遇到的问题或危机；经常性地指导工作，与全过程工程咨询单位成员一起商讨遇到的问题，多倾听他们的意见、建议，鼓励大家同舟共济。

在全过程工程咨询单位内部沟通中，如何协调各成员工作，激励他们努力、高效工作是全过程工程咨询单位的重要课题：

（1）建立完善的项目管理系统，明确划分各自的工作职责，设计比较完善的工作流程，明确规定项目的正式沟通方式、渠道和时间，使大家按程序、按规则办事。

（2）推行民主的工作作风，关心各个成员，建立和谐的工作氛围，礼貌待人，多倾听他们的意见、建议，公开、公正、公平处理事务，合理分配资源，公平地进行奖励。

（3）对上层的指令、决策应清楚、及时地通知项目相关职能部门和成员。

（4）经常召开全过程工程咨询单位工作会议，让大家了解项目进展情况、遇到成员的问题和危机，鼓励大家同舟共济。

（三）程序

（1）沟通的方式

全过程工程咨询单位应根据沟通信息的性质、沟通的目的、信息接受者的特点，选择不同的沟通方式。沟通有如下方式：

1）正式沟通与非正式沟通

① 正式沟通：是组织的规章制度规定的沟通方式，如按组织系统公布的命令、指示、文件，组织召开的正式会议，组织内部成员之间因工作需要较为而进行的正式接触等。正式沟通的优点是沟通效果好，比较严肃且约束力强，具有权威性；缺点是沟通速度慢。

② 非正式沟通：是一种以社会关系为基础，与组织规章制度无关的沟通方式。如员工之间的私下交谈等。其优点是沟通方便、速度快，而且能提供一些正式沟通中难以获得的信息；缺点是容易失真。

2）上行沟通、下行沟通和平行沟通

① 上行沟通：指自下而上的沟通。全过程工程咨询单位应采取一些措施以鼓励上行沟通，只有上行沟通渠道畅通，全远程工程咨询单位才能掌握全面情况，做出符合实际的决策。

② 下行沟通：指自上而下的沟通，一般是领导者向被领导者颁布命令和指示的过程。

③ 平行沟通：是指组织中各平行部门或组织之间的信息交流。只要在沟通前得到领导的许可，并在沟通后把任何值得肯定的结果及时向直接领导汇报，这种沟通方式效果较好，值得提倡。

3）单向沟通与双向沟通

① 单向沟通：是指信息发送者和接受者两者之间的地位不变，一方只发送信息，另一方只接收信息，且不需要反馈信息。如工作报告、发布指令等。这种沟通方式速度快，信息发送者压力小。但接收者没有反馈意见的机会，不能产生平等和参与感，不利于增强接收者的自信心和责任心，不利于建立双方的感情。

② 双向沟通：是指发送者与接收者两者之间的位置不断交换，且发送者是以协商和讨论的形式面对接收者，信息发出后还需及时听取反馈意见，必要时双方可进行多次商谈，直到双方共同明确和满意，如交谈、谈判等。双向沟通的优点是信息准确性较高，接受者们反馈意见的机会，产生平等感和参与感，增加自信和责任心，有助于双方的感情。其缺点是速度较慢。全过程工程咨询单位应注重这种沟通方式。

（2）召开会议

施工阶段参建单位众多，各参建单位均有各自的目标与利益，涉及的问题更多、更复杂，为了达到沟通、组织协调的目的，项目会议往往成为沟通的主要方式，全过程工程咨询单位也往往将部分精力投入到会议准备、召开会议中。项目会议成功的要点如下：

① 有明确的目标，或仅当会议可能达到期的结果时才举行会议。全过程工程咨询单位在会前应明确本次会议需解决哪些问题，甚至应基本明确这类问题如何解决较为理想，这点对专题会议容易掌握，但对例会也应同样掌握。对一些专题会议，应选择召开会议的时机，当对会议议题分歧较大或时机不成熟，预计不能达到期望结果时，宜先进行非正式沟通或召开预备会，待条件成熟时再召开正式会议。

② 开会前应做好充分准备。会前的准备工作通常是会议成功的关键，会前应将会议议程告诉参会各方，并宜达成共识，要求参会者做好准备。对一些重要问题的解决方案，全过程工程咨询单位与投资人应基本达成共识。会前准备还包括准备会议的资料并分发给与会人员。

③ 控制好会议。全过程工程咨询单位往往主持会议，作为会议的主持人应控制与会者紧扣会议主题讨论。当达到会议某一议题目标时，就适时小结讨论结果转入下一议程，当未达到目标时，就引导与会者继续讨论。应控制会议尽量不要超时。

④ 保持活跃的会议气氛。与会者可以自由地表达自己的观点：会议主持人适时总结会议的进展，或指出没有进展而需讨论的内容，鼓励与会者活跃地参与讨论。

⑤ 会议应形成决议。会议主持人应引导会议形成决议，并且决议应明确，并确保与会者对所有决议有清楚地理解，避免产生误解。会后尽快整理会议记录，编写会议纪要，并分发给所有被邀请参加会议的人，不管他们是否参加了会议，会议纪要还应分发给予执行公议决议相关的单位。

（四） 注意事项

（1）充分发挥沟通的作用；

（2）掌握好沟通要点：针对不同的沟通对象，需分别掌握好各沟通要点；

（3）选择适宜有效的沟通方式；

（4）明确施工阶段组织协调的任务。

三、项目信息管理

（一） 信息管理概述

建设工程信息管理是指对建设工程信息的收集、加工、整理、存储、传递、应用等一系列工作的总称。信息管理是全过程工程咨询单位的重要手段之一，及时掌握准确、完整的信息管理可以使全过程工程咨询单位耳聪目明，更加卓有成效地完成建设工程与相关服务工作。信息管理工作的好坏，将直接影响建设工程与相关服务工作的成败，如图7-29所示。

信息管理的基本环节：建设工程信息管理贯穿工程建设全过程，其基本环节包括：信息的收集、传递、加工、整理、分发、检索和存储。

1. 建设工程信息的收集

在建设工程的不同进展阶段会产生大量的信息。在决策阶段提供咨询服务，则需要收

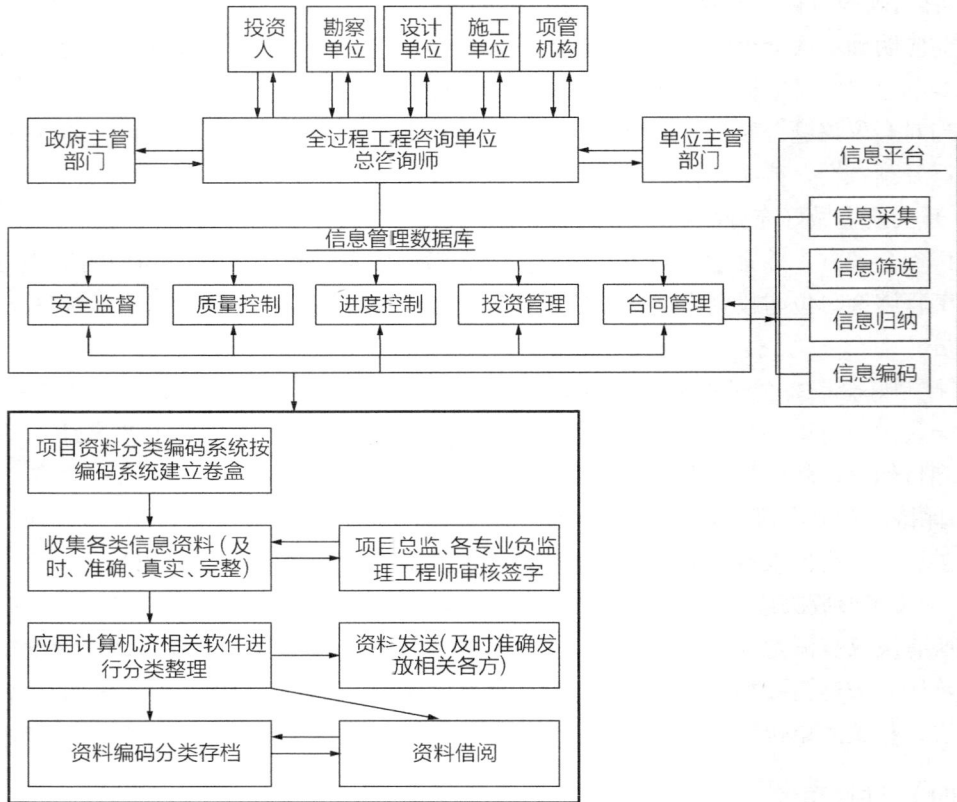

图 7-29 信息管理工作流程（总咨询师）

集与建设工程相关的市场、资源、自然环境、社会环境等方面的信息。

在设计阶段提供项目管理服务，则需要收集的信息有：工程项目可行性研究报告及前期相关文件资料；同类工程相关资料；拟建工程所在地信息，勘察、测量、设计部门相关信息；拟建工程所在地政府部门相关规定；拟建工程设计质量保证体系及进度计划等。

在招标阶段提供相关服务，则需要收集的信息有：工程立项审批文件；工程地质、水文地质勘查报告；工程设计及概算文件；施工图设计审批文件；工程所在地工程材料、构配件、设备、劳动力市场价格及变化规律；工程所在地工程建设标准及招投标相关规定等。

在建设工程施工阶段，全过程工程咨询单位应从下列方面收集信息：

（1）建设工程施工现场的地质、水文、测量、气象等数据；地上、地下管线，地下洞室，地上既有建筑物、构筑物及树木，道路，建筑红线，水、电、气管道的引入标志；地质勘查报告、地形测量图及标桩等环境信息。

（2）施工机构组成及进场人员资格；施工现场质量及安全生产保证体系；施工组织设计及（专项）施工方案、施工进度计划；分包单位资格等信息。

（3）进场设备的规格型号、保修记录；工程材料、构配件、设备的进场、保管、使用章等信息。

（4）施工项目管理机构管理程序；施工单位内部工程质量、成本、进度控制及安全生产管理的措施及实施效果；工序交接制度；事故处理程序；应急预案等信息。

（5）施工中需要执行的国家、行业或地方工程建设标准；施工合同履行情况。

（6）施工过程中发生的工程数据，如：地基验槽及处理记录；工序交接检查记录；隐蔽工程检查验收记录；分部分项工程检查验收记录等。

（7）工程材料、构配件、设备质量证明资料及现场测试报告。

（8）设备安装试运行及测试信息，如：电气接地电阻、绝缘电阻测试，管道通水、通气，通风试验，电梯施工试验，消防报警、自动喷淋系统联动试验等信息。

（9）工程索赔相关信息，如：索赔处理程序、索赔处理依据、索赔证据等。

2. 建设工程信息的加工、整理、分发、检索和存储

（1）信息的加工和整理

信息的加工和整理主要是指将所获得的数据和信息通过鉴别、选择、核对、合并、排序、更新、计算、汇总等，生成不同形式的数据和信息，目的是提供各类管理人员使用。加工和整理数据和信息，往往需要按照不同的需求分层进行。

全过程工程咨询单位监理单位工作人员对于数据和信息的加工需要从鉴别开始。一般而言，工程监理人员自己收集的数据和信息的可靠度较高；而对于施工单位报送的数据，就需要鉴别、选择、核对，对于动态数据需要及时更新。为了便于应用，还需要对收集来的数据和信息按照工程项目组成（单位工程、分部工程、分项工程等）、工程项目目标（质量、进度）等进行汇总和组织。

（2）信息的分发和检索

加工整理后的信息要及时提供给需要使用信息人员，信息的分发要根据需要来进行，信息的检索需要建立在一定的分级管理制度上。信息分发和检索的基本原则是：需要信息的部门和人员，有权在需要的第一时间，方便地得到所需要的信息。

1）设计信息分发制度时需要考虑：

① 了解信息使用部门和人员的使用目的、使用周期、使用频率、获得时间及信息的安全要求；

② 决定信息分发的内容、数量、范围、数据来源；

③ 决定分发信息的数据结构、类型、精度和格式；

④ 决定提供信息的介质。

2）设计信息检索时需要考虑：

① 允许检索的范围，检索的密级划分，密码管理等；

② 检索的信息能否及时、快速地提供，实现的手段；

③ 所检索信息的输出形式，能否根据关键词实现智能检索等。

（3）信息的存储

存储信息需要建立统一数据库。需要根据建设工程实际，规范地组织数据文件。

1）按照工程进行组织，同一工程按照质量、造价、进度、合同等类别组织，各类信息再进一步根据具体情况进行细化；

2）工程参建各方要协调统一数据存储方式，数据文件名要规范化，要建立统一的编码体系；

3）尽可能以网络数据库形式存储数据，减少数据冗余，保证数据的唯一性，并实现数据共享。

（二）造价信息管理

1. 工程造价信息概述

（1）工程造价信息的概念和特点

工程造价信息是指已建成和在建的有使用价值和有代表性的工程设计概算、施工图预算、工程结算、竣工决算、单位工程施工成本以及新材料、新结构、新设备、新工艺等建筑安装工程分部分项的单价分析等资料。从广义上讲，工程造价信息是一切有关工程造价的特征、状态及其变动的消息的组合。

工程造价信息是工程造价宏观管理、决策的基础，是制定、修订投资估算指标、预算定额和其他技术经济指标以及研究工程造价变化规律的基础，是编制、审查、评估项目建议书，可行性研究报告，投资估算，进行设计方案比选，编制设计概算，进行投标报价的重要参考。

（2）工程造价信息的分类

从广义的角度来看，任何对建筑产品价格产生影响的因素以及一切反映工程造价的特征、状态及其变化的信息组合都可以被称为工程造价信息，如国家发表的各项法律、法规，各种原材料及人工价格的信息，已完工程的资料等。按照不同的分类标准，可以对工程造价信息进行多种划分。

1）从管理组织的角度划分

工程造价信息可以分为系统化工程造价信息和非系统化工程造价信息。系统化工程造价信息是指符合各项规定的指针、制度、方向、传递的间隔和期限、制度形式所详细规定的工程造价信息。这种工程造价信息不仅数量大、及时，而且相对系统。人们通过对这类系统化工程造价信息的长期观察和分析，可以揭示工程造价管理过程的内在联系和活动规律。这类工程造价信息是管理的基础，是衡量工程造价的基本尺度。非系统工程造价信息是指完全或部分地不符合上述规定的固定形式的工程造价信息。这类工程造价信息随机性很大，在工程造价管理中有重要作用，需要按特殊情况进行处理，而不能按常规办事。

2）按照信息传递的方向划分

工程造价信息可以分为横向传递的工程造价信息和纵向传递的工程造价信息。在市场经济条件下，横向工程造价信息主要是由市场进行传递，通过市场把不同行业的工程造价管理联系起来形成一个整体。纵向传递的工程造价信息是指在一个工程中工程造价信息自上而下或自下而上传递的工程造价信息。它将不同层次的工程造价管理活动沟通起来，以提高工程造价的调控功能。

3）根据信息的反映面划分

工程造价信息可以分为宏观工程造价信息和微观工程造价信息。宏观工程造价信息是从全局角度来描述工程造价管理活动变化和特征的一类信息。这类工程造价信息综合性、概括性强，反映的工程造价管理面大，它主要是为宏观工程造价管理决策服务。微观工程造价信息是从微观的角度反映工程造价管理活动各个具体情况和编号特征的信息。这类信息数量大，时效性强，时刻都在生存和发展，主要服务于投资者、投资人、施工单位等部门的管理。

除以上几种分类以外，还可以根据信息的时态、表现形式、是否加工处理过等其他标准对工程造价信息进行划分。

（3）工程造价信息的内容

从广义上说，所有对工程造价的确定和控制过程起作用的资料都可以称为是工程造价信息。最能体现信息动态性变化特征，并且在工程价格的市场机制中起重要作用的工程造价信息，主要包括价格信息、投资估算指标、工程造价指数、概预算数据和已建工程信息等。

价格信息：价格信息包括材料价格、人工价格、机械价格以及管理费、利润、税金、规费等的平均水平，这些信息属于动态的信息。一般说来，价格信息具有以下特点：

1）价格信息是比较初级的工程造价信息，大都没有经过系统的加工处理，也可以称之为数据。建设工程价格信息没有固定的格式和分类，一般按照比较常见、通用的形式来发布，内容包括材料名称、规格单位、出厂价、所在城市等。

2）覆盖范围广泛。建设工程是一个复杂的系统工程，那么建设工程中的价格信息覆盖的范围也十分广泛。以材料价格为例，一方面建设工程涉及的各类建筑材料品目繁多，包括钢材、水泥、木材、玻璃、石材、管材、门窗制品等，每种品目下又包括很多以不同原料、不同生产工艺、不同性能指标来具体细分的材料型号，再加上不断开发出来的新型建材，材料价格数据必定是一个庞大的数据信息。而另一方面，各种材料价格（包括出厂价格和到现场价格）也会受到运输条件、交易时间、成交数量以及双方的价格谈判策略等多方面因素的影响。

3）来源多。价格信息的来源可以是各类建材商、供应销售厂商，也可以是投资人、施工单位，还可以是政府管理部门、咨询机构等。多方面的信息渠道使得价格信息的准确性在发布的时候或多或少会受到一些影响，如统计口径、发布方自身的利益关系等。

4）具有地区性。各地的价格水平、计价时应考虑的因素等都存在着很大的可变性和竞争性，因此在价格信息管理中必须充分注意其地区性。

5）时效性强。由于市场行情处于不断变化之中，各种资源的价格会受到多方面因素的影响，因此价格信息具有很强的时效性，在进行各类价格信息的收集和发布时，必须包含准确的价格时点信息。

投资估算指标：投资估算指标是确定建设项目在建设全过程中的全部投资支出的技术经济指标。它具有较强的综合性和概括性。其范围涉及建设前期、建设实施期和竣工验收交付使用期等各阶段的费用支出，内容因行业不同各异，一般可分为建设项目综合指标、单项工程指标和单位工程指标三个层次。

1）建设项目综合指标

建设项目综合指标指按规定应列入建设项目总投资的从立项筹建开始至竣工验收交付使用的全部投资额，包括建设投资（单项工程投资和工程建设其他费用等）。建设项目综合指标一般以项目的综合生产能力单位投资表示或以建设项目使用功能投资表示。

2）单项工程指标

单项工程指标指按规定应列入能独立发挥生产能力或使用效益的单项工程内的全部投资额，包括建筑工程费、安装工程费、设备、工器具及生产家具购置费和其他费用。

单项工程一般划分原则如下：

① 主要生产设施。指直接参加生产产品的工程项目，包括生产车间或生产装置。

② 辅助生产设施。指为主要生产车间服务的工程项目。包括集中控制室、中央实验室、机修、电修、仪器仪表修理及木工（模）等车间原材料、半成品、成品及危险品等仓库。

③ 公用工程。包括给水排水系统（给水排水泵房、水塔、水池及全厂给水排水管网）、供热系统（锅炉房及水处理设施、全厂热力管网）、供电及通信系统（变配电所、开关所及全厂输电、电信线路）以及热电站、热力站、煤气站、空压站、冷冻站、冷却塔和全厂管网等。

④ 环境保护工程。包括废气、废渣、废水等处理和综合利用设施及全厂性绿化等。

⑤ 总图运输工程。包括厂区防洪、围墙大门、传达及收发室、汽车库、消防车库、厂区道路、桥涵、厂区码头及厂区大型土石方工程。

3）单位工程指标

单位工程指标是反映建造能独立组织施工的单位工程的造价指标，即建筑安装工程费用指标，类似概算指标。

在建设项目评价和决策阶段，投资估算指标是编制项目建议书、可行性研究报告和分析投资经济效益等前期工作的依据，在施工阶段，投资估算指标也可以作为限额设计和工程造价控制的参考。投资估算指标为完成项目建设的投资估算提供依据和手段，它在固定资产的形成过程中起着投资预测、投资控制、投资效益分析的作用，是合理确定项目投资的基础。估算指标的正确制定对提高投资估算的准确度，对建设项目的合理评估、正确决策具有重要意义。由于我国多年来一直实施概预算定额制度，因此概预算定额的历史资料比较丰富，但是投资估算指标，尤其是民用建筑的估价指标却相对不够全面且无法形成体系，这也是我国建设项目估价过程中一个亟待解决的问题。

工程造价指数：工程造价指数是反映一定时期由于价格变化对工程造价影响程度的一种指标，它是调整工程造价价差的依据。工程造价指数反映了报告期与基期相比的价格变动趋势，利用它来研究实际工作的下列问题很有意义：

1）可以利用工程造价指数分析价格变动趋势及原因；

2）可以利用工程造价指数估计工程造价变化对宏观经济的影响；

3）工程造价指数是工程承发包双方进行工程估价和结算的重要依据。

根据工程造价的构成，工程造价指数的内容应该包括以下几种：

① 各种单项价格指数。这其中包括了反映各类工程的人工费、材料费、施工机械使

用费、报告期价格对基期价格的变化程度的指标。可利用它研究主要单项价格变化的情况及其发展变化的趋势。其计算过程可以简单表示为报告期价格与基期价格之比。依此类推，可以把各种费率指数也归于其中，例如，其他直接费指数、间接费指数、现场经费指数，甚至工程建设其他费用指数。这些费率指数的编制可以直接用报告期费率与基期费率之比求得。很明显，这些单项价格指数都属于个体指数。其编制过程相对比较简单。

② 设备、工器具价格指数。设备、工器具的种类、品种和规格很多。设备、工器具费用的变动通常是由两个因素引起的，即设备、工器具单件采购价格的变化和采购数量的变化，并且工程所采购的设备、工器具是由不同规格、不同品种组成的，因此，设备、工器具价格指数属于总指数。由于采购价格与采购数量的数据无论是基期还是报告期都比较容易获得，因此，设备、工具价格指数可以用综合指数形式来表示。

③ 建筑安装工程造价指数。建筑安装工程造价指数也是一种综合指数，其中包括了人工费指数、材料费指数、施工机械使用费指数以及其他直接费、现场经费、间接费等各项个体指数的综合影响。由于建筑安装工程造价指数相对比较复杂，涉及的方面较广，利用综合指数来进行计算分析难度较大。因此可以通过对各项个体指数的加权平均，用平均数指数的形式来表示。

④ 建设项目或单项工程造价指数。该指数是由设备及工具价格指数、建筑安装工程造价指数、工程建设其他费用指数综合得到的。它属于总指数，并且与建筑安装工程造价指数类似，一般也用平均数指数的形式来表示。

概算数据和预算数据：工程造价的确定是一个多次计价的过程，工程造价的确定是一个多次计价的过程，随着设计过程的深入，一般要求设计部门做出初步设计概算。在施工图完成之后即进入招标阶段，在这一阶段中投资人编制标底以及承包商编制投标报价均要编制施工图预算。由于多年的计划经济，全国各地都带富的与本地区相适应的概预算定额资源。尽管这些概预算数据大多是量价合一，不能直接用于清单报价，但其中消耗量的部分却可以利用，因此概预算定额数据在相当长的时期内均是重要的工程造价信息。采用概预算定额计价时还有一种很重要的造价信息就是竣工工程调价系数，它的作用有些类似于工程造价指数，在工程竣工决算时对定额中的价格进行时间因素的修正和调整。

已建工程信息：已建或在建工程的各种造价信息，可以为拟建工程或其他在建工程造价提供依据。一般说来，已建工程信息是很有价值的工程造价资料，同时也是需要造价管理人员整理出来以便存储和查询的工程造价资料。在工程竣工以后，各个建筑公司的信息员（通常属于公司经营部）都会把决算资料送到各省（市）建设工程造价管理处，以便汇总形成造价信息数据库，进而编制相应的指数、指标。

2. **工程造价信息在施工阶段的应用**

在施工阶段中，工程造价信息的应用是动态的，不仅需要应用已收集整理、加工处理后的信息，还要及时收集和处理每天产生的大量信息，并随时应用到需要的地方去。不但要考虑到包括招标文件的信息、合同条款信息、投资人提供的信息、市场信息等信息，还要注意其他方面的信息包括设计部门、物资供应单位、金融单位、国家及地方有关部门等方面的信息。

3. 工程造价资料的积累

建设工程造价资料积累是工程造价信息管理的一项重要的基础工作。经过认真挑选、整理、分析的工程造价资料是各类建设项目技术经济特点的反映，也是对不同时期基本建设工作各个阶段技术、经济、管理水平和建设经验教训的综合反映。通过对工程造价资料的分析可以研究每项工程在建设期间的造价变化，各单位工程在工程造价中所占的比例，各种主要材料的用量及使用情况，各种影响工程造价的因素如何发挥作用。另外工程造价资料的分析可以研究同类工程在造价方面出现差异，以及引起这些差异的原因，找出同类工程所共同反映出的造价规律。

工程造价资料是指已建成竣工和在建的有使用价值和有代表性的工程设计概算、施工图预算、工程竣工结算、竣工决算、单位工程施工成本以及新材料、新结构、新设备、新施工工艺等建筑安装工程分部分项的单价分析等资料。

工程造价资料可以分为以下几种类别：

1）工程造价资料按其不同工程类型（如厂房、铁路、住宅、公建、市政工程等）进行划分，并分别列出其包含的单项工程和单位工程。

2）工程造价资料按其不同阶段，一般分为项目可行性研究、投资估算、设计概算、施工图预算、竣工结算、竣工决算等。

3）工程造价资料按其组成特点，一般分为建设项目、单项工程和单位工程造价资料，同时也包括有关新材料、新工艺、新设备、新技术的分部分项工程造价资料。

4. 工程造价资料积累的目的和作用

工程造价资料积累的目的是为了使不同的用户都能够利用这些资料来完成各自的工程造价控制的任务，为拟建工程和各种技术分析服务的，具体如下：

（1）满足工程造价宏观管理、决策的需要

建筑业的发展在国民经济中占有重要的地位，一些关系到国计民生的重点工程（如水利基本建设工程等），往往投资巨大。各级政府在安排不同阶段的发展计划和基本建设规模时，必然要根据财政能力和工程造价水平的发展趋势来确定。而工程造价水平的确定是长期以来对工程造价资料的收集、整理并进行科学合理的分析与测算的结果。因此，工程造价资料收集的方法是否科学、数据是否准确、决定工程造价水平测算的结果是否准确，直接影响到宏观决策。

（2）建设行政主管部门对工程造价管理的需要

只有在长期、系统、科学、准确地收集和整理工程造价资料的基础上，对有关造价资料进行分析、统计，建设行政主管部门才能据此制定出符合当前建筑市场发展的各项政策，并能在一定时段内正确地指导、规范建筑市场的发展。

（3）制定和修订投资估算指标、概预算定额，进行定额管理的需要

定额是管理科学的基础，也是现代管理学的重要内容和基本环节。它能节约社会劳动、提高劳动生产率；组织协调社会化大生产，是宏观调控的依据；在实现分配，兼顾效率与社会公平方面起着巨大作用。而定额的编制正是在对大量技术经济基础资料进行收集整理的基础上进行的。其中一类资料来自于各类标准、规范以及具体的工程设计、施工组

织设计等，属于定额编制的技术资料；另一类资料来源于工程的实际结算资料和建设市场的劳务、建筑材料、施工机械台班的价格等，属于定额编制的经济资料。

（4）投资人投资决策和控制投资的需要

投资人为达到投资效应，需要不断总结自身的投资经验，也即收集整理自己的工程造价资料和投资形成的经济效果；另一方面，投资人应当尽可能地收集整理与自身建设相关的工程造价资料，同时还要掌握建筑市场的行情，在投资活动中做出准确的决策。

（5）施工企业经营的需要。工程造价资料是施工企业进行正确经营决策的基础

及时收集整理工程造价资料能使企业了解建筑市场的经营环境，找出经营中存在的问题，确定自身的发展方向。对于准备参与投标的工程项目，可以根据企业经营的经验确定合理的投标报价；对于在建工程，可以及时掌握经营情况，降低成本，取得最大的利润；对于准备结算的工程，可以准确计算结算价格，使企业获取应得的收益。

（6）造价全过程工程咨询单位服务的需要

工程造价资料的积累是工程造价全过程工程咨询单位经验和业绩的积累，通过不断的积累才能提供高质量的咨询服务，在社会上树立良好的形象。造价全过程工程咨询单位不仅通过服务来积累资料，还应通过社会上发布的工程造价信息和市场调查来充实资料，以便及时了解建筑市场的行情和有关工程造价的政策法规，为客户提供准确的咨询服务。

（7）编制、审查、评估工程各阶段工程造价，进行设计比选的重要参考

工程设计是具体实现技术与经济对立统一的过程。拟建项目一经决策确定后，设计就成为工程建设和控制工程造价的关键。设计部门在设计的各个阶段，应不断依据所掌握的工程造价信息，对其设计进行比选和优化，以使工程项目的功能和成本达到和谐统一。

信息管理就是对信息进行收集、分类、处理、运用的过程。它始终贯穿于工程造价管理的全过程。全过程造价管理必须建立在信息管理基础上，造价信息管理是合理确定有效控制工程造价的先决条件和重要内容。掌握造价信息，充分利用造价信息可以提高工程造价管理水平，有利于尽早发挥投资效益和社会效益，减少工程造价管理中的盲目性，加强原则性、系统性、预见性和创造性。工程造价信息贯穿建设工程全过程，衔接建设工程各个阶段、各个参建单位和各个方面，其基本环节有：信息的收集、传递、加工、整理、检索、分发、存储。

四、项目风险及防范管理

（一）目的

项目风险是指工程项目在决策、设计、施工和竣工验收等阶段中可能产生的，与工程各参与单位目标相背离的，会造成人身伤亡、财产损失或其他经济损失后果的不确定性。面对项目风险的不确定性，需要一个标准且有序的流程，通过对项目风险进行系统的识别、评估和应对，使风险保持在可接受的控制范围以内。

实施项目风险管理并且提高项目风险管理效率和效果，对于保证项目目标的顺利实现具有重要意义。

（二）内容

项目风险管理就是通过风险识别，采用合理的经济和技术手段对风险因素进行估计、评价，并以此为基础进行决策，合理地使用回避、转移、缓和或自留等方法有效应对各类风险，并对其实施监控，妥善处理风险事件发生后引起的不利后果，以保证预期目标顺利实现的管理过程。

项目风险管理作为减少或降低风险的有效手段，应从规划、可行性研究、勘察设计、施工直至竣工及交付使用的全过程实施风险管理，对各类建设风险尽早、及时地进行辨识、分析与应对，对各阶段建设风险实施跟踪记录和管理。

每个阶段完成后应形成风险评估报告或风险管理记录文件，记录风险管理对象、内容、方法及控制措施，并作为下阶段风险管理的实施和管理的基本依据。

（三）程序

工程项目风险管理过程如图 7-30 所示。

1. 风险识别

进行风险调查，收集企业风险管理的历史资料、同类项目、同地区项目、邻近建筑物、本项目的用地范围、建设方案、地质水文资料、地下工程等相关资料。识别项目风险的来源、确定风险的发生条件、描述风险特征及风险影响的过程，填写项目风险辨识表。

风险识别的方法主要有：①检查表法；②专家调查法。

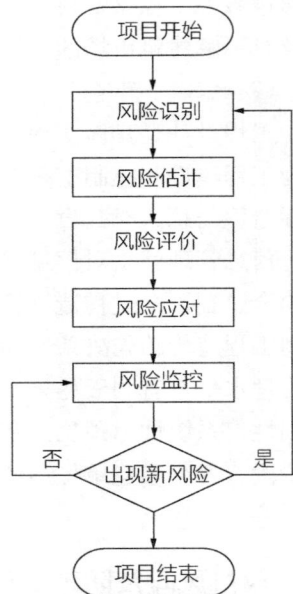

图 7-30　工程项目
风险管理过程

2. 风险估计

风险估计是建立在有效识别工程风险的基础上，根据工程风险的特点，对已确认的风险，通过定性和定量分析方法估计其发生的可能性和破坏程度的大小。

风险估计的方法主要有：①统计法；②分析法；③推断法。

3. 风险评价

风险评价是指在风险识别、风险分析的基础上，对工程风险进行综合分析，并根据风险对工程目标的影响程度对风险等级进行排序。风险评估的目的就是为了分清风险的轻重缓急，以便为将来如何分配资源提供依据。工程风险评价的主要内容是确定风险的等级，提出预付、减少、转移或消除风险损失的初步方法。对于不同等级的风险应给予不同程度的重视。

4. 风险应对

在全面分析评估风险因素的基础上，制定翔实、全面、有效的项目风险控制方案。针对重大风险开展专项风险论证并编制风险监控方案与应急预案。

主要风险应对措施：

（1）风险回避

当项目风险发生的可能性太大，或一旦风险事件发生造成的损失太大时，主动放弃该项目或改变项目目标。

（2）风险转移

通过项目担保、工程保险，在风险事件发生时将损失的一部分或全部转移到项目以外的第三方身上。

（3）风险减轻

通过主动、系统地对项目风险进行全过程识别、评估及监控，按照风险合理分担的原则，充分发挥工程建设各方的优势，调动其积极性，以达到降低风险发生的概率、减少风险发生的损失。

（4）风险接受

当处理风险的成本大于承担风险所付出的代价时可以选择风险接受。准备应对风险事件，包括积极的制定应急计划，或者消极的接受风险的后果。

5. 风险监控

识别、分析和预测新风险，保持对已识别的风险的跟踪记录，监测不可预见事件的引发条件，监测残留风险，评审风险应对策略的实施效果，对项目风险实施动态循环管理。

6. 风险管理后评价

对工程项目风险管理决策实施后进行总结评价，判断项目风险管理预期目标的实现程度，总结经验教训，提高未来项目风险管理水平，如图 7-31 所示。

项目后评价包括：影响评价法、效益评价法、过程评价法和系统评价法。

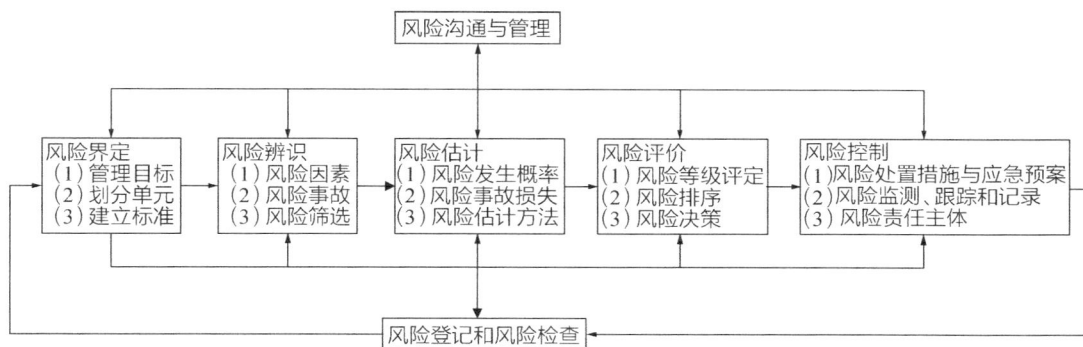

图 7-31 工程项目风险沟通与管理过程

（四）交付成果

1. 项目风险管理体系策划书

1）概述

2）编制依据

3）组织管理架构

4）岗位职责

5）各阶段风险控制要点

2. 规划阶段风险评估报告

1）概述

2）编制依据

3）风险评估流程与评估方法

4）各规划方案的风险评估

5）规划方案综合对比风险评估

6）推荐方案重大风险因素分析

7）结论与建议

3. 可行性研究阶段风险评估报告

1）概述

2）编制依据

3）工程总体风险评估

4）土建结构施工风险评估

5）机电安装施工风险评估

6）人员安全及职业健康安全评估

7）工程施工环境影响风险评估

8）工程运营期风险评估

9）风险控制措施建议

10）结论与建议

4. 勘察设计阶段风险评估报告

1）概述

2）编制依据

3）风险评估流程与评估方法

4）各单项风险评估

5）关键节点风险评估

6）专项风险控制措施

7）结论与建议

5. 招标、采购阶段风险评估报告

1）概述

2）编制依据

3）风险识别

4）风险估计

5）风险分担原则

6）风险控制措施建议

6. 施工阶段风险评估报告

1) 概述

2) 编制依据

3) 风险识别

4) 风险估计

5) 风险等级及排序

6) 风险处置措施

7) 风险监测方案

8) 风险事故应急预案

9) 结论与建议

7. 项目风险管理后评价报告

1) 概述

2) 评价的程序和方法

3) 项目风险管理目标完成情况及分析

4) 经验教训总结

5) 结论与建议

（五）成果质量标准

《风险管理原则与实施指南》GB/T 24353—2009、《城市轨道交通地下工程建设风险管理规范》GB 50652—2011 以及其他现行规范要求，如表 7-43～表 7-56 所示。

风险发生可能性等级标准 　　　　　　　　表 7-43

等级	1	2	3	4	5
可能性	频繁的	可能的	偶尔的	罕见的	不可能的
概率或频率值	>0.1	0.01～0.1	0.001～0.01	0.0001～0.001	<0.0001

风险损失等级标准 　　　　　　　　表 7-44

等级	A	B	C	D	E
严重程度	灾难性的	非常严重的	严重的	需考虑的	可忽略的

工程建设人员及第三方人员伤亡等级标准 　　　　　　　　表 7-45

等级	A	B	C	D	E
建设人员	死亡（含失踪）10人以上	死亡（含失踪）3～9人或重伤10人以上	死亡（含失踪）1～2人或重伤2～9人	重伤1人或轻伤2～10人	轻伤1人
第三方人员	死亡（含失踪）1人以上	重伤2～9人	重伤1人	轻伤2～10人	轻伤1人

环境影响等级标准

表 7-46

等级	A	B	C	D	E
影响范围及程度	涉及范围非常大,周边生态环境发生严重污染或破坏	涉及范围很大,周边生态环境发生较重污染或破坏	涉及范围大,区域内生态环境发生污染或破坏	涉及范围较小,邻近区生态环境发生轻度污染或破坏	涉及范围很小,施工区生态环境发生少量污染或破坏

工程本身和第三方直接经济损失等级标准

表 7-47

等级	A	B	C	D	E
工程本身	1000 万元以上	500 万元~1000 万元	100 万元~500 万元	50 万元~100 万元	50 万元以下
第三方	200 万元以上	100 万元~200 万元	50 万元~100 万元	10 万元~50 万元	10 万元以下

工期延误等级标准

表 7-48

等级	A	B	C	D	E
长期工程	延误大于 9 个月	延误 6~9 个月	延误 3~6 个月	延误 1~3 个月	延误少于 1 个月
短期工程	延误大于 90 天	延误 60~90 天	延误 30~60 天	延误 10~30 天	延误少于 10 天

社会影响等级标准

表 7-49

等级	A	B	C	D	E
影响程度	恶劣的或需紧急转移安置 1000 人以上	严重的或需紧急转移安置 500~1000 人	较严重的或需紧急转移安置 100~500 人	需考虑的或需紧急转移安置 50~100 人	可忽略的或需紧急转移安置小于 50 人

风险等级标准

表 7-50

等级	A/灾难性的	B/非常严重的	C/严重的	D/需考虑的	E/可忽略的
1/频繁的	I 级	I 级	I 级	II 级	III 级
2/可能的	I 级	I 级	II 级	III 级	III 级
3/偶尔的	I 级	II 级	III 级	III 级	IV 级
4/罕见的	II 级	III 级	III 级	IV 级	IV 级
5/不可能的	III 级	III 级	IV 级	IV 级	IV 级

风险接受准则

表 7-51

等级	接受准则	处置原则	控制方案
I 级	不可接受	必须采取风险控制措施降低风险,至少应将风险降低至可接受或不愿接受的水平	应编制风险预警与应急处置方案,或进行方案修正或调整等
II 级	不愿接受	应实施风险管理降低风险,且风险降低的所需成本不应高于风险发生的损失	应实施风险防范与监测,制定风险处置措施
III 级	可接受	宜实施风险管理,可采取风险处理措施	宜加强日常管理与监测
IV 级	可忽略	可实施风险管理	可开展日常审视检查

项目进展阶段风险记录表

表 7-52

| 工程项目 | | | | | | | | 工程标段 | | | | | |

| 进展阶段 | □规划阶段　　□可行性研究阶段　　□勘察设计阶段
□招投、采购阶段　□施工阶段 |

| 参与单位 | 1. 投资人：　　　　　　　　　2. 施工单位：
3. 设计单位：　　　　　　　　4. 监理单位：
5. 勘察单位：　　　　　　　　6. 第三方检测单位：
7. 其他单位： |

| 填写人 | | | 填写日期 | | |

编号	风险名称	发生位置	风险因素（可能成因）	风险损失（不利影响/危害后果）	等级			处置负责单位						备注
					概率	损失人	风险等级	建设单位	设计单位	勘察单位	施工单位	监理单位	监测单位	
1														
2														
3														
填表说明														

项目风险清单

表 7-53

| 工程项目 | | | | | | 工程标段 | |

| 进展阶段 | □规划阶段　　　□可行性研究阶段　　　□勘察设计阶段
□招投、采购阶段　□施工阶段 |

| 参见单位 | 1. 投资人：　　　　　　　　2. 施工单位：
3. 设计部门：　　　　　　　4. 监理单位：
5. 勘察部门：　　　　　　　6. 第三方检测单位：
7. 其他单位： |

风险类别	分部工程	风险名称	编码	风险等级	风险因素	备注

编制人		编制说明	
审核人		审核说明	
批准人		批准说明	
填表说明			

风险分析方法表

表 7-54

分类	名称	适用范围
定性分析方法	检查表法	基于经验的方法，由分析人员列出一些项目，识别与一般工艺设备和操作有关的已知类型的有害或危险因素、设计缺陷以及事故隐患。安全检查表，可用于对物质、设备或操作规程的分析
	专家调查法（包括德尔菲法）	难以借助精确的分析技术，但可依靠集体的经验判断，进行风险分析，问题庞大复杂，专家代表不同的专业并没有交流的历史，受时间和经费限制，或因专家之间存在分歧、隔阂，不易当面交换意见
	"如果……怎么办"法	该方法既适用于一个系统，又适用于系统中某一环节，适用范围较广，但不适用于庞大系统分析
	失效模式和后果分析法	可用在整个系统的任何一级，常用于分析某些复杂的关键设备
定量分析方法	层次分析法	应用领域比较广阔，可以分析社会、经济以及科学管理领域中的问题，适用于任何领域的任何环节，但不适应于层次复杂的系统
	蒙特卡罗法	比较适合在大中型项目中应用。优点是可以解决许多复杂的概率运算问题，以及适用于不允许进行真实试验的场合。对于那些费用高的项目或费时长的试验，具有很好的优越性。一般只在进行较精细的系统分析时才使用，适用于问题比较复杂，要求精度较高的场合，特别是对少数可行方案进行精选比较时更有效
	可靠度分析法	分析结构在规定的时间内、规定的条件下具备预定功能的安全概率，计算结构的可靠度指标，并可对已建成结构进行可靠度校核。该方法适用于对地下结构设计进行安全风险分析
	数值模拟法	采用数值计算软件对结构进行建模模拟，分析结构设计的受力与变形，并对结构进行风险评估，该方法适用于复杂结构计算，判定结构设计与施工风险信息
	模糊数学综合评判法	模糊数学综合评判法适用于任何系统的任何环节，其适应性比较广
	等风险图法	该方法适用于对结果精度要求不高，只需要进行粗略分析的项目，同时，如果只进行一个项目一个方案分析，该方法相对繁琐，所以该方法适用于多个类似项目同时分析或一个项目的多个方案比较分析时使用
	控制区间记忆模型	该模型适用于结果精度要求不高的项目，且只适用于变量间相互独立或相关性可以忽略的项目
	神经网络方法	适用于预测问题，原因和结果的关系模糊的场合或模式识别及包含模糊信息的场合。不一定非要得到最优解，主要是快速求得与之相近的次优解的场合；组合数量非常多，实际求解几乎不可能的场合，对非线性很高的系统进行控制的场合
	主成分分析法	该方法可适用于各个领域，但其结果只有在比较相对大小时才有意义
综合分析方法	专家信心指数法	同专家调查法
	模糊层次综合评估法	同模糊数学综合评判法
	工程类比分析法	利用周边区域的类似工程建设经验或风险事故资料对待评估工程进行分析，该方法适用于对地下工程进行综合分析

412 · 建设项目全过程工程咨询理论与实务

分类	名称	适用范围
综合分析方法	事故树法	该方法应用比较广，非常适用于重复性较大的系统。在工程设计阶段对事故查询时，都可以使用该方法对它们的安全性作出评价。该方法经常运用于直接经验较少的风险辨识
	事件树法	该方法可用来分析是系统故障、设备失效、工艺异常、人的失误等，应用比较广泛。该方法不能分析平行产生的后果，不适用于详细分析
	影响图方法	影响图方法与事故树法适用性类似，由于影响图方法比事故树法有更多的优点，因此，也可以与较大的系统分析
	风险评价矩阵法	该方法可根据使用需求对风险等级划分进行修改，使其适用不同的分析系统，但要有一定的工程经验和数据资料作为依据。其既适用于整个系统，又适用于系统中某一环节
	模糊事故树分析法	适用范围与事故树法相同，与事故树法相比，更适用于那些缺乏基本统计数据的项目

风险记录表 表 7-55

工程项目		工程标段	

进展阶段	□规划阶段　　□可行性研究阶段　　□勘察设计阶段 □招投、采购阶段　　□施工阶段

参见单位	1. 投资人：　　　　　2. 设计部门： 3. 勘察部门：　　　　4. 施工单位： 5. 监理单位：　　　　6. 第三方检测单位： 7. 其他单位：

填写人		填写日期	

序号	风险名称	位置或范围	风险描述	风险等级	风险处置措施	负责单位	实施时间	处置后风险等级	备注

填表说明	

重大风险（Ⅰ级和Ⅱ级风险）处置记录表 表 7-56

工程项目		工程标段	
风险名称及编号		发生位置	
风险等级		风险描述	
填写人		填写日期	
处置单位	1. 投资人： 2. 设计部门： 3. 勘察部门： 4. 施工单位： 5. 监理单位： 6. 第三方检测单位： 7. 其他单位：		
1. 风险处置措施 2. 现场监测与预警 签字（盖章） 年 月 日			
施工单位审核意见： 签字（盖章） 年 月 日			
投资人审核意见： 签字（盖章） 年 月 日			
设计部门审核意见： 签字（盖章） 年 月 日			
其他参与单位参阅意见： 签字（盖章） 年 月 日			
填表说明	施工单位填写后报送长资人与设计等单位，审核中各单位应填写意见		

全过程工程咨询（5）代建与项目管理：2000年我参加建设部建筑业司张鲁峰司长组织的政府投资工程管理体制研究，历时两年，课题组提出代建制的改革思路，后被国务院投资管理体制改革文件确认。代建制是一种代业主管理的项目管理方式，是全过程工程咨询的最高层次，强调投建管用分开，以概算为投资控制目标，竣工后以交钥匙方式向业主交付项目。代建制推行十五年来，各省市取得明显成效。

——《贻林微观察616》

第八章　竣工阶段咨询服务

第一节　竣工阶段工程咨询服务概述

全过程工程咨询单位在竣工阶段主要以工程资料整理、竣工验收、竣工结算为主。一方面需要整理和收集从决策、设计、发承包、实施等阶段中形成的过程文件、图纸、批复等资料，同时，协助投资人完成竣工验收、结算、移交等工作；另一方面，把经过检验合格的建设项目及工程资料完整移交给运营机构，并进入运营阶段。竣工阶段完成后，项目建设过程基本结束，各方集合对项目组织竣工验收并收集竣工资料。全过程工程咨询单位以此为基础进行项目结算或项目决算审核。竣工验收合格后，项目进入保修期，在全过程工程咨询单位的监管协调下进行项目移交工作。

依据《建设工程项目管理规范》GB/T 50326—2017，项目竣工管理包括竣工收尾、竣工验收、竣工结算、竣工决算、回访保修及管理考核评价等。在此基础上本书将建设项目竣工管理的内容概括为竣工验收管理、竣工结算管理、竣工资料管理、竣工移交管理、竣工决算管理、竣工备案管理、保修期管理，具体工作内容详如图8-1所示。

图 8-1　建设项目竣工管理的工作内容

完成竣工阶段后，主要咨询成果如下：

一、合格的建设项目产品

通过施工阶段完成的合格的建筑物、构筑物及构配件和其他设施，满足规模目标、功能目标、需求目标、使用目标的要求。

二、竣工验收报告

竣工验收报告是指工程项目竣工之后，由相关部门成立的专门验收机构组织专家进行质量评估验收以后形成的书面报告。同时，竣工验收报告也是体现建筑产品是否达到或满足规模目标、功能目标、需求目标、使用目标的重要依据。

三、档案资料

档案资料是指项目建设、管理过程中形成的，具有保存价值的各种形式的历史记录和存档依据。若当施工阶段中缺乏了工程档案或者资料，则会不利于在各项工程建设中施工与管理的进行，并且对于后期的维护、改建以及扩建造成很大影响，因此，档案资料是建设项目运营阶段中运维管理、项目后评价和设施管理等工作的重要依据和基础。

四、编制（审核）竣工结算报告

竣工结算是承包人按照合同约定的内容完成全部工作，经投资人和有关机构验收合格后，发承包双方依据约定的合同价款以及索赔等事项，最终计算和确定竣工项目工程价款的文件。经发承包双方确认的竣工结算文件是发包方最终支付工程款的依据，也是核定新增固定资产和工程项目办理交付使用验的依据；竣工结算一般由承包人或其委托有资质的造价咨询机构编制，由投资人委托有资质的全过程工程咨询单位审查，竣工结算审定成果文件应由结算编制人（承包人）、结算审查投资人（投资人）、结算审查受托人共同签署。

五、编制（审核）竣工决算报告

工程竣工决算是投资人在项目准备、验收和使用过程中实际支付的所有建设费用。竣工决算是整个建设项目的最终价格，是作为投资人财务部门汇总固定资产的主要依据。

第二节　竣工阶段咨询服务策划

一、策划依据

（1）《中华人民共和国建筑法》（主席令〔1998〕91号）（2011年修订）；

（2）《建设工程质量管理条例》（国务院令〔2000〕279号）（2017年修订）；

（3）《国务院关于修改部分行政法规的决定》（国务院令第687号）；

（4）《建筑工程施工质量验收统一标准》GB 50300—2013；

（5）《建设项目工程结算编审规程》（中价协〔2010〕023号）；

（6）《建设工程造价咨询规范》GB/T 51095—2015；

（7）《中华人民共和国档案法》（全国人大常委会〔1988〕）；

（8）《关于编制基本建设工程竣工图的几项暂行规定》（国家建设委员会〔1982〕50号）；

（9）《基本建设项目档案资料管理暂行规定》（国家档案局〔1988〕4号）；

（10）《建设项目（工程）竣工验收办法》（国家计委〔1990〕1215号）；

（11）《市政工程施工技术资料管理规定》（建设部建城〔2002〕221号）；

（12）《科学技术档案案卷构成的一般要求》GB/T 11822—2008；

（13）《建设工程监理规范》GB/T 50319—2013；

（14）《建设工程文件归档整理规范》GB/T 50328—2014；

（15）《照片档案管理规范》GB/T 11821—2002；

（16）《声像档案建档规范》ZKY/B-002-5—2006；

（17）《技术制图复制图的折叠方法》GB/ 10609.3—2009；

（18）《基本建设项目档案资料管理暂行规定》（国档发〔1988〕4号）；

（19）《国家重大建设项目文件归档要求与档案整理规范》DA/T 28—2002；

（20）与工程竣工阶段相关的其他政策性、成果性文件。

二、策划内容

全过程工程咨询单位应建立项目竣工阶段管理制度，明确项目竣工阶段管理的职责和工作程序。在此基础上本书将建设项目竣工管理的内容概括为竣工验收、竣工结算、竣工资料管理、配合移交、决算、备案及保修期的管理工作。依据《建设工程项目管理规范》GB/T 50326—2017中全过程工程咨询单位在竣工阶段项目管理工作主要包括：

（1）编制项目竣工阶段验收计划；

（2）提出有关竣工阶段管理要求；

（3）理顺、终结所涉及的对外关系；

（4）执行相关标准与规定；

（5）清算合同双方在合同范围内的债权债务。

进入竣工验收阶段后，总承包商制定详细的竣工验收计划，各专业分分承包商应根据总承包商竣工验收计划的安排，确保建设项目的内容按计划具备验收条件，并发给总承包项目经理部门。在完成验收计划后，我们将为建设项目竣工验收计划编制拆分计划，包括各项工作完成时间、需提供的条件、需全过程工程咨询单位、投资人等解决的问题等，以便总包项目经理部统筹安排，确保检验工作按期完成。

三、策划流程

依据《建设工程项目管理规范》中项目竣工管理包括项目的竣工收尾、竣工验收、竣工结算、竣工决算、回访保修以及管理考核评价等方面。在此基础上，对应地将项目竣工管理的内容概括为竣工验收、竣工结算、竣工资料管理、竣工决算管理和保修期管理工作。

1. **竣工验收管理**

项目的竣工验收是考核和检查建设工程是否符合设计要求和工程质量的关键关节，是资产转入生产的标志。该阶段主要包括验收的程序、验收的依据和条件以及验收组织管理。

2. **竣工结算管理**

项目竣工验收条件具备后，施工单位应按合同约定和工程价款结算的规定，及时编制并向投资人提交项目竣工结算报告及完整的结算资料，投资人组织监理单位、咨询单位进行结算审查，同时，还应完成政府审计工作。

投资人应督促监理单位、施工单位建立健全竣工资料管理制度，注意在施工过程中及时完成各类资料的签署、收集、归档工作，制定竣工资料形成、收集、整理、交接、立卷、归档的管理程序，实行"科学收集、定向移交、统一归口、按时交接"的原则，保证竣工资料完整、准确、体统和规范，便于存取和检索。

3. **竣工移交管理**

项目竣工移交包括竣工档案和项目实体移交两大部分。其中项目档案资料是在整个建设项目从酝酿、决策到建成投产（使用）的全过程中形成的、应当归档保存的文件，包括建设项目的提出、调研、可行性研究、评估、决策、计划、勘测、设计、施工调试、生产准备、竣工试生产（使用）等活动中形成的文字材料、图纸、图表、计算材料、声像材料等形式与载体的文件材料。在项目实施过程中，应注意相关材料的存档工作，验收通过后，及时整理、建档、立卷等，确保竣工档案的按时移交。项目实体移交包括建设项目实体、配套的通用设备和专用设备等，施工单位应履行按时移交工程成品，并建立交接记录，完善交工手续。

4. **竣工决算管理**

项目竣工决算是由投资人编制的项目从筹建到竣工投产全过程的全部实际支出费用的经济文件。竣工决算综合反应项目建设成果和财务情况，是竣工验收报告的主要组成部分，按国家有关规定所有新建、扩建、改建的项目竣工后都要编制竣工决算。

在此基础上，竣工决算包括竣工决算的编制和竣工决算的审核。竣工决算包括竣工决算的编制和竣工决算的审核。竣工决算的编制是以全过程工程咨询单位为主，在监理工程师和施工单位的配合下共同完成的，从项目筹建到竣工投产或使用全过程的全部实际支出费用的经济文件。依据财政部、国家发展改革委以及住房城乡建设部的有关文件规定，竣工决算是由竣工财务的决算说明书和决算报表、工程竣工图和工程竣工造价对比分析四部分组成。前两部分又称建设项目竣工财务决算，这是竣工决算的核心内容。竣工决算咨询工作最终形成竣工决算成果文件提交给投资人。工程决算的审核是全过程工程咨询单位的责任。在审核过程中，全过程工程咨询单位的责任是提供真实完整的审查资料。工程造价咨询单位的责任是在全过程工程咨询单位提供资料的基础上进行审核，并负有相关审查责

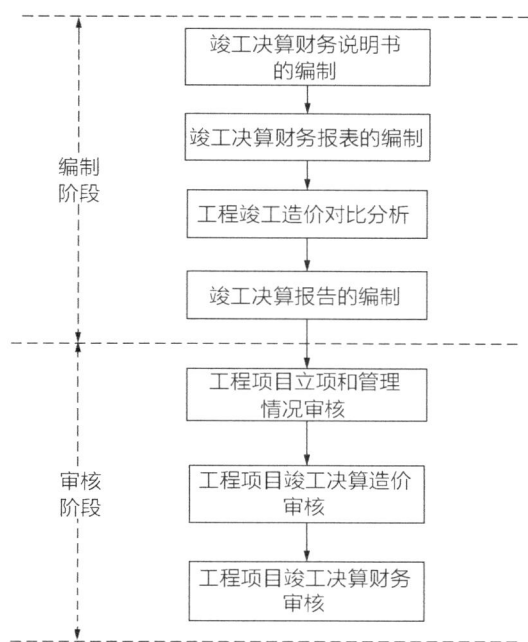

图 8-2　工程竣工阶段核心工作清单

任。其中，工程竣工阶段核心工作清单如图 8-2 所示。

5. 工程保修期管理

《中华人民共和国建筑法》《建设工程质量管理条例》中对于不同工程的保修期限做了具体的规定，施工单位的规定期限内必须履行相应的责任和义务。

四、注意事项

竣工结算是施工企业争取自身劳务所得经济收益以及投资人确定投资所产生固定资产的价值的过程性工作。在项目竣工验收条件具备后，施工单位应按合同约定和工程价款结算的规定，及时编制并向投资人递交项目竣工结算报告及完整地结算资料，在此阶段的结算效率问题，应该被工程项目参与各方视为最重要的管理目标，是该部分应关注的重点。

在竣工验收与结算的过程中，首要管理目标即是强调竣工结算的编审效率。为提升效率，应强调施工阶段产生的结算文件直接作为竣工阶段的依据。其逻辑框架如表 8-1 所示。

竣工验收及结算阶段逻辑框架　　　　　　　表 8-1

导向	目标	实现手段	工具	
			评价工具	操作工具
效率	竣工阶段编审效率最优	以施工阶段产生的结算文件为竣工阶段依据	交易成本理论、基于法学的竣工结算依据效力分析	竣工结算依据的确定竣工阶段编制方法

《建设工程工程量清单计价规范》的出台一定程度上否定了竣工图重算法，而提倡采取历次计量支付结果直接进入结算的结算规则。历次计量支付结果作为施工阶段产生的结算文件，应直接进入结算的结算规则是仿照 FIDIC 国际惯例的一般做法，并结合我国实际而形成的新型结算规则，具有明显的"新常态"下的中国特色。

在此基础上，竣工决算环节全过程工程咨询单位的业务内容主要包括竣工决算的编制和竣工决算的审核两部分。竣工决算编制阶段的管理目标是通过竣工决算的编制，进行大量的统计分析而不是重新确定工程造价，反映建设项目经济效益的情况，使其可以准确作为项目法人核定各类新增资产价值、办理其交付使用的依据。通过竣工决算的编制，一方面能够正确反映建设工程的实际造价和投资结果；另一方面可以通过竣工决策与概算、预算的对比分析，考核投资控制的工作成效。工程决算审核阶段的管理目标是对建设项目竣工决算的真实性、合法性、完整性进行审核，通过审核督促项目建设相关部分及管理部门加强项目管理和财务监督，提高资金使用效率。

竣工决算阶段主要内容为项目竣工决算的编制和项目竣工决算的审查。其中，竣工决算的编制由竣工财务决算说明书和决算报表、工程竣工图和工程竣工造价对比分析组成。前两部分又称建设项目竣工财务决算，是竣工决算核心内容。竣工财务决算说明书主要内容有建设项目概况、会计账务的处理、债务债权的清偿、基建结余资金上交分配情况、主要技术经济指标的分析；竣工财务决算报表主要有建设项目财务决算审批表、建设项目竣工工程概况表、建设项目竣工财务决算总表、建设项目交付使用资产总表、建设项目交付使用资产明细表。

第三节　项目竣工验收管理

项目的竣工验收是考核和检查建设工程是否符合设计要求和工程质量的关键关节，是资产转入生产的标志，也是全面考核效益、设计、监理、施工质量的重要环节。项目竣工验收是项目使用或者投产的根本前提。

一、依据

（1）现行国家法律、法规等；

（2）《建设工程质量管理条例》（国务院令〔2000〕279号）；

（3）《国务院关于修改部分行政法规的决定》（国务院令第687号）；

（4）《建筑工程施工质量验收统一标准》GB 50300—2013；

（5）国家有关行政主管部门对该项目的批复文件，包括可行性研究报告及批复文件、环境影响评价报告及批复文件、初步设计批复文件以及与项目建设有关的各种文件；

（6）工程设计文件，包括初步设计或扩大初步设计、技术设计；

（7）设备技术资料，主要包括设备清单及其技术说明；

（8）与项目相关的标准规范，包括现行的工程施工及验收规范、工程质量检验评定标准等；

（9）招标及合同文件；

（10）全部竣工资料，包括全部工程的竣工图和说明；

（11）设计变更、修改通知单；

（12）现行设计、施工规范、规程和质量标准；

（13）引进项目的合同和国外提供的技术文件。

二、内容

项目竣工验收主要是对工程项目的总体验收，工作内容就是查看项目有没有完成图纸和合同约定的各项工作，以及所完成的工作符不符合相关的法律法规和验收标准，竣工验收是对项目的工程资料和实体全面检查的一个过程。

（一）竣工验收条件

《建设工程质量管理条例》（国务院令〔2000〕279 号）规定投资人收到建设项目竣工报告后，应当组织全过程工程咨询单位（勘察、设计、监理）、施工单位等有关单位进行竣工验收，工程经验收合格之后方可交付使用。

其中《建设工程质量管理条例》（国务院令〔2000〕279 号）规定，建设项目竣工验收应当具备下列条件：

（1）完成建设工程设计和合同约定的各项内容；

（2）有完整的技术档案和施工管理资料；

（3）有工程使用的主要建筑材料、建筑构配件和设备的进场试验报告；

（4）有勘察、设计、施工、工程监理等单位分别签署的质量合格文件；

（5）有施工单位签署的工程保修书。

（二）竣工验收计划

建设项目竣工验收条件具备之后，全过程工程咨询单位应组织成立验收工作小组，组织监理单位和施工单位编制竣工验收计划，将其纳入企业施工生产计划执行和管理，自检合格的施工项目应填写工程竣工报告和竣工报验单，报投资人批准后使用。竣工验收计划的具体内容应包括验收内容、验收单位以及所需资料等。其中，竣工阶段验收登记表如表8-2 所示。

××项目竣工阶段验收登记表 表 8-2

工程名称					
施工许可文件号				工程竣工日期	
建设规模				合同价格	（万元）
验收组成员	姓名		单　位		职务
		全过程工程咨询单位			
		勘察单位			
		设计单位			
		施工单位			
		监理单位			
	专家				
工程竣工验收内容	序号		验收项目		验收情况
	1		是否已完成工程设计和合同约定的各项内容		
	2		是否有完整的技术档案和施工管理资料；是否有工程使用的主要建筑材料、建筑构配件和设备的进场试验报告、工程质量检测和功能性试验报告资料；是否已取得城建档案馆预验收文件		

	序号	验收项目	验收情况
工程竣工验收内容	3	工程所含单位工程质量竣工验收是否合格	
	4	全过程工程咨询单位是否已按合同约定支付了工程款	
	5	施工单位是否已经签署工程质量保修书	
	6	是否有规划行政部门出具的认可文件或者准许使用文件	
	7	无障碍设施是否已验收合格	
	8	对于住宅工程,质量分户验收是否已合格	
	9	对于民用建筑工程,全过程工程咨询单位是否已组织设计、施工、监理单位对节能工程进行了专项验收	
	10	商品住宅小区和保障性住房工程,全过程工程咨询单位是否已按分期建设方案要求,组织勘察、设计、施工、监理等有关单位对市政公用基础设施和公共服务设施进行了验收	
	11	规划许可中注明规划绿地情况的建设工程,对附属绿化工程的验收是否合格	
	12	是否已在工程明显位置设置了永久性标牌	
	13	建设主管部门及工程质量监督机构责令整改的问题是否已全部整改完毕	
	14	法律、法规规定的其他验收条件完成情况	
验收意见	全过程工程咨询单位	签字(公章)	年 月 日
验收单位	全过程工程咨询单位	签字(公章)	年 月 日
	勘察单位	签字(公章)	年 月 日
	设计单位	签字(公章)	年 月 日
	施工单位	签字(公章)	年 月 日
	监理单位	签字(公章)	年 月 日
	专家签字		年 月 日

（三） 专项检测 （测量）

在建设项目竣工前，需进行各项检测，如：桩基（复合地基）检测、幕墙三性检测、环境空气质量检测、水质监验（二次供水）、卫生防疫检测、人防通风检测、防雷检测、消防设施检测、电器检测、锅炉、电梯、压力容器、压力管道委托检测及使用证办理等，检测结论报告在进行专项验收时提交。

建设工程竣工后，还应经规划主管部门认可的测绘单位进行竣工测量，主要是为满足规划管理需要，在建设项目完成后，按照规划审批对项目实地进行测量，并形成工程竣工测量记录表。竣工测量主要内容包括：室内地坪测量，间距测量，高度测量、建筑面积测量以及竣工地形图测绘，市政公共配套设施的位置、尺寸、规模，建筑工程的绿地率等。

此外，在竣工验收后还应及时完成房产面积测量，并向当地房产部门备案，以便房产证的办理。

（四） 验收内容

（1）专项工程验收

竣工阶段需进行的专项验收包括：电梯等特种设备、环保、消防、防雷、卫生防疫以及人防验收、生产工艺等，专项检查表如表8-3所示，其中住宅工程必须进行分户验收。分户验收，即"一户一验"，是指住宅工程在按照国家有关标准、规范要求进行工程竣工验收时，对每一户住宅及单位工程公共部位进行专门验收，并在分户验收合格后出具工程质量竣工验收记录表8-4和表8-5。

××项目专项检查表 表8-3

工程名称		结构类型	
工程地址		联系人	联系电话
投资人			
全过程工程咨询单位			
设计单位			
施工单位			
监理单位			
检查内容			
检查结论			
投资人（公章）			
全过程工程咨询单位			
设计单位（公章）			
施工单位（公章）			
监理单位（公章）			

竣工验收室内质量分户验收检查表

表 8-4

工程名称				房号		
序号	验收项目	验收内容	验收要求	验收记录		验收结论
1	楼地面、墙面和顶棚	楼地面空鼓、裂缝、起砂				
		墙面、顶棚、裂缝、脱层和爆灰				
2	门窗安装	外窗台高度				
		外窗渗漏				
		推拉窗防脱落装置				
		安全玻璃认证标识				
3	栏杆安装	栏杆高度				
		竖杆间距				
		防攀登措施				
		护栏玻璃				
4	防水工程	屋面渗漏				
		有防水要求的地面渗漏				
		外墙渗漏				
5	室内空间尺寸	室内净高				
		室内净开间、净进深				
		地面水平度				
6	给水排水工程	管道渗漏				
		管道坡向				
		地漏水封高度				
		伸缩节、阻火圈（防火套管）设置				
7	电气工程	配电箱安装质量				
		开关、插座安装质量				
8	其他	烟道设置				
		空调孔、板设置				

综合验收结论					
投资人（投资人）	全过程工程咨询单位	监理单位		施工单位	物业单位
验收人员： 　　年　月　日	验收人员： 　　年　月　日	验收人员： 　　年　月　日		验收人员： 　　年　月　日	验收人员： 　　年　月　日

424 · 建设项目全过程工程咨询理论与实务

住宅工程质量分户检查验收汇总表　　　　　　表 8-5

工程名称		投资人		总户数	
监理单位		施工单位		物业单位	
内　容	验　收　情　况				
室内分户验收汇总	本工程总计验收＿＿＿＿户。其中合格＿＿＿＿户，整改合格＿＿＿＿户；不合格＿＿＿＿户。存在问题：＿＿＿＿＿＿＿＿＿＿＿＿＿＿＿＿＿＿＿＿。				
功能试验					
给排水设备安装检测试验					
外墙					
公共部位					
保温节能					
验收结论					
投资人： 项目负责人： （公章） 年　月　日	全过程工程 咨询单位： （公章） 年　月　日	监理单位： 总监理单位： （公章） 年　月　日	施工单位： 项目经理： （公章） 年　月　日	物业单位： 负责人： （公章） 年　月　日	

（2）单位工程验收

单位工程内容全部完成时，由施工单位自检，编制施工小结，向监理部门提出验收申请，监理部门应在规定的时间内，对工程完成的质量情况进行初步检查（预验收），同意验收时，做出单位工程质量评估报告，全过程工程咨询单位审查验收条件，通知各有关部门参加，地勘、设计单位应出具质量检查报告，施工、监理单位分别出具工程质量合格证明并组织单位工程验收，通过验收后，由各单位签署竣工文件并各自归档。

（3）工程竣工验收

当施工单位完成合同约定的所有工程量，且单位工程均通过自检验收合格后，可提出竣工验收申请，同时，施工单位应及时编制竣工验收计划报全过程工程咨询单位审核，报投资人同意后实施。

收到竣工验收申请后，全过程工程咨询单位应在规定时间内完成合同工程量完成情况的审核，符合要求后由全过程工程咨询单位监理单位落实预验收计划，提交并通知投资人参加预验收。全过程工程咨询单位组织各预验收单位检查确认预验收合格后，编写全过程工程咨询单位监理单位评估报告。

预验收合格并且投资人审核认为符合竣工验收条件后，应及时落实竣工验收的各项准备工作，成立验收小组，编写工程建设总结，组织竣工验收并通知政府各相关部门参加验收，验收通过后及时会签竣工验收报告，并填写建设工程竣工验收备案申请表，完成备案工作。

三、程序

项目竣工验收是在参建单位完成自检合格的基础之上，由投资人组织各方责任主体以及相关政府职能部门参加的一个综合验收，验收组以法律法规、设计文件、施工验收规范、质量检验标准等为依据，按照程序和手续对项目进行检验综合评价的一个活动。

建设项目竣工验收的实施一般由全过程工程咨询单位组织投资人、施工、勘察、设计、监理等单位共同组成竣工验收小组，按照竣工验收程序，对工程进行核查后，做出验收结论，形成竣工验收记录。下面详细介绍竣工验收计划的编制以及竣工验收的流程图。

（一） 竣工交付验收总程序

竣工交付验收包括：①各施工单位向全过程工程咨询单位监理单位提出验收申请；②监理单位审查验收条件，组织预验收；③项目内部验收通过；④各专项验收机构如消防、人防等参加专项验收；⑤全过程工程咨询单位组织单位工程的验收；⑥全过程工程咨询单位组织竣工验收；⑦工程交付使用。交付管理程序图如图8-3所示。

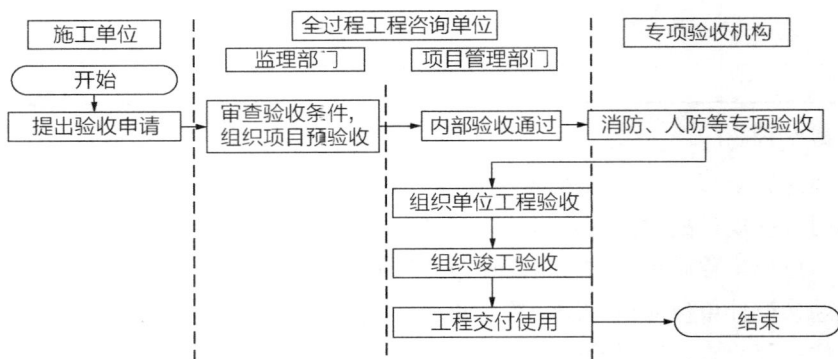

图 8-3 竣工验收总程序

（二） 竣工验收计划编制程序

（1）全过程工程咨询单位组织监理单位、施工单位制订项目竣工验收计划。项目竣工验收计划应列出清单，明确项目竣工验收工程的内容、责任单位、验收时间，做到竣工验收计划有据可依。

（2）全过程工程咨询单位审核项目竣工验收计划。全过程工程咨询单位应全面掌握项目竣工验收条件，认真审核项目竣工验收内容，做到安排的竣工验收计划有具体可行的措施。

（3）投资人批准竣工验收计划。投资人调查核实项目竣工验收实际情况，按照报批程序执行，做到安排的竣工验收计划有可靠的保证。

（三） 竣工验收程序

（1）专项工程验收程序。包括消防工程、人防工程以及环保等专项验收，验收程序如图 8-4 所示。

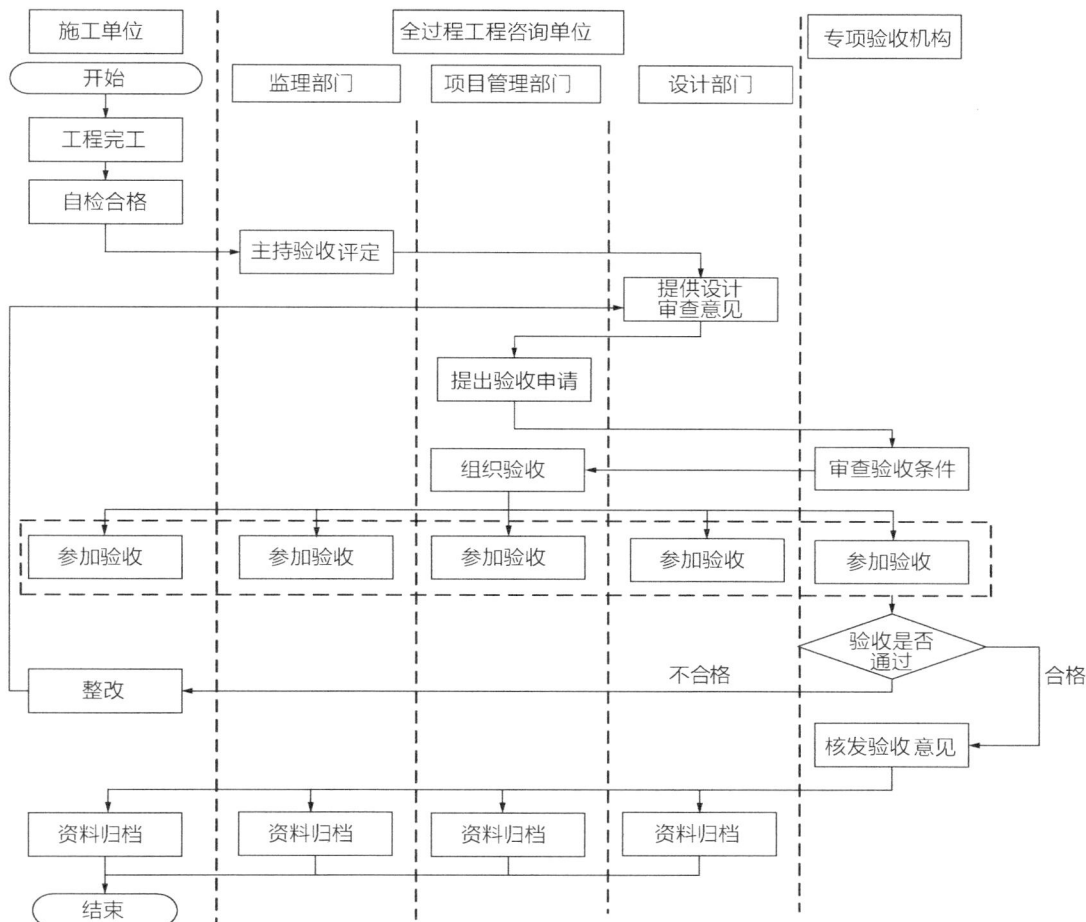

图 8-4　专项工程验收程序

（2）单位工程竣工验收程序。单位工程竣工验收程序如图 8-5 所示。

（3）工程竣工验收程序。当整个建筑项目已按设计要求全部建设完成，并已符合竣工验收标准，全过程工程咨询单位组织监理单位的预验收已通过，应及时组织竣工验收，竣工验收具体流程，如图 8-6 所示。

（四） 竣工验收记录

竣工验收备案过程形成的验收记录主要包括四项成果文件：

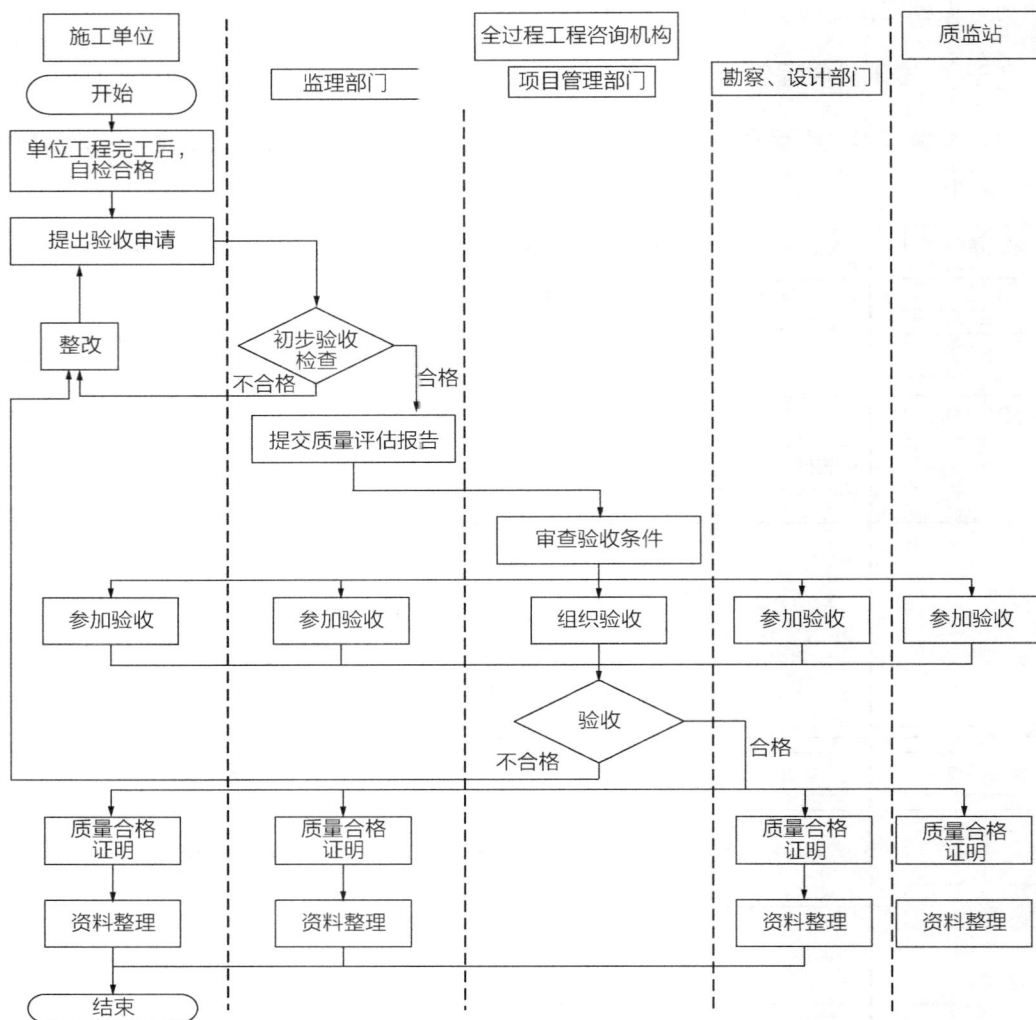

图 3-5　单位工程验收程序

（1）竣工验收备案表；

（2）观感评定；

（3）验收组名单及竣工验收签到表；

（4）竣工验收报告。

四、注意事项

根据《建筑工程施工质量验收统一标准》GB 50300—2013 规定，应注意以下几方面：

（1）工程实施内容、规模是否符合项目承包合同约定及初步设计审定的范围、标准和内容（包括变更设计）；是否按施工技术规范要求建成；生产链上下游相关配套工程是否与主体工程同步建成。

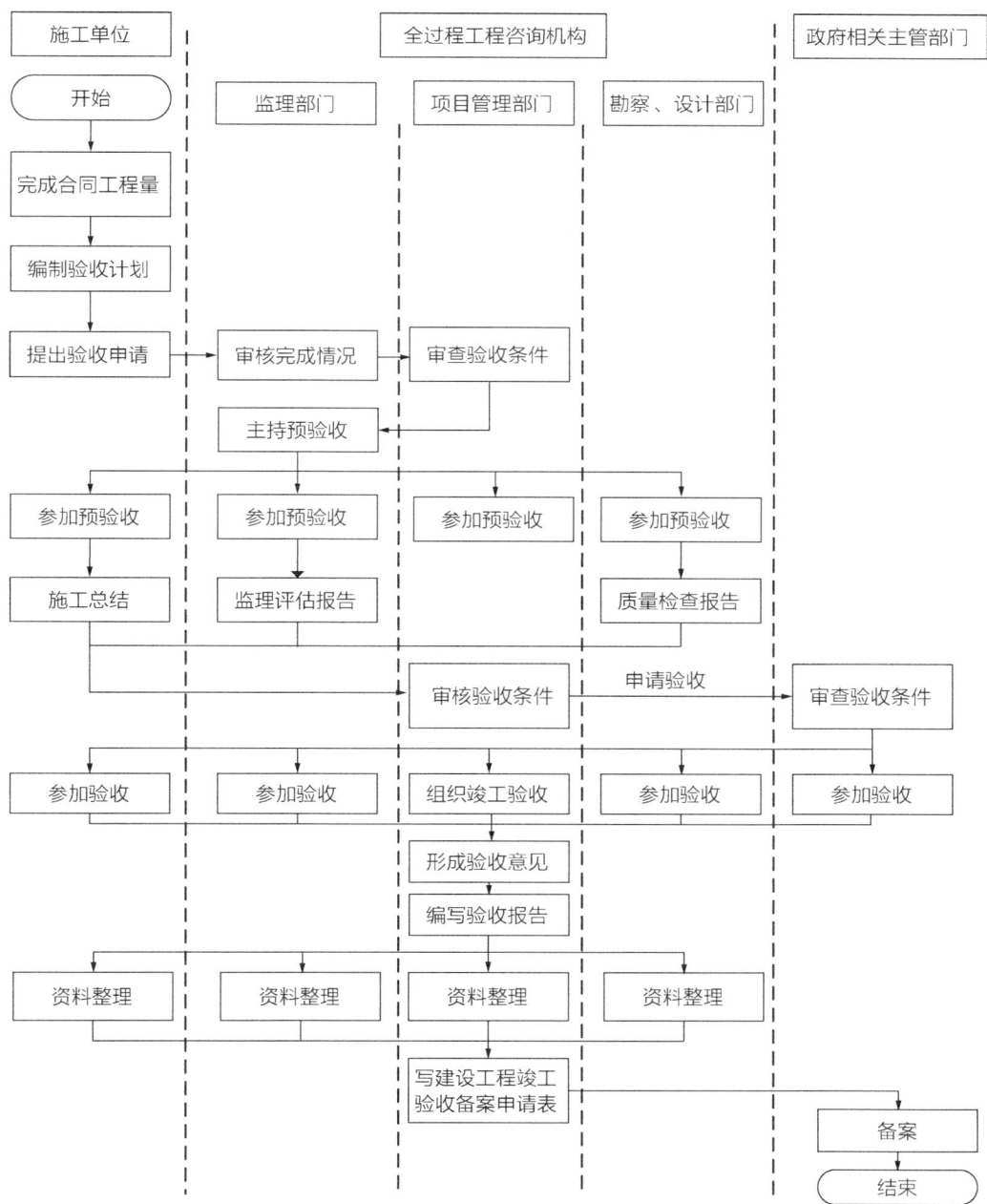

图 8-6 工程竣工验收程序

（2）工程质量是否符合项目承包合同约定的工程质量验收评定标准。

（3）机电和工艺设备选型配套及设备安装单体和系统调试情况，其中主要设备是否经过空载单机试验、联动试运行等，以及试生产和第三国引进设备合同执行情况。

（4）环境保护、消防设施等是否按承包合同约定或批准的设计图纸建成，是否满足国家相关要求，经检验是否合格，建筑抗震设防是否符合相关规定，规定的竣工验收内容是否已全部验收合格。

（5）运营投产或投产使用准备情况。包括岗位培训、物资准备、外部协作条件等是否已经落实，是否满足投产运营和安全生产的需求。

（6）工程竣工资料编制完成情况。

五、成果范例

项目竣工的交付成果反应项目目标的要求，项目立项的定义决定了项目的交付成果，项目竣工的交付成果特指项目完成了所有的工作内容，交付成果即为投资人想要的全部功能的标志。

（一）　建设项目竣工验收的方式

建设项目满足验收条件，全过程工程咨询单位应组织验收，验收方式可分为中间验收、单项工程竣工验收和项目综合验收三类，具体如表 8-6 所示，对于小型、形式简单的项目可对全部项目进行一次性的竣工验收。

建设项目验收方式

表 8-6

类型	验收条件	验收组织
中间验收	① 按照施工承包合同的规定，施工完成到某一阶段后要进行中间验收； ② 重要的工程部位施工已完成隐蔽前准备工作，该工程部位将置于无法查看状态	监理单位组织，全过程工程咨询单位和施工单位派人参加。该部位的验收资料将作为最终验收的依据
单项工程竣工验收	① 建设项目中的某个合同工程已经完成； ② 合同内约定有分部分项移交的工程已达到竣工标准	全过程工程咨询单位组织，会同施工单位、投资人、监理单位、设计单位等有关部门共同进行
项目综合验收	① 建设项目按设计规定全部建成，达到竣工验收条件； ② 初验结果全部合格； ③ 竣工验收所需资料已准备齐全	初验合格后，全过程工程咨询单位组织政府相关部门进行综合验收

（二）　建设项目竣工验收报告格式

建设项目竣工验收应依据批准的建设文件和工程实施文件，达到国家法律、行政法规、部门规章对竣工条件的规定和合同约定的竣工验收要求后，提出《建设项目竣工验收报告》，如表 8-7 所示，有关承发包当事人和项目有关组织应签署验收意见，签名并盖单位公章。

建设项目竣工验收报告

表 8-7

<table>
<tr><td rowspan="11">工程概况</td><td>工程名称</td><td></td><td colspan="2">工程地址</td><td></td></tr>
<tr><td>建筑面积</td><td></td><td colspan="2">结构类型</td><td></td></tr>
<tr><td>层数</td><td>地下 层　地上 层</td><td colspan="2">总高度</td><td></td></tr>
<tr><td>电梯</td><td></td><td colspan="2">自动扶梯</td><td></td></tr>
<tr><td>开工日期</td><td></td><td colspan="2">竣工验收日期</td><td></td></tr>
<tr><td>投资人（投资人）</td><td></td><td colspan="2">监理单位</td><td></td></tr>
<tr><td>勘察部门</td><td></td><td colspan="2">基础检测单位</td><td></td></tr>
<tr><td>设计部门</td><td></td><td colspan="2">图纸审查机构</td><td></td></tr>
<tr><td>施工单位</td><td></td><td colspan="2">质量监督机构</td><td></td></tr>
<tr><td rowspan="8">验收组成情况</td><td>单位</td><td>姓名</td><td>职称（职务）</td><td>备注</td></tr>
<tr><td>全过程工程咨询单位</td><td></td><td></td><td></td></tr>
<tr><td>监理单位</td><td></td><td></td><td></td></tr>
<tr><td>施工单位</td><td></td><td></td><td></td></tr>
<tr><td>设计部门</td><td></td><td></td><td></td></tr>
<tr><td>勘察部门</td><td></td><td></td><td></td></tr>
<tr><td>相关单位</td><td></td><td></td><td></td></tr>
<tr><td>监督机构</td><td></td><td></td><td></td></tr>
<tr><td colspan="2">工程验收内容</td><td colspan="4"></td></tr>
<tr><td colspan="2">竣工验收组织形式和验收形式</td><td colspan="4"></td></tr>
<tr><td rowspan="7">竣工验收条件及检查情况</td><td colspan="5">1. 设计文件和合同约定内容的完成情况</td></tr>
<tr><td colspan="5">2. 工程技术档案、施工管理资料、质量控制资料</td></tr>
<tr><td colspan="5">3. 勘察、设计、施工、监理等单位分别签署的质量文件的检查情况</td></tr>
<tr><td colspan="5">4. 规划、公安消防、技术监督、环保等有关部门专项验收情况</td></tr>
<tr><td colspan="5">5. 室内环境监测情况</td></tr>
<tr><td colspan="5">6. 工程建设过程中发现的质量问题的整改情况</td></tr>
<tr><td colspan="5">7. 工程质量保修书的签署情况</td></tr>
</table>

工程验收结论	分部工程质量评定情况	分部工程名称	质量评定结果
		地基与基础工程	
		主体结构工程	
		建筑装饰装修工程	
		建筑屋面工程	
		建筑给水排水及采暖工程	
		建筑电气工程	
		通风与空调工程	
		电梯安装工程	
		智能建筑工程	
	观感质量综合评价		
	质量控制资料核查情况表	共核查： 项 其中符合要求： 项 经核定符合要求： 项 核查结果：	
	单位工程质量验收结论：		

投资人（投资人）：（公章）
项目负责人：　　　　　　　　　　　　　　　　年　　月　　日

勘察部门：（执业章）
勘察负责人：　　　　　　　　　　　　　　　　年　　月　　日

设计部门：（执业章）
设计负责人：　　　　　　　　　　　　　　　　年　　月　　日

施工单位：（公章）
企业技术负责人：　　　　　　　　　　　　　　年　　月　　日

监理单位：（执业章）
总监理单位：　　　　　　　　　　　　　　　　年　　月　　日

附单位工程质量综合验收文件：
（1）勘察单位对工程勘察文件的质量检查报告。
（2）设计单位对工程设计文件的质量检查报告。
（3）工程施工质量报告，包括：单位工程、分部工程质量自评记录，工程竣工资料目录自查表，建筑材料、建筑构配件、商品混凝土、设备出厂的合格证和进场试验报告的汇总表，涉及工程结构安全的试块、试件以及有关材料的试（检）验报告汇总表和强度合格评定表、室内环境检测报告、工程开工及竣工报告。
（4）监理单位对工程质量的评估报告。
（5）地基与基础、主体结构分部工程以及单位工程质量验收报告。
（6）有关工程质量检测和功能性试验资料。
（7）建设行政主管部门、质量监督机构责令整改问题的整改结果。
（8）验收人员签署的竣工验收原始文件。
（9）竣工验收遗留问题的处理结果。
（10）施工单位签署的工程质量保修书。
（11）法律、规章规定必须提供的其他文件

第四节　项目竣工结算管理

一、项目竣工结算编制

（一）编制依据

根据《建设项目工程结算编审规程》（中价协〔2010〕023 号）规定，同时根据《建设工程造价咨询规范》GB/T 51095—2015 进行补充，竣工结算编制依据包括：

（1）影响合同价款的法律、法规和规范性文件；

（2）现场踏勘复验记录；

（3）施工合同、专业分包合同及补充合同、有关材料、设备采购合同；

（4）与工程结算编制相关的国务院建设行政主管部门以及各省、自治区、直辖市和有关部门发布的建设工程造价计价标准、计价方法、计价定额、价格信息、相关规定等计价依据；

（5）招标文件、投标文件，包括招标答疑文件、投标承诺、中标报价书及其组成内容；

（6）工程施工图或竣工图、经批准的施工组织设计、设计变更、工程洽商、索赔与现场签证，以及相关的会议纪要；

（7）工程材料及设备中标价、认价单；

（8）发承包双方确认追加或核减的合同价款；

（9）经批准的开工、竣工报告或停工、复工报告；

（10）影响合同价款的其他相关资料。

（二）编制内容

（1）竣工结算按委托内容可分为建设项目竣工结算、单项工程竣工结算及单位工程竣工结算。

（2）竣工结算文件应包括封面、签署页、目录、编制说明、竣工结算汇总表、单项工程竣工结算汇总表、单位工程竣工结算汇总表等，采用工程量清单计价的竣工结算成果文件可按建设工程造价咨询规范附表编制。

（3）竣工结算编制说明应包括工程概况、编制范围、编制依据、编制方法，工程计量、计价及人工、材料、设备等的价格和费率取定的说明，及应予说明的其他事项。

（三）编制程序

建设项目竣工结算应按竣工结算的准备、竣工结算的编制和竣工结算的定稿三个阶段进行，并实行编制人、校对人和审核人分别署名盖章确认的内部审核制度。

（1）结算编制准备阶段

1）收集与工程结算相关的编制依据；

2）熟悉招标文件、投标文件、施工合同、施工图纸等相关资料；

3）掌握建设项目承发包方式、现场施工条件、应采用的工程计价标准、定额、费用标准、材料价格变化等情况；

4）对工程结算编制依据进行分类、归纳、整理；

5）召集工程结算人员对工程结算涉及的内容进行核对、补充和完善。

（2）结算编制阶段

1）根据工程施工图或竣工图以及施工组织设计进行现场踏勘，并做好书面或影像记录；

2）按招标文件、施工合同约定方式和相应的工程量计算规则计算分部分项建设项目、措施项目或其他项目的工程量；

3）按招标文件、施工合同规定的计价原则和计价办法对分部分项建设项目、措施项目或其他项目进行计价；

4）对于工程量清单或定额缺项以及采用新材料、新设备、新工艺，应根据施工过程中的合理消耗和市场价格编制综合单价或单位估价分析表；

5）工程索赔应按合同约定的索赔处理原则、程序和计算方法提出索赔费用；

6）汇总计算工程费用，包括编制分部分项工程费、措施项目费、其他项目费、规费和税金，初步确定工程结算价格；

7）编写编制说明；

8）计算和分析主要技术经济指标；

9）工程结算编制人编制工程结算的初步成果文件。

（3）结算定稿阶段

1）工程结算审核人对初步成果文件进行审核；

2）工程结算审定人对审核后的初步成果文件进行审定；

3）工程结算编制人、审核人、审定人分别在工程结算成果文件上署名，并应签署造价工程师或造价员执业或从业印章；

4）工程结算文件经编制、审核、审定后，工程造价咨询企业的法定代表人或其授权人在成果文件上签字或盖章；

5）工程造价咨询企业在正式的工程结算文件上签署工程造价咨询企业执业印章。

建设项目竣工结算编制程序如图8-7所示。

竣工结算应按施工合同类型采用相应的编制方法，应符合《建设工程造价咨询规范》GB/T 51095—2015、《建设项目工程结算编审规程》CECA/GC 3—2010的规定：

（1）采用总价合同的，应在合同总价基础上，对合同约定能调整的内容及超过合同约定范围的风险因素进行调整。

（2）采用单价合同的，在合同约定风险范围内的综合单价应固定不变，并应按合同约定进行计量，且应按实际完成的工程量进行了计量。

图 8-7　工程竣工结算编制程序

（3）采用成本加酬金合同的，应按合同约定的方法，计算工程成本、酬金及有关税费。

（4）采用工程量清单方式计价的工程，一般采用单价合同，应按工程量清单单价法编制工程结算。

（5）分部分项工程费应依据施工合同相关约定以及实际完成的工程量、投标时的综合单价等进行计算。

（6）工程结算编制时原招标工程量清单描述不清或项目特征发生变化，以及变更工程、新增工程中的综合单价应按下列方法确定；

1）合同中已有适用的综合单价，应按已有的综合单价确定；

2）合同中有类似的综合单价，可参照类似的综合单价确定；

3）合同中没有适用或类似的综合单价，由承包人提出综合单价，经发包人确认后执行。

（7）工程结算编制时措施项目费应依据合同约定的项目和金额计算，发生变更、新增的措施项目，以发承包双方合同约定的计价方式计算，其中措施项目清单中的安全文明施工费用应按照国家或省级、行业建设主管部门的规定计算。施工合同中未约定措施项目费结算方法时，措施项目费可按以下方法结算：

1）与分部分项实体消耗相关的措施项目，应随该分部分项工程的实体工程量的变化，依据双方确定的工程量、合同约定的综合单价进行结算；

2）独立性的措施项目，应充分体现其竞争性，一般应固定不变，按合同价中相应的措施项目费用进行结算；

3）与整个建设项目相关的综合取定的措施项目费用，可参照投标时的取费基数及费率进行结算。

（8）其他项目费应按以下方法进行结算：

1）计日工按发包人实际签证的数量和确认的事项进行结算；

2）暂估价中的材料单价按发承包双方最终确认价在分部分项工程费中对相应综合单价进行调整，计入相应的分部分项工程费用；

3）专业工程结算价应按中标价或发包人、承包人与分包人最终确认的分包工程价进行结算；

4）总承包服务费应依据合同约定的结算方式进行结算；

5）暂列金额应按合同约定计算实际发生的费用，并分别列入相应的分部分项工程费、措施项目费中。

（9）招标工程量清单漏项、设计变更、工程洽商等费用应依据施工图，以及发承包双方签证资料确认的数量和合同约定的计价方式进行结算，其费用列入相应的分部分项工程费或措施项目费中。

（10）工程索赔费用应依据发承包双方确认的索赔事项和合同约定的计价方式进行结算，其费用列入相应的分部分项工程费或措施项目费中。

（11）规费和税金应按国家、省级或行业建设主管部门的规定计算。

（四） 注意事项

在竣工结算过程中，全过程工程咨询单位应注意：

（1）注重竣工结算资料的收集、整理，竣工结算资料是保证竣工结算造价的基础，同时完整的结算资料能够加快竣工结算的时间，并可以减少结算纠纷。对于全过程工程咨询单位来说，应与施工单位设立工程竣工资料管理组，并由熟练的专业、专职人员负责此项工作，从而做好结算资料的收集与整理。

（2）竣工结算造价的计价应严格按照合同约定的原则进行，合同中没有约定的应参照计价规定进行计算，不应仅仅注重结算总造价，还应做到每个分项的结算造价准确，避免错算、漏算。

（3）竣工结算造价是合同承包范围内的全部结算价款（包含索赔价款及相关分包价款），不含在竣工结算价款的相关费用应进行说明。

（4）应注重合同约定的结算编制时间，应在约定的时间内编制竣工结算书，并随完整结算资料一并提交投资人审核，避免由于未及时提交竣工结算而产生不利影响。

（五） 成果范例

（1）工程实施内容、规模是否符合项目承包合同约定及初步设计审定的范围、标准和内容（包括变更设计），是否按施工技术规范要求建成；生产链上下游相关配套工程是否与主体工程同步建成。

（2）工程是否符合项目承包合同约定的工程质量验收评定标准。

（3）机电和工艺设备选型配套及设备安装单体和系统调试情况，其中主要设备是否经过空载单机试验、联动试运行等，以及试生产和第三国引进设备合同执行情况。

（4）环境保护、消防设施等是否按承包合同约定或批准的设计图纸建成，是否满足国家相关要求，经检验是否合格，建筑抗震设防是否符合相关规定，规定的竣工验收内容是否已全部验收合格。

（5）运营投产或投产使用准备情况。包括岗位培训、物资准备、外部协作条件等是否已经落实，是否满足投产运营和安全生产的需求。

（6）工程竣工资料编制完成情况。

二、项目竣工结算审核

（一） 审核依据

竣工结算审核编制依据应包括下列内容：

（1）影响合同价款的法律、法规和规范性文件；

（2）现场踏勘复验记录；

（3）工程结算审查委托合同；

（4）完整、有效的工程结算书；

（5）施工合同、专业分包合同及补充合同、有关材料、设备采购合同；

（6）与工程结算编制相关的国务院建设行政主管部门以及各省、自治区、直辖市和有关部门发布的建设工程造价计价标准、计价方法、计价定额、价格信息、相关规定等计价依据；

（7）招标文件、投标文件，包括招标答疑文件、投标承诺、中标报价书及其组成内容；

（8）工程施工图或竣工图、经批准的施工组织设计、设计变更、工程洽商、索赔与现场签证，以及相关的会议纪要；

（9）工程材料及设备中标价、认价单；

（10）发承包双方确认追加或核减的合同价款；

（11）经批准的开工、竣工报告或停工、复工报告；

（12）影响合同价款的其他相关资料。

因此，全过程工程咨询单位在竣工结算审核过程中，发现工程图纸、工程签证等与事实不符时，应由发承包双方书面澄清事实，并应据实进行调整，如未能取得书面澄清，工程造价咨询企业应进行判断，并就相关问题写入竣工结算审核报告。

（二）审核内容

建设项目竣工审核应按准备、编制和定稿三个阶段进行，并实行编制人、校对人和审核人分别署名盖章确认的内部审核制度。

（1）工程结算审核准备阶段主要包括以下工作内容：

1）审查工程结算书序的完备性、资料内容的完整性，对不符合要求的应退回，要求限时补正；

2）审查计价依据及资料与工程结算的相关性、有效性；

3）熟悉施工合同、招标文件、投标文件、主要材料设备采购合同及相关文件；

4）熟悉竣工图纸或施工图纸、施工组织设计、工程概况，以及设计变更、工程洽商和工程索赔情况等；

5）掌握工程量清单计价规范、工程预算定额等与工程相关的国家和当地建设行政主管部门发布的工程计价依据及相关规定。

（2）工程结算审核阶段主要包括以下工作内容：

1）审查工程结算的项目范围、内容与合同约定的项目范围、内容一致性；

2）审查分部分项建设项目、措施项目或其他项目工程量计算准确性、工程量计算规则与计价规范保持一致性；

3）审查分部分项综合单价、措施项目或其他项目时应严格执行合同约定或现行的计价原则、方法；

4）对于工程量清单或定额缺项以及新材料、新工艺，应根据施工过程中的合理消耗和市场价格，审核结算综合单价或单位估价分析表；

5）审查变更签证凭证的真实性、有效性，核准变更工程费用；

6）审查索赔是否依据合同约定的索赔处理原则、程序和计算方法以及索赔费用的真实性、合法性、准确性；

7）审查分部分项费用、措施项目费用、其他项目费用、规费和税金等结算价格时，应严格执行合同约定或相关费用计取标准及有关规定，并审查费用计取依据的时效性、相符性；

8）提交工程结算审查初步成果文件，包括编制与工程结算相对应的工程结算审查对比表，待校对、复核。

（3）工程结算审定阶段主要包括以下工作内容：

1）工程结算审查初稿编制完成后，应召开由工程结算编制人、工程结算审查投资人及工程结算审查人共同参加的会议，听取意见，并进行合理的调整；

2）由工程结算审查人的部门负责人对工程结算审查的初步成果文件进行检查校对；

3）由工程结算审查人的审定人审核批准；

4）发承包双方代表人或其授权投资人和工程结算审查单位的法定代表人应分别在"工程结算审定签署表"上签认并加盖公章；

5）对工程结算审查结论有分歧的，应在出具工程结算审查报告前至少组织两次协调会；凡不能共同签认的，审查人可适时结束审查工作，并作出必要说明；

6）在合同约定的期限内，向投资人提交经工程结算审查编制人、校对人、审核人签署执业或从业印章，以及工程结算审查人单位盖章确认的正式工程结算审查报告。

（三）审核程序

竣工结算审核工作应依据《建设项目工程结算编审规程》CECAGC 3—2010，主要包括准备、审查和审定三个工作阶段进行：

（1）准备阶段应包括收集和整理作为竣工结算审核项目的相关依据资料，做好送审资料的交验、核实、签收工作，并应对资料缺陷向投资人提出书面意见及要求。

（2）审查阶段应包括现场踏勘核实，召开审核会议，澄清并提出补充依据性资料和必要的弥补性措施，形成会商纪要进行计量、计价审核与确定工作、完成初步审核报告等。

（3）审定阶段应包括就竣工结算审核意见与承包人及发包人进行沟通，召开协调会议，处理分歧事项，形成竣工结算审核成果文件，签认竣工结算审定签署表，提交竣工结算审核报告等工作。

竣工结算审核应采用全面审核法。除委托咨询合同另有约定外，不得采用重点审核法、抽样审核法或类比审核法等其他方法。

工程结算审查应区分施工发承包合同类型及工程结算的计价模式采用相应的工程结算审查方法。

（1）审查采用总价合同的工程结算时，应审查与合同所约定结算编制方法的一致性，按照合同约定可以调整的内容，在合同价基础上对调整的设计变更、工程洽商以及工程索赔等合同约定可以调整的内容进行审查。

（2）审查采用单价合同的工程结算时，应审查按照竣工图或施工图以内的各个分部分项工程量计算的准确性，依据合同约定的方式审查分部分项建设项目价格，并对设计变更、工程洽商、施工措施以及工程索赔等调整内容进行审查。

（3）审查采用成本加酬金合同的工程结算时，应依据合同约定的方法审查各个分部分项工程以及设计变更、工程洽商、施工措施等内容的工程成本，并审查酬金及有关税费的取定。

（4）采用工程量清单计价的工程结算审查应包括：

1）建设项目的所有分部分项工程量，以及实施建设项目采用的措施项目工程量；为完成所有工程量并按规定计算的人工费、材料费和施工机械使用费、企业管理费利润，以及规费和税金取定的准确性；

2）对分部分项工程和措施项目以外的其他项目所需计算的各项费用进行审查；

3）对设计变更和工程变更费用依据合同约定的结算方法进行审查；

4）对索赔费用依据相关签证进行审查；

5）合同约定的其他费用的审查。

（5）工程结算审查应按照与合同约定的工程价款调整方式对原合同价款进行审查，并应按照分部分项工程费、措施项目费、其他项目费、规费、税金项目进行汇总。

（6）采用预算定额计价的工程结算审查应包括：

1）套用定额的分部分项工程量、措施项目工程量和其他项目，以及为完成所有工程量和其他项目并按规定计算的人工费、材料费机械使用费、规费、企业管理费、利润和税金与合同约定的编制方法的一致性，计算的准确性；

2）对设计变更和工程变更费用在合同价基础上进行审查，工程索赔费用按合同约定或签证确认的事项进行审查合同约定的其他费用。

3）对设计变更、签证确认事项、工程索赔和其他产生的费用按合同约定在合同价基础上进行审查。

（四）注意事项

（1）收集相关资料为工程竣工结算审核编制提供全面而充分的依据

建设项目及验收后的完工结算审核数据及时收集，充分理解和掌握实际情况。一方面，可以保证结算审核内容的完整性和合理性。另一方面，可以保证结算。审计工作进展顺利，审计过程中没有太多疑点或不一致之处。竣工结算审核人员应注意以下几方面资料的收集：

1）工程承发包合同，它是结算审核的最根本、最直接的依据，因为建设项目的承发包范围、双方的权利与义务、价款结算与调整方式、风险分配等都由此决定，另外结算中哪些费用项目可以计入或调整、如何计算也都以此为据；

2）施工图纸及图纸会审记录，它是确定中标价合理性及合同价的主要依据；

3）招标文件、投标文件和设计变更图纸等原始资料，它是实际施工发生变化或进行增减删除项后调整有关费用的依据；

4）设计变更通知单、工程开工、停工报告、监理单位指令等；

5）施工组织设计、施工记录、原始票据、形象进度及现场照片等；

6）有关定额（工程量清单）、费用调整的文件、规定；

7）经审查批准的竣工图、工程竣工验收单、竣工报告等。

（2）检查隐蔽验收记录

所有隐蔽工程均需进行验收，签证应符合相关规定，签字手续齐全；实行工程监理的项目应经监理单位签证确认。审核竣工结算时注意隐蔽工程施工记录和验收签证等手续完整，工程量与竣工图一致方可列入结算。

（3）按图核实工程数量

实施审核时，应在熟练掌握工程量计算规则的基础上熟悉施工图纸，全面了解工程变更签证。审核工程量时应审查有无多计或者重复计算，计算单位是否一致，是否按工程量计算规则计算等。

（4）落实设计变更签证

设计修改变更应由原设计单位出具"设计变更通知单"和修改图纸，设计、校审人员签字并加盖公章，经全过程工程咨询单位和监理单位初审报投资人同意后，方可下发设计变更并办理签证；重大设计变更应经原审批部门审批，否则不应列入结算。

（5）注意各项费用计取

1）全过程工程咨询单位在确定计价定额中的利润时，应以定额人工费或（定额人工费＋定额机械费）作为计算基数，其费率根据历年工程造价积累的资料，并结合建筑市场实际确定，以单位（单项）工程测算，利润在税前建筑安装工程费的比重可按不低于5％且不高于7％的费率计算。利润应列入分部分项工程和措施项目中。

2）当一般纳税人采用一般计税方法时，工具用具使用费中增值税进项税额的抵扣以购进货物或接受修理费配劳务适用的税率扣减，均为16％。

3）当一般纳税人采用一般计税方法时，检验试验费进项税额现代服务业以适用的税率6％扣减。

4）社会保险费和住房公积金应以定额人工费为计算基础，根据工程所在地省、自治区、直辖市或行业建设主管部门规定费率计算。

社会保险费和住房公积金＝Σ（工程定额人工费×社会保险费和住房公积金费率）

5）工程排污费等其他应列入而未列入的规费应按工程所在地环境保护等部门规定的标准缴纳，按实计取列入。

（五）成果范例

项目竣工审核的成果文件的格式要求应符合现行的中国建设工程造价管理协会标准《建设项目工程结算编审规程》（中价协〔2010〕023号）的要求进行编制。

第五节　竣工资料管理

建设项目的竣工资料管理工作非常重要，一切工程建设活动，无论其过程如何复杂，最终只能留下两个建设结果：一个是工程实体本身；另一个就是竣工资料。除建筑实体本身，竣工资料质量也是建设项目质量管理的重要组成部分。

一、依据

依照《基本建设项目档案资料管理暂行规定》（国档发〔1988〕4号）中第三章竣工档案资料的管理要求的规定，竣工资料档案管理的主要依据包括：

（1）《中华人民共和国档案法》（全国人大常委会〔1988〕）；

（2）《关于编制基本建设工程竣工图的几项暂行规定》（国家建设委员会〔1982〕50号）；

（3）《基本建设项目档案资料管理暂行规定》（国家档案局〔1988〕4号）；

（4）《建设项目（工程）竣工验收办法》（国家计委〔1990〕1215号）；

（5）《市政工程施工技术资料管理规定》（建设部建城〔2002〕221号）；

（6）《科学技术档案案卷构成的一般要求》GB/T 11822—2008；

（7）《建设工程监理规范》GB/T 50319—2013；

（8）《建设工程文件归档整理规范》GB/T 50328—2014；

（9）《照片档案管理规范》GB/T 11821—2002；

（10）《声像档案建档规范》ZKY/B-002-5—2006；

（11）《技术制图复制图的折叠方法》GB/10609.3—2009；

（12）其他相关规定。

二、内容

项目档案是项目建设管理的过程中形成的，以各种形式呈现并具有保存价值的历史记录。项目档案验收是项目竣工验收的重要组成部分。未经档案验收或档案验收不合格的项目不得进行或通过项目的竣工验收。竣工资料档案管理的主要内容包括归档资料的范围、质量要求，归档资料的立卷，资料的归档，档案的验收与移交。

（一）竣工资料归档的范围

对与工程建设有关的重要活动、记载工程建设主要过程和现状、具有保存价值的各种载体的文件，均应收集齐全，整理立卷后归档。归档资料可归纳为文字资料、竣工图以及声像资料三种类型。

具体归档范围应包括：

（1）工程准备阶段文件，工程于工以前，在立项、审批、征地、勘察、设计、招投标等工程准备阶段形成的文件；

（2）监理文件：监理单位在工程设计、施工等监理过程中形成的文件；

（3）施工文件：施工单位在工程施工过程中形成的文件；

（4）竣工图：建设项目竣工验收后，真实反映建设项目施工结果的图样；

（5）竣工验收文件：建设项目竣工验收活动中形成的文件。

（二）竣工资料归档的质量要求

竣工归档的资料必须依照《建设工程文件归档整理规范》GB/T 50328—2001中对于归档文字资料、竣工图以及声像资料的要求来整理资料，文字资料、竣工图以及声像资料的归档要求如下：

（1）文字资料归档质量要求

竣工文字资料归档的具体质量要求包括以下几个方面：

1）归档的竣工文字资料必须为原件；

2）竣工文字资料内容及其深度必须符合国家有关工程勘察、设计、施工、监理等方面的技术规范、标准和规程；

3）竣工文字资料应采用耐久性强的书写材料，如碳素墨水、蓝黑墨水，不得使用易褪色的书写材料，如：红色墨水、纯蓝墨水、圆珠笔、复写纸、铅笔等；

4）竣工文字资料应字迹清楚，图面整洁，不得使用易褪色的书写材料书写、绘制；

5）竣工资料文字材料幅面尺寸规格宜为A4幅面（297mm×210mm）。图纸宜采用国家标准图幅；

6）竣工文字资料的纸张应采用能够长期保存的韧力大、耐久性强的纸张。

（2）竣工图归档质量要求

竣工图是建筑工程竣工档案的重要组成部分，是工程建设完成后主要凭据性材料是建筑物实际施工的真实写照，是工程竣工验收的必备条件，是工程维修、管理、改建、扩建的依据，各项新建、改建、扩建项目均必须编制竣工图。竣工图归档的具体质量要求包括以下几个方面：

1）竣工图的编制应在盖有设计院出图章、注册设计师章和设计审核章的蓝图上进行绘制，报送的竣工图图样清晰，图表整洁，无破损，签字盖章手续完备；

2）绘制竣工图须符合制图规范，做到图形清晰和字迹工整。绘制与注记要用碳素墨水笔；

3）所有竣工图均应加盖竣工图章。竣工图章的基本内容应包括："竣工图"字样、施工单位、编制人、审核人、技术负责人、编制日期、监理单位、现场监理、总监。"竣工图章"应使用不易褪色的红色印泥，应盖在图标栏上方空白处。还须加盖施工单位和监理单位公章；

4）竣工图纸变更依据。主要包括：图纸会审记录、设计变更单、技术核定单、工程业务联系单等修改；

5）图纸变更注记方法。竣工图必须与工程实物相符，与设计变更通知单等有关资料一致，所有修改内容必须修改到位，竣工图的修改、注记方法规定如下：

a. 对于少量文字和数字的修改可用扛改法。即用一条实线将被修改的部分划去，在其附近适当的位置填写变更后的内容，并注明修改依据和注记人、注记日期；

b. 对少量图形的修改可采用叉改法。即用"×"将被修改部分划去，在其附近适当的位置画上修改后的图形，注明修改内容及修改依据、注记人、注记日期；

c. 对较多图形的修改，可采用蓝图粘贴法。即将变更较大的部分进行重新绘制或绘成底图后晒成蓝图剪下，粘贴在变更部分上，吻合相接成竣工图，并注明修改依据、注记人、注记日期；

d. 图纸变更内容若超出图纸版面的1/3，需要重新制作新图。

e. 声像资料归档质量要求。

建设项目声像资料主要是指在城市规划、建设、管理活动中直接形成的，具有保存价值的照片、底片（包括反转片）、影片、录像带、光盘及磁性载体，以声像为主，辅以文字说明的历史记录。全过程工程咨询单位应向城建档案管理机构报送的声像资料主要有：建设项目的照片档案、录像档案和相应的文字说明。具体要求如表 8-8 所示。

建设项目声像资料归档质量要求一览表　　　　　　　　　　表 8-8

序号	声像资料类型	归档质量要求
1	照片档案	① 主体明确、影像清晰、画面完整、未加修饰剪裁； ② 能体现工程竣工后的外观、设计特色、地理位置； ③ 以传统感光材料为载体的照片需报送底片、正片（照片）； ④ 使用数码相机拍摄，其影像不能进行后期加工，光学分辨率不得小于 400 万有效像素（不允许插值）

序号	声像资料类型	归档质量要求
2	录像档案	① 主题明确、内容连贯简洁、影像清晰、镜头平稳； ② 需注明建设项目所在的地理位置、外观、周围环境、人防设施、消防设施、水电设施、保安设施、标准房、标准层、设计特色、建筑特色等； ③ 报送第一代素材录像带，以及编辑后成品带或光盘（DVD 或以上素质的格式）
3	文字说明	包括：工程名称、投资人名称、设计单位、施工单位、地点、开工日期、竣工日期、投资额、占地面积、建筑面积、结构、层数、摄影日期、摄影者等

（三） 竣工资料的立卷

（1）立卷的原则和方法。立卷应遵循工程文件的自然形成规律，保持卷内文件的有机联系，便于档案的保管和利用；一个建设项目由多个单位工程组成时，工程文件应按单位工程组卷；案卷不宜过厚，一般不超过 40mm，不同载体的文件一般应分别组卷。

（2）卷内文件的排列。文字材料按事项、专业顺序排列。同一事项的请示与批复、同一文件的印本与定稿、主件与附件不能分开，并按批复在前、请示在后，印本在前、定稿在后，主件在前、附件在后的顺序排列；图纸按专业排列，同专业图纸按图号顺序排列；既有文字材料又有图纸的案卷，文字材料排前，图纸排后。

（3）案卷的编目。立卷目录编制内容包括卷内文件页号、卷内备考表、案卷封面，具体如表 8-9 所示。

立卷目录编制内容一览表　　　　表 8-9

序号	立卷目录	具体内容
1	卷内文件页号	① 卷内文件均按有书写内容的页面编号。每卷单独编号，页号从"1"开始； ② 页号编写位置：单面书写的文件在右下角，双面书写的文件，正面在右下角，背面在左下角。折叠后的图纸一律在右下角； ③ 成套图纸或印刷成册的科技文件材料，自成一卷的，原目录可代替卷内目录，不必重新编定页码； ④ 案卷封面、卷内目录、卷内备考表不编定页号
2	卷内目录的编制	① 卷内目录式样宜符合《建设工程档案管理规范》的要求； ② 序号：以一份文件为单位，用阿拉伯数字从 1 依次标注； ③ 成套图纸或印刷成册的科技文件材料，自成一卷的，原目录可代替卷内目录，不必重新编定页码； ④ 文件编号：填写工程文件原有的文号或图号； ⑤ 文件题名：填写文件标题的全称； ⑥ 日期：填写文件形式的日期； ⑦ 页次：填写文件在卷内所排的起始页号，最后一份文件填写起止页号； ⑧ 卷内目录排列在卷内文件首页之前

序号	立卷目录	具体内容
3	卷内备考表	① 卷内备考表的式样宜符合《建设工程档案管理规范》的要求； ② 卷内备考表主要标明卷内文件的总页数、各类文件页数（照片张数），以及立卷单位对案卷情况的说明； ③ 卷内备考表排列在卷内文件的尾页之后
4	案卷封面	① 案卷封面印刷在卷盒、卷夹的正表面，也可采用内封面形式。案卷封面的式样宜符合《建设工程档案管理规范》的要求； ② 案卷封面的内容应包括：档号、档案馆代号、案卷题名、编制单位、起止日期、密级、保管期限、共几卷、第几卷； ③ 档号应由分类号、项目号和案卷号组成，档号由档案保管单位填写； ④ 档案馆代号应填写国家给定的本档案馆的编号。档案馆代号由档案馆填写等

（4）案卷装订。案卷可采用装订与不装订两种形式。文字材料必须装订。既有文字材料，又有图纸的案卷应装订。装订应采用线绳三孔左侧装订法，要整齐、牢固，便于保管和利用；装订时必须剔除金属物。

（四） 竣工资料的归档

（1）竣工资料归档时间。根据建设程序和工程特点，归档可以分阶段分期进行，也可以在单位或分部工程通过竣工验收后进行；勘察、设计单位应当在任务完成时，施工、监理单位应当在工程竣工验收前，将各自形成的有关工程档案向投资人归档。

（2）工程档案一般不少于两套，一套由投资人保管；另一套（原件）移交当地城建档案馆（室）。

（3）勘察、设计、施工、监理等单位移交档案时，编制移交清单，双方签字、盖章后方可交接。

（4）凡设计、施工及监理单位需要向本单位归档的文件，应按国家有关规定和本规范《建设工程档案管理规范》的要求单独立卷归档。

（五） 竣工档案的验收

（1）列入城建档案馆（室）档案接收范围的工程，全过程工程咨询单位在组织工程竣工验收前，应提请城建档案管理机构对工程档案进行预验收。投资人未取得城建档案管理机构出具的认可文件，不得组织工程竣工验收。

（2）城建档案管理部门在进行工程档案验收时，应重点验收以下内容：

1）工程档案齐全、系统、完整；

2）工程档案的内容真实、准确地反映工程建设活动和工程实际状况；

3）工程档案已整理立卷，立卷符合本规范的规定；

4）竣工图绘制方法、图式及规格等符合专业技术要求，图面整洁，盖有竣工图章；

5）文件的形成、来源符合实际，要求单位或个人签章的文件，其签章手续完备；

6）文件材质、幅面、书写、绘图、用墨、托裱等符合要求。

三、程序

各单位应按全过程工程咨询单位对本项目工程竣工资料整理归档的相关规定及国家有关文件的规定进行整理，完成后施工单位内部初验，初验合格后向监理单位递交验收申请，监理单位进行复验。复验合格后，由监理单位向全过程工程咨询单位提交竣工资料验收申请，投资人审核合格后做好向城建档案馆归档的相关准备工作。对验收不合格的竣工资料，由监理返还给编制单位重新整理和完善，直至所有资料满足整理及归档要求为止，流程如图 8-8 所示。

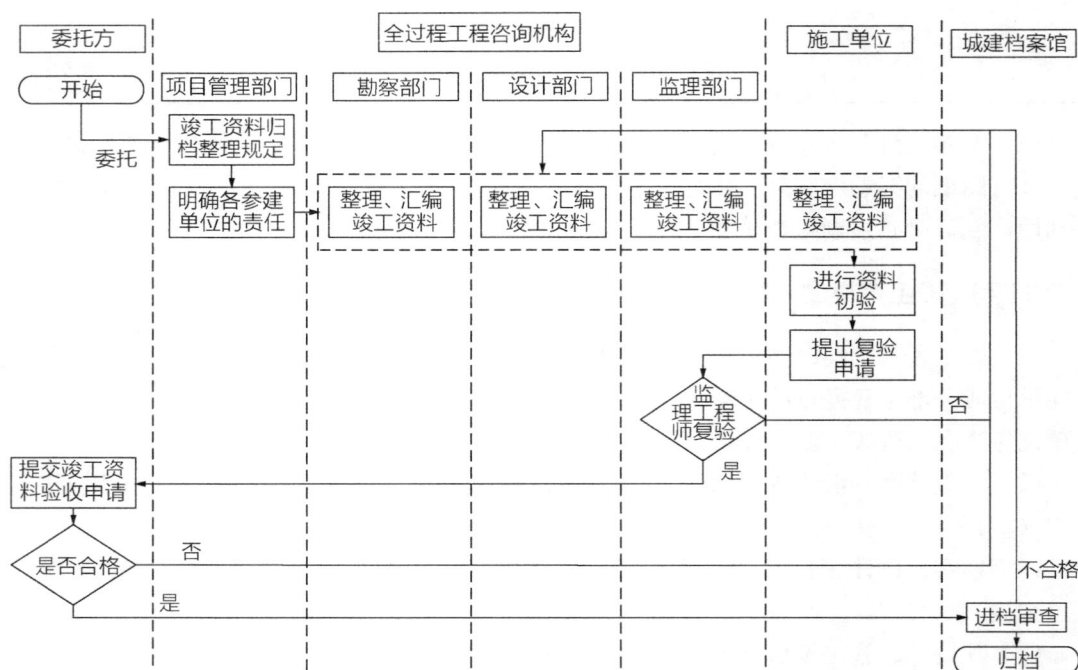

图 8-8　竣工资料管理流程图

（一）管理原则

档案管理体现了单位的管理水平。管理好工程档案，既有利于做好工程的建设，又有利于工程的后续管理工作。有效地进行档案管理主要集中在以下几方面：

（1）要有规章制度。工程建设档案涉及的单位和人员较多，全过程工程咨询单位应分析建设项目的特点建立健全管理规章，规范文件的收发、起草、签发、借阅、档案等行为，认真抓好规章制度的执行。规章制度不健全、不落实，档案工作就很难做好。

（2）要熟悉有关业务。工程档案管理专业性强、业务范围广、涉及法律法规较多，相关领导和档案管理人员应尽可能多了解国家有关法律法规，了解工程建设的业务知识，熟悉档案管理相关知识。

（3）要形成督导机制。全过程工程咨询单位要加强对其他单位档案管理工作的督导，在工程建设过程中督促检查各参建单位工程文件的形成、收集、整理和立卷归档工作。工程验收后，要进一步加大力度，采取经济等手段督促各参建单位尽快完成归档工作。

（二）管理方法

（1）工程准备阶段文件、竣工验收文件、监理文件可按建设项目或单位工程单独组卷。

（2）施工文件应按单位工程组卷，并应符合下列规定：

1）建筑节能施工资料单独组卷；

2）专业承包工程形成的施工资料应单独组卷；

3）电梯应按单位工程单独组卷；

4）室外工程应按室外建筑环境、室外安装工程单独组卷；

5）当施工资料中部分内容不能按单位工程分类组卷时可按建设项目组卷，公共部分的原件可归入其中一个单位工程，其他单位工程不需要归档但应做档案说明。如：一个建设项目有多个单体工程共用施工组织设计、图纸会审记录、设计变更、产品质量证明文件等时，可按建设项目组卷；

6）施工资料目录应与其对应的施工资料一起组卷。

（3）竣工图按单位工程分专业分别组卷。

（4）案卷的厚度：案卷厚薄要适中，文件材料卷厚控制在 1.5cm，不宜超过 2cm，图纸厚度不宜超过 3cm。

（5）工程资料可根据当地建设工程文件归档内容及排序中的标题，依据案卷厚度组成一卷或多卷，也可合卷；

1）当案卷内文件厚度超厚时，可拆卷；

例1："质量控制文件"超厚，可把"施工组织设计""施工方案""地基处理文件"等拆开分别单独组卷，也可把其中的两项合并组卷。

例2："隐蔽工程验收文件""建筑竣工图"超厚，可分成若干卷。

2）当案卷文件较薄时，可合卷，为便于题名，合卷最多不能超过三个文件；

例3：可把"安全和功能检验文件"＋"隐蔽工程验收文件"合并后单独组卷。

例4：可把"装饰装修分部工程质量验收文件"＋"屋面分部工程质量验收文件"合并后单独组卷。

四、注意事项

（1）编制竣工图的费用承担主体问题。如果由于设计错误导致设计更改较大且建筑图纸无法替代或使用，则设计单位必须绘制完成的图纸并承担费用。如果根据投资人或主管部门的要求更改设计，需要重新绘制完成的图纸，则由投资人绘制或委托设计单位负责绘制，其费用由投资人在基建投资中解决；否则由施工单位自行承担。

（2）凡有引进技术或引进设备的建设项目，要做好引进技术和引进设备的图纸、文件的收集、整理工作，无论通过何种渠道得到的与引进技术或引进设备有关的档案资料均应交档案部门统一管理。档案部门要加强提供利用的手段和措施，保证使用。

（3）对超过保管期限的基本建设项目档案资料必须进行鉴定，对已失去保存价值的档案资料，经过一定的审批手续，登记造册后方可处理。保密的档案资料应按保密规定进行管理。

（4）建设大、中型建设项目时，均应设计建设与工作任务相适应的，符合要求的档案资料库房，并为档案资料保管和提供利用配置必要的设备，其费用列入工程总概算。

第六节　竣工移交管理

一、项目竣工档案移交

（一）依据

建设项目竣工档案移交时应严格按照国家相关规定开展工作，其主要依据包括：

（1）《基本建设项目档案资料管理暂行规定》（国档发〔1988〕4号）；

（2）《建设工程文件归档整理规范》GB/T 50328—2014；

（3）《国家重大建设项目文件归档要求与档案整理规范》DA/T28—2002；

（4）其他规定。

（二）内容

全过程工程咨询单位应根据上述法规的规定，要求所有参加项目建设的单位，包括设计、施工、监理等单位或工程师，要在全过程工程咨询单位的统一组织安排下，分工负责，按照工程编序建立项目档案体系，对本单位分管项目的工程文档进行全面系统的收集、整理、归档后妥善保存；在单项（单位）工程交工验收时，经监理单位签证、全过程工程咨询单位检查复核后，除依照合同按投资人需求移交一份给项目投资人保管外；还应同时按《建设工程文件归档整理规范》GB/T 50328—2014的规定将需列入城建档案馆（室）接收范围工程的相关资料，在工程竣工验收后3个月内，全过程工程咨询单位应协助投资人必须向城建档案馆（室）移交一套符合规定的工程档案。竣工归档文件的归档范围及保管期限，规范都明确做了规定，如文件的保管期限分为永久保管，长期保管和短期保管三类，其中永久保管是指工程档案需永久保存，长期保管是指工程档案的保存期限等于该工程的使用寿命，短期保管是指工程档案保存20年以下。同一卷内有不同保管期限的文件，该案卷保管期限应从长。

（1）工程准备阶段文件

工程准备阶段文件主要包括立项文件，建设用地、征地拆迁文件，勘察、测绘、设计文件，招标文件，开工审批文件，财务文件，全过程工程咨询单位、施工单位、监理单位以及负责人，具体文件归档范围及保管期限如表 8-10 所示。

工程准备阶段文件归档范围及保管期限一览表　　　　　　　　表 8-10

序号	归档文件	保存单位和保管期限				
		建设单位	施工单位	工程咨询单位		城建档案馆
				设计	监理	
一	立项文件					
1	项目建议书	永久				√
2	项目建议书审批意见及前期工作通知书	永久				√
3	可行性研究报告及附件	永久				√
4	可行性研究报告审批意见	永久				√
5	关于立项有关的会议纪要、领导讲话	永久				√
6	专家建议文件	永久				√
7	调查资料及项目评估研究材料	长期				√
二	建设用地、征地、拆迁文件					
1	选址申请及选址规划意见通知书	永久				√
2	用地申请报告及县级以上人民政府城乡建设用地批准书	永久				√
3	拆迁安置意见、协议、方案等	长期				√
4	建设用地规划许可证及其附件	永久				√
5	划拨建设用地文件	永久				√
6	国有土地使用证	永久				√
三	勘察、测绘、设计文件					
1	工程地质勘察报告	永久		永久		√
2	水文地质勘察报告、自然条件、地震调查	永久		永久		√
3	建设用地钉桩通知单（书）	永久				√
4	地形测量和拨地测量成果报告	永久		永久		√
5	申报的规划设计条件和规划设计条件通知书	永久		长期		√
6	初步设计图纸和说明	长期		长期		
7	技术设计图纸和说明	长期		长期		
8	审定设计方案通知书及审查意见	长期		长期		√
9	有关行政主管部门（人防、环保、消防、交通、园林、市政、文物、通讯、保密、河湖、教育、白蚁防治、卫生等）批准文件或取得的有关协议	永久				√
10	施工图及其说明	长期		长期		
11	设计计算书	长期		长期		
12	政府有关部门对施工图设计文件的审批意见	永久		长期		√
四	招投标文件					
1	勘察设计招投标文件	长期				

序号	归档文件	保存单位和保管期限				
		建设单位	施工单位	工程咨询单位		城建档案馆
				设计	监理	
2	勘察设计承包合同	长期		长期		√
3	施工招投标文件	长期				
4	施工承包合同	长期	长期			√
5	工程监理招投标文件	长期				
6	监理委托合同	长期			长期	√
五	开工审批文件					
1	建设项目列入年度计划的申报文件	永久				√
2	建设项目列入年度的批复文件或年度计划项目表	永久				√
3	规划审批申报表及报送的文件和图纸	永久				√
4	建设工程规划许可证及其附件	永久				√
5	建设工程开工审查表	永久				√
6	建设工程施工许可证	永久				√
7	投资许可证、审计证明、缴纳绿化建设费等证明	长期				√
8	工程质量监督手续	长期				√
六	财务文件					
1	工程投资估算材料	短期				
2	工程设计概算材料	短期				
3	施工图预算材料	短期				
4	施工预算	短期				
七	建设、施工、监理机构及负责人					
1	建设项目管理机构（项目经理部）及负责人名单	长期				√
2	建设项目监理机构（项目监理部）及负责人名单	长期			长期	√
3	建设项目施工管理机构（施工项目经理部）及负责人名单	长期	长期			√

（2）监理文件

监理文件主要包括监理规划，监理月报中的有关质量问题，监理会议纪要中的有关质量问题，进度控制，质量控制，造价控制，分包资质，监理通知，合同与其他事项管理以及监理工作职责，具体文件归档范围及保管期限如表 8-11 所示。

监理文件归档范围及保管期限一览表　　　　　表 8-11

序号	归档文件	投资人	全过程工程咨询单位（监理）	城建档案馆
1	监理规划			
（1）	监理规划	长期	短期	√

序号	归档文件	投资人	全过程工程咨询单位（监理）	城建档案馆
（2）	监理实施细则	长期	短期	✓
（3）	监理部总控制计划等	长期	短期	
2	监理月报中的有关质量问题	长期	长期	✓
3	监理会议纪要中的有关质量问题	长期	长期	✓
4	进度控制			
（1）	工程开工/复工审批表	长期	长期	✓
（2）	工程开工/复工暂停令	长期	长期	✓
5	质量控制			
（1）	不合格项目通知	长期	长期	✓
（2）	质量事故报告及处理意见	长期	长期	✓
6	造价控制			
（1）	预付款报审与支付	短期		
（2）	月付款报审与支付	短期		
（3）	设计变更、洽商费用报审与签认	长期		
（4）	工程竣工决算审核意见书	长期		✓
7	分包资质			
（1）	分包单位资质材料	长期		
（2）	供货单位资质材料	长期		
（3）	试验等单位资质材料	长期		
8	监理通知			
（1）	有关进度控制的监理通知	长期	长期	
（2）	有关质量控制的监理通知	长期	长期	
（3）	有关造价控制的监理通知	长期	长期	
9	合同与其他事项管理			
（1）	工程延期报告及审批	永久	长期	✓
（2）	费用索赔报告及审批	长期	长期	
（3）	合同争议、违约报告及处理意见	永久	长期	✓
（4）	合同变更材料	长期	长期	✓
10	监理工作总结			
（1）	专题总结	长期	短期	
（2）	月报总结	长期	短期	
（3）	工程竣工总结	长期	长期	✓
（4）	质量评价意见报告	长期	长期	✓

（3）施工文件

施工阶段归档的资料包括建筑安装工程和市政基础设施工程，其中建筑安装工程包括土建（建筑与结构）工程，电气、给排水、消防、采暖、通风、空调、燃气、建筑智能化、电梯工程以及室外工程的相关资料文件；市政基础设施工程包括施工技术准备，施工现场准备，设计变更、洽商记录等文件。《建设工程文件归档整理规范》GB/T 50328—2014中规定了归档范围及保管期限的具体内容和要求，如表8-12所示。

施工文件归档范围及保管期限　　　　　　表8-12

序号	归档文件	建设单位	施工单位	工程咨询单位		城建档案馆
				设计	监理	
一	建设安装工程					
（一）	土建（建筑与结构）工程					
1	施工技术准备文件					
（1）	施工组织设计	长期				
（2）	技术交底	长期	长期			
（3）	图纸会审记录	长期	长期	长期		√
（4）	施工预算的编制和审查	短期	短期			
（5）	施工日志	短期	短期			
2	施工现场准备					
（1）	控制网设置资料	长期	长期			√
（2）	工程定位测量资料	长期	长期			√
（3）	基槽开挖线测量资料	长期	长期			√
（4）	施工安全措施	短期	短期			
（5）	施工环保措施	短期	短期			
3	地基处理记录					
（1）	地基钎探记录和钎探平面布点图	永久	长期			√
（2）	验槽记录和地基处理记录	永久	长期			√
（3）	桩基施工记录	永久	长期			√
（4）	试桩记录	长期	长期			√
4	工程图纸变更记录					
（1）	设计会议会审记录	永久	长期	长期		√
（2）	设计变更记录	永久	长期	长期		√
（3）	工程洽商记录	永久	长期	长期		√
5	施工材料预制构件质量证明文件及复试试验报告					
（1）	砂、石、砖、水泥、钢筋、防水材料、隔热保温、防腐材料、轻集料试验汇总表	长期				√
（2）	砂、石、砖、水泥、钢筋、防水材料、隔热保温、防腐材料、轻集料出厂证明文件	长期				√

序号	归档文件	建设单位	施工单位	工程咨询单位		城建档案馆
				设计	监理	
（3）	砂、石、砖、水泥、钢筋、防水材料、轻集料复试试验报告	长期				√
（4）	预制构件（钢、混凝土）出厂合格证、试验记录	长期				√
（5）	工程物质选样送审表	短期				
（6）	进场物质批次汇总表	短期				
（7）	工程物质进场报验表	短期				
6	施工试验记录					
（1）	土壤（素土、灰土）干密度试验报告	长期				√
（2）	土壤（素土、灰土）击实试验报告	长期				√
（3）	砂浆配合比通知单	长期				
（4）	砂浆（试块）抗压强度试验报告	长期				√
（5）	混凝土配合比通知单	长期				
（6）	混凝土（试块）抗压强度试验报告	长期				√
（7）	混凝土抗渗试验报告	长期				√
（8）	商品混凝土出厂合格证、复试报告	长期				√
（9）	钢筋接头（焊接）试验报告	长期				√
（10）	防水工程试水检查记录	长期				
（11）	楼地面、屋面坡度检查记录	长期				
（12）	土壤、砂浆、混凝土、钢筋连接、混凝土抗渗试验报告汇总表	长期				√
7	隐蔽工程检查记录					
（1）	基础和主体结构钢筋工程	长期	长期			√
（2）	钢结构工程	长期	长期			√
（3）	防水工程	长期	长期			√
（4）	高程控制	长期	长期			
8	施工记录					
（1）	工程定位测量检查记录	永久	长期			√
（2）	预检工程检查记录	短期				
（3）	冬施混凝土搅拌测温记录	短期				
（4）	冬施混凝土养护测温记录	短期				
（5）	烟道、垃圾道检查记录	短期				
（6）	沉降观测记录	长期				√
（7）	结构吊装记录	长期				
（8）	现场施工预应力记录	长期				√
（9）	工程竣工测量	长期	长期			√

序号	归档文件	建设单位	施工单位	工程咨询单位		城建档案馆
				设计	监理	
（10）	新型建筑材料	长期	长期			✓
（11）	施工新技术	长期	长期			✓
9	工程质量事故处理记录	永久				✓
10	工程质量检验记录					
（1）	检验批质量验收记录	长期	长期		长期	
（2）	分面工程质量验收记录	长期	长期		长期	
（3）	基础、主体工程验收记录	永久	长期		长期	✓
（4）	幕墙工程验收记录	永久	长期		长期	✓
（5）	分部（子分部）工程质量验收记录	永久	长期		长期	✓
（二）	电气、给水排水、消防、采暖、通风、空调、燃气、建筑智能化、电梯工程					
1	一般施工记录					
（1）	施工组织设计	长期	长期			
（2）	技术交底	短期				
（3）	施工日志	短期				
2	图纸变更记录					
（1）	图纸会审	永久	长期			✓
（2）	设计变更	永久	长期			✓
（3）	工程洽商	永久	长期			✓
3	设备、产品质量检查、安装记录					
（1）	设备、产品质量合格证、质量保证书	长期	长期			✓
（2）	设备装箱单、商检证明和说明书、开箱报告	长期				
（3）	设备安装记录	长期				✓
（4）	设备试运行记录	长期				✓
（5）	设备明细表	长期	长期			✓
4	预检记录	短期				
5	隐蔽工程检查记录	长期	长期			
6	施工试验记录					
（1）	电气接地电阻、绝缘电阻、综合布线、有线电视末端等测试记录	长期				✓
（2）	楼宇自控、监视、安装、视听、电话等系统调试记录	长期				✓
（3）	变配电设备安装、检查、通电、满负荷测试记录	长期				✓
（4）	给排水、消防、采暖、通风、空调、燃气等管道强度、严密性、灌水、通风、吹洗、漏风、试压、通球、阀门等试验记录	长期				✓

| 序号 | 归档文件 | 建设单位 | 施工单位 | 工程咨询单位 | | 城建档案馆 |
				设计	监理	
（5）	电梯照明、动力、给水排水、消防、采暖、通风、空调、燃气等系统调试、试运行记录	长期				✓
（6）	电梯接地电阻、绝缘电阻测试记录；空载、半载、满载、超载试运行记录；平衡、运速、噪声调整试验报告	长期				✓
（7）	质量事故处理记录	永久	长期			✓
（8）	工程质量检验记录					
（9）	检验批质量验收记录	长期	长期		长期	
（10）	分项工程质量验收记录	长期	长期		长期	
（11）	分部（子分部）工程质验收记录	永久	长期		长期	✓
（三）	室外工程					
1	室外安装（给水、雨水、污水、热力、燃气、电讯、电力、照明、电视、消防等）施工文件	长期				✓
2	室外建筑环境（建筑小品、水景、道路、园林绿化等）施工文件	长期				✓
二	市政基础设施工程					
（一）	施工技术准备					
1	施工组织设计	短期	短期			
2	技术交底	长期	长期			
3	图纸会记录	长期	长期			✓
4	施工预算的编制和审查	短期	短期			
（二）	施工现场准备					
1	工程定位测量资料	长期	长期			✓
2	工程定位测量复核记录	长期	长期			✓
3	导线点、水准点测量复核记录	长期	长期			✓
4	工程轴线、定位桩、高程测量复核记录	长期	长期			✓
5	施工安全措施	短期	短期			
6	施工环保措施	短期	短期			
（三）	设计变更、洽商记录					
1	设计变更通知单	长期	长期			✓
2	洽商记录	长期	长期			✓
（四）	原材料、成品、半成品、构配件设备出厂质量合格证及试验报告					
1	砂、石、砌块、水泥、钢筋（材）、石灰、沥青、涂料、混凝土外加剂、防水材料、粘接材料、焊接材料等试验汇总表	长期				✓

序号	归档文件	建设单位	施工单位	工程咨询单位		城建档案馆
				设计	监理	
2	砂、石、砌块、水泥、钢筋（材）、石灰、沥青、涂料、混凝土外加剂、防水材料、粘接材料、防腐保温材料、焊接材料等质量合格证书和出厂检（试）验报告及现场复试报告	长期				√
3	水泥、石灰、粉煤灰混合料；沥青混合料等试验汇总表	长期				√
4	水泥、石灰、粉煤灰混合料；沥青混合料、商品混凝土等出厂合格证和试验报告、现场复试报告	长期				√
5	混凝土预制构件、管材、管件、钢结构构件等试验汇总表	长期				√
6	混凝土预制构件、管材、管件、钢结构构件等出厂合格证书和相应的施工技术资料	长期				√
7	厂站工程的成套设备、预应力混凝土张拉设备等汇总表	长期				√
8	厂站工程的成套设备、预应力混凝土张拉设备、各类地下管线井室设施、产品等出厂合格证书及安装使用说明	长期				√
9	设备开箱报告	短期				
（五）	施工试验记录					
1	砂浆、混凝土试块强度、钢筋（材）焊连接、试验等汇总表	长期				
2	道路压实度、强度试验记录					
（1）	回填土、路床压实试验及土质最大干密度和最佳含水量试验报告	长期				√
（2）	石灰类、水泥类、二灰类无机混合料基层的标准击实试验报告	长期				√
（3）	道路基层混合料强度试验记录	长期				√
（4）	道路面层压实度试验记录	长期				√
3	混凝土试块强度试验记录					
（1）	混凝土配合比通知单	短期				
（2）	混凝土试块强度试验报告	长期				√
（3）	混凝土试块抗渗、抗冻试验报告	长期				√
（4）	混凝土试块强度统计、评定记录	长期				√
4	砂浆试块强度试验记录					
（1）	砂浆配合比通知单	短期				
（2）	砂浆试块强度试验报告	长期				√
（3）	砂浆试块强度统计、评定记录	长期				√
5	钢筋（材）焊、连接试验报告	长期				√
6	钢管、钢结构安装及焊缝处理外观质量检查记录	长期				√
7	桩基础试（检）验报告	长期				√

序号	归档文件	建设单位	施工单位	工程咨询单位		城建档案馆
				设计	监理	
8	工程物质选样送审记录	短期				
9	进场物质批次汇总记录	短期				
10	工程物质进场报验记录	短期				
(六)	施工记录					
1	地基与基槽验收记录					
(1)	地基纤探记录及钎探位置图	长期	长期			✓
(2)	地基与基槽验收记录	长期	长期			✓
(3)	地基处理记录及示意图	长期	长期			✓
2	桩基施工记录					
(1)	桩基位置平面示意图	长期	长期			✓
(2)	打桩记录	长期	长期			✓
(3)	钻孔桩钻进记录及成孔质量检查记录	长期	长期			✓
(4)	钻孔（挖孔）桩混凝土浇灌记录	长期	长期			✓
3	构件设备安装和调试记录					
(1)	钢筋混凝土大型预制构件、钢结构等吊装记录	长期	长期			
(2)	厂（场）、站工程大型设备安装调试记录	长期	长期			✓
4	预应力张拉记录					
(1)	预应力张拉记录表	长期				✓
(2)	预应力张拉孔道压浆记录	长期				✓
(3)	孔位示意图	长期				✓
5	沉井工程下沉观测记录	长期				✓
6	混凝土浇灌记录	长期				
7	管道、箱涵等建设项目推进记录	长期				✓
8	构筑物沉降观测记录	长期				✓
9	施工测温记录	长期				
10	预制安装水池壁板缠绕钢丝应力测定记录	长期				✓
(七)	预检记录					
1	模板预检记录	短期				
2	大型构件和设备安装前预检记录	短期				
3	设备安装位置检查记录	短期				
4	管道安装检查记录	短期				
5	补偿器冷拉及安装情况记录	短期				
6	支（吊）架位置、各部位连接方式等检查记录	短期				
7	供水、供热、供气管道吹（冲）洗记录	短期				

序号	归档文件	建设单位	施工单位	工程咨询单位 设计	工程咨询单位 监理	城建档案馆
8	保温、防腐、油漆等施工检查记录	短期				
（八）	隐蔽工程检查（验收）记录	长期	长期			√
（九）	工程质量检查评定记录					
1	工序工程质量评定记录	长期	长期			
2	部位工程质量评定记录	长期	长期			
3	分部工程质量评定记录	长期	长期			√
（十）	功能性试验记录					
1	道路工程的弯沉试验记录	长期				√
2	桥梁工程的动、静载试验记录	长期				√
3	无压力管道的严密性试验记录	长期				√
4	压力管道的强度试验、严密性试验、通球试验等记录	长期				√
5	水池满水试验	长期				√
6	消化池气密性试验	长期				√
7	电气绝缘电阻、接地电阻测试记录	长期				√
8	电气照明、动力试运行记录	长期				√
9	供热管网、燃气管网等管网试运行记录	长期				√
10	燃气储罐总体试验记录	长期				√
11	电讯、宽带网等试运行记录	长期				√
（十一）	质量事故及处理记录					
1	工程质量事故报告	永久	长期			√
2	工程质量事故处理记录	永久	长期			√
（十二）	竣工测量资料					
1	建筑物、构筑物竣工测量记录及测量示意图	永久	长期			√
2	地下管线工程竣工测量记录	永久	长期			√

（4）竣工图

竣工图资料包括综合竣工图和专业竣工图，《建设工程文件归档整理规范》GB/T 50328—2014 规定了归档范围及保管期限如表 8-13 所示。

竣工图归档范围及保管期限 　　　　　　　　表 8-13

序号	归档文件	投资人	施工单位	城建档案馆
一	建筑安装工程竣工图			
（一）	综合竣工图			
1	综合图			√
（1）	总平面布置图（如建筑、建筑小品、水景、照明、道路、绿化等）	永久	长期	√

序号	归档文件	投资人	施工单位	城建档案馆
（2）	竖向布置图	永久	长期	√
（3）	室外给水、排水、热力、燃气等管网综合图	永久	长期	√
（4）	电气（包括电力、电讯、电视系统等）综合图	永久	长期	√
（5）	设计总说明书	永久	长期	√
2	室外专业图		长期	
（1）	室外给水	永久	长期	√
（2）	室外雨水	永久	长期	√
（3）	室外污水	永久	长期	√
（4）	室外热力	永久	长期	√
（5）	室外燃气	永久	长期	√
（6）	室外电讯	永久	长期	√
（7）	室外电力	永久	长期	√
（8）	室外电视	永久	长期	√
（9）	室外建筑小品	永久	长期	√
（10）	室外消防	永久	长期	√
（11）	室外照明	永久	长期	√
（12）	室外水景	永久	长期	√
（13）	室外道路	永久	长期	√
（14）	室外绿化	永久	长期	√
（二）	专业竣工图			
1	建筑竣工图	永久	长期	√
2	结构竣工图	永久	长期	√
3	装修（装饰）工程竣工图	永久	长期	√
4	电气工程（智能化工程）竣工图	永久	长期	√
5	给排水工程（消防工程）竣工图	永久	长期	√
6	采暖通风空调工程竣工图	永久	长期	√
7	燃气工程竣工图	永久	长期	√
二	市政基础设施工程竣工图			
1	道路工程	永久	长期	√
2	桥梁工程	永久	长期	√
3	广场工程	永久	长期	√
4	隧道工程	永久	长期	√
5	铁路、公路、航空、水运等交通工程	永久	长期	√
6	地下铁道等轨道交通工程	永久	长期	√
7	地下人防工程	永久	长期	√
8	水利防灾工程	永久	长期	√

序号	归档文件	投资人	施工单位	城建档案馆
9	排水工程	永久	长期	√
10	供水、供热、供气、电力、电讯等地下管线工程	永久	长期	√
11	高压架空输电线工程	永久	长期	√
12	污水处理、垃圾处理处置工程	永久	长期	√
13	场、厂、站工程	永久	长期	√

（5）竣工验收文件

竣工验收文件包括工程竣工总结，竣工验收记录，财务文件和声像、缩微、电子档，《建设工程文件归档整理规范》GB/T 50328—2014 中规定归档范围及期限如表 8-14 所示。

竣工验收文件归档范围及保管期限 表 8-14

序号	归档文件	投资人	施工单位	城建档案馆
一	工程竣工总结			
1	工程概况表	永久		√
2	工程竣工总结	永久		√
二	竣工验收记录			
（一）	建筑安装工程			
1	单位（子单位）工程质量验收记录	永久	长期	√
2	竣工验收证明书	永久	长期	√
3	竣工验收报告	永久	长期	√
4	竣工验收备案表（包括各专项验收认可文件）	永久		√
5	工程质量保修书	永久	长期	√
（二）	市政基础设施工程			
1	单位工程质量评定表及报验单	永久	长期	√
2	竣工验收证明书	永久	长期	√
3	竣工验收报告	永久	长期	√
4	竣工验收备案表（包括各专项验收认可文件）	永久	长期	√
5	工程质量保修书	永久	长期	√
三	财务文件			
1	决算文件	永久		√
2	交付使用财产总表和财产明细表	永久	长期	√
四	声像、缩微、电子档案			
1	声像档案			
（1）	工程照片	永久		√
（2）	录音、录像材料	永久		√
2	缩微品	永久		√
3	电子档案			
（1）	光盘	永久		√
（2）	磁盘	永久		√

（三） 程序

竣工档案移交工作应按照参照《建设工程文件归档整理规范》GB/T 50328—2014，具体实施过程包括：

（1）全过程工程咨询单位受投资人授权与城建档案管理部门签订《建设工程竣工档案移交责任书》；

（2）城建档案管理部门对项目参与各单位进行业务指导与技术培训；

（3）全过程工程咨询单位组织各单位按归档要求对建设工程档案进行收集、整理与汇总；

（4）全过程工程咨询单位提交《建设工程竣工档案预验收申请表》；

（5）城建档案馆对工程档案进行预验收，预验收合格后出具《建设工程竣工档案预验收意见书》；

（6）全过程工程咨询单位组织各单位向城建档案管理部门移交建设工程竣工档案；

（7）城建档案管理部门对移交档案合格项目发放《建设工程档案合格证》，如图 8-9 所示。

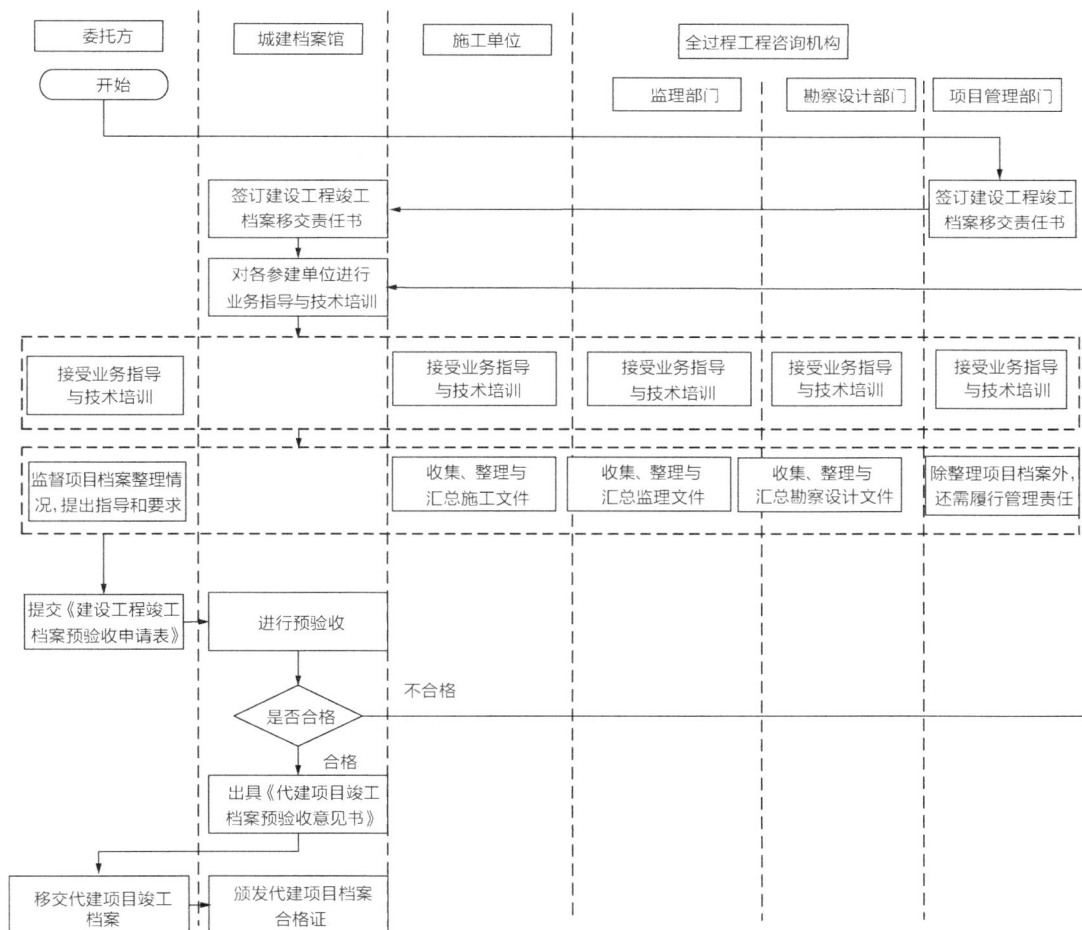

图 8-9　竣工档案移交流程图

常用的竣工档案移交的方法主要包括：

（1）邀请城建档案馆工作人员提前到项目部对各单位进行业务指导与专业培训；

（2）分包施工单位应按合同约定的资料份数、内容、装订方式和移交时限将完整的组卷成册的资料移交给总承包施工单位，并办理移交手续；总承包施工单位整理各分包单位资料后，按合同约定的资料份数、内容、装订方式和移交时限将完整的组卷成册的资料移交给监理单位进行初审，合格后交全过程工程咨询单位复审，合格后办理移交手续；移交给全过程工程咨询单位的资料应按合同约定的套数如数移交。若需增加套数，应在合同中约定或另行商定，并明确所发生费用的承担方；分包施工和总包施工单位应按合同约定时限将资料分别移交给总承包施工单位和监理（全过程工程咨询）机构，不得以任何理由，拖延甚至拒绝资料的移交；总承包单位或监理（全过程工程咨询）机构不得因资料不符合规定以外的其他原因，拖延甚至拒绝接收分包单位或总承包单位移交的资料。

（四）注意事项

（1）注意应以总包单位为主体进行移交。

（2）注意资料的完整性，在移交前，全过程工程咨询单位应组织监理单位对移交资料进行核查。

（3）全过程工程咨询单位向投资人移交工程竣工资料，其要求是必须在规定的时间内，按工程竣工资料清单目录，进行逐项交接，办清交验签章手续。

二、项目工程实体移交

（一）依据

建设项目工程实体移交时应严格按照国家相关规定开展工作，其主要依据包括：

（1）《建设工程质量管理条例》（国务院〔2000〕279号）；

（2）《建设项目（工程）竣工验收办法》（国家计委〔1990〕1215号）；

（3）《建筑工程施工质量验收统一标准》GB 50300—2013；

（4）《房屋建筑和市政基础设施工程竣工验收规定》（建质〔2013〕171号）；

（5）《房屋建筑和市政基础设施工程竣工验收备案管理办法》（住房城乡建设部令第2号）。

（二）内容

全过程工程咨询单位应组织监理、施工单位按承包的建设项目名称和合同约定的交工方式，向投资人移交，然后由投资人再移交给使用单位。

（1）工程移交计划

建设项目移交工作开展之前，应组织监理、施工单位依照移交内容制定一份移交计划，明确各项验收工作的主体、时间、移交时间、移交责任人等事项。以分项工程移交计划为例，如表8-15所示。

序号	工作内容		施工单位	验收单位	验收时间	移交时间	移交责任人	接受单位	备注
单项建筑验收									
1	专项工程	电梯		技监局					
2		变配电室		供电局					
3		火灾报警及消防联动系统		消防大队					
4	外装工程	幕墙（含外网及入口雨篷）		质监站					
5		电动百叶		质监站					
6		入口车道、壕沟		质监站					
7	内装工程	地面		质监站					
8		门窗		质监站					
9		涂饰		质监站					
10		吊顶		质监站					
11		饰面砖		质监站					
12		细部		质监站					
13		厨房设备		监理等					
14	给排水系统	室内给水		质监站					
15		室内排水（含压力雨水）		质监站					
16		室内热水供应系统		质监站					
17		卫生器具安装		质监站					
18	通风与空调系统	室内采暖系统（含地热）		质监站					
19		供热锅炉及辅助设备		质监站					
20		送排风系统（含座椅送风）		质监站					
21		防排烟系统		质监站					
22		空调风系统		质监站					
23		制冷设备系统		质监站					
24		空调水系统（含冷却塔）		质监站					
25	……		……	……	……	……	……	……	……

（2）施工单位的工程移交

在工程整改及工程竣工验收完毕后，全过程工程咨询单位应协助投资人立即组织施工单位提交房屋竣工验收报告、消防部门出具的消防验收文件、质量技术监督部门出具的电梯验收文件等相关资料，文件齐全后应去当地建设部门办理竣工验收备案手续，取得竣工验收备案回执；在取得竣工验收备案回执及整改情况处理完毕后，施工单位向投资人、监理、全过程工程咨询单位提出移交申请，全过程工程咨询单位应立即组织各专业工程师及监理单位的各监理人员、投资人、接收单位相关人员共同组成项目移交组，对项目进行初步验收，按照交验标准逐一查看，发现问题后要求施工单位限期整改并跟踪处理结果；在将遗留问题处理完毕、各系统已具备使用的条件下（若是住宅工程还需编制住宅质量保证书等相关文件），方可以办理移交手续。

（3）全过程工程咨询单位工程移交的工作

在施工单位将工程移交的同时，全过程工程咨询单位应协助投资人提前组织设备厂商、施工单位完成项目使用及维护手册的编制，并完成对使用单位（一般委托物业公司接收）相关人员进行培训。另外，应要求使用单位（物业公司）对室内的电气、上下水、灯具、门窗、各设备系统操作等进行全面检查，发现问题后立即组织施工单位进行整改；在各项整改工作全完毕后，将室内的钥匙移交给使用单位（物业公司），钥匙移交过程中要进行签字记录；在使用单位入伙期间，应派专人协助使用单位熟悉及合理使用建筑物，对出现的问题需及时进行处理。

（三）程序

工程实体移交的程序主要包括以下几个部分：

（1）建设项目移交是建设项目通过了竣工验收后，全过程工程咨询单位组织投资人、施工单位、监理单位向使用单位（物管公司）进行移交项目所有权的过程。

（2）建设项目经竣工验收合格后，便可办理工程交接手续，交接手续应及时办理，以便早日投产使用，发挥投资效益。

（3）竣工结算已审核并经各方签字认可后，即可移交项目工程实体。

（4）工程实体移交前，各单位应将成套的工程技术资料按规定进行分类管理，编目建档后，由全过程工程咨询单位负责组织移交给投资人，同时施工单位还应将在施工中所占用的房屋设施，进行维修清理，打扫干净，连同房门钥匙全部予以移交。

工程实体移交程序具体如图 8-10 所示。

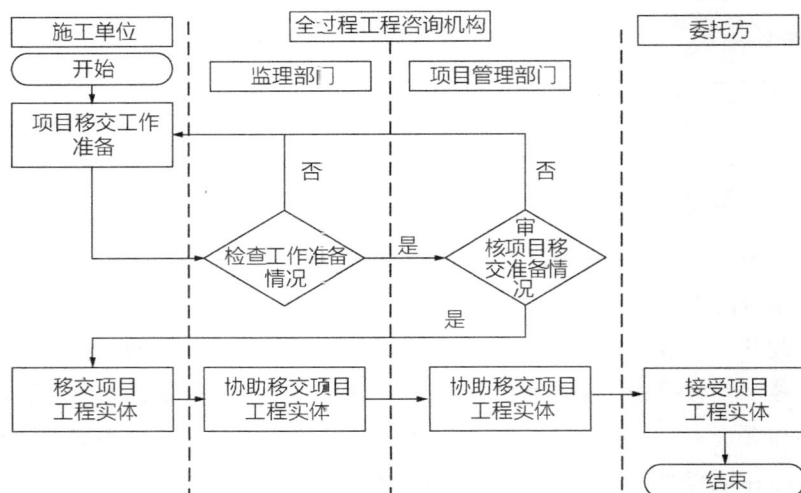

图 8-10　工程实体移交程序

工程实体移交方法如下：

（1）编制工程实体移交计划；

（2）按分部分项工程，如按室内、外装修、总平等逐一移交给使用单位；

（3）移交前完成对使用单位的培训；

（4）移交完成后参与各方签字确认，完成移交记录表的确认，如表 8-16 所示。

××项目分项工程移交记录表

表 8-16

工程名称：   编号：

移交分项工程	门禁系统		数量		单位	
验收单位						
施工单位						
验收情况说明：						
移交清单：（详附件）						
资料情况			签收人		时间	
移交单位						
接收单位						
接收单位意见：						
移交人：			时间：			
接收人：			时间：			
备注： 随机附件包括：						

本表一式两份，由移交、接收单位各存一份。

（四）注意事项

（1）原施工合同中未包括工程质量保修书附件的，在移交工程时，应按有关规定与施工单位签署或补签工程质量保修书。

（2）向使用单位提交工程移交工作计划表，确定工程移交时间及移交项目。

（3）移交过程需要各方签字认可，签字完善的移交记录表需各方保存以备查。

（4）工程未经竣工验收，使用单位提前使用的，应在交付记录表中注明。

（5）编制撤出施工现场的计划安排，项目经理部应按照工程竣工验收、移交的要求，编制工地撤场计划，规定时间，明确负责人、执行人，保证工地及时清场转移。撤场计划安排的具体工作要求：

1）临时工程拆除，场内残土、垃圾要文明清运；

2）对机械、设备进行润滑、油漆保养，组织有序退场；

3）周转材料要按清单数量转移、交接、验收、入库；

4）退场物资运输要防止重压、撞击，不得野蛮装卸；

5）转移到新工地的各类物资要按指定位置堆放，符合平面管理要求；

6）清场转移工作结束，解除施工现场管理责任。

第七节 竣工决算

一、编审项目竣工编制

（一）依据

项目竣工决算是指所有建筑建设项目竣工后，全过程工程咨询单位根据合同约定的要求，协助投资人按照国家规定编制的竣工决算报告。竣工决算应综合反映竣工项目从筹建开始至项目竣工交付使用为止的全部建设费用、投资效果以及新增资产价值，也是项目竣工验收报告的重要组成部分。项目竣工决算编制的主要依据：

(1) 影响合同价款的法律、法规和规范性文件；

(2) 项目计划任务书及立项批复文件；

(3) 项目总概算书和单项工程概算书文件；

(4) 经批准的设计文件以及设计交底、图纸会审资料；

(5) 招标文件和最高投标限价；

(6) 工程合同文件；

(7) 项目竣工结算文件；

(8) 工程签证、工程索赔等合同价款调整文件、各种设计变更；

(9) 设备、材料调价文件记录；

(10) 会计核算及财务管理资料，历年财务决算及批复文件；

(11) 其他有关项目管理的文件；

(12) 竣工档案资料。

（二）内容

竣工决算是以实物量和货币为单位，综合反映建筑项目或单项工程的实际造价和投资效益，核定交付使用财产和固定资产价值的文件，是建筑项目的财务总结，其内容主要包括：

(1) 竣工决算的内容由文字和决算报表两部分组成；

(2) 文字说明包括：工程概况，设计概算和基建计划执行情况，项目竣工财务决算说明书，各项技术经济指标完成情况，各项投资资金使用情况，建设成本和投资效益分析以及建设过程中主要经验、存在问题和解决意见等；

(3) 决算表格分大中型和小型项目两种：大中型项目竣工决算表包括：竣工工程概况表、竣工财务决算表、交付使用财产总表和交付使用财产明细表；小型项目竣工决算表按上述内容合并简化为小型项目竣工决算总表和交付使用财产明细表，如表 8-17 所示。

序号	类别	内容及要求
1	竣工工程概况表	① 包括工程概况、设计概算和基本建设执行情况； ② 主要反映竣工项目建筑的实际成本以及各项技术经济指标的完成情况，建筑工期和实物工程量完成情况，主要材料消耗情况、建筑成本分析和投资效果分析，新增生产能力和效益分析，建筑过程中主要经验、存在的问题和意见等
2	竣工财务决算表	① 主要反映建筑项目的全部投资来源及其运用情况； ② 资金来源是指项目全部投入的资金，包括国家预算拨款或贷款、利用外资、基建收入、专项资金和其他资金等； ③ 资金运用反映建筑项目从开始筹建到竣工验收的全过程中资金运用全面情况
3	交付使用财产总表和明细表	包括交付使用的固定资产构成情况（建安工程费用、设备费用和其他费用）和流动资金的详细情况

大中型项目竣工决算报表 表 8-17

（三）程序

建设项目竣工决算的编制应遵循以下程序：

（1）收集、整理有关项目竣工决算依据

在项目竣工决算编制之前，应认真收集、整理各种有关的项目竣工决算依据，做好各项基础工作，保证项目竣工决算编制的完整性。项目竣工决算的编制依据是各种研究报告、投资估算、设计文件、设计概算、批复文件、变更记录、招标标底、投标报价、工程合同、工程结算、调价文件、基建计划和竣工档案等各种工程文件资料。

（2）清理项目账务、债务和结算物资

项目账务、债务和结算物资的清理核对是保证项目竣工决算编制工作准确有效的重要的环节。要认真核实项目交付使用资产的成本，做好各种账务、债务和结余物资的清理工作，做到及时清偿、及时回收。清理的具体工作要做到逐项清点、核实账目、整理汇总和妥善管理。

（3）填写项目竣工决算报告

项目竣工决算报告的内容是项目建筑成果的综合反映。项目竣工决算报告中各种财务决算表格中的内容应依据编制资料进行计算和统计，并符合规定。

（4）编写竣工决算说明书

项目竣工决算说明书具有建设项目竣工决算系统性的特点，综合反映项目从筹建开始到竣工交付使用为止，全过程的建筑情况，包括项目建筑成果和主要技术经济指标的完成情况。

（5）报上级审查

项目竣工决算编制完毕，应将编写的文字说明和填写的各种报表，经过反复认真校稿核对，无误后装订成册，形成完整的项目竣工决算文件报告，及时上报审批。

竣工决算编制程序如图 8-11 所示。

根据审定的竣工决算等原始资料，对原概预算进行调整，重新核定单项工程、单位工

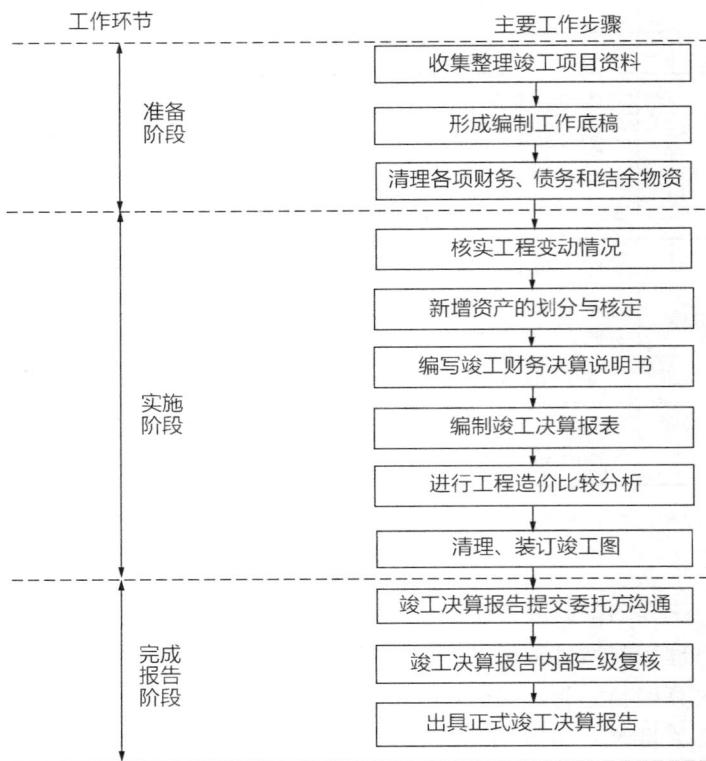

图 8-11　竣工决算编制程序

程的造价。属于增加固定资产价值的其他投资，如工程措施费、维修费、土地征用及拆迁补偿费等，应分摊于受益工程，随同受益工程交付使用一并计入新增固定资产价值。

（四）注意事项

（1）竣工决算应分清项目的性质，项目不同依据的文件不同，并依据对应的法规文件的特殊规定进行编制。

（2）严格按照财政部规定的内容和格式填制工程决算报告，概算明细及金额严格按照批准的设计、概算等文件进行填写，一般不允许更改。

（3）铁路、码头等建设项目的竣工决算报告，依据部委和行业规定，有特殊要求的，在按照财政部规定编制工程决算报告后，再按照部委和行业规定，编制特殊要求报告。

（4）基本报表、其他附表中的数据之间应具有严谨的逻辑关系，注意保持一致。

（5）竣工决算是办理交付使用财产价值的依据。正确核定新增资产的价值，不但有利于建设项目交付使用以后的财务管理，而且可以为建设项目进行经济后评估提供依据。新增资产主要包括流动资产、固定资产、无形资产、递延资产、其他资产。资产性质不同，其计价的方法也应不同。

（五） 成果范例

项目竣工审核的成果文件的格式要求应符合现行的中国建设工程造价管理协会标准《建设项目工程结算编审规程》（中价协〔2010〕023 号）的要求进行编制。

二、项目竣工决算审查

（一） 依据

建设项目全部竣工后，全过程工程咨询单位要按照基本建设财务管理制度要求及时编制项目竣工财务决算，并报财政部门委托的投资评审机构或财政部门认可的有资质的社会中介机构进行审核，财政部门再按有关规定向项目全过程工程咨询单位批复项目竣工财务决算。

依据《财政部关于印发〈基本建设财务管理规定〉的通知》（财政部和建设部〔2002〕394 号）、《财政部关于解释〈基本建设财务管理规定〉执行中有关问题的通知》（财政部和建设部〔2003〕724 号）、《财政部关于进一步加强中央基本建设项目竣工财务决算工作的通知》（财政部〔2008〕91 号）规定了基本建设项目竣工财务决算编制依据：

(1)《中华人民共和国招标投标法》（主席令〔1999〕21 号）；

(2) 财政部关于印发《基本建设财务管理规定》的通知（财政部和建设部〔2002〕394 号）；

(3)《基本建设财务规则》（财政部令第 81 号）；

(4)《财政部关于进一步加强中央基本建设项目竣工财务决算工作通知》（财政部〔2008〕91 号）；

(5)《建设工程价款结算暂行办法》（财政部和建设部〔2004〕369 号）；

(6)《工程造价咨询企业管理办法》（建设部〔2006〕149 号，中华人民共和国住房和城乡建设部令第 32 号修改）；

(7)《注册造价工程师管理办法》（建设部〔2006〕150 号，中华人民共和国住房和城乡建设部令第 32 号修改）；

(8) 基本建设项目竣工财务决算报表包括竣工财务决算说明书；

(9) 经批准的可行性研究报告、初步设计、概算及调整文件等相关文件；

(10) 历年下达的年度投资计划；

(11) 规划许可证书、施工许可证书或经批准的开工报告，竣工报告或停、复工报告；

(12) 会计核算及财务管理资料；

(13) 基本建设项目竣工验收资料；

(14) 招投标文件，项目合同（协议）包括勘察、设计、施工、监理、设备采购合同等；

(15) 工程结算报告书等有关资料；

(16) 项目剩余物资盘点资料；

（17）其他有关资料等。

（二） 内容

全过程工程咨询单位应协助投资人接受审计部门的审计监督。其中重点协助审查的内容包括：

（1）全过程工程咨询单位应当协助投资人接受审计机关对项目总预算或者概算的执行、年度预算的执行情况的审计监督；

（2）全过程工程咨询单位应当协助投资人接受审计机关对项目建设程序、资金来源和其他前期工作的审计，也应当接受审计机关对于建设程序、建设资金筹集、征地拆迁等前期工作真实性和合法性的检查；

（3）全过程工程咨询单位应当协助投资人接受审计机关对建设资金管理与使用情况进行的审计；

（4）全过程工程咨询单位应当协助投资人接受审计机关根据需要对项目的勘察、设计、施工、监理、采购、供货等方面招标投标和工程承发包情况的审计；

（5）全过程工程咨询单位应当协助投资人接受审计机关根据需要对于项目有关合同订立、效力、履行、变更和转让、终止的真实性和合法性的审计；

（6）全过程工程咨询单位应当协助投资人接受审计机关对于项目设备、材料的采购、保管、使用的真实性、合法性和有效性审计；

（7）全过程工程咨询单位应当协助投资人接受审计机关对于项目概算执行情况及概算审批、执行、调整的真实性和合法性的审计；

（8）全过程工程咨询单位应当协助投资人接受审计机关对于项目债权债务的真实性和合法性审计；

（9）全过程工程咨询单位应当协助投资人接受审计机关对于项目税费缴纳的真实性和合法性的审计；

（10）全过程工程咨询单位应当协助投资人接受审计机关对于建设成本的真实性和合法性审计；

（11）全过程工程咨询单位应当协助投资人接受审计机关对于项目基本建设收入、结余资金的审计，应当接受形成和分配的真实性和合法性的检查；

（12）全过程工程咨询单位应当协助投资人接受审计机关对于工程结算和工程决算的审计，及检查工程价款结算与实际完成投资的真实性、合法性及工程造价控制的有效性；

（13）全过程工程咨询单位应当协助投资人接受审计机关对于项目的交付使用资产的审计；

（14）全过程工程咨询单位应当协助投资人接受审计机关对于项目尾工工程的审计，及检查未完工程投资的真实性和合法性；

（15）全过程工程咨询单位应当协助投资人接受审计机关对于投资人会计报表的审计，及检查年度会计报表、竣工决算报表的真实性和合法性；

（16）全过程工程咨询单位应当协助投资人接受审计机关对于项目的勘察、设计、施工、监理、采购、供货等单位的审计，及检查项目勘察、设计、施工、监理、采购、供货等单位与国家建设项目直接有关的收费和其他财务收支事项的真实性和合法性；

（17）全过程工程咨询单位应当协助投资人接受审计机关对于项目工程质量管理的审计，及检查勘察、设计、建设、施工和监理等单位资质的真实性和合法性，以及对工程质量管理的有效性。

（三）程序

建设项目竣工决算审核的具体步骤包括：

（1）全过程工程咨询单位配合审计部门对自身情况和项目的相关情况做深入了解以及对其进行风险评估；

（2）全过程工程咨询单位根据项目情况选派相应专业人员配合审计部门的审查与监督；

（3）全过程工程咨询单位配合审计部门收集项目立项、可行性研究报告、初步设计、投资计划、概算、工程决算报表、工程结算报告或建设内容调整等有关批复文件及资料；

（4）全过程工程咨询单位配合审计部门编制竣工决算审查实施方案；

（5）全过程工程咨询单位配合审计部门出具工程决算审核报告；

（6）审计部门对工程决算审核报告（初稿）通过三级复核后完成相关程序后出具正式报告。

竣工决算审查流程如图 8-12 所示。

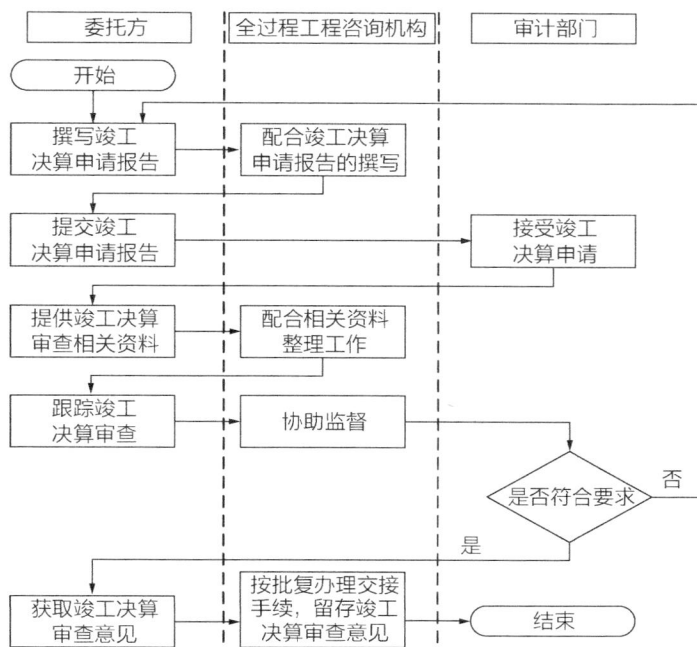

图 8-12 竣工决算审查程序图

竣工决算审核一般应采用全面审核法，也可采用延伸审查等方法。具体审核方法主要包括：

（1）现场勘察。到建设项目现场实地查看，获取对项目的初步感性认识、核实相关工程量及以竣工图核对实物存在状态。可以选择在项目现场施工阶段初期、中期或完成阶段前进行。

（2）审阅项目资料。对全过程工程咨询单位提供的批复文件、科目余额表、可行性研究报告、初步设计、招投标资料、合同、记账凭证、竣工结算书、工程决算报表等所有资料进行认真审阅。

（3）重新计算。对于项目建设期间的贷款利息和待摊费用的分配、招待费占投资人管理费的比例、结算中的主要工程量等重大事项必须进行重新计算。

（4）函证。对于银行存款余额和资金往来余额必须进行函证。函证是指注册会计师为了获取影响财务报表或相关披露认定的项目的信息，通过直接来自第三方对有关信息和现存状况的声明，获取和评价审核证据的过程。函证是受到高度重视并经常被使用的一种重要程序。

（5）询问。对审核工程中的疑问，全过程工程咨询单位总咨询师进行询问，必要时要求相关人员写出说明并签字。

（6）沟通。对审核中发现的问题全过程工程咨询单位要充分进行沟通，对审核中发现的重大问题充分与审核单位相关领导进行沟通。

（四）注意事项

（1）全过程工程咨询单位应在过程管理中，高度重视政府审计的问题，关注过程资料的完整性、合理性，及时将资料归档保存，以便顺利通过审计。

（2）配合投资人建立相应的制度，规范各方行为，建立工程变更及签证制度。

（3）审计前，全过程工程咨询单位应逐一检查各合同的完成情况，在实际执行中与合同约定有不相符的，如：合同范围的改变、合同工期的延误、调价原则的说明等必须加以书面说明。

第八节　竣工备案

一、依据

（一）法律法规

（1）《中华人民共和国建筑法》（主席令〔1998〕91号）（2011年修订）；

（2）《建设工程质量管理条例》（国务院令〔2000〕279号）（2017年修订）。

（二） 建设项目工程资料

（1） 合同文件；

（2） 建设工程竣工验收报告；

（3） 规划、公安消防、环保等部门出具的认可文件或者准许使用文件；

（4） 其他相关资料；

（5） 全过程工程咨询单位的知识和经验体系。

二、内容

（1） 经承包人自检合格后，并且符合相关政策的要求方可进行竣工验收。由承包人在工程完工后向投资人提交工程竣工报告，申请竣工验收，并经专业咨询工程师（监理）签署意见。

（2） 对符合竣工验收要求的工程，全过程工程机构协助投资人负责组织专业咨询工程师（勘察、设计等）组成的专家组实施验收并协助投资人在竣工验收 7 个工作日前将验收的时间、地点及验收组名单书面通知负责监督该工程的工程质量监督机构。

（3） 工程竣工验收合格之日起 15 个工作日内，全过程工程咨询单位及时提出竣工验收报告，向建设项目所在地县级以上地方人民政府建设行政主管部门（及备案机关）备案。

（4） 工程质量监督机构，应在竣工验收之日起 5 工作日内，向备案机关提交工程质量监督报告。

（5） 城建档案管理部门对工程档案资料按国家法律法规要求进行预验收，签署验收意见。

（6） 备案机关在验证竣工验收备案文件齐全后，在竣工验收备案表上签署验收备案意见并签章。工程竣工验收备案表一式两份，一份由投资人保存，一份留备案机关存档。

三、程序

验收程序如图 8-13 所示。

四、注意事项

（1） 工程质量验收备案均应在承包人自检合格的基础上进行。

（2） 参加工程施工质量验收的各方人员应具备相应的资格，在备案前签署质量合格文件。

（3） 对涉及结构安全、节能、环境保护和主要使用功能的试块、试件及材料，应在进场时或施工中按规定进行检验，形成资料性文件。

五、成果范例

如表 8-18 所示。

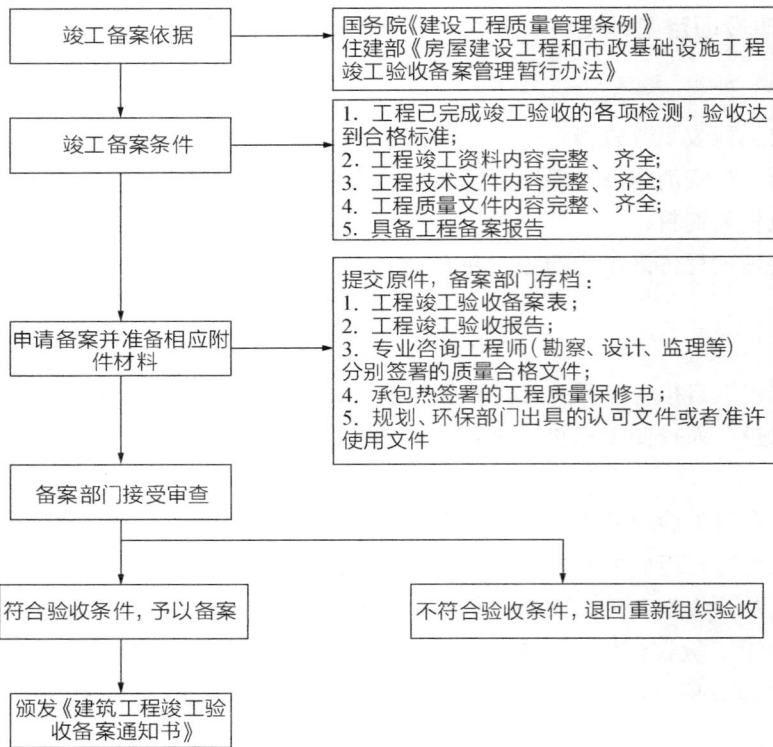

```
竣工备案依据 ──→ 国务院《建设工程质量管理条例》
                 住建部《房屋建设工程和市政基础设施工程
                 竣工验收备案管理暂行办法》

竣工备案条件 ──→ 1. 工程已完成竣工验收的各项检测，验收达
                    到合格标准；
                 2. 工程竣工资料内容完整、齐全；
                 3. 工程技术文件内容完整、齐全；
                 4. 工程质量文件内容完整、齐全；
                 5. 具备工程备案报告

申请备案并准备相应附 ──→ 提交原件，备案部门存档：
件材料                    1. 工程竣工验收备案表；
                         2. 工程竣工验收报告；
                         3. 专业咨询工程师（勘察、设计、监理等）
                         分别签署的质量合格文件；
                         4. 承包热签署的工程质量保修书；
                         5. 规划、环保部门出具的认可文件或者准许
                         使用文件

备案部门接受审查

符合验收条件，予以备案        不符合验收条件，退回重新组织验收

颁发《建筑工程竣工验
收备案通知书》
```

图 8-13　竣工验收备案程序图

某市房屋建筑和市政基础设施工程竣工验收备案表　　　　表 8-18

工程名称			
建设地址			
建设规模		合同价格	万元
规划许可证编号		施工许可文件编号	
开工时间		工程竣工日期	
单位名称		项目负责人	
全过程工程咨询单位：			
全过程工程咨询单位：			
勘察单位：			
设计单位：			
施工单位：			
监理单位：			
工程质量监督机构：			

本工程已按规定进行了竣工验收，并且验收合格。依据《建设工程质量管理条例》第四十九条及有关规定，所需文件已齐备，现报送备案

　　　　　　　　　　　　　　　　　　　　全过程工程咨询单位（公章）

法定代表人 （签字）		报送时间	
工程 竣工 验收 备案 文件 目录	目录 1. 工程竣工验收备案表一式两份； 2. 工程竣工验收报告； 3. 法律、行政法规规定应当由规划部门出具的认可文件或者准许使用文件； 4. 法律规定应当由公安消防部门出具的对大型的人员密集场所和其他特殊建设工程验收合格的证明文件； 5. 施工单位签署的工程质量保修书； 6. 住宅工程提交《住宅质量保证书》和《住宅使用说明书》； 7. 法规、规章规定必须提供的其他文件：建设工程档案预验收意见书； 8. 法人委托书		

该工程的竣工验收备案文件于　　　　年　　　　月　　　　日收讫。

备注：

1. 工程参建各方必须依照法律、法规、规章的有关规定承担各自质量责任，严格履行保修义务。

2. 供水、供电、供热、供气、绿化、邮电、通信、安防、卫生防疫等未尽事宜，由全过程工程咨询单位联系相关部门妥善解决

备案部门

第九节　工程保修期管理

按照《建设工程质量管理条例》（国务院令〔2000〕279 号，2017 年修订）规定，建设项目竣工后，施工单位应在保修期内承担相应的责任，监理和全过程工程咨询单位应负责相应的管理工作。其主要依据包括：

一、依据

（1）《中华人民共和国建筑法》（主席令〔1998〕91 号）（2011 年修订）；

（2）《建设工程质量管理条例》（国务院令〔2000〕279 号）（2017 年修订）；

(3) 合同文件等。

二、内容

（一） 工程质量保修范围

一般来说，凡是施工单位的责任或者由于施工质量不良造成的问题，都属保修范围。保修的内容主要有以下几个方面：基础、主体结构、屋面、地下室、外墙、阳台、厕所、浴室、卫生间及厨房等处渗水、漏水；各种管道渗水、漏水、漏气；通风孔和烟道堵塞；水泥地面大面积起砂、裂缝、空鼓；墙面抹灰大面积起泡、空鼓、脱落；暖气局部不热，接口不严渗漏，及其他使用功能不能正常发挥的部位。

凡是由于用户使用不当而造成建筑功能不良或者损坏者，不属于保修范围；凡从属于工业产品发现问题者，亦不属于保修范围，应由使用单位自行组织修理。

（二） 工程质量保修期限

《建设工程质量管理条例》（国务院令〔2000〕279 号，2017 年修订）规定，在正常使用条件下，建设工程的最低保修期限为：①基础设施工程、房屋建筑的地基基础工程和主体结构工程，为设计文件规定的该工程的合理使用年限；②屋面防水工程、有防水要求的卫生间、房间和外墙面的防渗漏，为 5 年；③供热与供冷系统，为 2 个采暖期、供冷期；④电气管线、给水排水管道、设备安装和装修工程，为 2 年；⑤其他工程保修期限由发包方与承包方约定，建设工程保修期，自竣工验收合格之日起计算。

（三） 工程保修责任

建设工程在保修范围和保修期限内发生质量问题，全过程工程咨询单位应督促监理立即分析原因，找出责任单位，并要求相关责任单位在规定时间内完成修补工作，若责任单位拒不或迟迟不予处理的，由全过程工程咨询单位上报投资人认可后，可另行委托施工单位给予维修，产生的费用从责任单位保修金内支出；质保期满后，全过程工程咨询单位应组织使用人、物管方、监理单位以及施工单位进行质量缺陷的检查，确认无质量缺陷后，办理书面手续，并以此作为退还质保金的依据。

保修期过后，施工单位的质保义务解除，全过程工程咨询单位完成质保金退还手续后，相应的义务也完成。

（四） 处理方法

建设项目一般比较复杂，往往存在由多种修理原因，所以，责任主体必须根据修理项目的性质、内容和修理原因诸因素确定，由全过程工程咨询单位组织监理和施工单位共同确认。一般分为以下几种处理方法：

(1) 修理工程确实由于施工单位施工责任或施工质量不良遗留的隐患，应由施工单位承担全部修理费用；

（2）修理工程是由使用单位和施工单位双方的责任造成的，双方应实事求是地共同商定各自承担修理费用；

（3）修理工程是由于甲供设备、材料、成品、半成品及工业产品等质量不良原因造成的，应由设备、材料供应厂家或投资人承担修理费用；

（4）修理工程是因用户使用不当，造成建筑物功能不良或损坏，应由使用单位承担全部修理费用；

（5）涉外工程的保修问题，除按照上述处理办法外，还应按照合同条款的有关规定执行。

三、程序

具体程序如图 8-14 所示。

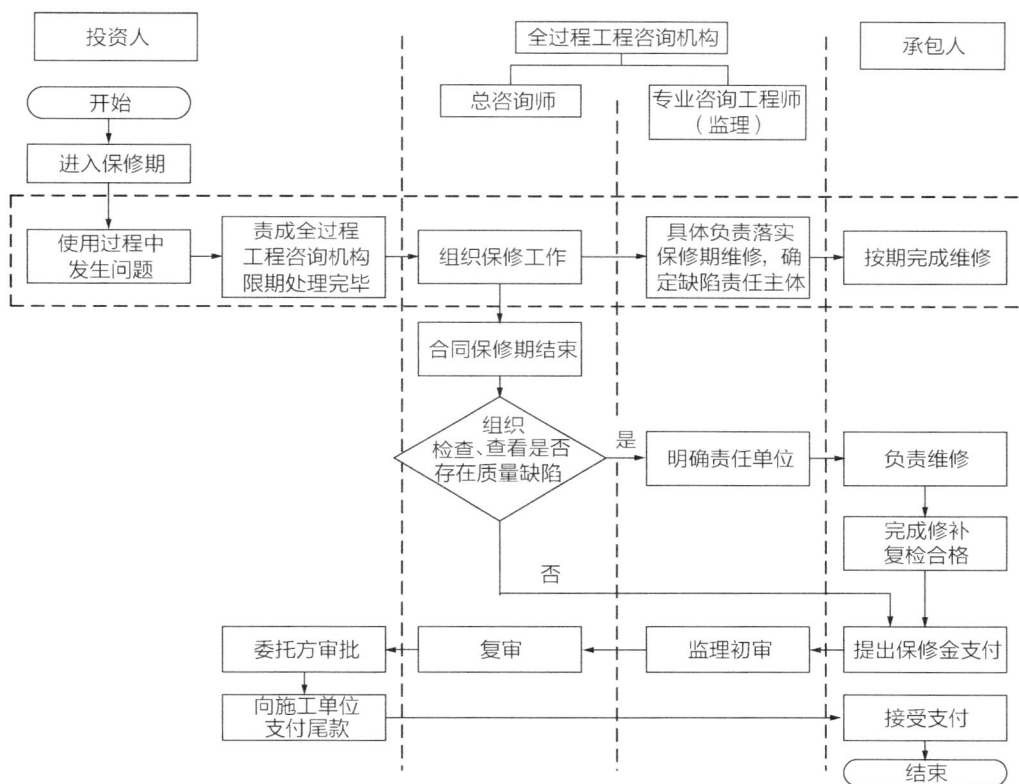

图 8-14　工程质保期管理程序图

四、注意事项

（1）建设工程质保期期满，全过程工程咨询单位应组织投资人、物管方、监理单位以及施工单位进行工程质量保修期到期验收，以作为退还质保金的前提条件。

（2）保修到期验收记录。质保期满的验收必须有项目各方同时参与，并签字盖章，施工单位以及供货单位保修到期验收记录。

五、成果范例

质保期满的验收必须有监理单位、使用单位、全过程工程咨询单位、投资人以及施工单位等各方同时参与，并签字盖章确认，施工单位以及供货单位保修到期验收记录如表8-19所示。

××工程质量保修期到期验收记录表   表8-19

编号：

工程名称		分项工程名称		合同编号	
施工单位		项目负责人		竣工日期及质保期限	
监理单位		总监理单位		保修期到期时间	
验收时间		参加单位			
××单位自评结论	项目负责人（签字）：　　　　　　　　单位（盖章）：				
验收组结论					

使用单位	投资人	全过程工程咨询机构	监理单位	施工单位
总监（签字）： 使用单位（盖章）：	负责人（签字）： 投资人（盖章）：	项目负责人（签字）： 全过程工程咨询单位（盖章）：	项目负责人（签字）： 监理单位（盖章）：	项目负责人（签字）： 施工单位（盖章）：

此表一式六份，投资人二份，其余各单位一份。　　　　　　　　　　　年　　月　　日

478 · 建设项目全过程工程咨询理论与实务

总咨询师（11）：项目策划是总咨询师贯穿项目始终的第一要务。首先是满足业主需求的功能和技术路线优化的工程策划；其次是全生命周期成本最小而资产价值最大化的投融资模式策划；第三是基于价值管理的设计优化；第四是基于可施工性分析的施工技术与施工组织的优化；第五是基于可运营性分析、收益管理及设施管理的运营维护方案优化；最后是追求沉没成本最小化的资产拆除方案优化。

——《贻林微观察1201》

第九章　运营阶段咨询服务

第一节　运营阶段工程咨询服务概述

在运营阶段，需要适时对建设项目的决策和实施进行评价和总结，需要对建设项目进行运营管理，通过运营管理，检验其决策是否科学有效。

从运营管理角度看，建设项目需要进行资产管理、运营管理和拆除预案策划，通过运营和监管合同的履行、确保建筑物的全生命周期成本最优；从经验总结角度看，建设项目需要进行项目后评价、项目绩效评价、绿色建筑的运行评价。由于运营阶段涉及服务范围众多，本书从建设项目的反馈评价以及运营需求影响决策阶段的两个方面对项目后评价、项目绩效评价、运营管理和资产管理进行阐述，其余工作内容暂不研究。

运营阶段的主要工作包括：

（1）进行项目后评价（包括：自我评价和其他项目后评价）；

（2）进行项目绩效评价；

（3）进行运营管理策划；

（4）设施管理；

（5）资产管理。

全过程工程咨询单位在本阶段主要任务是检验建设项目是否达到优质的完成建设项目的目标。全过程工程咨询单位一方面通过评估，评价建设项目全过程的教训和经验，提炼项目决策要点，为下一个建设项目提供更完善的决策参考依据；另一方面协助运营人，为建设项目提供清晰的影响运营的主要设备材料清单以及该等设备材料的使用要求和使用寿命，协助规划其大中小修方案和费用估算。

以全过程工程咨询"1＋N"服务模式，全过程工程咨询单位在项目运营阶段，承担项目管理咨询工作主要有：进行项目的自评价和运营管理策划；而"N"的内容主要有：项目后评价、项目绩效评价、项目设施管理以及资产管理等。

第二节 项目运营阶段策划

一、运营组织设计

大型基础设施建设项目，为了使工程项目建成后正常发挥其功能，在项目寿命期内需要组建公司来策划和管理项目。公司成立后其主要业务是运营该工程项目。为了使公司（项目）能够正常运行，发挥应有的经济效益，必须要有良好的运营机构设置。

（一）组织设计有其内在规律，必须有步骤的进行，才能取得良好的效果。一个完整组织设计程序包括以下几个步骤

（1）确定组织设计原则

根据企业的战略目标、内外部环境等条件，确定企业进行组织设计的基本思路，规定一些设计的主要原则和主要参数。

（2）公司职能的分析和设计

确定企业需要设置的各项经营职能和管理职能，确定其中的关键性职能，并将这些职能进行层层分解，确定各项具体的管理业务和工作。

（3）设计组织结构的框架—组织设计的主体工作

设计承担上述职能和业务的各个管理层次、部门、岗位及其权利和责任。具体表现为确定企业的组织系统图。

（4）设计组织的联系方式

设计上下管理层次之间、左右管理部门之间的协调方式和控制手段。使组织的各个组成部分联结为一个整体，使整个组织能够步调一致地实现企业管理地整体功能。

（5）管理规范的设计

在确定了组织结构的框架及联系方式的基础上，要进一步确定各项管理业务的工作程序、工作标准及管理人员应采取的管理方法等。

（6）人员的配备和训练

根据组织结构的设计，按照要求的数量和质量配备各个岗位的人员。

（7）运行制度的设计

为了组织结构的正常运行，还需要设计一套良好的运行制度，如奖励制度、考核制度、激励制度等。

（8）反馈与修正

组织设计是个动态过程，在组织运行过程中，各个环节要及时将运行过程中的各种信息反馈到有关部门，以定期或不定期的对原有组织做出修正，不断完善。

（二） 组织结构的特征因素 （结构内部特征）

（1） 集权化程度

（2） 规范化程度

（3） 标准化程度

（4） 职业化程度

（5） 人员结构

通过这些特征，可以了解一个组织的基本情况，确定一个组织性质。这些特征因素是对企业组织结构进行评价和比较的基础。

（三） 常见的组织结构类型分析

常见的组织结构类型主要有包括以下几种：集权的职能制结构（直线—职能制结构）、分权的事业部制结构、模拟分权制结构、矩阵结构。

（1） 直线—职能制结构（又称 U 形结构）

它是按职能来组织部门分工，即从企业高层直到基层，均把承担相同职能的管理业务及其人员组合在一起，设置相应的管理部门和管理职务。对于只生产一种或者少数几种产品的企业来说，职能式组织结构是一种最佳模式。

（2） 分权的事业部制结构

事业部制结构就是按照企业所经营的事业，包括按产品、按地区、按顾客（市场）等来划分部门，设立若干事业部。事业部是在企业统一领导下，拥有自己的产品和独立核算的部门，既是受公司控制的利润中心，具有利润生产和管理的职能，又是产品责任单位或市场责任单位，对产品设计、生产制造及销售活动负有统一领导的职能。

（3） 模拟分权制结构

实行模拟分权制，就是按照研究开发、生产制造、市场销售等不同经营管理领域及其特点，将企业高层领导下的第一级组织分成若干个组织单位，把相应的业务活动分别归属到这些单位；让这些单位承担模拟性的盈亏责任，并给予与这种责任相适应的管理权限，各自建立必要的职能机构，组织本单位的生产、技术或经营活动。

（4） 矩阵结构

这种组织结构是把按职能组合业务活动，以及按产品（或工程项目、规划项目）组合业务活动的方法结合起来运用的一种组织设计即在同一组织内部，即设置具有纵向报告关系的若干职能部门，又建立具有横向报告关系的若干产品部门（或项目小组），从而形成纵向与横向管理系统相结合，形如矩阵的组织结构形式。

（四） 人员配置

公司的组织建设除了要设计适应组织战略的组织结构，还要为组织结构配置适当的人员来完成各项工作。这是公司正常运营的关键。估算实现组织目标和根据组织设计和岗位设计所必须的人员配置，指导招募及其他人员配置活动，帮助管理者确保满足组织的人才需求。人员配置包括以下几个方面：

（1）认真选择和使用人才招募、选拔、解除雇佣等方法，以及时准确地获取所需人才。

（2）通过有目的的开发、培训、采用先进的鉴别手段等，使人员与工作得到合理匹配。

（3）通过确定职业路线、职业发展规划等，控制企业员工的流动。

二、人力资源管理

人力资源管理，是指根据企业发展战略的要求，有计划地对人力资源进行合理配置，通过对企业中员工的招聘、培训、使用、考核、激励、调整等一系列过程，调动员工的积极性，发挥员工的潜能，为企业创造价值，确保企业战略目标的实现。人力资源管理是企业的一系列人力资源政策以及相应的管理活动。这些活动主要包括企业人力资源战略的制定，员工的招募与选拔，培训与开发，绩效管理，薪酬管理，员工流动管理，员工关系管理，员工安全与健康管理等。

（一）人力资源管理的特点

人力资源管理是项目的重要资源之一，人力资源管理不同于一般的人事管理，与人事管理相比，人力资源管理具有以下特点：

（1）"以人为本"的主导思想。将人视为有价值的资源，通过长期投资和合理使用，最大限度地释放人的潜能、同时也使企业获得更多的回报。

（2）同时强调个人与集体。重视员工个人价值的实现和个人利益的满足，与责任感和组织目标相结合，使公司与个人共同发展。

（3）敢于在人力资源开发上长期地大量投资，企业人力资源开发具有长期性、计划性和前瞻性。

（4）管理方法上同时强调科学性与艺术性，在强调定量分析和严格的程序设计同时，又注重定性分析和人性化的管理方法。

（5）领导方式上同时强调权威与民主、注重发挥领导的人格影响力，鼓励群体成员参与管理。

（6）人员培训为终身学习型，并有长远的整体培训计划。在增长员工技能的同时将企业经营理念融入人心。

（7）完善的工作绩效评价系统，把职工能力和成果的定性考查与定量考核相结合。建立明确的定量考核标准，用数据说话、以理服人。考核和晋升同时强调能力与资历，晋升的依据主要以能力考核和工作实绩为主。

（二）员工评价

（1）员工的业绩

对员工业绩评价的一种被广泛采用的考绩方法是业绩评定表，根据所限定的因素来对员工进行考绩。评价所选择的因素有两种典型类型：与工作有关的因素和与个人特征相关的因素，这种方法最大的特点就是简单、迅速。

（2）员工的满意度

员工满意度的重要之处在于通过对员工满意度的测量和分析，企业可以了解员工工作状态，反省企业管理状况，及时改进管理，增强企业凝聚力。

三、项目设施设备管理

（一）设备管理的概念

设备管理是指依据企业的生产经营目标，通过一系列的技术、经济和组织措施，对设备寿命周期内的所有设备物质运动形态和价值运动形态进行的综合管理工作。

设备管理的主要内容有技术、经济、组织三个方面，三者是不可分割的有机整体。具体包括以下方面：

（1）依据企业经营目标及运营需要制订企业设备规划；

（2）选择和购置所需设备，必要时组织设计和制造；

（3）组织安装和调试即将投入运行的设备；

（4）对投入运行的设备正确、合理地使用；

（5）精心维护保养和及时检修设备、保证设备正常运行；

（6）适时改造和更新设备。

（二）有关设备状况及利用的常用指标

（1）设备利用率：它等于设备实际开动时间占设备日历计划开动时间的百分比；

（2）设备完好率：它等于经检验合格的设备数在全部设备数中所占的百分比；

（3）设备改造与更新率：一定时期内结合修理进行技术改造的设备数与更新的设备数之和在原有设备总数中所占的百分比；

（4）设备有效利用率：即设备有效工作时间（容许工作时间）在全部时间中所占的比重；

（5）设备的维修效益：即设备的生产量与维修费用比值；

（6）设备的综合效益：即设备寿命周期的输出（生产量）与设备寿命周期费用的比值。

（三）设备管理的基本内容

设备技术性和经济性选择和评价主要考察下列因素：

（1）生产能力。从具体的生产任务及生产的发展要求出发，客观地评价需购设备的性能，生产效率及生产能力等因素，使所购设备的生产能力能得以充分合理地使用。

（2）可靠性。设备在规定条件下和规定时间内完成规定功能的能力。

（3）可维修性。设备易于（便于）维修的特性。在其他因素基本一致的情况下应选择结构合理，易于检查、维护和修理的设备。

（4）互换性。在可能的情况下，新购置的设备在备件供应、维护、操作等方面应与企业现有设备互有关联，尽量相同或相似，以节约人员培训、辅助装备等的费用。

（5）安全性。设备的安全性对企业的生产、人员的安全等方面关系重大，在选择设备时应慎重评价。

（6）配套性。在选择主机设备时，往往要把辅助设备的配套情况及其利用率作为决定性因素来予以考虑。反之亦然。

（7）操作性。过分复杂的操作往往易于造成操作人员的疲劳和失误，以及人员培训费用的增加，所以应选择操作容易简便的设备。

（8）易于安装。在选购设备前，应对设备的安装地点进行考察，对于一些大型设备，还需考察运输路线，以选择合适的、易于安装的设备。

（9）节能性。设备的节能包括两方面的含义：一是指对原材料消耗的节省，二是指对能源消耗的节省。

（四） 设备的选择与评价

（1）对现行组织的影响。选购设备时，应充分考虑其对现行生产组织的影响交货，需要考虑供货厂家的信誉及交货期。

（2）备件供应。在选购设备时，应充分考虑备件的供应情况，尤其对于进口设备更应如此。

（3）售后服务。选择设备供应厂家时，应考察他们提供安装、调试、人员培训及维修服务的条件，有了良好售后服务条件，设备运行就会有充分保证。

（4）法律及环境保护。选购设备时要遵守国家和地方政府的有关法令和政策，同时要注意与环境的协调性，避免购置与政策和自然环境不相容的设备。

以上主要从技术性来评价，还需要评价设备的经济性，即考察设备的额（支出）与其所带来的收益。设备费用是指在整个寿命周期内为购置和维持设备运行所花费的全部费用，它主要由固定费用和运转费用两部分构成，在进行设备的费用比较时，需要同时考虑这两部分费用支出。

设备的收益问题，可从设备所生产产品的产量及质量、成本节约等多方面予以综合评估。用于设备经济性评价的方法有很多，如投资回收期法、费用比较法、效益费用比较法、费用效益比较法等。

（五） 设备的安装与调试

设备购置或自制完成后，即进入安装与调试阶段，在这一过程中应考虑下列因素：
（1）设备的安装应与生产组织的要求相符合，并满足工艺要求；
（2）方便工件的存放、运输和切屑的清理；
（3）满足空间的要求（如厂房跨度、设备运动部件的极限位置）等；
（4）设备安装、维修及操作安全方面的要求；

（5）动力供应和劳动保护的要求；

（6）设备的调试工作包括清洗、检查、调整和试运转。当设备安装就位后应由设备的使用部门组织、设备管理部门与工艺技术部门协同进行设备的调试工作。

（六） 设备的使用

合理使用设备一般应从三个方面着手：

（1）提高设备利用程度即充分利用设备可能的工作时间，不能让设备闲置；提高设备利用强度。设备使用中应严格遵照设备的设计和使用要求，并正确地进行设备维护。不要经常超载工作。

（2）从设备的磨损理论可知，要保证设备能以正常的工作精度运转，就应设法减少或延缓设备的磨损，设备的日常维护和保养是重要的手段。

（3）建立健全相应的规章制度并使之得到遵守执行。应对设备使用操作人员进行思想教育和专业培训，以执行正确使用设备的各项基本要求、规章和相应的设备操作规程。

（七） 设备的维护和检查

（1）设备维护是指为了保持设备正常的技术状态、延长使用寿命，按标准进行的检查与润滑、间隙的及时调整及隐患的消除等一系列的日常工作。

（2）设备维护工作按其工作量大小、难易程度和作业范围可划分不同的种类。在我国许多企业实行的是设备三级保养制，即设备的日常保养（日常维护）、一级保养和二级保养。

（3）设备检查指对设备运转情况、技术状况、工作精度、零部件老化程度进行的各种形式的检查。通过检查可以及时发现隐患，有针对性地采取预防措施消除故障，同时根据检查情况制订修理计划，做好修理前的准备，有助于提高修理效率和修理质量。

（八） 设备状态监测与诊断

（1）设备状态监测，是指用人工或专用的仪器工具，按照规定的监测点进行间断或连续的监测，掌握设备异常的征兆和劣化程度。设备状态监测的对象一般以重点设备为主，目前，设备状态监测方法主要有两种：

1）由维修人员凭感官和普通测量仪器，对设备的技术状态进行检查、判断，这是目前在机械设备监测中最普遍采用的一种简易监测方法。

2）利用各种监测仪器，对整体设备或其关键部件进行定期、间断或连续监测以获得技术状态的图像、参数等确切信息，这是一种能精确测定劣化和故障信息的方法。

（2）设备诊断技术，指在设备运行中或基本不拆卸的情况下，根据设备的运行技术状态。判断出故障的部位和原因，并预测设备今后的技术状态变化。设备技术状态主要包括设备的强度和性能、设备所受的应力和设备的故障和劣化等内容。设备诊断技术一般包括两部分：

1）对设备的技术状态简便而迅速地做出概括评价，主要由现场作业人员实施的简易诊断技术；

2）当简易诊断难以做出正确判断时由专门人员实施的精密诊断技术，它是对经过简易诊断判定为异常的设备作进一步的详细诊断，以确定应采取的措施。它不仅需要简单的测定和分析，还需运用一系列复杂的定量检测和分析技术。

四、财务管理

（一） 财务监控的含义

工程项目的运营需要有强有力的控制，这种控制是全方位、全过程和多层次的，重点涉及产品（服务）生产运营过程的运营时间、运营质量和运营成本控制，以及公司制企业运营过程的财务监控。

财务监控是在现代企业制度下，对公司制企业保持正常运营、健康发展的客观要求、是企业利用内部与外部的财务检查与控制手段，对企业运营从财务上加以控制的企业行为。

财务监控包括内部的监控，也包括外部的监控。它包括企业的自发行为，也包括外部的强加要求，如证券法规定，上市公司必须每年接受具有证券从业资格的会计师事务所的审计，并公布相关报告。

（二） 财务监控的内容

企业财务管理是企业管理的中心环节，它包括对企业的融资、投资、成本控制和利润分配等财务活动的管理。因此，财务监控的主要内容也就是对企业融资、投资、成本控制和利润分配等活动的监控。

企业财务监控的核心不仅是监控，还包括服务，两者在某种程度上是互为目的和手段的关系。对企业的财务活动进行监控，是为了确保企业的正常运营，但这不是最终目的，最终它还是服务于企业的终极目标，即企业经营利润最大化，或是企业价值最大化。

（三） 财务监控的意义

有利于监督企业的财务行为，确保企业的正常运营。作为企业管理重要组成部分，控制是管理的主要职能。财务监控由于其数字性、直观性已经成为重要的控制手段之一。

加强财务监控有利于消除"内部人控制"现象。在经营者追求企业利润最大化的内在动力不足，而监督、约束不力的情况下，经营者就可能利用手中权力，达到营私的目的，也就是所谓的"内部人控制"现象。

有利于转换国有企业经营机制，建立现代企业制度。财务监控的有效实施可以从内部和外部加强财务约束，从而有利于以法人财产权为核心的现代企业制度的建立。

（四） 财务监控与管理的方法

财务监控是企业为了保护其资产的安全完整，保证其经营活动符合国家法律、法规和内部规章制度的要求，提高经营管理效率，防止舞弊，控制风险等目的，在企业内部采取的一系列相互联系、相互制约的制度和措施是确保企业自身能够持续经营和加强企业内部管理需要的业务监控。财务监控可分为内部监控和外部监控。

1. 内部监控

① 企业预算管理是企业在科学的生产经营预测和决策的基础上，用数量、金额的形式来反映其来年内供、产、销及财务等方面经营策略、经营成果的一整套生产经营计划。

从企业全局考虑，设定适度的经营目标，科学地测算预算期内将要发生的各项生产经营业务及所需资金，综合平衡形成年度预算。

用预算指导各部门的生产经营活动，保证生产经营的协调进行。

通过对预算执行情况的监控，及时发现并妥善处理生产经营过程中的问题实现对生产经营的有效控制。

通过决算考核，确认责任部门（或人员）工作业绩，兑现考核政策，奖惩到位。

② 内部审计控制是在一个企业中对各种经营活动与控制系统的独立评价以确定既定的政策和程序是否贯彻，建立的标准是否遵循，资源的利用是否合理有效，以及单位的目标是否达到。

在现代企业制度下，科学的内部审计机构应该是这样的：董事会下设审计委员会，由非执行董事担任委员，专门负责检查监督工作，向董事会负责。同时在企业的职能部门中专设内部审计机构，执行日常内部审计事务，内部审计机构向审计委员会和公司总经理双层负责。首先，这种内部审计组织模式能够赋予内部审计最大的独立性。内部审计独立性、权威性的大小，作用发挥的程度，主要取决于领导层次的高低。其次，这种内部审计模式分工明确，既便于内部审计人员开展工作，又便于内部审计机构和人员接受指导和必要的检查。

2. 外部监控

外部监控对企业的外部财务监控方法主要有外部审计（独立审计）以及财务委派制度。

企业的内部控制主要由企业的内部人员完成，由于牵涉到利益的关系，其独立性与公正性必将受到影响。因此，通过外部审计，对企业的运营情况进行监督显得尤为重要。目前，企业的外部审计主要是通过会计师事务所来完成的。

会计师事务所是国家批准成立的依法鼓励承办注册会计师业务的单位，它是注册会计师的工作机构，也是外部审计的主要载体，其最大的特点是独立地和公正地执行监控职能。会计师事务所通过接受委托人的委托，采取一定的审计方法在其职权范围内，独立地行使审计功能，其对企业财务状况的最终结论将直接影响到企业的声誉。

由会计师事务所对企业运营情况进行监督固然是十分有效的，但这种监控仍然是短期与片面的。如何使企业的运营能长期地保持被监控，更为有效的方式是采用企业财务委派制度。即实行两权分离的企业由企业的所有者委任派遣主要财务人员的一种管理制度。财务委派制是和财务任命制相对的，它的主要特点是企业的主要财务人员由所有者委派，经营者不得干涉委派财务人员的工作。财务人员委派制是一种全新的财务管理模式。

（五） 项目资源开发与运营

建设项目尤其是大型基础设施建设项目，如城市轨道交通、桥梁、高速公路等，往往由于其建设经营特性，和很多其他资源如土地、广告、景观等具有密切的联系，构成了复杂的建设项目空间资源体系。在进行项目的运营管理的同时也须注重对这些资源的开发和利用，通过这些资源的开发经营收益来弥补基础设施建设项目的巨大建设和运营成本。此处即以轨道交通为例，来对项目资源开发与运营管理进行系统探讨。

全过程工程咨询单位应制定和实施项目管理后评价和绩效评价制度，规定相关职责和工作程序，采纳项目相关方的合理评价意见。全过程工程咨询单位对项目运营阶段的评价和管理过程应公开、公平、公正，评价结果应符合规定的要求。对项目的后评价及绩效评价应采取适合工程项目特点的评价方法，过程评价与结果评价相配套，定性评价与定量评价相结合。全过程工程咨询单位根据相关规定对项目在运营阶段进行设施和资产管理工作。

五、税务筹划

税收具有强制性，企业必须依法纳税，因而税收构成了企业必要的成本。同时税收又不同于一般的营运成本，它是企业无偿的支出，对企业经营成本有直接的影响。

（一） 增值税的纳税筹划

1. 采购业务增值税的纳税筹划

采购业务是企业的日常经营活动，而原材料决定产品的成本，在选择原材料时就会有不同身份的供应商。对于一般纳税人购货三种选择：从一般纳税人处购进；从主管税务机关代开专用发票的小规模纳税人处购进货物。如果两者销售价格相同应该从一般纳税人处购进货物，原因在于抵扣的税额大。如果小规模纳税人的售价比一般纳税人低，就需要企业进行计算选择。

2. 销售业务增值税的纳税筹划

一般情况下，收入的确定要根据不同时期进行不同处理，一旦收入确认了，不管收入是否收回，都要进行纳税，减少了企业的净利润。但是选择不同的结算方式，为纳税筹划提供了可能。税法规定采取直接收款方式销售的，按照收到货款或取得货款凭证的当天作为收入确定的时间，分期付款方式销售的按照合同约定的收款日期；分期预收货款方式销售的按照交付货物的时间；采用托收承付和委托银行收款方式销售的，按照发出货物并办妥手续的当天。根据不同的销售结算方式，收入确定的时间不同，从而达到减税或递延纳税的目的。

（二） 企业所得税的纳税筹划

1. 销售费用的纳税筹划

税法规定允许扣除项目中，企业已计入当期费用但超过税法规定扣除标准的金额。如业务招待费为发生额的 60% 扣除，但最高不得超过当年销售收入的 5‰、广告费和业务宣传费不超过销售收入的 15% 部分，准予扣除；超过的部分准予结转后纳税年度扣除。

其中业务招待与会议费、差旅费要分别核算。当企业在经营活动中发生与会议费、差旅费相关的业务中要有真实的合法凭证，因为这是可以税前全额据实扣除的。而业务招待费是要按照国家的标准发生额的 60% 扣除，但最高不得超过当年销售收入的 5‰。要严格地核算业务招待费，不能将业务招待费计入会议费和差旅费。

2. 筹资费用的纳税筹划

筹资是通过一定渠道、采取适当方式筹措资金的财务活动，是财务管理的首要环节。企业的筹资方式有多种，最好的筹资办法并不是依靠自己的资金，而可以向银行贷款。虽然贷款会加大企业的运营成本，但是贷款的利息是可以抵扣应纳所得税的，而且在息税前收益不低于资金成本率的前提下，负债率越高，金额越大，节税效果越显著。一般经营性借款利息是可以直接扣除的，但是有一定的上限。专门性借款利息不能直接扣除，只能随着固定资产折旧，但是没有扣除限额。利用这点可以将经营性借款利息转化为固定资产利息。

第三节　项目后评价

后评价是指在项目建设完成并投入使用或运营一定时间后，对照项目可行性研究报告及审批文件的主要内容，与项目建成后所达到的实际效果进行对比分析，找出差距及原因，总结经验教训，提出相应对策建议，以不断提高投资决策水平和投资效益。

因此，项目后评价大致包括两层含义：一是总结、反馈。项目后评价实施时点处于项目完成之后，是对项目全过程进行总结、分析，并利用其反馈功能发挥效用，以便完善已建项目、指导在建项目、改进待建项目，以达到提高投资决策水平的目的。二是预测、判断。根据实际数据或实际情况重新预测的数据，合理判断项目的未来发展和可持续性。

（1）后评价阶段各参与方的组织关系

竣工阶段的参与主体主要包括发展与改革部门、项目主管部门、委托方、全过程工程咨询单位，各部门之间的组织关系如图 9-1 所示。

（2）后评价阶段各参与方的工作职责关系：

项目后评价工作主要有四个阶段，分别是项目组自评、提交后评价申请、组织者组织后评价、对审核结果的反馈。

1）项目组自评。自评主要是项目组对产品全周期的情况进行梳理，收集后评价管理规定中设计的数据和指标内容，进行自我总结和评价，评价的结果形成书面报告或评价表。

2）提交后评价申请。完成自评后，项目组向后评价组织者提出申请进行项目后评价的请求，由组织者对材料和项目实际完成情况进行预审，确定项目是否具备进入后评价程序的条件，同时对提交的材料进行规范性审查。

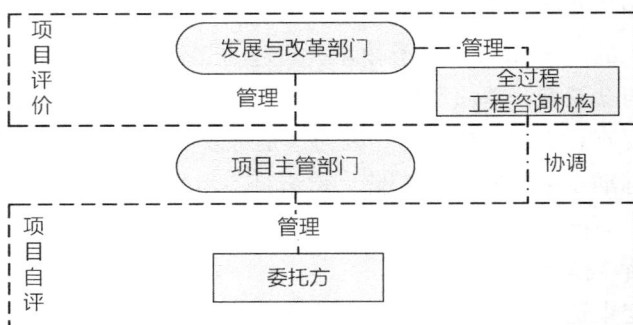

图 9-1　建设项目后评价阶段组织管理模式

3）组织者组织后评价。通过预审后组织者组织相关部门的专家对后评价数据进行收集、核实、补充、评审等工作，评审可以是电子评审，也可以是会议评审，可根据项目的复杂程度和双方数据的符合程度判断，评价完成后形成项目后评价报告和后评价表。

4）反馈审核结果。将评价内容与项目组沟通，听取项目组的反馈意见，根据沟通结果考虑修改评价内容，双方无异议或者评价小组确认不再更改评价结果后将结果公示，后评价工作结束。

各级发展与改革部门研究确定需要开展后评价工作的项目名单，制定项目后评价年度计划，印送有关项目主管部门和委托方。列入项目后评价年度计划的项目单位，应当在项目后评价年度计划下达规定时间内，向相应发展与改革部门报送项目自我总结评价报告。在全过程工程咨询单位完成自我总结评价报告后，各级发展与改革部门根据项目后评价年度计划，委托具备相应资质的甲级工程咨询机构承担项目后评价任务。承担项目后评价任务的工程咨询机构，应当按照各级发展与改革部门的委托要求，根据业内应遵循的评价方法、工作流程、质量保证要求和执业行为规范，独立开展项目后评价工作，按时、保质地完成项目后评价任务，提出合格的项目后评价报告，如图 9-2，表 9-1 所示。

项目后评价工作各参与方职责分配表　　　　　　　　　　　　表 9-1

阶段	序号	工作内容	发展与改革部门	项目主管部门	委托方	全过程 工程咨询机构
后评价	1	确定评价项目	负责			
	2	制定年度计划	负责			
	3	下发评价通知	负责	参与	参与	
	4	编制自评报告		监督	编制	参与
	5	报送自评报告	参与		负责	
	6	成立工作小组	监督		参与	组织
	7	制定评价方案	审批			编制
	8	组建专家工作组	监督			组织
	9	收集资料		协助	协助	负责
	10	基础数据审核	监督			负责

阶段	序号	工作内容	发展与改革部门	项目主管部门	委托方	全过程 工程咨询机构
后评价	11	现场资料准备			负责	负责
	12	撰写评价报告				负责
	13	沟通并征求意见	参与	参与	参与	负责
	14	修改评价报告				负责
	15	评审报告	组织			负责
	16	评价报告备案	负责	参与	参与	
	17	评价结果反馈	负责	参与	参与	
	18	评价结果应用	负责	负责	负责	

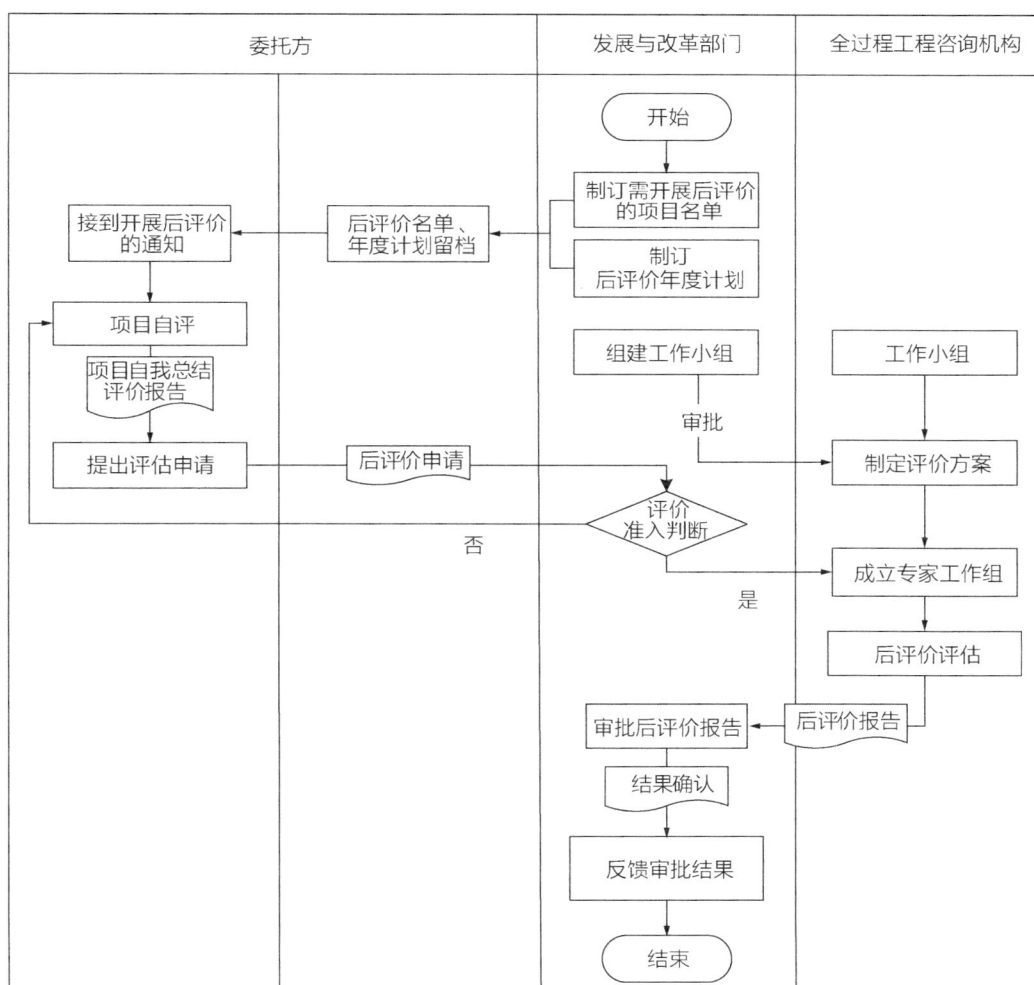

图 9-2　项目后评价工作流程图

编制：根据资料做出成果性文件，参与方编排、组织使形成方案、计划、报告等。

组织：安排筹备使分散的人或事物具有一定系统性，为某项活动的进行安排人员、提出要求以及全过程的协调与配合。

参与：是指以第二或第三方的身份加入某件事之中，并不对这件事负责。

监督：对过程进行监视、督促和管理，使其结果能达到预定的目标。

审批：是指上级对下级呈报的书面计划、报告等的审查批示。（一般是基于文书来进行）

负责：承担此项任务并负主要责任。

一、依据

（一）后评价基本依据

项目后评价报告的编制依据可以分为法律法规和项目各阶段资料两类，具体总结如下：

（1）国家及该地区对政府投资建设项目管理的相关法律、法规、规章及规定；

（2）地区总体规划、各项事业行业发展规划和专项建设规划；

（3）项目建设各阶段的资料文件；

（4）其他相关资料。

（二）后评价阶段性资料依据

（1）立项决策阶段的资料依据

1）项目建议书、项目建议书咨询评估意见、国家或有关部门批准项目建议书的文件。

2）项目可行性研究报告、对项目可行性研究评估咨询资料、国家或有关部门对可行性研究报告的批准文件。

3）经国家或有关部门批准的土地征用文件及开工报告。

4）初步设计及扩大初步设计，设计委托方式与费用。

5）投资概算及资金来源等资料。

6）建设项目筹建机构的组织与人员构成。

7）国家经济政策文件、法规等资料。

（2）项目施工阶段的资料依据

1）设备、材料采购的相关资料。

① 设备采购招标、投标文件及议标、评标、定标的资料。

② 设备材料采购合同。合同中明确的对设备、材料的质量、价格、储运和供应进度的要求等。

③ 设备、材料出厂合格证明及资料。

2）建设施工阶段资料

① 工程合同文件。如施工总承包合同与分包合同、工程招标投标文件、建设监理合同等。

② 有关设计变更、调整投资和工程预算等资料。

③ 建设项目管理模式及组织机构。

④ 建设监理及质量监督机构的有关记录与文件。

⑤ 工程中间交工（隐蔽工程）验收报告及评估意见。

⑥ 建设项目竣工验收报告与国家验收文件、竣工决算和审计资料等。

⑦ 缺陷责任期内的工程清单。

⑧ 有关项目建设工期、建设成本、工程质量的控制资料。

3）建设运行投产阶段资料

① 项目运行后生产企业经营管理状况。

② 投产后产生的社会效益资料。

③ 投产后产生的经济效益资料。包括：产品的产量、质量、价格及可预计的经济效益，同时也包括与项目生产运行状况有关的资料。

④ 投产后环境影响效益资料。

4）涉外项目应准备涉外方面的资料依据

① 询价、报价、招标、投标文件资料。

② 谈判协议、议定书及所签订的合同及合同附件。

③ 国外设备材料检验、运输、开箱检验等资料及有关索赔方面的文件。

二、内容

项目后评价报告的内容通常包含项目概况；项目实施过程总结；项目效果评价；项目目标和可持续性评价；项目主要经验教训、结论及相关建议。

项目概况主要描述项目基本情况、预期目标、主要建设内容、进度实施情况、资金来源及到位情况、项目运行及效益现状。

项目实施过程评价包括对项目决策阶段、施工阶段（施工准备阶段、施工阶段）、运营阶段的评价。主要是评价项目可行性研究、项目决策、工程勘察设计、资金来源和融资方案、采购招标合同条款和协议签订、开工准备工作、项目合同执行、重大设计变更、工程进度、投资、质量、安全管理、工程竣工和验收、技术水平和设计能力达标、经营和财务状况、运营管理等工作。

项目效果评价包括对项目技术水平评价、财务经济效益评价、经营管理评价、环境效益评价、社会效益评价。主要是评价项目工艺、技术；装备的先进性、适用性、经济性、安全性；建筑工程质量及安全；资源、能源合理利用；总投资和负债状况；项目的财务评价指标、经济评价指标、偿债能力指标；项目实施相关者管理水平、体制与机制；投资监管状况；体制创新、就业机会增加；征地拆迁补偿和移民安置；区域经济发展带动；推动产业技术进步等工作。

项目目标及可持续性评价包括对项目目标评价、项目持续性评价。主要是评价项目目标实现度评价、环境功能的持续性评价、社会效果的持续性评价、经济增长的持续性评价等工作。

项目主要经验教训、结论及相关建议是根据项目实际情况进行分析，根据调查的真实情况认真总结经验教训，并在此基础上进行分析，得出启示和对策建议，对策建议应具有可操作性。项目后评价的经验教训和对策建议应从项目、行业、宏观等层面分别说明。然后，根据以上评价结果撰写后评价报告。

项目概况和项目主要经验教训、结论及相关建议部分主要是陈述项目的实际情况。对于项目的评价主要是通过项目实施过程评价、效果评价、目标和可持续性评价的各种指标实现，所以以下将着重对项目实施过程评价、效果评价、目标和可持续性评价进行介绍。

后评价的具体工作内容如下：

（一）项目过程评价

1. 过程评价的内容

项目过程评价的内容包括：项目决策阶段、准备阶段、施工阶段、运营阶段评价。各阶段过程评价的主要要点汇总如表 9-2 所示。

项目过程评价主要要点

表 9-2

阶段	内容	评价要点
立项决策后评价	可行性研究后评价	项目的目的和目标是否明确、合理
		项目是否进行了多方案比较，是否选择了合理的方案
		项目的效果和效益是否可能实现
		项目是否可能产生预期的作用和影响
	项目评估报告后评价	对项目评估报告目标的分析评价
		对项目评估报告效益指标的分析评价
		对项目评估报告风险分析的评价
	项目决策后评价	项目决策程序的分析
		投资决策内容的分析与评价
		决策方法的分析与评价
准备阶段后评价	勘测设计后评价	勘测设计的程序、依据是否正确，各项标准规范、定额是否得到严格执行
		引进工艺和设备是否采用了现行国家标准或工业发达国家的先进标准
		勘测工作质量包括水文地质和资源勘探是否可靠
	项目设计方案的评价	总体技术水平、主要设计技术指标的先进性和实用性
		新技术装备的采用
		设计工作质量和设计服务质量，即实际设计周期是否超过规定的设计周期

阶段	内 容	评价要点
准备阶段 后评价	工程招投标后评价	对招投标公开性、公平性和公正性的评价
		对采购招投标的资格、程序、法规、规范等事项进行评价，并分析该项目的采购招投标是否有更加经济合理的方法
	开工准备后评价	是否适应项目建设、施工的需要
		能否保证项目能按时、按质、按量，并不超过预定的工程造价的限额
施工阶段 后评价	建设阶段	建设质量、投资控制、建设环境及施工条件、施工监理和施工质量检验、施工计划与实际进度比较分析
		主要指标的变化情况，包括变更设计原因、施工难易、投资增减、工程质量、工期进度的影响
	验收阶段	根据项目开工、竣工、验收等文件内容，分析工程验收的主要结论
运营阶段 后评价	项目实际运营状况的分析和评价，根据项目建设完成后的实际数据资料来推测未来发展状况，需要对项目未来的发展趋势重新进行科学的预测	

2. 过程评价的指标体系

通过对项目过程评价各阶段评价要点的进一步细化，可以确定过程评价各阶段的具体指标体系。具体如表 9-3 所示。

项目过程评价指标体系 表 9-3

阶段	内容	指标	指标的计算或评分标准
立项 决策 后评 价	建设 必要 性评 价	实际业务需求量 与产量比值	根据当年实际采集的数据进行分析
		宏观目标实现程度	项目建成后是否满足了国民经济发展需要、推动了产业结构调整、带动了相关产业发展、满足了地方建设需要
		微观目标实现程度	项目建设后是否促进地区发展，增加了人民收入、改善居民生活质量；是否提高了人民的教育及素质水平和健康状况；是否增加了就业；是否稳定了社会政治和经济秩序等
	立项 决策 后评 价	可行性研究费用率	指可行性研究所花费的费用占工程总投资的百分比
		报告内容的深度	项目建议书、可行性研究投资估算精度是否满足要求；项目建议书、可行性研究费用投资总额的比重是否满足要求
		报告内容的完整性	下列材料是否完整：基本情况；产品生产安排及其依据；物料供应安排及其依据；项目地址选择及其依据；技术装备和工艺过程的选择及其依据；生产组织安排及其依据；环境污染治理和劳动安全保护、卫生设施及其依据；建设方式、建设进度安排及其依据；资金筹措及其依据；外汇收支安排及其依据；综合分析

阶段	内容	指标	指标的计算或评分标准
准备阶段后评价	勘测设计后评价	项目勘察设计费用率	勘察设计的费用在工程总投资中所占的比例
		实际勘察设计周期变化率	考核实际设计周期与可行性研究预测设计周期变化程度
		勘察工作质量和文件水平	承担勘察任务单位的资质、信誉状况是否满足项目建设的需要；勘察时是否遵循国家、相关部委的依据、标准、定额、规范等，是否与规定的勘察任务书一致；工程测绘和勘察深度及资料是否满足工程设计和建设的需要，质量水平是否符合要求及水平高低
		设计工作质量和方案水平	承担设计任务单位的资质、信誉状况是否满足项目建设的需要；设计时是否遵循国家、相关部委的依据、标准、定额、规范等，是否与规定的设计任务书一致；项目设计方案是否切合实际、技术先进、经济合理、安全适用；设计图纸的质量是否满足要求及水平高低
	工程招投标后评价	主要建筑工程招标率	指在各专业建筑工程的委托代理中采用招投标形式所占比例
		主要安装工程招标率	指在各专业安装工程的委托代理中采用招投标形式所占比例
		招投标工程质量	是否按国家招投标法规定进行了政府投资项目的招标；招标文件的编制质量是否满足要求及水平的合理性；投标单位是否有串通投标和不正当的投标行为；投标书的编制质量是否满足要求及水平的高低等
	开工准备后评价	年度建材入库率	入库的建筑材料占所有外购建筑材料的比率
		施工机械设备到场率	按照项目评价要求的标准进行评价
		第一年建设资金到位率	按照项目评价要求的标准进行评价
		劳动组织准备工作质量	项目开工前是否及时建立项目的领导机构及精干的施工队伍；领导机构的人员构成及素质是否满足要求；施工队伍各技术工种构成是否合理；项目开工前是否及时组织了劳动力进场，是否对施工队伍进行各种教育及培训；是否对施工队伍及工人进行了施工组织设计、计划和技术交底；是否建立健全了各项规章制度
		技术准备工作质量	项目开工前是否熟悉、审查了施工图纸及有关的设计资料；是否同有关单位签订了工程分包合同；项目开工前是否编制了切实可行的施工组织设计；是否编制了合理的施工图预算

阶段	内容	指标	指标的计算或评分标准
准备阶段后评价	开工准备后评价	物资准备工作质量	项目开工前是否进行了各项物资的准备，包括建筑材料、构配件及制品、建筑安装机具、生产工艺设备的准备
		施工现场准备工作质量	项目开工前各项现场准备工作是否按计划进行。即"四通一平"、施工场地控制网测量、临时设施搭设、现场补充勘探、建筑材料及构配件的现场储存、堆放、施工机具进场、安装及调试、冬雨季施工现场准备及消防保安设施设立是否及时完成
实施阶段后评价	实际投资评价	实际单位工程造价	按照项目评价要求的标准进行评价
		实际投资总额变化率	其值应小于零，表明项目实际投资额小于预计或估算的投资额
		实际建设资金成本率	指因为使用投资资金而付出的成本与投资额的比率
	项目质量评价	工程质量能力指数	按照项目评价要求的标准进行评价
		实际工程优良率	指政府投资项目通过竣工验收的实际单项工程质量达到优良个数占验收的单位工程总个数的比率
		实际工程返工率	是衡量项目因质量事故造成实际损失大小的相对指标，是政府投资项目累计质量事故停工、返工增加的项目投资额与项目累计完成投资额比率
	建设工期评价	年实际完成工程率	按照项目评价要求的标准进行评价
		关键设备按期到货率	按照项目评价要求的标准进行评价
		项目建设周期	一般指政府投资项目中构成固定资产的单项工程、单位工程从正式破土动工到按设计文件全部建成、再到竣工验收交付使用所需的全部时间
	项目变更评价	设计变更增加或减少投资额占变更引起投资额变化比率	该指标评价项目设计变更对投资的影响程度，应该控制在项目管理方满意的范围内
		其他变更增加或减少投资额占变更引起投资额变化比率	该指标评价项目其他变更对投资的影响程度，应该控制在项目管理方满意的范围内
	项目环境保护水平评价	环境评价制度的执行	对造成重大环境影响的项目，是否编制环境影响报告书；对造成轻度环境影响的项目，是否编制环境影响报告表；对环境影响很小的项目，是否填报环境影响登记表
		环保治理措施设计合理程度	方案设计是否严格执行环境质量标准、污染物排放标准和总量控制标准
		环保效果的满意程度	对自然环境的影响大小。即项目对水、大气、噪声及振动、电磁、固体废弃物等的影响及程度是否符合有关规定；对自然资源的利用和保护程度

阶段	内容	指标	指标的计算或评分标准
运营阶段后评价	运营阶段准备工作评价	生产运营机构的效率	项目是否组织了强有力的生产运营机构,制定了必要的生产运营制度,并收集了相关的生产运营技术资料
		人员招聘与培训情况	项目是否制定人员招聘与培训计划;项目招聘人员的数量与质量是否满足生产运营的要求
		生产运营资金落实	项目投入生产运营所需资金是否落实和充足
		配套设施情况	项目是否组织生产物资供应,落实原材料、燃料、协作产品,签订有关水、电、汽和其他配套生产条件的协议
	运营阶段管理水平评价	生产运营组织效率	项目运营后组织机构的设置与调整是否适应企业生存与发展的需要,是否建立了行之有效的管理制度
		经营管理水平	项目所采用的运营战略的正确性,即运营战略的制定是否体现了为民服务、持续发展、价格合理等要求; 项目运营效益是否实现了原定目标
		运营技术管理水平	项目运营技术是否已经掌握,相应配套硬件设施及服务意识是否已经跟上
	项目运营效果评价	项目达产年限	指从投产之日到实际产量达到设计生产能力时所需的时间
		项目产品生产成本变化率	项目产品实际生产成本与项目产品计划生产成本的比值
		项目实际效益与预期收益的差异率	(项目实际效益－预期收益)÷项目预期收益

(二) 项目效果评价

1. 效果评价的内容

项目效果评价的内容包括:项目技术水平评价、财务经济效益评价、经营管理评价、环境效益评价、社会效益评价。各阶段过程评价的主要要点汇总如表 9-4 所示。

项目效果评价要点 　　　　　　　　　　　　　　表 9-4

阶段	内容	评价要点
工程技术评价	选址及总图	地质条件、地理条件、厂区布局
	工程质量、产品质量	监理报告、工程竣工验收、试运行报告、施工企业质量管理体系、产品检验报告、生产企业质量管理体系、产品质量认证
	工期	开工日期、完工日期、计划工期
	污染排放、节能、节水	污染排放标准、污染实际排放量、设计能耗指标、实际耗能指标、设计用水标准、实际用水指标、水循环使用率、中水使用量
财务经济评价	投资费用	总投资、建设投资(土建与设备)、预备费、财务费用、资本金比例
	融资情况	资金结构、借款利率、资金成本、外资借款融资费用、债务担保
	资金使用情况	长期借款总额、分年用款计划、长期借款还款计划、实际还款额、短期借款

阶段	内容	评价要点
财务经济评价	运营期财务指标	单位产出成本与价格、年均收入、年均利润、年均税金、借款偿还期、利息备付率、偿债备付率、资产负债率
	折现财务盈利指标	财务内部收益率、净现值、财务折现率
	非折现财务盈利指标	投资回收期、总投资报酬率、权益资金净利润率
组织管理评价	前期程序与手续	相关程序
	招投标情况	勘察、设计、咨询、施工、监理
	工程合同管理	勘察、设计、咨询、施工、监理、采购
	项目组织评价	项目管理程序、主要领导人员素质及成就评价、领导集体能力评价
社会效益评价	对地区投资、就业环境的影响	当地吸引投资额的变化率
		当地就业机会变化情况
		项目对投资环境的改善程度
	对收入公平分配政策的影响	项目的收入分配影响
		对人均纯收入变化情况进行评价
	区域内不同利益群体的影响及态度	获取项目在施工期和运营期对各个不同利益群体产生的实际影响特别是对受益、受损、弱势群体的影响和态度
	对居民生活及文教的影响	项目的建设和运营促进居民生活地区文化、教育、科技等各方面发展
	投资项目征迁安置的影响	体现政府投资项目在征迁安置方面的影响程度，以及采取的减缓措施和有关工作的管理质量和水平
	对所在地区少数民族风俗习惯和宗教的影响	评价投资项目与其所在地区居住的少数民族的风俗习惯及当地的一些宗教习俗的吻合度
环境影响评价	污染控制	项目的废气、废水和废渣及噪声是否在总量和浓度上都达到了国家和地方政府颁布的标准
		项目选用的设备和装置在经济和环保效益方面是否合理等
	对地区环境质量的影响	分析主要以对当地环境影响较大的若干种污染物为对象，这些物质与环境背景值相关，并与项目的三废排放有关
环境影响评价	自然资源的利用和保护	对节约能源、节约水资源、土地利用和资源的综合利用率等进行分析
	对生态平衡的影响	主要是指人类活动对自然环境的影响
	环境管理	环境监测管理和其他环保法令和条例的执行
		环保资金、设备及仪器仪表的管理
		环保制度和机构、政策和规定的评价
		环保的技术管理和人员培训等

2. 效果评价的指标体系

项目社会效益后评价及生态环境影响评价指标体系及计算方法如表9-5所示。

阶段	内容	指标	评价方法
工程技术评价	选址及总图	容积率	容积率＝地上总建筑面积÷规划用地面积
		建筑密度	建筑密度＝建筑物的基底面积总和÷规划用地面积
		绿化率	绿地率＝绿地面积÷土地面积
		周边环境的配套水平	主要是评价当地的基础设施状况，包括交通、通信、供水、供电、道路、污水处理及排放等及其他生产、生活和社会服务基础设施的配套情况
	工程质量、产品质量	工程合格率	工程合格率指实际工程质量达到国家（或合同）规定的质量标准的建筑面积占验收的建筑面积百分比，计算公式为：实际工程合格率＝实际符合标准的建筑面积÷验收鉴定的建筑面积×100%
		项目操作规范性	项目立项、项目招投标、项目监理等的合规性
		质量管理组织结构	评价在建设过程中各方对于质量管理所设置的组织结构的合理性和科学性
		质量控制措施	评价建设过程中质量控制措施的有效性和合理性
	工期	进度管理体系完备性	各责任单位责任分工是否清晰明确
		工程延期率	工程延期率＝有工期拖延的数量÷全部项目数量×100%
		工期控制措施	控制措施完善有效，操作性强，效果明显
	污染排放、节能、节水	污染物排放方案	主要评价施工现场是否设配专门的污水、污物堆放场所、设施，及拟定污染物排放方案的执行情况
		施工节能方案	主要评价施工过程中采用的节能方案是否符合相关法律法规的要求及拟定节能方案的执行情况
		施工节水方案	主要评价施工过程中采用的节能方案是否符合相关法律法规的要求及拟定节水方案的执行情况
财务经济评价	投资费用	决算较概算节约率	节约率$=\dfrac{决算金额-概算金额}{概算金额}\times100\%$
		配套资金到位率	配套资金到位率$=\dfrac{配套资金实际到位总额}{配套资金计划到位金额}\times100\%$
		自有资金到位率	自有资金到位率$=\dfrac{自有资金实际到位总额}{自有资金计划到位金额}\times100\%$
	融资情况	融资资金比例	融资资金比例$=\dfrac{财政资金总额}{项目总投资金额}\times100\%$
		自有资金比例	自有资金比例$=\dfrac{自有资金总额}{项目总投资金额}\times100\%$
		融资资金投入乘数	融资资金投入乘数$=\dfrac{项目总到位金额-融资到位金额}{融资到位金额}\times100\%$
	资金使用情况	资金利用率	资金利用率$=\dfrac{实际用于项目的支出额}{实际到位金额}\times100\%$
		资金有效率	资金有效率$=\dfrac{实际用于项目的支出金额}{按批复应到的金额}\times100\%$
		资金违纪率	资金违纪率$=\dfrac{项目的违纪金额}{实际到位的金额}\times100\%$

阶段	内容	指标	评价方法
财务经济评价	运营期财务指标	应收账款周转率	应收账款周转率（周转次数）＝营业收入÷平均应收账款余额＝营业收入÷（应收账款余额年初数＋应收账款余额年末数）÷2
		存货周转率	存货周转率（周转次数）＝营业成本÷平均存货余额＝营业成本÷（存货余额年初数＋存货余额年末数）÷2
		流动资产周转率	流动资产周转率（周转次数）＝营业收入÷平均流动资产总额＝营业收入÷（流动资产总额年初数＋流动资产总额年末数）÷2
		流动资产周转期	流动资产周转期（周转天数）＝平均流动资产总额×360÷营业收入
		固定资产周转率	固定资产周转率（周转次数）＝营业收入÷平均固定资产净值＝营业收入÷（固定资产净值年初数＋固定资产净值年末数）÷2
		固定资产周转期	固定资产周转期（周转天数）＝平均固定资产净值×360÷营业收入
		总资产周转率	总资产周转率（周转次数）＝营业收入÷平均资产总额＝营业收入÷（资产总额年初数＋资产总额年末数）÷2
		总资产周转期	总资产周转期（周转天数）＝平均资产总额×360÷营业收入
		不良资产比率	不良资产比率＝（资产减值准备余额＋应提未提和应摊未摊的潜亏挂账＋未处理资产损失）÷（资产总额＋资产减值准备余额）×100%
		资产现金回收率	资产现金回收率＝经营现金净流量÷平均资产总额×100%
	折现财务盈利指标	净现值率	投资项目的净现值占原始投资现值总和的百分比指标 NPVR＝NPV÷Ip
		获利指数	投产后各年净现金流量的现值合计与原始投资的现值合计之比；PI＝1＋NPVR
		内部收益率	项目投资实际可望达到的报酬率，即能使投资项目的净现值等于零时的折现率
	非折现财务盈利指标	投资利润率	达产期正常年度利润或平均利润占投资总额的百分比
		年平均投资报酬率	投资项目年利润或年均利润与年平均原始投资额的比率 ARR＝（建设投资－固定资产净残值）/2＋流动资金投资
		原始投资回收率	投资项目一个正常经营年度的净现金流量（或平均经营净现金流量）与原始投资的比率
		静态投资回收期	投资项目经营净现金流量抵偿原始总投资所需的全部时间
组织管理评价	前期程序与手续	可行性研究深度	评价可行性研究是否深入、全面、完整
		决策依据	项目是否符合经济社会发展规划和部门年度工作计划；是否根据需要制定中长期实施规划
		决策程序	项目是否符合申报条件；申报、批复程序是否符合相关管理办法；项目调整是否履行相应手续
		决策实际所用时间	项目决策实际所用时间是指建设项目从提出项目建议书，到项目可行性研究批准乃至项目立项实施计划下达的实际经历的时间

阶段	内容	指标	评价方法
组织管理评价	招投标情况	招投标情况的合规性	针对项目的实际情况分析项目采用的招投标方式是否合理
		招投标流程的合规性	针对项目的实际情况分析项目招投标流程的合规性、有效性
		开标评标的合规性	针对项目的实际情况分析项目开标评标操作过程的合规性、公平性
		中标单位确定的合规性	针对项目的实际情况分析项目确定中标单位的操作过程的合规性、公平性
	工程合同管理	合同模式合理性	评介项目选择的合同模式选择是否合理
		合同价款控制情况	施工单位上报金额合计与造价方确认金额的差异率
		合同进度控制情况	评介计划工期与实际工期的差异
		合同变更情况	评价项目变更会签的记录是否完备
	项目组织评价	组织机构	评价项目管理机构设置的健全程度及分工的合理性
		管理制度	评价项目管理制度是否健全及项目管理制度的执行情况
社会效益评价	对地区投资、就业环境影响评价	当地吸引投资额变化率	体现项目运行后对于当地吸引投资的变化情况，通过投资的增加可以改变该地区的生产、生活等方面的变化
		当地就业机会变化情况	体现项目对于当地就业机会变化情况，通过投资对当地就业机会的增加进行评价
	对收入公平分配政策影响评价	贫困地区收入分配效益	$D_i = (G/G_i)^m$，D_i 为地区收益分配系数；G_i 为特定项目在评价时的人均国民收入，G 为同一时间全国人均国民收入；m 为国家规定的贫困省份收入分配参数，该参数宜由国家定期颁布
		人均纯收入变化率	研究收入平均分配的指标体系不仅要考察贫困地区的收入分配效益同时也要看人均收入的变化
	区域内不同利益群体影响、态度	受益、受损、弱势群体人数占影响区域内群体总人数比例	影响范围可用受益、受损、弱势群体的人数占影响区域内群体总人数的比例来评价
社会效益评价	区域内不同利益群体影响、态度	受益、受损、弱势群体享受收益或遭受损失的货币指标	影响的程度通过受益、受损、弱势群体享受收益或遭受损失的货币化指标来进行衡量
	对当地居民生活及文教影响	对当地居民生活及文教的影响	衡量是否促进居民生活地区文化、教育、科技等方面发展；学生入学率、大专及以上学历人数比例、各级各类学校的数量、师资力量等的变化是否较项目存在前有所改观
	投资项目征迁安置的影响	投资项目征迁安置的影响	$E_i = \sum \frac{k_1 k_2 k_3 P_i}{P} \times 100\%$，用于表示征地影响或拆迁影响；$P$ 表示项目分析区域人数；P_i 表示受征地影响或拆迁影响的当地人数；k_1 表示受征地影响或拆除影响居民受影响程度因子；k_2 表示投资项目征迁与安置措施因子；k_3 表示管理因子，它反映减缓措施的落实程度和管理水平

阶段	内容	指标	评价方法
环境影响评价	项目对所在地区自然生态资源的综合利用程度评价	资源开发利用程度的变化	资源开发利用程度的变化也可以从资源消耗的评价来设定指标，即由三部分组成，能源利用效率评价，土地利用评价和重要投入物评价。对能源效率的评价，可以用能源消耗总量这一实物指标来表示；对土地利用的评价可以用土地利用多少的具体指标计算；重要投入物，一般可以用投入物的多少来衡量
		项目的综合耗能	通过计算项目年综合耗能和项目的净产值来取得。具体计算公式如下： 项目综合能耗＝项目年综合能耗÷项目的净产值≤行业节能规定的定额
		水土流失的影响程度	水土流失一般采用每公里新增水土流失量来衡量建设加剧水土流失的程度
	项目对所在地区的环境影响与污染治理的综合评价	敏感点噪声超标率	通过敏感点噪声超标率来衡量项目周边受影响区域噪声污染程度。计算公式如下： 敏感点噪声超标率＝超标的敏感点数÷敏感点总数×100%
		大气环境质量综合指数	大气环境质量综合指数是根据空气环境质量标准、各项污染物的生态环境效应及其对人体健康的影响，来确定污染指数的分级数值及相应的污染物浓度限制值
		土地影响程度	通过土地使用合理程度的变化来表示的，主要是指报告期与基期相比当地土地使用价值的变化，具体可通过土地价格的变化来衡量，通过土地价格的变化来确定土地的合理使用程度
		污水固废物的处理程度	衡量项目所产生的污水以及固废物的处理是否达到国家排放标准；污水以及固废物的处理的工艺、消减的途径是否先进，并能取得良好效果

（三） 项目目标及可持续性评价

1. 目标及可持续性评价的内容

项目目标及可持续性评价的内容包括：项目目标实现度评价、环境功能的持续性评价、社会效果的持续性评价、经济增长的持续性评价。

（1）项目目标实现度评价

项目目标实现度评价主要是对项目的审批管理、实施内容、功能技术、资金管理、经济效益、公共效益进行评价。评定项目立项时原来预定的目的和目标的实现程度及对项目原定决策目标的正确性、合理性和实践性进行分析评价是项目后评价所需要完成的主要任务之一。因此，项目后评价要对照原定目标完成的主要指标，检查项目实际实现的情况和变化，分析实际发生改变的原因，以判断目标的实现程度，对有些原定目标不明确或不符合实际情况，项目实施过程中可能会发生重大变化的指标，项目后评价要给予重新分析和评价。

（2）项目可持续性评价

项目可持续性评价的研究范围主要包括：项目自身的可持续性；项目与所在地区经

济、社会、环境之间的协调性；项目与建设区域内其他相关项目之间的协调性。项目可持续性后评价主要包括三个方面的内容，环境功能的持续性评价、经济增长的持续性评价、社会效果的持续性评价。

1）环境功能的持续性评价。包括对经济环境和厂址、资源和环境承载能力的评价。经济环境包括当地的经济、政治，自然因素对项目持续性的影响，及对不利因素防范的政策和措施。环境分析周边环境对项目的排放或影响的承受能力，分析由于项目的实施引起的主要环境影响，实现环境功能持续性的方式，特别要注意有可能出现的负面作用和影响。

2）经济增长的持续性评价。评价主要包括对自身经济可持续发展能力、所采用的技术水平的先进性及其可持续性。项目自身经济可持续发展能力主要通过项目的财务现金流量表、资产负债表等反应项目的投资盈利能力和偿还能力，并分析计算实际还款期。对于未来不确定的风险分析，预测和确定项目持续性的条件和要求。然后对照可行性报告的财务评价，对任何不一致的地方都需要进行进一步分析。

3）社会效果的持续性评价。主要评价项目对所在地区的综合经济促进影响情况，比如 GDP 增长率、产值经济贡献度、劳动就业率增加情况等。

2. 目标及可持续性评价的指标体系

通过对项目目标评价各阶段评价要点的进一步细化，可以确定过程评价各阶段的具体指标体系及相应评价方法。具体如表 9-6 所示。

项目目标评价的指标体系 表 9-6

序号	一般性指标名称		指标说明
1	审批管理评价	项目审批的合规性	考核从实际情况来看，当初项目审批的依据、程序和方法是否正确、科学、客观，审批的内容正确与否及其实现程度
		项目管理的科学性	考核项目实施过程中，各项管理制度的实际执行情况，项目管理是否规范、科学，是否符合政府投资建设项目管理要求
2	实施内容评价	实施内容完成任务量	将考核的实际工作量与项目立项计划应完成的工作量进行对比，考核其实现程度
		实施内容完成质量	根据国家，行业有关质量标准以及项目立项时的质量目标与考核的实际工程质量状况相对比考核其实现程度
		实施内容完成进度	将项目实际工作进度与计划进度进行对比，考核其进展程度和及时性
3	功能技术评价	项目用途	主要是考核项目完成后实用性和功能用途的满足程度
		项目工艺技术	主要是考核项目实际采用的工艺技术流程和技术装备与计划的偏差程度
		项目达标（产）	主要考核项目完成后，实际达标（产）能力与计划值的偏差程度
4	资金管理评价	资金管理的规范性	主要是考核项目资金管理制度是否健全，执行是否有效，是否符合政府投资资金管理的相关规定，资金违纪率的大小等
		资金的使用效率	主要是考评政府投资使用效率及资金滞留情况
		配套资金筹措能力	主要是考核项目单位对政府投资的配套能力、筹措能力及配套资金的到位情况等

序号	一般性指标名称		指标说明
5	经济效益评价	投入产出效益	考核成本费用效益的高低，投入产出等经济合理性，并与其立项目标相比较其实现程度
		直接经济效益	考核项目实施所产生的直接经济效益，并与立项目标的直接经济效益相比较，考核其实现程度
		持续经济效益	考核项目实施后在未来年度里持续性发挥作用产生经济效益的能力，对于一些项目可考核其建成后的使用价值，并与立项目标相比较其未来实现的能力
		间接经济效益	考核项目实施所产生的间接经济效益，主要是指投资对经济发展的拉动作用，并与立项目标的间接经济预测相比较，考核其实现程度
6	公共效益评价	社会效益	考评项目实施所产生的社会综合效益，并与立项计划社会效益目标相对比，考核其实现程度
		生态效益	考评项目实施对生态所产生的积极或消极影响，并与立项计划生态效益目标相对比，考核其实现程度
		扶贫减灾/劳动就业/协调发展/统筹城乡发展效益等	根据不同类型建设项目的特点，考核其实施后在扶贫减灾、劳动就业或协调发展、统筹城乡发展等方面的效益，并与立项目标相对比，考核其实现程度
		可持续性影响	考评项目实施后，对人、自然、资源等方面的可持续影响，与立项计划可持续发展目标对比，考核其实现程度

项目目标评价主要是对项目预期目标的实现程度进行评价，一般采用的方法是对各类指标进行打分，参考得分范围具体如表 9-7 所示。

项目目标评价的参考标准　　　　　　　　　　　　　表 9-7

一般性指标名称			指标满分参考值	评分标准	
				参考标准	参考得分
1	审批管理评价	项目审批的合规性	6	依据充分、程序合规、内容准确	4~6
				基本符合规定	3~4
				不符合规定	0~3
		项目管理的科学性	6	管理科学、规范	4~6
				较为规范	3~4
				不规范	0~3
2	实施内容评价	实施内容完成任务量	5	按计划完成 80% 以上	4~5
				按计划完成 60%~80%	3~4
				按计划完成不到 60%	0~3
		实施内容完成质量	5	完成质量高	4~5
				完成质量一般	3~4
				完成质量差	0~3
		实施内容完成进度	5	完成及时	4~5
				部分工作及时	3~4
				整体滞后	0~3

一般性指标名称		指标满分参考值	评分标准	
			参考标准	参考得分
3	功能技术评价	项目用途	5	用途满足率80%以上	4～5
				用途满足率60%～80%	3～4
				用途满足率低于60%	0～3
		项目工艺技术	5	按计划采用80%以上	4～5
				按计划采用60%～80%	3～4
				按计划采用不到60%	0～3
		项目达标（产）	5	达标80%以上	4～5
				达标60%～80%	3～4
				达标低于60%	0～3
4	资金管理评价	资金管理的规范性	6	规范	4～6
				较规范	3～4
				不规范或违规	0～3
		资金的使用效率	8	较高	6～8
				一般	4～6
				较低或严重滞留	0～4
		配套资金筹措能力	4	较强	3～4
				一般	2～3
				较弱	0～2
5	经济效益评价	投入产出效益	4	效益大	3～4
				效益一般	2～3
				效益差	0～2
		直接经济效益	4	效益显著	3～4
				效益一般	2～3
				效益较差	0～2
		持续经济效益	6	效益大	4～6
				效益一般	3～4
				效益不显著	0～3
		间接经济效益	6	效益显著	4～6
				效益一般	3～4
				效益不显著	0～3
6	公共效益评价	社会效益	5	效益显著	4～5
				效益一般	3～4
				效益不显著	0～3
		生态效益	5	效益显著	4～5
				效益一般	3～4
				效益差	0～3

一般性指标名称		指标满分参考值	评分标准	
			参考标准	参考得分
6	公共效益评价	扶贫减灾/劳动就业/协调发展/统筹城乡发展效益等 5	显著	4～5
			一般	3～4
			较差或没有	0～3
		可持续性影响 5	影响强	4～5
			影响一般	3～4
			影响弱	0～3

备注：这里的"指标满分参考值"为一般情况下指标满分设置的参考分，具体考评时，该满分值根据后评价项目的不同特点以及后评价的具体要求可以作合理的调整。

建设项目可持续性后评价指标体系是用以反映建设项目可持续性的相互联系、相互制约的指标集合，由经济、社会、生态环境、组织机制等方面的量度指标或指标体系构成。在建设项目可持续性后评价指标体系的构建中，整个指标体系主要反映两个方面的内容：一是建设项目可持续性的外部条件，即社会中诸多因素（财力的支持、政府的调控、资源分配、部门协作及相关政策等）对建设项目运作的影响、制约作用；二是建设项目可持续性的内部条件，即项目持续运作时项目本身的功能和运用管理方面所需具备的条件及实际具备程度，如工程能力、财务能力、运营机制、人员素质和管理水平等。同时结合该项目的特点得出可持续性评价指标如表 9-8 所示。

可持续性评价指标表 表 9-8

一级指标	二级指标	三级指标	指标说明
项目自身的可持续性	项目管理方式	对同类项目的示范作用程度	项目的建成与同类项目相比是否具有示范作用
		项目建设对促进管理水平提高程度	项目的建成是否促进管理水平的提高
		项目对人员业务素质的提高程度	项目的建成是否对人才、人员业务素质的培养产生高标准要求
		机构与运行机制完善度	从组织设置、营运机制等角度评价项目的可持续发展能力
	项目可改造性	项目技术的先进性	项目的建成与同类项目比较，所采用的技术是否具有先进性
		技术创新程度	与同类项目比较，所采用的技术是否具有创新性
项目对所处区域影响的可持续性	项目促进当地社会、经济、环境发展程度评价指标	区域内就业状况改善程度	项目的建成是否对所在区域内就业状况有所改善
		当地治安、生活环境的改善程度	项目的建成是否改善了当地居民的治安及生活环境
		促进地区文化、教育等发展程度	项目的建成是否促进该地区文化、教育等的发展

一级指标	二级指标	三级指标	指标说明
项目对所处区域影响的可持续性	项目对所处区域的适应性评价指标	相关利益相关者群体的态度	与项目具有直接或者间接相关的相关利益群体对项目建设和运营的态度是否支持
		当地各组织的态度	项目所在地区的各类组织对项目建设和运营是否给予支持和配合

三、评价方法

（一）对比法

项目后评价的主要分析评价方法是对比法，即根据后评价调查得到的项目实际情况，对照项目立项时所确定的直接目标和宏观目标以及其他指标，找出偏差和变化，分析原因，得出结论和经验教训。项目后评价的对比法包括前后对比、有无对比。

1. 前后对比法

前后对比法是项目实施前后相关指标的对比，用以直接估量项目实施的相对成效。前后对比法是指将项目实施之前与项目完成之后的情况加以对比，以确定项目效益的一种方法。在项目评价中，则是指将项目可行性研究与评价时所预测的效益和项目竣工投产运营后的实际结果相比较，以发现变化和分析原因。这种对比用于揭示计划、决策和实施的质量，是项目过程评价应遵循的原则。如图 9-3 所示，项目的前后效果对比表示为 A/B。

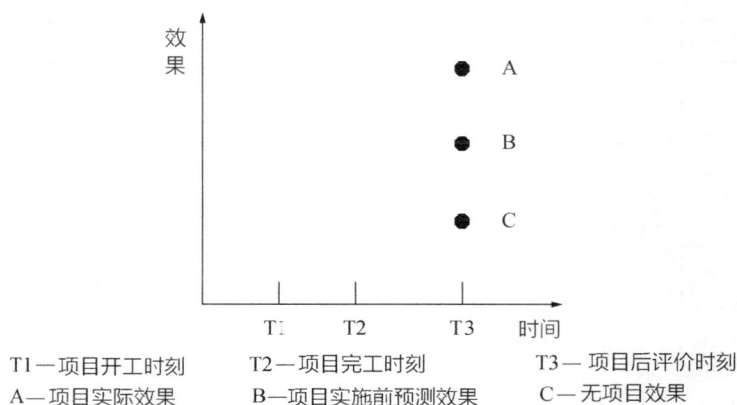

T1—项目开工时刻　　T2—项目完工时刻　　T3—项目后评价时刻
A—项目实际效果　　B—项目实施前预测效果　　C—无项目效果

图 9-3　对比法图示

2. 有无对比法

有无对比法是指在项目周期内"有项目"（实施项目）相关指标的实际值与"无项目"（不实施项目）相关指标的预测值对比，用以度量项目真实的效益、作用及影响。对比的重点是要分清项目作用的影响与项目以外作用的影响。这种对比用于项目的效益评价和影响评价，是项目后评价的一个重要方法论原则。"有"与"无"指的是评价的对象，即计划、规划或项目。评价是通过项目的实施所付出的资源代价与项目实施后产生的效果进行对比来判断项目的成功与否。方法论的关键是要求投入的代价与产出的效果口径一致，也就是说，所度量的效果要真正归因于项目。如图 9-3 所示，项目的有无效果对比表示为 A/C。

在评价过程中，很多大型社会经济项目，实施后的效果不仅仅是来自项目的效果和作用，还有项目以外诸多因素的影响。因此，简单的前后对比往往不能得出关于项目效果真实的结论。后评价中效益评价的任务就是要去除那些非项目因素，对归因于项目的效果进行正确的定义和度量。理想的做法是在项目受益区之外，找一个类似的项目的"对照区"，加以比较得出正确的结论。以城市轨道交通项目效益和影响后评价为例，构建有无对比综合分析模式，如表 9-9 所示。

有无对比综合分析模式

表 9-9

效果 ＼ 项目		有项目	无项目	差别	分析
项目效益后评价	国民经济				
	财务效益				
项目影响后评价	环境影响				
	社会影响				

（二）逻辑框架法

逻辑框架法（Logical Framework Approach，简称 LFA）是美国国际开发署在 1970 年开发并使用的一种设计、计划和评价的工具，用于项目的规划、实施、监督和评价。逻辑框架是一种综合和系统地研究和分析问题的思维框架，有助于对关键因素和问题做出系统的、合乎逻辑的分析。采用逻辑框架法进行项目后评价时，可根据后评价的特点和项目特征的格式和内容上作一些调整，以适应不同评价的要求。逻辑框架法一般可用来进行目标评价、项目成败的原因分析、项目可持续评价等。其基本模式如表 9-10 所示。

逻辑框架法的基本模式

表 9-10

层次描述	客观验证指标	验证方法	重要外部条件
目标	目标指标	检测和监督手段及方法	实现目标的主要条件
目的	目的指标	检测和监督手段及方法	实现目的的主要条件
产出	产出物定量指标	检测和监督手段及方法	实现产出的主要条件
投入	投入物定量指标	检测和监督手段及方法	实现投入的主要条件

逻辑框架法是一种定性评价方法，其模式是一张 4×4 的矩阵，垂直逻辑关系由下而上，相邻两个目标层次之间存在"如果""那么"的因果关系，这些条件包括事物内在的因素和所需的外部因素；水平逻辑关系是指每一行中，在重要的假设条件下，通过客观验证指标和验证方法来衡量一个项目的实施成果。

（1）垂直逻辑关系。逻辑框架图的纵向代表项目的目标层次，共分为四个层次：

1）目标。通常是指高层次的目标，它是指国家或部门投资项目的整体目标及其可能产生的影响。

2）目的。目的是"为什么"要实施这个项目，即项目直接的效果和作用。

3）产出。这里的"产出"是指"干了些什么"，即项目的建设内容或投入的产出物，一般为项目可定量的直接结果。

4）投入。该层次是指项目的实施过程及内容，主要包括资源的投入量和时间等。如图 9-4 所示可以看出，以上四个层次之间存在着自下而上的因果关系。

（2）水平逻辑关系。逻辑框架图的横向指标由验证指标、验证方法和重要外部条件三部分构成。目的是通过这些验证指标和验证方法来衡量一个项目的资源和成果。重要的假定条件主要是指可能对项目的进度和结果产生影响，而项目管理者又无法控制的外部条件，即风险。风险的产生有多方面原因，主要包括项目所在地的特定环境及其条件变化；政府政策、计划发展战略等方面的变化带来的影响；管理部门体制所造成的问题等。

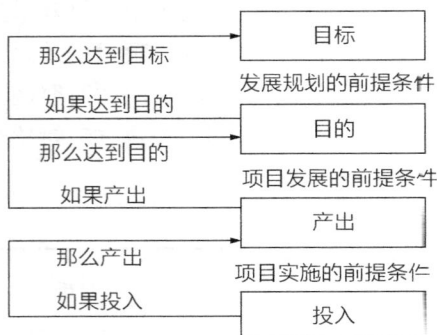

图 9-4 逻辑框架法垂直逻辑关系

项目后评价的综合评价方法是逻辑框架法。通过投入、产出、直接目的、宏观影响四个层面对项目进行分析和总结的综合评价方法。项目后评价逻辑框架如表 9-11 所示。

项目后评价逻辑框架表　　　　　　　　　　　　　　表 9-11

项目描述	可客观验证的指标			原因分析		项目可持续能力
	原定指标	实现指标	差别或变化	内部原因	外部条件	
项目宏观目标						
项目直接目的						
产出/建设内容						
投入/活动						

（三）　成功度法

成功度法也就是传统的打分法。依靠专家或项目参与者的经验，根据个人或集体的认知标准，据项目的实际情况用一定的系统方法和判断标准来评价项目总体的成功度，或者说得分高低。成功度法主要通过判断项目目标的实现程度和各种影响、效益的大小来评价项目的好坏，以事先确定好的评价指标体系和评分标准进行专家打分，通过权重配比及一定的统计方法，以得分高低来衡量项目的综合等级和成功程度。

成功度评价法即通常所称的打分方法。成功度评价是依靠评价专家或专家组的经验，综合后评价各项指标的评价结果，对项目的成功程度做出定性的结论。成功度评价是以逻辑框架法分析的项目目标的实现程度与经济效益分析的评价结论为基础，以项目的目标和效益为核心所进行的全面系统的评价。项目评价的成功度可分为五个等级，如表 9-12 所示。

项目成功度等级标准表 表 9-12

序号	内容	标　　准
1	完全成功	项目各项目标都已全面或超额实现；相对成本而言，项目取得巨大效益和影响
2	成功	项目大部分目标都已实现；相对成本而言，项目达到了预期的效益和影响
3	部分成功	项目实现了原定的部分目标；相对成本而言，只取得了一定的效益和影响
4	不成功	项目实现的目标非常有限；相对成本而言，几乎没有产生正面效益和影响
5	失败	项目的目标是无法实现的；相对成本而言，项目不得不中止

在评价具体项目的成功度时，并不一定要测定表中所有的指标，项目成功度评价表包括项目主要评价指标。评价人员首先根据具体项目的类型和特点，确定表中指标与项目相关的程度，分为"重要""次重要""不重要"三类，在表中第二栏里（相关重要性）填注。

在测定各项指标时，采用打分制，即按上述评定标准的第 1 至第 5 的四级别分别用 A'，A，B，C，D 表示。通过指标重要性分析和单项成功度结论的综合，可得到整个项目的成功度指标，也用 A'，A，B，C，D 表示，填在表的最底一行（总成功度）的成功度栏内。

项目成功度评价表 表 9-13

评定项目指标	项目相关重要性	评定等级
评价指标 1		
评价指标 2		
……		
项目总评		

注：1. 项目相关重要性：分为重要、次重要、不重要；
　　2. 评定等级分为：A—成功、B—基本成功、C—部分成功、D—不成功、E—失败。

四、注意事项

针对我国建设项目后评价体系中存在的问题，本书提出了一系列完善建设项目后评价体系的建议，如表 9-14 所示。

完善项目后评价体系的对策 表 9-14

项目	具体问题	对　　策
评价机构	缺乏管理机构	建立地方政府、行业部门后评价机构
	缺乏执行机构	建立企业、工程咨询公司后评价机构
评价资金	缺乏资金来源	将后评价资金计入项目投资费用
	缺乏取费标准	以投资费用的 1%～3% 为标准

项目	具体问题	对　策
评价人才	缺乏专业工作人员	建立项目后评价专家库
	从业人员素质不高	进行项目后评价知识培训
评价法律、法规保障	投资法中缺少后评价内容	在投资法中增加后评价内容
	基本建设程序中缺少项目后评价	将项目后评价加入到基本建设程序中
评价反馈机制	反馈效果不好	建立业务评价办公室

五、成果范例

《项目后评价报告》按照内容分为六部分，分别为项目概况；项目实施过程总结；项目效果和效益评价；项目环境和社会效益评价；项目目标和可持续性评价；项目主要经验教训、结论和相关建议。

（一）范本一：项目后评价报告

单位编写项目后评价报告可以采用报告书的形式，编制大纲分为六部分，具体内容如下所示。

1. 项目概况

（1）项目情况简述

概述项目建设地点、项目投资人、项目性质、特点，以及项目开工和竣工时间。

（2）项目决策要点

项目建设的理由、依据和目的。

（3）项目主要建设内容

项目建设的主要内容、初步设计批复、批准规模和实际建成规模。

（4）项目实施进度

项目周期各个阶段的起止时间，时间进度表，建设工期。

（5）项目总投资

项目建议书批复投资匡算、初步设计批复概算及项目调整概算、竣工决算和实际完成投资情况，以及投资变化情况和原因。

（6）项目资金来源及到位情况

资金来源计划和实际情况，变化及原因。

（7）项目运行及效益现状

项目运行现状，能力实现状况，项目财务经济效益情况等。

2. 项目实施过程概述

（1）项目前期决策

项目立项的依据，项目决策过程和目标。项目评估和可行性研究报告批复的主要意见。

（2）项目实施准备

项目勘察、设计、开工准备、招标采购、征地拆迁和资金筹措等情况。

（3）项目建设实施

项目合同执行与管理情况，工程建设与进度情况，项目设计变更情况，项目投资控制情况，工程质量控制情况，工程监理和竣工验收情况。

（4）项目运营情况

项目实施管理和运营管理，项目设计能力实现情况，项目技术改造情况，项目运营成本和财务状况以及产品方案与市场情况。

3. 项目效果和效益

（1）项目技术水平

项目技术水平、新技术应用等。

（2）项目财务及经济效益

项目资产及债务状况，项目财务效益情况，项目财务效益指标分析和项目经济效益变化的主要原因。

（3）项目经营管理

项目管理机构设置情况，项目领导班子情况，项目管理体制及规章制度情况，项目经营管理策略情况，项目技术人员培训情况和项目管理中的经验教训。

4. 项目环境和社会效益

（1）项目环境效益

项目环保达标情况，项目环保设施及制度的建设和执行情况，环境影响和生态保护。

（2）项目的社会效益

项目主要利益群体，项目的建设实施对当地（宏观经济、区域经济、行业经济）发展的影响，对当地就业和人民生活水平提高的影响，对当地政府财政收入的影响。

5. 项目目标和可持续性

（1）项目目标

项目的工程目标，技术目标，效益目标（财务经济），影响目标（社会环境和宏观目标）。

（2）项目可持续性

根据项目现状，结合国家的政策、资源条件和市场环境对项目的可持续性进行分析，预测项目的市场前景，评价整个项目的可持续发展能力。

（3）项目存在的主要问题

6. 项目主要经验教训、结论和相关建议

（二）范本二：项目后评价表格

单位在编写项目后评价报告时也可以采用表格的形式，对各类指标进行评价，具体内容如表 9-15 所示。

项目类型		政府投资方式	
项目总投资：　　万元	其中政府投资：　　万元		政府投资占项目总投资的比重：　　%
实际投入资金：　　万元	其中政府投资　　万元，占实际投入资金比重：　　%		

一、项目基本情况

（一）项目单位基本情况

（二）项目概况

（三）项目综合评价

二、项目目标完成情况

预期目标	目标实际完成情况
目标一：	目标一完成情况：
目标二：	目标二完成情况：
目标三：	目标三完成情况：
目标四：	目标四完成情况：
目标五：	目标五完成情况：
……	……

三、项目后评价自评情况

（一）项目审批管理后评价

1. 项目审批的合规性

2. 项目管理的科学性

（二）项目实施内容后评价

1. 实施内容完成任务量

2. 实施内容完成质量

3. 实施内容完成进度

（三）项目功能技术后评价

1. 项目用途

2. 项目工艺技术

3. 项目达标（产）

（四）项目资金管理后评价
1. 资金管理的规范性

2. 资金使用的使用效率

3. 配套资金筹措能力

（五）经济效益后评价
1. 投入产出效益

2. 直接经济效益

3. 持续经济效益

4. 间接经济效益

（六）公共效益后评价
1. 社会效益

2. 生态效益

3. 扶贫减灾/劳动就业/协调发展/统筹城乡发展效益等

4. 可持续性影响

四、其他需要说明的问题

（一）项目实施环境变化

1. 政策变化

2. 其他不可抗力因素产生；

（二）项目实施存在的问题

1. 技术问题

2. 管理问题

3. 资金问题

4. 其他问题

（三）项目实施过程中的调整和改进措施

1. 项目调整内容及报批手续

2. 项目实施过程中采取的改进措施

3. 项目实施过程中所发现的问题、积累的经验

五、项目后评价自评情况

序号		一般性指标名称	计划	实际	实际为计划%	原因分析
一	审批管理后评价	（一）项目审批的合规性				
		（二）项目管理的科学性				
二	实施内容后评价	（一）实施内容完成任务量				
		（二）实施内容完成质量				
		（三）实施内容完成进度性				
三	功能技术后评价	（一）项目用途				
		（二）项目工艺技术				
		（三）项目达标（产）				
四	资金管理后评价	（一）资金管理的规范性				
		（二）资金使用的使用效率				
		（三）配套资金筹措能力				

序号		一般性指标名称	计划	实际	实际为计划%	原因分析
五	经济效益后评价	（一）投入产出效益				
		（二）直接经济效益				
		（三）持续经济效益				
		（四）间接经济效益				
六	公共效益后评价	（一）社会效益				
		（二）生态效益				
		（三）扶贫减灾/劳动就业/协调发展/统筹城乡发展效益等				
		（四）可持续性影响				

第四节　项目绩效评价

财政支出（项目支出）绩效评价（以下简称项目绩效评价）是指评估机构（以下称全过程工程咨询单位）接受财政部门、预算部门（单位）委托，根据设定的绩效目标，运用科学、合理的绩效评价指标、评价标准和评价方法，对财政支出（项目支出）的经济性、效率性和效益性进行客观、公正的评价。

一、依据

（一）法律法规

（1）项目所涉及的国家相关的法律、法规和规章制度；

（2）各级政府制定的国民经济与社会发展规划和方针政策；

（3）预算部门职能职责、中长期发展规划及年度工作计划；

（4）预算管理制度、资金及财务管理办法、经财政部门批准的预算方案或调整方案、财务会计资料；

（5）相关行业政策、行业标准及专业技术规范；

（6）各级政府或财政部门关于财政支出绩效评价的管理办法及规定等。

（二）项目相关

（1）申请预算时提出的绩效目标及其他相关材料，财政部门预算批复，财政部门和预算部门年度预算执行情况，年度决算报告；

（2）人大审查结果报告、审计报告及决定、财政监督检查报告；

（3）全过程工程咨询单位的知识和经验体系；

（4）其他相关资料。

二、内容

（一） 项目绩效评价目的

项目绩效评价目的是整个绩效评价工作开展所要达到的目标和结果，体现评价工作的最终价值是整个评价工作的基本导向。

（二） 项目绩效评价对象及评价内容

项目绩效评价的对象包括纳入政府预算管理的资金和纳入部门预算管理的资金。按照预算级次，可分为本级部门预算管理的资金和上级政府对下级政府的转移支付资金。

绩效评价的内容通常包括：绩效目标的设定情况，资金投入和使用情况，为实现绩效目标制定的制度、采取的措施，绩效目标的实现程度与效果等。

（三） 数据收集和分析方法

评估机构在制定绩效评价方案时，应当有针对性地对项目所涉及的利益相关方开展各种形式的调查，调查方法包括案卷研究、数据填报、实地调研、座谈会及问卷调查等。绩效评价方案应当尽可能明确调查的对象、调查的方法、调查内容、日程安排、时间及地点等。如果调查对象涉及抽样，应当说明调查对象总体情况、样本总数、抽样方法及抽样比例。

1. **案卷研究**

案卷研究是从现有的项目文件、国家和地方的发展政策和战略规划、各种相关的研究和咨询报告等文档资料中寻找数据的过程。案卷研究要注意对同一绩效评价指标在不同文件中的数据进行对比核实，如果不同来源的数据存在差异，则要分析差异的原因，并且在座谈会、实地调研中进行核查，最后确定选择使用的数据。

2. **资料收集与数据填报**

评估机构执行绩效评价业务，可以根据评价对象的具体情况向预算部门和资金使用单位收集相关资料。为便于对数据进行梳理与汇总，可以设计相关表格，并配合预算部门和资金使用单位进行填写。

3. **实地调研**

（1）实地调研通常包括访谈和现场勘查。

（2）评估机构应当从项目利益相关方中确定访谈对象，包括项目的管理人员、实施人员、项目受益者及参与项目立项、决策、实施、管理的行业专家。根据调查的内容范围和主要问题，设计访谈提纲并开展访谈，访谈内容通常为开放式提问，问题应当简明扼要、具体直接。

（3）现场勘查是指通过询问、核对、勘查、检查等方法进行调查，获取绩效评价业务需要的基础资料。

（4）调研结束后应当对调研记录进行整理与分析，调研记录可以作为绩效评价报告的附件和工作底稿。

4. 座谈会

（1）选择参与或熟悉项目的立项、决策、实施、管理等人员为座谈会邀请对象，确保参与人员能够为绩效评价提供有效信息。

（2）注意座谈会参与者对问题答案是否达成共识。如果没有达成共识，需作进一步核实。

（3）座谈会结束后应当进行会议记录整理与分析，会议记录可以作为绩效评价报告的附件和工作底稿。

5. 问卷调查

（1）问卷设计通常遵循客观性、合理性、逻辑性、明确性等原则，尽量避免主观臆断或人为导向，问卷数据应当便于整理与分析。

（2）根据项目具体情况，针对项目涉及的各相关当事方，合理选择问卷发放的范围，采用科学合理的方法确定样本量和问卷最低回收率要求等。

（3）根据项目具体情况进行抽样，抽样方法通常包括分层抽样、非等概率抽样、多阶抽样、整群抽样及系统抽样。

（4）问卷调查结束后应当对问卷调查结果进行整理和分析，问卷调查格式及汇总信息可以作为绩效评价报告的附件和工作底稿。

6. 数据分析

评估机构执行绩效评价业务时，在数据分析过程中通常采用以下方法：

（1）变化分析。该方法是通过比较绩效评价指标的实际变化情况与预期变化得到分析结果。该方法是绩效评价中最常用的分析方法，主要用于分析绩效评价指标在项目实施后是否达到预期值。

（2）归因分析。该方法是通过建立反事实场景来进行分析，确定所观察到的变化有多大比例是由项目实施而产生。

（3）贡献分析。该方法是分析项目实施过程中的各种因素对该项目的贡献程度。

（四）评价方法

绩效评价方法主要采用成本效益分析法、比较法、因素分析法、最低成本法、公众评判法等。绩效评价方法的选用，应当坚持定量优先、简便有效的原则。根据评价对象的具体情况，可以采用一种或多种方法进行绩效评价。

（1）成本效益分析法。是指将一定时期内的支出与效益进行对比分析，以评价绩效目标实现程度。

（2）比较法。是指通过对绩效目标与实施效果、历史与当期情况、不同部门和地区同类支出的比较，综合分析绩效目标实现程度。

（3）因素分析法。是指通过综合分析影响绩效目标实现、实施效果的内外因素，评价绩效目标实现程度。

（4）最低成本法。是指对效益确定却不易计量的多个同类对象的实施成本进行比较，评价绩效目标实现程度。

（5）公众评判法。是指通过专家评估、公众问卷及抽样调查等对财政支出效果进行评判，评价绩效目标实现程度。

（6）其他适宜的评价方法。

（五） 项目绩效评价指标

项目绩效评价指标是衡量绩效目标实现程度的考核工具。通过将绩效业绩指标化，获取具有针对性的业绩值，为开展绩效评价工作提供基础。绩效评价指标应当充分体现和真实反映项目的绩效、绩效目标的完成情况及评价的政策需要。

绩效评价指标体系通常包括具体指标、指标权重、指标解释、数据来源、评价标准及评分方法等。项目绩效评价指标体系设定应当满足以下原则：

1. **相关性原则**

项目绩效评价指标体系设定应当与绩效目标有直接的联系，能恰当反映目标的实现程度。

2. **重要性原则**

项目绩效评价指标体系设定应当根据绩效评价的对象和内容优先使用最具代表性、最能反映评价要求的核心指标。

3. **可比性原则**

项目绩效评价指标体系设定应当对同类评价对象设定共性的绩效评价指标，以便于评价结果相互比较。

4. **系统性原则**

项目绩效评价指标体系设定应当将定量指标与定性指标相结合，系统反映项目所产生的社会效益、经济效益、环境效益和可持续影响等。

5. **经济性原则**

项目绩效评价指标体系设定应当通俗易懂、简便易行，数据的获得应当考虑现实条件和可操作性，符合成本效益原则。

项目绩效评价业务指标框架如表 9-16 所示。

项目绩效评价业务指标框架表   表 9-16

一级指标	权重（项目具体情况设定）	二级指标（可根据项目具体情况局部调整）	三级指标（供参考，根据项目具体情况设定）	指标解释
项目决策	15±5	战略目标适应性	项目与战略目标（部门职能）的适应性	项目是否能够支持部门目标的实现，是否符合发展政策和优先发展重点
		立项合理性	项目立项的规范性	项目的申请、设立过程是否符合相关要求，立项资料是否齐全，用以反映和考核项目立项的规范情况

一级指标	权重（项目具体情况设定）	二级指标（可根据项目具体情况局部调整）	三级指标（供参考，根据项目具体情况设定）	指标解释
项目决策	15±5	立项合理性	立项依据的充分性	项目立项是否有充分的依据
			绩效目标的合理性	项目所设定的绩效目标是否依据充分，是否符合客观实际，用以反映和考核项目绩效目标与项目实施的相符情况
			绩效指标明确性	依据项目申报或执行中绩效目标设定的绩效指标是否清晰、细化、可衡量等，用以反映和考核项目绩效目标与项目实施的相符情况
项目管理	20±5	投入管理	预算执行率	预算执行率＝实际支出/实际到位预算
			预算资金到位率	到位率＝实际到位/计划到位，到位时效主要考察资金是否及时到位，若未及时到位，是否影响项目进度
			配套资金到位率	
			资金到位及时率	及时到位资金与应到位资金的比率，用以反映和考核资金落实情况对项目实施的总体保障程度
		财务管理	资金使用合规性（资金使用情况）	资金使用是否符合有关制度规定
			财务（资产）管理制度健全性	是否按规定建立了财务、资产管理制度、内控制度及其执行情况
			成本控制情况	是否按项目进行成本核算及成本差异情况
			会计信息审计结果（或有）	从审计结论中考察会计信息的合规性、准确性、完整性、及时性
项目管理	20±5	财务管理	财务监控的有效性	项目实施单位是否为保障资金的安全、规范运行而采取了必要的监控措施，用以反映和考核项目实施单位对资金运行的控制情况
		项目实施	管理制度的健全性（保证项目实施的制度、措施的建立情况及制度措施的科学性合理性）	项目实施单位的业务管理制度是否健全，用以反映和考核业务管理制度对项目顺利实施的保障情况
			制度执行的有效性（相关制度和措施执行情况）	项目实施是否符合相关业务管理规定，用以反映和考核业务管理制度的有效执行情况
			项目质量的可控性	项目实施单位是否为达到项目质量要求而采取了必需的措施，用以反映和考核项目实施单位对项目质量的控制情况

一级指标	权重（项目具体情况设定）	二级指标（可根据项目具体情况局部调整）	三级指标（供参考，根据项目具体情况设定）	指标解释
项目绩效	65±5	项目产出	实际完成率（产出数量）	项目实施的实际产出数与计划产出数的比率，用以反映和考核项目产出数量目标的实现程度
			完成及时率（产出时效）	项目实际提前完成时间与计划完成时间的比率，用以反映和考核项目产出时效目标的实现程度
			质量达标率（产出质量）	项目完成的质量达标产出数与实际产出数的比率，用以反映和考核项目的成本节约程度
			成本节约率	完成项目计划工作目标的实际节约成本与计划成本的比率，用以反映和考核项目的成本节约程度
		项目结果	经济效益	项目实施对经济发展所带来的直接或间接影响情况
			环境效益（生态效应）	项目实施对生态环境所带来的直接或间接影响情况
			社会效益	项目实施对社会发展所带来的直接或间接影响情况
			社会公众或服务对象满意度	社会公众或服务对象对项目实施效果的满意程度
		能力建设及可持续影响	长效管理情况	维持项目发展所需要的制度建设及维护费用等落实情况
			人力资源对项目可持续影响	项目实施后人力资源水平改善状况对项目及单位可持续发展的影响
			硬件条件对项目发展作用	项目实施过程中设备条件的改善对项目及单位可持续发展的意义
			信息共享情况	项目实施后的成果及信息与其他部门共享
总分	100			

（六）项目绩效评价报告大纲

项目绩效评价报告的主要内容通常包括：

1. 项目基本概况

（1）项目背景

项目单位的基本情况介绍，项目的主要内容、历史背景、立项的目的和意义，预算部门确定立项的相关文件依据等。

（2）项目实施情况

项目实际开展情况、项目规模、项目范围、项目所在区域、资金投向等。

（3）资金来源和使用情况

项目资金拨付的主体、资金拨付流程、资金使用流程等财政资金来源与管理情况，各具体分项资金的预算及实际使用和支出情况等。对于经常性项目，还包括历史年度资金的使用情况。

（4）绩效目标及实现程度

绩效目标，项目执行过程中目标、计划的调整情况，绩效总目标和阶段性目标的完成情况，项目的实际支出情况及财务管理状况等。

2. 绩效评价的组织实施情况

（1）绩效评价目的。

（2）绩效评价实施过程。

（3）绩效评价人员构成。

（4）数据收集方法。

（5）绩效评价的局限性。

3. 绩效评价指标体系、评价标准和评价方法

（1）绩效评价指标体系的设定原则及具体内容。

（2）绩效评价的具体标准及评价的具体方法。

4. 绩效分析及绩效评价结论

（1）项目决策

项目决策是否符合经济社会发展规划的要求，项目申报和批复程序是否符合相关管理办法，是否根据需要制定相关资金管理办法，资金分配结果是否合理等。

（2）项目管理

资金到位率，资金是否及时到位，资金使用是否合规，资金管理、费用支出等制度是否健全，组织机构是否健全、分工是否明确，项目管理制度是否健全，并得到有效执行等。

（3）项目产出

项目产出数量、质量、时效是否达到绩效目标，项目产出成本是否按绩效目标控制，项目实施是否产生直接或间接的经济效益、社会效益、环境效益和可持续影响及项目服务对象满意度等。

在对绩效评价指标进行分析和评价时，要充分利用评价工作中所收集的数据，做到定量分析和定性分析相结合。绩效评价指标评分应当依据充分、数据使用合理恰当，确保绩效评价结果的公正性、客观性、合理性。

5. 主要经验及做法

绩效评价报告要通过分析各指标的评价结果及项目的整体评价结论，总结项目在立项、决策、实施、管理等方面的经验，为类似项目在以后年度开展积累经验。

6. 存在问题及原因分析

绩效评价报告要通过分析各指标的评价结果及项目的整体评价结论，总结项目在立项、决策、实施、管理等方面存在的不足及原因，为相关建议的提出奠定基础。

7. 相关建议

绩效评价报告需有针对性地对项目存在的不足提出改进措施和建议。建议或对策应当具有较强的可行性、前瞻性及科学忱，有利于促进预算部门及项目实施单位提高绩效管理水平。

8. 绩效评价报告使用限制等其他需要说明的问题

9. 评估机构签章

绩效评价报告应当由评估机构加盖公章。

10. 相关附件

（1）主要评价依据。

（2）实地调研和座谈会相关资料-。

（3）调查问卷格式及汇总信息。

（4）其他支持评价结论的相关资料。

（5）评估机构资质、资格证明文件。

三、程序

评估机构执行绩效评价业务，绩效评价程序通常分为三个阶段，即绩效评价前期准备阶段、施工阶段和绩效评价报告的编制和提交阶段。如图 9-5 所示。

（一）绩效评价前期准备阶段

（1）接受绩效评价主体的委托，签订业务约定书。

（2）成立绩效评价工作组。

（3）明确绩效评价基本事项，包括：

1）项目的背景和基本情况；

2）绩效评价的对象和内容；

3）项目的绩效目标、管理情况及相关要求；

4）绩效评价的目的；

5）投资人及绩效评价报告使用者；

6）其他重要事项；

7）制定绩效评价方案。

（二）绩效评价施工阶段

（1）根据项目特点，按照绩效评价方案，通过案卷研究、数据填报、实地调研、座谈会及问卷调查等方法收集相关评价数据。

（2）对数据进行甄别、汇总和分析。

（3）结合所收集和分析的数据，按绩效评价相关规定及要求运用科学合理的评价方法对项目绩效进行综合评价，对各项指标进行具体计算、分析并给出各指标的评价结果及项

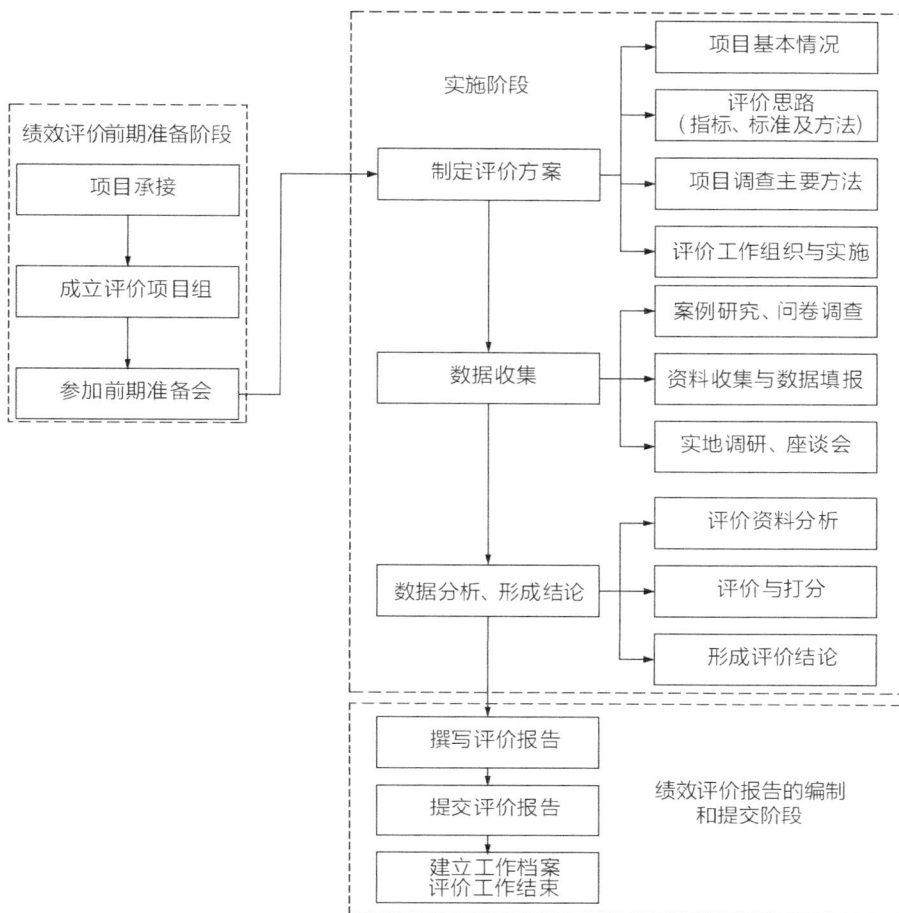

图 9-5　项目绩效评价工作流程图

目的绩效评价结论。

（三）绩效评价报告的编制和提交阶段

（1）根据各指标的评价结果及项目的整体评价结论，按绩效评价相关规定及要求编制绩效评价报告。

（2）与投资人就绩效评价报告进行充分沟通。

（3）履行评估机构内部审核程序。

（4）提交绩效评价报告。

（5）工作底稿归档。

四、注意事项

（一）原则

（1）科学规范原则。绩效评价应当严格执行规定的程序，按照科学可行的要求，采用定量与定性分析相结合的方法。

（2）公正公开原则。绩效评价应当符合真实、客观、公正的要求，依法公开并接受监督。

（3）分级分类原则。绩效评价由各级财政部门、各预算部门根据评价对象的特点分类组织实施。

（4）绩效相关原则。绩效评价应当针对具体支出及其产出绩效进行，评价结果应当清晰反映支出和产出绩效之间的紧密对应关系。

（二）项目绩效评价与项目后评价的区别

项目绩效评价与项目后评价都是评价主体对评价对象进行考核和评价的活动，但其在概念、评价时间、评价性质、评价目的、评价过程、评价作用、评价结果和评价细则均存在着显著差异。如表 9-17 所示。

项目绩效评价与项目后评价的比较　　　　　　　　　　　　　表 9-17

比较主体 评价目标	项目绩效评价	项目后评价
评价时间	从项目的前期计划开始进行， 贯穿项目实施的全过程	项目已经完成并 运行一段时间后
评价性质	循环性	回顾性
评价依据	以结果为导向面向过程	将结果作为评价依据
评价目的	形成过程评价习惯	形成总结习惯
评价过程	进行循环评价改善	一次性评价
评价作用	反馈	总结
评价结果	提出改善方向	显示结果
评价细则	通过适用的量化指标及评价标准、规范的考核方法，对项目的前期计划、实施过程及其完成结果进行的综合性考核与评价，对项目管理、经济、技术、社会、生态和可持续发展绩效等内容进行客观的衡量比较和综合评判，以更好地实现项目目标，提高资金的使用效益	全面总结投资项目的决策、实施和运营情况，分析项目的技术、经济、社会和环境效益的影响，为投资决策和项目管理提供经验教训，改进并完善建设项目，提高其可持续性

资料来源：天津理工大学　柯洪《建立并完善政府投资基本建设项目绩效评价指标体系——服务财政预算管理》。

由上表可知，项目绩效评价的主要内容是权衡项目的利害得失和成功与否的一种方式，以项目实施者对项目的要求和关心的目标为出发点，相比项目后评价而言，其出发点更明确，对影响项目成功与否的各方面因素考虑的更加细致全面。项目绩效评价是通过绩效评价的过程，强化管理层与执行层的沟通，根据绩效评价结果进行绩效诊断，找出项目管理和实施中的经验和不足，及时进行改进。

政府投资基本建设项目的绩效评价是一种以结果为导向面向过程的管理模式，它按照绩效预算的基本原理，对财政项目支出实施的一项全过程的综合管理模式，目的是为了更好地提供公共产品和服务，提高财政资金的使用效益，因此，本节以项目绩效评价为研究对象，试图在保障政府投资基本建设项目满足公共需要的基础上，服务于财政预算管理，实现政府资金的效用最大化。

第五节　设施管理

按照国际设施管理协会（IFMA）和美国国会图书馆的定义，"设施管理"是"以保持业务空间高品质的生活和提高投资效益为目的，以最新的技术对人类有效的生活环境进行规划、整备和维护管理的工作"。它"将物质的工作场所与人和机构的工作任务结合起来。它综合了工商管理、建筑、行为科学和工程技术的基本原理"。

设施管理的范围非常的广泛，涉及人类有效的生活环境，包括对不动产、土地、建筑物、设备、房间、家具、备品、环境系统、服务、信息物品、预算和能源等设施的管理。具体来说主要包括以下几个方面：

（1）城市公用设施：医院、学校、体育场馆、博物馆、会展中心、机场、火车站、公园等；

（2）工业设施：工厂、工业园区、科技园区、保税区、物流港等；

（3）商业设施：写字楼、商场、酒店、高尔夫球场等。

根据国际设施管理协会的定义，设施管理者需要负责组织内部所有的与设施相关的业务，因此其所涉及的功能和职责非常的广泛和复杂。国际设施管理协会（IFMA）所定义的设施管理九大职能如下：

1）长期设施管理计划（战略、策略性计划）；

2）短期设施管理计划（日常执行性计划）；

3）设施融资分析及财务管理；

4）不动产处置和管理；

5）内部空间规划、空间标准以及空间管理；

6）新建或改建项目的建筑规划和设计；

7）新建或改建项目的建设工作；

8）设施的日常运行和维护；

9）通信、安保等支持服务。

由上可知，设施管理组织所承担的工作职能的范围相当广泛，因此为支持所承担的各项工作职能，设施管理者的具体工作内容非常复杂和宽泛。

设施管理自从20世纪70年代末在美国诞生以来，在全世界范围内飞速发展，越来越多的企业和政府部门期待通过设施管理达到在减低设施运行成本、保持高品质的业务空间的同时，能整合所有的设施相关的业务活动以支持组织发展战略和核心业务，从而提高组织的经济效益和核心竞争力：

（1）设施管理能提供和保持高品质的业务空间。设施管理者通过制定和执行设施管理计划，利用先进的技术以及专业的设施管理经验，创造安全、环保、健康的业务空间，满足设施使用者对于高品质空间的需求，使其能够在舒适的空间中最大效率的工作办公。

（2）整合和管理组织内部所有设施相关的业务。设施管理的工作范围涵盖了组织内所有相关的设施业务，并时时满足设施使用者新的要求。最主要的目的就是为设施使用者提供一切力所能及的服务，使其能够安心的从事其核心的工作内容。

（3）降低设施全寿命周期运行成本。成本、费用的降低是大多数组织的高级管理层最为关注的方面。设施管理者通过预测设施资金需求计划，合理配置有限的费用，发挥最大的效益。

（4）支持组织的发展战略和核心业务。支持组织战略和核心业务发展是设施管理的宗旨。近几年，越来越多的组织高层管理者意识到设施管理对于支持组织战略和核心业务发展的意义和重要性，设施管理者也越来越多地参与到组织战略决策制定过程，为组织制定发展战略提供设施管理方面的支持，同时也有利于设施管理者根据组织发展战略制定合适的设施管理战略计划，以促进组织战略和核心业务的发展。

目前越来越多的机构开始相信，保持管理的井井有条和设施的高效率对其业务的成功是必不可少的，尤其是高新技术的发展、环保意识的普及以及对人的健康的关心，使设施管理行业和设施管理专业人员更显重要。设施管理不单为了延长设施的使用年限，确保其功能的正常发挥，扩大收益、降低运营费用也是为了提高企业、机构的形象、提供适合于用户的各种高效率的服务、改善用户的业务、使工作流程合理化和简洁化。

一、依据

（一）国际设施管理标准

（1）《Facility management. Vocabulary》ISO/TR-41011；

（2）《Facility management-Guidance on strategic sourcing and the development of agreements》ISO/TR-41012；

（3）《Facility management-Scope，key concepts and benefits Facility management》ISO/TR-41013。

二、内容

根据《Facility management-Scope，key concepts and benefits Facility management》ISO/TR-41013 中规定：

（一）范围

设施管理的范围：所有组织都依赖于支持流程，而这些流程往往对其核心业务至关重要。设施管理整合和优化了广泛的支持流程并提供他们的输出（设施服务），使需求组织能够专注于其主要活动。设施管理的目标是确保这种支持符合组织的使命和策略，以合适的形式，确定的质量和数量，并以具有成本效益的方式提供。

（二） 服务内容

设施管理涵盖并整合了范围广泛的流程、服务、活动和设施，实现了成本、安全和健康的效益提高，并确保提供有效的设施服务。

（1）管理提供空间的房地产或场所（如工厂、办公室、实验室、课堂、医院、商店、仓库、数据中心机场、军事设施、酒店、博物馆、游乐场、监狱、内部道路、停车场、草坪、公园）；

（2）管理基础设施（如道路、桥梁、大坝、运河、堤坝、铁路和过境系统）；

（3）管理设备和系统（如结构部件、家具和工作场所设备，信息和通信技术、照明、卫生、供暖、通风和空气、电梯、安全和监视、楼宇自动化和信息管理、计算机辅助设施管理、运输车队、主要业务特定系统）；

（4）管理公用事业（如电力、燃气、石油、集中供热、太阳能、地热能、加压空气、技术气体、水处理）；

（5）安全管理、餐饮、门禁、车队管理、接待游客服务、印刷服务、绿化服务、冬季服务、活动管理等；

（6）为用户和客人提供的具体服务，使所有这些资源为生产该组织和维护其功能。设施是为了满足实体的需要而建立的，设施管理的应用不受限制，例如设施管理技术可应用于邮轮。

三、程序

国际设施管理协会对设施管理功能的定义十分广泛，包括组织内部所有与设施管理相关的业务，如设施管理计划、空间规划、项目财务与融资、日常运维安保等。北美设施专业委员会（NAFDC）将设施管理分为三大模块，分别是运行和维护管理、资产管理、设施服务。同时，还有学者赵彬等[1]提出了更加详细、具体的设施管理内容程序，如图9-6所示。

（一） 运维管理

运维管理包括设施系统的运行和维护，是设施管理工作中最重要的职能之一，运维的成本通常会占到设施管理总开支的40%～50%。对运维信息的合理规划和使用，能真正节约大量成本。建筑中常见的设施系统包括暖通空调设备系统、电气照明设备系统、管道配件系统、输送及物料搬运设备系统、通信设备及安全监控设备系统等。

为了保证设施的正常运行，设施管理人员需要各个设施的基本生产信息，比如制造商、供应商、出厂序号、产品型号等，同时设施操作人员还需要设施的操作说明和使用须知。设施维护包括反应性维护和预防性维护。

（1）反应性维护。主要是在设施出现故障时进行的检查和修理，需要维修人员的信

---

① 赵彬，曾思颖．基于BIM的设施管理信息需求与应用框架研究［J］．项目管理技术，2017，15（3）：78-83．

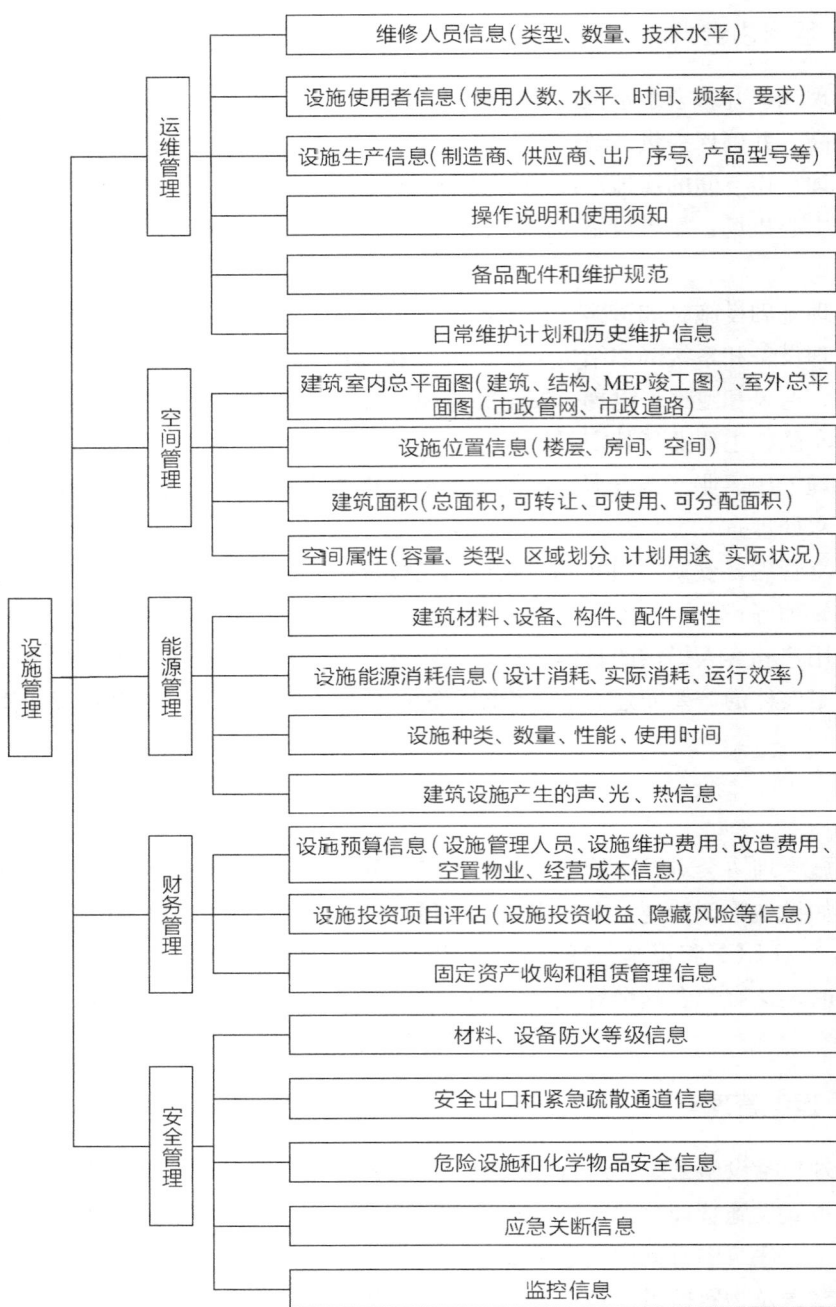

图 9-6 设施管理工作内容图

息，包括维修人员类型、数量和技术水平等。设施维修人员同时也需要设施的维护规范和
备品配件信息。

（2）预防性维护。指的是为了延长系统寿命，保障其功能性和稳定性，所进行的计划
性检查和保养。为了制订可行的维护计划，需要掌握设施的历史维护信息，比如维护频

率、故障原因、维护人员信息；还需要设施使用者信息，包括使用频率和使用需求等。

（二） 空间管理

衡量设施管理成功程度的一个重要标准是对建筑空间的预测、规划、分配和管理。有效的空间管理需要预测空间需求，进行空间分配，简化移动过程，其所需求的信息，包括建筑内、外部平面图，建筑总面积，可转让、使用和可分配的面积，空间容量，类型，区域划分，计划用途，实际用途。此外，还需要详细掌握设施的具体位置信息，包括设施所在区域、楼层、房间等，以便根据设施需求对不同空间区域中的设备、家具、机械装备进行组合分配。

（三） 能源管理

据美国绿色建筑协会统计，建筑物占了 72% 的电力消耗和 39% 的能源使用。建筑能耗主要由建筑物照明、暖通空调系统和建筑中的各种电器使用等构成，提升建筑能源使用效率能够为可持续建设做出贡献。为了进行能源保护和监控，设施管理人员需要获取能源管理系统信息，建筑内设施和建筑构件的种类、数量、性能、使用时间，设计能源消耗或者是建筑某个区域内一段时间内或是实时的能源消耗。设施管理的核心是"以人为本"，为了给建筑内人员提供更好的体验环境，需要掌握和监控设施产生的声、光、热信息，并根据需求进行调整。

（四） 财务管理

设施管理中的财务管理是为了降低设施全生命周期成本，实现资产价值的最大化，其重点在于设施投资评估和运维预算管理。设施管理人员可以在项目前期参与设施的投资评估和采购管理，以便为投资人在投资决策时提供设施的投资收益及潜在风险等信息。在设施管理阶段需要掌握设施预算信息，包括设施管理职员成本、设施历史维护费用、建设设施构件的损耗折旧、改造费用和经营成本信息等，财务管理还应该关注固定资产收购和租赁管理信息。

（五） 安全管理

设施管理不仅要对设施进行运行和维护，为客户提供服务，还应该对建筑内的设施和人员的安全负责。安全管理的目的是减少损失、预防可能发生的损害和控制设施的使用权。设施管理人员需要掌握危险设施和化学物品信息、安全出口和紧急疏散通道信息、材料、设备防火等级信息等，以便做好安全预防和应急计划。安全管理还应对建筑各个系统，如通信、电梯、水电及暖通空调、防盗报警、消防等系统进行实时监控，并对监控信息进行及时处理和分析，以确保建筑正常运行。

四、注意事项

设备过程中，运营人需要判断建设设备是否基于优质建设项目的目标正常运作。因此，在设备管理过程中需要注意的事项如下：

（1）设备管理维修要及时；

（2）设备维修过程加强监督监管；

（3）加强保养执行的细节管理；

（4）设备相关人员的人性化管理；

（5）对操作人员要做到培训上岗，持证上岗，掌握正确使用设备的方法，要完善设备安全操作规程，严禁违章操作或超负荷运行（电器设备、压力设备更要严格）；

（6）要正确加油，做到"三定一过滤"，要按不同的季节、不同的环境（高温、低温、高湿、高腐蚀、高压等）选择好润滑剂，要按照定时、定位、定量加注润滑油（润滑脂），对润滑油要做好严格的过滤工作；

（7）要建立设备完好技术条件，认真做好设备点检，完善点检维修记录，将设备故障隐患消灭在萌芽之中；

（8）要认真做好设备日常维护、保养和检修工作，防止设备带病运行；

（9）要正确按照设备点检情况和按设备使用寿命周期做好大修工作；

（10）要做好设备易损件备件的管理。

第六节　资产管理

经过竣工验收和检验后的建设项目已转化为合格的建设项目产品，即建筑物。一方面在竣工阶段，对建设项目产品进行验收，并将完整的、合格的建设产品移交给投资人或产权人，将建设项目产品转化为资产进行管理，同时通过运营发挥其投资作用；另一方面在运营阶段，通过资产管理实现建设项目的资产价值，是投资人要实现其目标的基础。因此，无论资产管理方是哪个角色，只有对建设项目开展良好的资产管理，才能最大限度地提高资金的价值和利益相关方期望的满意度。

全过程工程造价咨询机构在资产管理的工作内容要求下，在策划和评估方面出具咨询方案。一方面，全过程工程造价咨询机构对资产的增值和运营进行分析，为委托人提供管理依据；另一方面，全过程工程造价咨询机构需充分了解各方需求，为资产管理制定清晰的目标，并为委托人提供合理化建议。

资产管理主要从建设项目的资产增值、运营安全分析和策划、运营资产清查和评估、招商策划和租赁管理等方面进行策划。

建设项目的资产增值。一是把竣工验收和检验合格后的建设项目转化为固定资产，实现资产价值；二是设备材料使用年限分析。建筑物中的设备材料的使用年限和建筑物的全生命周期各有不同，所以在建筑物全生命周期存在着设备材料的常规维护，中修和大修情况；三是运营成本分析。在建设项目移交后，应研究工程资料，根据建设项目的功能和营造标准，准确定运营管理的范围内容和特点，进而分析建筑物维护费用标准的构成，费用的影响因素和费用可量化程度和量化的分析，有利于实现资产增值。

建设项目的运营安全分析和策划。一是形成建筑物的运营维护指导书，以保证建筑物正常运营和保证其品质，确保资产的增值和保值；二是维修应急方案策划。编制建筑物的大、中修及常规维护的规划，及时安排资金，准备备品、备件，做好边维修边使用的应急方案。有利于体现资产的价值。

建设项目的运营资产清查和评估。一是根据建设项目情况对资产进行清查并形成资产清单，为资产评估提供基础数据；二是结合决策阶段设定的目标及优质建设项目评判标准对建设项目形成的固定资产进行评估、调整、维护等工作，有利于实现资产保值。

建设项目的招商策划和租赁管理。为了建筑物的保值和增值，需要设置使用人员准入条件，加强建筑物的招商策划和或租赁管理。首先确定合格的使用单位或人员的要求，尽可能使使用建筑物或建筑小区的单位的经营范围产生聚集效应，通过良好的聚集效应，使其建筑物的功能得到更好提升；其次，规范租赁人员的行为和义务，营造共同保护建筑物的意识；再次，借助信息化物联网等先进技术，协调服务。有利于提高建筑物的物业管理水平以及利益相关方的满意度。

一、依据

（1）可行性研究报告等；

（2）验收文档技术资料；

（3）使用单位方运行维护目标；

（4）设施性能参数；

（5）监测的设施性能状况；

（6）类似项目后评价资料等；

（7）项目建议书；

（8）项目实施过程文档资料；

（9）项目投资目标（基于利益相关者价值体系）；

（10）项目的实际运行资料；

（11）类似项目后评价资料；

（12）基于 LCC 的成本预算目标；

（13）运行维护的历史成本数据；

（14）设施/构件等性能状况；

（15）设施运行维护方案；

（16）运行维护成本实际数据；

（17）建筑设施外形描述的技术档案；

（18）项目涉及的相关法律法规；

（19）全过程工程咨询单位的知识体系及经验；

（20）其他相关资料。

二、内容

（一）资产管理的目的

资产管理，并实现资产价值，是任何组织要实现其目标的基础。无论是公共或私人部门，无论资产是有形的，还是无形的，只有良好的资产管理，才能最大限度地提高资金的价值和利益相关方期望的满意度。资产管理涉及协调和优化规划、资产选择、采集/开发、利用、服务（维修）和最终处置或更新相应的资产和资产系统。资产管理是关于什么是我们想要达到的资产，如何做到这一点，除了评估与资产相关的风险外，它需要有一个长期战略。这种长期战略还迫使我们去更好地了解我们的资产。识别资产和管理资产，对资产存在的问题有深入的了解，有助于经营决策和组织的总体绩效。

（二）资产管理的工作内容

1. 资产保值和增值

（1）在建工程转固定资产

在建工程转固定资产，首先必须有工程支出发票，没有发票不能计入在建工程科目，在固定资产完工后，要有工程验收记录、工程结算单（竣工结算单），需要强制检测安全性的固定资产（如压力管道、配电设备等）还必须取得相关主管部门的检查认定报告。以上单据齐全，即可将在建工程结转为固定资产。

首先要对已完工需结转的项目、工程或是设备进行确认，明确在建工程确已完工，已达到可用状态；同时，需对在建工程成本支出进行汇总，明确该在建工程全部成本是否已完全计入，如果有部分项目内容因尚未决算不能明确的，则需要组织进行工程验收、项目决算，需要强制检测安全性的固定资产（如压力管道、配电设备等），在固定资产完工后，还必须取得相关主管部门的检查认定报告。这个过程即是要对即将结转固定资产的在建工程成本核算的完整性进一步进行确认，以明确结转固定资产的成本造价总额。在此基础上，要求对尚未取得的项目支出及时取得结算发票，如果因合同约定限制等原因不能及时取得结算发票入账，则可以根据上述项目决算数据对尚未结算入账的在建工程内容进行估算，以便及时结转固定资产。

为明确责任，确保在建工程结转数据的准确性，建议对所有加工安装或是土建类项目建设的结转，由总咨询师负责项目完工及数据的确认，要求他们在"在建工程结完工结转报告单"上签字确认。

在建工程转固定资产的条件是：工程完工达到预定可使用状态。

根据《企业会计准则第4号——固定资产》应用指南规定：已达到预定可使用状态但尚未办理竣工决算的固定资产，应当按照估计价值确定其成本，并计提折旧；待办理竣工决算后，再按实际成本调整原来的暂估价值，但不需要调整原已计提的折旧额。

（2）设备材料使用年限分析

设备材料使用年限分析是指固定资产更新，即对技术上或经济上不宜继续使用的在用固定资产，用新的固定资产进行更换，目的在于使投资人获得更大的收益。固定资产更新决策则是通过财务分析，决定是否需要更新固定资产的管理行为。该决策属于长期投资决策（资本预算），对企业的长期发展产生重要的影响，因此必须进行科学、合理的决策分析。

（3）运营成本分析

通过项目前期各阶段及其运营管理主体前期介入方式等综合形成的项目交付成果，已经发生了项目 LCC 中的全部建设成本，并且已形成了影响后期运行维护成本发生的项目/设施实体。但项目的运行维护成本的实际发生毕竟是在运行维护阶段，因此，运行维护管理主体对项目进行基于 LCC 的日常运行维护管理将进一步实现 LCC 的总目标。

为此，本阶段的另一方面重要工作是基于设施质量功能目标与性能监测的全生命周期运行维护成本规划与控制。其总体框架如图 9-7 所示。

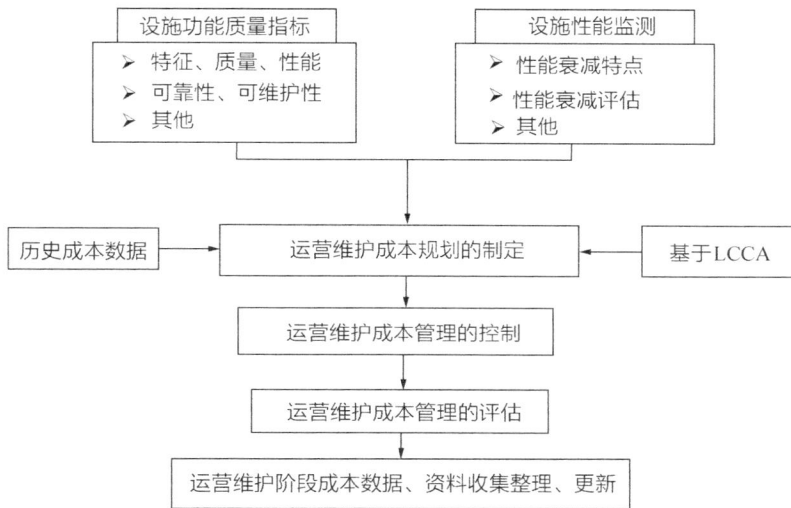

图 9-7　建设项目运营成本管理框架

基于以上总体框架，要形成运营成本规划必须依据三个方面的因素：其一，设施的质量与功能目标标准与运行过程中的动态性能监测参数的对比结果；其二，类似项目运行维护阶段的可供参考的相关信息；其三，基于 LCC 的项目成本分析。基于此，项目/设施的运行维护管理主体可以制定出详细的运行维护成本规划并予以执行。若执行过程中，发生较大偏差，则进行相关的控制，以保障科学的运行维护成本规划的落实，所形成的数据资料进入数据库。

2. **运营安全分析和策划**

（1）运营维护指导书

运营维护指导书是指根据建设项目的类型、功能、实际运营状况等因素编制而成，指导管理人员对建设项目运维管理的工作。按照不同需求，可分为管理篇、运营篇、安全篇等不同章节。其中管理篇包括：生产运营管理制度、运营各岗位职责、客户服务规范；运营篇包括：各类岗位、设备操作规程和标准；安全篇包括：燃气运营相关安全管理制度、消防演习方案、事故应急抢险预案等。

（2）安全应急预案

安全是建设项目价值体现的重要因素，缺乏安全的建设项目无法给利益相关方带来任何价值提升以及满意度。建立一个有效的突发事件应急预案体系，编制完善的突发事件预案，开展预案的定期演练，对于提高建设项目的运营人预防和处置突发事件的能力，确保发生突发事件时各运营岗位的有效应对，最大程度地预防和减少突发事件及其造成的损害，保障运营人和使用人的生命、财产安全，具有十分重要的意义。

3. 建设项目的运营资产清查和评估

（1）资产清查

资产清查是指受委托的资产评估机构，应对委托单位的资产、债权、债务进行全面清查，在此基础上要核实资产账面与资产实际是否相符，考核其经营成果，盈亏状况是否真实，并作出鉴定。

本书主要对建设项目形成的固定资产清查进行阐述，固定资产清查是指从实物管理的角度对单位实际拥有的固定资产进行实物清查，并与固定资产进行账务核对，确定盘盈、毁损、报废及盘亏资产。固定资产清查的范围主要包括土地、房屋及建筑物、通用设备、专用设备、交通运输设备等，要求各单位配合会计师事务所认真组织清查，原则上对所有固定资产全面清查盘点。

固定资产清查的范围：

1）对固定资产要检查固定资产原值、待报废和提前报废固定资产的数额及固定资产损失、待核销数额等；关注固定资产分类是否合理；详细了解固定资产目前的使用状况等；

2）对出租的固定资产要检查相关租赁合同；检查各单位账面记录情况，检查是否已按合同规定收取租赁费；

3）对临时借出、调拨转出但未履行调拨手续的和未按规定手续批准转让出去的资产，要求各单位收回或者补办手续；

4）对清查出的各项账面盘盈（含账外资产）、盘亏固定资产，要查明原因，分清工作责任，提出处理意见；

5）检查房屋、车辆等产权证明原件并取得复印件，关注产权是否受到限制如抵押、担保等，检查相关取得的相关合同、办议；

6）对批量购进的单位价值低的图书等，如果被资产清查单位无法列示明细金额的，按加总数量清查核对实物，按总计金额填列固定资产清查明细表，并注明总数量。

（2）资产评估

资产评估（以下称评估），是指评估机构及其评估专业人员根据委托对不动产、动产、无形资产、企业价值、资产损失或者其他经济权益进行评定、估算，并出具评估报告的专业服务行为。

资产评估的对象是资产，这似乎毋庸置疑。资产，从理论上来讲是被特定权利主体拥有或控制并能为其带来经济利益的经济资源，资产还具有价值和交换价值的特点，是用来作为生产经营和价值交换的资本。资产评估的目的主要是估算出被评资产的现实市场价值，也就是说，将资产的历史成本估算为现实成本。

资产评估的工作范围：

1）整体资产评估（企业价值评估）：适用于设立公司、企业改制、股权转让、企业兼并、收购或分立、重组集团、合资、租赁、承包、融资、抵押贷款、破产清算；

2）单项资产评估：

各类房地产（商业用房、生产厂房、办公室、住宅、酒店、会所、冷冻仓库、教堂、学校、高尔夫球场、度假村、码头、加油站）各类机械设备（高精尖设备、进口设备、特殊设备、专用设备、普通设备、自制设备、专业化生产线、运输设备、模具、计算机硬件和软件）林木、果木、花卉、景观等。

3）无形资产评估：品牌、商标、商誉、字号、企业家价值等评估；专利权、专有技术、著作权（版权）、药品批准文号、计算机软件、秘诀等价值评估；特许经营权、植物新品种发明权、海域使用权、航线经营权、高速公路收费经营权、建设用地使用权、探矿权、采矿权、排污权、酒窖窖池、特殊景观等价值评估；专业网、营销网、客户名单、长期合同等价值评估；

4）项目评估：项目转让、项目融资、项目合资合作、项目投资价值、项目数据分析、可行性研究等。

4. 建设项目的招商策划和租赁管理

（1）招商策划

在运营阶段对建设项目进行招商策划，目的是实现建筑物的保值和增值。因为建设项目价值的体现，不仅仅是指建设项目本身的价值，很重要的一部分因素与建设项目的使用者有关。通过对建设项目的招商策划，能够吸引合格的使用单位或人员，进而产生聚集效应。合格人才的聚集现象是一种规模经济现象，使建设范围内的人才交易成本降低，社会效益显著提高。在合格使用者和人员的聚集过程中，不论是在空间上，还是规模上都实现了资源的不断重新配置，在和谐的内外环境下，通过使用者之间信息共享等方式，发挥超过各自独立作用的加总效应，这种效应对建设项目来说是十分经济的。由此可见招商策划的重要性。

对建设项目进行招商策划，首先需要确定投资人的目标和诉求，针对目标广泛收集各方面信息资料，制定招商方案，对制定的方案进行比选，选择最优方案，最后进入招商方案的施工阶段。

（2）租赁管理

在招商完成后，为了建设项目的正常运营，要对建设项目的使用者的行为进行规范化管理，在使用者中营造出共同保护建筑物的意识。在规范管理过程中，要维护投资人与使用者双方的利益，遵循平等、自愿、合法和诚实信用的原则。严格履行与建设项目的使用者订立的租赁或购买合同，及时处理入住使用者在使用过程中的纠纷问题，及时修复损坏部分。在管理建设项目的使用者时，可以借助新进的信息化技术更好的服务于使用者，可采用智能物业管理系统，将计算机强大的功能与现代的管理思想相结合，提高管理的经济效益和管理水平。通过借助信息化技术，实现对使用者、房产信息、租赁、租赁合同的全面管理。通过科学的管理，不断提高利益相关方的满意度。

三、程序

项目竣工验收合格后，为实现优质建设项目的目标以及满足利益相关方的需求，首先需要制定建设项目资产管理目标，包括资产增值、资产安全、资产保值、利益相关方满意度四个方面的目标。针对资产管理的目标，需要由建设项目的全过程工程咨询单位协助运营人分别完成相应的工作内容：

（1）为实现建设项目资产增值的目标，运营人要对建筑物进行转固定资产，并完成对设备材料使用年限分析、运营成本分析的工作。

（2）为实现建设项目资产安全的目标，由运营人编制运营维护指导书并针对建设项目的运营制定安全应急预案。

（3）为实现建设项目资产保值的目标，运营人要完成对建设项目资产清查以及资产评估的工作。

（4）为使利益相关方的满意度不断提高，需要在运营前进行招商策划，在运营中对建设项目的使用者进行租赁管理。如图 9-8 所示。

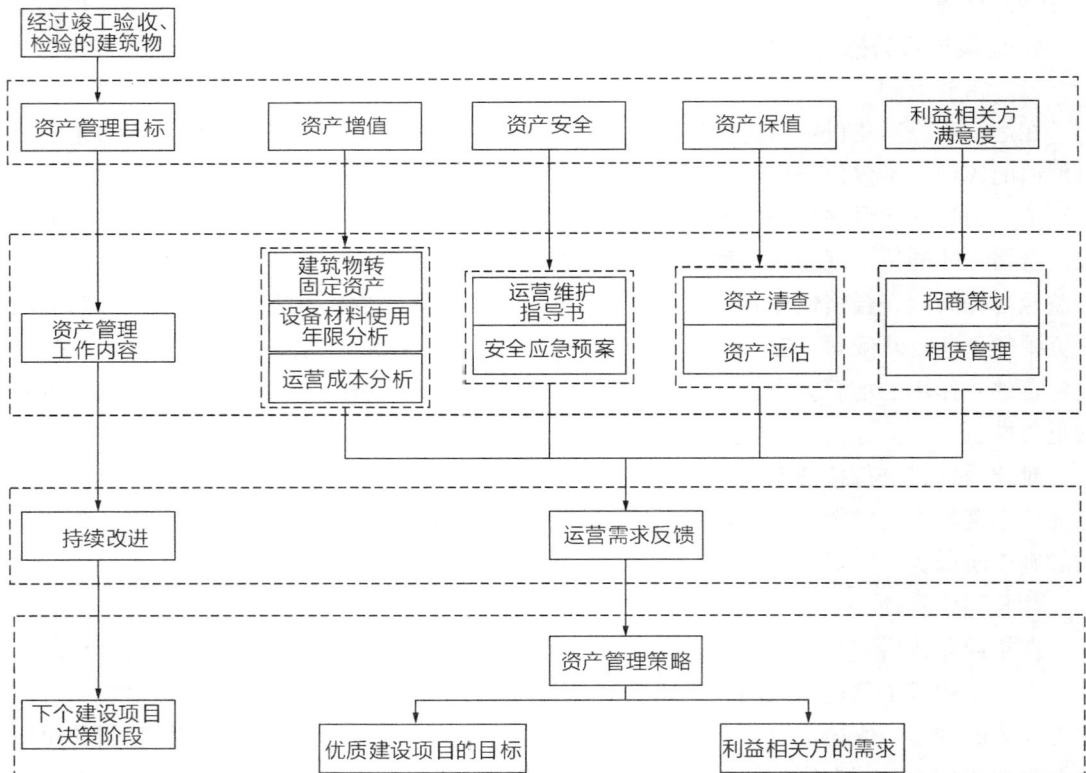

图 9-8　资产管理实施流程

全过程工程咨询单位在协助运营人完成资产管理工作时，需要对工作内容和方法持续优化。持续优化的结果最终体现在资产管理策略的优化上，并且为下一个建设项目提供决策依据。全过程工程咨询单位需要从各方面要求出发，设定目标应体现安全、效能、成本综合最优、避免片面强调某一、两个方面目标要求，而忽视其他方面要求，如片面突出安全或规划水平，而忽视资产效益，导致建设项目积累不足，持续发展动力不足。

在具体实践中，通过对过程进行管控、资产运行绩效开展监测等手段监测资产目标或计划的执行情况。在横向上，通过对决策、设计、发承包、实施、竣工、运营等跨阶段的反馈与评估，持续优化运营人的工作流程，形成更加完善的资产管理策略，为下一阶段的规划提供优化的方向；在纵向上，通过运营人对建设项目的监控，与原设定的目标或计划内容进行比较，不断修正目标或计划，当达到一定的程度或阶段时，修正资产管理策略，并为下一阶段优质建设项目的目标以及利益相关方满意度方面提供优化的依据。

四、注意事项

资产管理过程中，运营人需要判断工作内容是否基于优质建设项目的目标进行协调运转。因此，资产管理过程中需要注意的事项如下：

（1）运营人中各部门和单位在工作过程的衔接和交接中职责明确、界面要清晰；

（2）工作和部门对应关系要明确，不能存在工作缺项和职责重复；

（3）根据优质建设项目的目标和要求，对工作流程运转开展全过程管理和闭环控制；

（4）各单位和部门明确流程执行中所需要及应输出的信息、数据；

（5）工作过程中产生的信息、数据及时准确记录并保存，其他相关过程性信息应留存；

（6）工作过程中各单位和部门及时获取所需要的信息，确保工作中有准确及时的信息作为参考；

（7）有相应的工作机制或统一信息凭条保证实现信息共享；

（8）决策环节全面考虑资产的成本优化和表现提升，可采用 LCC 等综合最优方法作为决策依据；

（9）工作过程中进行监测分析，对发现的问题具备分析、监督、改进的管理机制；

（10）工作过程中各项工作建立相应的规章制度和标准，制度和流程绝对统一，通过制度固化流程，保证各项工作有据可依。规章制度和标准协调一致，不存在冲突现象。

总咨询师（8）：法学通识是总咨询师的第三基础，总咨询师处理五方主体关系的准则就是合同，出现不同意见形成纷争的解决方案就必须依靠法律。中国的法律基础在于"天理、国法、人情"，西方的法律三大原则：真理面前人人平等，私有财产神圣不可侵犯和天赋人权，演变成大陆法系和海洋法系。大陆法强调成文法典，海洋法系强调判例。在工程实践中准确判断法律渊源，确定法律依据，是总咨询师的职责。

——《贻林微观察 1198》

第十章　合　同　管　理

第一节　合同管理咨询服务的概述

建设项目的合同管理是指投资人与全过程工程咨询单位通过合同的方式明确各方的权力义务，并授权全过程工程咨询单位对工程项目建设进行全过程或分阶段的管理和服务活动。同时，全过程工程咨询单位根据投资人委托的管理和服务的内容，承担与工程建设相关的管理工作，协调各承包人、供应商之间的合同关系、合同起草、编制，合同条款解释解决及合同争议与纠纷等。

一、合同管理组织模式

（一）合同管理各责任部门之间的组织关系

在建设项目中，投资人与全过程工程咨询单位签署合同后，全过程工程咨询单位在授权范围内，根据项目立项时招标核准的方式选择勘察单位、设计单位、施工单位、监理单位及材料、设备供应商，同时，根据合同中约定的方式进行项目管理，建设项目的合同模式一般有图所示的几种，①投资人不直接与项目参与方签署合同，其授权全过程工程咨询单位与各参建单位分别签订合同。在此模式下，由分管管理变为集中管理后，全过程工程咨询单位在具备专业、技术和经验积累的优势下，能对项目进行科学的管理，有利于做好"质量、工期、投资"三大控制；投资人需要对全过程工程咨询单位的信任度很高，管理工作量小但要求其所承担的风险大。比模式一般适用于政府投资项目；②投资人及全过程工程咨询单位共同与各参建单位签订合同，形成三方合同，并在合同中明确全过程工程咨询单位项目管理的权利和义务。适用于此模式的各参建单位缺乏齐全的配备，体现出投资方在管理方面工作量较大，适用于投资方有一定基础；③投资人直接与各参建单位签署合同，在各参建单位的合同中明确全过程工程咨询单位项目管理的权利和义务。这需要投资人有较全面的部门设置、管理能力，全过程工程咨询单位主要在投资人和参建各方中起润色和协助的作用，如图 10-1 所示。

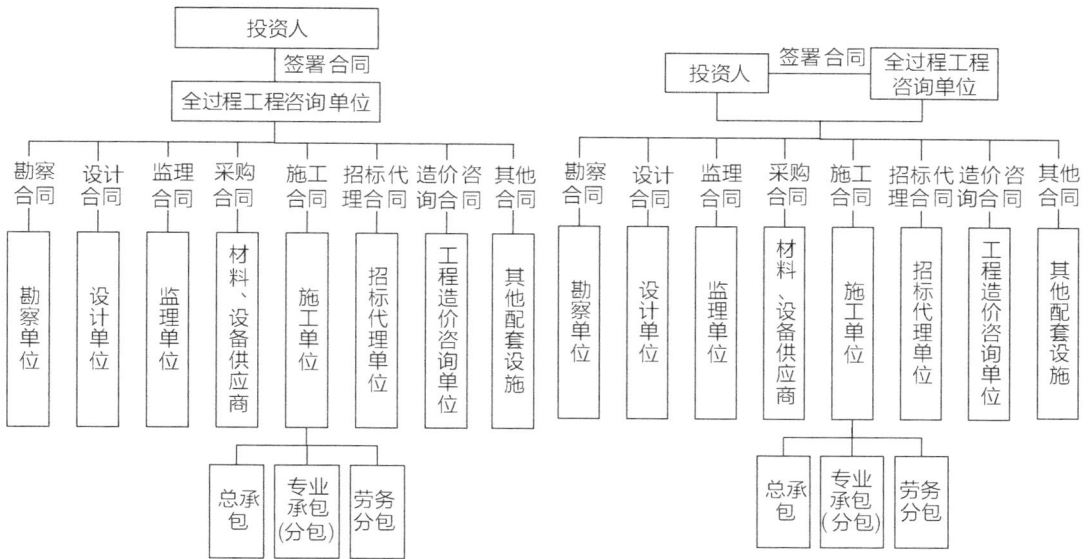

(a)

(b)

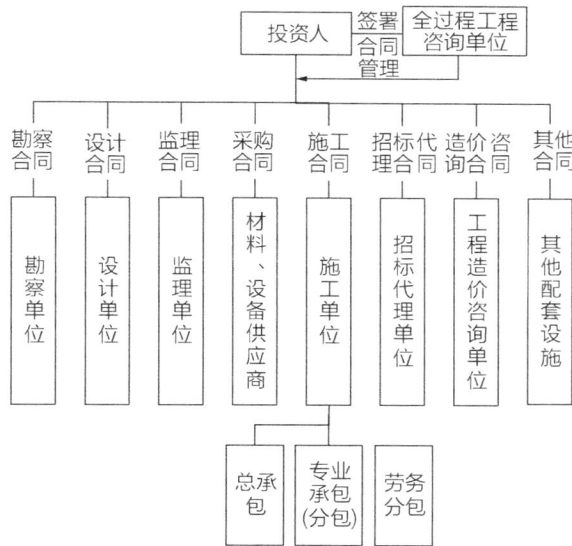

(c)

注：图中专业分包主要指投资人指定的分包商及总承包人分包的一般分包商

图 10-1　建设项目的合同模式

（二）合同管理各参与方之间的工作职责关系

根据上述合同关系示意图可以看出，建设项目的合同管理中关键的主体是全过程工程咨询单位，它与投资人签订委托合同，为投资人提供服务，接受投资人的监督，同时，在接受委托后，负责勘察、设计、施工、招标代理、造价咨询、工程监理、采购等合同的协调管理工作。全过程工程咨询单位合同管理过程中各参与方主要职责如表 10-1 所示。

全过程工程咨询单位合同管理过程中参与各方工作内容一览表　　　表10-1

序号	工作职责内容	各参与单位职责分工								
		投资人	全过程工程咨询单位	招标代理公司	勘察单位	设计单位	施工单位	监理公司	工程造价咨询公司	设备供应商
1	建设工程合同管理工作计划	审批	编制	参与						
2	建设工程合同结构	审批	编制	参与				参与	参与	
3	建设工程合同评审	审批	负责	参与				参与	参与	
4	建设工程招标工作	监督	管理	负责				参与	参与	
5	建设工程合同谈判	参与	组织	负责	参与	参与	参与	参与		参与
6	建设工程合同签订	参与	负责	参与	参与	参与	参与	参与	参与	参与
7	建设工程合同补充协议签署	审查	负责	参与						
8	建设工程合同执行情况检查、分析、总结	监督	组织		参与	参与	参与	负责	参与	
9	建设工程合同履行、文件记录的收集、整理	监督	组织							
10	合同管理总结报告编写	审查	负责	参与	参与	参与	参与	参与	参与	参与

二、合同管理原则目标

工程合同管理，既包括各级工商行政管理机关、建设行政主管机关、金融机构对工程合同的管理，也包括发包单位、全过程工程咨询单位、承包单位对工程合同的管理。可将这些管理划分为两个层次：第一层次是国家机关及金融机构对工程合同的管理，即合同的外部管理；第二层次则是工程合同的当事人及全过程工程咨询单位对工程合同的管理，即合同的内部管理，如图 10-2 所示。

其中，外部管理侧重于宏观的管理，而内部管理则是关于合同策划、订立、实施的具体管理，本书所讲述的是投资人、全过程工程咨询单位、承包人对合同的内部管理。

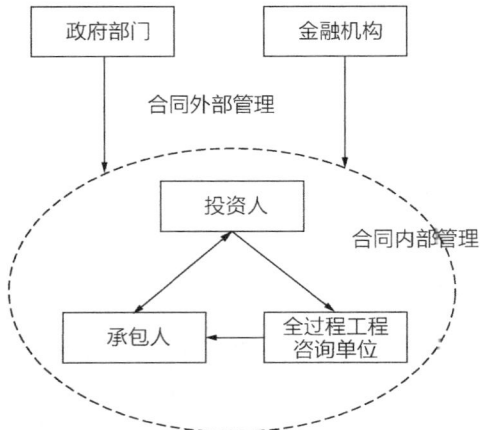

图 10-2　工程合同管理层次

（一）合同管理原则

合同管理是法律手段与市场经济调解手段的结合体，是工程项目管理的有效方法。合同管理制自提出、试用到推广，如今已经十分成熟。合同管理具有很强的原则性、权威性和可执行性，这也是合同管理能真正发挥效力的关键。一般说来，合同管理应遵循以下几项基本原则：

1. 合同权威性原则

在市场经济体制下，人们已习惯于用合同的形式来约定各自的权利义务。在工程建设中，合同更是具有权威性的，是双方的最高行为准则。工程合同规定和协调双方的权利、义务，约束各方的经济行为，确保工程建设的顺利进行；双方出现争端，应首先按合同解决，只有当法律判定合同无效，或争执超过合同范围时才借助于法律途径。

在任何国家，法律只是规定经济活动中各主体行为准则的基本框架，而具体行为的细节则由合同来规定。例如 FIDIC 合同条件在国际范围内通用，可适用于各类国家，包括法律健全的或不健全的，但对它的解释却比较统一。许多国际工程专家告诫，承包人应注意签订一个有利的和完备的合同，并圆满地执行合同，这无论是对于工程的实施，还是对于各方权益的保护都是很重要的。

2. 合同自由性原则

合同自由原则是在当合同只涉及当事人利益，不涉及社会公共利益时所运用的原则，它是市场经济运行的基本原则之一，也是一般国家的法律准则。合同自由体现在以下内容。

（1）合同签订前，双方在平等自由的条件下进行商讨。双方自由表达意见，自己决定签订与否，自己对自己的行为负责。任何人不得对对方进行胁迫，利用权力、暴力或其他手段签订违背对方意愿的合同。

（2）合同自由构成。合同的形式、内容、范围由双方商定；合同的签订、修改、变更、补充、解除，以及合同争端的解决等由双方商定，只要双方一致同意即可。合同双方各自对自己的行为负责，国家一般不介入，也不允许他人干涉合法合同的签订和实施。

3. 合同合法性原则

合同的合法性原则体现在以下内容。

（1）合同不能违反法律，合同不能与法律相抵触，否则无效，这是对合同有效性的控制。合同自由原则受合同法律原则的限制，所以工程实施和合同管理必须在法律所限定的范围内进行。超越这个范围，触犯法律，会导致合同无效，经济活动失败，甚至会带来承担法律责任的后果。

（2）合同不能违反社会公众利益。合同双方不能为了自身利益，而签订损害社会公众利益的合同，例如不能为了降低工程成本而不采取必要的安全防护措施，不设置必要的安全警示标志，不采取降低噪声、防止环境污染的措施等。

（3）法律对合法的合同提供充分保护。合同一经依法签订，合同以及双方的权益即受到法律保护。如果合同一方不履行或不正确地履行合同，致使对方受到损害，则必须赔偿对方的经济损失。

4. 诚实信用原则

合同是在双方诚实信用基础上签订的，工程合同目标的实现必须依靠合同双方及相关各方的真诚合作。

（1）双方互相了解并尽力让对方了解己方的要求、意图、情况。投资人应尽可能地提供详细的工程资料、信息，并尽可能详细地解答承包人的问题；承包人应提供真实可靠的资格预审文件，各种报价文件、实施方案、技术组织措施文件。

（2）提供真实信息，对所提供信息的正确性承担责任，任何一方有权相信对方提供的信息是真实、正确的。

（3）不欺诈、不误导。承包人按照自己的实际能力和情况正确报价，不盲目压价，明白投资人的意图和自己的工程责任。

（4）双方真诚合作。承包人正确全面完成合同责任，积极施工，遭到干扰应尽力避免投资人损失，防止损失的发生和扩大。

5. 公平合理原则

经济合同调节合同双方经济关系，应不偏不倚，维持合同双方在工程中一种公平合理的关系，这反映在如下几个方面：

（1）承包人提供的工程（或服务）与投资人支付的价格之间应体现公平，这种公平通常以当时的市场价格为依据。

（2）合同中的权利和义务应平衡，任何一方在享有某一项权利的同时必须履行对应的义务；反之在承担某项义务的同时也应享有对应的权利。应禁止在合同中出现规定单方面权利或单方面义务的条款。

（3）风险的分担应合理。由于工程建设中一些客观条件的不可预见性，以及临时出现的特殊情况，不可避免地会产生一些事故或意外事件，使得投资人或承包人遭受损失。工程建设是投资人和承包人合力完成的任务，风险也应由双方合力承担，而且这种风险的分担应尽量保证公平合理，应与双方的责权利相对应。

（4）工程合同应体现出工程惯例。工程惯例指工程中通常采用的做法，一般比较公平合理，如果合同中的规定或条款严重违反惯例，往往就违反了公平合理原则。

（二）合同管理目标

在工程建设中实行合同管理，是为了工程建设的顺利进行。如何衡量顺利进行，主要用质量、工期、成本三个因素来评判，此外使得投资人、承包人、全过程工程咨询工程师保持良好的合作关系，便于日后的继续合作和业务开展，也是合同管理的目标之一。

1. 质量控制

质量控制一向是工程项目管理中的重点，因为质量不合格意味着生产资源的浪费，甚至意味着生产活动的失败，对于建筑产品更是如此。由于建筑活动耗费资金巨大、持续时间长，且出现质量问题，将导致建成物部分或全部失效，造成财力、人力资源的极大浪费。建筑活动中的质量又往往与安全紧密联系在一起，不合格的建筑物可能会对人的生命健康造成危害。

工程合同管理必须将质量控制作为目标之一，并为之制定详细的保证计划。

2. 成本控制

在自由竞争的市场经济中，降低成本是增强企业竞争力的主要措施之一。在成本控制这个问题上，投资人与承包人是既有冲突，又必须协调的。合理的工程价款为成本控制奠定基础，是合同中的核心条款。此外，为了成本控制制定具体的方案、措施，也是合同的重要内容。

3. 工期控制

工期是工程项目管理的重要方面，也是工程项目管理的难点。工程项目涉及的流程复杂、消耗人力物力多，再加上一些不可预见因素，都为工期控制增加了难度。

施工组织计划对于工期控制十分重要。承包人应制定详细的施工组织计划，并报投资人备案，一旦出现变更导致工期拖延，应及时与投资人、咨询协商，各方协调对各个环节、各个工序进行控制，最终圆满完成项目目标。

4. 各方保持良好关系

投资人、承包人和咨询三方的工作都是为了工程建设的顺利实施，因此三方有着共同的目标。但在具体实施过程中，各方又都有着自己的利益，不可避免要发生冲突。在这种情况下，各方都应尽量与其他各方协调关系，确保工程建设的顺利进行；即使发生争端，也要本着互谅互让、顾全大局的原则，力争形成对各方都有利的局面。

三、合同管理工作内容

工程合同管理是一个动态的过程，从合同策划、合同订立到合同实施，及实施过程中的索赔，可分为不同的阶段进行管理，如图 10-3 所示。

（一） 合同策划阶段

策划阶段的管理是项目管理的重要组成部分，是在项目实施前对整个项目合同管理方案预先作出科学合理的安排和设计，从合同管理组织、方法、制度、内容等方面预先作出计划的方案，以保证项目所有合同的圆满履行，减少合同争议和纠纷，从而保证整个项目目标的实现。合同策划大致包括以下内容：

（1）项目合同管理组织机构及人员配备；

（2）项目合同管理责任及其分解体系；

（3）项目合同管理方案设计，具体包括以下几个方面：

1）项目发包模式选择；

2）合同类型选择；

3）项目分解结构及编码体系；

4）合同结构体系（合同分解、标段划分）；

5）招标方案设计；

6）招标文件设计；

7）合同文件设计；

8）主要合同管理流程设计，包括投资控制流程、工期控制流程、质量控制流程、设计变更流程、支付与结算管理流程、竣工验收流程、合同索赔流程、合同争议处理流程等。

全过程工程
咨询单位

编制合同结构分解

编制合同编码

组织合同起草

合同总体策划

法律顾问审查合法性　　全过程工程咨询单位
　　　　　　　　　　　　项目经理审查合同完备性等

合同评审

报送委托方审批

招标，与勘察、设计、施工、监理、设
备供应单位进行合同洽谈

签订各类合同

合同及签订

合同备案管理

合同执行管理

继续执行　否　合同是否偏离

是

合同分析与
总结

能否补救　否　责任追究

是

协商采取补救措施　　当事人协商　是　确定解决方案

向责任方提出索赔　　　　否　　　　报委托方审定

当事人协商　否　申请仲裁或
向法院起诉　　　执行解决方案

是

报委托方审定　　　向委托方汇报结果

执行索赔　　　执行仲裁裁决或
法院判决

合同实施及完成阶段

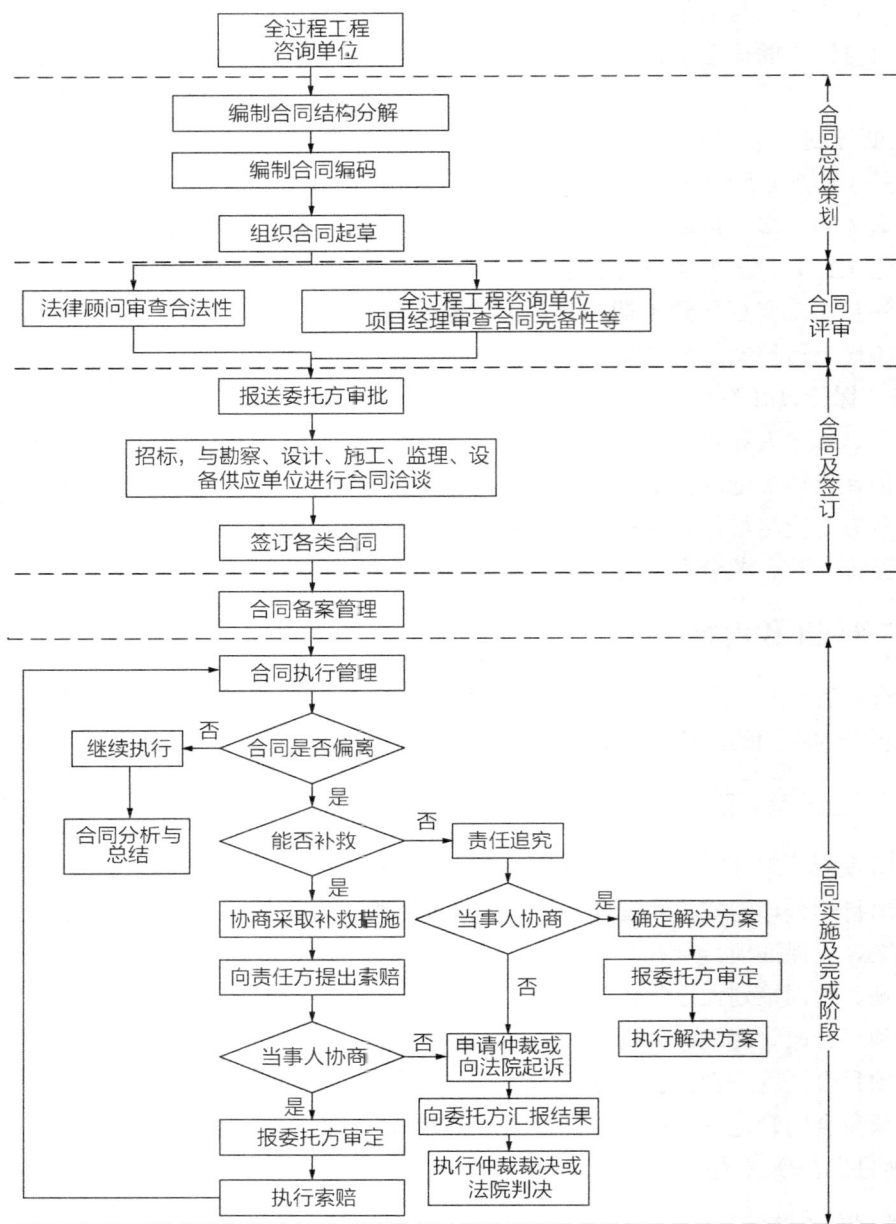

图 10-3　合同管理流程图

（二）合同签订阶段

在一般的买卖合同或服务合同中，只要交易双方就权利义务达成一致，合同便即成立。而建设工程却并非如此。建设工程的合同签订首先要经过招投标，选定合适的承包人；在确定中标单位之后，还必须通过合同谈判，将双方在招投标过程中达成的协议具体化或作某些增补或删减，对价格等所有合同条款进行法律认证，最终订立一份对双方均有法律约束力的合同文件，此时，合同签订才算完毕。根据我国《工程建设项目施工招标投标办法》，投资人和承包人必须在中标通知书发出之日起 30 日内签订合同。可见，建设工程的合同签订也要遵循严格的程序，不能一蹴而就。

合同签订阶段一般包括四个基本阶段：招投标、合同审查、合同谈判、合同订立。

（三）合同实施阶段

工程合同的履行，是指工程建设项目的投资人和承包人根据合同规定的时间、地点、方式、内容及标准等要求，各自完成合同义务的行为。

对于投资人来说，履行建设工程合同最主要的义务是按约定支付合同价款，而承包人最主要的义务是按约定交付工作成果。但是，当事人双方的义务都不是单一的最后交付行为，而是一系列义务的总和。例如，对工程设计合同来说，投资人不仅要按约定支付设计报酬，还要及时提供设计所需要的地质勘探等工程资料，并根据约定给设计人员提供必要的工作条件等；而承包人除了按约定提供设计资料外，还要参加图纸会审、地基验槽等工作。对施工合同来说，投资人不仅要按时支付工程备料款、进度款，还要按约定按时提供现场施工条件，及时参加隐蔽工程验收等；而承包人义务的多样性则表现为工程质量必须达到合同约定标准，施工进度不能超过合同工期等。

总之，建设工程合同的实施，内容丰富，持续时间长，是其他合同不能比拟的，因此也可将建设工程合同的实施分为几个方面：合同分析、合同控制、合同变更管理、合同索赔管理、合同信息管理。

（四）合同收尾阶段

建设项目实施完成后，全过程工程咨询单位需要对合同的实施情况，即合同各参与主体在执行过程中的情况进行客观分析和总结，建立评价体系为全过程工程咨询单位后续选择承包人、材料供应商等做好评价工作。

第二节 全过程项目合同管理策划

一、合同目标策划

工程合同总体策划是确定对整个工程项目有重大影响的，带根本性和方向性的合同问题，是确定合同的战略问题。它们对整个项目的计划、组织、控制有决定性的影响。在项目的开始阶段，投资人（有时是企业的战略管理层）必须就如下合同问题作出决策：

（1）承发包模式的策划，即将整个项目工作分解成几个独立的合同，并确定每个合同的工程范围。合同的承发包模式决定了工程项目的合同体系。

（2）合同种类和合同条件选择。

（3）合同的主要条款和管理模式的策划。

（4）工程项目相关的各个合同在内容、时间、组织、技术上的协调等。

建设工程的合同管理作为工程管理的一个重要组成部分，在服务于工程整体目标的同时，又具有其自身的独特特点，其目标与特点主要包括以下几个方面：

（一） 通过对建设工程合同的管理， 达到工程建设预期的理想效果

建设工程由于涉及工程的发包商作为发包主体，将建设工程委托给承包人进行承建，由于主体双方信息的不对称，双方的最终目标可能出现偏差，因此在这种委托—代理关系确立之时，通过签订建设工程合同，约定最终工程的建设目标，通过以合同管理的方式，达到承包人的最终目标与发包商目标的一致性。而同时，具体的承包人又涉及将工程进行再一次分包处理，结果就会导致工程质量出现越来越大的偏离，因此，只有通过以合同管理的形式，事先约定工程的质量标准，这样才可以达到工程建设的预期效果，保证工程的质量，使得建设目标从发包商到最终的承包人均一致的效果。

（二） 缩短工程工期、 降低工程成本， 使投资收益最大化

作为理性的经济人，在建设工程项目中的每一参与主体都会从自身利益最大化的角度出发，因此在项目建设过程中难免会出现诸多问题。而由于建设工程作为一个非常庞大的复杂性系统，其需要管理的内容非常多，只有通过合同管理的形式，明确每一部分、每一环节、每一人员的责任和义务，以及需要达到的目标，这样就可以有效地控制工程建设的各种成本，减少部门之间的沟通协调费用，降低成本，同时通过合同的激励效益可以在保证工程质量的同时，缩减工程周期，使承包人发挥自身最大的效益。也只有通过这种方式，明确了各方的权利义务，调动各方的积极主动性，扩大受益，降低成本，从而最终达到投资者投资效益的最大化，实现整体社会效益的最优。

（三） 以合同管理的形式， 明确各方的权利和义务

在工程建设过程中，矛盾与分歧在所难免，如何将这些分歧减少到最少是工程合同管理的一大目标。对于建设工程中，各方签订的合同就是事先以约定的方式来明确自身的责任、权利与义务，当出现问题，协商不能够解决的时候，这时候就需要按照合同事先约定的事项进行处理，从而达到双方目标的一致性。而对于合同管理的还有一大任务，就在于可以在项目一方出现违约的情况下的处理，通过合同的约定，在一方出现违约或者工程质量、进度没有达到事先约定的水平时，受损方可以要求另一方进行赔偿。因此，在对建设工程的合同管理进程中，应该尽可能地服务于这三大目标，使得合同管理的目的性更加明确。

二、合同策划内容

合同策划指依据投资人的项目管理模式和组织机构职能，制定工程的整体合同文件体系以及施工、设计某一类别的合同文件体系，详细分析、研究和确定合同协商、签订、履行和争议中的各项问题，形成合同策划方案，从而指导工程合同的签订实施等。在建设项目的开始阶段，投资人必须对项目建设过程中一些重大合同问题做出决策，工程项目的总

目标和实施战略确定后，必须对与工程相关的合同进行总体策划，过程如图 10-4 所示。

在工程合同的总体策划中，应对与工程项目相关的各种因素给予考虑。这些因素可分为工程项目特点、投资人信息、承包人信息及项目所处环境四个方面。

1. 工程方面

工程项目的类型、总目标、工程项目的范围和分解结构（WBS），工程规模、特点，技术复杂程度，工程技术设计准确程度、工程质量要求和工程范围的确定性、计划程度，招标时间和工期的限制，项目的营利性，工程风险程度，工程资源（如资金，材料，设备等）供应及限制条件等。

2. 投资人方面

投资人的资信、资金供应能力、管理风格、管理水平和具有的管理力量，投资人的目标以及目标的确定性，投资人的实施策略，投资人的融资模式和管理模式，期望对工程管理的介入深度，投资人对工程师和承包人的信任程度等。

3. 承包人方面

承包人的能力、资信、企业规模、管理风格和水平，在本项目中的目标与动机，目前经营状况，过去同类工程经验、企业经营战略、长期动机，承包人承受和抗御风险的能力等。

4. 环境方面

工程所处的法律环境，建筑市场竞争激烈程度，物价的稳定性，地质、气候、自然、现场条件的确定性，资源供应的保证程度，获得额外资源的可能性，工程的市场方式（即流行的工程承投资人式和交易习惯），工程惯例（如标准合同文本）等。

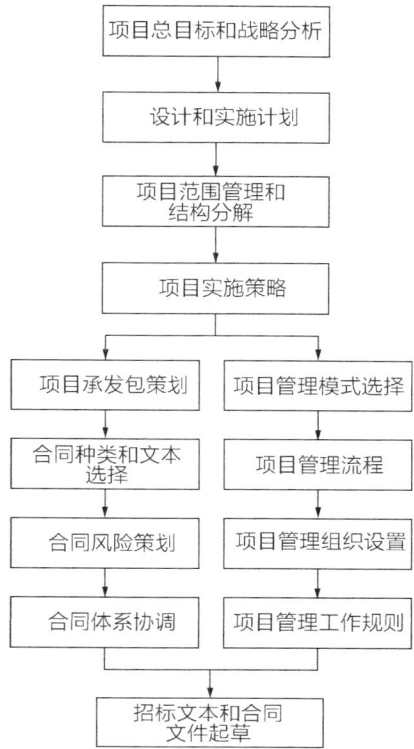

图 10-4　建设项目合同总体策划流程图

建设项目的合同策划，是指在法律许可范围内，根据投资人总的目标要求，通过对合同条款做合理、完善的策划，使项目在建设过程中的时间、资金使用关系中选择最佳结合点，保证项目获得满意的经济效益和社会效益。合同策划就是对建设项目建设工程中有重大影响的合同问题进行研究和决策。通过合同策划，一般要确定以下几个问题：项目结构分解、工程承投资人式、合同类型、招标方式、合同条件、重要合同条款等。

在建设项目建设过程中，开发商通过合同分解项目目标，委托项目任务，并实施对项目的控制。投资人作为工程（或服务）的买方，是工程的需要者（或所有者，或投资者）。投资人根据对工程的需求确定总体战略，确定工程项目的整体目标，这个目标是所有相关的工程合同的灵魂。要实现工程项目的目标，将整个目标任务分为多少包（或标段），以及如何划分这些标段并进行组合，投资人对项目结构分解（WBS）确定工程项目范围内和实施周期内的全部工作，如图 10-5 所示，通过合同将建筑工程的勘察设计、各专业施工、设备和材料的供应、管理等工作委托出去，由其他单位完成。

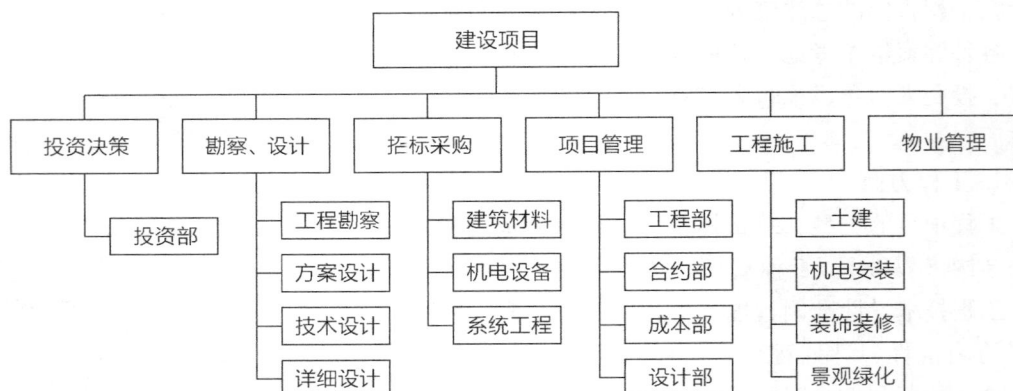

图 10-5 建设项目工作结构分解图

根据项目结构分解结果，投资人须签订下列合同：咨询（监理）合同、勘察设计合同、工程施工合同、物资采购合同、贷款合同等。由投资人与工程承包人签订工程施工合同，由一个或几个承包人负责或分别负责工程土建、机械、电器、通信、装饰等工程的施工。与投资人签订的合同通常称为主合同，按照工程承包人式和范围不同，投资人可能订立几十份合同，例如将各专业工程分别甚至分阶段委托，将材料和设备供应分别委托，也可能将上述委托以各种形式合并，例如将土建、安装委托给一个承包人，将整个设备和材料委托给一个成套设备供应企业，甚至可以将整个工程的勘察设计、供应、工程施工、管理一并委托给一个承包人，签订一个总包合同。所以一份合同的工程范围和内容也有很大的差别。

（一）合同类型选择

针对项目的应用范围和特点选择工程项目合同类型，采用不同合同形式实施工程建设，与招标前已完成的设计文件详细程度有关，不同设计深度与选择合同类型的关系参见表 10-2。

不同设计深度的合同类型适用表 表 10-2

合同类型	设计阶段	设计文件主要内容	设计深度要求
总价合同	施工详图设计阶段	1. 详细设备清单 2. 详细材料清单 3. 施工详图 4. 施工图预算 5. 施工组织设计	1. 设备材料的安排 2. 非标准设备的制造 3. 施工图预算的编制 4. 施工组织设计的编制 5. 其他施工要求
单价合同	技术设计阶段	1. 较详细的设备清单 2. 较详细的材料清单 3. 工程所需的设计文件 4. 修正总概算	1. 设计方案中重大技术问题的要求 2. 有关试验方面的要求 3. 有关设备制造方面的要求

合同类型	设计阶段	设计文件主要内容	设计深度要求
成本补偿合同	初步设计阶段	1. 总概算 2. 设计依据、指导思想 3. 建设规模、产品方案 4. 主要设备选型和配置 5. 主要材料需要概数 6. 主要建筑物、构筑物 7. 公用辅助设施 8. 主要技术经济指标	1. 主要材料设备订货 2. 项目总造价控制 3. 技术设计的编制 4. 施工组织设计的编制

由于建设项目有较高的成本要求，投资人的管理和控制工作比较细致，建设项目一般多采用分阶段分专业工程平行发包的模式。这种模式下，投资人将面对众多的承包人（包括设计单位、供应单位、施工单位等），一个项目可能多达上百份合同签约对象，管理跨度较大，容易造成项目协调的困难，使用这种形式，项目的计划必须周全、准确、细致。

作为建设项目成本的载体——合同，其合同形成前的合同策划对整个建设项目合同实施有着重大的影响，合同策划是工程项目建设目标实现的保障。正确的合同策划不仅能够签订一个完备有利的合同，而且可以保证圆满地履行合同，以顺利地实现工程项目的根本目标。

（二）合同条件选择

1. 合同条件选择应注意的问题

合同协议书和合同条件是合同文件中最重要的部分。在实际工程中，投资人可以按照需要自己（通常委托咨询公司）起草合同协议书（包括合同条款），也可以选择标准的合同条件。在具体应用时，可以按照自己的需要通过特殊条款对标准的文本作修改、限定或补充。当然，作为合同双方都应尽量使用标准的合同条件。

对一个工程，有时会有几个同类型的合同条件供选择，特别在国际工程中。合同条件的选择应注意如下问题：

（1）大家从主观上都希望使用严密的、完备的合同条件，但合同条件应该与双方的管理水平相配套。双方的管理水平很低，而使用十分完备、周密，同时规定又十分严格的合同条件，则这种合同条件没有可执行性。将我国的原示范文本与 FIDIC 合同相比较就会发现，我国施工合同在许多条款中的时间限定严格得多。这说明在工程中如果使用我国的施工合同，则合同双方要比使用 FIDIC 合同有更高的管理水平，更快的信息反馈速度。投资人、承包人、项目经理、监理工程师的决策过程必须很快。但实际上做不到，所以在我国的承包工程中常常双方都不能准确执行合同。

（2）最好选用双方都熟悉的合同条件，这样能较好地执行。如果双方来自不同的国家，选用合同条件时应更多地考虑承包人的因素，使用承包人熟悉的合同条件，由于承包人是工程合同的具体实施者，所以应更多地偏向他，而不能仅从投资人自身的角度考虑这个问题。当然在实际工程中，许多投资人都选择自己熟悉的合同条件，以保证自己在工程管理中有利的地位和主动权，结果二程不能顺利进行。

（3）合同条件的使用应注意到其他方面的制约。例如我国工程估价有一整套定额和取费标准，这是与我国所采用的施工合同文本相配套的。如果在我国工程中使用 FIDIC 合同条件，或在使用我国标准的施工合同条件时，投资人要求对合同双方的责权利关系作重大的调整，则必须让承包人自由报价，不能使用定额和规定取费标准；而如果要求承包人按定额和取费标准计价，则不能随便修改标准的合同条件。

2. 国内外主要的标准工程合同条件

（1）我国建设工程合同范本

近 20 多年来，我国在工程合同的标准化方面做了许多工作，颁布了一些合同范本。其中最重要，也最典型的是 2017 年颁布的《建设工程施工合同（示范文本）》GF—2017—0201。它作为在我国国内工程中使用最广的施工合同标准文本，经过多年的使用并修改，人们已积累了丰富的经验。在此基础上经过修改，于 1999 年以后我国陆续颁布了《建设工程施工合同（示范文本）》《建设工程施工专业分包合同（示范文本）》《建设工程施工劳务分包合同（示范文本）》等合同文本。这些文本反映我国建设工程合同法律制度和工程惯例，更符合我国的国情。

（2）FIDIC 合同条件

1）"FIDIC" 词义解释。"FIDIC" 是国际咨询工程师联合会的缩写。在国际工程中普遍采用的标准文本是 FIDIC 合同条件。FIDIC 合同条件是在长期的国际工程实践中形成并逐渐发展和成熟起来的国际工程惯例。它是国际工程中通用的、标准化的、典型的合同文件。任何要进入国际承包市场，参加国际投标竞争的承包人和工程师，以及面向国际招标的工程的投资人，都必须精通和掌握 FIDIC 合同条件。

2）FIDIC 条件的特点。FIDIC 条件经过数十年的使用和几次修改，已逐渐形成了一个非常科学的、严密的体系。它有如下特点：

① 科学地反映了国际工程中的一些普遍做法，反映了最新的工程管理程序和方法，有普遍的适应性。所以，许多国家起草自己的合同条件通常都以 FIDIC 合同作为蓝本。

② 条款齐全，内容完整，对工程施工中可能遇到的各种情况都作了描述和规定。对一些问题的处理方法都规定得非常具本和详细，如保函的出具和批准，风险的分配，工程量计算程序，工程进度款支付程序，完工结算和最终结算程序，索赔程序，争执解决程序等。

③ 它所确定的工作程序和方法已十分严密和科学；文本条理清楚、详细和实用；语言更加现代化，更容易被工程人员理解。

3）适用范围广。FIDIC 作为国际工程惯例，具有普遍的适用性。它不仅适用于国际工程，稍加修改后即可适用于国内工程。在许多工程中，投资人即使不使用标准的合同条件，自己按需要起草合同文本，但在起草过程中通常都以 FIDIC 作为参照本。

4）公正、合理，比较科学地公正地反映合同双方的经济责权利关系：合理地分配合同范围内工程施工的工作和责任，使合同双方能公平地运用合同有效地、有利地协调，这样能高效率地完成工程任务，能提高工程的整体效益；合理地分配工程风险和义务，例如明确规定了投资人和承包人各自的风险范围，投资人和承包人各自的违约责任等，承包人的索赔权等。

（3）ICE 文本

ICE 为英国土木工程师学会，它是设于英国的国际性组织，拥有英国及 140 多个国家和地区的会员，创立于 1818 年。1945 年 ICE 和土木工程承包人联合会颁布 ICE 合同条件第一版。它主要在英国和其他英联邦以及历史上与英国关系密切的国家的土木工程中使用，特别适用于大型的比较复杂的工程，特别是土方工程以及需要大量设备和临时设施的工程。

该文本虽在 1954 年正式颁布，但它的风险分摊的原则和大部分的条款在 19 世纪 60 年代就出现，并一直在一些公共工程中应用。到 1956 年已经修改 3 次，作为 FIDIC 合同条件编制的依据。ICE 合同使用的要求：

1）有工程量表；

2）咨询工程师的作用；

3）承包人不承担主要设计；

4）承包人投标时要求价格固定不变。

（4）NEC 合同

1993 年由英国土木工程师学会颁布 NEC 合同，它是一个形式、内容和结构都很新颖的工程合同。它在工程合同的形式的变更方面又向前进了一步。它在全面研究目前工程中的一些主要合同类型的结构基础上，将它们相同的部分提取出来，构成核心条款，将各个类型的合同的独特的部分保留作为主要选项条款和次要选项条款。合同报价的依据由成本组成表及组成简表等组成。它的结构形式如表 10-3 所示。

合同报价结构形式一览表 表10-3

核心条款	主要选项	次要选项
1. 总则		1. 履约保函
2. 承包人主要责任		2. 母公司担保
3. 工期	1. 有分项工程表的标价合同	3. 预付款
4. 测试与缺陷	2. 有工程量清单的标价合同	4. 多种货币
5. 付款	3. 目标合同	5. 价格调整
6. 补偿事件	4. 成本补偿合同	6. 保留金
7. 所有权	5. 管理合同	7. 提前奖与误期罚款
8. 风险和保险		8. 功能欠佳罚款
9. 争端和合同终止		9. 法律的变化

这种结构形式像搭积木，通过不同部分的组合形成不同种类的合同，使 NEC 合同有非常广泛的适应面。它能够实现用一个统一的文本表示不同的合同类型。

1）按计价方式可适用单价、总价、成本加酬金、目标合同；

2）按照专业和承包范围不同可适用工程施工、安装、EPC 总承包、管理承包；

3）可以由承包人编制工程量表或由投资人提出工程量清单。

（5）其他常用的合同条件

1）JCT 合同条件。JCT 合同条件为英国合同联合仲裁委员会制定的标准合同文本。它主要在英联邦国家的私人工程和一些地方政府工程中使用，主要适用于房屋建筑工程的施工。

2）AIA 合同条件。美国建筑师学会作为建筑师的专业社团，已有近 140 年的历史。该机构致力于提高建筑师的专业水平，促进其事业的成功并通过改善其居住环境提高大众的生活水准。AIA 出版的系列合同文件在美国建筑业界及国际工程承包界，特别在美洲地区具有较高的权威性。

（三） 合同策划内容

建设工程合同内容包括中标通知书、投标书及其附件、标准、规范及有关技术文件、图纸、工程量清单、工程报价单或预算书等，与合同条件共同组织完整的工程合同。建设工程合同内容策划就是建设工程合同条件的编写策划，包括工程合同条件制定、标准合同条件选择、主要合同条款的确定等。

建设工程合同条件指书面的合同条件，包括合同双方当事人的权利和义务关系、工程价款、工期、质量标准、合同违约责任和争议的解决等内容，是工程合同的核心文件。简单工程合同条件可能只是一份简单的合同。目前国际工程和国内工程普遍采用标准合同或者示范文本。合同大部分内容已经标准化，只有部分空白条款需要由合同当事人双方确定。如果存在通用合同条件和专用合同条件，则通用合同条件一般不变，合同主要条款通过专用条件的有关条款由双方协调确定。

在建设工程实践中，建设工程合同一般选用标准合同条件。投资人在合同策划时应对一些重要的合同条款进行研究和确定，从《合同法》的角度就合同的实质性条款，即合同标的，数量，质量，价款或者报酬，暧约的期限、地点和方式，违约责任，解决争议的办法等内容，合同主要条款有：

1）工程承包范围，包括工作内容具体描述和工作界面的明确划分等；

2）合同工期，包括开工时间，竣工时间，工期延误及工期违约处理等；

3）各方一般权利与义务，包括投资人、咨询人、承包人和设计人的一般权利和义务，以及投资人对咨询人的授权约定等；

4）限额设计，包括限额设计的范围、设计标准、限额设计指标、奖惩等；

5）质量与检验，包括工程质量执行和验收的规范和标准，验收的程序，以及质量争议的处理等；

6）安全施工，包括安全施工与检查，安全风险防范，事故处理及争议解决等；

7）合同价款与支付，包括合同价款、变更调整条件和方式，价格风险分配，价款支付，结算审计及履约保证等；

8）材料设备供应，包括承发包双方供应的材料设备划分，检验、保管责任及材料设备价格的确定等；

9）竣工验收及结算，包括竣工验收及结算方式，以及工程保修的约定等；

10）违约及索赔，包括承发包双方的违约责任及处理方式，以及激励措施等；

11）争议解决方式、地点、适用于合同关系的法律及转包、分包的约定等。

项目管理的控制是通过合同来实现的，合同条款的表达应清晰、细致、严密，不能自相矛盾或有二义性，合同条件应与双方管理水平相配套，过于严密、完善的合同没有可执行性；最好选用双方都熟悉的合同条件，便于执行。投资人应理性地对待合同，合同条件要求合理但不苛刻，应通过合同来制约承包人，但不是捆住承包人。同时为使承包人投标时能充分考虑合同条件、责任范围和风险分配，合理地降低承包人报价中的不可预见风险费用，宜在招标文件中给出合同的全部内容。由于投资人起草招标文件和草拟合同文本，居于合同的主体地位，应确定的主要合同条款包括适用于合同关系的法律及争执仲裁地点、程序；付款方式，合同价格的调整条件、范围、调整方法；合同双方风险的分担，即将风险在投资人与承包人之间合理分配；对承包人的激励措施，恰当地采取激励措施可激励承包人缩短工期、提高质量、降低成本、提高管理积极性；保函、保留金和其他担保措施，对违约行为的处罚规定和仲裁条款等。

三、合同策划流程

合同总体策划流程为：

（1）研究企业和项目战略，确定企业和项目对合同的要求，一个项目采用不同的组织形式和项目管理体制，则有不同的任务分解形式和合同类型；

（2）确定合同总体原则和目标，建立全面合同管理结构体系；

（3）分层次、分对象对不同合同的投资人式、招标方式、合同类型、主要合同条件等重要问题进行研究并逐一做出决策和安排，提出合同措施；

（4）在项目过程中，开始准备每一项合同招标和合同签订时都要进行一次合同策划评价。

（一）项目合同形成过程

投资人在合同形成阶段的主要工作包括对投标人资格预审、招标文件的编制、开标、评标、合同谈判及签订合同等几个环节。

工程招投标是合同形成阶段，工程建设是合同执行阶段。合同订立是合同当事人做出意思表示并达成合意的行为和过程。当事人订立合同要采取要约、承诺方式，即合同订立包括要约和承诺两个阶段，如图10-6所示。

合同成立是指合同订立过程的完成，即合同当事人经过平等协商对合同基本内容达成一致意见，合同形成阶段宣告结束，它是合同当事人合意的结果。

1. 工程招投标

工程招投标是国际通行的工程建设预期管理方式，是完全以市场经济的运行方式与结构为基础而进行的工程建设管理方式。建设工程的招标，是指依据拟建的工程投资人或投资人向社会范围内征集承包单位，在法定程序下吸引各承包单位就建设项目竞争，然后根

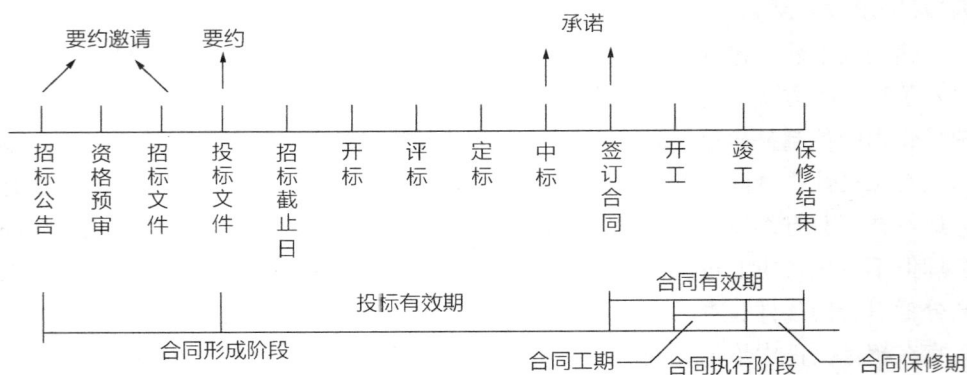

图 10-6　项目建设工程合同订立和执行过程

据各竞争单位的基本指标优先选择与建筑项目相符合的承包人来完成工程建设的任务的过程。建设工程的投标，是指建设项目承包单位在通过相应的审查程序后取得参加竞标的资格，然后根据投资人提供的招标文件的各项要求，在限定的时间内向投资人提供相应的投标书，以争取中标的过程。

目前大部分建设工程项目合同，都是通过招标、投标程序订立的，要经过招标、投标、开标、评标、定标和签订合同等几个阶段，各阶段间的协调、统一是至关重要的。合同既是招标的决策结果，也是项目实施控制的依据。这就要求合同条款的诸多内容需要在项目的招标阶段就必须明确，中标通知书、工程量清单、投标文件是合同的组成部分，合同签订与招标、投标密不可分。工程招标文件和投标书是建设工程合同的主要组成部分，也是重中之重，它是建设工程合同管理的依据。

合同条款是建设项目的实施阶段依据，对工程质量、工期、竣工决算、变更、索赔等建设项目的实施发挥着非常重要的影响，这样的影响极具深刻性。由于建设项目的工程招标和建设施工有着很密切的关系，投资人的管理人员既要对工程的招投标活动进行监督，又要对施工合同的签订和执行进行监督。首先，这种关系在于建设项目建设工程招标过程就是施工合同的谈判和订立的过程，也就是说承投资人双方当事人提出订约提议以及接受订约提议的协商过程；再则是从市场的交易行为来看，建设项目工程招投标是一种交易行为的过程，在这个工程当中，承投资人双方还没有建立依靠法律的交易关系，这种关系得到了相关的招投标方面的法律法规的调整，只有通过决标之后，承投资人双方签订了施工合同，这种交易行为才通过合同这种具有法律效力的形式被确定下来，只有这样，双方的权利和义务关系才得以确定，双方的合法利益才能得到法律的保护；第三是从招标投标的跟踪管理以及评价招投标是不是成功的角度来看，要体现招投标是不是进行的成功，只有通过监督和检查双方对施工合同的各项条款的履约情况来体现。第四是从住房城乡建设部制定的建设工程施工招标文件范本和建设工程施工合同的文本来看，建设项目招标文件当中有合同的主要条款，反过来说，招标文件是组成合同的主要文件，所以说，两者是互为主要内容的，所以说建设项目的工程招标和合同管理是不可分割的。

2. 合同谈判

工程项目经过招标、投标、开标等阶段后，投资人经过研究，往往选出二、三家投标者就工程价格及合同条款等进行谈判，然后择优选择中标者。这一过程习惯上称为商务谈判。合同谈判应朝着争取签订合同的方向发展。签订一份公正、公平、合理的合同应该是投资人和承包人追求的共同目标。一份好的合同并不是对某一方特别有利，对另一方特别不利，而是合同双方通过谈判都认为已在合同中最大程度地实现了自己的利益，满足了自己的要求。

投资人通过谈判，了解投标者报价的构成，进一步审核和压低报价。进一步了解和审查投标者的施工规划和各项技术措施是否合理，以及项目经理班子力量是否雄厚，能否保证工程的质量和进度。根据参加谈判的投标者的建议和要求，也可吸收其他投标者的合理建议。对设计方案，图纸、技术规范进行某些修改后，估算可能对工程报价是和功能质量的影响等。

在实际工作中，投资人将谈判分为决标前和决标后两个阶段进行。在决标前，为投资人与初选出的几家投标者谈判的主要内容有两个方面：一是技术答辩，二是价格问题。技术答辩由评标委员会主持了解投标者如果中标后将如何组织施工，如何保证工期和质量，对技术难度较大的部位采取什么措施等。投标者在编制投标文件时已有准备，但在开标后还应该在这方面再进行仔细的准备争取顺利通过技术答辩。价格问题是双方关注的十分重要的问题，投资人会利用他的有利地位，要求投标者降低报价，并就工程款额中由外汇比率、付款期限、贷款利率（对有贷款的投标）以及延期付款条件，甚至要求带资承包等方面要求投标者做出让步。投标者在此阶段一定沉着冷静，在适当时机适当地、逐步地让步。因此谈判有时会持续较长时间。经过决标前的谈判，投资人确定中标者并发出中标通知书，这时投资人和中标者还要进行决标后的谈判，即将过去双方达成的协议最后签署合同协议书，对价格及所有条款加以确认。决标后，中标者地位有所改善，他可以利用这一点，积极地、有理有据地同投资人进行决标后的谈判，争取协议条款公正合理。

投资人和中标者在对价格和合同条款达成充分一致的基础上，就可签订合同协议书，双方就建立了受法律保护的经济法律关系，至此招标投标工作即告完成。

3. 合同签订

合同签订的过程，是双方当事人经过互相协商最后就各方的权利、义务达成一致意见的过程，签约是双方意志统一的表现。合同作为当事人从建立到终止权利关系的一个动态过程，始于合同的订立，终结于适当履行或者承担责任。任何一个合同的签订都需要当事人双方进行一次或多次的协商，最终达成一致意见，而签订合同则意味着合同的成立。

签订施工合同的准备工作时间很长，实际上准备招标文件开始，继而经过招标、投标、评标、中标，直至合同谈判结束为止的一整段时间。合同目标确定后，搜集相关信息、熟悉相关的法律法规及行业相关文件，其中建设行业涉及相关法律有很多，诸如合同法、环境保护法、土地管理法及实施条例、物权法、城镇土地使用税暂行条例及实施细则、土地增值税及实施细则、建筑法、招投标法等，还有一些相关规定、通知等文件都是起草合同的依据，对是否签订合同、和谁签订合同、签订什么类型的合同有了初步的意向，进入合同签订阶段。这个阶段是真正的决策阶段，是确立方向的阶段，这个阶段管理好坏直接影响合同执行的成败，乃至企业发展的成败，是整个合同管理至关重要的阶段。

招标人和中标人应当自中标通知书发出之日起 30 日内，应按照招标文件和中标人投标文件订立书面合同且双方不得再行订立背离实质性内容的其他协议。中标人不与招标人签订合同其投标保证金不予退还并需取消其中标资格，若给招标人造成的损失超过投标保证金数额，中标人应当予以赔偿；未提交投标保证金的，应对招标人的损失进行赔偿。招标人无正当理由不与中标人签订合同，应当给予中标人赔偿。提交履约担保后招标人应将中标结果通知投标申请人，退回投标保证金。招标人与中标人签署合同协议后 7 日内，招标人和中标人应将合同送工程所在地的县级以上地方人民政府建设行政主管部门备案。

（二） 项目合同管理策划

（1）合同管理组织结构

合同的管理组织本身既是一个小系统，要想做好合同管理组织既需要加强各个环节的监管，也需要以工程项目为基础、构建起完整的总承包、咨询、分包、材料设备、劳务等的招标投标和合同管理体系。投资人按照职能分工设置职能部门，有的投资人设立负责所有工程合同管理工作的合约管理部门，有的投资人将合同分解后由不同的部门分别进行管理。

（2）合同管理制度德国经济学家柯武刚在《制度经济学》中对"制度"的描述为：制度是要维护各种禁止不可预见行为和机会主义行为的规则。建立制度的目的是为了维护一种秩序，使投资人形成良好的运行机制。投资人必须形成一套完整的合同管理制度，以便合同管理机构和人员在合同管理过程中做到有章可循，有法可依。合同管理制度主要有以下几个方面。

1）建立合同管理责任制度。合同管理责任制度的建立有利于投资人内部各部门间的分工与协作，做到责任明确，逐级负责，落实到人。有利于调动投资人合同管理人员及合同履行中涉及的有关人员的积极性，促进合同管理工作正常开展，合同圆满完成。

2）制定合同管理目标制度。合同管理目标制度是投资人在合同管理活动中要达到一定的合同目标所形成的一种管理制度。投资人通过制定合同管理目标可以在合同履行过程中经过周密的计划，及时组织、指挥、督促和协调，力求使投资人内部各部门、各环节相互配合，充分利用人、材、机具、方案、环境等有利因素，保证投资人经营管理生产活动顺利进行，提高投资人管理水平。

3）建立投资人内部合同审查批准制度。合同审查批准制度在投资人合同管理中具有十分重要的地位。因为工程建设合同涉及法律、投资人成本与计划、工程技术、财务管理等方面的问题，为了使工程合同在签订后合法有效、便于履行，就必须在签订前进行审查、批准的程序。审查主要是指在合同签订之前由各职能部门审查会签，再由投资人合同主管部门或法律顾问室统一审查。批准主要是指由投资人法人或法定代表人签署是否同意对外签订合同的意见。从新的决策理论来说，群策群力，集思广益，充分征求各方的意见后所形成的决策是避免决策失误的最好方法。

4）建立投资人内部合同会签和印章制度。会签制度有利于发挥各职能部门的作用，促进投资人各部门之间的衔接和协调。投资人合同专用章是投资人在经营活动中对外行使权利、承担义务、签订合同的凭证。因此，投资人对合同专用章的登记、保管、使用等都要有严格的管理，形成制度。

5）制定合同管理检查奖惩制度。建筑工程合同管理因其生产的"产品"的特殊性决定了合同管理具有许多特点，例如：合同管理时间长、合同变更频繁、管理难度大；合同管理法律要求高、系统性强等特点。作为投资人合同管理部门必须经常对合同的签订、履行情况等进行检查，发现问题及时研究处理。对在合同管理过程中执行的比较好的部门和人员应给予表扬和奖励。实行合同管理检查奖惩制度是保证合同管理工作顺利进行，维护投资人利益，激发投资人合同管理人员及相关人员积极性的重要措施。

6）建立合同统计考核制度。合同统计考核制度是投资人统计管理工作的重要组成部分。运用科学的统计方法，通过对合同统计数据、表格的分析，可以发现问题、找出差距和不足，不断总结经验。为投资人的经营决策提供重要的理论数据。投资人合同统计考核制度包括统计方法、统计范围、表格填报时间和规定等。

7）建立合同管理评审制度。加入 ISO 9000 国标的投资人均有合同管理评审制度。建立合同管理评审制度可以不断地对投资人的合同管理工作进行持续改进，使之更加具有科学性、规范性、系统性、实用性。合同管理具有明显的经济效应和社会效应的特点，合同管理工作做得比较好的投资人不但可以建立良好的社会信誉，而且可以明显提高投资人的经济效益。它对投资人增强市场竞争能力，推进投资人不断的发展具有重要的意义。因此，我们要重视投资人的合同管理工作，建立合同管理体系和管理制度，提高投资人的管理水平。

（三）项目合同结构策划

1. 合同分解
合同分解是指根据项目内容将建设合同分解为不同层次和不同内容的合同包。在结合了工程项目本身的特点以及考虑到工程项目管理方法的情况下对合同进行分解。

2. 合同归类与分包
由于进行过初步的合同分解后，通常会有合同包数量过多的问题，为了减少合同包数量，减少合同的管理工作负担，通常投资人可以根据一定的方法将一部分合同进行归类，然后在之后的招投标中按照分类进行合同的发包。这样做不但减轻了投资人的工作量而且有利于促进分包以及供货商的有益竞争，更利于合同管理及绩效考核。

3. 合同规划协调
投资人的合同规划与协调这两项工作密切相关。加入合同由于分类不清界限模糊导致争执或纠纷，不但增加争执双方的工作量，而且有可能扩大项目的风险，甚至影响到项目目标的实现。投资人合同规划协调主要工作如下。

（1）内容界定。清晰和完善的建筑合同是减少在建筑合同履行过程中发生争执的最有效的方法。为了减少在合同中出现的谬误，投资人合约负责人应当组织专业人员认真审查关于有关项目的定义及规定，仔细检查合同中是否存在遗漏。

（2）总分协调。投资人合约负责人应当组织专业人员认真检查各分包合同与项目总合同之间存在的关系，确保总合同与分包合同在各种意义上的连贯性和协调统一。

（3）时空协调。建设合同之间存在着种种复杂的关系，这些关系不但包含时间还包含空间的关系。因此需要投资人合约负责人应当组织专业人员对合同之间在时间以及空间上存在的问题进行明确界定和协调。确保施工阶段的流畅性以及整体性。

（四） 项目合同内容策划

施工合同内容策划就是对施工合同的内容进行策划，其中包括合同条件制定、标准合同条件的选择、主要条款的制定等。在实际工程中，经常选用标准合同条件作为基本的合同条款。国际上也有相应的机构定期出版各类工程合同标准条件以供使用者选择。有时订立合同的双方会对合同有特殊需求，这是可根据自身情况委托相应机构帮助订立合同条件。全部的合同条件制定好后，合同的当事人还需要组织专业人员在对合同的条款做整体的把握，确保合同内容的真实与意思表达无误。必要时还应组织相应专家进行评审，以避免合同条件出现的谬误为后续工作带来的损失。

四、策划注意事项

由于建设工程合同的管理具有专业性、协调性、风险性和动态性的特点，因此对于建设工程合同的管理人员而言，应该把握住工程合同的管理要点，努力降低合同管理风险。

（一） 合同的签订主体

由于建设工程是比较复杂的工程项目，因此，对于合同的签订而言，会存在不同的签订主体，因此，在对建设工程合同的管理过程中，应该明确合同的签订主体，明确签订主体才能有效防范和控制风险。

（二） 合同文本的规定事项

在对建设工程合同进行管理时，首先应该明确合同签订所适用的法律法规，这在国际工程项目中尤其重要，其次，应该对于合同的签订时的中标书、建设协议书、工程图纸、工程的预结算资料加强管理，明确合司中的相关事项条款，对其中的特别事项规定应该引起尤其注意。

（三） 合同约定的建设工程价款

工程价款作为建设工程合同管理的重要方面，是指建设工程在正常完工的情况下，投资人需要付给承包人的总款项，对于建设工程合同价款的管理一般是事前由承包人和投资人共同商议决定的，但是最终的价款则需要在该协议价款上进行适当修改，以弥补对工程质量、完工期限等方面的问题。

（四） 工程进度约定

工程进度对于建设工程企业来说是非常关键的，这关系到承包人能否按照发包商的要求及时交付工程，从而也涉及最终承包人能够具体获得多少工程价款，因此对于工期，在建设工程合同中一般都会加以明确，同时在工程进度中，双方也会约定一旦工程出现不能按时交付的责任归属和赔偿与免责情形。

（五）建设工程的验收

建设工程的交付与验收，是工程得以完工的最终标志，也是承包人与发包商权利与义务即将得到终结的标志。工程的验收一般经由发包商或者有发包商委托代理的监理工程方进行确定，如果工程在规定期限内得到顺利验收，标志工程的完结，但是如果工程的验收质量不合格，则需要承包人按照发包商的要求，再重新进行确定，保证工程质量，同时承包人在工程完工后的一定期限内还承担有工程的保修责任。

（六）工程风险

建设工程由于其特殊性，影响工程进度、质量的风险因素比较多，受到外部环境的影响较大，因此对于建设工程而言，不确定性增强。因此，在建设工程合同中，应该尽可能地将预知的风险详细描述，同时对于规避风险的措施以及发生风险之后的处理措施都应该给予详细说明，主要才能够在工程施工进程中减少各方的矛盾纠纷。而且，在各方签订工程项目合同时，应该对于提供的材料进行详细审核与说明，合理预知风险，对于未知的风险应该尽可能协商处理，共同承担相应的风险损失。

（七）索赔

索赔是建设工程合同中非常重要的一项，建设工程因为其复杂与专业性，而且在施工的过程中，工程很容易受到外部环境的干扰，导致工程出现许多问题。因此，当自身的利益受损之后，而且确定是由于对方的过失导致的自身利益损失，这时就可以按照合同里的相关条款规定，向责任方进行索赔，如果双方对于责任的归属问题不能详细划分的话，则在合同中也应该做出规定，由独立、公正的第三方机构进行仲裁确认，一经确认，责任方应该立即做出赔偿。

（八）违约责任

一般违约责任和合同的赔偿条款是联系在一起的，违约责任是指合同的一方因为自身的失误或者由于客观环境等因素造成，但责任归结于自身，给合同另一方造成了损失、伤害时，需要确定自身的责任行为。在建设工程合同中，应该具体规定违约情形，并根据不同情形确定相应的违约责任，同时，合同中也应该对于当违约发生时，确定责任归属之后，具体的赔偿方案的选择，这些都需要在建设工程合同中做出明文规定。

第三节　合同形成阶段的合同管理

建设工程招投标属于建设工程合同的谈判和订立的阶段，招投标是合同管理的基础之一，是合同管理的首要步骤之一。招投标更强调竞争性条款的成果，招标人预想以最小的运作成本，建成质量符合规范的建设工程；投标人意图以最小的施工管理成本，按照相关规范要求，完成建设工程的施工任务，获取最大的利润。在这一阶段，全过程工程咨询单位根据投资人委托的管理和服务的内容，为达到招投标双方为达到最佳经济利益的博弈，负责招标采购阶段各个合同的协调与控制。

一、合同体系确定

（一）依据

1. 工程方面

工程项目的类型、总目标、工程项目的范围和分解结构（WBS），工程规模、特点，技术复杂程度，工程技术设计准确程度，工程质量要求和工程范围的确定性、计划程度，招标时间和工期的限制，项目的营利性，工程风险程度，工程资源（如资金、材料、设备等）供应及限制条件等。

2. 承包人方面

承包人的能力、资信、企业规模、管理风格和水平，在建设项目中的目标与动机，目前经营状况、过去同类工程经验、企业经营战略、长期动机，承包人承受和抵御风险的能力等。

3. 环境方面

工程所处的自然环境，建筑市场竞争激烈程度，物价的稳定性，地质、气候、自然、现场条件的确定性，资源供应的保证程度，获得额外资源的可能性，工程的市场方式（即流行的工程承发包模式和交易习惯），工程惯例等。

（二）内容

全过程工程咨询单位在合同策划中的管理工作主要是合同管理策划及合同结构策划。

1. 合同管理策划

合同管理策划的内容包括制定合同管理原则、组织结构和合同管理制度。

（1）制定合同管理的原则

1）所有建设内容必须以合同为依据；

2）所有合同都闭口；

3）与组织结构相联系；

4）与承包模式相联系；

5）尽量减少合同界面；

6）动态管理合同。

（2）制定合同管理组织结构

合同管理任务必须由一定的组织机构和人员来完成。要提高合同管理水平，必须使合同管理工作专门化和专业化。全过程工程咨询单位应设立专门机构或人员负责合同管理工作。

对不同的组织和工程项目组织形式及合同管理组织的形式不一样，通常有如下几种情况：

1）全过程工程咨询单位的合同管理部门（或科室），应派专人专门负责与该项目有关的合同管理工作；

2）对于大型的工程项目，设立项目的合同管理小组，专门负责与该项目有关的合同管理工作，合同管理小组一般由设计经理、采购经理和施工的项目经理等组成，分别负责设计合同、采购合同和施工合同的履行、管理或控制，并指定其中一人为合同管理负责人，合同管理负责人在该系统中负责所承担项目的合同管理日常工作，向项目经理或合同其他执行人员提供合同管理信息，对合同履行提出意见和建议；

3）对一般的项目，较小的工程，可设合同管理员。

而对于全过程工程咨询单位指定分包的，且工作量不大、不复杂的工程，可不设专门的合同管理人员，而将合同管理任务分解下达给各职能人员。

（3）制定合同管理制度

主要包括制定合同体系、合同管理办法以及合同审批制度。使合同管理人员明确项目合同体系、合同管理要求、执行合同审批流程。

2. 合同结构策划

合同结构策划主要包括合同结构分解和合同界面协调。

（1）合同结构分解

1）结构分解

工程项目的合同体系是由项目的结构分解决定的，将项目结构分解确定的项目活动，通过合同方式委托出去，形成项目的合同体系。一般建设项目中，全过程工程咨询单位首先应决定对项目结构分解中的活动如何进行组合，以形成一个个合同。如在某建设项目中，合同的部分结构分解如表 10-4 所示。

某项目合同的部分结构分解表　　　　　　　　　表 10-4

序号	合同类别	合同名称
1	勘察、设计类	（1）工程地质勘察合同；（2）建筑设计合同；（3）深基坑支护设计合同；（4）室内装饰装修设计合同；（5）总坪绿化景观设计合同；（6）弱电深化设计合同；（7）人防工程设计合同；（8）工艺及流程设计合同；（9）施工图审查合同
2	咨询类	（1）建设工程项目管理合同；（2）建设工程监理合同；（3）建设工程招标代理合同；（4）建设工程造价咨询合同；（5）工程及周边建、构筑物沉降观测合同；（6）环境影响评价合同；（7）土壤氡气浓度检测合同；（8）房产面积测绘合同；（9）二次供水给水产品检测合同；（10）室内环境检测合同
3	施工类	（1）临时用水施工合同；（2）临时用电施工合同；（3）临时围墙修建合同；（4）深基坑支护施工合同；（5）施工总承包施工合同；（6）专业承（分）包合同；（7）劳务分包合同；（8）电梯采购及安装施工合同；（9）弱电工程施工合同；（10）变配电工程施工合同；（11）室内装饰装修施工合同；（12）外墙装饰工程合同；（13）总坪绿化景观施工合同；（14）工艺设备采购及安装合同；（15）燃气工程施工合同；（16）正式用水施工合同
4	采购类	甲供设备、材料采购合同

注：此表应根据不同的项目结构分解进行调整。

2）合同的结构分解的编码设置

全过程工程咨询单位在结构分解以后，为便于管理应建立相应的合同编码体系。合同的编码设计直接与 WBS 的结构有关，一般采用"父码＋子码"的方法编制。合同结构分解在第一级表示某一合同体系，为了表示合同特征以及与其他合同的区别，可用 1～2 位数字或字母表示，或英文缩写，或汉语拼音缩写，方便识别。第二级代表合同体系中的主要合同，同样可采用 1～2 位的数字或英文缩写，汉语拼音缩写等表示。以此类推，一般编到各个承包合同。根据合同分解结构从高层向低层对每个合同进行编码，要求每个合同有唯一的编码。如某项目合同编码体系如图 10-7 所示。

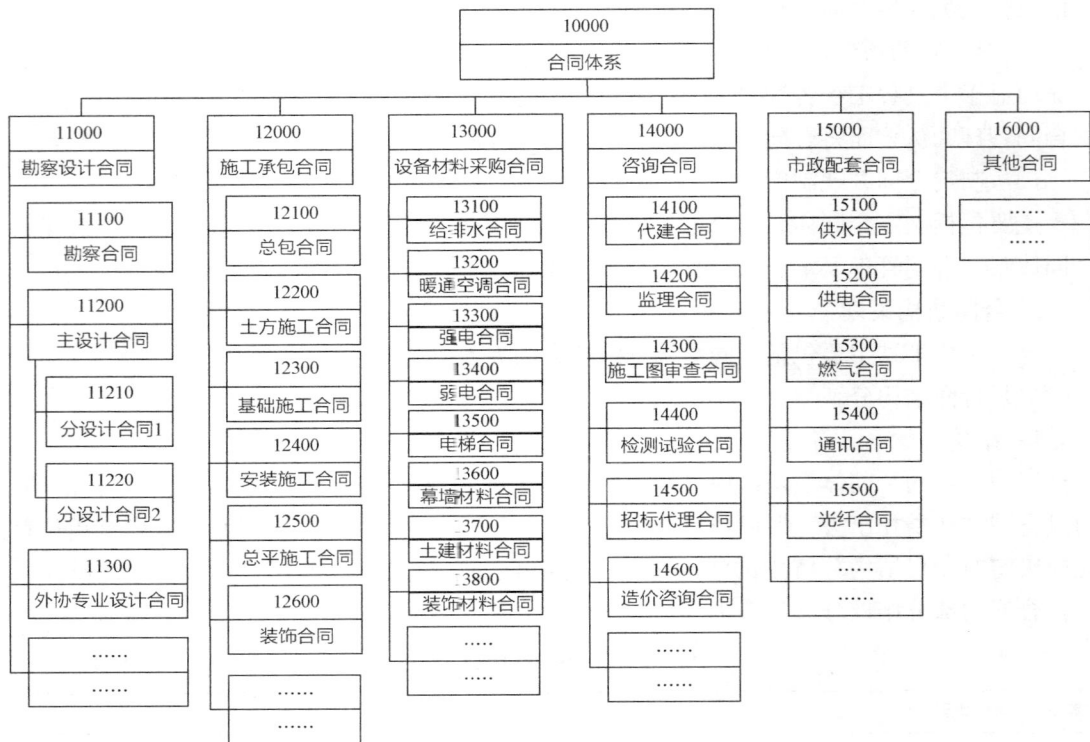

图 10-7　某项目建设工程合同编码体系

合同编码应具有以下特征：

① 统一性、包容性

在该建设工程项目的合同中，有许多合同，如勘察设计合同、施工合同、监理合同、保险合同、技术合同、材料合同等，为了方便管理，所有合同的编码必须统一，且编码适合于所有的合同文件。

② 编码的唯一性

在各种类型合同中存在着多种合同，比如技术合同中有咨询合同、质量检测合同等，为了区分这些合同，合同编码必须保持唯一性。

③ 能区分合同的种类和特征

④ 编码的可扩充性

合同编码应反映该项目的对象系统，但该项目的组成十分复杂，在项目实施过程中可能会增加、减少或调整。因此，合同编码系统应当能适应这种变更需要。一旦对象系统发生变化，在保证其编码的规则和方法不变的情况下，能够适合描述变化了的对象系统。

⑤ 便于查询、检索和汇总

编码体系应尽可能便于管理人员识别和记忆，从合同编码中能够"读出"对应的合同，同时适合计算机对其进行处理。

（2）合同界面协调

合同界面按照合同技术、价格、时间、组织协调进行统一布置。

1）技术上的协调

主要包括以下几个内容：

① 各合同之间设计标准的一致性，如土建、设备、材料、安装等应有统一的质量、技术标准和要求。

② 分包合同必须依据总承包合同的条件订立，全面反映总分包合同相关内容，并使各个合同保持条款的一致，不能出现矛盾。

③ 各合同所定义的专业工程应有明确的界面和合理的搭接，明确这些工作相应的责任主体。

2）价格上的协调

在工程项目合同总体策划时必须将项目的总投资分解到各个合同上，作为合同招标和实施控制的依据。

① 对大的单位工程或专业分项工程（或供应）工程尽量采用招标方式，通过竞争降低价格。

② 对全过程工程咨询单位来说，通过以前的合作及对合同进行的后评价，建立信誉良好的合作伙伴，可以有效减少管理过程的磨合和提高管理效率，也可以确定一些合作原则和价格水准，这样可以保证总包和分包价格的相对稳定性。

3）时间上的协调

① 按照项目的总进度目标和实施计划确定各个合同的实施时间安排，在相应的招标文件上提出合同工期要求，并使每个合同相互吻合和制约，满足总工期要求。

② 按照每个合同的实施计划（开工要求）安排该合同的招标工作。

③ 项目相关的配套工作的安排。例如某项目，存在甲供材料和生产设备的供应，现场的配合等工作，则必须系统的安排这些配套工作计划，使之不得影响后续施工。

④ 有些配套工作计划是通过其他合同安排的，对这些合同也必须做出相应的计划。

4）组织上的协调。

组织上的协调在合同签约阶段和在工程施工阶段都要重视，不仅是合同内容的协调，而且是合同管理过程的协调。

合同界面划分的成果文件如表10-3所示。

（三） 程序

全过程工程咨询单位合同体系策划的程序如图 10-8 所示。

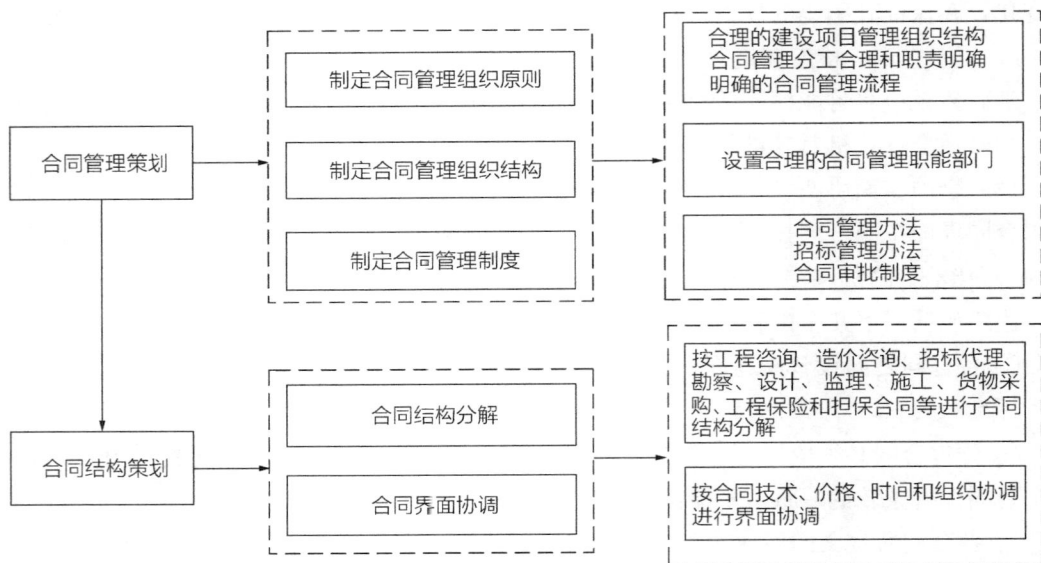

图 10-8　合同体系策划工作程序图

（四） 注意事项

合同体系策划应注意以下问题：

（1）合同体系策划要符合合同的基本原则，不仅要保证合法性、公正性，而且要促使各方面的互利合作，确保高效率地完成项目目标。

（2）合同体系策划应保证项目实施过程的系统性和协调性。

（3）全过程工程咨询单位在合同本策划时要追求工程项目最终总体的综合效率的内在动力，应该理性地决定工期、质量、价格的三者关系，追求三者的平衡，应公平地分配项目的风险。

（4）合同体系策划的可行性和有效性应在工程的实施中体现出来。

（5）合同体系策划时应进行合同的结构分解，并应遵循以下规则：

1）保证合同的系统性和完整性；

2）保证各分解单元间界限清晰、意义完整、内容大体上相当；

3）易于理解和接受，便于应用，充分尊重人们已形成的概念、习惯，只有在根本违背施工合同原则的情况下才做出更改；

4）便于按照项目的组织分工落实合同工作和合同责任；

5）考虑不可预见因素。

（五） 成果范例

合同界面划分表如表 10-5 所示。

合同界面划分表   表 10-5

序号	××合同 （主合同）	相关合同	合同主要内容	与主合同的界面	备注
1	（合同主要 工作内容）	××合同			
2		××合同			
3		××合同			
……					

二、合同内容确定

（一） 依据

（1）《中华人民共和国合同法》（主席令第 15 号）；

（2）各类合同的管理办法，如《建筑工程施工发包与承包计价管理办法》（107 号部令）、《建设工程价款结算暂行办法》（财建 369 号）等；

（3）勘察、设计类合同的示范文本，如《建设工程勘察合同（示范文本一）》GF—2016—0203）、《建设工程设计合同（示范文本）》（民用建筑工程设计合同）GF—2015—0209 等；

（4）施工类合同的示范文本，如《建设工程施工合同（示范文本）》GF—2017—0201、《建设工程施工专业分包合同（示范文本）》GF—2003—0213、《建设工程施工劳务分包合同（示范文本）》GF—2003—0214 等；

（5）服务类合同的示范文本，如《建筑工程招标代理合同（示范本文）》GF—2005—0215、《建筑工程造价咨询合同（示范文本）》GF—2015—0212、《建设工程委托监理合同（示范文本）》GF—2012—0202 等；

（6）项目的特征，包含项目的风险、项目的具体情况等；

（7）其他相关资料，如委托方的需求。

（二） 内容

合同内容的策划主要包括合同的起草、重要合同条款的确定以及合同计价类型的选择。

1. 合同条件的起草

合同条件中应当包含以下条款：

（1）合同当事人的名称（或姓名）和地址。合同中记载的当事人的姓名或者名称是确定合同当事人的标志，而地址则对确定合同债务履行地、法院对案件的管辖等方面具有重要的法律意义。

（2）标的。标的即合同法律关系的客体。合同中的标的条款应当标明标的的名称，以使其特定化，并能够确定权利义务的范围。合同的标的因合同类型的不同而变化，总体来说，合同标的包括有形财务、行为和智力成果。标的是合同的核心，是双方当事人权利和义务的焦点。没有标的或者标的不明确的，合同将无法履行。

（3）数量。合同标的的数量衡量合同当事人权利义务大小。它将标的定量化，以便计算价格和酬金。合同如果标的没有数量，就无法确定当事人双方权利和义务的大小。双方当事人在订立合同时，必须使用国家法定计量单位，做到计量标准化、规范化。

（4）质量。合同标的质量是指检验标的内在素质和外观形态优劣的标准，是不同标的物之间差异的具体特征，它是标的物价值和使用价值的集中体现。在确定标的的质量标准时，应当采用国家标准或者行业标准，或有地方标准的按地方标准签订。如果当事人对合同标的的质量有特别约定时，在不违反国家标准和行业标准的前提下，双方可约定标的的质量要求。

（5）价款和报酬。价款和报酬是指取得利益的一方当事人作为取得利益的代价而应向对方支付的金钱。价款通常是指当事人一方为取得对方转让的标的物，而支付给对方一定数额的货币。酬金通常是指当事人一方为对方提供劳务、服务而获得一定数额的货币报酬。根据市场定价机制确定合同价款，如招标竞价等。

（6）履行期限、地点和方式。履行的期限是指当事人交付标的和支付价款报酬的日期；履行地点是指当事人交付标的和支付价款报酬的地点；履行方式是合同当事人履行合同和接受履行的方式，即约定以何种具体方式转移标的物和结算价款和酬金。

（7）违约责任。违约责任是指合同当事人一方或双方不履行或不完全履行合同义务时，必须承担的法律责任。违约责任包括支付违约金、赔偿金、继续履行合同等方式。法律有规定责任范围的按规定处理，法律没有规定范围的按当事人双方协商约定办理。

（8）解决争议的方法。解决争议的方法是指合同当事人解决合同纠纷的手段、地点，即合同订立、履行中一旦产生争议，合同双方是通过协商、仲裁还是通过诉讼解决其争议。

2. 合同中重要条款的确定

重点需要在各个合同中明确各责任主体相关的责任和义务，保证各个合同条款的统一性和一致性，主要包括但不限于以下内容：

（1）全过程工程咨询单位义务

1）全过程工程咨询单位根据投资人的要求，应在规定的时间内向施工单位移交现场，并向其提供施工场地内地下管线和地下设施等有关资料，保证资料的真实、准确和完整；

2）全过程工程咨询单位应按合同的有关规定在开工前向承包人进行设计交底、制定相关管理制度，并负责全过程合同管理，支付工程价款的义务；

3）按照有关规定及时协助办理工程质量、安全监督手续；

4）其他的义务。

（2）监理单位义务

监理单位根据《建设工程监理规范》GB 50319—2000 及监理合同的约定，可以对项目前期、设计、施工及质量保修期全过程监理，包括质量、进度、投资控制、组织协调、安全、文明施工等，如，发布开工令、暂停施工或复工令等；工期延误的签认和处理等；施工方案认可、设计变更、施工技术标准变更等，并配合全过程工程咨询单位进行工程结算和审计工作。

（3）总承包人的义务

1）除按一般通用合同条款的约定外，在专用合同条款中约定由投资人提供的材料和工程设备等除外，总承包人应负责提供为完成工作所需的材料、施工设备、工程设备和其他物品等，并按合同约定负责临时设施的统一设计、维护、管理和拆除等。

2）总承包人应当对在施工场地或者附近实施与合同工程有关的其他工作的独立承包人履行管理、协调、配合、照管和服务义务，并在合同中约定清楚由此发生的费用是否包含在承包人的签约合同价中。

3）总承包人还应按监理单位指示为独立承包人以外的他人在施工场地或者附近实施与合同工程有关的其他工作提供可能的条件，并在合同中约定清楚由此发生的费用是否包含在承包人的签约合同价中。

4）其他义务。总承包人应遵从投资人关于工程技术、经济管理（含技术核定、经济签证、设计变更、材料核价、进度款支付、索赔及竣工结算等）、现场管理而制定的制度、流程、表格及程序等规定，并负责管理与项目有关的各分包商，统一协调进度要求、质量标准、工程款支付、安全文明施工等方面。

（4）分包商

除按一般通用合同条款的约定，还应在专用条款作如下约定：

1）除在投标函附录中约定的分包内容外，经过投资人、全过程工程咨询单位和监理单位同意，承包人可以将其他非主体、非关键性工作分包给第三人，但分包人应当符合相关资质要求并事先经过投资人、全过程工程咨询单位和监理单位审批，投资人、全过程工程咨询单位和监理单位有权拒绝总承包人的分包请求和总承包人选择的分包商。

2）在相关分包合同签订并报送有关行政主管部门备案后规定时间内，总承包人应将副本提交给监理单位，总承包人应保障分包工作不得再次分包。

3）未经投资人、全过程工程咨询单位和监理单位审批同意的分包工程和分包商，投资人有权拒绝验收分包工程和支付相应款项，由此引起的总承包人费用增加和（或）延误的工期由总承包人承担。

（5）付款方式

1）一次性付款。此种付款方式简单、明确，受到的外力影响因素较少，手续相对单一。即投资人在约定的时间一次履行付款义务。该方式适用于造价低、工期短、内容简单的合同。

2）分期付款。一般分为按期付款和按节点付款。在总承包施工合同实施中，如按月度付款、按季度付款，即当月、当季完成的产值乘以付款比例进行支付；按节点付款，如根据工程实施节点±0、主体、二次结构、竣工等，完成相应进度才给予支付对应的进度款。

3）其他方式付款。主要依据合同约定付款形式。如设计单位先行付款方式。

4）特殊的付款方式，如PPP项目中向使用者收费模式，比如建设桥梁，收取一定期限的过桥费等。

（6）合同价格调整

合同中应明确约定合同价格调整条件、范围、调整方法，特别是由于物价、汇率、法律、规税、关税等的变化对合同价格调整的规定。

（7）对承包人的激励措施

如：对提前竣工，提出新设计，使用新技术、新工艺使建设项目在工期、投资等方面受益，可以按合同约定进行奖励，奖励包括质量奖、进度奖、安全文明奖等。

3. 合同计价类型选择

按照计价方式可以分为单价合同、总价合同和成本加酬金合同。

（1）单价合同

单价合同是最常见的合同种类，适用范围广。如实行工程量清单计价的工程，应采用单价合同，FIDIC施工合同条件也属这样的合同，在这种合同中，承包人仅按合同规定承担报价的风险，即对报价（主要为单价）的正确性和适宜性承担责任，而工程量变化的风险由投资人承担。由于风险分配比较合理，能够适应大多数工程，能调动承包人和投资人双方的管理积极性。单价合同又可分为固定单价合同和可调单价合同两种形式。

1）固定单价合同。签订合同双方在合同中约定综合单价包含的风险范围，在约定的风险范围内综合单价不再调整。风险范围以外的综合单价调整方法，在合同中约定。

2）可调单价合同。一般在招标文件中规定合同单价是可调的，合同签订的单价根据合同约定的条款如在工程实施过程中物价发生变化等，可作调整。

（2）总价合同

完成项目合同内容后，以合同总价款支付工程费用。合同总价款在合同签订时确定并固定，不随工程的实际变化而变化。总价合同以一次包死的总价格委托给承包人。在这类合同中承包人承担了工作量增加和价格上涨的风险，除非设计有重大变更，一般不允许调整合同价格。总价合同可分为固定总价合同和可调总价合同两种类型。

1）固定总价合同，建设规模较小，技术难度较低，承包人的报价以审查完备详细的施工图设计图纸及计算为基础，并考虑到一些费用的上升因素，如施工图纸及工程要求不变动则总价固定，但施工中图纸或工程质量要求有变更或工期要求提前时，则总价也应随之改变。适用于工期较短（一般不超过1年），对工程项目要求十分明确地的项目，由于承包人将为许多不可预见的因素付出代价，一般报价较高。

2）可调总价合同。在报价及签订合同时，以招标文件的要求及当时的物价计算总价合同。但在合同条款中约定：如果在执行合同中由于市场变化引起工程成本增加达市场变化到某一限度时，合同总价应相应调整。这种合同投资人承担市场变化这一不可预见的费用因素的风险，承包人承担其他风险。一般工期较长的项目，采用此种合同。

（3）成本加酬金合同

成本加酬金合同也称为成本补偿合同，是指工程施工的最终合同价格是按照工程的实际成本再加上一定的酬金计算的。在合同签订时，工程实际成本往往不能确定，只能确定酬金的取值比例或者计算原则。

在这类合同中，承包人不承担任何风险，而投资人承担了全部工程量和工程价格风险，所以在这种合同体系中，承包人在工程中没有成本控制的积极性，不仅不愿意降低成本，还有可能期望提高成本以提高工程经济效益。一般在以下情况下使用：投标阶段依据不准无法准确估价，缺少工程的详细说明；工程特别复杂，工程技术、结构方案不能预先确定；时间特别紧急，如抢险、救灾以及施工技术特别复杂的建设工程，双方无法详细的计划和商讨。

（三）程序

全过程工程咨询单位合同内容策划的程序如图 10-9 所示。

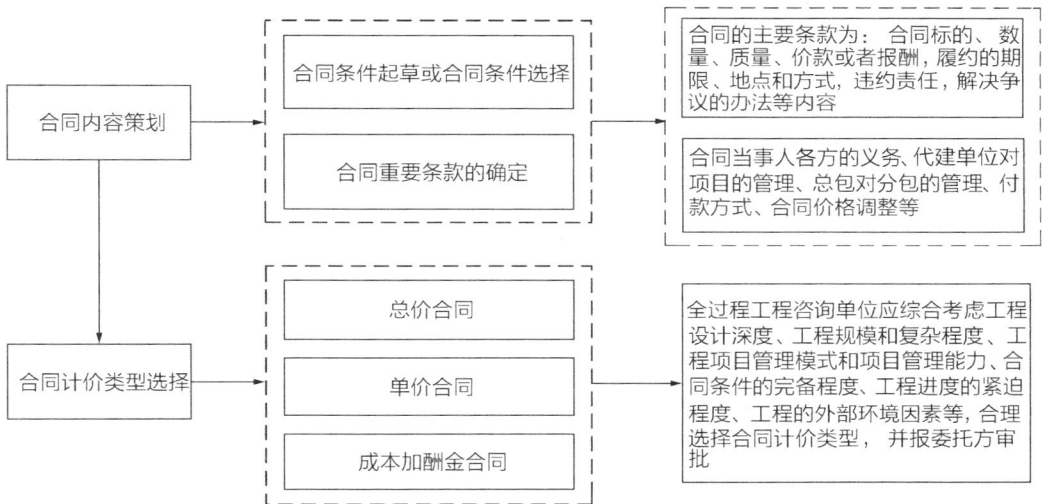

图 10-9　合同内容策划工作程序图

（四）注意事项

（1）应根据项目的特点选择合适的合同示范文本；

（2）对在标前会议上和合同签订前的澄清会议上的说明、允诺、解释和一些合同外要求，都应以书面的形式确认，即在合同条款中加以体现；

（3）新确定的、经过修改或补充的合同条文与原来合同条款之间是否有矛盾或不一致，或是否存在漏洞和不确定性；

（4）应当确保合同的条款准确、无歧义，合同双方对合同条款的理解一致。

三、合同文件评审

（一）依据

(1)《中华人民共和国合同法》（主席令第 15 号）；

(2)《中华人民共和国建筑法》（主席令第 46 号）；

(3)《中华人民共和国招标投标法》（主席令第 21 号）；

(4)《中华人民共和国招标投标法实施条例》（国务院令第 613 号）；

(5) 本地区的招投标管理办法；

(6) 适用于本工程的技术标准与规范等；

(7) 招标人对项目的具体要求、签订的合同体系、合同管理制度等。

（二）内容

合同的评审主要包括对合同合法性、完备性、统一性及合同各方的风险分析。

1. 合同的合法性审查分析

这是对工程合同有效性的控制，通常由全过程工程咨询单位的合同管理人员或全过程工程咨询单位聘请的律师完成。

工程合同必须在合同的法律基础范围内签订和实施，否则会导致合同全部或部分无效。这是最严重的，影响最大的问题。在不同的国家，对不同的工程（如公共工程或私营工程），合同合法性的具体内容可能不同。合同合法性审查分析主要包括：

(1) 合同当事人资格的审查。合同当事人应具备相应的民事权利能力和民事行为能力；

(2) 合同客体资格的审查。即工程项目应具备招投标、签订和实施合同的一切条件。如工程项目建设所需要的各种批准文件，建设资金来源已经落实等；

(3) 合同内容的合法性审查。合同条款和所指的行为应符合法律规定。如工程价款中分包内容、安全文明施工、工程排污、劳动工资标准、劳动保护、环境保护的规定等应符合法律的要求。

2. 合同的完备性审查分析

一个工程合同是要在一定的环境条件下完成一个确定范围的工程项目，则该承包合同所应包含的项目范围、工程管理等的各种说明、工程过程中所涉及的，以及可能出现的各种问题的处理，双方权利和义务等，应有一定的界定。合同的完备性审查应由全过程工程咨询单位的项目经理负责，重点是对专用条款的审查。

合同的完备性审查主要是针对合同条款的审查，合同条款完备性审查方法通常与使用的合同文本有关：

(1) 如果采用合同文本，如住房城乡建设部和国家工商总局制定的各类合同示范文本、FIDIC 条件等，则一般认为这些合同文本合同条款较完备，因此，建议尽量采用合同示范文本。如果是一般的工程项目，则可以不做合同的完备性审查分析，但对特殊的工程，双方有一些特殊的要求，有时需要增加内容，即使合同示范文本也需作一些补充，这时主要分析专用条款的完备性和适宜性。

（2）对无合同示范文本的合同类型（如在我国无"CM"合同文本），合同管理者应尽可能多地收集实际工程中同类合同文本，进行对比分析和互相补充，以确定该类合同的结构形式和内容，再与被分析的合同相对照，结合既往工程管理经验就可以分析出该合同是否缺少，或缺少哪些必需条款。

（3）专用条款的审查是合同完备性审查的重要工作。专用条款中应重点审查以下内容：是否有禁止非法转包的条款，以及非法转包处罚措施；合同价款约定内容是否约定完备或约定不准确；是否对承包人与农民工、材料供应商之间的纠纷对投资人的影响的做出相应的约定；是否对甲供或甲控材料规范操作程序做出约定，是否约定承包人经常违规操作的情况、对承包人应尽的管理、协调义务等，包括完成这些任务的费用约定。

通常合同条款的审查还应注意合同条款之间的内在联系。同样一种表达方式，在不同的合同环境中，有不同的上下文，则可能有不同的风险。由于合同条款所定义的合同时间和合同问题具有一定的逻辑关系，使得合同条款之间有一定的内在联系，共同构成一个有机的整体，即一份完整的合同。通过内在联系分析可以看出合同中条款之间的缺陷、矛盾、不足之处和逻辑上的问题等。

3. 各合同间的统一性

建设项目中存在多种合同类型，为保证建设项目的成功，全过程工程咨询单位应对各合同的进度、内容等进行统一，保证各个合同之间的有效对接，避免出现前期工作延误导致后续工作进度拖延的情况。

4. 合同各方风险分担分析

合同签订各方承担的风险分析，也就是对各方的权责利关系进行分析，合同应公平合理的分配双方的权利、义务和责任，使其达到总体平衡。在合同审查中应列出各方的义务权利和责任，在此基础上进行风险分担分析。

（1）工程合同中各方的义务和权利是相互制约的，互为前提条件的。

对于合同任何一方，有一项权利，则必然有与此相关的一项权利；

如果合同规定投资人有一项权利，则要分析该项权利的行使对合同另一方的影响；该项权利是否需要制约，投资人有无滥用这个权利的可能；

如果合同规定承包人有一项义务，则应分析，完成这项合同义务有什么前提条件。

（2）合同各主体的义务、权利和责任应尽可能具体、详细，并注意其范围的限定。

（3）双方权利的保护条款。一个完备的合同应对双方的权益都能形成保护，对双方的行为都有制约。

5. 合同条款的审查

首先要审查合同条款是否对合同履行过程中的各种问题都进行了全面、具体和明确的规定，有无遗漏。若有遗漏，需要补充有关条款，然后审查合同条款是否存在以下情况：

（1）合同条款之间存在矛盾性，即不同条款对同一具体问题的规定或要求不一致；

（2）有过于苛刻的、单方面的约束性条款，导致当事人双方在合同中的权利、义务与责任不平衡；

（3）条款中隐含较大的履约风险；

（4）条款用语含糊，表述不清；

（5）对当事人双方合同利益有重大影响的默示合同条款等。

如果存在以上问题，需要工程合同当事人双方通过协商对合同条款进行修改、补充、明确，达成一致意见，避免在合同履行过程中引起合同纠纷，妨碍建设工程项目的顺利实施。

合同审查是一项综合性很强的工作，要求合同管理人员必须熟悉与建设工程项目建设相关的法律、法规，精通合同条款，对建设工程项目环境条件有全面的了解，有丰富的工程合同管理经验。通过合同审查，有效帮助当事人双方订立更加完善、权利义务与责任分配和风险分配更加合理的合同。

6. 合同审查表

合同审查表是进行工程合同审查的重要技术工具。合同审查表主要由编号审查项目、合同条款号、条款内容、审查说明、建议或对策等几部分组成。

合同审查表 表10-6

编号	审查项目	合同条款编号	合同条款内容	审查说明	建议或对策
……					
……					

审查说明是对合同条款进行分析审查后，指出其存在问题的结论性意见。审查说明应具体地评价该合同条款执行的法律后果，以及将给当事人双方带来的风险和影响，并为提出解决问题的建议或对策奠定基础。

建议或对策是针对合同条款存在的问题提出的解决措施和办法。合同审查工作完成后，应将合同审查结果以最简洁的形式表达出来，在合同谈判中可以针对合同审查期间发现的问题和风险与对方协商谈判，同时在协商谈判中落实合同审查表中的建议或对策。

（三）程序

全过程工程咨询单位合同评审的程序如图10-10所示。

（四）注意事项

（1）对合同总金额大或重要的工程合同，全过程工程咨询单位必须组织其他相关部门或人员进行合同评审，填写合同评审意见表，经委托方审批后签订，合同评审如表10-6所示。

（2）在施工过程中还会对合同进行修订，也需要进行评审，该评审要与前面工作联系起来，保证前后必须连续一致，资料归档及时、完整。

（3）评审时应关注专用条款的约定和各合同之间的一致性。

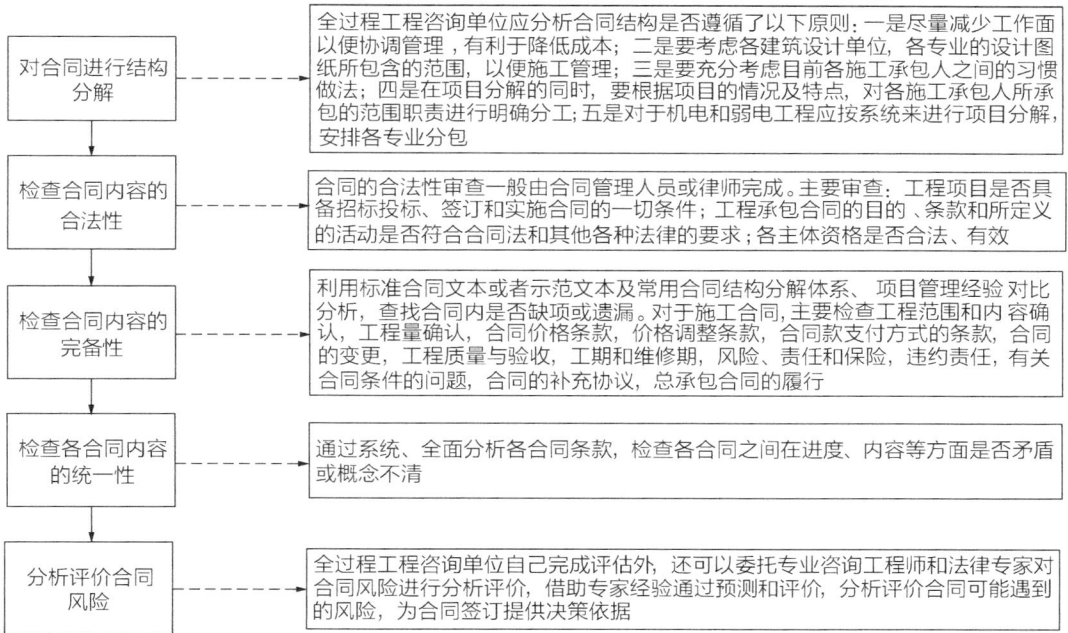

对合同进行结构分解	全过程工程咨询单位应分析合同结构是否遵循了以下原则：一是尽量减少工作面以便协调管理，有利于降低成本；二是要考虑各建筑设计单位，各专业的设计图纸所包含的范围，以便施工管理；三是要充分考虑目前各施工承包人之间的习惯做法；四是在项目分解的同时，要根据项目的情况及特点，对各施工承包人所承包的范围职责进行明确分工；五是对于机电和弱电工程应按系统来进行项目分解，安排各专业分包
检查合同内容的合法性	合同的合法性审查一般由合同管理人员或律师完成。主要审查：工程项目是否具备招标投标、签订和实施合同的一切条件；工程承包合同的目的、条款和所定义的活动是否符合合同法和其他各种法律的要求；各主体资格是否合法、有效
检查合同内容的完备性	利用标准合同文本或者示范文本及常用合同结构分解体系、项目管理经验对比分析，查找合同内是否缺项或遗漏。对于施工合同，主要检查工程范围和内容确认，工程量确认，合同价格条款，价格调整条款，合同款支付方式的条款，合同的变更，工程质量与验收，工期和维修期，风险、责任和保险，违约责任，有关合同条件的问题，合同的补充协议，总承包合同的履行
检查各合同内容的统一性	通过系统、全面分析各合同条款，检查各合同之间在进度、内容等方面是否矛盾或概念不清
分析评价合同风险	全过程工程咨询单位自己完成评估外，还可以委托专业咨询工程师和法律专家对合同风险进行分析评价，借助专家经验通过预测和评价，分析评价合同可能遇到的风险，为合同签订提供决策依据

图 10-10 项目合同评审工作程序图

（五） 成果范例

合同评审意见见表 10-7 所示。

××项目××合同评审意见表　　　　　　　　表 10-7

合同名称：编号：

报审单位：招标文件编号：

全过程工程咨询单位审核意见：   负责人（签字）： 日期：
委托方审定意见：   负责人（签字）： 日期：

注：本表一式两份，由委托方、全过程工程咨询单位填写，委托方、全过程工程咨询单位各存一份。

四、招标文件编制

工程招标是工程招标投标活动的组成部分，主要是从招标人的角度揭示其工作内容，但工程招标活动与投标活动是相互关联的，不能将两者截然割裂开来。在工程招标阶段，投资人或者招标人要进行大量的合同管理工作，通过这些工作确保将建设工程项目的有关任务发包给理想的承包人，以达到预期目标。

（一）招标文件的内容

招标文件是建设工程项目招标投标过程中重要的法律文件，它不仅规定了项目招标投标活动中各项工作的程序和时间，拟订立的工程合同的主要内容，而且还提出了各项具体的建设工程项目技术标准和交易条件，是投标人编制投标文件和评标委员会评标的依据，也是订立工程合同的基础。因此，招标文件的编制质量直接影响到整个建设工程项目的招标投标活动，招标人应力求编制内容完备、用语规范的招标文件。

建设工程项目勘察、设计、监理和施工招标由于其具体招标内容和任务不同，因此其招标文件的具体内容有较大的差别。根据《工程建设项目勘察设计招标投标办法》的规定，建设工程项目勘察设计招标文件主要包括下列内容：投标须知、投标文件格式及主要合同条款、项目说明书（包括资金来源情况）、勘察设计范围、对勘察设计进度阶段和深度要求、勘察设计基础资料、勘察设计费用支付方式、对未中标人是否给予补偿及补偿标准、投标报价要求、对投标人资格审查的标准、评标标准和方法、投标有效期等。

建设工程项目施工招标文件最为复杂，涉及内容最广。根据国家发展计划委员会、住房城乡建设部等七部委2016年联合颁布的《工程建设项目施工招标投标办法》的规定，建设工程项目招标文件由投标邀请书、投标人须知、合同主要条款、投标文件格式、工程量清单（采用工程量清单招标的建设工程项目）、技术条款设计图纸、评标标准和方法、投标辅助材料等文件组成。根据住房城乡建设部2001年颁布的《房屋建筑和市政基础设施工程施工招标投标管理办法》的规定，房屋建筑和市政基础设建设工程项目施工招标文件由投标须知可知，具体内容包括工程概况、招标范围、资格审查条件、工程资金来源或者落实情况（包括银行出具的资金证明）、标段划分、工期要求、质量标准、现场踏勘和答疑安排、投标文件编制、提交、修改、撤回的要求、投标报报价要求、投标有效期、开标的时间和地点、评标的方法和标准、招标工程的技术要求和设计文件、工程量清单（采用工程量清单招标的）、投标函的格式及附录、拟签订合同的主要条款、要求投标人提交的其他材料等文件组成。建设部2002年发布的《房屋建筑和市政基础设施工程施工招标文件范本》规定，建设工程项目施工招标文件通常由投标须知及投标须知前附表、合同条款、合同文件格式、工程建设标准、图纸、工程量清单、投标文件投标函部分格式、投标文件商务部分格式、投标文件技术部分格式、资格审查申请书格式等文件组成。上述部门行政规章对于建设工程项目施工招标文件组成的规定虽不完全相同，但期间并不存在实质性差异。

1. 投标邀请书

招标人向投标人发出的邀请其参加投标的函件。

2. 投标须知

投标须知是招标人向投标人提供的，用以指导投标人正确地进行投标活动的文件。投标须知告知投标人所应遵循的各项规定，以及编制投标文件和进行投标时所应注意、考虑的问题，避免投标人疏忽或错误理解招标文件内容。投标须知所列条目应清晰，内容明确。投标须知内容包括：工程概况、招标范围、资格审查条件、工程资金来源或者落实情况（包括银行出具的资金证明）、标段划分工期要求、质量标准、现场踏勘和答疑安排、投标文件编制、提交、修改、撤回的要求、投标报价要求、投标有效期、开标的时间和地点、评标的方法和标准等内容。

3. 合同条款

合同条款是招标文件的重要组成部分。招标人可以根据需要自己起草合同条款，也可以使用示范性合同文本中的标准合同条款。示范性合同文本是根据法律、法规和惯例而制定的具有标准化格式和条款的各类合同文本，其形式本身不具有强制效力，当事人可以通过协商修改其条款内容（不违反法律、法规和惯例有关规定的前提下）、条款形式和格式，也可通过协商增减条款。示范性合同文本具有普适性，内容规范、完备，法律用语科学准确。采用示范性合同文本中的标准合同条款作为招标文件中的合同条款（条件）有很多优点。一是可以避免合同交易谈判的麻烦，简化手续，节约交易成本和时间；二是方便招标文件、投标文件的编制；三是有利于当事人双方根据交易的具体主客观情况制定规范、完备、责权利平衡、风险分担合理的合同，避免合同履行过程中由于合同条款不明确、不完备带来争议和纠纷；四是有利于工程合同管理工作的标准化、程序化。基于以上优点，国内许多城市地方政府都积极推行示范性合同文本。在具体采用示范性合同文本中的标准合同条款作为招标文件中的合同条款时，招标人可以根据自己的需要，对标准合同条款进行修改、限定、补充、增加或者删节。

在工程建设领域中，较为常见的示范性合同文本有《建设工程勘察合同示范文本》《建设工程设计合同示范文本》《建设工程施工合同示范文本》《建设工程委托监理合同示范文本》《建设工程造价咨询合同示范文本》《建设工程施工专业分包合同示范文本》和《建设工程施工劳务分包合同示范文本》等。国家工商行政管理局和建设部于1991年发布的《建设工程施工合同示范文本》CF—1991—0201，在2017年进行了修订，它包括合同协议书和通用条款、专用条款三个部分，是在参考国际上通用的合同条件基础上结合国内的实际情况编写而成的，也是目前国内建设工程项目施工中使用最为广泛的示范性合同文本。

4. 投标文件格式

为了便于投标和评标，在招标文件中都用统一的格式提供投标人使用。投标文件格式包括合同协议书格式、银行履约保函格式、履约担保格式、预付款银行保函格式等。

5. 工程量清单

招标人把招标的建设工程项目的全部内容根据一定的分解标准进行分解，将各项分解结果和对应的估计工程量按一定的规则制成的列表，称为工程量清单。工程量清单中既有需要实施的各个分项工程名称，又有每个分项工程的工程量和计价要求（单价与合价或包干价）。招标人在工程量清单中给出招标的建设工程项目经分解后形成的各个分项工程的工程量，由投标人针对其进行报价，合计后计算出整个建设工程项目的总报价。

工程量清单主要有三个用途：一是方便投标人报价，为投标人提供了一个共同的竞争性投标的基础。投标人根据建设工程项目的施工图纸和技术规范的要求以及拟定的施工方案，通过单价分析并参照本公司以往的经验，填报工程量清单中各分项工程的价格，按价格的组成逐项汇总，按逐项的价格汇总成整个建设工程项目的总报价；二是方便工程进度款的支付，每月结算时，对已完成并经过合格检验验收的分项工程按照工程量中的单价或价格来计算应支付给承包人的工程价款；三是在工程变更或索赔时，可选用或参照工程量清单中的单价来确定工程变更或索赔项目的单价和总价。

在编制工程量清单时，应按建设工程项目的施工要求进行项目或者工作分解，在确定分项工程范围和内容时，注意将不同等级的工程内容区分开，将同性质但不属同一部位的工作分开，将情况不同可进行不同报价的工作分开。尽量做到使工程量清单中各分项工程既能满足施工工序和进度控制要求，又能满足工程成本控制的要求，既便于报价，又便于工程进度款的结算和支付。

6. 技术条款

技术条款主要说明建设工程项目现场的自然条件、施工条件及招标的建设工程项目施工技术要求和采用的技术规范、技术标准和质量标准。招标人根据招标的建设工程项目的实际情况和投资人的要求，编写符合国家强制性标准的各项技术条款。技术条款是检验建设工程项目质量的标准和进行质量管理的依据，招标人应高度重视这部分文件的编写。技术规范一般可采用国内通行的标准，国家强制性标准必须严格执行，应积极采用国家推荐性标准和公认的国际标准。

7. 设计图纸

设计图纸是招标文件的重要组成部分，是投标人确定建设工程项目施工方案或施工组织设计、核查工程量清单和投标报价不可缺少的技术资料。

8. 评标标准和方法

评标标准是对投标人的投标文件进行评定时所应遵循的标准、准则。招标文件应当明确规定评标时的所有评标因素，以及如何将这些因素量化或者据以对投标文件进行评估。评标方法包括经评审的最低投标价法、综合评估法或者法律、行政法规允许的其他评标方法等。招标人可根据实际情况从中选择一种进行评标。在评标过程中，不能改变招标文件中规定的评标标准、方法和中标条件。

9. 辅助资料表

辅助资料表是应由投标人填写或者提供的为使招标人进一步了解投标人对建设工程项目施工人员、机械设备和各项有关工作的组织及安排情况，便于评标时进行比较，同时便于招标人在建设工程项目实施过程中安排资金计划的有关表格和文件。辅助资料表由招标人在招标文件统一拟定各类表格或提出具体要求由投标人填写或说明。辅助资料表一般包括项目经理简历表、主要施工管理人员表、主要施工机械设备表、拟分包项目情况表、劳动力计划表、临时设施布置及临时用地表等。

（二） 标底的编制

标底是建设工程项目造价的表现形式之一，它是由招标人自行编制或委托具有编制标底资格和能力的中介机构代理编制，并按规定报经审定的招标的建设工程项目的预期价格。标底是衡量或择优选择投标人的依据，在开标前为招标人的绝密资料，任何人均不得泄露。

1. 标底的主要作用

（1）能够使招标人预先明确自己在拟建的建设工程项目上应承担的财务义务。

（2）是确定工程合同价格的参考依据。

（3）是上级主管部门核实建设工程项目建设规模的依据。

（4）是衡量、评审投标人投标报价合理性性的依据和尺度，也是评标的重要参考。只有有了标底，才能正确有效判断投标人的投标报价是否合理和可靠，才能在定标时做出正确的抉择。

2. 编制标底的依据

根据住房城乡建设部 2014 年发布的《建筑工程施工发包与承包计价管理办法》的规定，标底的编制依据是国务院和省、自治区、直辖市人民政府建设行政主管部门制定的工程造价计价办法以及其他有关规定、市场价格信息。

根据上述部门行政规章的规定并结合国内建设工程项目招标投标实践中的实际情况，编制标底的主要依据应包括：

（1）国家的有关法律、法规以及国务院和省、自治区、直辖市人民政府建设行政主管部门制定的有关工程造价计价的规定。

（2）建设工程项目招标文件中确定的计价依据和计价办法，建设工程项目招标中的商务条款，包括建设工程施工合同中规定由建设工程项目承包人履行其应承担的义务而可能发生的费用，以及招标文件的澄清、答疑等补充文件和资料。在计算标底时，计算口径和取费内容必须与招标文件中有关取费的内容、要求和标准一致。

（3）建设工程项目设计文件、技术说明及招标时的设计交底，建设工程项目施工现场的地质、水文、物探及现场环境等有关资料以及根据建设工程项目设计文件确定的或者招标人提供的工程量清单等相关基础资料。

（4）国家、行业、地方的工程建设标准，包括建设工程项目施工必须执行的建设技术标准、规范和规程。

（5）采用的建设工程项目施工方案、施工组织设计、施工技术措施等。

（6）招标时的人工、材料、设备及施工机械台班等要素的市场价格信息，以及国家或者地方有关政策性调价文件的规定。

3. 编制标底应遵循的原则

（1）根据国家公布的建设工程项目统一分解标准或准则、统一计量单位、统计算规则以及设计文件、招标文件，并参照国家、行业或者地方批准发布的定额和国家、行业、地方规定的技术标准和规范以及要素的市场价格，确定工程量和编制标底。

（2）标底作为招标人期望的建设工程项目产品价格，应力求与市场的实际变化相吻合，应有利于鼓励市场竞争和保证建设工程项目质量。

（3）标底应由建设工程项目的工程成本、利润、税金等组成，一般应控制在批准的建设工程项目总概算（或修正概算）价格内。

（4）标底应考虑人工、材料、设备、机械台班等价格变化因素，还应包括管理费、其他费用、不可预见费（特殊情况）、预算包干费、措施费（赶工措施费、施工技术措施费）、现场因素费用、保险以及采用固定价格的建设工程项目的风险金等。质量等级要求优良，还应增加相应的费用。

（5）一个建设工程项目只能编制一个标底。

（6）标底编制完成后，应密封报送招标管理机构审定。审定后必须及时妥善封存，直至开标时，所有接触过标底价格的人员均负有保密责任，不得泄露。

4. 标底的编制方法

根据住房城乡建设部 2014 年发布的《建筑工程施工发包与承包计价管理办法》的规定，当前我国建设工程项目施工招标标底主要采用工料单价法和综合单价法来编制。

（1）工料单价法

分部分项工程量的单价为直接费。直接费以人工、材料、机械的消耗量及其相应价格确定。间接费、利润、税金按照有关规定另行计算。

（2）综合单价法

分部分项工程量的单价为全费用单价。全费用单价综合计算完成分部分项工程所发生的直接费、间接费、利润、税金。

一般住宅和公用设施建设工程项目中，常以平方米造价包干为基础编制标底。这种编制方法尤其适用于标准住宅建设工程项目。一般做法是由地方工程造价管理部门经过多年实践，对不同结构体系的住宅工程造价进行测算分析，制定每平方米造价包干标准。在具体的住宅建设工程项目招标时，再根据装修、设备情况进行适当的调整，确定标底综合单价。考虑到基础工程因地基条件不同而有很大差别，平方米造价多以工程的正负零标高以上部分为对象进行制定，基础及地下室工程仍以施工图预算为基础制标底，二者之和构成完整标底。

在工业建设工程项目中，尽管其结构复杂，用途各异，但整个项目中分部工程的构成则大同小异，按照分部工程分类，在施工图、材料、设备及现场条件具备的情况下，经过科学的测算，可以得出综合单价。按综合单价即可计算出该项目的标底。

编制标底时，招标人应根据建设工程项目的性质、特点，选用合适的编制方法来编制，尽可能使标底真实准确地反映工程造价，有了可靠的依据，才能对投标人的报价进行科学的评审。

目前，我国建筑工程市场招投标实践中还常采用下列方法确定建设工程项目施工招标的标底。

（1）报价平均法。即以全部或部分投标人的投标报价的平均值作为标底。

（2）组合加权法。即以招标人组织编制的标底值与投标人的投标报价的平均值加权平均后作为标底。通常招标人组织编制的标底值的权重占 $50\% \sim 70\%$。

（3）入围平均法。即划定以招标人组织编制的标底值的上下一定范围内为有效标，以进入有效标范围内投标人的投标报价的平均值作为标底。

（三）标底编制注意事项

1. 制定合理的资格预审标准

资格预审标准是招标人对投标人参与投标的资格要求。这一标准是否科学合理，对招标人能否通过招标活动选择一个令人满意的建设工程项目承包人，起着根本性的作用。招标人一般根据建设工程项目的性质、特点，以及希望投标的竞争激烈程度来确定资格预审标准。

2. 制定科学、合理的评标方法和评标标准

评标方法是否科学、评标标准是否合理，对能否选择到令人满意的建设工程项目承包人起着关键性的作用。评标标准是选择建设工程项目承包人的依据和标准。只有承包人选择正确了，才能使整个招标的建设工程项目顺利地完成。令人满意的承包人不仅要有合理且相对较低的投标报价，而且要有较强的综合能力这样才能有效达到建设工程项目的预期目标。因此，招标人必须制定科学、合理的评标标准和评标方法，不仅要对投标人的投标报价进行评审，还要考虑其他综合因素，从建设工程项目建设工期、方案、技术经济、管理、资信等方面对投标人进行综合评价，从而有效确定令人满意的建设工程项目承包人。

3. 确保招标文件的完备性

招标文件作为投标人编制投标文件的依据，是十分重要的法律文件。招标人应提出完备的招标文件，尽可能详细地、如实地、具体地说明拟建的建设项目工程情况和合同条件；提供准确、全面和尽可能先进的技术规范、标准；提供完备的设计文件，以及尽可能详尽的建设工程项目现场的工程地质和水文资料。招标人要使投标人清楚地理解招标文件，明确其承担的建设工程项目的工程建设工作范围、技术要求、质量标准和合同责任，使招标人十分方便且精确地制定方案和报价。招标人应对招标文件的正确性负责，如果其中出现错误、矛盾，应由其承担责任。招标人在发出招标文件后，若对招标文件进行变更、修改和补充，应当在投标截止日期至少 15 天前书面通知所有投标人，修改后的内容作为招标文件的组成部分。

4. 协调与招标的建设工程项目有关的各个合同之间的关系

为完成建设工程项目的建设，招标人往往要针对不同的项目建设任务，进行多次招标，并与不同的多个承包人签订多个不同种类的工程合同，如建设工程勘察、设计合同、建设工程施工合同、建设工程材料设备采购合同等。各种合同之间存在十分复杂的关系，招标人在合同总体策划时应注意协调好可能产生的与招标的建设工程项目有关的各个合同之间的相互关系、各个承包人之间的权利义务与责任界面、各个合同中的各个合同事件之间的逻辑关系，否则容易引起合同纠纷，并影响建设工程项目的顺利实施。

（四） 投标文件的审查和分析

投标文件的审查和分析是招标人在建设工程项目招标过程中一项十分重要的合同管理工作。投标文件是投标人参与评标的凭证，也是未来的工程合同的重要组成部分。招标人应审查投标文件的合法性、有效性，分析比较投标报价、评审方案和其他评标因素，只有全面地分析和审查投标文件才能正确地评标、定标。

1. 投标文件总体审查

（1）审查投标文件的合法性和有效性，如法定代表人或授权委托人是否签字、盖章，字迹是否清晰。

（2）审查投标文件的完整性，即投标文件中是否包括招标文件规定应提交的全部文件，如法定代表人资格证明书、授权委托书、投标保函等。

（3）审查投标文件是否响应了招标文件的实质性要求，有无修改或附加条件。

通过投标文件的总体审查确定投标文件是否合格。如果合格，即可进入投标文件的报价分析和技术性评审等进一步审查工作环节，如果不合格，则作为废标处理，不作进一步审查。进一步审查，一般按建设工程项目规模选择 3～5 家其投标文件总体审查合格、报价低且合理的投标人的投标文件，并进行详细审查分析。一般对报价明显过高、没有竞争力的投标文件不作进一步的审查。

2. 报价分析

报价分析是评标的重要工作内容，通过对各投标人的投标报价进行数据处理，对比分析，找出存在的问题，为澄清会议、评标、定标和合同谈判提供依据。报价分析必须细致全面，不能仅分析总价，还应分析各单体工程、各分部分项工程的报价。报价分析一般分三步进行。

（1）对各项报价本身的正确性、完整性、充足性、合理性进行分析。通过分别对各项报价进行仔细复核、审查，找出存在的问题，如有无漏项、有无明显的计算错误。

（2）对所有投标人的报价进行对比分析。报价分析对比可用对比分析表进行，如表10-8 所示。

对比分析表 表10-8

投标单位	数量	报价（元）	相对比%	次序	与算数平均值比较%
投标人 1					
投标人 2					
投标人 3					
……					
投标人 n					

（3）写出报价分析报告。将上述报价分析的结果进行整理、汇总，对各投标人的报价作出评价。

通过报价分析，对各个投标人的各项报价和总报价进行解剖和分析对比，使评标人对各个投标人的标价一目了然，能够有效地防止定标失误，同时也为下一步的合同谈判打下了基础。

3. 技术性评审

技术性评审是确认和比较投标人完成招标的建设工程项目的技术能力，以及施工方案和建设进度计划的可行性、可靠性的重要工作环节。在定标前，若发现上述方面存在问题可要求投标人做出说明或提供更详细的资料，也可以建议投标人修改。技术性评审的主要内容如下（以建设工程项目施工招标为例）：

（1）建设工程项目施工方案的可行性。对各类分部分项工程的施工方法、施工人员和施工机械设备的配备、施工现场的布置和临时设施的安排、施工顺序及其相互衔接等方面进行评审，特别是对关键工序的施工方法进行可行性论证，评审其技术的先进性和可靠性。

（2）建设工程项目施工进度计划的可靠性。审查施工进度计划是否满足竣工时间的要求，是否科学合理。同时还要审查确保施工进度计划有效实施的保证措施，如人力资源的安排是否合理等。

（3）建设工程项目施工质量保证。审查建设工程项目施工质量控制、质量管理和质量保证措施，包括质量管理人员的配备、质量检验仪器的配置、质量管理制度、质量控制和保证体系等。

（4）工程材料和机械设备的技术性能。审查主要材料和设备的样本、型号、规格和制造厂家名称、地址等，判断其技术性能是否达到设计标准及是否满足建设工程项目施工建设要求。

4. 其他评标因素分析

招标人除了对投标人的投标报价进行分析和投标文件进行技术性评审分析外，还要对其他评标因素进行分析。如合同索赔的可能性、对投标人拟雇用的分包商的合同履行能力、投标人提出对投资人的优惠条件、投标文件的总体印象等影响评标人定标决策的评标因素进行分析。

投标文件分析是正确定标的前提条件，是减少和避免合同履行过程中合同纠纷的有效措施。大量工程合同管理实践证明，不作投标文件分析，仅按总报价定标是十分盲目的行为，往往带来过多的合同纠纷和合同问题。因此，招标人应高度重视投标文件的分析、审查工作，在全面分析比较的基础上确定最佳中标人。

五、合同订立管理

建设工程施工合同的订立要经过要约和承诺两个阶段，包括直接发包和招标发包两种订立方式。本文选取招投标方式下合同签订过程的合同管理为例。

（一）合同签订前期风险分析

工程项目建设过程中，施工合同的如何当事人都可能面临大量不确定因素和风险。因此，施工合同当事人特别是投资人和承包人需要全面分析合同签订前的风险，制定相应的风险应对策略。

1. 工程风险分类

工程风险分类方法较多，本文根据风险来源分类，可以分为以下几种：

（1）政治风险；

（2）自然风险；

（3）技术风险；

（4）经济风险；

（5）投资人资信风险；

（6）承包人管理风险；

（7）合同条款风险。

2. 投资人风险防范策略

（1）认真编制招标文件和合同文件；

（2）严格对招标人进行资格预审；

（3）做好评标决标工作；

（4）委托专业咨询工程师；

（5）利用经济和法律等手段降低施工合同履约风险。

3. 承包人风险防范策略

承包人风险与投资人风险具有相对性，也具有共性：

（1）认真编制投标文件及其报价；

（2）完善合同条款；

（3）完善工程保险；

（4）加强索赔管理。

（二）招投标合同管理

在工程项目中，经过合同前期策划，拟定合同计划后，就需要利用招投标来逐项签订合同，逐项落实合同计划。

建设工程招标，是指招标人用招标文件将委托的工作内容和要求告知有兴趣参与竞争的投标人，让他们按照规定条件提出实施计划和价格，然后通过评审比较选出信誉可靠、技术能力强、报价合理的单位，以合同形式委托其完成的一系列行为。建设工程投标，是指符合招标文件规定资格的投标人按照招标文件的要求，依据自身能力和管理水平，提出自己的报价及相应条件，争取获得实施资格的行为。

招标投标是国际上采用的、具有完善机制、科学合理的工程承投资人式。推行工程项目招投标，就是要在建筑市场中建立竞争机制。由于招投标可以约束交易者的行为，创造公平竞争的市场环境，我国建设工程项目从 1984 年开始实行招投标制度。并为使招投标制度有效贯彻和实施，发挥招投标的积极作用，我国于 1999 年 8 月 30 日经九届全国人民代表大会常务委员会第十一次会议审议通过了《中华人民共和国招标投标法》。招投标法中规定了招投标的方式只有公开招标和邀请招标两种：

公开招标，又称无限竞标，是由招标人以招标公告的方式邀请不特定的法人或其他组织投标。其优点是投标的承包人多、范围广、竞争激烈，投资人有较大的选择余地，有利于降低工程造价，提高工程质量；缺点是组织工作复杂，投入资源较多，工作量大。

邀请招标，也称有限招标，是指由招标人以投标邀请书的方式邀请特定的法人或其他组织参与投标竞争的方式。其优点是目标集中，招标的组织工作较容易，工作量较小；但投资人的选择余地较小，有可能失去发现最合适该项目承包人的机会。

目前，工程项目招投标程序比较规范，按照招标人和投标人的参与程度，可将其划分为三个阶段：招标准备阶段、招标投标阶段和决标阶段。其中，招标准备阶段的主要工作是招标资格与备案、选择招标方式，编制招标文件、发布招标公告或投标邀请书；招投标阶段的主要工作是资格预审、发布招标文件，考察现场并答疑、送达与签收招标文件；决标阶段的主要工作是开标、评标、定标。最后招标人向中标人发出中标通知书，并向未中标人发出中标结果。招投标基本流程如图10-11所示。

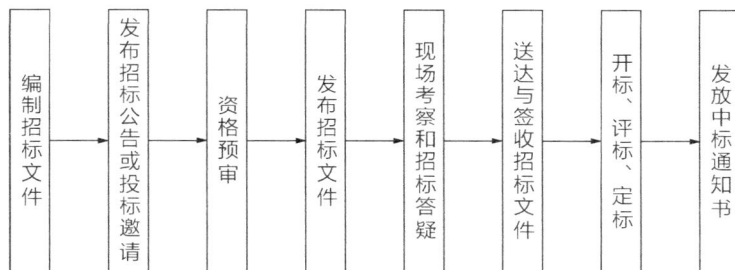

图 10-11 招标流程图

（三）合同全过程评审

合同评审是指在签订正式合同前对施工合同的审查，包括招投标阶段对招标文件中的合同文本进行审查以及合同正式签订前对形成合同草稿的审查。合同审查的一般内容包括对合同进行结构分析，检查合同内容的完整性及一致性，分析评价合同风险。

施工合同审查方法是结合施工合同示范文本，以及具体工程项目背景和实际情况，对比分析拟定施工合同条款，重点审查施工合同与示范文本之间的偏差，具体如下：

1. 工作内容

指承包人所承担的工作范围。如，施工承包人应完成的工作一般包括施工、材料和设备的供应、工程量的确定、质量要求等，应审查这些内容是否与招标投标文件内容一致，工作内容的范围是否清楚，责任是否明确，合同描述是否清晰。

2. 合同当事人的权利和义务

由于施工合同的复杂性，合同当事人应仔细、全面审查施工合同，重点分析各当事人及参与者的权利义务，为防止以后发生纠纷。

3. 价款

价款是施工合同双方关注的焦点，是合同的核心条款。合同价款包括单价、总价、工资、加班费和其他各项费用，以及付款方式和付款条件等。在审查价格时，主要分析计价方式及可能的风险、合同履行期间商品价格可能波动风险、价款支付风险等。

4. 工期

工期也是施工合同的关键条款。工期条款直接影响合同价格结算及违约罚款等。施工合同工期审查重点要坚持科学合理的态度，合理确定合同工期。审查时还应注意工期延误责任的划分，如投资人、承包人、不可抗力、其他原因等造成的工期延长。

5. 质量

工程质量标准直接影响价格、实施进度以及工程验收等，有关质量条款的审查重点是技术规范、质量标准、中间验收和竣工验收标准等。

6. 违约责任

违约责任是施工合同的必备条款。通过违约责任条款明确不履行合同的责任。如合同未能按期完工或工程质量不符合要求，不按期付款等的责任。

（四）合同谈判与签约

1. 谈判的目的

从承包人的角度看，其谈判的目的是协商和确定施工合同的合理价格，调整完善施工合同条款，修改不合理的合同条款，以最大化收益。

投资人通过谈判分析投标者报价的构成，审核投标价格组成的合理性和价格风险，并进一步了解和审查投标者的施工技术措施是否合理，以及负责项目实施的班子力量是否足够雄厚，能否保证工程的质量和进度。通过谈判还可以更好中标人的建议和要求，吸收其合理建议，最后保证项目的顺利完工。

通常需要谈判的内容非常多，而且双方均以维护自身利益为核心进行谈判，更增加了谈判的难度和复杂性。由于受项目的特点，不同的谈判的客观条件等因素影响，在谈判内容上通常是有所侧重，需谈判小组认真仔细地研究，具体谋划。

2. 施工合同的签订

在正式签订施工合同前，合同双方当事人应该制定规范的合同管理制度和审批流程，并严格按照制度流程办事。为了降低施工合同风险，在施工合同签订过程中应坚持以下原则：

（1）未经审查的合同不签；

（2）不合法的合同不签；

（3）低于成本价的合同不签；

（4）有失公平的合同不签；

（5）不符合招标程序或手续不全的合同不签；

（6）承包人资质不符合要求的合同不签。

六、合同法律风险

（一）合同形成阶段法律风险识别

我国目前建立起了一套相对完整的投标法律法规体系，无论是《招标投标法》还是《招标投标法实施条例》，都对招投标活动进行了严格的规范，招标人、投标人都必须严格遵守法律规定。我国各级行政主管部门、司法机关也不断加大对建设招标投标市场的行政监管，对于投标人来讲，必须明确该环节所面临的法律风险，以便有效规避，减少自身的损失。通过对我国法律效力等级较高的《招标投标法》和《招标投标法实施条例》深入分析，在结合自身工程实践经验的基础上，总结归纳出合同形成阶段的法律风险主要集中在以下几个方面。

1. 串通投标的法律风险

在招标投标程序中，特别是某一企业集团内部的单位之间，往往会出现投标人之间或投标者与招标者之间为了中标而相互串通。这种串通的行为违背了招标投标法所确立的公开、公平、公正竞争的原则，是法律的禁止性规定。这种行为主要体现在相互串通和行贿两个方面。

串通投标的行为必然是私下进行的，认定串通投标需要有直接的证据，这也成为实践中防范和认定的难题。从投标人的角度出发，串通投标将会带来民事、行政和刑事三类风险。民事风险主要是中标无效和赔偿损失，带来的后果是不但未获得施工总承包项目，还要承担赔偿遭受损害的招标人、其他投标人的责任。行政风险有罚款、没收违法所得、吊销营业执照。除此之外，行为人还面临着严重的刑事责任，情节严重的将会构成《刑法》中的串通投标罪和行贿罪。

2. 未响应招标文件的法律风险

招标文件属于招标人的要约邀请，投标人的投标文件应当符合招标人招标文件实质性条件的要求。作为要约的投标文件应当具备两个基本要求，一是内容翔实、具体，二是如果招标人承诺（发放中标通知书），投标人就要受到标书意思表示的约束。鉴于此，如果投标文件符合招标文件提出的要求，则投标文件就达到了招标文件要求的具体标准。反之，如不能响应招标文件，并达到具体标准，就不能构成法律上的要约。招标人会直接将这种投标文件作为废标，投标人准备投标文件，进行项目竞争的机会就会丧失。

3. 联合体投标的法律风险

联合体投标的主要风险体现在三个方面：一是联合体各方的资格条件，在联合体投标的过程中，资质的等级将按照最低的原则确定，也就是说，联合体资质最低的一方也要符合招标文件的限制性要求，否则就面临着投标文件无效的法律风险。二是联合体协议的风险，投标人应当科学设定联合体协议的内容，并按照招标文件规定报送共同投标协议，如出现联合体各方约定不明的情形，即使中标也会为将来的履约带来风险。三是联合体各方应当共同与招标人签订合同，联合体不具有独立的法律资格，联合体各方将会为对方承担连带责任。

4. 出让资质证书的法律风险

在现行建筑市场的监管体系下，建筑行业的资质证书是一个企业施工能力的重要体现。如果出让资格、资质证书供他人投标则严重违背了法律的禁止性规定，给建筑施工企业带来风险，其主要集中在行政风险和刑事风险上面。在行政风险上，由于涉及建筑类资质证书管理的法律和行政法规较多，相关情形的法律责任在相关法律行政法规中都有规定，例如《建筑法》第 66 条、《安全生产许可证条例》第 21 条、《特种设备安全监察条例》第 82 条等。刑事风险上表现为出让或者出租资格、证书的行为构成了非法经营犯罪。

5. 退出竞标的法律风险

在实践过程中，经济环境和市场环境都是在不断发生变化的，如果投标人在投送投标文件以后，又想主动退出投标，如果这种撤销发生在招标人所确定的最终投标截止日期之后，就会给发包人带来损失，这种损失一般体现在投标保证金上面。投标保证金作为投标人进行投标的一种担保，如果投标人退出竞争，招标人扣除投标保证金相当于让投标人承担了缔约过失责任。

6. 不签订合同可能带来的法律风险

对于投标人来讲，投标行为和招标人发出中标书的行为是投标阶段对投标人有较大影响的两个行为。两个行为里面涉及的投标文件和中标通知书不仅是招标人和投标人签订合同的主要依据，而且也在合同文件的解释顺序之中。因此，对这两个行为的法律性质进行分析是与法律风险密切联系在一起的。从法律性质上而言，投标行为属于要约，而中标则属于承诺，因此一个完整的招投标程序构成了合同法上的要约承诺行为，具备了法律效力。

招标人确定中标人以后，中标人又以经济政治环境变化等不正当理由提出不订立合同，或者在签订合同时又提出附加条件，或者不按照招标文件提供履约保证金的，都属于投标人不签订合同的风险。这种行为带来的民事风险不但要取消其中标资格，而且投标保证金不予退还。无论不签订合同的行为是否给招标人造成经济损失，均可以不予退还投标保证金。除此之外，中标人也面临着严苛的行政风险，行政机关可以责令中标人改正，还可以处以罚款。

7. 签订黑白合同的法律风险

"黑白合同"又叫"阴阳合同"，是建设工程领域经常出现的问题，但这并不是一个法律术语。其中，"白合同"是招标人和投标人可以放在明面的合同，它按照招投标文件签订，开展行政监管备案，但并不实际履行；"黑合同"则是发包人和承包人实际履行的合同。之所以产生这样的情形，往往是由于各方利益博弈会出现投资人要求承包人让利或承包人利用发包人工期紧张等而趁机抬价，合同双方为了避免政府监管，才造成了"黑白合同"这一现象。"黑合同"违反《招标投标法》《合同法》和《建筑法》的有关规定，容易造成工程质量隐患，既损害施工方利益，也损害投资人方的利益。

8. 合同条款的法律风险

在施工合同中，合同条款实际上是合同双方当事人在要约承诺中明确合同内容，以书面形式订立的合同，并能作为证据证明双方约定的就是合同文本确定的条款。当投资人和承包商发生争执后，合同协议的内容是非常重要的，也是支持双方的诉讼请求依据。因此，合同条款作为合同法律风险最主要的产生途径，在签订合同时，要仔细检查合同的条款，防止不一致的情形出现，以保护承包方的利益。

（1）工程范围条款的法律风险。从实际签约的过程中，很多情况下可以看到，投资人和承包商用分项的形式列出了工程范围。但它往往是只有名称没有具体的工程量，也没有价格，是一份相当不完善的工程量清单。在固定总价合同的情况下，双方争议的工程是否属于工程范围，还需要裁判机构的认定。在审定招投标文件和其他法律文件的情况下，采用招标文件认定也一样困难。因此，除了合同，双方当事人都提供不出其他的证据，来证明可以共同认定的工程范围。在这种情况下，司法机构只能根据合同的字面含义来确定，故而合同中工程范围的确定非常重要。

（2）工程价款条款的法律风险。

付款时间。关于项目工程款的资金支付，投资人和承包商可以约定按照工程进度付款，也可以每月支付款项。同时，双方经常在实际情况下会约定支付工程款的条件。所以，双方在签订总包合同的时候应注意审核并遵守付款条件。

付款方式。根据项目的实际情况，投资人和承包商可以通过银行转账或支票付款。应该注意的是，在支付票据上，投资人需备注上这笔款项是支付哪项工程款。因为，在通常情况下，投资人和承包商会签订不止一个合同。如果不特别声明，双方做出了不同的财务处理，不利于双方日后的对账和理解，在发生争议时，裁决机构难以确定涉案金额的支付情况，不利于处理纠纷。

（二）合同形成阶段法律风险识别

1. 增强法律规范意识

近年来，随着国家经济的发展，基础设施建设力度不断加大，越来越多的建设项目完成立项审批。为了抑制违法和腐败行为在工程领域的发生，以确保工程质量，国家实施了一系列建设项目招投标活动，并颁布实行《招标投标法》来规范投标行为，遏制违法中标现象。

因此，作为投标人，应注意相关证据的收集和储存，一旦发现招标人或其他投标人有违法行为或侵害自己权利的现象，应当及时反映并用法律维权。

2. 重视投标前的尽职调查工作

承建商在尽职调查的过程中，一定要客观的对项目进行全面深入地调查，对投资人资质、项目的真实性等严格审查。首先，投标报价是能否中标的核心，要认真研究招标文件，在充分关注工程设计的前提下，注重现场踏勘取得的基本信息，结合《工程量清单》，确定有竞争优势的投标报价；其次，了解投标人的工程业绩、资质状况；最后，除上述情况外，也要对投标人自身的工程施工组织能力，工程技术的成熟水平，现金流状况有客观的认识。

3. 注重合同条款的设定

在合同起草时必须有很强的风险意识和责任意识，严格遵守国家《建设工程施工合同范本》要认真研究、分析各个合同条款，保证条款齐全，内容完整。在实践管理中，有两个主要问题：第一，不做或不会做履行合同的分析，出现争议时才去查阅合同是怎么约定的；第二，不做或没有能力做合同交底，不能形成以合同为中心的法律风险交底。

（1）选择合适的示范文本。

在不同历史时期中，国家发展和改革委员会、财政部、住房城乡建设部、原铁道部、交通运输部、工业和信息化部、民航总局、广电总局等有关部委制定了不同行业、不同标准的建设工程合同标准文本和示范文本，供各行业订立合同时按照或参照执行。

（2）采用合适的计价方式。

选择不同类型的合同计价方式取决于项目。如果要降低工程合同所面临的风险，就要在认真研究项目的具体特征和现实情况的基础上，去选择计价形式。

（3）确定合理的风险分配原则。

在卖方市场的情形下，投资人将更多的风险通过不对称的合同条款转嫁给承包商，但是这在一定程度上限制了投资人防范风险的积极性。然而，基于风险和权力关系平衡的理论，风险的合理分配显得尤为重要。

1）从项目的整体效益出发，更好地规避和控制风险。如果项目的参与者不承担任何风险，也就没有任何义务，更也没有控制风险的积极性。

2）公平合理，责任与权利的统一。首先，风险的责任和权力是平衡的；其次，风险和机遇应当对等；最后，风险的合理性和可能性要基本一致。

3）要符合行业惯例。

（4）确定总体工程范围。

总体工程范围的确定方法主要有招标文件，工程量清单报价的确定和合同条款的约定。实行工程量清单计价是规范建设市场秩序，适应社会主义经济发展的需要。因为目前的招投标工作是有限的，同时合同条款的理解存在差异。工程量清单报价的特点是招标人对整个招标项目按照一定的标准和条目进行细化，经过再次计算并判断工程量，并将估算结果写在招标文件中。

第四节　合同履行阶段的合同管理

一、工程合同履行原则

（一）工程合同履行的含义

工程合同履行是指工程建设项目的投资人和承包人根据合同规定的时间、地点、方式、内容及标准等要求，各自完成合同义务的行为。根据当事人履行合同义务的程度，合同履行可分为全部履行、部分履行和不履行。

对于投资人来说，履行工程合同最主要的义务是按约定支付合同价款，而承包人最主要的义务是按约定交付工作成果。但是，当事人双方的义务都不是单一最后交付行为，而是一系列义务的总和。例如，对工程设计合同来说，投资人不仅要按约定支付设计报酬，还要及时提供设计所需要的地质勘探等工程资料，并根据约定给设计人员提供必要的工作条件等；而承包人除了按约定提供设计资料外，还要参加图纸会审、地基验槽等工作。对施工合同来说，投资人不仅要按时支付工程备料款、进度款，还要按约定按时提供现场施工条件，及时参加隐蔽工程验收等；而承包人义务的多样性表现为工程质量必须达到合同约定标准，施工进度不能超过合同工期等。

（二） 工程合同履行的原则

1. 实际履行原则

当事人订立合同的目的是为了满足一定的经济利益，满足特定的生产经营活动的需要。当事人一定要按合同约定履行义务，不能用违约金或赔偿金来代替合同的标的。

2. 全面履行原则

当事人应当严格按合同约定的数量、质量、标准、价格、方式、地点、期限等完成合同义务。全面履行原则对合同的履行具有重要意义，它是判断合同各方是否违约以及违约应当承担何种违约责任的根据和尺度。

3. 协作履行原则

即合同当事人各方在履行合同过程中，应当互谅、互助，尽可能为对方履行合同义务提供相应的便利条件。

贯彻协作履行原则对工程合同的履行具有重要意义，因为工程承包合同的履行过程是一个经历时间长、涉及面广、质量、技术要求高的复杂过程，一方履行合同义务的行为往往就是另一方履行合同义务的必要条件，只有贯彻协作履行原则，才能达到双方预期的合同目的。因此，承发包双方必须严格按照合同约定履行自己的每一项义务；本着共同的目的，相互之间应进行必要的监督检查，及时发现问题，平等协商解决，保证工程顺利实施；当一方违约给工程实施带来不良影响时，另一方应及时指出，违约方应及时采取补救措施；发生争议时，双方应顾全大局，尽可能不采取极端化行为等。

4. 诚实信用原则

诚实信用原则是《合同法》的基本原则，它是指当事人在签订和执行合同时，应讲究诚实，恪守信用，实事求是，以善意的方式行使权利并履行义务，不得回避法律和合同，以使双方所期待的正当利益得以实现。

对施工合同来说，投资人在合同实施阶段应当按合同规定向承包人提供施工场地，及时支付工程款，聘请工程师进行公正的现场协调和监理；承包人应当认真计划，组织好施工，努力按质、按量在规定时间内完成施工任务，并履行合同所规定的其他义务。在遇到合同文件没有作出具体规定或规定矛盾或含糊时，双方应当善意地对待合同，在合同规定的总体目标下公正行事。

5. 情事变更原则

情事变更原则是指在合同订立后，如果发生了订立合同时当事人不能预见并不能克服的情况，改变了订立合同时的基础，使合同的履行失去意义或者履行合同将使当事人之间的利益发生重大失衡，应当允许受不利情况影响的当事人变更合同或者解除合同。情事变更原则实质上是按诚实信用原则履行合同的延伸，其目的在于消除合同因情事变更所产生的不公平后果。理论上一般认为，适用情事变更原则应当具备以下条件：

（1）有情事变更的事实发生。即作为合同环境及基础的客观情况发生了异常变动。

（2）情事变更发生于合同订立后履行完毕之前。

（3）该异常变动无法预料且无法克服。如果合同订立时，当事人已预见该变动将要发生，或当事人能予以克服的，则不能适用该原则。

（4）该异常变动不可归责于当事人。如果是因一方当事人的过错所造成或是当事人应当预见的，则应由其承担风险或责任。

（5）该异常变动应属于非市场风险。如果该异常变动是市场中的正常风险，则当事人不能主张情事变更。

（6）情事变更将使维持原合同显失公平。

在施工合同中，建筑材料涨价常常是承包人要求增加合同价款的理由之一。如果合同对材料没有包死，则补偿差价是合理的。如果合同已就工程总价或材料价格一次包死，若发生建筑材料涨价是否补偿差价，应当判断建筑材料涨价是属于市场风险还是情事变更。可以认为，通货膨胀导致物价大幅上涨及因国家产业政策的调整或国家定价物资调价造成的物价大幅度上涨，属于情事变更，涨价部分应当由投资人合理负责一部分或全部承担，处于不利地位的承包人可以主张增加合同价款。如果属于正常的市场风险，则由承包人自行负担。

（三）工程合同分析的作用

1. 合同分析的概念

合同分析是指从执行的角度分析、补充、解释合同，将合同目标和合同规定落实到合同实施的具体问题上和具体事件上，用以指导具体工作，使合同能符合日常工程管理的需要。

从项目管理的角度来看，合同分析就是为合同控制确定依据。合同分析确定合同控制的目标，并结合项目进度控制、质量控制、成本控制的计划，为合同控制提供相应的合同工作、合同对策、合同措施。从这一方面看，合同分析是承包人项目管理的起点。

合同履行阶段的合同分析不同于合同谈判阶段的合同审查与分析。合同谈判时的合同分析主要是对尚未生效的合同草案的合法性、完整性和公正性进行审查，其目的是针对审查发现的问题，争取通过合同谈判改变合同草案中于己不利的条款，以维护各方的合法权益。而合同履行阶段的合同分析主要是对已经生效的合同进行分析，其目的主要是明确合同目标，并进行合同结构分解，将合同落实到合同实施的具体问题上和具体事件上，用以指导具体工作，保证合同能够顺利履行

2. 合同分析的作用

（1）分析合同漏洞，解释争议内容

工程的合同状态是静止的，而工程施工的实际情况千变万化，一份再完备的合同也不可能将所有问题都考虑在内，难免会有漏洞。同时，有些工程的合同是由投资人起草的，条款较简单，诸多合同条款的内容规定得不够详细、合理。在这种情况下，通过分析这些合同漏洞，并将分析的结果作为合同的履行依据是非常必要的。

当合同中出现错误、矛盾和多义性解释，以及施工中出现合同未作出明确约定的情况，在合同实施过程中双方会有许多争执。要解决这些争执，首先必须作合同分析，按合同条款，分析它的意思，以判定争执的性质。其次，双方必须就合同条款的解释达成一致。特别是在索赔中，合同分析为索赔提供了理由和根据。

（2）分析合同风险，制定风险对策

工程承包是高风险的行业，存在诸多风险因素，这些风险有的可能在合同签订阶段已经经过合理分摊，但仍有相当的风险并未落实或分摊不合理。因此，在合同实施前有必要作进一步的全面分析，以落实风险责任，并对自己承担的风险制定和落实风险防范措施。

（3）分解合同工作，落实合同责任

合同事件和工程活动的具体要求（如工期、质量、技术、费用等）、合同双方的责任关系之间的逻辑关系极为复杂，要使工程按计划有条理地进行，必须在工程开始前将它们落实下来，这都需要进行合同分析分解合同，以落实合同责任。

（4）进行合同交底，简化合同管理工作

在实际工作中，由于许多工程小组、项目管理职能人员所涉及活动和问题并不涵盖整个合同文件，而仅涉及小部分合同内容，因此他们没有必要花费大量的时间和精力全面把握合同，而只需要了解自己所涉及的部分合同内容。为此，可采用由合同管理人员先作全面的合同分析，再向各职能人员和工程小组进行合同交底的方法。

另一方面，由于合同条款往往不直观明了，一些法律语言不容易理解，使得合同内容较难准确地把握。只有由合同管理人员通过合同分析，将合同约定用最简单易懂的语言和形式表达出来，使大家了解自己的合同责任，从而使日常合同管理工作简单、方便。

二、勘察设计合同管理

（一）依据

签订建设项目勘察设计合同管理主要遵循建设项目勘察设计相关的法律法规的约束和规范，主要如下：

（1）《中华人民共和国合同法》（主席令第 15 号）；

（2）《中华人民共和国建筑法》（主席令第 46 号）；

（3）《建设工程勘察设计管理条例》（国务院令第 662 号文）；

（4）《建设工程勘察设计资质管理规定》（建设部令第 160 号）；

（5）《中华人民共和国招标投标法》（主席令第 21 号）；

（6）《中华人民共和国招标投标法实施条例》（国务院令第 613 号）；

（7）本地区的地方性法规和建设工程勘察设计管理办法。

（二） 内容

（1）编制勘察设计招标文件；

（2）组织并参与评选方案或评标；

（3）起草勘察设计合同条款及协议书；

（4）跟踪和监督勘察设计合同的履行情况；

（5）审查、批准勘察设计阶段的方案和结果；

（6）勘察设计合同变更管理。

（三） 程序

（1）建设工程勘察、设计任务通过招标或设计方案的竞投，确定勘察、设计单位后，应遵循工程项目建设程序，签订勘察、设计合同。

（2）签订勘察合同：由投资人、设计单位或有关单位提出委托，经双方协商同意，即可签订。

（3）签订设计合同：除双方协商同意外，还必须具有上级机关批准的设计任务书。小型单项工程必须具有上级机关批准的设计文件。

（四） 注意事项

（1）全过程工程咨询单位应当设专门的合同管理机构对建设工程勘察设计合同的订立全面负责，实施控制。承包人在订立合同时，应当深入研究合同内容，明确合同双方当事人的权利义务，分析合同风险。

（2）在合同的履行过程中，无论是合同签订、合同条款分析、合同的跟踪与监督、合同的变更与索赔等，都是以合同资料为依据的。因此，承包人应有专人负责，做好现场记录。保存记录是十分重要的，这有利于保护好自己的合同权益，及成功地索赔。设计中的主要合同资料包括：设计招投标文件；中标通知书；设计合同及附件；委托方的各种指令、变更中和变更记录等；各种检测、试验和鉴定报告等；政府部门和上级机构的批文，文件和证等。

（3）合同的跟踪和监督就是对合同实施情况进行跟踪，将实际情况与合同资料进行对比，存在偏差。合同管理人员应当及时将合同的偏差信息及原因分析结果和建议提供给项目人员，以便及早采取措施，调整偏差。同时，合同管理人员应当及时将投资人的变更指令到本方设计项目负责人或直接传达给各专业设计部门和人员。具体而言，合同跟踪和对象主要有勘察设计工作的质量、勘察设计任务的工作量的变化、勘察设计的进度情况目的概预算。

三、施工过程合同管理

（一）合同管理

1. 合同实施控制

工程项目的实施过程实质上是与项目相关的各个合同的履行过程。要确保项目正常、按计划、高效率的实施，必须正确的执行各个合同。为此在项目施工现场需全过程工程咨询单位负责各个合同的协调与控制。

（1）依据

在建设项目施工阶段，全过程工程咨询单位对合同控制的依据根据如下：

1）合同协议书；

2）中标通知书；

3）投标书及附件；

4）施工合同专用条款；

5）施工合同通用条款；

6）标准、规范及现有有关技术文件；

7）图纸；

8）工程量清单；

9）招标文件及相关文件；

10）施工项目合同管理制度；

11）其他相关文件。

（2）内容

全过程工程咨询单位或其发包的造价部门应协助投资人采用适当的管理方式，建立健全的合同管理体系以实施全面合同管理，确保建设项目有序进行。全面合同管理应做到：

1）建立标准合同管理程序；

2）明确合同相关各方的工作职责、权限和工作流程；

3）明确合同工期、造价、质量、安全等事项的管理流程与时限等。

合同实施控制主要包括合同交底、合同跟踪、合同实施诊断、合同调整以及补充协议的管理：

1）合同交底

在合同实施前，全过程工程咨询单位应进行合同交底。合同交底应包括合同的主要内容、合同实施的主要风险、合同签订过程中的特殊问题、合同实施计划和合同实施责任分配等内容。

2）合同跟踪

在工程项目实施过程中，由于实际情况千变万化，导致合同实施与预订目标（计划和设计）的偏离。如果不采取措施，这种偏差常常由小到大，逐渐积累，最终会导致合同无法按约定完成。这就需要对工程项目合同实施的情况进行跟踪，以便提早发现偏差，采取措施纠偏。主要内容包括：

①　跟踪具体的合同事件。对照合同事件的具体内容，分析该事件实际完成情况。

②　注意各工程标段或分包商的工程和工作。一个工程标段或分包商可能承担许多专业相同、工艺相近的分项工程或许多合同事件，所以必须对其实施的总情况进行检查分析。

③　总承包人必须对各分包合同的实施进行有效的控制，这是总承包人合同管理的重要任务之一。全过程工程咨询单位应督促监理单位加强总包方对分包合同的督促，以达到如下目的：

a. 控制分包商的工作，严格监督他们按分包合同完成工程责任。分包合同是总承包人履职的一部分，如果分包商完不成他的合同责任，则总包就不能顺利完成总包合同责任；

b. 对分包商的工程和工作，总承包人负有协调和管理的责任，并承担由此造成的损失，所以分包商的工程和工作必须纳入总承包工程的计划和控制中，防止因对分包商工程管理失误而影响全局。

④　为一切索赔和反索赔做准备。全过程工程咨询单位与总包、总包和分包之间利益是不一致的，双方之间常常会有尖锐的利益争执，在合同实施中，双方都在进行合同管理，都在寻找向对方索赔的机会，所以双方都有索赔和反索赔的任务；

⑤　在合同跟踪过程中，全过程工程咨询单位的主要工作是对重点事件及关键工作进行监督和跟踪。如：

a. 及时提醒委托方提供各种工程实施条件，如及时发布图纸，提供场地，及时下达指令、做出答复，及时支付工程款等，这常常是承包人推卸责任的托词，所以应特别重视。

b. 要求设计部门按照合同规定的进度提交质量合格的设计资料，并应保护其知识产权，不得向第三人泄露、转让。

c. 督促监理单位与施工单位必须正确、及时地履行合同责任，与监理单位和施工单位多沟通，尽量做到使监理单位和承包人积极主动地做好工作，如提前催要图纸、材料，对工作事先通知等。

d. 出现问题时及时与委托方沟通。

e. 及时收集各种工程资料，对各种活动、双方的交流做出记录。

f. 对有恶意的承包人提前防范，并及时采取措施。

3）　合同实施诊断

合同实施诊断是在合同实施跟踪的基础上进行的，是指对合同实施偏差情况的分析。合同实施偏差的分析，主要是评价合同实施情况及其偏差，预测偏差的影响及发展的趋势，并分析偏差产生的原因，以便对该偏差采取调整措施。合同实施诊断的主要内容：

①　合同执行差异的原因分析。通过对不同监督和跟踪对象的计划和实际的对比分析，不仅可以得到差异，而且可以探索引起这个差异的原因。原因分析可以采用鱼刺图，因果关系分析图（表）、成本量差、价差分析等方法定性或定量地进行。

② 合同差异责任分析。即这些原因由谁引起，该由谁承担责任，这常常是索赔的理由。一般只要原因分析详细，有根有据，则责任自然清楚。责任分析必须以合同为依据，按合同规定落实双方的责任。

③ 合同实施趋向预测。分别考虑不采取调控措施和采取调控措施以及采取不同的调控措施情况下，合同的最终执行结果：

a. 最终的工程状况：包括总工期的延误，总成本的超支，质量标准，所能达到的生产能力（或功能要求）等；

b. 承包人将承担什么样的后果，如被罚款，被清算，甚至被起诉，对承包人资信、企业形象、经营战略造成的影响等；

c. 最终工程经济效益（利润）水平。

4）采取调整措施

经过合同诊断之后，应当按照合同约定调整合同价款的因素主要有以下几类：

① 法律法规变化；

② 工程变更；

③ 项目特征不符；

④ 工程量清单缺项；

⑤ 工程量偏差；

⑥ 计日工；

⑦ 物价变化；

⑧ 暂估价；

⑨ 不可抗力；

⑩ 提前竣工（赶工补偿）；

⑪ 误期赔偿；

⑫ 索赔；

⑬ 现场签证；

⑭ 暂列金额；

⑮ 发承包双方约定的其他调整事项。

通过合同诊断，根据合同实施偏差分析的结果，督促承包人应采取相应的调整措施。主要有以下几类：

a. 组织措施，例如增加人员投入，重新计划或调整计划，派遣得力的管理人员。

b. 技术措施，例如变更技术方案，采用新的更高效率的施工方案。

c. 经济措施，例如增加投入，对工作人员进行经济激励等。

d. 合同措施，例如进行合同变更，签订新的附加协议、备忘录，通过索赔解决费用超支问题等。

5）补充协议的管理

项目建设期间拟与各单位签订的各种补充合同、协议的，应在合同、协议签订前，按照备案、审核程序，将拟签订合同、协议交监理公司，对其合法性和合理性以及与施工合同有关条款的一致性进行审核。

在收集整理监理单位意见的基础上，出具审核意见上报委托方，委托方应及时进行审核，并将审核意见反馈至全过程工程咨询单位。全过程工程咨询单位在一定时间内将修改结果以书面形式向委托方报告。各种补充合同、协议经上述程序修改完后方可签署，签署完成的合同、协议应及时归档，并做好合同文件签发记录。

（3）程序

通过合同跟踪、收集、整理能反映工程实施状况的各种资料和实际数据，如各种质量报告、实际进度报表、各种成本和费用开支报表及其分析报告。将其与项目目标进行对比分析可以发现差异。根据差异情况确定纠偏措施，制定下一阶段工作计划。合同控制流程如图 10-12 所示。

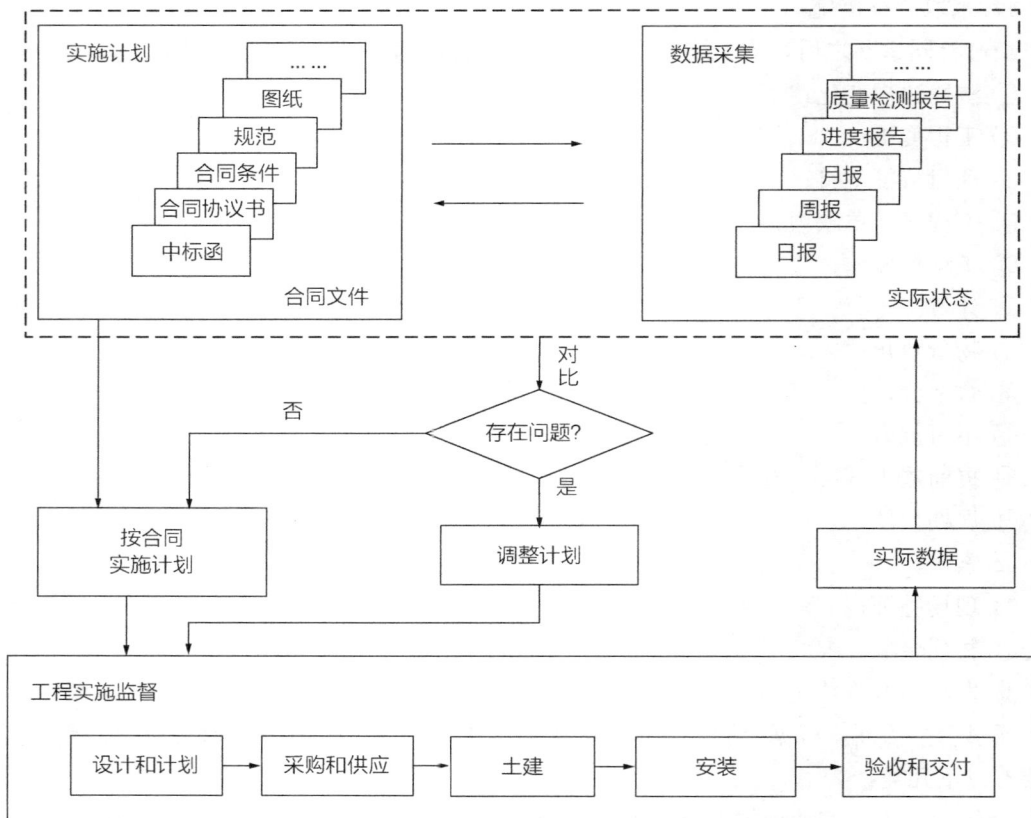

图 10-12　合同控制流程

合同控制方法如下：

1）建立合同支付台账，对合同进行跟踪管理；

2）主持合同争议的协调，配合合同争议的仲裁或诉讼；

3）采用统一指挥，分散管理的方式。由全过程工程咨询单位负责并牵头、现场管理工程师、合同管理人员参与的管理模式。由全过程工程咨询单位组织制定合同管理制度；

对于各类合同，现场管理工程师应跟踪合同执行情况，并及时向合同管理人员反映有关情况的变化，合同管理人员采集信息后应及时集成信息，最终向施工单位报告，以便做出是否按合同执行的判断，报委托方审批后做出是否继续执行合同或修改合同内容，签订补充协议的决定；

　　4）明确合同管理各种工作的流程，如图 10-13 所示。

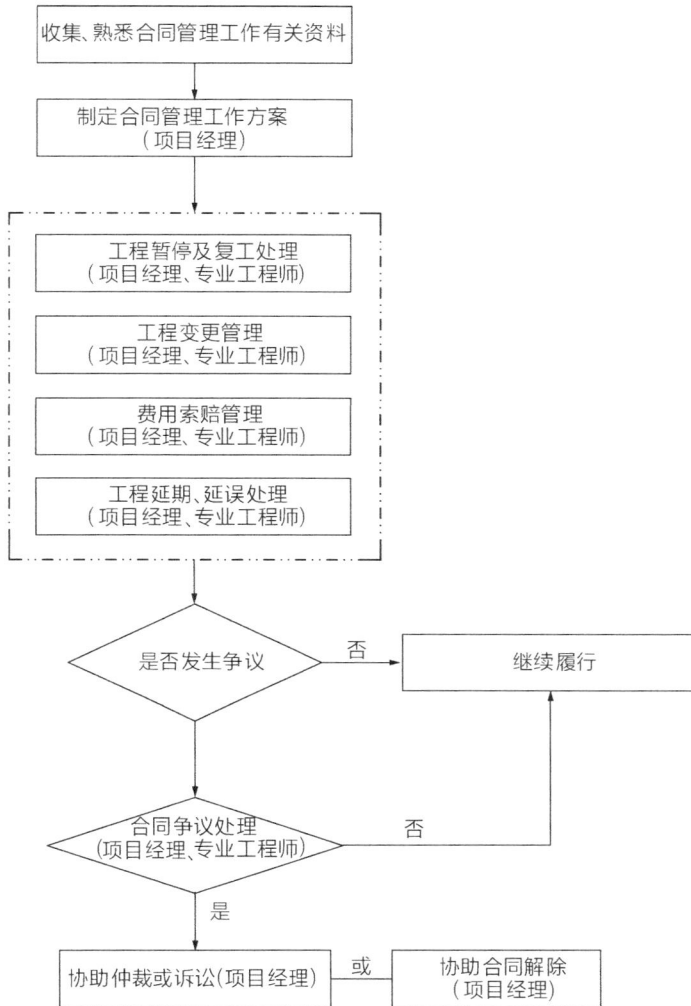

图 10-13　施工阶段合同管理的流程图

　　5）动态跟踪合同内容的执行。根据合同实施中各种反馈的信息形成总控信息，比较合同规定的质量要求与实际的工程质量、比较合同进度与工程实际进度、比较合同计划投资与实际支出等，并将有关偏差的信息反馈到全过程工程咨询单位，并向委托方汇报，及时调整和采取措施进行控制；

　　6）根据合同和工程建设实际情况提供月度资金需求报告；

　　7）报请委托方批准月支付进度，并根据进度表对费用支出进行控制；

8）审查各项合同的预算、进度付款和结算，报委托方批准支付；

9）确认由于变更引起的影响工程正常进度的承包人工程量的增减，并就其有效性向委托方提出建议；

10）要求承包人必须提供风险转移措施，包括合同履约保证金、担保和保险等手段，保证能够消除不可抗力外的干扰因素对工程目标所产生的影响；

11）合同实施完成后，需填写工程合同竣工确认流程表。

（4）注意事项

1）合同文本采用国家签订的合同示范文本，合同的专用条款必须是双方协商一致的，不应提出单方面的不合理要求；

2）合同价格实行闭口，严格按照承包人的投标价格执行，不任意压价或增加附带条件；

3）不接受任何标后的优惠条件，严格按照承包人在投标文件中提出的竞争措施和优惠条件执行；

4）必须明确所有的合同专用条款内容，所有合同内容同样实行闭口；

5）明确所有工程范围内的设计变更（除设计内容增加外），避免承包人提出索赔（包括费用索赔和进度索赔）；

6）为了确保合同管理有效性，自全过程工程咨询单位应负责管理合同事宜，并对各类合同指定专人管理。

（5）成果范例

1）合同文件签发记录如表 10-9 所示。

合同文件签发记录 表 10-9

项目名称：						
序号	日期	合同名称	监理	咨询	合同缔约方	备注
1						
2						
……						

2）合同支付台账如表 10-10 所示。

合同支付台账 表 10-10

项目名称：×××合同支付台账

序号	合同名称	合同编号	合同金额	申请支付单位	支付约定	申请时间	期数	申请金额	支付金额（跟踪）	累计金额	备注
1											
2											
……											

3）工程合同竣工确认流程表如下表 10-11 所示。

工程合同竣工确认流程表 表 10-11

编号：

合同名称：		合同金额：	
合同编号：			
施工单位：			
开工时间：		竣工时间：	
验收项目	验收情况		
工作情况	合格不合格		
1. 施工内容			
2. 施工质量			
3. 施工进度			
4. 文明施工			
5. 其他	项目部经理签字：		
资料归档情况说明	齐全一般差		
	对工程部提交的资料进行汇总填写此栏，从以下几方面控制： 1　造价主管提供原存档合同，结算报告书，竣工结算申请书； 2　项目资料员提供实体竣工的资料，如：竣工报告、质量保证资料、工程保修资料等； 3　其他资料 项目经营管理部：		
合同总金额	一审结算总价： 一审结算说明： 造价主管签字：		
	二审结算总价： 二审结算说明： 审计部经理签字：		
全过程工程咨询单位意见：			
			年　月　日
委托方批复：			
			年　月　日

2. 对施工单位与材料供应商的合同管理

（1）依据

全过程工程咨询单位对各参与主体合同管理的依据除了国家和地方相关的法律法规、政策性文件，主要是双方在招投标以及合同履行过程中签署的文件，包括中标通知书、双方签订的合同协议书、专用条款、通用条款、补充协议、合同管理制度、总包管理制度等。

（2）内容

1）采购合同管理

① 协助配合投资人检验采购的材料、设备

全过程工程咨询单位应对材料、设备供应商提供的货物进行检验，保证提供符合合同规定的货物，以及商业发票或相等的电讯单证。

② 保证供应进度满足施工进度要求

全过程工程咨询单位应对材料、设备供应商的供应时间进行监督，防止因材料、设备不到位导致的施工进度拖延、窝工等情况。

③ 甲供材料、设备采购合同管理

全过程工程咨询单位中应注意对甲供材料、设备供应合同的管理，在梳理合同结构时，首先需要明确甲供材料、设备范围，并根据总进度要求，及时完成甲供材料、设备的招标、供应工作，不能因甲供材料、设备供应的滞后影响施工进度。

2）施工合同管理

项目施工合同管理包括全过程工程咨询单位协助投资人对总承包人的管理以及总承包人对分包商的管理两层意义。全过程工程咨询单位对施工合同的管理主要指协助配合投资人对总承包人的管理；对分包商的管理一般是通过总承包人实施管理，总分包管理职责划分应在合同体系策划时就提前界定。分包商不仅指总承包人按合同约定自行选择的分包商，也指投资人（或委托方）通过招投标等方式选择的分包商。

3）全过程工程咨询单位对一般分包合同的管理

项目中主要存在两类承包人，一类是总承包人，一类是分包商，全过程工程咨询单位通过监理单位主要对总承包人的质量、进度、投资等进行管理，任何分包商的管理均应纳入总包管理中，包括进度的统一、质量的检查、投资的管理、安全文明施工管理、现场协调等方面，对此，应要求总包商完成相应的分包管理制度。

一般分包商是指与总承包人签订合同的施工单位。全过程工程咨询单位不是该分包合同的当事人，对分包合同权利义务如何约定也不参与意见，与分包商没有任何合同关系，但作为工程项目的管理方和施工合同的当事人，对分包合同的管理主要表现为对分包工程的批准。

（3）程序

全过程工程咨询单位对总包合同的管理主要体现在对总承包人和指定分包商的管理程序上：

1）明确总承包人的义务

投资人与全过程工程咨询单位应监督总承包人按照合同约定的承包人义务完成工作，并督促承包人在产生变更、索赔等事件时，及时、合格的完成施工工作。

2）监督承包人工作的履行情况

全过程工程咨询单位应对承包人施工情况进行监督，保证其按照合同约定的质量、工期、成本等要求完成工作内容，并及时对变更、索赔等事件进行审核和处理。

3）总承包人对指定分包的管理

全过程工程咨询单位应协助配合投资人要求承包人需指定专人对分包商的施工进行监

督、管理和协调，承担如同主合同履行过程中监督的职责。承包人的管理工作主要通过发布一系列指示来实现。接到监理就分包工程发布的指示后，应将其要求列入自己的管理工作内容，并及时以书面确认的形式转发给分包商令其遵守执行，也可以根据现场的实际情况自主的发布有关的协调、管理指令。

全过程工程咨询单位应要求分包商参加工地会议，加强分包商对工程情况的了解，提高其实施工程计划的主动性和自觉性。

（4）注意事项

1）分包合同对总承包合同有依附性，因此，总承包合同修改，分包合同也应做相应的修改。

2）分包合同保持了与总承包合同在内容上、程序上的相容性和一致性，分包合同在管理程序的时间定义上应比施工合同更为严格。

3）分包商不仅应掌握分包合同，而且还应了解总承包合同中与分包合同工程范围相关的内容。

（二）合同争议处理

1. 依据

（1）当事人双方认定的各相关专业工程设计图纸、设计变更、现场签证、技术联系单、图纸会审记录；

（2）当事人双方签订的施工合同、各种补充协议；

（3）当事人双方认定的主要材料、设备采购发票、加工订货合同及甲供材料的清单；

（4）工程预（结）算书；

（5）招投标项目要提供中标通知书及有关的招投标文件；

（6）经委托方批准的施工组织设计、年度形象进度记录；

（7）当事人双方认定的其他有关资料；

（8）合同执行过程中的其他有效文件。

2. 内容

由于诸多不确定因素的影响，在合同执行过程中难免会出现合同争议问题。合同争议，又称合同纠纷，合同常见的纠纷及处理方法如表10-12所示。

合同常见纠纷及处理方法

表10-12

合同纠纷种类	合同纠纷的成因	相应的防范措施
合同主体纠纷	（1）投资人存在主体资格问题 （2）承包人无资质或资质不够 （3）因联合体承包导致的纠纷 （4）因"挂靠"问题产生的纠纷 （5）因无权（表见）代理导致的纠纷	（1）加强对投资人主体资格的审查 （2）加强对承包人资质和相关人员资格的审查 （3）联合体承包应合法、规范、自愿 （4）避免"挂靠" （5）加强对授权委托书和合同专用章的管理

合同纠纷种类	合同纠纷的成因	相应的防范措施
合同工程款纠纷	(1) 建筑市场竞争过分激烈 (2) 合同存在缺陷 (3) 工程量计算不正确及工程量增减 (4) 单价和总价不匹配 (5) 因工程变更导致的纠纷 (6) 因施工索赔导致的纠纷 (7) 因价格调整导致的纠纷 (8) 工程款恶意拖欠	(1) 加强风险预防和管理能力 (2) 签订权责利清晰的书面合同 (3) 加强工程量的计算和审核，避免合同缺项 (4) 避免总价和分项工程单价之和的不符 (5) 加强工程变更管理 (6) 科学规范地进行施工索赔 (7) 正确约定调价原则，签订和处理调价条款 (8) 利用法律手段保护自身合法利益
施工合同质量及保修纠纷	(1) 违反建设程序进行项目建设 (2) 不合理压价和缩短工期 (3) 设计施工中提出违反质量和安全标准的不合理要求 (4) 将工程肢解发包或发包给无资质单位 (5) 施工图设计文件未经审查 (6) 使用不合格的建筑材料、构配件和设备 (7) 未按设计图纸、技术规范施工以及施工中偷工减料 (8) 不履行质量保修责任 (9) 监理制度不严格，监理不规范、不到位	(1) 严格按照建设程序进行项目建设 (2) 对造价和工期的要求应符合客观规律 (3) 遵守法律、法规和工程质量、安全标准要求 (4) 合理划分标段，不能随意肢解发包工程 (5) 施工图设计文件必须按规定进行审查 (6) 加强对建筑材料、构配件和设备的管理 (7) 应当按设计图纸和技术规范等要求进行施工 (8) 完善质量保修责任制度 (9) 严格监理制度，加强质量监督管理
合同工期纠纷	(1) 合同工期约定不合理 (2) 工程进度计划有缺陷 (3) 施工现场不具备施工条件 (4) 工程变更频繁和工程量增减 (5) 不可抗力影响 (6) 征地、拆迁遗留问题及周围相邻关系影响工期	(1) 合同工期约定应符合客观规律 (2) 加强进度计划管理 (3) 施工现场应具备通水、电、气等施工条件 (4) 加强工程变更管理 (5) 避免、减少和控制不可抗力的不利影响 (6) 加强外部关系的协调和处理
合同分包与转包纠纷	(1) 因资质问题导致的纠纷 (2) 因承包范围不清产生的纠纷 (3) 因转包导致的纠纷 (4) 因对分包管理不严产生的纠纷 (5) 因配合和协调问题产生的纠纷 (6) 因违约和罚款问题产生的纠纷	(1) 加强对分包商资质的审查和管理 (2) 明确分包范围和履约范围 (3) 严格禁止转包 (4) 加强对分包的管理 (5) 加强有关各方的配合和协调 (6) 避免违约和罚款
合同变更和解除纠纷	(1) 合同存在缺陷 (2) 工程本身存在不可预见性 (3) 设计与施工存在脱节 (4) "三边工程"导致大量变更 (5) 因口头变更导致纠纷 (6) 单方解除合同	(1) 避免合同缺陷 (2) 做好工程的预见性和计划性 (3) 避免设计和施工的脱节 (4) 避免"三边工程" (5) 规范变更管理，变口头为书面指令 (6) 规范解除合同的约定

合同纠纷种类	合同纠纷的成因	相应的防范措施
施工合同竣工验收纠纷	（1）因验收标准、范围和程序等问题导致的纠纷 （2）隐蔽工程验收产生的纠纷 （3）未经竣工验收而提前使用导致的纠纷	（1）明确验收标准、范围和程序 （2）严格按规范和合同约定对隐蔽工程进行验收，注意验收当事各方签字确认 （3）避免工程未经竣工验收而提前使用
施工合同审计和审价纠纷	（1）有关各方对审计监督权的认识偏差 （2）审计机关的独立性得不到保证 （3）因工程造价的技术性问题导致的纠纷 （4）因审计范围、时间、结果和责任承担而产生的纠纷	（1）正确认识审计监督权 （2）确保审计机关的独立性 （3）确保审计的科学和合理 （4）规范审计工作

3. 程序

（1）造价或监理工程师对合同价款争议的暂定

1）若投资人和承包人之间就工程质量、进度、价款支付与扣除、工期延期、索赔、价款调整等发生任何法律上、经济上或技术上的争议，首先应根据已签约合同的规定，提交合同约定职责范围内的总监理工程师或造价工程师解决，并抄送另一方。总监理工程师或造价工程师在收到此提交件后 14 天内应将暂定结果通知投资人和承包人。发承包双方对暂定结果认可的，应以书面形式予以确认，暂定结果成为最终决定；

2）发承包双方在收到总监理工程师或造价工程师的暂定结果通知之后的 14 天内，未对暂定结果予以确认也未提出不同意见的，视为发承包双方已认可该暂定结果；

3）发承包双方或一方不同意暂定结果的，应以书面形式向总监理工程师或造价工程师提出，说明自己认为正确的结果，同时抄送另一方，此时该暂定结果成为争议。在暂定结果不实质影响发承包双方当事人履约的前提下，发承包双方应实施该结果，直到其按照发承包双方认可的争议解决办法被改变为止。

（2）管理机构的解释或认定

1）合同价款争议发生后，发承包双方可就工程计价依据的争议以书面形式提请工程造价管理机构对争议以书面文件进行解释或认定；

2）工程造价管理机构应在收到申请的 10 个工作日内就发承包双方提请的争议问题进行解释或认定；

3）发承包双方或一方在收到工程造价管理机构书面解释或认定后仍可按照合同约定的争议解决方式提请仲裁或诉讼。除工程造价管理机构的上级管理部门作出了不同的解释或认定，或在仲裁裁决或法院判决中不予采信的外，第（2）条规定的工程造价管理机构作出的书面解释或认定是最终结果，对发承包双方均有约束力。

全过程工程咨询单位在处理建设工程施工合同争议时应进行下列工作：

① 了解合同争议情况；

② 及时与合同争议双方进行协商；

③ 提出处理方案后，由总监理工程师进行协调；

④ 当双方未能达成一致时，总监理工程师应独立、公平地提出处理合同争议的意见。

在建设工程施工合同争议处理过程中，对未达到建设工程施工合同约定的暂停履行合同条件的，项目监理机构应要求建设工程施工合同双方继续履行合同。

在建设工程施工合同争议的仲裁或诉讼过程中，项目监理机构应按仲裁机关或法院要求提供与争议有关的证据。

合同争议有四种解决途径：协议和解、调解、仲裁及诉讼。当合同争议产生以后，合同法提倡当事人首先采用的和解或调解的方式，这种方式省时省力不伤和气，若和解和调解的方式都无法解决争议则采用仲裁或诉讼的方式。争议处理的程序如图 10-14 所示。

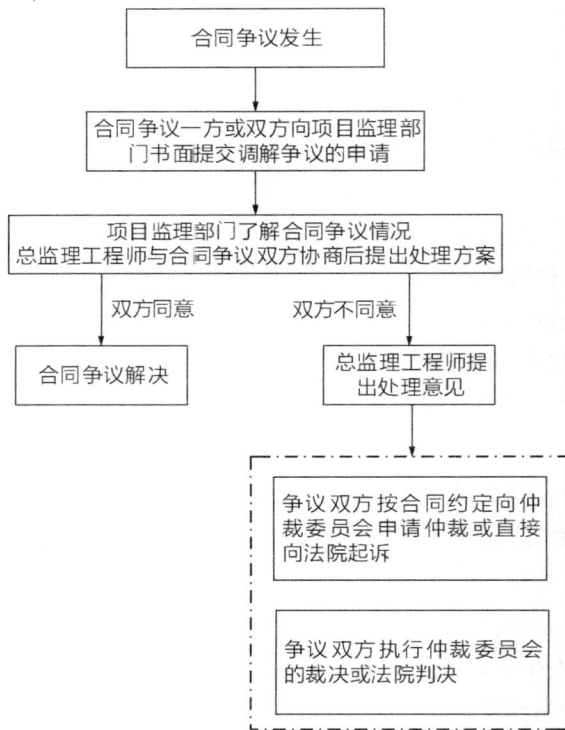

图 10-14　合同争议处理的程序图

（1）协商和解

1）合同价款争议发生后，发承包双方任何时候都可以进行协商。协商达成一致的，双方应签订书面和解协议，和解协议对发承包双方均有约束力。

2）如果协商不能达成一致协议，投资人或承包人都可以按合同约定的其他方式解决争议。

（2）调解

1）发承包双方应在合同中约定或在合同签订后共同约定争议调解人，负责双方在合同履行过程中发生争议的调解。

2）合同履行期间，发承包双方可以协议调换或终止任何调解人，但投资人或承包人都不能单独采取行动。除非双方另有协议，在最终结清支付证书生效后，调解人的任期即终止。

3）如果发承包双方发生了争议，任何一方可以将该争议以书面形式提交调解人，并将副本抄送另一方，委托调解人调解。

4）发承包双方应按照调解人提出的要求，给调解人提供所需要的资料、现场进入权及相应的设施。调解人应被视为不是在进行仲裁人的工作。

5）调解人应在收到调解委托后 28 天内，或由调解人建议并经发承包双方认可的其他期限内，提出调解书，发承包双方接受调解书的，经双方签字后作为合同的补充文件，对发承包双方具有约束力，双方都应立即遵照执行。

6）如果发承包任一方对调解人的调解书有异议，应在收到调解书后 28 天内，向另一方发出异议通知，并说明争议的事项和理由。但除非并直到调解书在协商和解或仲裁裁决、诉讼判决中作出修改，或合同已经解除，承包人应继续按照合同实施工程。

7）如果调解人已就争议事项向发承包双方提交了调解书，而任一方在收到调解书后 28 天内，均未发出表示异议的通知，则调解书对发承包双方均具有约束力。

（3）仲裁、诉讼

1）如果发承包双方的协商和解或调解均未达成一致意见，其中的一方已就此争议事项根据合同约定的仲裁协议申请仲裁，应同时通知另一方。

2）仲裁可在竣工之前或之后进行，但投资人、承包人、调解人各自的义务不得因在工程实施期间进行仲裁而有所改变。如果仲裁是在仲裁机构要求停止施工的情况下进行，承包人应对合同工程采取保护措施，由此增加的费用由败诉方承担。

3）上述有关的暂定或和解协议或调解书已经有约束力的情况下，如果发承包中一方未能遵守暂定或和解协议或调解书，则另一方可在不损害他可能具有的任何其他权利的情况下，将未能遵守暂定或不执行和解协议或调解书达成的事项提交仲裁。

4）投资人、承包人在履行合同时发生争议，双方不愿和解、调解或者和解、调解不成，又没有达成仲裁协议的，可依法向人民法院提起诉讼。

4. 注意事项

（1）合同争议产生后，合同双方当事人应当做到有利有理有节，尽量争取和解或调解；

（2）通过仲裁、诉讼的方式解决工程合同争议的，应当特别注意有关仲裁时效与诉讼时效，及时主张权利；

（3）合同当事人应全面搜集证据，确保客观充分；

（4）合同当事人当遇到情况复杂、难以准确判断的争议时，应尽早聘请专业律师，尽早介入争议处理。

（三） 合同解除处理

1. 依据

（1）现行法律、法规；

（2）达到合同解除的事实及证据；

（3）解除合同的法定条件、解除合同的法定要件、解除合同的法定情形。

2. 内容

因投资人原因导致施工合同解除时，全过程工程咨询单位或其发包的监理单位应按施工合同约定与投资人和施工单位按下列款项协商确定施工单位应得款项，并应签发工程款支付证书：

（1）施工单位按施工合同约定已完成的工作应得款项。

（2）施工单位按批准的采购计划订购工程材料、构配件、设备的款项。

（3）施工单位撤离施工设备至原基地或其他目的地的合理费用。

（4）施工单位人员的合理遣返费用。

（5）施工单位合理的利润补偿。

（6）施工合同约定的投资人应支付的违约金。

因施工单位原因导致施工合同解除时，项目监理单位应按施工合同约定，从下列款项中确定施工单位应得款项或偿还投资人的款项，并应与投资人和施工协商后，书面提交施工单位应得款项或偿还投资人款项的证明：

（1）施工单位已按施工合同约定实际完成的工作应得款项和已给付的款项。

（2）施工单位已提供的材料、构配件、设备和临时工程等的价值。

（3）对已完工程进行检查和验收、移交工程资料、修复已完工程质量缺陷等所需的费用。

（4）施工合同约定的施工单位应支付的违约金。

因非投资人、施工单位原因导致施工合同解除时，项目监理单位应按施工合同约定处理合同解除后的有关事宜。

（四） 合同风险管理与防范

1. 依据

（1）合同各方当事人签订的合同、补充协议等；

（2）风险防范的管理制度及措施；

（3）以往实施的类似项目；

（4）风险分担的基本原则：即由最有控制力的一方承担风险。

2. 内容

（1）合同风险类型

建设项目的合同风险，按照来源可分为设计风险、施工风险、环境风险、经济风险、财务风险、自然风险、政策风险、合司风险、市场风险等，如图 10-15 所示。这些风险中，有的是因无法控制、无法回避的客观情况导致的即客观性风险，包括自然风险、政策风险和环境风险等，有的则主要是由人的主观原因造成。建设项目合同风险，是建设项目各类合同从签订到履行过程中所面临的各种风险，其中既有客观原因带来的风险，也有人为因素造成的风险。

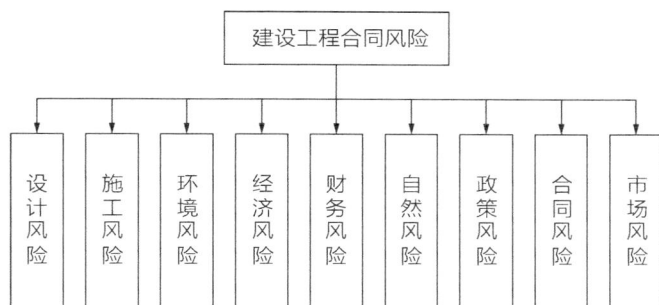

图 10-15　建设项目合同风险类型

（2）合同的风险型条款

无论何种合同形式，一般都有明确规定合同双方应承担的风险条款。常见的有：

1）工程变更的补偿范围和补偿条件。

2）合同价格的调整条件。

3）对合同条件中赋予的投资人（或工程师）的认可权和检查权必须有一定的限制和条件。

4）按照合同条款进行工期、费用索赔的机制。

5）其他形式的风险条款。

3. **程序**

建设项目合同风险管理是对建设项目合同存在的风险因素进行识别、度量和评价，并且制定、选择和实施风险处理方案，从而达到风险管理目的的过程。建设项目合同风险管理全过程分为两个主要阶段：风险分析阶段和风险控制阶段。风险分析阶段主要包括风险识别与风险评价两大内容，而风险控制阶段则是在风险分析的基础上，对风险因素制定控制计划，并对控制机制本身进行监督以确保其成功。风险分析阶段和风险控制阶段是一个连续不断的循环过程，贯穿于整个项目运行的全过程。其整个流程如图 10-16 所示。

项目实施完成后，应当根据产生的风险和制定的相应措施，形成风险管理表。

4. **方法**

建设项目合同风险基本防范对策主要有四种形式，即风险回避、风险控制、风险转移和风险自留。

（1）风险回避对策

风险回避是指管理者预测到项目可能发生的风险，为避免风险带来的损失，主动放弃项目或改变项目目标。风险回避的方法应在项目初期采用，否则到了项目施工阶段时再采

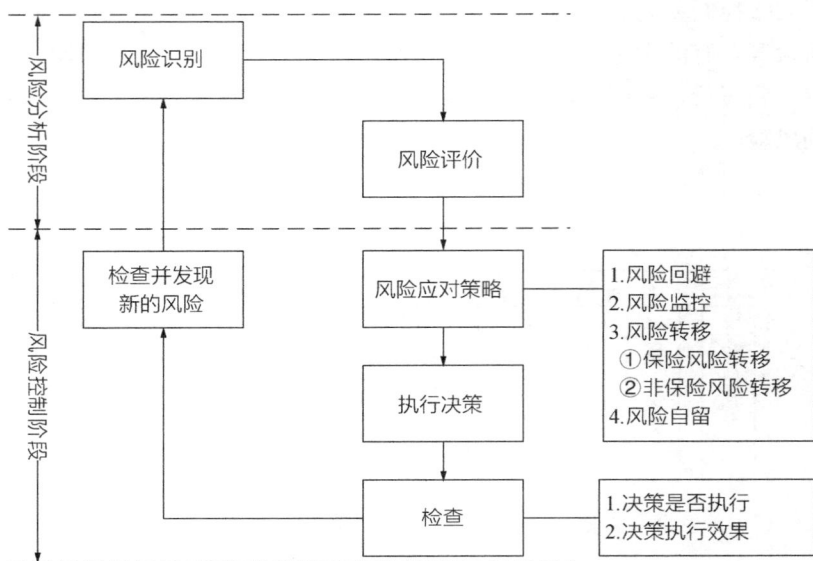

图 10-16　建设项目合同风险管理流程图

用会给项目造成不可估量的损失。风险回避能使项目避免可能发生的风险，但项目也失去了从风险中获利的可能性。

（2）风险监控对策

风险监控是在项目实施过程中对风险进行监测和实施控制措施的工作。风险监控工作有两方面内容：①实施风险监控计划中预定规避措施对项目风险进行有效的控制，妥善处理风险事件造成的不利后果；②监测项目变量的变化，及时做出反馈与调整。当项目变量发生的变化超出原先预计或出现未预料的风险事件，必须重新进行风险识别和风险评估，并制订规避措施。

采用此对策时，可以对项目建设全过程风险进行分析和识别，并制定相应控制措施，形成项目风险管理表。

（3）风险转移对策

风险转移是指将风险有意识地转给项目其他参与者或项目以外的第三方，这是风险管理中经常采用的方法。愿意接受风险的人或组织往往是有专业技术特长和专业经验，能降低风险发生的概率、减少风险造成的损失。风险转移主要有两种方式：保险风险转移和非保险风险转移。

保险风险转移是指通过购买保险的方法将风险转移给保险公司。非保险风险转移是指通过签订合作或分包协议的方式将风险转移出去。通过合同条款的约定，在投资人与承包人之间进行分配。一般投资人在风险分配中处于主宰地位。任何工程建设中都存在着不确定因素，因此会产生风险并影响造价，风险无论由谁承担，最终都会影响投资人的投资效益，合理的风险分配，可以充分发挥发包、承包双方的积极性，降低工程成本，提高投资效益，达到双赢的结果。

（4）风险自留

风险自留是一种财务性管理技术，由自己承担风险所造成的损失，对既不能转移又不能分散的工程风险，由风险承担人自留。采用这种风险处理方式，往往是因为风险是实施特定项目无法避免的，但特定项目所带来的收益远远大于风险所造成的损失；或处理风险的成本远远大于风险发生后给项目造成的损失。

5. 注意事项

（1）工程开工前，应监督相应单位对项目风险和重大风险源进行评估，制定相应的防范措施和应急预案，并经审核。

（2）在项目实施过程中，要不断收集和分析各种信息和动态，捕捉风险的前奏信号，以便更好的准备和采取有效的风险对策，以抵抗可能发生的风险，并且把相关的情况及时向保险人反映。

（3）在风险发生后，应尽力保证工程的顺利实施，迅速恢复生产，按原计划保证完成预定的目标，防止工程中断和成本超支。

（4）全过程工程咨询单位应定期以书面形式向委托方上报风险管理情况专项报告。

6. 成果文件

项目风险管理表如表 10-13 所示。

风险管理表　　　　　　　　　　　　表 10-13

阶段	风险识别	主要风险	风险程度			控制措施	风险管理记录	过程记录	责任人
			高	中	低				
项目前期	报建								
	设计								
	……								
项目实施	安全文明								
	质量								
	……								
……	……								
项目保修	……								
全过程工程咨询单位风险管理负责人：									

四、工程合同备案管理

（一）依据

建设项目合同备案管理的依据主要是国家的法律法规及地方的合同备案管理办法，主要如下：

（1）《中华人民共和国合同法》（主席令第 15 号）；

（2）《中华人民共和国建筑法》（主席令第 46 号）；

（3）《中华人民共和国招标投标法》（主席令第 21 号）；

（4）《中华人民共和国招标投标法实施条例》（国务院令第 613 号）；

（5）《房屋建筑和市政基础设施工程施工招标投标管理办法》（建设部第 89 号令）；

（6）最高人民法院关于审理建设工程施工合同纠纷案件适用法律问题的解释（法释〔2004〕14 号）；

（7）本地区的地方性法规和建设工程合同备案管理办法；

（8）招标人对项目的具体要求、签订的合同体系、合同管理制度等。

（二）内容

1. 建设工程合同备案机构

国家尚没有统一的合同备案管理制度，因此，本节内容主要以某省的地方性法规和建设工程合同备案管理办法为例。合同备案管理是行政主管部门按照职责权限，对当事人所订立合同是否符合相关法律、法规和工程建设强制性标准、规范性文件规定进行的监督检查。建设工程合同包括：建设工程勘察、设计类合同，建设工程施工类合同（建设工程施工总承包合同、建设工程施工专业承（分）包合同、建设工程施工劳务分包合同），建设工程服务类合同（建设工程项目管理合同、建设工程招标代理合同、建设工程委托监理合同、建设工程造价咨询合同），其他有关建设工程合同。建设工程合同履行中发生合同争议，应以备案的合同为准。其中，某省建设工程合同备案管理如图 10-17 所示。

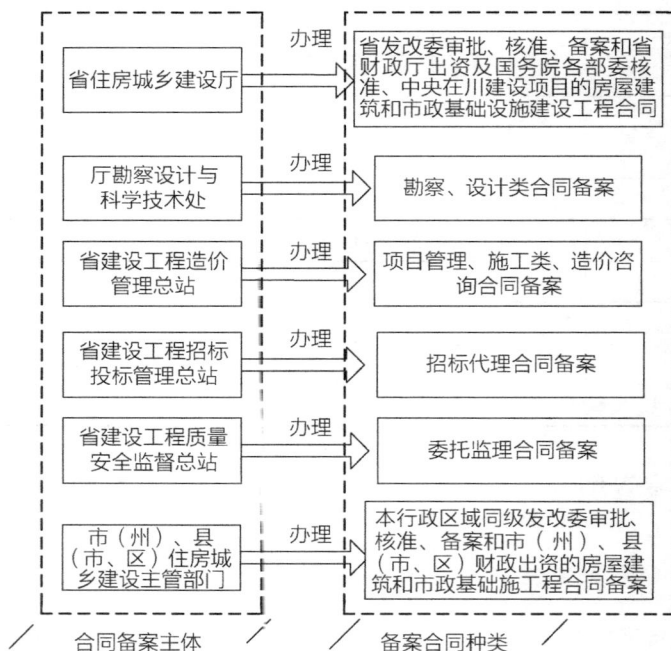

图 10-17　某省建设工程合同备案示意图

2. 合同文本要求

合同当事人应当使用住房城乡建设部、国家工商行政管理总局或省住房城乡建设厅、省工商行政管理局联合制定的合同示范文本订立合同。合同当事人如需要，在不违反法律、法规的前提下可以参照合同示范文本订立合同。按照合同的类别，示范文本如表10-14所示。

建设工程合同的示范文本 表10-14

序号	合同类别	示范文本
1	建设工程勘察合同	《建设工程勘察合同（示范文本一）》GF—2000—0203 《建设工程勘察合同（示范文本二）》GF—2000—0204
2	建设工程设计合同	《建设工程设计合同（示范文本）》（民用建筑工程设计合同）GF—2015—0209 《建设工程设计合同（示范文本）》（专业建设工程设计合同）GF—2015—0210
3	建设工程招标代理合同	《建筑工程招标代理合同（示范本文）》GF—2005—0215
4	建设工程造价咨询合同	《建筑工程造价咨询合同（示范文本）》GF—2015—0212
5	建设工程施工合同	《建设工程施工合同（示范文本）》GF—2017—0201 《建设工程施工专业分包合同（示范文本）》GF—2003—0213 《建设工程施工劳务分包合同（示范文本）》GF—2003—0214 《房屋建筑抗震加固工程施工合同（示范文本）》CH—01—0802
6	建设工程委托监理合同	《建设工程委托监理合同（示范文本）》GF—2012—0202

注：上述合同示范文本有新修订的文本发布，使用新的合同示范文。

3. 合同内容的一般要求

合同备案管理是相关部门对当事人所订立合同是否符合相关法律、法规和工程建设强制性标准、规范性文件规定进行监督检查的行为，对合同内容的一般要求如下：

（1）工程概况内容填写与工程报建内容统一，合同当事人应填写单位全称。

（2）招标发包的工程，工程名称按招标文件填写，可增加标段号。

（3）工程地点应填写详细地址。

（4）招标发包的工程，工程承包范围应与招标文件中确定的发包范围一致。

（5）招标发包的工程，项目负责人、合同工期应与投标函一致。

（6）质量标准应符合国家标准、规范的要求，招标发包的工程应与投标文件、中标通知书中质量标准一致。

（7）合同价款大写与小写一致，招标发包的工程，合同价款与中标价一致。

（8）在合同中明确约定当事人的权利、义务和责任。

（9）在合同中明确约定当事人各方违约应承担的责任及出现争议的解决方式。

（10）合同签署日期、当事人的住所、联系方式、邮政编码等应详细填写齐全。合同签订时间应在工程开工之前。

（11）应符合相关法律、法规和强制性标准、规范性文件的规定。

4. 各类合同备案的要求

根据合同的体系策划，主要分为勘察、设计类合同、施工类合同、服务类合同以及其他合同，各类合同的备案要求如下：

（1）勘察、设计类合同备案要求

勘察、设计类合同备案要求详见表 10-15 所示。

勘察、设计类合同备案要求一览表　　　　　　　　　表 10-15

内容／合同	合同备案内容要求					违规内容
	工程概况	资料、质量等要求	设计依据	合同履行、成果提交等	收费标准及支付方式	
勘察合同	名称、建设地点、规模与特征、其他情况	有关基础资料的提供，勘察内容、勘察深度与质量要求		合同履行期限及提交勘察成果文件的要求和时间	合同当事人应在合同中对收费标准、收费金额及其调整条件和调整方法、费用支付方式及支付时间等作出明确约定，相关部门对收费标准有规定的，应按规定执行	约定的收费标准超过或低于国家规定幅度范围；约定承包人按照投资人要求做出的任何修改均无设计费用补偿；约定承包人的设计文件必须无条件满足投资人的要求、对投资人提出的修改要求必须无条件执行等；约定承包人后期现场服务必须无条件满足投资人或监理人的要求
设计合同	名称、建设地点、规模、设计阶段、投资额、其他情况	有关基础资料的提供，设计内容与质量要求	合同双方当事人应在合同中明确约定设计采用的主要技术标准等设计依据	合同履行期限及提交设计成果文件的要求和时间		

（2）施工类合同备案要求

施工类合同备案要求如表 10-16 所示。

（3）服务类合同内容备案要求

服务类合同内容要求如表 10-17 所示。

合同内容	建设工程施工总承包合同	专业承包、分包合同	劳务分包合同
合同备案内容要求	工程概况：包括工程名称、工程地点、工程内容	参照建设工程施工总承包合同	工程概况：包括工程名称、工程地点
	承包范围、工期、质量标准、合同价款、项目经理		分包的范围、分包的劳务内容、分包的工作期限、质量标准、项目经理
	工程价款的约定： （1）预付工程款的数额、支付时间及抵扣方式； （2）工程计量与支付工程进度款的方式、数额及时间； （3）工程价款的调整因素、方法、程序、支付及时间； （4）索赔与现场签证的程序、金额确认与支付时间； （5）发生工程价款争议的解决方法及时间； （6）承担风险的内容、范围以及超出约定风险范围的价款调整方法； （7）工程竣工结算价款编制与核对、支付及时间； （8）工程质量保证（保修）金的数额、预扣方式及时间； （9）安全文明施工费金额、支付要求、使用规定； （10）工期提前或延后的奖惩办法； （11）与履行合同、支付价款有关的其他事项	总承包人必须自行完成承包工程主体结构的施工，总承包人对专业工程的分包，应符合施工总承包合同的约定，如果施工总承包合同没有约定，则必须经投资人同意；投资人可依法将专业工程发包给专业承包人施工，但不得将应当由一个承包人完成的工程内容以专业工程的名义肢解发包给专业承包人	劳务报酬： （1）劳务报酬的计算方式； （2）劳务报酬的调整因素、方法、程序； （3）工时及工程量的计量与确认。采用工作成果的计件单价计算劳动报酬的，应明确工程量的计算规则； （4）劳动报酬的支付时间及方式； （5）索赔与现场签证的程序、金额确认与支付时间； （6）与合同履行、计算和支付劳动报酬有关的其他事项
	专业工程分包的约定：总承包人对专业工程需进行分包的，应就分包内容、要求等在合同中约定		
	保险；担保		保险
违规内容	对工程质量设置违反国家规定标准的违约处罚条款；在中标价基础上要求承包人再次让利的条款； 要求承包人承担非承包人原因引起的延迟开工、工期延误责任的条款；对规费、安全文明施工费的计取设置违背规定的条款； 要求履约保证金在工程竣工结算审核完成后返还的条款；约定由承包人全部承担风险的条款；施工期不执行人工费等政策性调整的条款； 要求承包人在投资人没有按合同约定支付工程款的情况下不得停工，以及在此情况下投资人不承担违约责任的条款； 实行工程量清单招标的工程，设置承包人承担工程量清单错项、漏项及工程量计算错误等非承包人原因风险的条款		

内容＼合同	合同备案内容				违规内容
	工程概况	服务期限	工作范围	收费标准及支付方式	
项目管理合同	工程名称、建设地点、规模、其他情况	合同履行期限	合同双方当事人应对服务的范围、内容应达到的目标、标准做出明确约定	实行政府指导价的收费的，其基准价根据收费标准计算，合同当事人应根据建设工程的实际情况在规定的浮动幅度内协商确定收费额。实行市场调节价相关服务收费的，由合同当事人协商确定收费额；根据工程项目规模、复杂程度以及项目管理服务的范围、内容、深度等在合同中对服务酬金及支付方式作出明确约定；酬金可包括：正常服务酬金、附加服务酬金、额外酬金及奖励酬金等项目。合同双方当事人应对上述项目的计算方法、支付时间及方法、酬金调整方法、税金等内容做出明确约定	超出服务范围，投资人交办其他工作内容不支付服务费用的条款；服务期超过约定的期限，不补偿超期服务费的条款；要求管理人承担非管理人原因引起的工期延误责任的条款；要求管理人承担项目管理过程中非管理人原因引起的所有风险的条款
招标代理合同					约定的收费标准超过或低于国家规定幅度；要求将工程量清单（招标控制价）编制纳入招标代理范围但不另行按规定支付费用的条款；约定的项目负责人及两名以上专职技术人员未取得招投标从业人员资格证书或未登记在本单位
监理合同					约定的收费标准超过或低于国家规定幅度；约定工程监理服务费一次性包干使用；设立除国家法律法规及规范标准规定以外的有关工程质量及安全文明施工等处罚条款；约定应由监理企业缴纳的税金由投资人代扣代缴的条款；约定工程竣工验收合格或非监理人原因造成实际完工而无法竣工验收的工程，除监理人合同违约责任以外，投资人将全部监理服务费支付或履约保证金退还时间超过工程竣工验收或实际完工时间 3 个月的条款
造价咨询合同					约定的收费标准超过或低于国家规定幅度；服务期超过约定的期限，不补偿超期服务费的条款

（三）程序

首先，承包人需登陆"××住房和城乡建设厅"政府门户网站，在"××建设工程合同备案管理信息系统"进行合同备案网上申报，根据合同的具体性质、内容在对应的合同备案表中填写相关信息，打印出带条形码的合同备案表。其次，合同当事人携带相关资料到合同备案管理机构办理合同备案手续。最后，合同备案管理机构接受并办理合同备案。或者可以依照当地的合同备案管理办法进行合同备案。

（四）注意事项

1. 合同文本的要求

合同当事人应当使用住房城乡建设部、国家工商行政管理总局或省住房城乡建设厅、省工商行政管理局联合制定的合同示范文本订立合同。招标发包工程应依据招标文件中的合同条款订立合同，不得背离。其他非招标建设工程的合同，当事人应在不违反法律、法规的前提下参照合同示范文本订立合同。

2. 合同备案时限要求

合同备案有相应的时限要求，合同当事人应当在合同签订后规定的时间内向相应的合同备案管理机构报送相关资料，申请办理合同备案。合同备案后，合同当事人如对合同进行补充、变更，应在补充、变更后规定时间内到原合同备案管理机构办理合同备案变更。

3. 合同备案时提供的资料

合同备案前，合同当事人应准备齐全办理合同备案时应提供的资料，并对资料的真实性、合法性负责。主要资料如下：

（1）合同备案表（信息系统打印带条形码）（一式三份）。

（2）承包人的资质证书复印件。

（3）法定代表人身份证明文件或委托代理人的身份证明原件及复印件和授权委托书。

（4）招标发包的工程，提供中标通知书原件及复印件、经招投标监管部门备案的招标文件、承包人的投标文件。不实行招标发包的工程，需提供相关部门核准的不采用招标发包的核准文件原件及复印件或其他证明文件。

（5）备案合同的全部正本和副本。依据总承包合同约定进行分包的专业分包合同，应提供经备案的总承包合同，总承包合同对专业分包内容没有约定的，应提供投资人同意总承包人进行专业分包的文件。

（6）法律、法规及相关规范性文件要求提交的其他资料。

五、工程合同档案管理

（一）依据

全过程工程咨询单位必须依据国家的法律、法规及建设工程合同等的内容对项目档案进行管理。档案管理的主要依据：

（1）《中华人民共和国档案法》（主席令第 71 号）；

（2）《基本建设项目档案资料管理暂行规定》（国档发〔1988〕4 号）；

（3）《科学技术档案案卷构成的一般要求》GB/T 11822—2000；

（4）《建设工程文件归档整理规范》GB/T 50328—2001；

（5）《技术制图复制图的折叠方法》GB/10609.3—2009；

（6）《照片档案管理规范》GB/T 11821—2002；

（7）《声像档案建档规范》ZKY/B-002-5—2006；

（8）本地区的档案归档管理的相关规定或办法；

（9）本项目的各类合同；

（10）本项目的合同管理办法及其他适用合同档案管理的规章制度。

（二） 内容

1. 合同文档资料编码

合同文档资料编码工作包括建立文档资料编码体系和建立文档资料索引。

（1）建立文档资料编码体系

每一份合同都必须有一个编号，不得重复或遗漏。每一份合同包括合同正本、副本及附件。项目工程师负责每项合同的接收、发放。合同文本的签收记录。合同分批履行的情况记录，变更、解除合同的协议（包括文书、电传等），均应妥善保管。

（2）建立文档资料索引

合同文档资料的索引可采用表格形式，如建立合同管理台账。其主要内容应反映资料的各种特征信息，包括：序号、合同号、经手人、签约日期、合同名称、合同金额、对方单位、备注等。台账填写应做到准确、及时、完整。

2. 合同文档资料收集和整理

合同文档资料收集和整理包括收集和整理的工作内容和原则。

（1）收集和整理的工作内容

根据合同档案资料的生成阶段，合同档案收集和整理可分为三类：

1）合同正式签订前产生的相关资料；

2）合同正式签订后履行过程中产生的相关资料；

3）合同纠纷发生后产生的相关资料。

合同档案管理收集和整理的资料包括但不限于合同管理相关的法律法规、规章制度、合同示范文本、合同当事人的资信资料、来往函件、数据电文、招投标文件、合同、补充合同、会议纪要、来往函件的签发单据、合同评审表、合同会审情况记录、合同专用章审批表、合同管理台账、合同用印登记表、合同签订履行情况表、合同检查意见书、检查整改情况报告书、财务结算凭证、起诉状、答辩状等。

（2）收集和整理的工作原则

1）合同档案资料的完整性。合同档案要齐全成套，并且应按系统科学排列档案，使合同档案从个体到整体的构成更加合理，维护合同档案管理的不可分散性。

2）合同档案资料的准确性。合同档案必须是真实的历史记录，并且在内容上始终与所反映的实际内容相一致，保证如实地记录和反映双方的真实意思。

3）合同档案资料的系统性。保持合同档案之间的有机联系，不得任意肢解与组合，实现合同档案排列的有序化。

4）合同档案的安全性。保证合同档案实体的安全性，尽可能延长其自然寿命；同时还要求保护合同档案信息的安全，保护知识产权。

5）合同档案的规范性。归档的文件应为原件，合同文件的内容必须真实、准确，与工程实际相符合。合同文件应采用耐久性强的书写材料，字迹清楚，图样清晰，图标整洁，签字盖章手续完备。

3. 合同文档资料存档和移交

工程项目通过竣工验收以后，合同文档资料应当随项目其他资料一并移交相关部门及委托方，注意移交过程中签字手续的完善。

（三）程序

全过程工程咨询单位合同档案管理的流程如图 10-18 所示。

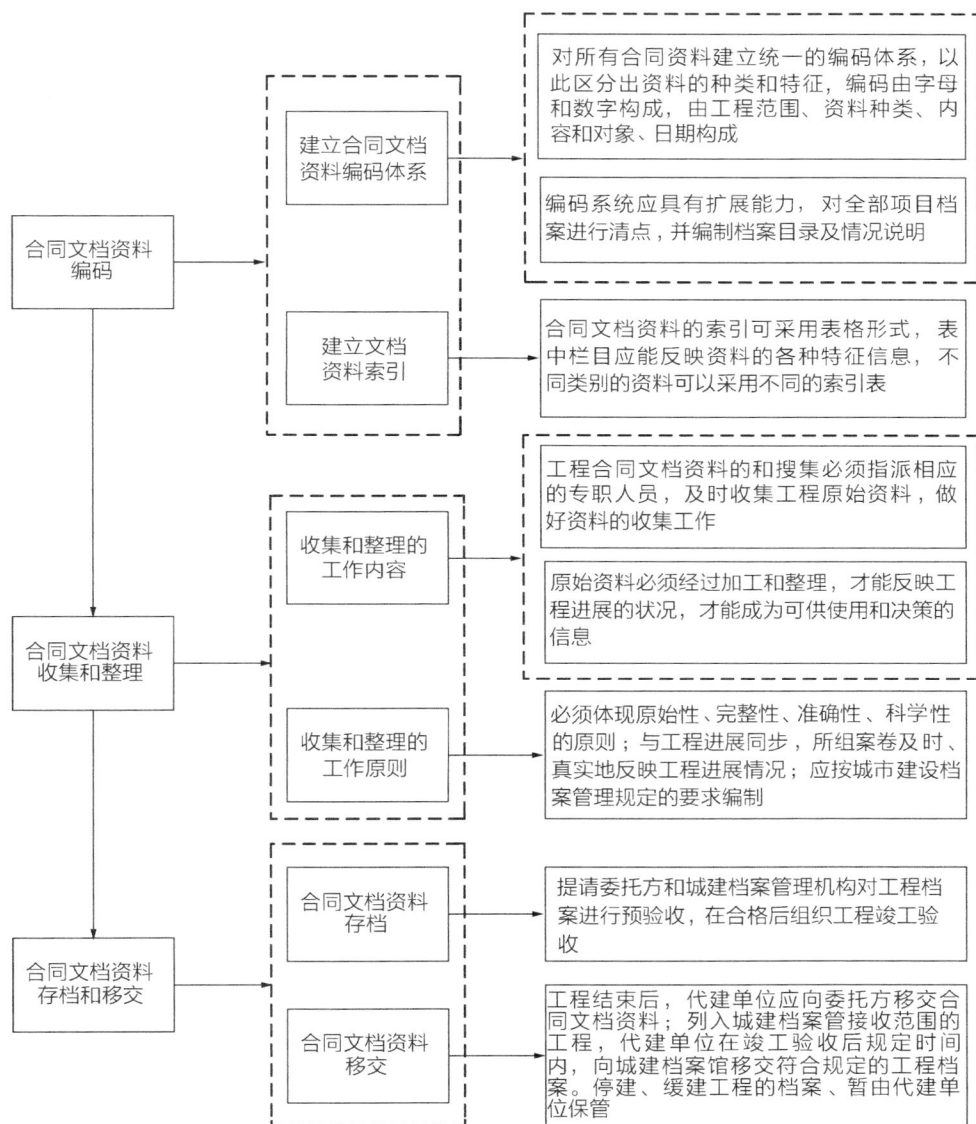

图 10-18　合同档案管理流程

（四）注意事项

（1）合同档案管理应该配备专职人员进行负责管理，项目经理和人员应该对归档文件的完整和系统负责，并建立合同档案管理体系。

（2）合同档案基础资料是涉及企业商业秘密的重要文件，合同基础资料生成后，原件必须归档保存，日常工作中应当使用复印件。如确需使用资料原件的，建立严格的审批、催还、归档制度。严禁个人私自保管合同档案资料，严禁泄露合同档案资料中的内容。

（3）在每年初合同档案管理人员首先要搜集上一年的合同清单和签订日期，对照清单统计未归档合同清单，同时发与相关人员督促其在指定期限完成归档。

（4）档案人员进行工作时，加强同步收集、同步修改，确保资料完整、准确。

（五） 成果范例

合同登记台账表格如表 10-18 所示。

项目合同登记台账 表 10-18

项目名称：									编号：	
序号	合同编号	合同名称	合同主要内容							备注
			合同金额	合同范围	合同期限	支付约定	签订时间	其他约定		
1										
2										
3										
4										

六、合同履行法律风险

（一） 合同履约阶段法律风险识别

1. 工程转包的法律风险

工程转包的现象在目前的建筑市场上较为普遍，转包是指承包人通过招标投标的途径，签订建设工程的承包合同以后，不按照合同的权利义务开展施工，而是把合同项下的全部建设工程转给他人，或者把工程合同项下的工程以分成不同标段的名义进行肢解，以工程分包的形式承包给他人。也就是说，认定转包有两个条件。一是看是否具备隶属关系，二是看是否包含全部合同内容。是否具备隶属关系既是认定转包，又是施工组织形式的关键因素。

对于施工企业而言，一旦发生工程转包的行为，将面临以下的法律风险：

（1）合同归于自始无效。我国建设工程领域的相关行政法律法规均明确禁止在工程承包过程中的转包行为，《合同法》及相关司法解释也对承包商非法转包建设工程的行为明确为无效。

（2）非法所得将会被没收。在工程实践过程中，收取转承包人的管理费是转包人非法所得的主要来源。

（3）工程价款的权利受到限制。对于转包人来讲，如果转包的建设工程质量合格，则转承包人可以突破合同的相对性，跨过转包人直接向投资人主张工程价款，实际上这已经突破了合同的相对性原理，投资人要在所签承包商的价款的范围以内承担责任。

2. 工期延误的法律风险

建设工程具有投资大、周期长、环节多、技术性强、不确定因素等特点，因工期延误使得投资人方与承包方为此诉至法院的现象屡见不鲜。工期关系到建设项目能否按期投入使用，主要体现在发包人的经济利益上，一般而言，造成工期延误的原因分为三大类，分别是投资人方、承包方以及其他原因。因投资人原因造成的工期延误主要包括：工程预付款、工程进度款支付延期，造成承包商没有资金开展施工；不能及时对隐蔽工程组织验收；不能及时对分段工程组织验收；未能及时提供施工总承包项目所需材料、设备、场地。因承包商原因造成的工期延误主要包括：工程质量不合格引起的返工；施工力量不足；施工组织不力。其他原因造成的工期延误主要包括：设计变更；不可抗力；意外事件。

根据工期延误的原因，可以确定是工期顺延，还是要合同方承担不利的法律后果。对于承包商来说，要承担相应的违约责任。

（1）承包人的履约保证金被没收。履约保证金是为了担保债务的履行而设立的，如果一方当事人违反合同的约定，履约保证金就具有弥补另一方当事人损失的作用。

（2）承包人需要承担逾期完工违约金。如果因为承包商的原因，没有能够按照合同计划进度完成预定工作，承包方要按照监理单位的有关指示，制定合理方案，采取得力措施，赶上施工进度，承包商除了自己应当承担赶工措施费用外，还应当支付逾期完工违约金。

3. 工程审计的法律风险

按照《审计法》的有关规定，国有资金投资的项目应当开展审计，如在三峡工程、金沙江向家坝水电工程、京沪高铁等工程中，审计署均发布了跟踪审计结果。但是在实际施工过程中，投资人单位滥用审计权限，经常以行政审计、内部审计等为由，拒绝支付工程价款。

按开展建设工程审计的主体不同可以将审计分为三个层次，以国家审计署等审计行政机关主导的是国家审计，以企业内部审计机构主导的为内部审计，以聘任社会中介结构为主导的是社会审计。不同类型审计结论约束力不同，特别是国家审计机关的审计结论是否具有法定约束力，无论在理论界还是在实践中都争议较大，内部审计结论和社会审计结论的约束力则较为清晰。

（1）国家审计的法定约束力。国家审计结论的约束力如何，关键要认清审计结论的法律性质。我国《审计法》一方面对审计机关进行审计评价，作出审计决定并制定相应条款给予保障，另一方面赋予了被审计单位申请行政复议或者依法提起行政诉讼的权利。此外，从部门规章的层面看，明确规定工程价款结算中多计或者少计工程量的处理方式。

（2）当事人约定的约束力。我国《合同法》第十六章对建设施工合同做出规定，建设工程合同也属于十五种有名合同之一。依民法的意思自治原则，只要投资人和承包方双方当事人之间的约定不违反法律、行政法规的强制性规定，那么双方当事人之间的约定有效，其权利义务应根据合同本身的约定来确定。也就是说，在非国家建设项目中，如果发包、承包双方当事人在建设施工合同中约定工程款结算方式以国家审计机关的审计结论为准，或者约定以第三方审计结论为准时，双方当事人应严格按照合同约定来确定工程决算价款。

（3）其他情形没有约束力。在非国家建设项目中，如合同双方当事人并未对工程价款结算约定采用审计方式，而只是投资人内部审计部门或单位委托社会中介机构对建设项目进行审计，那么审计结论则对承包方没有约束力。

（二）合同履行阶段法律风险识别

1. 注重过程控制

变更和索赔是施工总承包项目实施过程中的两个最主要的变化因素，因此应当加强对相应节点控制以及对相应证据的保管。例如，在合同变更处理过程中，如需调整工期或进度计划时，监理单位与合同双方协商确定工期或节点目标要求提前，应妥善保存监理单位与合同双方协商赶工措施和费用补偿往来会议纪要、签证单等资料；在索赔处理中，由于投资人原因造成的施工条件、设备、材料、图纸、其他承包人等非本合同施工单位责任造成的工程暂停、窝工或施工延误等损失，应及时根据实际情况和现场记录、有关签证等依据提出索赔报告，要求在月进度款中进行支付，并妥善保存过程记录。

2. 明确管理权限

任何方式的审计都存在征求发包人、承包人意见的过程，因而提高项目的整体管理水平是应对审计核减的重要手段。项目水平提高的关键在于人力资源的优化配置，在项目中，应尽可能配备既有技术水平，又有管理能力；既了解审计流程，又熟悉法律知识的复合型人才，并明确管理人员在审计流程中的职责权限，以应对审计所提出的种种意见。

3. 严格执行合同

结算工程价款的依据，包括审计工程价款的依据主要是作为民事主体的投资人和承包方的约定，这里面包括了建设施工合同、招标投标文件和工程签证单等书面证据。无论是工程量的计算方法，还是价格的修正条款；无论是物资的采购，还是临时项目的增加；无论是质量责任的归责，还是工期的奖励都应该按照双方所约定条款执行，特别是在与行政审计的交涉过程中，注重强调履约过程是按照已经经过行政许可的前行为（国家建设项目中实施开工前审计，因此建设施工合同、招投标文件均已经过审计）实施的。因此，全面认真的履行合同约定，强化项目部的贯标流程，注重合同交底，按照合同约定履行义务，争取权利是应对投资人审计的最有效的方式。

第五节　合同收尾阶段的合同管理

工程项目合同收尾阶段是指从工程项目投资人接收了工程并向承包人颁发了临时验收证书（PAC）开始到合同有效期结束。其标志性事件是，投资人向承包人颁发了工程最终验收证书（FAC），在合同上也就是工程质量保证期的结束。此阶段，合同双方主要是就一些扫尾工作、遗留问题、质量保修、最终结算（包括保留金返还和履约保函的释放）以及合同义务终止等进行协商处理。

一、合同收尾管理

1. 专人负责，强调计划

因为合同收尾工作的复杂和千头万绪，所以必须指定专人牵头，直接对项目经理层负责，辅以各个部门中在该项目上工作时间较长、情况熟悉者，组成一个精干的工程验收、移交、资料归档、工程结算等的工作小组，具体实施以移交、验收、结算为主的合同收尾工作。

合同收尾工作要特别强调计划。这个计划应该由合同收尾工作小组负责人根据工程实际情况，结合合同条款来拟定，并经由项目经理主持各部门（尤其是项目部的合同、技术和施工部门）的会审，确定后严格执行。为保证计划的执行，最好要建立一个例会制度，各方定期审查进度，及时解决存在的问题。

2. 内部协同配合，外部积极沟通，铸就"双赢"局面

合同收尾阶段，更要注重项目部施工、技术、合同等管理部门以及与各分包商之间的内部协调与配合，包括必要的设计单位、公司各职能部门的参与，积极、坚决、严格地按验收、移交等合同规定和收尾工作计划行事。

对投资人、监理等外部方面，要加强联络、沟通与合作。做项目，工程质量是赢得用户认可的首要和关键的因素，但必要的、融洽的合作关系将使工程的实施得以锦上添花，尤其是在工程竣工、合同收尾阶段，承包人与投资人或者监理平时合作关系的好坏，将直接影响到合同收尾的顺利与否。我们知道，一个质量再好、再完美的工程，也不可能都是无懈可击的，缺陷总能找到。这个时候，投资人或者监理如何对待这些问题，很大的因素就要视承包人平时与投资人或监理的合作关系如何。如果平时的相处关系不融洽，很可能就成为他们刁难承包人的把柄和借口，承包人有苦也说不出。所以，在不涉及原则的情况下，平时要与投资人或监理处理好合作关系，到了工程和合同收尾阶段，更要注意与他们进行积极沟通、合作，以诚待人、以情动人，在保证项目收益的情况下，用良好的工程质量、企业信誉与合作关系，促进"双赢共进"的局面，避免投资人或监理借工程收官、合同收尾阶段非难承包人、造成不必要的损失。

在国外工程项目中，经常发生工程竣工后，承包人的保留金被扣留或者没有全额返还的情况时有发生，原因多种，但上述情况也常常是主要原因之一。

3. 重视合同收尾，功在平时

国际工程项目合同收尾阶段工作的好坏影响着承包人的企业信誉、项目收益、后续市场等，其重要性已经不言而喻。工程项目承包人在该阶段为了保护自己的利益不受损失，既要策略地将项目执行过程中合同双方遗留的问题、存在的分歧等一并妥善地解决掉，同时还要战略性地与投资人保持良好的关系，为后续项目承揽、市场拓展打下良好基础。

但做过国际工程项目管理的人都知道，国际工程项目的开始和收尾最难干，尤其在收尾阶段，项目实施过程中积累下来的纷繁复杂、棘手难缠的问题都集中到最后，虽然每天忙忙碌碌，却没有什么工程形象进度和明显的成绩。加上临近收尾，项目部内部以及合同各方人心浮动，投资人与项目的总包商、总包商与分包商之间的关系也因为牵涉到最后的结算、缺陷克服等问题，扯皮的事多，矛盾可能越来越突出，远没有工程实施伊始时的那种密切配合关系。可见，虽说是合同收尾，实际上是要将整个合同实施过程中积累下来的各种矛盾和问题都要集中到收尾阶段来解决，再加上上述的各种因素，将使一个工程、合同的收尾工作愈加复杂化和困难化。所以有经验的国际工程承包人，就要有预见性地抓好平时的工作，而不是把问题都拖到收尾阶段解决，尽量把合同实施过程中存在的问题及时消化和处理掉，不要搁置，否则会在以后尤其是收尾阶段付出成倍的代价。所谓"功在平时"，就是指工程项目实施的整个过程中都要加强各方面的管理，如工程质量管理、合同管理、文档资料管理，包括与投资人、监理的关系处理等。把实施过程中的问题及时解决，而不是留给工程或合同的收尾阶段。

二、合同的后评估

（一）依据

（1）国家、行业和地方政府的有关规定。
（2）招标文件、工程合同、经认可的施工组织设计、工程图纸、技术规范等。
（3）施工过程中的变化，如出现的变更、签证等。
（4）施工过程中各项来往的信件、指令、信函、通知、答复、会议纪要等；
（5）施工进度计划和实际施工进度表；
（6）建筑材料和设备采购、订货运输使用记录等；
（7）由全过程工程咨询单位或监理单位签署的补充协议等文件；
（8）各方在合同执行过程中的各种往来文件等。

（二）内容

1. 后评价内容的分析

按照合同全周期控制要求，在合同执行完成后，全过程工程咨询单位应进行合同后评估。将合同各参与主体在执行过程中的利弊得失、经验教训总结出来，为全过程工程咨询单位同类型合同管理提供借鉴，为项目部及公司决策层提供参考。合同后评估包括但不限于以下内容：①合同是否执行完成，若没有完成的原因分析；②合同执行是否符合实际，是否达到预想的结果；③在执行中存在什么问题，出现了哪些特殊情况，采取什么措施防止、避免或减少损失；④各个相关合同在执行中协调的问题等；⑤各个合同执行的最终评价。

合同评估主要是为委托方和全过程工程咨询单位提供各合同主体的业务能力信息，为是否进行下一步合作提供借鉴和依据。

施工合同管理后评价的内容是施工合同管理后评价指标选取的基础，也是施工合同管理后评价结果准确性的基础。本文给予施工合同管理后评价的定义，选用鱼骨图分析法，从施工合同形成情况、履行情况以及施工合同组织管理情况三方面对施工合同管理进行综合评价。

根据施工合同管理的生命周期的特性，本书将可能影响施工合同管理后评价结果的因素分为三部分：即施工合同的签订情况，施工合同的履行情况以及施工合同管理工作情况。在此基础上，运用鱼骨分析图法，对这三部分主要因素进行图解，形成如图 10-19 所示。

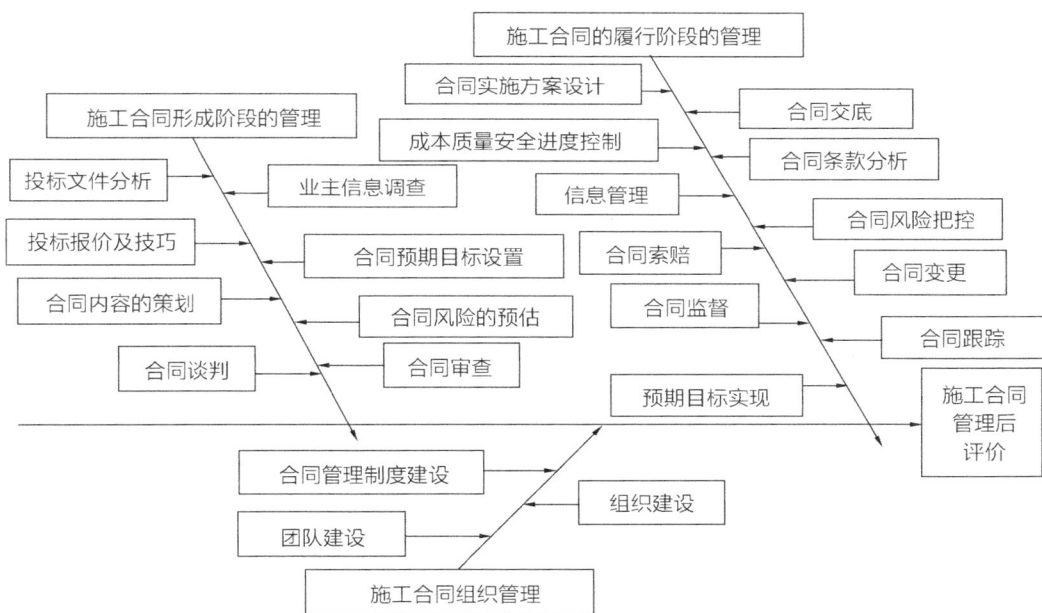

图 10-19　施工合同管理后评价内容的划分

（1）施工合同形成阶段的管理

施工合同形成阶段是施工合同整个生命周期总要的组成部分，也是施工合同履行的前提。该阶段包括施工合同的收集、投标以及合同的商签等方面，本阶段的评价内容就是以倒推的方式，寻找从工程信息的收集到施工合同的签订整个过程中，对于施工合同管理可能产生重要影响的因素（如企业在施工合同形成前期的投标、合同谈判等相关工作方法、预判能力等），通过若干要素的分析，评判该阶段施工合同管理工作。

（2）施工合同履行阶段评价的三要内容

施工合同的履行阶段是施工合同管理的核心阶段，也是对于施工合同形成阶段各项工作是否周全、是否正确以及各项预期设置是否合理的有效验证，通过合同跟踪等合同控制方式对前期工作中的不足之处及时改进，确保施工合同预期目标的实现。本阶段评价的主要内容就是通过对于在施工合同的履行过程系统的研究，探寻可能对于施工合同管理产生重要影响的因素（如进度质量安全控制、合同条款分析、风险把控、合同交底等），并通过因素分析评判该阶段的施工合同管理工作。

（3）施工合同组织管理后评价的主要内容

组织管理是施工合同管理后评价工作有效开展的重要保障。通过施工合同管理团队建设建立一支科学严谨高水平的施工合同管理队伍；通过施工合同管理组织建设构建一支机构健全的施工合同管理机构；通过施工合同管理制度建设建立一支权责明晰、规范合理的施工合同管理模式。三者相互支撑，保证了施工合同管理的规范化、严谨化、科学化。通过对于施工合同组织管理的评价，探寻其对施工合同管理的重要影响。

2. 施工合同管理后评价基础评价指标体系的构建

各部分评价的主要内容明确之后，我们需要针对每部分内容的特点，根据指标体系构建的原则，甄选出能够全面反映施工合同管理情况的指标，这也是施工合同管理后评价模型构建最重要的一步。

（1）施工合同管理后评价指标体系的构建原则

指标是反映一定社会总体现象数量特征的特定概念和具体数值。把若干有联系的指标结合起来形成指标体系，可从多方面认识和说明一个比较复杂现象的特征及内在发展规律。

在施工合同管理的后评价过程中，对于其指标的选取要考虑到选取各个指标的意义、量化方法等，另一方面，还得根据施工合同管理的目标及其特点来进行选取。我们在构建施工合同管理后评价指标体系中应遵循以下原则：

1）全面系统性原则

施工合同管理是一项庞杂系统的工程，涉及参与施工的方方面面，同样也受到方方面面因素的影响。因此，我们要在系统性的梳理施工合同管理工作的基础上，全方位的考虑，构建施工合同管理后评价指标体系，才能为后期指标的优化筛选奠定良好的基础。

2）客观性原则

施工合同管理后评价指标体系都应该理论与实际情况相结合。无论采用什么样的方法进行定性或定量分析，或是运用什么样的数学模型，都必须是对客观实际的真实抽象描述，而不是主观臆断。在指标体系构建中最重要和最关键的就是如何能够在对指标进行高度的抽象和概括的基础上，抓住其中最重要、最本质和最具有代表性的特质。只有对施工合同管理工作的实际抽象描述的越清楚、越简洁、越符合实际情况，其客观性也就越强。也只有对施工合同的管理工作进行客观性的描述基础上，才能得出更加贴近于真实情况的评价结果。

3）系统化原则

在进行施工合同管理后评价的时候，评价者不能仅仅局限于施工合同管理工作本身，而应该从项目管理的角度，将施工合同管理作为项目管理其中最重要的一部分，即施工合同管理不能脱离项目管理这一个有机整体，应该从与施工合同管理涉及各个部门之间的密切联系以及某些整体所具有的而部门没有的整体特性出发，系统的考虑后评价指标的构建问题。

4）层次性原则

要评价施工合同管理工作的全貌，了解其真实情况，必须运用若干指标进行衡量。而其中的每个指标应该指向明确，不能出现重复评价的现象。根据系统化原则，尽量以较少的指标数量和较少的层次组成一个能够全面、系统反应施工合同管理工作状态且具有内在联系的指标体系。在构建该指标体系的时候可选用的系统方法诸如系统分解法和层次分析法，形成树状结构的指标体系。

（2）施工合同管理后评价指标的构建方法

施工合同管理后评价指标体系的构造基本类似与一般统计指标体系的构造。施工合同管理后评价指标体系的构造通常是在描述性指标体系构造的基础之上进行的，大致可分为以下三个环节，包括评价指标体系的初选、筛选和确定，我们称之为"三步法"。在评价指标的选择过程中，又可采用以下三种方法：

频度统计法：主要是对目前有关施工合同管理后评价研究的书籍、论文进行相关指标的频度统计，选择其中那些使用频度较高的指标。

理论分析法：主要是对符合要求的基本要素及主要问题进行综合分析与比较，选择那些重要度较高的和针对性强的指标，另外还需进行一些指标创新。

专家咨询法：在提出初步评价指标的基础上，进一步征询有关方面专家的意见的基础上，对初步指标体系进行调整或优化。

以上三种指标选取方法在指标体系构建的各个环节中可根据不同情况而灵活选用。

（3）施工合同管理后评价各指标内容的界定

在本调研的基础上，结合以上三种方法，得出施工合同管理的后评价综合指标如下：

1）施工合同签订情况的评价指标

① 投资人信息的收集：主要是在投标之前的基础工作，通过对于投资人相关信息的收集和分析，帮助决策者判断工程信息是否准确，投标与否。收集投资人的相关信息如：投资人是否具有主体资格、是否具有不良资信记录、投资人的经济状况是否良好，资金实力是否雄厚及工程相关手续是否完备等。

② 投标文件的分析：投标文件是一切投标活动的准则，是投标期间最重要的指导性文件，而且对于未来合同的制定以及工程索赔等都具有十分重要的作用。投标文件的分析就是要投标的规则进行深入研究，有针对性的进行投标工作。主要内容包括：投标文件条款是否研究到位，投标规则是否了解清楚，关键事项是否知晓等。

③ 投标报价及技巧：施工企业的投标报价及投标技巧运用的准确与否决定了企业能

否最终中标，以及中标后能获得企业的预期经济效益。主要内容包括：投标规则的掌握，投标技巧的运用，组价的合理性等等。

④ 合同预期目标的设置：合同谈判前必须首先设定己方合同管理的主要目标，只有明确了己方合同管理目标才能为合同谈判以及合同条款的设置指明方向，使之目的性更强。主要内容包括：合同经济目标、工程质量、进度、安全、成本以及合同管理工作目标等。

⑤ 合同风险的预估：施工合同影响因素较多，前期如果对于合同风险估计不足后期极易产生重大的损失。因此，在施工合同签订时，应尽量对于合同未来的风险给予充分的估计。在此基础之上再确定合同相关内容，才能有效维护企业自身的利益。

⑥ 合同谈判：施工企业中标后就要进行针对与本次工程项目施工合同的谈判工作。是否能够发现和修正合同中不合理、不正当、高风险的条款，在合同条款中争取在工期、材料、变更、付款以及违约责任等方面的有利条件，为日后施工合同在履行过程中创造有利条件。

⑦ 合同内容的策划：合同内容筹划是管理者将该项施工合同要达到的预期目标以及不确定事件等，通过文本等方式明确到施工合同的文本上，减少企业风险。

⑧ 合同审查：按照法律、法规以及合同双方的约定对施工合同的内容、格式等进行审查。

2）施工合同履行情况的指标

① 合同交底：合同管理人员应根据各部门的不同要求，分别对其进行合同交底，将合同涉及的注意事项，各岗位的合同责任交代清楚，使各部门熟悉合同主要内容，各种规定和管理程序，了解施工企业的合同责任和工程范围。

② 合同条款分析：对于目前大多数企业来说，施工合同的洽谈者和实施者并不是同一个人。因此，洽谈者在合同洽谈完成之后，实施者还需要进行深入的学习，熟悉合同条款的内容，了解条款设置的背景，掌握合同的预期目标。

③ 合同实施方案的设计：合同的实施者在对合同条款深入的分析和研究之后，针对施工合同的预期目标，设计相应的实施方案和保障措施，使得合同在实施过程中更加具有方向性，并最终实现合同预期目标。

④ 成本、质量、安全、进度的控制：该项工作是施工合同履行过程中的核心内容，也是工程目标最终实现的保证。所以对其的控制也是施工合同管理工作中的重中之重，需要加以足够的重视。主要内容即成本控制管理、质量控制管理、安全控制管理、进度控制管理四大部分。

⑤ 风险的把控：由于施工合同履行期较长，履行期内的风险无法在合同拟定或洽谈的时候完全预测到，因此，在合同的履行过程中树立良好的风险意识，运用良好的风险控制方法，合理的规避风险，避免损失。主要内容包括：是否具有风险意识、风险控制方法是否灵活、有无因风险产生的损失等。

⑥ 信息管理：施工合同管理工作复杂，参与人员数量大，包含大量信息数量，有效地收集、整理、处理、存储、传递、分析和应用施工合同履行过程中的相关信息，及时对

于施工合同执行过程中出现的新问题新情况做出决策，直接影响到施工合同管理的成本以及未来工程进度、质量等多方面的问题。

⑦合同的变更：施工合同出现变更在工程建设过程中是不可避免的，施工合同变更在很大程度上涉及有关的费用、工期等的调整，同时也意味着可能要出现索赔，施工企业对于变更管理是否有效、变更资料获取是否及时与完善等，对于施工合同的全面正确履行与施工企业的经济效益都有很大的影响。

⑧合同的索赔：索赔管理是施工合同管理中最重要的组成部分之一，施工企业给予索赔管理的重视程度是否充足，合同文件分析是否到位，从相关变更中能否及时发现索赔机会，在索赔期内有效的维护企业利益。索赔收益部分对于施工企业能否最终盈利有着重大的影响，成功的索赔管理为企业甚至能够带来丰厚的经济收益。

⑨合同跟踪：施工合同签订以后，合同中各项任务的执行要落实到具体的项目经理部或具体的项目参与人员身上，承包单位作为履行合同义务的主体，必须对合同执行者（项目经理部或项目参与人）对于施工合同的履行情况进行跟踪、监督和控制，确保合同义务的完全履行。

通过合同跟踪，可能会发现合同实施中存在着偏差，即工程实施实际情况偏离了工程计划和工程目标，应该及时分析原因，采取措施，纠正偏差，避免损失。

⑩合同监督：施工合同的监督管理工作就是防范问题、发现问题、堵塞漏洞，而防范是重点。将监督的"关口前移"，使问题被提前发现并化解，这样，既杜绝或减少了企业可能出现的利益损害，保护了可能犯罪或犯错的企业员工，也免除了发生问题后严格追究、严肃处理所产生的不良影响和处置成本，确保合同预期目标的实现，对企业和个人都有利。

⑪预期目标的实现：合同在履行完毕的时候，通过相应的检验确定合同预期目标是否实现。通过相应的决算等可以确定合同在经济方面的目标是否实现。通过工程验收就能检验工程目标是否实现等。

3）施工合同组织管理情况的指标

① 组织建设：合同目标的圆满实现，与强有力的组织保证是分不开的。设置合理、管理职责明确的组织体系是合同目标实现的基础。主要内容包括：组织设置是否合理，管理职责是否清晰等。

② 团队建设：施工合同的管理工作主要依靠经验的支撑，建立一支专业基础知识过硬，经验丰富的管理团队才能保证合同预期目标的实现。主要内容包括：是否具有专门的施工合同管理人员，管理人员是否具有专业上岗证书，管理人员的业务素养如何，是否重视施工合同管理人才的发掘与培养。

③ 合同管理制度的建设：合同管理制度的规范与健全是合同目标实现的保障。完善的合同管理制度更是有效提高合同管理水平的重要措施。主要内容包括：施工合同管理的机构是否健全，相关合同管理制度是否完善，制度设置是否科学，奖罚是否分明，是否设立专门的合同管理部门等。

（4）施工合同管理后评价基础指标体系的建立

通过对施工合同管理后评价的主要内容以及各指标的界定，施工合同管理后评价指标体系建立如表 10-19 所示。

施工合同管理后评价基础指标体系　　　　表 10-19

施工合同管理后评价	施工合同的形成情况分析	投资人信息的调查
		投标文件分析
		合同风险预估
		投标报价及技巧
		合同预期目标设置
		合同内容的策划
		合同谈判
		合同内容的审查
	施工合同的履行情况分析	合同交底
		合同条款分析
		合同实施方案设计
		成本质量安全进度管理
		风险把控
		信息管理
		合同变更
		合同索赔
		合同跟踪
		合同监督
	施工合同组织管理情况分析	预期目标的实现
		合同管理组织建设
		合同管理制度建设
		合同管理人才建设

本指标体系只是列出了对于施工合同管理后评价结果具有影响的 22 个指标，但是针对具体项目，还需经过进一步的指标优化，甄选出具有针对评价项目特性的相关指标因素，也只有在此基础上进行的评价，其评价结果才更能具有说服力和准确性。

（三）方法

全过程工程咨询单位对各参与主体进行评估，主要是由委托方、监理单位和全过程工程咨询单位的相关负责人对各参与主体进行打分，打分的项目与总分可自行设定，某项目对施工单位和供应商的评估表如表 10-20 所示。

（四）成果范例

对施工单位和材料设备供应商的评估表如表 10-20、表 10-21 所示。

表 10-20

××项目——施工单位评估表

编号：

合同编号		评估时间	
企业名称		联系人	
企业地址		电话、传真	
施工内容		电子邮箱	
施工时间		施工面积	
评估内容	分值		得分
材料情况（权重15%）	□很好 100 分　□较好 80 分　□一般 60 分　□较差 40 分　□很差 20 分		
施工进度（权重25%）	□及时 100 分　□比较及时 75 分　□不及时 50 分　□严重延误 25 分		
安全文明（权重5%）	□很好 100 分　□较好 80 分　□一般 60 分　□较差 40 分　□很差 20 分		
施工质量（权重25%）	□很好 100 分　□较好 80 分　□一般 60 分　□较差 40 分　□很差 20 分		
配合情况（权重20%）	□很好 100 分　□较好 80 分　□一般 60 分　□较差 40 分　□很差 20 分		
造价水平（权重10%）	□合理 100 分　□比较合理 75 分　□一般 60 分　□不合理 40 分 □相差很大 25 分		
总得分			
表现好的方面			
存在的主要问题			
评估结果	□可以合作　□需要改进　□重新评估　□不能合作		
各评估单位签字	监理—总监理工程师	全过程工程咨询单位—项目经理	委托方—现场代表
委托方最后结论	工程部	技术部	造价部
	分管总经理		

备注：如产品没有调试安装工作时，应改为配合情况。

××项目——供应商供货评估表

表 10-21

编号：

供货合同编号		评估时间	
企业名称		联系人	
企业地址		电话、传真	
供货品名、型号		电子邮箱	
供货时间		供货数量	
评估内容	分值		得分
产品包装（权重 5%）	□很好 100 分　□较好 80 分　□一般 60 分　□较差 40 分　□很差 20 分		
交货情况（权重 25%）	□及时 100 分　□比较及时 75 分　□不及时 50 分　□严重延误 25 分		
配合情况（权重 15%）	□很好 100 分　□较好 80 分　□一般 60 分　□较差 40 分　□很差 20 分		
产品质量（权重 25%）	□很好 100 分　□较好 80 分　□一般 60 分　□较差 40 分　□很差 20 分		
售后服务（权重 20%）	□很好 100 分　□较好 80 分　□一般 60 分　□较差 40 分　□很差 20 分		
产品价格（权重 10%）	□合理 100 分　□比较合理 75 分　□一般 60 分　□不合理 40 分 □相差很大 25 分		
总得分			
表现好的方面			
存在的主要问题			
评估结果	□可以合作　□需要改进　□重新评估　□不能合作		
各评估单位签字	监理—总监理工程师	全过程工程咨询单位—项目经理	委托方—现场代表
委托方最后结论	工程部	技术部	造价部
	分管总经理		

备注：如产品没有调试安装工作时，应改为配合情况。

承包商转型为社会资本成为 PPP＋EPC＋OM＋BIM 的龙头老大。攫取垄断利润后成技术革命的先驱。必然采用 BIM 控制成本、优化设计、指导施工和运维活动。BIM 在上述一体化项目建设运维中使用无人机航拍导入软件直接建模，使用放样机器人与 BIM 结合使设计可施工性提高，BIM 漫游和 3D 实景结合使决策科学性大增。面对霸气的总承包商，咨询业如何因应。

——《贻林微观察 99》

第十一章　BIM 技术辅助全过程工程咨询

第一节　BIM 技术辅助全过程工程咨询总体方案

一、全过程工程咨询对 BIM 技术的需求分析

（一）借助 BIM 技术实现信息整合与共享

在建设项目咨询服务过程中，全过程工程咨询单位一方面通过协调管理打破过程中的信息与资源壁垒，提高沟通效率，保证项目顺利运营，达成建设项目边际效益最大化的目标。开展全过程工程咨询服务过程中，应具备完善的管理手段、引入新技术来促进工程创新。在项目全过程工程咨询服务过程中，引入 BIM、大数据和虚拟现实等技术，有效提高设计、施工效率与精细化管理水平，提升工程设施安全性、耐久性、可建设性和维护便利性，降低全生命周期运维成本，增强投资效益。项目全过程咨询服务过程中，需借助于 BIM 技术，以 BIM 协同管理平台作为信息管理平台、以 BIM 模型作为信息管理有效载体，开展项目全生命周期信息集成管理，即利用建筑业相关的信息技术手段，在建设项目全生命周期的不同阶段将项目利益相关者所需的或所产生的数据信息进行传递与共享，以打破由于建设项目分阶段管理而形成的信息孤岛，实现建设项目及其信息的集成、集约、集中管理。

综上分析，BIM 技术可有效避免分段式管理带来的信息流失、信息孤岛的问题，实现从零散数据调用过渡到全生命周期信息管理。同时 BIM 信息数据作为各阶段决策管理的重要依据，在项目全过程工程咨询过程中一环扣一环，项目数据信息逐渐在 BIM 平台上集成，为开展项目运维、项目绩效评价提供数据支撑。BIM 实现了从决策、勘察设计、招标采购、施工、竣工一直到运维的全过程服务，并将多方的利益高度串联起来，减少信息流失与资源浪费。

（二）借助 BIM 技术实现项目集成与协同

传统的建设模式是将建筑项目中的设计、施工、监理等阶段分隔开来，各单位分别负

责不同环节和不同专业的工作。这不仅增加了成本，也分割了建设工程的内在联系。在这个过程中由于缺少全产业链的整体把控，信息流被切断，很容易导致建筑项目管理过程中各种问题的出现以及由此带来的安全和质量隐患，使得投资人难以得到完整的建筑产品和服务。BIM 的核心在于将原来分工造成的信息孤岛及碎片高效的整合在一起，其运作主要利用建筑物构件以特定的信息标准表达。

全过程工程咨询作为一种新的独立的集成化的咨询业务模式。BIM 技术的集成化、多专业协同的特性，成为开展全生命周期咨询、实现集成与协同的最佳工具手段。BIM 信息化技术与云技术相结合，可以有效地将信息在云端进行无缝传递，打通各部门之间的横向联系，通过借助移动设备设置客户端，可以实时查看项目所需要的信息，真正实现项目合作的可移动办公，提高项目的完成精度。借助以 BIM 模型为中心的项目管理平台，将项目各参与方集成在同一项目管理平台上，总咨询师可准确有效识别项目各参与方的利益诉求与锁定项目管理过程关键要点，实现快速反馈与决策，提高项目管理效率与咨询服务质量。

综上分析，项目全过程工程咨询服务过程中对信息的需求，以 BIM 模型作为涵盖项目全生命周期的数据信息的收集、存储、分析的基本载体。BIM 技术以参数化数据为载体将模型信息高效准确地输入至模型构件中，实现了信息处理的时效性。相比传统二维模型构件，三维模型可将全生命周期内所有工程项目信息集成在统一的数据库中，信息的集中有利于项目各参与方之间能够实时传递和共享项目信息。

二、全过程工程咨询对 BIM 应用的总体目标

BIM 技术辅助全过程工程咨询指导思想是基于工程项目全寿命周期的视角，运用建运一体集成化管理模式，将传统管理模式下相对分离的项目策划决策阶段、设计阶段、建设实施阶段和运营维护阶段在管理目标、管理组织和管理手段等方面进行有机集成，实现项目整体功能优化和价值提升的目标。

（一）强调项目总体策划

总体策划咨询是全过程工程咨询的首要工作，对未来项目实施起到指导和控制作用，是开展工程咨询的服务的行动纲领与指南。

（二）重视项目设计优化

紧紧抓住前期与方案设计，能够有效体现项目价值与成本优化的效益，实现项目设计价值的最大化。

（三）强调项目管理集成

以投资人的建设目标为出发点，对项目的费用计算、项目计划与进度控制、设计管理、材料设备管理、合同管理、信息管理等进行高度集成，并以有效的管理手段和合同机制进行系统性全方位的管理。

（四） 可视化方案检查论证与比选优化

通过前期规划阶段的 BIM 3D 模型的建立进行的数值分析与计算、方案设计与初步设计阶段的方案论证与优化、设计过程中变更方案的推敲与比选，可进行方案及时改进并避免不合理项目，极大减少工程前期资金的不必要浪费。BIM 3D 模型中的所有图元构件都是基于一定的逻辑关系生成的，设计文件中的各个图纸视图和模型构建等图元都是关联在一起的，任何部分都能够自动修改并相应反映到其他图纸视图及与模型相关的全部子项，引起关联变更。因此，整个项目中多专业协同工作在任何时刻、任何地方由任何一个专业所做的任何变更，均可确保各专业设计文件保持协调一致和完整，并保证实时最新的信息。这大大减少了设计人员的重复劳动和错误率，节约资源、提高效率、降低成本。管线碰撞检测在 BIM 技术中担任着非常重要的角色。不同专业、不同系统之间会有各种管线交错穿插，在进行项目机电安装过程中很容易将各管线交叠处重复影响到施工设计和成本。通常情况下，设计人员会在施工前对管线做碰撞检测，但图纸具有的局面性不能全面反映各种状况，造成一些管线碰撞的问题。为避免这些不必要的问题，利用 BIM 技术的可视化功能进行管线碰撞检测，可以及时发现设计漏洞反馈给设计人员，提早解决实际问题。

（五） 项目进度的及时跟进与全面掌握

传统的进度控制方法是基于二维 CAD，存在着设计项目形象性差、网络计划抽象、施工进度计划编制不合理、参与者沟通和衔接不畅等问题，往往导致工程项目施工进度在实际管理过程中与进度计划出现很大偏差。BIM 虚拟可视化技术对建设项目的施工过程进行仿真建模，建立 5D 信息模型的施工冲突分析与管理系统，实时管控施工人员、材料、机械等各项资源的进场时间，避免出现返工、拖延进度现象。通过建筑模型直观展现建设项目的进度计划并与实际完成情况对比分析，了解实际施工与进度计划的偏差，合理纠偏并调整进度计划。BIM 5D 模型使管理者对变更方案带来的工程量及进度影响一目了然，是进度调整的有力工具。BIM 技术在进度控制管理中的应用，大大提高工程施工的工作效率，减低施工成本，增强工程工期的控制能力，使工期延误风险得到控制，进而在合理管控进度的同时避免由于延误工期造成的不必要的投资损失，有效进行投资管控。

（六） 项目全过程造价控制能力的强化

项目规划阶段可利用类似项目的 BIM 数据搭建拟建项目规模，快速统计工程量信息，然后结合造价的云端系统快速查询价格信息和估算指标，从而在没有图纸的情况下完成类似项目的投资估算。初步设计阶段，利用 BIM 模型的历史数据，能够快速、准确的获取工程基础数据拆分实物算量，保证项目技术上可行和经济上合理，控制工程造价。施工图设计阶段，可以利用 BIM 构建的建筑信息模型模拟施工，保证施工方合理进行施工组织设计。BIM 模型输出的工程信息、施工进度信息和构建结构信息可以从造价软件中直接提取，以后续进度款支付和材料采购提供方便。在招投标阶段，招标代理机构或投资人可以利用 BIM 模型中的工程信息快速提取工程量，准确编制工程量清单，保证招标信息和设计信息的完整性和连续性，避免因遗漏对下一阶段造成工程量不清的纠纷。同时，将 BIM 平台和互联网有机结合，有利于政府招投标管理部门监管，从而有效遏制招投标中的腐败舞弊现象，让招标工作顺利进行。施工阶段的造价管理目标是将工程项目造价控制在计划投资额范围内，定期对实际发生造价和目标值比对，发现和纠正偏差。基于 BIM 能够对工程计量、施工组织设计、工程变更、进度款支付、索赔管理和资金使用计划进行全面管理。竣工验收和结算阶段的工程造价管理主要是核算工程项目的最终实际造价，编制竣工决算文件，办理竣工移交。竣工计算需综合测算，其涉及面广、规模庞大，计算起来非常复杂。随着设计、施工等阶段完成，BIM 数据库也不断完善，设计变更、施工现场签证和工程变更等信息已经更新到数据库。因此，利用 BIM 5D 技术能够快速准确地计算出实际工程造价，从而大大提高结算的效率和准确性。

（七）质量安全监督手段的信息化提升

现场工作人员对于过程检查和验收中发现的问题，可以通过移动端发送问题部位照片和文字描述，获取移动端智能弹出的责任区域、责任人和整改期限。责任人在第一时间通过移动端查看相关内容，及时制定科学合理方案在期限内进行整改，并上传整改结果进行公示，接受复检。手机移动端录入的现场质量安全问题，通过与 BIM 模型相应区域无缝对接进行匹配，使现场需整改内容直观化、可视化，避免因疏忽导致的整改遗漏，迅速提升项目管理品质。移动端界面清晰简洁，在项目全场无线网络全覆盖的基础上，现场管理人员可随时随地查看最新任务和现场问题，利用移动端进行有效沟通。提升质量安全监督手段的目的在于提升地铁施工质量，保障施工安全，杜绝以非法盈利为目的质量投机行为发生，强化质量安全监督力度，防止后期由于施工质量安全问题造成的资金浪费以及财产损失，在保证质量安全的前提下保障投资效益。

三、全过程工程咨询 BIM 辅助实施环境建设

（一）BIM 协同管理平台

构建基于 BIM 技术的项目管理系统平台的整体架构是由 BIM 数据集成子系统和 BIM 施工管理子系统构成，通过 BIM 施工项目系统管理平台所依据的系统软件体系，实现 BIM 施工项目管理系统的主要功能，针对其在模型管理、进度管理、质量安全管理、成本管理、物料管理等方面的应用，大大提高了整个施工过程中的能源利用率，降低发生事故风险的概率，节约了成本。

通过系统接口无缝集成，建立项目数据信息与 BIM 模型的双向链接，实现基于 BIM 技术的工程项目管理。在系统平台上，通过 BIM 的数据集成子系统与施工管理子系统之间进行无缝集成，BIM 模型和数据之间建立双向的链接，有着明了的业务逻辑和精准的数据交换关系，能够实现对业务管理、实时监控、决策分析三大方面进行综合的管理。为实现上述业务管理、实时监控和决策分析的基本功能，在该系统平台中初步设计了八项主

要的功能模块，分别是：BIM 模型管理、BIM 进度管理、质量安全管理、BIM 成本管理、BIM 物料管理、BIM 数据库、BIM 监控管理、施工日志管理。

基于大数据技术和云计算技术为应用环境，以 BIM 模型的创建、管理、共享为基本内容的 BIM 协同管理和共享应用平台，可以将土建、安装、造价 BIM 模型上传到系统服务器，系统自动对模型中的工程成本数据进行解析，形成一个多维度的结构化企业级项目基础数据库，实现 BIM 图形数据、报表数据共享，提升项目和企业协同能力。可进行账号管理、组织架构、工程管理、权限分配、角色设置等管理，储存空间可以积累和管理企业指标、企业价格信息、BIM 数据库等资源；可以通过平台客户端对模型信息进行插入、抽取、调用、管理、分享，具备多用户同时操作同一模型的互操作性；云平台数据库：支持将系统数据库安装在企业服务器上（私有云服务器模式），教学模型数据存储在企业自身的服务器上，保证模型信息的安全管理，并可通过积累模型打造用户自己的基于 BIM 应用的建设工程云数据中心。

在建设 BIM 项目管理平台过程中，总咨询师的工作职责包括：

（1）确定平台选建标准：软硬件及协同平台采购应满足平台易用性、稳定性、安全性、符合度强的标准；

（2）明确项目 BIM 团队建设及各参与方协作方式；

（3）根据投资人需求与项目实际情况建设企业 BIM 云数据中心，提升项目数据处理效率。

（二） 定制 BIM 实施标准

从项目全过程工程咨询的视角对 BIM 整体应用进行系统性分析研究，以项目全过程 BIM 实施标准的建立为目标，从 BIM 应用过程的资源、行为、交付三个基本维度，给出项目全过程咨询服务的具体实施标准，包括项目建模标准、交付标准、验收标准、应用标准等。

BIM 在工程项目全过程中的工作流程可以划分为三个阶段：

规划阶段，基于传统的工程项目建议书和可行性研究报告，在此阶段定义项目应用 BIM 的目标，确定 BIM 应用，并规划整体 BIM 应用流程。

组织阶段，在设定项目 BIM 应用目标、应用点和流程后，根据 BIM 对各方信息协同的要求，确定 BIM 参与方并定义各方职责，定义各方协作的流程。

实施阶段，在此阶段，根据项目进行阶段和参与人员职责划分，建立每阶段 BIM 应用和信息共享流程，如图 11-1 所示。

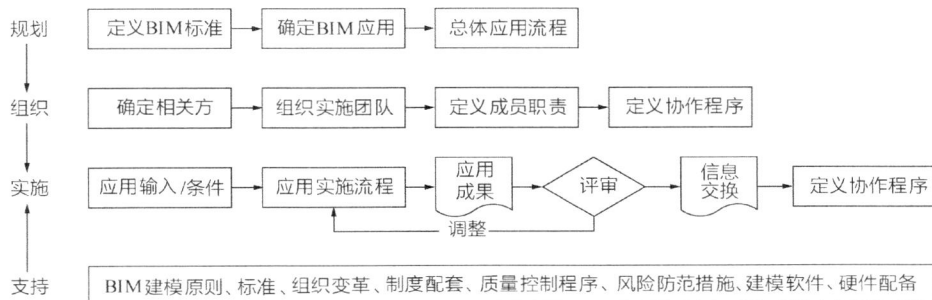

图 11-1　BIM 在工程项目全过程中的工作流程

在定制 BIM 实施标准过程中，总咨询师的工作职责包括：

（1）确定各阶段 BIM 成果审核与交付标准要求。

（2）设置 BIM 工作反馈协调机制。

第二节　基于 BIM 技术的协同管理平台

一、BIM 协同管理平台应用思路

建设项目中 BIM 应用按照实施的主体不同分为：投资人 BIM 和承包商 BIM。投资人 BIM 是指建设单位为完成项目建设与管理，自行或委托第三方机构（有能力的设计、施工或咨询单位）应用 BIM 技术，实现项目建设目标。承包商 BIM 是指设计、施工和管理单位为完成自身承接的项目，自行实施应用 BIM 技术。不同实施组织方式应用 BIM 技术的内容和需求不同，通过对 BIM 技术应用价值分析，最佳方式是建设单位 BIM，由建设单位主导、各参与方在项目全生命期协同应用 BIM 技术，可以充分发挥 BIM 技术的最大效益和价值。

本书中 BIM 技术的辅助应用是在投资人 BIM 的前提下，全过程工程咨询单位的 BIM 辅助应用。各阶段的 BIM 专项应用与 BIM 平台的关系如图 11-2 所示。

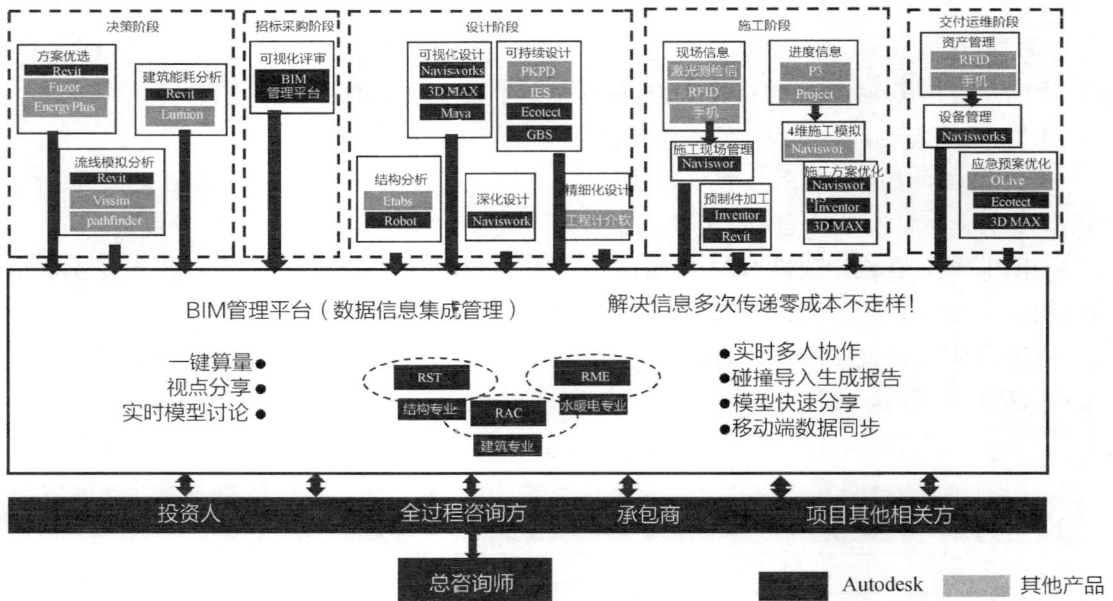

注：图中上半部分为专项应用点举例

图 11-2　BIM 技术辅助全过程工程咨询整体实施框架图

如上图所示，BIM 技术辅助全过程工程咨询，其关键并不在于应用点的多少，而是在于通过 BIM 管理平台实现数据信息的集成管理，从而可以在一定程度上解决信息多次传递零成本不走样，达到投资人对各参与方协同管理的目的。与此同时，全过程咨询单位还要根据投资人的需求以及项目实际情况辅助以专项 BIM 应用，从而达到解决项目各阶段痛点的目的。建筑项目各阶段的划分是以工作内容来定义区分。各阶段的 BIM 技术基本专项应用如表 11-1 所示。

各阶段专项 BIM 应用一览表　　　　　　　　　　　　表 11-1

序号	阶段划分		阶段描述	基本应用
1	决策阶段		建设项目决策阶段是对工程项目投资的必要性、可能性、可行性，以及为什么要投资、何时投资、如何实施等重大问题进行科学论证和多方案比选，对工程项目长远经济效益和战略方向起着决定性的作用。决策阶段是建设项目前期工作的重点，在项目周期中处于十分重要的地位，其工作质量对项目投资具有决定性的影响	场地选址
2				概念模型构建与比选
3				项目经济指标比选
4	勘察设计阶段	勘察阶段	一般勘察工作分为可行性研究勘察、初步勘察、详细勘察及施工勘察。可行性研究勘察应满足确定场址方案的要求，初步勘察应满足初步设计的要求，详细勘察应符合施工图设计的要求，场地复杂或有特殊要求的工程，宜进行施工勘察	地层三维可视化模拟
5		方案设计	本阶段的主要目的是为建筑后续设计阶段提供依据及指导性的文件。主要工作内容包括：根据设计条件，建立设计目标与设计环境的基本关系，提出空间建构设想、创意表达形式及结构方式等初步解决方法和方案	场地与规划条件分析
6				方案模型构建
7				建筑性能分析
8				设计方案比选
9		初步设计	本阶段的主要目的是通过深化方案设计，论证工程项目的技术可行性和经济合理性。主要工作内容包括：拟定设计原则、设计标准、设计方案和重大技术问题以及基础形式，详细考虑和研究建筑、结构、给水排水、暖通、电气等各专业的设计方案，协调各专业设计的技术矛盾，并合理地确定技术经济指标	各专业模型构建（初步设计）
10				各专业模型检查优化
11				设计概算编审
12		施工图设计	本阶段的主要目的是为施工安装、工程预算、设备及构件的安放、制作等提供完整的模型和图纸依据。主要工作内容包括：根据已批准的设计方案编制可供施工和安装的设计文件，解决施工中的技术措施、工艺做法、用料等问题	各专业模型构建（施工图设计）
13				建筑与结构专业模型的对应检测
14				机电管线综合检测及优化
15				空间净高检测优化
16				虚拟仿真漫游

序号	阶段划分		阶段描述	基本应用
17	招标采购阶段		建设项目的招标采购阶段,是在前期阶段形成的咨询成果(如可行性研究报告、业主需求书、相关专项研究报告、不同深度的勘察设计文件(含技术要求)、造价文件等)基础上进行招标策划,并通过招标采购活动,选择具有相应能力和资质的中标人,通过合约进一步确定建设产品的功能、规模、标准、投资、完成时间等,并将招标人和中标人的责权利予以明确。招标采购阶段是实现建设单位建设目标的准备阶段,该阶段确定的中标人是将前期阶段的咨询服务成果建成优质建筑产品的实施者	BIM电子招标
18				可视化评审
19				工程量计算
20	施工阶段	施工准备阶段	本阶段的主要目的是使工程具备开工和连续施工的基本条件。主要工作内容包括:建立必需的组织、技术和物质条件,如技术准备、材料准备、劳动组织准备、施工现场准备以及施工的场外准备等	重点方案、复杂节点模拟流程
21				BIM可视化模拟
22		施工实施阶段	本阶段的主要目的是完成合同规定的全部施工安装任务,以达到验收、交付的要求。主要工作内容包括:按照施工方案完成项目建造至竣工,同时,统筹调度、监控施工现场的人、机、料、法等施工资源	虚拟进度与实际进度同步
23				BIM辅助成本管理
24				BIM技术模型终端
25	竣工阶段		全过程工程咨询单位在本阶段主要以工程资料整理、竣工验收、竣工结算为主。一方面需要整理和收集从决策、设计、发承包、实施等阶段中形成的过程文件、图纸、批复等资料,同时,协助投资人完成竣工验收、结算、移交等工作;另一方面,把经过检验合格的建设项目及工程资料完整移交给运营机构,并进入运营阶段	BIM模型辅助竣工验收
26				BIM模型辅助竣工结算
27	运营阶段		本阶段的主要目的是管理建筑设施设备,保证建筑项目的功能、性能满足正常使用的要求。主要工作内容包括:建筑设施设备的运营与维护、资产管理和物业管理,以及相关的公共服务等	空间管理
28				资产管理
29				能源管理
30				应急管理

基于全过程工程咨询的"1+N"管理模式,全过程咨询单位要在BIM辅助应用环节发挥投资人管理职能,协助投资人确定统一的BIM应用标准、建立可供参建各方使用的BIM协同平台(可以是购买现有的BIM平台,也可以是根据投资人要求自行开发)、发挥基于BIM技术的项目管理职能,同时可以以自己实施或分包的方式进行BIM专项应用实施,并将各专项应用集成到BIM协同管理平台上。

二、BIM协同管理平台功能要求

BIM协同管理平台能够帮助投资人实现对建筑工程全生命周期的监管;及时、透明、全面地让投资人、设计方、施工方掌握项目情况；平台应用无时间、地域和专业限制。便捷的应用方式，轻松打通 BIM 应用各环节。目前国内外有一大批 BIM 管理平台软件，其功能各有侧重，需要全过程工程咨询单位根据投资人的需求以及项目实际情况合理选择或在现有平台基础上进行二次开发。本书认为，为了满足全过程工程咨询的需求，BIM 协同管理平台至少需要具备以下基本功能，从而实现模型协同、视口协同、数据录入协同、话题协同、数据共享等。

（一） 数据文档存储交换

一个建设项目从前期规划设计到后期施工单位，参与单位非常多，不同单位之间的信息数据交换非常繁琐，都需要通过全过程工程咨询服务团队作为中间环节，将图纸、报告、文档等数据信息传递给其他单位，很容易造成数据信息沟通滞后，增加项目各方的沟通成本。项目协同管理平台实现了对项目文档数据、信息数据等汇总、分类管理及储存，在平台中根据不同项目参与方角色创建与之唯一匹配的项目文件夹，通过权限设置进行项目参与方与相关文件夹之间点对点的单一操作关联，其他参与方想要访问该文件夹需经过管理员的权限审批，既能保证文档数据的安全保密，又能有序地关联文档流转。能够在平台上在线查看 Office、CAD、Revit、PDF 等常用软件的文件，这样既能高效利用平台资源，也可省去在本地安装各种软件客户端的麻烦。

通过明确文档命名规则，并提供一系列的文档标签进行版本标识，确保在过程中快速查找到指定的文档，也不会出现因为重名导致文档丢失的情况。通过平台进行文档存储数据交换能够极大地提高项目数据存储的安全性，也能满足各专业间、各参与方间的数据、信息的规则交换需求。

（二） 项目任务分工协作

在协同管理平台中，可以让项目各参与方通过在线浏览模型和图纸对发现的问题进行视点保存和批准，将视点以任务的形式发送给责任人员，责任人员收到任务后可对视点描述的问题进行回复，并能够在平台任务列表中跟踪任务进展情况。

协同管理平台还提供即时沟通功能，在推送任务的同时可以就某些重要话题创建沟通交流群，在线进行沟通交流，即能保证交流内容的隐秘性、安全性，还可以对交流内容进行存档，方便后期查看。

（三） 项目设计协调管理

随着项目的复杂程度越来越高，要在传统的二维平面图纸和纸质记录文件中发现、解决问题难度很大。通过平台线上发现问题，及时沟通交流，进行多方协同解决，如多专业管道碰撞、不规则或异形的设计与结构位置不协同、设计维修空间不足等问题。

通过平台问题跟踪的功能，可以将问题按照规定的格式填报至平台问题跟踪表单中，并指定问题责任方，设置解决期限。问题责任方在接收到问题后，可以在平台上对问题进行协同沟通讨论，并将解决方案上传至平台。问题审核人针对解决方案进行审核，审核通过后即可对问题进行销项处理。

（四） 轻量化模型可视化

现阶段，BIM 技术对硬件设备要求极高，尤其针对大体量的项目，往往需要高配置的工作站才能实现 BIM 模型的浏览。通过研发基于 B/S 架构的模型浏览平台，并且针对项目特性对模型进行轻量化处理，实现了在普通电脑设备上就能轻松地浏览项目整体模型。

基于 Web 端的三维模型浏览平台采用 Unity 3D 底层技术，无需安装任何模型操作软件，即可随时随地查看三维模型、属性、工程量等信息；并且由于其操作简单、功能定制化，操作人员也无需经过专业的软件培训就能很快掌握平台查看模型的技能。于 Web 端的三维模型浏览，可以实现三维校审，大大减少错、碰、漏、缺现象，在设计成果交付前消除设计错误，减少设计变更，有效控制项目建设成本。

（五） 项目进度协调管控

项目协同管理平台的最大特点是协调性，通过平台对各参与方的实施进度进行节点把控。各家单位在平台中输入进度计划，由投资人（或全过程工程咨询单位）进行审核，各单位之间的节点具备一定的关联性，上家单位的节点变化会影响下家，下家单位的节点会进行提醒及自动调节，实现进度计划的协调管控。

通过协同管理平台可以将模型与进度节点进行挂接，模拟实际的施工建造过程。进行虚拟施工以后，可以检查时间节点与施工进度之间的状况是否匹配，进度计划设定是否合理，工序与工法能否顺利等，可以导成数据报表，进行量化分析，从而制定一套切实可行的施工方案，优化管理。

（六） 项目成本优化管控

BIM 技术的基本属性之一就是成本管控，通过项目协同管理平台，能够在平台上将设计阶段的模型直接导出符合国家计算规则的工程量，并能根据清单编码自动匹配清单综合单价，这样就能快速准确的算出项目概算。为项目招标阶段的清单编制以及项目预算提供核算依据。

针对设计变更部分，协同管理平台能够将传统的设计变更单内容通过 BIM 模型以直观的方式进行展示，还能提供变更前后的模型对比分析，验证设计变更的技术可行性。同时针对变更部分的成本差异，平台能够直接查看变更前后的量差，造价人员可以通过平台对变更进行经济分析，这样就能验证设计变更的经济可行性，从而达到控制项目成本的目的。

（七） 项目质量监督检查

针对现场施工质量，项目质检人员可以通过手持端平台 APP，将现场的质量问题直接拍照并与模型进行关联，形成质量整改单，将整改单发送给责任人员。责任人员收到质量整改单后，立即对现场问题进行整改，整改完成后通过平台回复质量整改详情，质检人员在收到质量整改详情后再通过平台对现场进行验收，验收合格后将质量整改单进行评估，完成质量整改。

针对材料、设备的验收，也可以通过平台完成，通过平台对现场材料、设备进行二维码扫描，扫描后将材料、设备的验收详情输入至平台中，并与平台中存储的材料、设备验收合格条进行比对，从而完成材料、设备的质量验收。

（八）项目数据整理分析

在项目全生命周期过程中将产生海量的数据信息，协同管理平台提供数据分析的功能，将上述的七项业务功能使用过程中产生的数据进行收集、汇总、整理。对整理完的项目数据，采用大数据分析的技术手段，对项目各层级数据、各业务管理数据进行系统地分析，并以图表的形式表现出来。通过上述手段就可以将项目建设过程中的各项数据有序地展示出来，并能够对未来可能会出现的情况进行预测分析。企业管理层也可以在数据分析的基础上对企业的项目建设情况进行总结，指导其他项目的决策与实施。

通过 BIM 协同管理平台的使用可以解决全过程信息集成的问题，但是对于投资人或项目的特殊要求，还需要全过程咨询单位辅之以专项 BIM 软件的应用加以解决。

第三节 各阶段专项 BIM 应用分析

一、决策阶段 BIM 专项应用

（一）本阶段 BIM 应用目标

决策阶段主要工作包括场地选址、项目建议书、可行性研究、立项等。BIM 技术在本阶段的应用目的是将繁琐的文字、图纸资料、将碎片化与抽象化的需求整合到建筑信息模型文件中，为后续设计及审批提供符合规定的基础数方案设计阶段的 BIM 技术应用主要目的是验证项目可行性研究报告提出的各项指标，进一步推敲、优化设计方案，借助场地建筑信息模型分析建筑物所处位置的场地环境，搭建建筑单体方案设计阶段建筑信息模型，为初步设计阶段的 BIM 应用及项目审批提供数据基础。

（二）本阶段 BIM 专项应用

1. BIM 专项应用点一：场地选址

（1）应用价值

场地选址主要分析项目选址的影响因素，判断是否需要调整项目选址。

（2）服务内容

在此过程中需要开展的实施步骤包括：一是基于三维基础数据，建立三维可视化场地模型；二是借助专业场地分析软件，分析项目选址的各项因素，如交通的便捷性、公共设施服务半径、开发强度、控制范围等；三是依据分析结果，进行场地选址的科学性与合理性评估，并给出评估建议。

（3）交付成果

基于三维可视化场地模型的各项分析报告；

包含场地相关信息的建筑信息模型。

2. BIM 专项应用点二：概念模型构建与比选

（1）应用价值

构建概念模型是为了利用概念建筑信息模型分析拟建项目与周边环境、建筑单体之间的适宜性，比选建筑的体量大小、高度和外观形体关系，通过初步日照、采光和通风分析等环境模拟分析，确定概念模型。

（2）服务内容

在此过程中需要开展的实施步骤包括：一是收集分析项目用地的各项规划指标；二是确定概念模型的各项形体参数和主要造型材料参数；三是搭建概念建筑信息模型；四是基于概念建筑信息模型进行建筑外部环境分析，形成分析报告；五是综合分析报告，比选优化概念模型，并确定最终概念模型。

（3）交付成果

概念建筑信息模型；

外部环境分析报告及比选结果相关资料。

3. BIM 专项应用点三：项目经济指标比选

（1）应用价值

项目技术经济指标比选主要是基于场地模型和概念模型数据，分析建设条件，形成相应比选报告，为项目下一阶段的设计提供依据。

（2）服务内容

以场地模型与概念模型为基础，根据规划部门对项目地块的要求信息，对各种使用性质用地的适建要求、建筑间距、建筑物后退各类控制线距离、相邻地段的建筑条件、容积率指标、市政公用设施，交通设施的配置和管理指标、地块划分以及各地块的使用性质，规划控制原则，规划设计要点、各地块控制指标等方面进行的比选。

（3）交付成果

项目技术经济指标比选应提供项目技术经济指标比选报告。

二、勘察设计阶段 BIM 专项应用

（一） 本阶段 BIM 应用目标

在勘察设计阶段，通过建立各专业 BIM 模型，进行方案构思、协调建筑外部环境和内部功能布局分析；进行设计效果分所，3D 漫游，对设计方案进行深入研究；进行专业管线综合，利用 BIM 技术，通过搭建各专业的 BIM 模型，进行碰撞冲突，从而大大提高

管线综合的设计能力和工作效率；基于 BIM 模型进行专业分析和价值工程论证，在建立 BIM 模型的基础上，组织专家会议，优化设计成果，进行特殊设计方案的专项论证和模拟，能进一步提高项目设计方案的质量水平。由于大型复杂项目功能和构成的复杂性，传统二维设计方法经常出现设计的错漏碰缺，带来后期的设计变更，利用 BIM 的三维碰撞检测，可有效提高设计方案质量，减少设计变更，以及由此引发的投资浪费和进度拖延问题。

（二） 本阶段 BIM 专项应用

1. BIM 专项应用点四：地层三维可视化模拟

（1）工作内容

本阶段主要建模软件为理正 Geo3D，应用表现软件为 Autodesk Revit，BIM 协同管理平台和 Lumion 等；创建包括但不限于施工围挡范围（施工围挡范围是指各施工阶段施工围挡外侧轮廓连接形成的最大范围）内的地层三维模型，对建筑主体周边地层分布情况进行可视化模拟。

（2）应用价值

对于投资方来说，创建地层三维模型，对建筑主体周边地层分布情况进行可视化模拟有利于施工前投资人应做的各项准备工作，便于同施工设计沟通协调工作；对于施工方来说，通过审查地质三维模型，能够更好地看到施工过程中可能会遇到的问题，优化施工，节省造价。

2. BIM 专项应用点五：场地与规划条件分析

（1）应用价值

BIM 技术在场地与规划条件分析的应用主要是借助场地分析软件，建立场地建筑信息模型，在建筑方案设计过程中，利用场地模型分析建筑场地的主要影响因素，为不同的建筑方案评审提供依据。

（2）服务内容

根据前期工程勘察数据信息、包括项目地块信息、现有规划文件、工程勘察报告、工程水文资料、项目场地周边地形信息、GIS 数据、电子地图等。开展场地与规划条件分析包括项目所处场地分析包括等高线、流域、纵横断面、填挖方、高程、坡度、方向等；项目场地周边环境分析包括物理环境（例如气候、日照、采光、通风等）、出入口位置、车流量、人流量、节能减排等。

（3）交付成果

场地分析报告体现场地分析结构、不同场地设计方案分析数据比对结果；

场地模型体现场地边界（例如项目用地红线、项目正北向、高程、退距等）、地形表面、场地道路、建筑地坪等。

3. BIM 专项应用点六：方案模型构建

（1）应用价值

方案模型构建的主要依据是设计条件，为建设项目提出空间架构设想、创意表达形式及结构方式的初步解决方案，并为后续初步设计阶段提供数据基础和指导性依据。

（2）服务内容

以概念设计说明及相关方案设计依据及相关资料为基础，构建项目场地模型信息、建筑单体主体外观形状、建筑标高，基本功能分隔构件，同时满足建筑主要空间功能及参数要求、主要技术经济指标、绿色建筑及装配式建筑设计指标、建筑防火、人防类别与等级。

（3）交付成果

方案建筑信息模型；

项目各项指标数据。

4. BIM专项应用点七：建筑性能分析

（1）应用价值

建筑性能模拟分析主要是为提高项目的性能、质量、安全和合理性，借助相关专业性能分析软件，基于方案模型对项目的可视度、采光、通风、人员疏散、结构、节能减排等进行专项分析。

（2）服务内容

1）环境性能分析

日照分析：基于 BIM 模型，利用绿色建筑分析软件，对建筑物的日照进行分析模拟，优化设计方案，使建筑物获得充足的日照，改善居住条件，提高环境舒适度。

室外通风模拟分析：基于 BIM 模型，利用绿色建筑分析软件，对建筑物的室外风环境进行分析模拟，优化设计方案，充分利用地区风向因素，引导建筑间的气流流动，增强通风效果或者降低风通过能力，减少建筑抗风成本等，降低建筑能耗。

室外声环境模拟分析：基于 BIM 模型，利用绿色建筑分析软件，对建筑物及周边噪声环境进行分析，优化设计方案，减少噪声污染，以改善居住条件，提高环境使用舒适度。

建筑可视度分析：可视度是指周围一定范围内的区域中对于指定建筑的可见程度，其计算结果有绝对可视面积、采样点可视百分率以及物体可视百分率等，其影响因素包括建筑的集合特征及周围环境的形态。利用建筑和场地 BIM 模型，可以直观模拟一定范围内从不同的位置和高度观察该指定建筑的可见程度。

2）建筑性能分析

采光分析。基于 BIM 模型，利用绿色建筑分析软件，对建筑物的采光进行分析模拟，优化设计方案，在获得良好采光的同时尽量节约能源，改善居住条件、提高环境舒适度。

室内通风模拟分析。基于 BIM 模型，利用绿色建筑分析软件，对建筑物的室外和室内风环境进行分析模拟，优化设计方案，充分利用地区风向因素，引导建筑间和建筑室内的气流流动，增强通风效果或者降低风通过能力，减少建筑抗风成本等，降低建筑能耗。

（3）交付成果

宜提供最优性能方案的分项性能分析报告及综合性能分析报告；

提供最优性能方案的专项性能分析模型数据。

5. BIM 专项应用点八：设计方案比选

（1）应用价值

设计方案比选的目的：基于最优性能分析方案模型，通过局部调整方式形成多个备选设计方案模型，并经过多方沟通、讨论、调整最终形成最佳的设计方案，为初步设计阶段提供基础数据。以 BIM 技术为基本工具，对项目方案进行实时调整，实时反映项目的具体情况与价值量化。

（2）服务内容

以建筑性能模拟结果最优的方案模型为基础，通过收集各方对最优性能分析方案模型的调整意见。根据调整意见，调整设计方案模型，形成备选方案模型。从项目可行性、功能性、美观性等多方面进行多方可视化方案评选，形成方案比选报告，最终通过多轮方案评选后，确定最终设计方案模型。

（3）交付成果

备选设计方案模型；

方案比选报告；

最终设计方案模型。

6. BIM 专项应用点九：各专业模型构建（初步设计）

（1）应用价值

初步设计阶段专业模型构建宜以方案设计模型为基础数据源，或以相关二维设计图纸为基础数据源。构建专业模型深度宜符合初步设计深度要求，为后续初步设计阶段的 BIM 技术应用范围提供模型数据依据。

（2）服务内容

以方案设计模型为基础数据源，或以相关二维设计图纸为基础数据源。构建专业模型深度宜符合初步设计深度要求，为后续初步设计阶段的 BIM 技术应用范围提供模型数据依据。

（3）交付成果

满足本阶段各专业模型深度要求的初步设计阶段各专业建筑信息模型。

7. BIM 专项应用点十：各专业模型检查优化

（1）应用价值

对于投资人来说，进行总体模型碰撞检测能提前看到设计施工过程中存在的问题，更好的管控现场，提高效率，节约成本；对于施工方来说，安装管线的碰撞检测能在施工之前看到管线安装过程中可能存在的问题，避免后期返工，减小施工难度，节约材料成本，满足投资人与设计单位的净空要求；对于设计方来说，施工之前进行管线综合碰撞检测，能检测出设计图纸中存在的问题，提前施工图的质量。

（2）交付成果

各专业模型达到初步设计建模深度的确认报告；

各专业对相互成果模型的确认文件；

各专业模型检测优化调整后的建筑信息模型文件。

8. BIM专项应用点十一：设计概算编审

（1）应用价值

设计概算是由设计单位主导，用于确定和控制建设项目全部投资，包括建设项目从立项、可行性研究、设计、施工、试运行到竣工验收等的全部建设资金。设计概算模型是在初步设计模型的基础上，按照设计概算建模规范进行模型深化，配合相关行业定额、设备材料价格等数据，实现工程量计算和计价的模型。

（2）服务内容

以初步设计阶段深度要求的各专业建筑信息模型，参与各方都认可的设计概算建模规范，项目涉及的概算指标或定额，项目设计的设备材料供应及价格为基础，开展项目设计概算的编审。

（3）交付成果

项目概算信息的设计概算模型。

9. BIM专项应用点十二：各专业模型构建（施工图设计）

（1）应用价值

施工图设计阶段各专业模型构建宜以初步设计模型为基础数据源，或以相关二维设计图纸为基础数据源。构建专业模型深度符合施工图设计深度要求，为后续施工图深化阶段的BIM技术应用范围提供模型数据依据。

（2）服务内容

以相关责任方评审的初步设计阶段各专业建筑信息模型、已通过项目建设批复的初步设计阶段各专业二维图纸。各专业模型构建协同工作方式：可采用BIM软件自带协同功能与其他专业进行协同工作，各专业依据相关标准、规范要求，在同一平台上各自完成施工图模型搭建。

（3）交付成果

施工图阶段各专业建筑信息模型成果应满足规范及本阶段各专业模型深度要求。

10. BIM专项应用点十三：建筑与结构专业模型的对应检测

（1）应用价值

建筑与结构的模型同步叠合对应检测，主要目的是通过建筑模型与结构模型的叠合比对，检查建筑与结构构件在平面、立面、剖面位置和尺寸是否相互对应无冲突和碰撞。

（2）服务内容

本阶段建模软件为Autodesk Revit或Bentely系列软件，应用表现软件为Autodesk Navisworks、BIM协同管理平台或Lumion软件；创建管线综合模型，进行各专业之间及专业内部的碰撞检查；最终生成管线综合优化平面图纸。

（3）交付成果

土建冲突及碰撞检测报告，应记录冲突及碰撞内容的节点位置等，并提出调整建议提交责任方审定及调整。

11. BIM专项应用点十四：机电管线综合检测及优化

（1）应用价值

机电管线综合检测优化是指：基于各专业施工图阶段的建筑信息模型，检测机电管线的"错、漏、碰、缺"问题，优化机电管线布置方案，提高施工图设计质量，避免将设计阶段的不合理问题传递到施工阶段。

（2）服务内容

通过将所有专业整合到一起，利用 BIM 模型可视化和自动检查功能，直观地发现项目各专业间的碰撞问题，并能辨识出设计错误或冲突发生的位置和涉及的专业图纸，形成碰撞检查问题报告，及时反馈给相关设计人员。通过组织并协调各专业进行沟通，解决问题、优化设计方案。其次，利用 BIM 模型综合协调各专业之间的矛盾，统筹安排机电管线的空间位置及排布。

（3）交付成果

管线碰撞检测报告，报告中应记录管线碰撞内容，包含碰撞分布情况、碰撞节点位置、对应碰撞构件 ID 号、各类型碰撞统计等，并提出优化调整建议，最终形成机电管线综合图；

优化后的各专业模型应符合施工图阶段建筑信息模型深度要求。

12. BIM 专项应用点十五：空间净高检测优化

（1）应用价值

空间净高检测优化可与机电管线综合检测优化同步进行，主要是基于施工阶段各专业建筑信息模型，对建筑物内部竖向空间进行检测分析，在满足建筑使用功能和规范要求的前提下，进一步优化净高。

（2）服务内容

通过对过道、机房等管线和设备密集区域进行净高检查，提前发现设计不满足要求位置，并采取措施优化净高，避免留下限高的遗憾。管线排布和避让调整既要满足专业需求，又要满足最大净空节约的要求，还要满足施工的要求。

（3）交付成果

净高分析报告，可与管线碰撞检测报告合并，记录不满足净高要求的节点位置、不满足原因及优化建议；

优化后的各专业模型应符合施工图阶段建筑信息模型深度要求。

13. BIM 专项应用点十六：虚拟仿真漫游

（1）应用价值

虚拟仿真漫游可用于方案设计阶段、初步设计阶段、施工图设计阶段等，其主要目的是基于各阶段建筑信息模型数据，利用软件平台提供的漫游、动画功能，依据投资人或设计单位的工程负责人指定的漫游路线制作建筑物内外部虚拟动画，便于相关人员直观感受建筑物三维空间，辅助设计评审、优化设计方案。

（2）服务内容

该部分的工作内容包括：将建筑信息模型导入具有虚拟动画制作功能的 BIM 软件，根据建筑项目实际场景的情况，赋予模型相应的材质、灯光、配景等；设定视点和漫游路径，该漫游路径应当能反映建筑物整体布局、主要空间布置以及重要场所设置，以呈现设计表达意图；漫游文件可采取多种视频播放、VR、AR、MR 等方式表达。

（3）交付成果

成果应当能清晰表达建筑物的设计效果，并反映主要空间布置。

三、招标采购阶段 BIM 专项应用

（一） 本阶段 BIM 应用目标

针对投资人而言，传统工程招标管理的关键问题重点在于现在的工程招投标项目时间紧、任务重，甚至还出现边勘测、边设计、边施工的工程，甲方招标清单的编制质量难以得到保障。而施工过程中的过程支付以及施工结算是以合同清单为准，直接导致了施工过程中变更难以控制、结算费用一超再超的情况时有发生。要想有效地控制施工过程中的变更多、索赔多、结算超预算等问题，关键是要把控招标清单的完整性、清单工程量的准确性以及与合同清单价格的合理性。

这些关键工作的完成也迫切需要信息化手段来支撑，进一步提高效率，提升准确度。本阶段通过 BIM 技术的应用，可以达到以下目的：

1. 提高招标代理机构的精细化管理水平

BIM 技术的推广与应用，极大地促进了招投标中介咨询及服务机构的精细化程度和管理水平。

在招投标过程中，招标方或代理机构根据 BIM 模型可以编制准确的工程量清单，达到清单完整、快速算量、精确算量，有效地避免漏项和错算等情况，最大程度地减少施工阶段因工程量问题而引起的纠纷。

2. 有效提高投资人选取合适中标人水平

政府监管部门参与 BIM 流程也是行业内一个重要的发展方向。从政策层面推动 BIM 技术的应用，会极大促使其广泛使用和普及。

在 BIM 技术被推广的同时，招投标监管部门和监管人员必须熟悉和掌握 BIM 技术的广泛应用，做到与时俱进，适时调整监管内容。

（二） 本阶段 BIM 专项应用

1. BIM 专项应用点十七：BIM 电子招标

在项目全过程工程咨询过程中采用 BIM 数据平台的协助评标，保证评标的准确性与科学性。运用 BIM 技术，以三维模型为基础，将成本、进度相结合，以全新的五维视角，集成项目数据信息，将商务标、技术标深度融合，高效联动，彻底改变了传统电子评标阅读难度大、评审不直观的问题，实现真正意义上的智能电子评标、技术商务关联评审及电子协同招标投标。

同时，通过三维建筑模型与工程建设过程管理相结合，使投资人、设计单位、施工单位、评标专家等各方主体，在同一平台，以多维视角共享同一建筑信息模型，降低招标人和投标人的操作难度和成本支出，提高评标效率；提升评标委员会在方案比较和评审环节

的科学性，提高评标质量；投资人、施工单位实现项目全过程可视化、智能化建造和管理，提高项目总体投资收益。

2. BIM 专项应用点十八：可视化评审

在编制招标文件中引入 BIM 工具通过电子交易平台用三维动画描述工程概况，并通过平台的链接发送给潜在投标人，投标人可以依据自身技术优势准确报价，避免了投标文件的漏报、错报或文件前后不一致等低级失误的发生。

通过 BIM 标书可视化和数据联动性，可以极大地展现投标单位的实力，有助于招标人选择最优投标单位。

3. BIM 专项应用点十九：工程量计算

基于施工图图纸及施工图阶段 BIM 模型，制作相应工程量清单，作为招标文件组成部分。通过将投资人的 BIM 算量模型与投标的 BIM 算量模型进行对比，即可快速分析投标人的不平衡报价点，从而规避不平衡报价。

使用 BIM 技术可以自动计算工程实物量从而形成准确的工程量清单，无论是工程的量和价的计算都会最大限度地压缩恶意抬高工程造价、利用不平衡报价向投资人索取不当得利的空间，真正实现建设双方合理利益最大化。

四、施工阶段 BIM 专项应用

（一）本阶段 BIM 应用目标

施工阶段就是以合约模型为基础，通过基于 BIM 的信息化平台整合相应资源（人材机、时间—工期、空间—工作面）逐渐形成资产（建筑物）的过程。本阶段通过 BIM 的应用，可以实现施工阶段资源的有效配置，并在资产形成的过程中实现结果可控、过程可追溯。

通过三维建模进行可施工性分析，例如碰撞检查和四维施工模拟，将建筑模型与现场的设施、机械、设备、管线等信息加以整合，检查空间与空间，空间与时间之间是否冲突，以便于在施工开始之前就能够发现施工中可能出现的问题；进行造价测算，通过 BIM 得到准确的工程量基础数据，将工程基础数据分解到构件级、材料级，有效控制施工成本，实现全过程的造价管理实现成本控制；应用 RFID（Radio Frequency Identification，无线射频识别）等，对核心的构件进行身份标识从而实现从制作到安装的全过程跟踪管理，便于核心部件的施工质量掌控；基于 BIM 模型通过对各施工单位现场设备及人员的动态芯片跟踪，实现现场的安全管理及预警。

在施工阶段，通过三维建模、四维施工模拟、造价测算、RFID 等射频技术应用、现场安全管理等辅助施工阶段项目管理，能进一步提高医院建设管理的精细化水平。利用 BIM 以及基于 BIM 的工程量和造价的智能计算、施工方案论证、4D 进度计划和智慧安全管理等技术，可有效实施价值工程，提高造价计算的精度和效率，辅助复杂施工组织、施工方案和进度论证与优化，以及更主动的质量和安全控制等，进一步提高项目建设管理的精细化和智能化水平。

（二） 本阶段 BIM 专项应用

1. BIM 专项应用点二十：虚拟进度与实际进度同步

（1）应用价值

基于 BIM 技术的虚拟进度与实际进度比对主要是通过方案进度计划和实际进度的比对，找出差异，分析原因，实现对项目进度的合理控制与优化。

对于投资人来说，BIM 团队进行 4D 施工进度模拟，同时对比现场实际进度，便于投资人进行审核，若工期滞后，督促施工单位采取措施，改进工序，加快进度等，大大加大投资人项目的可控性；

对于施工方来说，通过 4D 模型与现场实际进度对比，实施调整施工计划，确保项目按进度建造，在保证施工质量的前提下调高施工效率。

通过实际进度与计划进度的对比，得出现场与计划的进度差，同时根据工程管理系统及 BIM 算量模型，得出相应的进度报表及进度滞后量价报表。

（2）服务内容

1）一般规定

本阶段建模软件为 Autodesk Revit，整合软件为 Navisworks，展示界面为 BIM 信息管理平台等；

通过将施工进度计划整合进施工 BIM 模型，形成 4D 施工模型，模拟项目整体施工进度安排，检查施工工序衔接及进度计划合理性；

通过 4D 模型与现场实际进度对比，实施调整施工计划，确保按进度建造。

2）数据准备

施工 BIM 模型；（BIM 咨询单位提供）

总施工进度计划、阶段性施工进度计划。（施工单位）

3）操作流程

① 施工单位上报施工进度计划至信息管理平台；

② BIM 团队进行 4D 施工进度模拟，同时对比现场实际进度，协助投资人进行审核，若工期滞后，需督促施工单位采取措施，改进工序，加快进度，若工期与现场进度相吻合，则照常进行施工建造；

③ BIM 顾问团队提交 4D 施工模拟视频。

操作流程应符合下列要求：

1）将工作按照分部分项、工序依次分解，关联到施工过程模型；

2）将进度管理相关的资源附加到施工过程模型；

3）关联进度计划到施工过程模型，对比分析；

4）将分析结果与前期的项目管理目标进行比对，若有偏差逆向修改资源配置直至满足要求。

（3）交付成果

1）施工计划模拟演示文件。表示施工计划过程中的整个工程进度安排、活动顺序、相互关系、施工资源、措施等信息；

2）施工进度控制报告。不同情况下的进度调整、控制文件，包括不同情况的施工计划展示视图，以及一定时间内虚拟模型与实际施工的进度偏差分析等。

2. BIM 专项应用点二十一：BIM 辅助成本管理

（1）应用价值

对于投资人来说，通过 BIM 模型配合传统造价软件进行成本辅助管理，增加项目的可控性，降低造价；

对于施工方来说，通过提取 BIM 模型，得出相关工程量，与阶段性工程量进行对比，辅助投资人进行工程验工计价，确保不多报、虚报。将施工进度计划整合进施工图 BIM 模型，形成 4D 施工模型，模拟项目整体施工进度安排，检查施工工序衔接及进度计划合理性。

（2）服务内容

1）一般要求

本阶段建模软件为 Autodesk Revit，配合广联达、斯维尔、工程信息管理系统等软件；

通过提取 BIM 模型，得出相关工程量，与施工单位上报的阶段性工程量进行对比，辅助投资人进行工程验工计价，确保施工单位不多报、虚报。将施工进度计划整合进施工图 BIM 模型，形成 4D 施工模型，模拟项目整体施工进度安排，检查施工工序衔接及进度计划合理性。

通过 BIM 模型配合广联达、斯维尔等传统造价软件，协助投资人对施工单位进行成本辅助管理。

2）数据准备

施工 BIM 模型（BIM 咨询单位提供）

工程量清单（施工单位提供）

3）操作流程

① 施工单位上报工程量，将工程量统计表上传至项目管理系统；

② 投资人审核，全过程工程咨询单位配合投资人审核，对结果认可，进入下一环节，对结果不认可，返回至施工单位重新上报；

③ BIM 顾问团队提交阶段工程量统计表。

（3）交付成果

本部分需要交付工程量清单以及成本控制计划。

3. BIM 专项应用点二十二：BIM 技术模型终端

（1）应用价值

对于投资人来说，通过将 BIM 模型结合手持终端带入施工现场，通过模拟施工单位上报的施工方案、技术交底及运营方案等，对现场施工质量状况进行检查，便于投资人的管理与监督；

对于施工方来说，虚拟建造模拟、施工方案模拟、三维技术交底、施工节点模拟等可视化操作，检察人员通过手持终端，带入现场对比实际情况，对于不满足规范情况，能提前进行修改，优化施工；

对于设计方来说，利用 BIM 进行施工质量管理，发现问题能提前修改并完善，优化设计。

（2）服务内容

1）一般规定

本阶段建模软件为 Autodesk Revit，模型整合软件 Navisworks，管理系统为 BIM 协同管理平台等；

通过将 BIM 模型结合手持终端带入施工现场，通过模拟施工单位上报的施工方案、技术交底及运营方案等，对现场施工状况进行检查，并拍照上传至信息管理平台，供各方查看监督；

对预制管片质量、预制构件质量进行跟踪管理以及生产监控。

2）数据准备

施工 BIM 模型；（BIM 咨询单位提供）

施工方案、施工组织设计、施工技术交底等技术文件。（施工单位提供）

（3）交付成果

施工质量检查与安全分析报告。施工质量检查报告应包含虚拟模型与现场施工情况一致性比对的分析，而施工安全分析报告应记录虚拟施工中发现的危险源与采取的措施，以及结合模型对问题的分析与解决方案。

4. BIM 专项应用点二十三：重点方案、复杂节点模拟流程

（1）应用价值

施工准备阶段广义上是指从投资人与施工单位签订工程承包合同开始到工程开工为止。在实际项目中，每个分部分项工程并非同时进行，一般情况下，施工准备阶段贯穿整个项目施工阶段。主要工作内容是为工程的施工建立必需的技术条件和物质条件，统筹安排施工力量和施工现场，使工程具备开工和施工的基本条件。施工准备工作是建筑工程施工顺利进行的重要保证。施工准备阶段的 BIM 应用价值主要体现在施工深化设计、施工场地规划、施工方案模拟及构件预制加工等优化方面。该阶段的 BIM 应用对施工深化设计准确性、施工方案的虚拟展示以及预制构件的加工能力等方面起到关键作用。施工单位应结合施工工艺及现场管理需求对施工图设计阶段模型进行信息添加、更新和完善，以得到满足施工需求的施工作业模型。

对于投资人来说，BIM 团队进行重点方案、复杂节点模拟，便于投资人监督检查，对于不满足规范情况，能及时督促施工单位对安全隐患部位整改；

对于施工方来说，提前进行重点方案、复杂节点模拟等，对现场施工质量安全状况进行评估检查，提前规避风险；

对于设计方来说，利用 BIM 进行重点方案、复杂节点模拟能提前发现图纸中存在的问题并提前修改与完善，优化设计。

（2）服务内容

1）一般规定

本阶段建模软件为 Autodesk Revit，应用表现软件为 Autodesk Navisworks，BIM 协同管理平台等；

将施工方案、施工组织设计等利用 BIM 技术三维可视化模拟，优化方案。

2）数据准备

施工 BIM 模型。（BIM 咨询单位提供）

施工方案，施工组织设计、施工现场条件与设备选型等。（施工单位提供）

3）操作流程

① 施工单位上报施工方案、施工组织设计、技术交底等；

② BIM 咨询团队进行方案模拟、施组模拟和技术交底模拟；

③ 施工单位优化方案、施组等。

（3）交付成果

通过本阶段的 BIM 应用，需达到以下目的：

1）施工深化设计模型。模型应包含工程实体的基本信息，并清晰表达关键节点施工方法。

2）深化设计图。施工深化设计图宜由深化设计模型输出，满足施工条件，并符合政府、行业规范及合同的要求。

3）施工进度管理模型。模型应准确表达构件的外表几何信息、施工工序及安装信息等。

4）施工进度控制报告。报告应包含一定时间内虚拟模型与实际施工的进度偏差分析。

5. BIM 专项应用点二十四：BIM 可视化模拟

（1）应用价值

对于投资人来说，BIM 团队进行虚拟环境安全模拟、安全检查方案模拟、安全技术交底模拟、环境保护模拟等可视化操作，对相应部位进行重点检查，便于投资人监督检查，对于不满足规范情况，能及时督促施工单位对安全隐患部位整改。

对于施工方来说，通过将 BIM 模型结合手持终端带入施工现场，通过模拟施工单位上报的安全管理方案、安全技术交底及危险源控制方案等，对现场施工安全状况进行评估检查，提前规避风险。

对于设计方来说，利用 BIM 进行施工质量管理，发现问题能提前修改并完善，优化设计。

（2）服务内容

1）一般规定

本阶段建模软件为 Autodesk Revit，应用表现软件为 Autodesk Navisworks，BIM 信息管理平台等。

通过将 BIM 模型结合手持终端带入施工现场，通过模拟施工单位上报的安全管理方案、安全技术交底及危险源控制方案等，对现场施工安全状况进行评估检查，并拍照上传至信息管理平台，供各方查看监督。

2）数据准备

施工 BIM 模型；（BIM 咨询单位提供）

安全方案、施工组织设计、安全技术交底、危险源辨识计划等技术文件。（施工单位提供）

（3）交付成果

施工安全设施配置模型。模型应准确表达大型机械安全操作半径、洞口临边、高空作业防坠保护措施、现场消防及临水临电的安全使用措施等。

五、竣工阶段 BIM 专项应用

（一）本阶段 BIM 应用目标

在竣工阶段，BIM 技术需求非常大，通过完整的、有数据支撑的、可视化竣工 BIM 模型与现场实际建成的建筑进行对比，可以极大的提高竣工阶段的工作质量及效率。BIM 技术在竣工阶段的具体应用目标如下：

（1）验收人员根据设计、施工阶段的模型，直观、可视化地掌握整个工程的情况，包括建筑、结构、水、暖、电等各专业的设计情况，既有利于对使用功能、整体质量进行把关，同时又可以对局部进行细致地检查验收。

（2）验收过程可以借助 BIM 模型对现场实际施工情况进行校核，譬如管线位置是否满足要求、是否有利于后期检修等。

（3）通过竣工模型的搭建，可以将建设项目的设计、经济、管理等信息融合到一个模型中，便于后期的运维管理单位使用，更好、更快地检索到建设项目的各类信息，为运维管理提供有力保障。

（二）本阶段 BIM 专项应用

1. BIM 专项应用点二十五：BIM 模型辅助竣工验收

（1）应用价值

项目竣工验收是综合评价工程建设的成果，项目竣工验收主要的工作内容就是查看项目是否完成图纸和合同约定的各项工作，以及所完成的工作是否符合相关的法律法规和验收标准，竣工验收是对项目的工程资料和实体全面检查的一个过程。

依据变更修改 BIM 模型并做好记录，实施动态管理，并且将技术核定单等原始资料"电子化"，将资料与 BIM 模型有机关联，通过 BIM 系统，工程项目变更的位置一览无余，项目的各个变更单对应的原始技术资料随时从云端调取，查阅资料，对照模型三维尺寸、属性，BIM 模型是否含变更清清楚楚，并且无论竣工结算地点在何方何地，直接在 BIM 系统中检索，将变更集成于 BIM 系统的结算模型中，BIM 模型高亮显示部位就是变更位置，结算人员只需要单击高亮位置的构件，相应的变更原始资料即可以调阅。

（2）服务内容

竣工验收 BIM 模型移动端同步与现场竣工验收信息相关联，根据现场实际情况进行修正，确保项目信息的准确性与及时性。形成项目和 BIM 模型的动态跟踪管理，交付竣工模型，形成全套竣工验收资料，并可以随时调取在其他阶段中积累的原始素材和资料，为结算提供便利。

（3）交付成果

1）竣工模型；

2）竣工验收资料；

3）出具竣工图纸。

2. BIM 专项应用点二十六：BIM 模型辅助竣工结算

（1）应用价值

结算工作中涉及的造价管理过程的资料的体量极大，结算工作中往往由于单据的不完整造成不必要的工作量。BIM 的应用改进了工程量计算方法和结算资料的完整和规范性，对于提高结算质量，加速结算速度，减轻结算人员的工作量，增强审核、审定透明度都具有十分重要的意义。

（2）服务内容

1）检查结算依据；

2）核对结算数量；

3）BIM 模型综合应用查漏；

4）大数据核对。

BIM 技术在竣工阶段应用的目的是提高管理效率、提升服务品质及降低管理成本。BIM 在竣工结算阶段在确定准确工程量、项目查漏项等方面可以发挥巨大的作用，挽回重大的经济损失，已经被越来越多建筑相关企业在施工管理过程中采用。随着 BIM 技术的发展，技术的深刻革命会引起整个建筑行业的商业模式、管理方法等方面的变革，可能 BIM 对竣工结算阶段会有更多、更直接的应用。

（3）交付成果

竣工结算审核报告；

投资控制情况汇报、造价指标分析等报告。

六、运营阶段 BIM 专项应用

（一）本阶段 BIM 应用目标

建筑物运营阶段的能耗和成本管控是运维阶段的核心工作。在建筑物投入使用前，可以基于 BIM 技术进行前期的测试和特征表达。在建筑物移交环节，建筑物资料也可以通过外部数据库的方式，随 BIM 一起移交。乃至指导科学、合理的维护方案，提升整个建筑物的运行性能，降低能耗和维护费用，从而降低整体的运维成本。同时，BIM 技术还有助于同步提供建筑物使用情况、性能、入住人员信息、出行规律等信息。对于一些重要的设备还能追踪其例行维护的历史记录，以便对该设备的使用状态提前做出判断。基于 BIM 技术的指挥运行维护系统能对突发事件具有快速响应的能力。BIM 技术还可以提供一个绿色建筑评估体系，通过将 BIM 技术和物联网技术结合，将传感器和终端控制器相连接，对建筑物进行健康监测，利月云平台，将每层建筑能耗计量和节能管理系统相组合，形成一个总的管理系统，便于住户及物业人员进行操作管理。总之 BIM 技术能够以可持续应用的方式，全面支撑绿色运维过程。

（二） 本阶段 BIM 专项应用

1. BIM 专项应用点二十七：空间管理

（1）应用价值

为了有效管理建筑空间，保证空间的利用率，结合建筑信息模型进行建筑空间管理，其功能主要包括空间规划、空间分配、人流管理（人流密集场所）等。

（2）服务内容

1）空间规划。根据企业或组织业务发展，设置空间租赁或购买等空间信息，积累空间管理的各类信息，便于预期评估，制定满足未来发展需求的空间规划。

2）空间分配。基于建筑信息模型对建筑空间进行合理分配，方便查看和统计各类空间信息，并动态记录分配信息，提高空间的利用率。

3）人流管理。对人流密集的区域，实现人流检测和疏散可视化管理，保证区域安全。

4）统计分析。开发空间分析功能获取准确的面积使用情况，满足内外部报表需求。

（3）交付成果

1）成果一：系统功能

① 建筑信息模型：建筑空间模型文件，要求分单体、分楼层编制。

② 属性数据：空间编码、空间名称、空间分类、空间面积、空间分配信息、空间租赁或购买信息等与建筑空间管理相关的信息。属性数据可以集成到建筑信息模型中，也可单独用 EXCEL 等结构化文件保存。

2）成果二：数据集成

① 收集数据，并保证模型数据和属性数据的准确性；

② 将空间管理的建筑信息模型根据运维系统所要求的格式加载到运维系统的相应模块中；

③ 将空间管理的属性数据根据运维系统所要求的格式加载到运维系统的相应模块中；

④ 两者集成后，在运维系统中进行核查，确保两者集成一致性；

⑤ 在空间管理功能的日常使用中，进一步将人流管理、统计分析等动态数据集成到系统中；

⑥ 空间管理数据为建筑物的运维管理提供实际应用和决策依据。

2. BIM 专项应用点二十八：资产管理

（1）应用价值

利用建筑信息模型对资产进行信息化管理，辅助投资人进行投资决策和制定短期、长期的管理计划。利用运维模型数据，评估、改造和更新建筑资产的费用，建立维护和模型关联的资产数据库。

（2）服务内容

1）形成运维和财务部门需要的可直观理解的资产管理信息源，实时提供有关资产报表。

2）生成企业的资产财务报告，分析模拟特殊资产更新和替代的成本测算。

3）记录模型更新，动态显示建筑资产信息的更新、替换或维护过程，并跟踪各类变化。

4）基于建筑信息模型的资产管理，财务部门可提供不同类型的资产分析。

（3）交付成果

建筑信息模型：建筑资产模型文件，要求分单体、分楼层编制。

属性数据：资产编码、资产名称、资产分类、资产价值、资产所属空间、资产采购信息等与资产管理相关的信息。属性数据可以集成到建筑信息模型中，也可单独 EXCEL 等结构化文件保存。

3. BIM 专项应用点二十九：能源管理

（1）应用价值

利用建筑模型和设施设备及系统模型，结合楼宇计量系统及楼宇相关运行数据，生成按区域、楼层和房间划分的能耗数据，对能耗数据进行分析，发现高耗能位置和原因，并提出针对性的能效管理方案，降低建筑能耗。

（2）服务内容

1）数据收集。通过传感器将设备能耗进行实时收集，并将收集到的数据传输至中央数据库进行收集。

2）能耗分析。运维系统对中央数据库收集的能耗数据信息进行汇总分析，通过动态图表的形式展示出来，并对能耗异常位置进行定位、提醒。

3）智能调节。针对能源使用历史情况，可以自动调节能源使用情况，也可根据预先设置的能源参数进行定时调节，或者根据建筑环境自动调整运行方案。

4）能耗预测。根据能耗历史数据预测设备能耗未来一定时间内的能耗使用情况，合理安排设备能源使用计划。

（3）交付成果

1）建筑信息模型：建筑设施设备及系统模型文件和建筑空间及房间的模型文件中关于能源管理的相应设备。

2）属性数据：能源分类数据，如水、电、煤系统基本信息，以及能源采集所需要的逻辑数据。属性数据宜用 EXCEL 等结构化文件保存。

4. BIM 专项应用点三十：应急管理

（1）应用价值

利用建筑模型和设施设备及系统模型，制定应急预案，开展模拟演练。当突发事件发生时，在建筑信息模型中直观显示事件发生位置，显示相关建筑和设备信息，并启动相应的应急预案，以控制事态发展，减少突发事件的直接和间接损失。

（2）服务内容

1）模拟应急预案。在 BIM 运维系统中内置物业编制好的应急预案，包括人员疏散路线、管理人员负责区域、消防车、救护车等进场路线等，对应急预案进行模拟演练。

2）应急事件处置。在发生应急事件时，系统能自动定位到发生应急事件的位置，并进行报警，同时，应急事件发生时的系统中的应急预案可为应急处置提供参考。

（3）交付成果

1）事件数据：与应急管理相关的事件脚本和预案脚本、路线信息、发生位置、处理应急事件相关的设备信息等。

2）模型数据：事件脚本和预案脚本相关的建筑信息模型。

建立信息维系规则又是一个难题，通过交往建立信任；西方的初始信任很强，但是若有一次背信，则信任不再维系。据此建立信任维系规则即信任高速公路规则，即合同双方均给予对方较高的初始信任，一旦背信则给予彻底毁灭。我在完成国家基金项目时设计了高惩罚高激励的制度，即业主先合理风险分担诱致承包人投桃报李，高惩罚使之不敢背信弃义。

——《贻林微观察 1071》

第十二章　建设项目廉洁管理

第一节　建设项目廉洁管理概述

一、工程建设项目廉洁管理概述

建设项目是指以实物形态表示的具体项目，它以形成固定资产为目的，一般具有投资额大、建设周期长、涉及范围广等特征。因此，工程建设项目对地方及国家的经济社会发展有巨大影响。这就需要相关政府公共部门适当地介入到工程建设项目管理的关键工作环节中去，如政府部门参与项目的立项决策与规划审批、确定实施单位时参与评标工作以及质检机构参与项目验收等。工程建设项目管理市场化趋势越来越明显，由政府公共部门与企业组织共同参与的工程项目，涉及人员多，利益关系进一步复杂化。在项目实施过程中，比较容易出现以下问题：一是产生政府部门与项目的其他非政府主体之间权力失衡的问题；二是进而出现企业项目组织人员向公共职权寻租、贿赂等不良行为。同时，现阶段我国社会主义市场经济体制仍在完善之中，存在法律法规不健全、执行力度不够及监管不到位等问题。因此在工程建设项目管理过程中，分别从政府公共部门、企业项目组织及其他社会公众等多个利益相关者角度开展并加强廉洁管理具有重大现实意义。

工程项目作为一个特定的项目领域，具有独特的项目生命周期和项目组织实施方式，不同主体在不同时间段的参与。同项目管理的其他目标一样，工程项目廉洁管理的目标也需要所有各方的齐心努力才能真正实现。因此，寻求一种标准化的项目廉洁管理方法，促进项目参与各方提升廉洁管理能力，对于最终实现廉洁管理具有重要意义。

针对项目执行组织的廉洁管理标准应包括所有工程项目廉洁管理的共性要求，它可能是整个工程项目廉洁管理标准体系中的一个核心标准。在此基础上，各行业可根据不同类型项目的具体特点进一步开发附加标准。工程项目廉洁管理标准借鉴 ISO 质量管理标准的思想，识别廉洁管理的要素，并进一步构建实现这些要素的指标体系，使公认的廉洁管理措施得到系统化的整理和传播，并使对客观评价这些措施推行的有效性成为可能。同时，再进一步借鉴 PDCA 循环的思想，分别从项目级和组织（企业）级廉洁管理的不同需求出发，建立相应的过程方法，持续提升项目执行组织的廉洁管理能力。

二、我国建设项目廉洁管理现况

工程建设项目管理的基本程序主要包括对项目前期策划、可行性研究报告编制、立项报批、施工招投标工作、施工过程材料设备采购工作管理、竣工验收结算及交付项目法人使用等。为使工程建设项目管理进一步规范化，我国已出台相关法律法规，如《中华人民共和国招标投标法》《中华人民共和国建筑法》《建筑工程质量管理条例》《工程建设项目指标范围和规范标准规定》等，采取了推行投资体制改革、设立"有形建设市场"、建立建筑市场信用平台、设立网上"招投标信息平台"和工程担保、设立"廉洁保证金"、开展项目跟踪审计等一系列制度创新。

这些法律法规及相关规定为工程建设项目管理过程中的开展廉洁管理提供了法律保障与依据，但与廉洁管理目标背道而驰的行为常有发生。因此，需具体分析工程项目管理关键环节中存在的问题，以有针对性地开展廉洁管理。公共工程参与主体众多，为简化分析，本书将其分为两类：投资人及为投资人服务的单位（以下用"投资人"代指），如投资人、全过程工程咨询单位等；承包商及为承包商服务的单位（以下用"承包商"代指），如勘察设计单位、施工单位、分包单位、供货商等。按照参与主体可以将公共工程腐败划分为 3 种类型，在主要建设环节的常见腐败行为如表 12-1 所示。

建设项目主要环节的常见腐败行为分类　　　　　　　　　　　　表 12-1

类型	建设环节			
	决策及勘察设计阶段	招标采购阶段	施工阶段	竣工阶段
投资人腐败	为使不合理的设计变更得到批准而向政府监管部门行贿	人为拆分项目以规避招标	滥用监督权力；疏于监督职责	拖欠承包商工程款
承包商腐败	故意预留设计瑕疵，迫使投资人变更设计方案	串标围标；投标欺诈	偷工减料；违法转分包；向投资人虚报工程量和人工费	拖欠建筑工人工资
投资人和承包商合谋腐败	投资人通过设计选型为指定承包商创造不公平的竞争优势	投资人虚假招标，使指定承包商中标；承包商为承包合同向投资人行贿	虚报工程量和人工费套取工程款	向质检、审计人员行贿

数据来源：根据《招标投标法实施条例》《建设工程勘察设计管理条例》《建设工程质量管理条例》等整理得到。此外，为投资人服务的全过程工程咨询团队也存在损害投资人利益的腐败行为，但对于投资人而言，它们与承包商腐败都是委托代理产生的，本质相同。

三、国际建设项目廉洁管理经验

（一）标准体系

在国际工程建设项目管理中，廉洁管理已被列为研究重点之一，受到世界各国的广泛关注。目前各国政府组织、行业协会及各企业组织都进行反腐倡廉建设，开展廉洁管理活动。目前在不同领域有多种成熟的评价指标体系和方法，建立工程项目廉洁管理标准体系主要可以借鉴的标准体系。

第一是国际标准化组织（International Organization for Standardization，ISO）的认证体系和方法。ISO9000 提出了以下几项质量管理原则：以顾客为中心、领导作用、全员参与、过程方法、管理的系统方法、持续改进、基于事实的决策。其中尤其是领导作用、全员参与以及持续改进的思想对制定廉洁管理标准具有重要参考价值。此外，ISO 的认证和推广都有其自身成熟的体系和运作模式，也值得借鉴。

第二是美国绿色建筑协会建立的《绿色建筑评估体系》（LEEDTM）。它是一种绩效标准，通过细化绿色建筑的目标，把节能的概念落实到具体单项指标，并进行了量化。它将符合要求的建筑做了进一步区分，提高了认证的区分度。廉洁管理标准可采纳这种量化的方式，针对企业的廉洁管理水平做出相应评价，提高标准的适用性。

第三是国际项目管理协会（International Project Management Association，IPMA）和美国项目管理协会（Project Management Institute，PMI）的项目管理知识体系。它们都运用了 PDCA 循环思想，提出了计划、执行、控制的循环，强化了项目管理的系统性和连续性。这同样适用于工程项目廉洁管理。

第四是 FIDIC 的《工程咨询业务廉洁管理指南》。该指南是由 EIDIC 编写的。论述了实施业务廉洁管理的重要意义和业务廉洁管理的概念；论述了 FIDIC 关于建立业务廉洁管理体系的政策和原则；吸取了 FIDIC 质量管理体系的过程方法，提出了业务廉洁管理要作为质量管理的补充，贯彻领导负责、全员参与、过程方法、全过程文件化、定期分析评审等。用较大篇幅详细论述了工程咨询企业在建立业务廉洁管理体系中，为贯彻以上原则，需要实施的具体工作步骤。要求具体，有较强的可操作性。为了更好地理解和贯彻业务廉洁管理体系的原则，还有 6 个附录：A. 定义；B. FIDIC 道德准则；C. FIDIC 关于业务廉洁的政策声明；D. 工程咨询企业行为准则范本；D. 业务廉洁管理核查清单；E. 参阅文献。其中附录 D 的"业务廉洁管理检查清单"，对工程咨询企业各项经营和业务活动，共列举 50 项要核查的问题，具有较强实践意义。

第五是由透明国际提出的项目反腐败体系（Project Anti-corruption System，简称PACS），运用包含独立模块的多种反腐败措施和工具来减少工程建设项目中腐败行为的标准体系，通过这些手段的综合运用大大增加了腐败被发现的可能性。该体系共包含 19 个模块，每个模块内都有具体的指标和操作要求，模块化的设计使反腐败工作的标准化程度达到加强，也加强了操作性。

此外，PMI 定义的项目执行组织（Project Performance Organization，PPO）和 PMI 提出的项目管理办公室（PMO）的概念都对强化工程项目廉洁标准管理很有借鉴意义。

（二）借鉴意义

在国际工程建设项目管理实践中，各政府组织、行业组织及企业组织共同努力积极探讨有效的工程建设项目管理方式，积极采用新的项目管理体制和现代激励机制及业绩评估机制，以控制工程建设项目管理中腐败行为的产生。比较英国、美国、德国等各国和地区工程建设项目管理方式，得出以下共同经验：

①在工程建设项目管理中发挥政府经济管理与监督职能，设立专门管理机构，特别是重大工程项目及政府投资的建设项目；②在实行"全过程工程咨询"的工程建设项目中，依据行业法律法规制定专业合同，明确全过程工程咨询单位责任及责任人的权利，建立各利益相关者间的相互制约机制；③实行"总咨询师责任制"，负责开展严格的质量控制、成本控制及进度控制等内部控制活动；④提高工程建设项目管理过程内容的透明度，实行严格的工程监理制度，同时接受多方面的监督，保证工程实施的廉洁。

国际相关组织在廉洁管理方面已经取得显著效果，这为各国在项目管理等经济社会活动中开展廉洁管理奠定了基础。同时，对我国工程建设项目的廉洁管理也具有重要借鉴意义。

第二节 项目廉洁管理方案策划

一、策划背景

（一）广泛参与的系统化反腐败策略成为国际共识

传统上，对公共部门腐败行为的关注明显大于对私人部门。透明国际曾指出，反腐败工作服务于建立一个更有效、公平和高效的政府这一更宏伟的目标。但越来越多的企业在国家决策和世界经济中扮演重要的角色，这种改变促使私人部门的腐败问题关注度不断提高。此外，由于腐败更容易出现在私人部门和公共部门的结合部位，以及处于转型时期的社会中，反腐败措施还应当对此做出响应，而不是仅分别规范私人部门和公共部门的单方面行为。

随着社会经济的发展，腐败的手段在发展，腐败的主体日趋复杂，腐败的隐蔽性越来越强，采用全方位、系统化的反腐败策略组合已成为一项国际共识。

（二）反腐败工具不断发展推动构建廉洁管理标准

自 1977 年以来，各种全球性组织致力于推动反腐败工作的开展。它们开发的反腐工具有些针对一般企业行为，如《反勒索腐败行为规则》（国际商会，2005）、《廉洁公约》（透明国际）。有些特别针对公共采购或工程建设领域，如透明国际的《建设领域反腐败报告》，针对建设工程的廉洁管理进行了详细剖析。此外，世界银行在其贷款项目的评估和采购管理方面不断进行规范并发展新的举措，在全球范围内树立了典范，对许多发展中国家产生了深远的影响。廉洁管理工具的发展反映出明显的标准化、模块化趋势，构建廉洁管理标准已经成为反腐败的重要诉求，这是因为廉洁管理标准能够规范政府、项目和企业的管理和运作流程，提高相关人员的廉洁管理意识。同时，廉洁管理标准可以通过评分定级等量化手段帮助政府和公众增强对各种项目和企业的监管，从而增强各相关方面之间的相互信任，以及社会大众的信心。另外，执行廉洁管理标准能够帮助相关组织减少因腐败而增加的额外成本，有效提高企业和市场的效益。廉洁管理标准如果能够广泛推行，将能够在社会上建立起有效的壁垒，从而在更大程度上规范市场运作。

（三） 国际社会就廉洁管理一些共性措施达成共识

比较发现，目前国际上主要的反腐工具都意图通过提出具体规程、构造廉洁体系，以使所有工作在腐败尽可能轻微的情况下顺利推行，因此在措施上也具有共性。

第一是来自最高层的反腐决心，即强调企业高层必须表达足够的关切和充分的决心，具体内容包括来自高层的廉洁声明以及高层对反腐败措施的投入等。

第二是重视关联组织的行为，即要求企业对其关联企业的行为负责，尽可能保证它们（至少在与本企业相关的环节中）不出现腐败。具体内容包括与关联组织签订协议或者对其进行培训等。

第三是进行必要的培训和教育，即要求企业根据自身情况，对员工进行充分的反腐败培训。这些培训更强调内容的适用性，一般都与员工切身相关，包括反腐措施的具体细节、相关法律、如何举报腐败、如何自我保护等。

第四是设立有效的沟通渠道。公司应为表达担心、寻求建议或报告违法行为提供秘密渠道，以使举报人不需担心遭到报复。具体的做法包括设立举报电话、匿名投诉通道等。

第五是财务控制和审计工作。加强财务控制，从财务管理层面减少腐败的发生。对所有的资金进出进行真实完整的记录。同时账簿应当能够接受相应机构的检查。

第六是接受公众监督。工程（尤其指公共工程）应当就其建设运营状况适当向公众公开，接受公众和社会组织的监督。

二、策划内容

（一） 建立工程项目廉洁管理标准体系的基本思路

工程项目作为一个特定的项目领域，具有独特的项目生命周期和项目组织实施方式，不同主体在不同时间段的参与。同项目管理的其他目标一样，工程项目廉洁管理的目标也需要所有各方的齐心努力才能真正实现。因此，寻求一种标准化的项目廉洁管理方法，促进项目参与各方提升廉洁管理能力，对于最终实现廉洁管理具有重要意义。

项目各参与主体在项目决策和实施的过程中采用了相同的方法论，这是通用项目管理知识体系提出的基础，也是建立工程项目廉洁管理体系的基础。

针对项目执行组织的廉洁管理标准应包括所有工程项目廉洁管理的共性要求，它可能是整个工程项目廉洁管理标准体系中的一个核心标准。在此基础上，各行业可根据不同类型项目的具体特点进一步开发附加标准。工程项目廉洁管理标准借鉴 ISO 质量管理标准的思想，识别廉洁管理的要素，并进一步构建实现这些要素的指标体系，使公认的廉洁管理措施得到系统化的整理和传播，并使对客观评价这些措施推行的有效性成为可能。同时，再进一步借鉴 PDCA 循环的思想，分别从项目级和组织（企业）级廉洁管理的不同需求出发，建立相应的过程方法，持续提升项目执行组织的廉洁管理能力。

廉洁管理标准还应充分注意将反腐败工作融入项目各参与方的日常经营管理工作中去，使"廉洁管理"不仅确保合同能够从道德上约束项目投资人或承包商以及他们所有的雇员，同时还将对项目的时间、质量和成本管理有所助益。

（二） 构建工程项目廉洁管理标准体系的顶层架构

正如前述，广泛参与的系统化的反腐败策略已经成为国际共识，而工程项目本身也正是反腐败措施所将服务的一个目标系统，因此，无论是从措施系统，还是从目标系统的角度，有意识有目的地引入系统方法论对于工程项目廉洁管理标准体系的构建都将是非常有助益的。

系统论是以系统为研究和应用对象的一门科学。一个系统能否保持稳定，以及一个目的系统能否保障其预期目的的实现，取决于是否具有自我平衡（Homeostasis）的能力，这种自我平衡能力来自于系统内在的反馈机制。一个系统的反馈机制的构成取决于三个方面，其一是信息接收器，它能感知内外部环境的变化；其二是控制器，由它决定是否有必要采取行动来应对变化所带来的影响；其三是执行者，由它具体执行控制器所发出的指令，使系统恢复平衡。于是，能量和反馈机制就进一步构成了维系开放系统稳定的两大要素。

项目系统以及项目执行组织系统是一种典型的开放系统，项目廉洁管理依托于项目执行组织，服务于项目廉洁目标的措施系统，同样也是一个开放系统。因此，它们都应遵循一般系统的共同规律。本书从廉洁管理的具体特点出发，遵循系统方法论，认为工程项目廉洁管理标准体系的顶层构架可以从责任机制、动力机制、监督机制和保障机制四个方面进行构建。

（三） 廉洁管理标准体系具体构成元素识别与分类

与工程项目廉洁管理标准体系顶层架构借助系统方法论而进行的自上而下的设计路径相反，工程项目廉洁管理标准体系具体构成元素的识别采用自下而上的设计路径，并遵循以下方法：

首先，尽可能囊括国际上既有的反腐败策略；

其次，检验其与项目管理目标的契合程度，只纳入对项目管理目标有助益的反腐败策略；

再次，根据其特性参照工程项目廉洁管理标准体系顶层架构进行分类；

最后，最终构造成基于归纳的国际社会已达成共识的廉洁管理标准体系。

（四） 工程项目全过程廉洁管理标准体系标准构架

廉洁管理标准的要素从一定程度上对其构架提供了支持，但为了达到以廉洁管理保证工程管理的高效执行这一目的，还应有更加严密的结构和机制支持，将上述要素的具体措

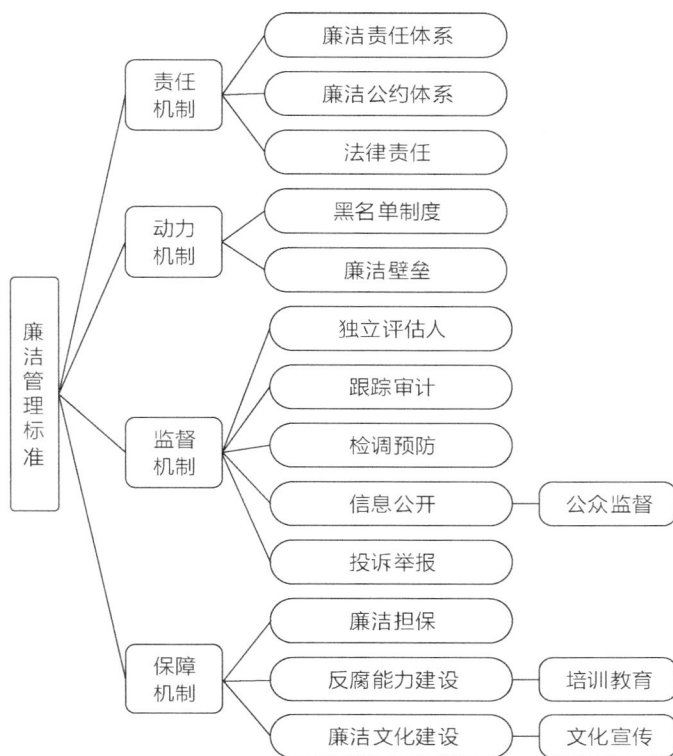

图 12-1　廉洁管理体系四大机制

施系统地进行组合。图 12-1 根据这一原则，对廉洁管理体系的四大机制及其包含的具体措施进行了诠释。

廉洁管理标准的四大机制各有侧重，相辅相成。

责任机制重点在于合理分配组织间以及组织内部的廉洁管理责任，明确责任主体，推动廉洁管理的有效实施。

动力机制则主要侧重于通过营造一个适宜的外部环境，使反腐败的要求内化为各方当事人的自主意愿，具体来说包括黑名单制度和廉洁壁垒，将腐败的企业和个人排除在竞争之外，而参与项目的当事人为保有参与资格，必须重视并承诺其行为的廉洁。

监督机制在廉洁管理的执行过程中尤为重要，其中包括了各种内外部的监督和审计办法，涉及独立评估人、各审计部门、检调机构以及社会公众。对公共工程而言，对公众的信息公开显得尤为重要。

保障机制则是其他机制顺利执行的重要基础，包括企业和个人的反腐能力建设和廉洁文化建设工作，以及针对关联企业的廉洁担保等。

需要强调的是，廉洁管理一项重要的核心内容是使企业法人承担更多的法律责任和非法律责任。在建立标准体系的同时，还应该从法律法规上对腐败行为实行更明确的界定和更严厉的处罚，包括强调法人、法人代表和企业主要股东对腐败后果应当承担的法律责任，加大处罚力度等。

腐败问题在社会的不同层面和经济交往的不同环节都有所体现，因此廉洁管理也是一项涉及多层次多角度的工作。一套完善的廉洁管理体系，应在国家层面、行业层面、项目层面和企业层面都有相应的措施和对策，对不同层面的相关组织和个人进行必要的管理。表 12-2 归纳和总结了建设项目全过程廉洁管理标准的四个机制在不同工作层面上的具体内容。

廉洁管理标准机制剖析图   表 12-2

方法论	体系机制	国家	行业	投资人	承包人/全过程工程咨询单位
制度建设（计划）	责任机制	法律责任			
			廉洁公约体系	廉洁公约体系	
					廉洁责任体系
	动力机制		黑名单机制	黑名单机制	黑名单机制
				廉洁壁垒	廉洁壁垒
保证	保障机制			廉洁担保	廉洁担保
		反腐能力建设	反腐能力建设	反腐能力建设	反腐能力建设
		廉洁文化建设	廉洁文化建设	廉洁文化建设	廉洁文化建设
监控	监控机制	检调预防			
				内审监控	内审监控
		外部跟踪审计	外部跟踪审计	外部跟踪审计	外部跟踪审计
			独立评估人	独立评估人	独立评估人
		信息公开	信息公开	信息公开	信息公开
		投诉举报	投诉举报	投诉举报	投诉举报

无论是国家、行业还是项目投资人和全过程工程咨询单位，其廉洁管理都必然包含计划、保证、监控三个环节，并涉及上述的四个机制。但由于管理主体不同，所涉及的具体措施也有所不同。

国家层面更多的是站在政府和社会公众的角度出发，从法律制定为廉洁管理提供基本保障和制度支持，并营造一个鲜明有力的社会环境。

行业层面侧重于在同业者之间形成一种反腐败的同盟和敌视腐败的行业风气。行业层面强大的反腐败文化有利于更有效地发挥行业监督的效力。

同国家层面和行业层面相比，项目投资人层面和总咨询团队层面的执行力更强。投资人和总咨询团队都是项目的直接参与者，由他们来进行廉洁管理，将更为有效。

但项目投资人和全过程工程咨询单位的角度有所不同，前者更侧重以投资人为核心，在不同企业之间进行相互约束和责任落实，以及对承包/咨询企业进行外部监督；而后者则是着重针对承包/咨询企业进行内部管理，从而消除腐败。需要注意的是，同一个企业在某些情况下充当承包方/咨询方，在一些情况下也可能成为投资人，因此对一些企业来说，应当把两个层面的管理结合起来。为了统一概念，在讨论具体的廉洁管理标准时均以项目执行组织（PET）为具体对象。

三、策划流程

如同项目管理的其他领域，工程项目廉洁管理也必须借由过程方法保障各项措施得到落实。在确定过程方法时，除了要考虑工程项目本身的特点外，还必须从参与工程项目的各个执行组织本身的管理特点和需求出发加以考虑。这是因为工程项目和所有项目一样，都具有临时性的特点，但项目实施过程所积累的经验教训则可通过参与工程项目的所有参与各方的组织而得以存续。工程项目的廉洁管理责任最终需要通过所有参与项目的各个执行组织来实现，这些组织本身可能是公共业主机构，也可能是私人企业。它们可能将比工程项目组织本身有更长的存续时间，这些组织只要有意愿，将更有条件和能力持续提升其廉洁管理能力。因此，项目执行组织开展廉洁管理的过程方法应从项目级和组织级两个层面分别加以规范。

（一） 项目级的廉洁管理过程

项目级的廉洁管理是指对单个项目的廉洁管理。项目执行组织进行单项目的廉洁管理重点在于配合项目管理程序，在项目全生命周期内对各个相关方的行为加以管理，尽可能避免腐败现象的出现。为了实现这一目标，项目执行组织从项目立项开始，就必须充分考虑各方之间的联系，启动廉洁管理程序，并严格加以执行。随着项目工作的推进，廉洁管理也会随之不断发展和深入。图 12-2 简要说明了单项目廉洁管理过程。

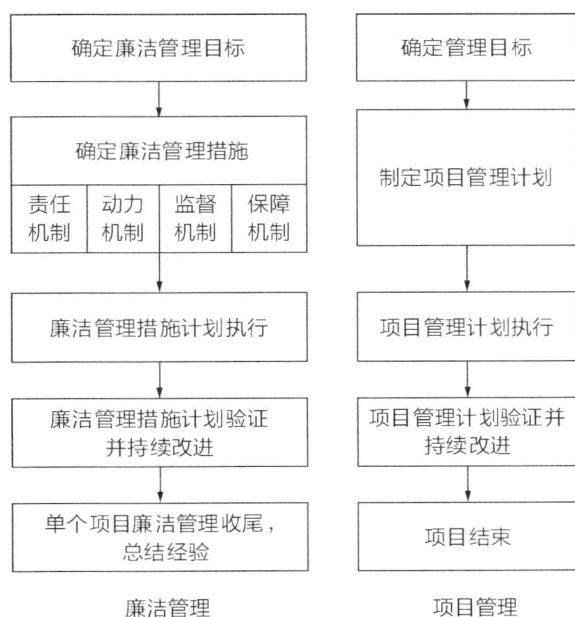

图 12-2　单项目廉洁管理及项目管理程序对照

廉洁管理目标与项目管理目标的确立应同时完成。项目廉洁管理体系要求项目执行组织从项目立项开始，就确定廉洁管理目标；纳入项目管理目标，并给出具体的指标。项目廉洁管理措施的制定以廉洁管理目标为基础，包含在项目管理计划中。措施应包含前文所提到的四大机制，并涉及对投资人、承包商及投标人、供应商等项目相关组织的管理和关系协调。项目执行组织将有必要对参与项目的企业进行相关的限制和要求，比如只允许进行了廉洁管理的企业参与项目，要求投标商签订廉洁公约等。

在项目管理计划的执行、验证以及不断修正的过程当中，廉洁管理也会根据项目的实际情况不断进行验证、评估和改进，并在整个项目期间形成持续改进的状态。廉洁管理工作将在项目全生命周期持续，直到项目结束。项目的廉洁管理工作将随项目结束而收尾，并通过总结项目经验，使下一个工程项目的廉洁管理工作有所借鉴，只有这样，项目廉洁管理体系才算完整地发挥了作用。

（二） 组织级的廉洁管理过程

对于项目执行组织所在的企业或公共机构，廉洁管理的最终目的不仅是实现单项目的廉洁，还要持续提升廉洁管理能力，尽力实现整个组织机构的廉洁。这就要求廉洁管理融入组织机构的每个部门、每个工作环节。为此组织必须将廉洁管理与运营管理相结合，这一思想同质量管理体系相似。

组织级的廉洁管理需要结合组织为部治理结构，将廉洁管理工作落实到每个部门和具体岗位，并充分考虑关联企业，如承包商、供应商等。这些工作在组织内部多按照职能进行划分，例如财务部门需要保证公司财务的透明度，不能设立秘密账户，在必要时应能提供所有的财务资料接受检查等。

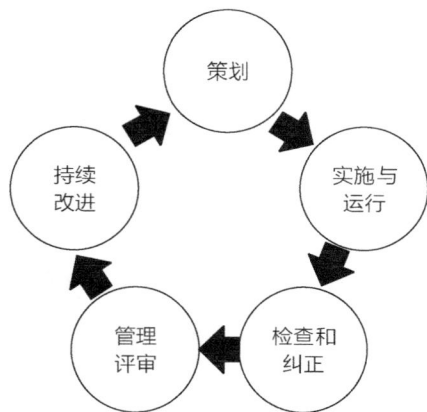

图 12-3　企业廉洁管理过程模式

这些按照部门和职能进行划分的工作又会在组织机构的运营过程（包括单个项目的执行过程）中不断得到检验。组织机构就需要在此基础上不断改善自身管理，通过不同项目的经验累积，不断总结经验和教训，对单项目的廉洁管理方法进行不断完善，从而形成适应自身情况的一套完整而独立的项目廉洁管理体系。这种做法也将使廉洁管理真正融入日常管理当中去。如图 12-3 对于组织级的廉洁管理过程进行了示意。

组织级的廉洁管理必须运用持续改进的原则。由于腐败的手段和方式越来越多样化，牵涉的人员也趋于复杂，持续改进的模式对于组织级廉洁管理显得至关重要。无论如何强调各个部门的工作，持续改进的过程同整个组织机构的职员都息息相关。为了在实施过程中尽可能早且尽可能充分地发现不足和问题所在，组织内部沟通渠道的建设变得非常重要。只有通过及时有效的沟通和反馈，才能帮助组织机构在尽可能短的周期内完成每一次的问题检查和措施改进工作。

四、注意事项

（一） 以建设项目投资人为龙头推动标准应用

上述建设项目廉洁管理标准体系由于是针对非特定项目执行组织而建立，具有很强的通用性，但在具体的工程项目实践中，投资人往往居于主导地位，因此，在一个具体的工程项目中能否应用本廉洁标准，很大程度上取决于投资人。因此，建议以建设项目投资人为龙头，特别是对于公共工程项目，本身负有艰巨的反腐败责任，可选取部分条件成熟的项目率先开展试点，使廉洁管理标准得到实践检验和完善。这对提高工程项目本身的廉洁程度，以及提升整个工程领域的预防腐败能力，都将具有巨大的促进作用。

在试点项目中，项目投资人可以依据既定标准对投标企业的廉洁管理水平进行评定，也可以依据既定标准设定对投标人在廉洁管理能力的最低及格线，从而构建起项目本身的廉洁壁垒。当然，项目业主也应在执行廉洁标准上率先垂范，并借助于上述标准来防范投资人组织内部的腐败风险。

（二） 依托第三方独立机构开展廉洁管理认证

为了促使廉洁责任在各项目和组织机构得到全面落实，廉洁管理标准应借鉴和参考ISO 和 LEED 的认证和推行经验，开展独立的第三方认证，对达到相应标准的机构或企业给予分级认证，这使那些执行较高廉洁标准的企业能够有机会脱颖而出，获得竞争优势；也使那些执行更高廉洁管理标准的项目投资人吸引到更多愿意公平竞争的优秀投标人，这将为各公共业主机构和市场主体持续提升其廉洁管理能力提供重要的动力。

由于上述标准在很大程度上借鉴 ISO 的质量管理和环境安全管理标准，推动相应认证很容易与企业管理的其他管理要求相融合，不会给企业增加太多额外负担，但却有利于逐渐建立起全社会的廉洁壁垒，从而逐步净化工程建设领域的整体商务环境。

工程项目的腐败可能涉及公共业主机构，也可能涉及包括私人项目投资人、承包商和咨询人在内的所有市场主体，因此，开展项目投资人、承包商和咨询人以外的第三方认证非常必要。这个第三方本身应该和工程项目无干系，且是在反腐败意愿和能力上信誉卓著的机构。认证机构本身的架构最好能体现政府部门和私人部门等相关利益主体之间的相互监督，以及独立反腐败组织和学术机构等对各方的监督，从而取得很强的公信力。从中国现实的国情来看，可以由政府相关部门牵头，联合各相关行业组织、学术机构等，共同成立认证机构。考虑到这项认证应该进一步负有协助我国承包商和工程咨询企业走向国际市场的使命，在条件成熟时，可以进一步邀请相关国际机构也参与到第三方独立认证机构中来，从而使上述项标准发展成为一项具有国际公信力的标准。

腐败不是一个新问题，它在过去给全球带来了巨大的损害，在未来也仍将不利于世界经济的健康发展。工程项目廉洁管理标准的建立是对腐败预防工作的重要推动，是反腐败工具的一个重要发展。它不仅有助于反腐败斗争的进一步深入，还将对我国落实科学发展观、建立和谐社会产生积极的影响。

第三节 全过程廉洁管理的体系

一、建设项目全过程廉洁管理规定

（一） 建设项目全过程廉洁管理流程

对于全过程工程咨询单位而言，首先要建立明确的全过程廉洁管理流程及规定。建设项目全过程廉洁管理流程如图 12-4 所示。

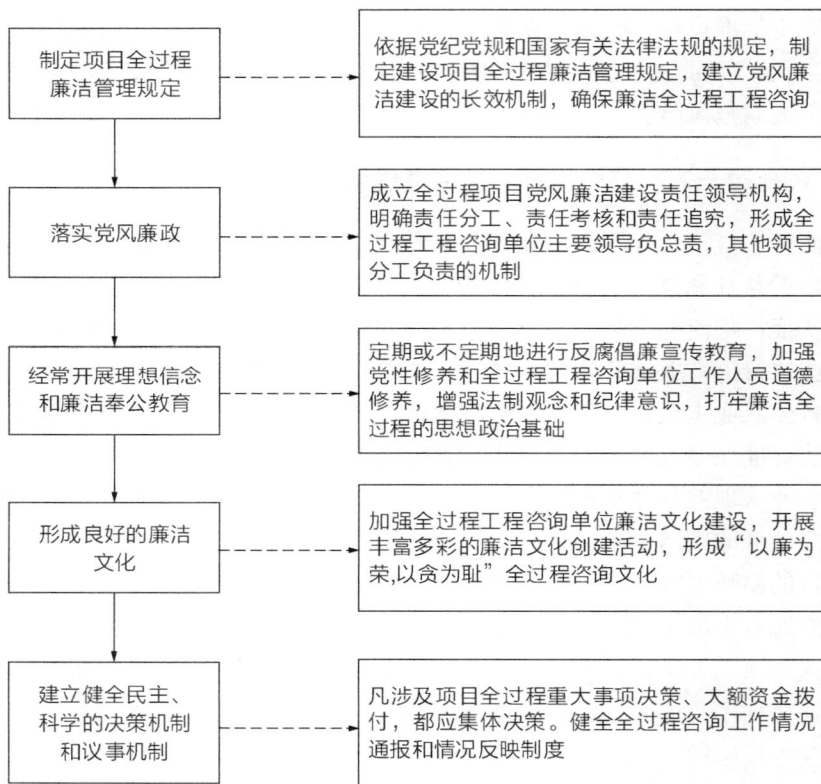

```
┌────────────────┐         ┌──────────────────────────────────┐
│  制定项目全过程   │ ------> │ 依据党纪党规和国家有关法律法规的规定，制 │
│  廉洁管理规定     │         │ 定建设项目全过程廉洁管理规定，建立党风廉 │
└────────────────┘         │ 洁建设的长效机制，确保廉洁全过程工程咨询 │
        │                  └──────────────────────────────────┘
        ▼
┌────────────────┐         ┌──────────────────────────────────┐
│                │         │ 成立全过程项目党风廉洁建设责任领导机构，  │
│  落实党风廉政     │ ------> │ 明确责任分工、责任考核和责任追究，形成全 │
│                │         │ 过程工程咨询单位主要领导负总责，其他领导 │
└────────────────┘         │ 分工负责的机制                       │
        │                  └──────────────────────────────────┘
        ▼
┌────────────────┐         ┌──────────────────────────────────┐
│  经常开展理想信念  │         │ 定期或不定期地进行反腐倡廉宣传教育，加强 │
│  和廉洁奉公教育   │ ------> │ 党性修养和全过程工程咨询单位工作人员道德 │
│                │         │ 修养，增强法制观念和纪律意识，打牢廉洁全 │
└────────────────┘         │ 过程的思想政治基础                    │
        │                  └──────────────────────────────────┘
        ▼
┌────────────────┐         ┌──────────────────────────────────┐
│  形成良好的廉洁   │         │ 加强全过程工程咨询单位廉洁文化建设，开展 │
│  文化           │ ------> │ 丰富多彩的廉洁文化创建活动，形成"以廉为 │
│                │         │ 荣,以贪为耻"全过程咨询文化              │
└────────────────┘         └──────────────────────────────────┘
        │
        ▼
┌────────────────┐         ┌──────────────────────────────────┐
│  建立健全民主、   │         │ 凡涉及项目全过程重大事项决策、大额资金拨 │
│  科学的决策机制   │ ------> │ 付，都应集体决策。健全全过程咨询工作情况 │
│  和议事机制      │         │ 通报和情况反映制度                    │
└────────────────┘         └──────────────────────────────────┘
```

图 12-4　建设项目全过程廉洁管理工作流程图

（二） 建设项目全过程廉洁管理要求

（1）廉洁奉公、忠于职守，自重、自省、自警、自励，艰苦奋斗、不断创新，禁止利用职务便利谋取不当利益，以优质高效的服务满足项目全过程咨询的要求。

（2）严格执行《中华人民共和国合同法》。所有勘察设计、建筑安装施工、原材料和设备的采购、概预决算审核、施工监理等都必须签订具有法律效力的合同。对外合同由全过程工程咨询单位统一起草，经总咨询师或其委托人签批后方能生效。所有建设付款必须按规范的程序严格执行审批手续。

（3）严格执行《中华人民共和国招标投标法》。所有设计单位、施工承包人等的选定、大宗原材料和主要设备的采购等，都必须按照招投标程序择优选定。在招标活动中必须遵守公开、公平、公正的原则，参与招标的全过程工程咨询单位工作人员不准泄露与评标有关的所有信息，不准透露潜在投标者的数量和名称，不许向评委发布倾向性意见，违反者立即调职或辞退。对于牵涉到本人亲属或与本人有直接经济关系的招标投标活动参与人员，全过程工程咨询单位工作人员应主动申请回避。

（4）全过程工程咨询单位现场工作人员不得以任何方式与施工、原材料和设备供应等有关单位单方或多方串通谋取私利。一经查证，立即调职或辞退，并视情节和危害程度追究其法律责任。

（5）全过程工程咨询单位工作人员不得与施工、原材料和设备供应等有关单位有任何私下往来，违反者立即调职或辞退；不准私自接受往来单位赠送的礼品，确实无法拒绝者，应主动申报，由全过程工程咨询单位领导酌情处理，不申报者，一经查实，按受贿处理；不准利用工作和职务之便收受往来单位的现金（红包）、有价证券、信用卡及其他支付凭证，如有上述行为，一经查证，除追回非法所得外，予以辞退或开除公职并追究其法律责任。

（6）全过程工程咨询单位工作人员不准到往来单位报销应由本人支付的各种差旅费、购置费、手机和电话费、学费、交通费、娱乐休闲活动费用等，一经发现、查证立即调职或辞退，并按违纪查处。

（7）严格遵守执行全过程工程咨询单位制定的各项财务管理制度。

二、建设项目全过程廉洁管理体系

为防止全过程咨询项目中出现腐败问题，应从以下方面建立起一套科学有效的廉政管理体系。

（一）教育育廉

教育育廉就是要通过加强廉政宣传教育，提高全过程工程咨询单位的廉政意识。宣传教育要坚持"以人为本，教育在先"的指导思想。全过程工程咨询单位及现场项目经理部要经常性地开展廉政教育和警示教育，不断推进廉政建设，增强拒腐防变的能力。

一是强化教育对象和内容的针对性。根据工程项目全过程管理的实际和特点，从宗旨教育、法纪教育、共同价值理念教育、先进典型与警示教育、氛围教育等方面着手，围绕"质量为本、服务创优、管理科学、廉洁高效"的共同理念，使项目经理部的每位人员形成"以廉为荣、以贪为耻"的意识，深化"廉洁奉公，干事创业"的荣誉感和认同度，要使大家认识到，抓廉政工作不仅是对党和国家负责，对单位负责，也是对家庭和个人负责。

二是强化教育形式的多样性。不断探索实施个性化专题教育的途径和方法，重视对项目经理部人员的心理分析和人性化教育，适时把握每位人员的思想脉搏，进行必要的引导和激励，帮助和鼓励每位人员通过正当的途径充分实现其自身价值。同时，运用集中学习文件、专题讨论等多种教育形式，扩大反腐倡廉宣传教育的覆盖面。

三要强化教育结果的有效性。要用正面典型教育人，用反面典型警示人，时常告诫项目经理部人员要常思贪欲之害，常怀律己之心，常修从业之德，努力夯实项目经理部人员廉洁自律的思想基础，筑牢拒腐防变的道德防线。

对于全过程工程咨询单位而言，自身职业道德的培养尤为重要。而 FIDIC 在这方面有着极为成熟的体系，虽然 FIDIC 的职业道德体系在国内有一定的不适应性，但仍值得我们借鉴。

FIDIC 深知工程咨询行业的工作，对社会与环境的可持续发展的成就起着关键的作用。为了有效地进行工作，不仅要求咨询工程师不断提高学总值与能力，而且要求社会上尊重咨询工程师的正直，信任咨询工程师的判断，并从优给予报酬。各成员协会都要为全社会信任工程咨询专业人员而要求会员信守以下基本行为准则：

（1）接受本行业对全社会的责任。

（2）为可持续发展寻求解决办法。

（3）始终坚持职业尊严、地位和名声。

（4）保持与技术、立法、管理发展相应的学识与技能，为业主提供精心勤勉的服务。

（5）只承担能够胜任的任务。

（6）始终为业主的合法利益而正直、精心地工作。

（7）公正的提供咨询建议、判断或决策。

（8）为业主服务中可能产生的一切潜在的利益冲突，都要告知业主。

（9）不接受任何有害独立判断的酬谢。

（10）倡导"以质量为基础选择咨询服务"的原则。

（11）防止无意、有意损害他人名誉和事业的行为。

（12）防止直接、间接抢别的咨询工程师已受托的生意。

（13）在业主没有书面通知你原先由别人承担的业务已经结束，你也没有预先通知原来办的那个咨询工程师，不要接手这个生意。

（14）如被邀请审查别的咨询工程师的工作，要按恰当的职业品德和礼貌进行。

（15）不提供也不接受从感觉上和实际上是在：

1）设法影响咨询工程师和/或业主的选择和付费的过程；

2）设法影响咨询工程师的公正判断的任何报酬。

（16）对于任何合法组成的调查团体来对任何服务合同或建设合同的管理进行调查，要充分予以合作。

（二） 制度保廉

制度保廉就是要通过加强制度建设，提高内部管理与控制的有效性。工程建设是一项系统工程，必须严格按照基本建设程序和客观规律办事，否则既导致工程质量下降、工期延长、造价提高，同时极易形成很多管理漏洞，给腐败者以可乘之机。因此，在工程项目全过程管理过程中，要始终坚持以两个"按照"办事。

一是严格按照基本建设程序办事。无论是工程项目施工前期各项报建手续的办理，还是监理、施工及设备材料采购招标等各项活动，都必须严格按照基本建设程序和国家有关规定行事。

二是严格按照规章制度办事。首先要注重建章立制。制度是一切工作的基础，有了好的制度就可以有章可循。除严格遵守国家和项目所在地方政府的各项法规和规定外，在项目经理部内部也应建立起一套门类齐全、内容全面的规章制度。在项目前期管理、工程招投标、工程进度、合同管理、工程结算审核、工程款支付、工程廉政建设等方面制定一系列制度，明确管理职责，规范项目经理部议事决策程序，有效地强化对工程招标、材料设备采购、工程变更与结算审核、工程款支付等关键廉政风险环节的控制。其次，强化制度执行。制度执行关键在领导，总咨询师作为全过程工程咨询单位廉政建设的第一责任人，在工作中要以身作则，坚持按章规范行为，用制度办事，用制度管人。

（三） 监督促廉

监督促廉就是要通过接受公开监督，提高工程项目管理的规范化水平。在工程项目全过程管理过程中，全过程工程咨询单位要主动接受政府有关部门、项目各参建单位、社会各界以及上级单位的监督，认真落实廉政建设责任制。全过程工程咨询团队要强化目标责任，通过与总咨询师签订工程建设廉政责任状，确保工程建设廉政高效，同时，总咨询师要与项目经理部人员通过签订廉政责任状，实行压力传递，目标分解。

全过程工程咨询单位要设立独立的监督小组，并将监督关口前移，变被动管理为主动管理。要在工程项目建设全过程中进行不定期监督，特别在工程招投标、设备材料采购、工程款支付等关键节点进行重点督办，并全力配合政府主管部门、监察部门、审计部门的全程监督。要建立起项目经理现场管理、监督小组负责监督的廉政管理模式，做到分级管理，责任到人。通过构建这样一个项目运行体制，使廉政建设和监督相互分离，避免权力过于集中，在工程招标、设备材料采购、工程款支付等关键环节上加强有效监督。项目监督小组通过开展多种形式的监督检查，将腐败苗头消灭在萌芽状态。

（1）项目监督小组根据工程实际进度对项目经理部进行不定期抽查。

（2）听取项目经理部汇报，查阅合同、重要签证、重要财务票据等基建资料，走访当地建设主管部门，视情况询问建设施工单位的人员和职工。

（3）不定期组织项目经理部召开廉政情况专题汇报会，研究解决廉政建设中碰到的问题。

（4）向社会公布举报电话，接受政府有关部门、使用单位、施工单位、监理单位以及公众的监督，认真查处违法违纪行为。

（5）对项目经理和项目经理部人员违反相关法律法规的，依规定追究行政、党纪责任，给予相应的处分；给项目或给他人造成损失的，责其依法承担赔偿责任；涉嫌犯罪的，移交司法机关追究刑事责任。

与此同时，全过程工程咨询单位在与投资人、材料设备供应商等签订合同的同时，应与他们签订《工程建设廉政责任书》，形成多方共同监督，确保廉政制度的落实。

国际知名工程咨询公司选介

新识途（43）孙冲冲总结凯谛思企业使命：为客户在自然和建筑资产环境领域提供设计和咨询。(Design & Consultancy for natural and built assets)。目标：创造可持续解决方案，交付卓越成果，发掘员工潜力。中国的工程咨询产业应以凯谛思为标杆，历经模仿、跟跑、齐头并进、领跑过程，预计五年就会出现一批龙头企业，十年能与凯谛思比肩。

——《贻林微观察 1383》

附录　国际知名工程咨询公司选介

美国工程新闻记录（ENR）每年公布全球工程设计咨询公司 150 强名单，本书选取了几家近年来排在前列的国际知名工程咨询公司进行介绍，以供学习了解。

一、美国 AECOM 公司

美国 AECOM 公司成立于 1990 年，是提供专业技术和管理服务的全球咨询集团，是美国最大的咨询服务商之一，业务涵盖交通运输、基础设施、环境、能源、高层建筑、水务和政府服务等领域。AECOM 公司整合全球业务、本地知识、创新和技术经验，提供新颖和个性化的解决方案，满足客户的项目需求。AECOM 公司通过全球约 45000 名（2017年）员工（主要是建筑师、工程师、设计师、规划师、科学家和专业的管理人员）的共同努力，为全球 150 多个国家的客户提供服务，已成为建设项目各专业领域的业界翘楚。AECOM 系统包括全球视野、本土认知、技术创新与专业知识，持之以恒地构筑、改善并维护世界各地的建筑设施、自然环境和社会环境的可持续发展。作为《财富》500 强公司之一，AECOM 的业务遍及全球 125 个国家。自 2010 年以来，连续八年荣登《工程新闻记录》"设计咨询公司 150 强"之首。

AECOM 公司提供的全过程工程咨询业务范围主要包括：

（1）建筑与设计（Architecture and Design）：建筑设计、室内设计与空间策略、景观设计、城市设计等；

（2）资产及设施管理（Asset Management）：管理和运营，设施管理，专业、行政和管理支持，环境管理与核运营，应急管理，国家实验室管理，设施条件评估等；

（3）工程建设（Construction）：工程建设，工程建设管理（风险管理或代理），项目管理，业主代表，模块化/制造，启动和试运行；

（4）成本管理（Cost Management）：成本建模和成本规划，基准设定，价值和风险分析，生命周期成本核算，采购，后合同成本管理和最终结算；

（5）停用与关闭（Decommissioning & Closure）：资产回收与评估，去活化、去污、停运和拆除，环境修复，工业和核废物清除，管道拆除，改造，场地评估，结构和设施拆除，废弃物处理和处置；

（6）经济规划（Economics）：评估项目可行性、资金要求、社会影响、风险和前景等；

（7）工程（Engineering）：声学和振动，高级建模，应用研究，建筑工程，土木工程，施工管理，深层地下室，区域能源系统，电气，环境，立面，消防，地基，防震，岩土工程，健康和安全，高性能建筑，工业/过程，照明，机械、电气和管路系统，核设施，采购，项目管理，安保，信息技术和电信，特种结构，启动和试运行，结构，可持续发展，高层建筑，交通，隧道，水资源；

（8）环境服务（Environmental Services）：环境/社会影响评估和许可，环境、安全和健康（EHS）管理咨询与合规，管理信息系统－EHS、可持续发展、质量，空气质量咨询与工程设计，水、废弃物和自然资源管理，工程总承包（EPC／EPCM），气候适应策略与可持续发展，治理、修复和再开发等；

（9）国际发展（International Development）：基础设施和城市发展解决方案，农业和经济增长，人类发展，灾害与危机管理；

（10）信息技术及网络空间安全服务（IT & Cybersecurity）：网络空间安全，网络运行，安全云计算和应用开发，工业控制系统，数据中心，频谱管理等；

（11）运营与维护（Operations & Maintenance）：车辆维修/现代化，生产和流程维护，基地和靶场运营，设施运营和维护，运输运营和维护，油田服务，采矿承包，生产和流程维护，应急行动；

（12）规划与咨询（Planning & Consulting）：成本咨询，经济规划，设施状况评估，地理空间服务，总体规划，公众咨询，规范咨询，战略规划，可持续发展咨询等；

（13）项目管理/工程建设管理（Program Management/Construction Management）：项目规划与管理，总体进度计划/进度分析，制定总预算，设计管理，成本管理，交付和承包策略，成本估算，订单变更管理，价值工程分析，避免索赔，解决争议，试运行，设施条件/生命周期评估；

（14）风险管理与城市韧性（Risk Management & Resilience）：关键基础设施保护，实体安全和强化，气候变化适应策略与措施，网络空间安全，减少灾害风险，防灾减灾规划，灾后恢复。

二、美国 JACOBS 公司

JACOBS 公司始于 Joseph J. Jacobs 于 1947 年创立的公司，逐渐从一个人的工程顾问发展到目前所处的上市的财富 500 强公司，公司是世界上最大的技术专业服务公司之一，在 2017 年 ENR 全球工程设计咨询公司 150 强中排名第三。该公司为大量工业，商业和政府客户提供各种技术，专业和建筑服务。JACOBS 公司总部位于美国德克萨斯州达拉斯，通过遍布全球的主要在北美，南美，欧洲，中东，印度，澳大利亚，非洲和亚洲的 230 多家办事处提供服务。该公司拥有近 54000 名有才华、有奉献精神的员工，JACOBS 的多元化和国际员工以协作、分享创新想法和最佳实践，为客户提供了一个成熟的本地业务，并帮助客户找到适合每个项目的最佳解决方案，了解他们的业务，帮助降低风险和最大化价值。

JACOBS 公司提供的全过程工程咨询业务范围主要包括：

（1）建筑与室内设计（Architecture & interiors）：规划和策划、建筑信息模型（BIM）、可行性研究评估、可持续性评估与设计（LEED）、景观建筑/城市设计等；

（2）建筑管理（Construction）：现场服务、成本估算/管理、施工管理、启动和调试、总承包服务、物料管理、质量进度控制、工程验收等；

（3）环境工程咨询（Environmental）：环境影响评估，环境审计、批准、合规和许可，环境管理计划，现场调查和风险评估，水文、生态、水质和资源，自然资源管理，海洋和沿海科学，岩土工程，地下水和流域管理，受污染土地审计和管理，社区和利益相关者的参与和沟通，土地开发、总体规划、城市设计和批准，废物管理；

（4）信息技术（Information technology）：BIM、CADD、GIS 和可视化媒体设计，网络安全/信息保证，信息管理策略，内部网、门户和协作工具，商业智能解决方案，文件和记录管理系统，指挥和控制系统，航程和飞行操作系统，金融和商业信息系统，过程自动化和工作流，网络系统，数据中心和数据库操作，数据还原和分析，应用程序开发，知识管理成熟度评估；

（5）综合项目服务（Integrated Project Services）：资产和设备管理，合同、商业和纠纷，成本管理，项目管理，项目、计划和控制，风险管理；

（6）运营维护（Operations & maintenance）：设施常绿维护，设备操作，运转维修，关闭与逆转，紧急停机，拆除、拆除和搬迁，工厂改善项目，能力增加和扩展项目，补充运营人的内部维护活动，救助和拆迁项目，预防性和可预测的维护计划，基于风险的维修。

三、美国 FLUOR CORP 公司

美国 Fluor（福陆）公司始创于 1912 年，是世界最大的主要从事咨询、工程、建筑等其他多种服务的公有公司之一。福陆公司目前在六大洲 25 个国家拥有 50000 名雇员，为不同的客户在国际商务中提供个性化服务。它是世界最大的建筑工程、维修公司之一，同时也经营其他多种相关业务，在全球范围内为各个领域的客户服务，服务范围包括石油、天然气业，化工、石化业，贸易，政府服务，生物科学，制造业，微电子业，采矿业，能源业，通信及交通业。为不同行业的政府和私营部门客户提供创新和综合的解决方案。一个多世纪以来，客户一直相信 Fluor 成功地、合乎道德地、安全地完成了他们的资本项目。美国财富杂志（Fortune）的"世界声誉最好的企业"栏目将福陆公司评为世界第一的工程、建筑公司。在 2017 年 ENR 全球工程设计咨询公司 150 强中，美国 Fluor 公司排名第九。

美国 Fluor 公司提供的全过程工程咨询业务范围主要包括：

（1）工程与设计（Engineering & Design）：流程建模、工程规划与可研、工程设计、设计咨询、项目管理、价值工程等。工程学科包括土木、电气、机械、管道和结构工程，以及先进的专业，如模拟、企业集成、集成自动化流程和交互式 3D 和 4D 建模。合作开

发集成的解决方案，其中可能包括工程、采购、制造、施工（EPFC）、维护和项目管理。

（2）采购（Procurement）：合同策划与管理、采购服务、供应链管理；

（3）施工管理（Construction）：施工执行，建筑服务，现场设备设施服务，健康、安全和环境服务，装配式建筑服务、试运行；

（4）多元化服务（Diversified Services）：资产管理，合同管理，设备设施养护，完好性检验，管道维护，电力能源服务。

四、加拿大 WSP 公司

WSP（中文译名：科进）公司是一家全球知名的专业服务公司，总部位于加拿大蒙特利尔市，于 2014 年 10 月 31 日收购美国柏诚集团（Parsons Brinckerhoff）。WSP 是全球领先的工程专业顾问服务公司，与政府、企业、建筑师和规划师合作，提供综合的跨领域的专业解决方案；为城市环境开发和自然环境保护提供服务。WSP 专业力量横跨众多领域，涵盖环境整治、市政规划、标志性建筑工程设计、可持续发展的交通运输网络、开发新能源矿产等领域。WSP 坚持完善技术能力，为客户提供最低成本、最高效率和环保的工程顾问服务，满足客户需求，引领市场革新。在全球各地聘用约 42000 名员工，主要包括工程师、技术人员、科研人员、建筑师、规划师、测量师、项目与施工管理专业人才及环境专家。在 2017 年 ENR 全球工程设计咨询公司 150 强中，美国 Fluor 公司排名第五。

加拿大 WSP 公司提供的工程顾问服务涉及交通及基建、住宅、超高层建筑、体育场馆、地铁、商业建筑、地下空间、医疗、化工、工业、能源等 78 个领域，涵盖了筹资与融资咨询、建筑设计、BIM、工艺设备咨询、城市总体规划、绿色建筑、计划与项目管理、施工管理、质量管理、进度管理、投资管理、风险管理、利益相关者管理、资产管理、运行维护、废品处理、可持续性发展、水资源管理、工程技术服务等约 150 项咨询服务内容。

五、荷兰 ARCADIS 公司

ARCADIS 公司是一个总部位于荷兰的领先的全球化知识驱动型服务提供商，有着悠久而丰富的历史，它的起源可以追溯到 1888 年荷兰的荒地开发协会，而 Arcadis 在 2014 年收购的海德尔咨询公司可以追溯到 1739 年。Arcadis 旗下全资子公司 RTKL 国际有限公司（RTKL International）是世界上最大的建筑规划设计公司之一。2017 年，ARCADIS 公司拥有 27327 名各专业咨询工程师服务全球 35000 多个项目，年度营业收入约 32.19 亿欧元，在 2017 年 ENR 全球工程设计咨询公司 150 强中排名第七。

ARCADIS 一家提供全方位服务的设计和咨询公司，解决方案跨越了整个资产生命周期。ARCADIS 通过将技术、咨询和管理技能结合起来，为客户在资产投资的各个阶段提供卓越和可持续的结果，从而设计和交付复杂的解决方案；从计划，到创造，操作和可能的再定义。

ARCADIS 公司的提供的全过程工程咨询业务范围主要包括：

（1）工程设计（Architecture）：建筑设计、结构设计、景观建筑、建筑功能设计与评估；

（2）总体规划和可持续城市发展（Master Planning and Sustainable Urban Development）：综合规划、可持续发展、交通规划、城市规划等；

（3）项目管理（Program Management）：施工管理和现场监督、项目管理；

（4）成本管理（Cost Management）：成本和商业管理、战略采购与合同战略、全生命周期成本管理；

（5）合同管理（Contract Solutions）：合同条款拟订、避免争议、争议解决、专家证据和建议、战略采购和合同咨询；

（6）商务咨询（Business Advisory）：资产性能策划、商业转型与弹性、投融资咨询、运营和维护解决方案、技术和信息咨询；

（7）数字创新（Digital Innovation）：先进性分析、建筑信息模型（BIM）；

（8）工程（Engineering）：土木工程、结构工程、资产管理、电气工程、机械工程、隧道及地下工程；

（9）环境工程解决方案（Environmental Solutions）；

（10）水资源解决方案（Water Solutions）。

参 考 文 献

[1] 陈金海，陈曼文，杨远哲，等. 建设项目全过程工程咨询指南[M]. 北京：中国建筑工业出版社，2018.

[2] 尹贻林，阎孝砚. 政府投资项目代建制理论与实务[M]. 天津：天津大学出版社，2006.

[3] 周和生，尹贻林. 政府投资项目全生命周期项目管理[M]. 天津：天津大学出版社，2010.

[4] 王建中，尹贻林. 代建项目管理指南[M]. 天津：天津大学出版社，2013.

[5] 严玲，尹贻林. 工程造价导论[M]. 天津：天津大学出版社，2004.

[6] 丁士昭. 工程项目管理[M]. 北京：中国建筑工业出版社，2006.

[7] 张勇毅. 中国工程咨询业的发展道路研究[D]. 天津理工大学，2004.

[8] 万礼锋. 基于增值的中国工程造价咨询业发展战略研究[D]. 天津大学，2010.

[9] 严敏. 工程咨询企业组织运行机制创新路径研究[D]. 天津大学，2010.

[10] 全国咨询工程师(投资)职业资格考试专家委员会. 工程项目组织与管理(2017年版)[M]. 北京：中国计划出版社，2016.

[11] 全国咨询工程师(投资)职业资格考试专家委员会. 工程咨询概论(2011年版)[M]. 北京：中国计划出版社，2011.

[12] 尹贻林，张勇毅. 中国工程咨询业的发展与演进[J]. 土木工程学报，2005，38(10)：129-133.

[13] 尹贻林，邢世永. 灾后重建项目管理模式研究——以陕西省略阳县灾后重建为例[J]. 沈阳建筑大学学报(社会科学版)，2012，14(3)：263-266.

[14] 陈伟珂. 香港的认可人士制度对我国建筑业管理的启示[J]. 科学学与科学技术管理，2003(3)：90-93.

[15] 安慧，郑传军. 工程项目管理模式及演进机理分析[J]. 工程管理学报，2013，27(6)：97-101.

[16] 黄爱社，廖进中. 范围经济理论与实证方法研究综述[J]. 经济研究导刊，2009(36)：14-16.

[17] 杨晓，郭晓川. 范围经济研究综述[J]. 资源与产业，2016，18(4)：110-115.

[18] 张国宗，张丹，邱菀华. 大型工程项目全寿命集成管理理论与应用[J]. 科技进步与对策，2013，30(23)：6-9.

[19] 张飞涟，郭三伟，杨中杰. 基于BIM的建设工程项目全寿命期集成管理研究[J]. 铁道科学与工程学报，2015(3)：702-708.

[20] 李明瑞，李希胜，沈琳. 基于BIM的建筑信息集成管理系统概念模型[J]. 森林工程，2015，31(1)：143-148.

[21] 陈捷娜，吴秋明. 集成管理研究综述[J]. 科技进步与对策，2011，28(8)：156-160.

[22] 吴秋明. 集成管理理论研究[D]. 武汉理工大学，2004.

[23] 曾黎黎，张春艳. 基于交易成本经济学理论的建设工程项目成本管理[J]. 合作经济与科技，2010(14)：92-93.

[24] 康钊. 高速公路大标段模式交易成本研究[D]. 华中科技大学，2016.

[25] 魏臻. 基于价格包含原则治理工程合同的交易成本分析[D]. 东北财经大学，2012.

[26] 齐行黎. 交易成本与资本结构研究[D]. 复旦大学，2005.

[27] 尹贻林，胡杰. 基于利益相关者核心价值分析的公共项目成功标准研究[J]. 中国软科学，2006 (5)：149-155.

[28] 王唤明，江若尘. 利益相关者理论综述研究[J]. 经济问题探索，2007(4)：11-14.

[29] 刘宗华. 中国银行业的规模经济和范围经济研究[D]. 上海：复旦大学博士学位论文，2004.

[30] 严玲，赵黎明. 公共项目契约本质及其与市场契约关系的理论探讨[J]. 中国软科学，2005(9)：148-155.

[31] [英]罗纳德·科斯. 企业的性质[M]. 于盛洪. 现代制度经济学(上卷). 北京：北京大学出版社，2003.

[32] David J. Teece. Economies of scope and the scope of the enterprise[J]. Journal of Economic Behavior & Organization，1980，1(3)：223-247.

[33] Bailey E. E. and Friedlaender A. F. Market Structure and Multiproduct Firms[J]. Journal of Economic Literature，1982，20(3)：1024-1048.

[34] Baumol，W.，Panzar，J.，Willig，R. Contestable Markets and the theory of Industry Structure [M]. Harcourt Brace Jovanovich，SanDiego，California. 1982.

[35] [美]小艾尔弗雷德·钱德勒. 规模与范围——工业资本主义的原动力[M]. 北京：华夏出版社，2006.

[36] [美]罗伯特·S. 平狄克，丹尼尔·L. 鲁宾费尔德. 微观经济学[M]. 北京：中国人民大学出版社，2000.

[37] Christensen，L. R.，Jorgenson，D. W.，Lau，L. J. Transecendental logarithmic production frintiers[J]. Review of Economics and Statistics，1973，55：28-45.

[38] Freeman，R. E. Strategic Management：A Stakeholder Approach[M]. Boston，MA：Pitman. 1984.

[39] Mitchell，A. & Wood，D. Toward a Theory of Stakeholder Dentification and Salience：Defining the Principle of Who and What Really Counts[J]. Academy of Management Review. 1997，22(4)：853-886.

[40] 赵新赫. 工程建设的可施工性研究[D]. 东北财经大学，2007.

[41] 张双根. 工程建设项目全生命周期造价管理研究[D]. 华南理工大学，2009.

[42] 刘晓丹. 基于价值视角的建设项目设计阶段工程造价控制研究[D]. 天津理工大学，2009.

[43] 郭联巍. 大型建设项目的可施工性问题研究[D]. 重庆大学，2007.

[44] 尹贻林，乔璐，张瑞源. 基于原型逼近法的招标过程业主需求分析应用研究[J]. 建筑经济，2011(5)：93-95.

[45] 郑志山. 基于价值管理的政府投资项目决策阶段目标体系的构建研究[D]. 天津理工大学，2009.

[46] 张卫东. 电力设备备件信息管理系统的设计与开发[D]. 华北电力大学(河北)，2009.

[47] 陈爱民. 房地产基准价研究[D]. 四川大学，2007.

[48] 徐培志. 建筑设计可持续发展探讨[J]. 住宅与房地产，2016(9)：79+81.

[49] 2001 Regents of the University of Minnesota，Twin Cities Campus，College of Architecture and Landscape Architecture. Oakland Sustainable Design Guide[R]. April 2002.

[50] The Construction Management Committee of the ASCE Construction Division. Constructability and constructability programs：White paper[J]. Journal of Construction Engineering and Management，1991，117(1)：67-89.

[51] Russell J S. Gogel J G. Radtke M W. Documented constructability saving for petrochemical-facility expansion[J]. Journal of Performance of Constructed Facilities，1993，7(1)：27-45.

[52] 孙继德，廖前哨. 建设项目的可施工性研究[J]. 同济大学学报，2002.

[53] 王茂斌，彭飞. 如何在项目设计阶段开展可施工性审查工作[J]. 施工技术，2003.

[54] 常陆军. 设计与施工的整合：工程采购模式变革的动因与机制[J]. 建筑管理现代化，2006.

[55] 王成芳. 建设项目设计可施工性研究[J]. 建设监理，2006.

[56] 崔云静，王旭峰. 建设项目设计的可施工性研究[J]. 建筑施工，2007.

[57] 马小燕. 限额设计中的可施工性研究[J]. 山西建筑，2007(3)：260-262.

[58] 王永坤，仲维清，黑瑞卿. 基于挣值理论的工程质量、成本、进度集成控制[J]. 辽宁工程技术大学学报(社会科学版)，2005，6(7)：639-641.

[59] 曾雪琴，张建平，郭金玉. 挣值管理在机场项目中的应用[J]. 建筑经济，2009，6 增刊：2-45：2-47.

[60] 乐云，李永奎. 工程项目前期策划[M]. 北京：中国建筑工业出版社，2011.

[61] 刘亚梅. 基于委托代理的 PPP 项目政府监管机制研究[D]. 华中科技大学，2016.

[62] 罗煜，王芳，陈熙. 制度质量和国际金融机构如何影响 PPP 项目的成效——基于"一带一路"46 国经验数据的研究[J]. 金融研究，2017(4)：61-77.

[63] 叶晓甦，覃丹丹，石世英. PPP 项目公众参与机制研究[J]. 建筑经济，2016，37(3)：32-36.

[64] 王俊豪，金暄暄. PPP 模式下政府和民营企业的契约关系及其治理——以中国城市基础设施 PPP 为例[J]. 经济与管理研究，2016，37(3)：62-68.

[65] 杨丽花，周丽萍，翁东玲. 丝路基金、PPP 与"一带一路"建设——基于博弈论的视角[J]. 亚太经济，2016(2)：24-30.

[66] 卫志民，孙杨. 民营企业参与"PPP 项目"的制约因素分析[J]. 江苏行政学院学报，2016(3)：56-61.

[67] 路国樑. 轨道交通项目 PPP 融资模式——深圳地铁四号线三期工程[D]. 深圳大学，2017.

[68] United Nations Institute for Raining and Research. PPP - For sustainable development. 2000(9)：3-5.

[69] The Eueopean Commission. Guidance for successful PPP. 2003.

[70] The National Council For PPP，USA. For the good of the People：Using PPP to meet Americas essential needs. 2002.

[71] John R Allan. PPP：A Review of Literature and Practice，Saskatchewan Institute of Public Policy// Public Policy Paper，No. 4，1999.

[72] 成虎. 工程合同管理(第二版)[M]. 北京：中国建筑工业出版社，2011.

[73] 王晟峰. 以市场为主导的房地产项目运营全过程管理[J]. 企业导报，2012(24)：75-75.

[74] 张振亭，张琦. 项目管理在单位运营管理中的应用探讨[J]. 人民长江，2012(s1)：208-209.

[75] 李纪勇. DBB 模式下施工合同全过程管理效率评价研究[D]. 西安建筑科技大学，2015.

[76] 杨青. 全生命周期理论在政府投资项目成本管理中的应用研究[D]. 广西大学，2014.

[77] 范伟武. 基于资产全生命周期的战略成本管理研究[D]. 云南大学，2016.

[78] 徐莉. 浅议营改增后工程建设项目的税务管理[J]. 财经界，2016(30).

[79] 张敏思. 企业生产经营活动过程中的税务筹划[J]. 经济研究导刊，2014(1)：107-108.

[80] 张静. 关于建筑施工企业营改增后项目建造合同的执行与税务管理的分析[J]. 当代会计，2016，

27(12)：37-38.

[81] 王晓. 大型工程项目管理理论与方法研究[D]. 西南交通大学，2005.

[82] 陈志伟. 工程项目业主方全面合同管理研究[D]. 中国海洋大学，2008.

[83] 路怀明. 国际工程承包项目合同管理研究[D]. 华北电力大学（保定），2009.

[84] 谢沛沄. 基于全生命周期理论的多项目管理过程研究[D]. 西安电子科技大学，2017.

[85] 王凯. 建设单位对施工合同的全过程管理研究[D]. 长安大学，2013.

[86] 金建良. 建筑工程合同管理系统的设计与实现[D]. 山东大学，2013.

[87] 王群. 建筑施工企业施工合同风险管理研究[D]. 西南交通大学，2013.

[88] 张庆民. 我国工程咨询管理与创新研究[D]. 天津大学，2009.

[89] 裔小秋. EPC 总承包模式下的业主合同管理研究与实践[D]. 郑州大学，2016.

[90] 宋佳. 政府投资项目建设工程合同管理规范化研究[D]. 天津工业大学，2017.

[91] 平庆忠. 电子招标投标系统检测认证制度研究中的几个问题[J]. 招标采购管理，2014(4)：9-13.

[92] 赵美娇. 电子招标模式风险评价研究[D]. 沈阳建筑大学，2015.

[93] 蒋煜华. 国际工程投标报价研究[D]. 西南交通大学，2007.

[94] 梁萍，贺易明，晁玉增. 我国电子招投标现状分析与发展对策研究[J]. 改革与开放，2014(17)：13-15.

[95] 马星明，张翠萍. 浅谈电子招投标的发展及建议[J]. 建筑市场与招标投标，2013(1)：29-32.

[96] 李元庆. 工程总承包管理价值研究[D]. 大连理工大学，2016.

[97] 郭超. 建设工程电子招标投标系统及应用研究[D]. 浙江大学，2015.

[98] 金海峰. EPC 工程总承包项目投标决策风险研究[D]. 大连理工大学，2012.

[99] 谢强. 市政道路工程招标控制价作业指导书编制研究[D]. 天津理工大学，2011.

[100] 何兴. 邀请招标在建设工程领域法律适用的思考[J]. 建筑经济，2010(10)：58-60.

[101] 陈岗. 电子招标条件下的企业采购策略研究[D]. 西南财经大学，2010.

[102] 郝景鹏. 电子招标模式的应用研究[D]. 复旦大学，2008.

[103] 曹建明. 水利工程项目投标决策研究[D]. 河海大学，2007.

[104] 韩佳. 工程量清单计价模式下的招投标研究[D]. 长安大学，2007.

[105] 方胜利. 工程量清单招投标模式的理论与实践研究[D]. 武汉理工大学，2003.

[106] 尹贻林，陈静，李贺. 长期合同视角下工程价款的形成研究[J]. 工程管理学报，2014(3)：99-103.

[107] 刘光忱，孙磊，赵曼. 基于 EPC 模式下总承包商项目风险管理研究[J]. 沈阳建筑大学学报.（社会科学版），2013，14(1)：32-37.

[108] 刘桂霞. 现行工程量清单计价模式下承包商的风险及应对策略研究[D]. 天津：天津大学，2011.

[109] 万礼锋，尹贻林. FIDIC 条件下国际工程合同价格调整及风险分析[J]. 国际经济合作，2014(4)：57-61.

[110] 樊燕燕，李了奇. 建设工程项目管理[M]. 北京：中国铁道出版社，2012.

[111] 张正春. 建设项目目标集成控制研究[D]. 重庆大学，2010.

[112] 王蓉辉，焦玉宁. 质量成本相关问题探讨[D]. 财经界，2009(6)：69-71.

[113] 韩立立. 挣值法下建筑施工项目的成本控制研究——基于 CZ 建筑公司案例研究[D]. 山东大学，2014.

[114] 杜维栋. 基于挣值法的工程项目成本控制研究[D]. 燕山大学, 2011.

[115] 王德栓. 挣值管理在工程项目管理中的应用研究[D]. 河北工业大学, 2006.

[116] 王俊博. 基于挣价法的房地产项目施工阶段成本进度控制研究[D]. 北京工业大学, 2013.

[117] 李龙. 浅析工程量清单模式下的工程结算编制过程[J]. 现代营销(学苑版), 2013(5): 194-195.

[118] 揭贤径. 风电建设项目全过程造价管理研究[D]. 大连海事大学, 2013.

[119] 陈红. 建设工程竣工结算审核分析[J]. 建筑技术开发, 2016, 43(1): 106-107.

[120] 尹贻林, 孙昌增. 工程量清单计价模式下竣工结算审核的有关问题分析[J]. 哈尔滨商业大学学报(社会科学版), 2010(1): 53-57.

[121] 周元明. 工程量清单计价模式下工程结算阶段造价管理[J]. 科技资讯, 2011(26): 162.

[122] 叶涛, 黄小勤. 浅谈公路工程竣工决算[J]. 技术与市场, 2012, 19(7): 234.

[123] 孟春霞. 浅谈基本建设项目竣工图的编制工作[J]. 兰台世界, 2011(S1): 116.

[124] 董跃中. 工程施工和竣工结算阶段的工程造价控制[J]. 价值工程, 2010, 29(33): 36.

[125] 卢燕娴. 浅谈项目竣工图的编制工作[J]. 广东科技, 2012, 21(9): 219-220+223.

[126] 董江艳. 水利施工工程的资料整理[J]. 北京农业, 2012(18): 194.

[127] 宋秋霞, 陈友富, 阳大兵. 提高工程结算审核质量的探讨[J]. 水利与建筑工程学报, 2012, 10(4): 136-138.

[128] 叶波, 徐超明. 论竣工决算的重要性及其编制方法[J]. 煤矿设计, 1999(12): 44-45.

[129] 李强. 论工程建设造价分析和竣工决算的编制方法[J]. 山西建筑, 2007(29): 258-259.

[130] 胡冰洋. 浅析工程建设项目的竣工决算编制方法[J]. 现代经济信息, 2009(13): 106.

[131] 陈锋. 基于BIM技术的项目协同管理平台的实践[J]. 中国住宅设施, 2017(2): 62-64.

[132] 上海市城乡建设和管理委员会. 上海市建筑信息模型技术应用指南(2015版)[J]. 上海建材, 2015(4): 5-12.

[133] 操双春. 基于BIM技术的工程造价管理研究[J]. 中国工程咨询, 2016, 26(3): 46-47.

[134] 王健. 基于BIM云平台在建筑节能全生命周期的应用研究[D]. 安徽建筑大学, 2016.

[135] 邓晓梅, 黄晞烨, 崔晶晶. 论工程项目廉洁管理标准体系的构建[J]. 河南社会科学, 2014, 22(3): 5-10.

[136] 黄晞烨. 工程项目廉洁管理标准体系研究[D]. 清华大学, 2008.

[137] 何林倩, 徐保根. 工程建设项目之廉洁管理探析[J]. 项目管理技术, 2010, 8(8): 55-58.

[138] 崔晶晶. 工程项目腐败致因模型与廉洁管理体系的开发应用[D]. 清华大学, 2013.

[139] 任远. 代建制"防腐败"[J]. 中国投资, 2009(8): 98-99.

[140] 赵彬, 曾思颖. 基于BIM的设施管理信息需求与应用框架研究[J]. 项目管理技术, 2017, 15(3): 78-83.

[141] 潘自强, 赵家新. 建设工程项目管理咨询服务指南[M]. 北京: 中国建筑工业出版社, 2017.

[142] 中国建筑设计咨询有限公司组织. 建设工程咨询管理手册[M]. 北京: 中国建筑工业出版社, 2017.

[143] 中国建设监理协会. 建设工程监理概论[M]. 北京: 中国建筑工业出版社, 2017.

[144] 陈勇, 曲赜胜. 工程项目管理[M]. 北京: 清华大学出版社, 2016.

[145] Facility management. Vocabulary. ISO/TR-41011.

[146] Facility management-Guidance on strategic sourcing and the development of agreements. ISO/TR-41012.

[147] Facility management-Scope，key concepts and benefits Facility management. ISO/TR-41013.

[148] 左进，韩洪云. 中国建筑业全生命周期价值链的应用研究[J]. 价值工程，2004(6).

[149] R. Haas，W. R. Hudson，and J. P. Zaniewski. Modern Pavement Mangement Systems，Krieger Publishing Company，Malabar，Fla.，1994.

[150] 宋体民. 全生命周期工程造价管理研究[J]. 科技资讯，2005(25).

[151] Benjamin S Blanchard. life cycle costing-A Review Terotechnica，1979(1). 9-15.

[152] 廖祖仁，傅崇伦. 产品寿命周期费用评价法[M]. 北京. 国防工业出版社，1993.

[153] 孟宪海. 全寿命周期成本管理与价值管理[J]. 国际经济合作，2007(5).

[154] 徐扬光. 设备综合工程学概论(第一版)[M]. 北京：国防工业出版社，1988.

[155] 付晓灵. 谈工程项目管理中的绿色工程[J]. 工程建设与设计，2003(1)：34-35.

[156] 柯洪. 建立并完善政府投资基本建设项目绩效评价指标体系——服务财政预算管理[D]. 天津理工大学.

[157] 郭岩巍. 基于价值视角的设施管理研究[D]. 天津理工大学，2008.

[158] 周伟强. 传统文化的领悟在本土建筑设计中的重要性[J]. 山西建筑，2009，35(12)：33-34.

[159] 刘振亚. 企业资产全寿命周期管理[M]. 北京：中国电力出版社，2015.